# AYUDA GRAMATICAL

## PARA EL ESTUDIO DEL NUEVO TESTAMENTO GRIEGO

**Roberto Hanna**

*Traducido por*
Edgardo Alvarez

*Redacción final*
Francisco Liévano

EDITORIAL MUNDO HISPANO

**EDITORIAL MUNDO HISPANO**
**Apartado Postal 4256, El Paso, Tex. 79914 EE. UU. de A.**

Agencias de Distribución
ARGENTINA: Rivadavia 3464, 1203 Buenos Aires
BRASIL: Rua Silva Vale 781, Río de Janeiro
BOLIVIA: Casilla 2516, Santa Cruz
COLOMBIA: Apartado Aéreo 55294, Bogotá 2 D. E.
COSTA RICA: Apartado 285, San Pedro
CHILE: Casilla 1253, Santiago
ECUADOR: Casilla 3236, Guayaquil
EL SALVADOR: 10 Calle Pte. 124, San Salvador
ESPAÑA: Pardre Méndez #142B, 46900 Torrente, Valencia
ESTADOS UNIDOS: 7000 Alabama; El Paso, Tex. 7990
Teléfono (915) 5669656. PEDIDOS; 1 (800) 7555958
Fax: (915) 5626502
GUATEMALA: 12 Calle 954, Zona 1 01001 Guatemala
HONDURAS: 4 Calle 9 Avenida Tegucigalpa
MEXICO: Vizcaínas 16 Ote. 06080 México, D. F.
José Rivera No. 1451 Col. Moctezuma 1a. Sección
15500 México, D. F.
Superavenida Lomas Verdes 640 Local 62
Col. Lomas Verdes, Nauc., Edo. de México
Calle 62 #452x53, 97200 Mérida, Yucatán
Matamoros 344 Pte. Torrrón, Coahuila. México
16 de Septiembre 703 Ote. Cd. Juárez, Chih., México
NICARAGUA: Apartado 5776, Managua
PANAMA: Apartado 5363, Panamá 5
PARAGUAY: Pettirossi 595, Asunción
PERU: Apartado 3177, Lima
REPUBLICA DOMINICANA: Apartado 880, Santo Domingo
URUGUAY: Casilla 14052, Montevideo
VENEZUELA: Apartado 3653, Valencia, Edo. Carabobo



Primera edición 1993
Clasificación Decimal Dewey 487.45

Temas: 1. Griego — Gramática
2. Biblia. N.T. — Estudio

ISBN 0-311-03646-5
E.M.H. Art. No. 03646

3 M 6 93
Printed in U.S.A.

# Prefacio

Esta obra es una ayuda para los estudiantes, ministros y traductores que estén interesados en lograr una exégesis profunda del Nuevo Testamento. No es exhaustiva. Sólo se dedica a aquellas construcciones gramaticales que demandan clarificación específica y que se hallan comentadas en las ocho gramáticas de referencia que se anotan bajo el título "Fuentes y abreviaturas" en página separada.

En estas obras hay numerosos comentarios de valor que permanecen ocultos para todos, menos para el especialista en gramática griega. En este trabajo se hace el intento de que tales comentarios estén disponibles para un número mayor de interesados. Se han cotejado versículo por versículo, con el fin de reducir el tiempo necesario para obtener la información, y se han clarificado.

Para que algún comentario se incluyera en esta obra debió cumplir uno o varios de los siguientes criterios: (1) Agregar comprensión al texto bíblico a que se refiere. (2) No constituir un conocimiento común para el intérprete del Nuevo Testamento, de quien se supone que ha estudiado dos años de griego (por ejemplo, nunca se incluye la declaración: "Este acusativo se usa como complemento directo", a menos que haya sustanciales variantes en las traducciones. (3) Agregar entendimiento sobre la razón por la cual aparece alguna construcción rara (se refiere específicamente a la estructura y al estilo del autor).

Al incluir cualquier comentario, algunas veces se cita al pie de la letra; otras veces se expresa en otras palabras y se especifica el principio que ilustra, para facilitar la comprensión de las observaciones más difíciles. Cuando se presentan contradicciones o preguntas, la opinión del autor aparece entre corchetes, como un comentario editorial.

Las referencias que se anotan después de algún comentario pertenecen a dos categorías: las que concuerdan con él y lo apoyan (ej.: "comp. M56"), y las que ofrecen mayor información o lo contradicen (ej.: "esta preposición tiene un sentido instrumental --R590").

## Fuentes y abreviaturas

BD Blass, F. y Debrunner, A Greek Grammar of the New Testament. Traducida del alemán y revisada por R. Funk. Chicago: The University of Chicago Press, 1961. A veces se encuentra un número después de la referencia a esta obra entre paréntesis o entre corchetes, el cual indica la parte específica de la sección donde se encuentra el comentario. En los primeros casos se colocó la abreviatura "sec." para orientar al estudiante o pastor.

B Burton, E.D., Moods and Tenses of New Testament Greek. Edimburgo: T. & T. Clark, 1898.

H Howard, W.F., A Grammar of New Testament Greek. Tomo 2. Edimburgo: T. & T. Clark, 1928.

LXX Versión de los Setenta.

M Moule, C.F.D., An Idiom Book of New Testament Greek. Nueva York: Cambridge University Press, 1959.

MT Moulton, J.H., A Grammar of New Testament Greek. Tomo 2. Edimburgo: T. & T. Clark, 1908.

R Robertson, A.T., A Grammar of New Testament Greek. Nashville: Broadman Press, 1934.

T Turner, N., A Grammar of New Testament Greek. Tomo 3. Edimburgo: T. & T. Clark, 1963.

TGr ________, Grammatical Insights into the New Testament. Edimburgo: T. & T. Clark, 1965.

Nota:
Los diversos manuscritos que se citan en apoyo de alguna construcción gramatical en griego suelen distinguirse con las letras mayúsculas. Así, por ejemplo, en la pág. 52, v. 10, la afirmación "apoyada por S, C, L, N y Z" significa que la construcción que allí aparece in griego está apoyada por los manuscritos que se distinguen con tales letras.

## Mateo

### Mateo 1

2 T167 El artículo *τόν* se usa para determinar el caso de los nombres propios que se hallan en los vv. 2 y sigs. (se usa con nombres propios indeclinables, pero sin el significado usual).

6 R501 Τῆς τοῦ Οὐρίου se usa como un genitivo de relación, que se refiere a la esposa de Urías.

11 R501 Βαβυλῶνος se usa como un genitivo de complemento directo: *a Babilonia* (que conduce a --T212).

17 R576 No hay nada que no sea griego en la construcción: *ἀπὸ Ἀβραάμ ἕως Δανίδ* (la preposición *ἀπό* tiene aquí un significado de tiempo; significa: *de*, o *desde)*.

18 R1184 Δέ puede introducir un nuevo tema y no expresar una idea adversativa: *Ahora, el nacimiento de Jesucristo.*

T78 Πρὶν ἤ con el infinitivo significa: *antes que se juntaran.*

T176 Se puede omitir el artículo con el término de una preposición y el término sigue siendo definido. En este caso se refiere al Espíritu Santo (comp. Luc. 1:15 y M113).

19 R1128 Los participios *ὤν* y *θέλων* tienen un sentido causal: *porque era justo y no quería.*

20 R418 El verbo aparece entre el sustantivo y el adjetivo en *ἐκ πνεύματος ἐστιν ἁγίου*, para dar unidad a la cláusula.

TGr19 Puesto que *πνεύματός ἐστιν ἁγίου* no tiene artículo, no se refiere a la tercera Persona de la Trinidad, sino a un poder santo e indefinible de Dios [Editor. Note que esto ocurre en una frase prepositiva en la cual el término sigue siendo definido; comp. 1:18 y el comentario sobre Luc. 1:15 y 35.]

T77 En este versículo esperamos la prohibición en presente: deja de temer, en vez del aoristo: *no temas nunca (μὴ φοβηθῇς* significa:

*no te abstengas por temor* --BD336 [sec. 3]).
T151 Τὸ ἐν αὐτῇ γεννηθέν significa: *el hijo de ella que no ha nacido.*

21 R575 En la preposición ἀπό que aparece aquí está presente la idea *de*, o *lejos de*.
R679 El pronombre αὐτός es enfático: *porque El mismo salvará.*
R874 El futuro tiene sentido volitivo καλέσεις *llamarás.*

22 R534 Ὑπό se usa para referirse al agente directo y διά para referirse al agente intermedio: *lo que el Señor ha hablado por medio del profeta.*
R1428 El participio λέγοντος sencillamente significa: *cuando dice.*
B222 El escritor del primer Evangelio nunca usa ἵνα para expresar resultado real o imaginado; y el hecho de que él empleó ὅπως (que nunca es consecutivo) de manera intercambiable con ἵνα (la cláusula que indica propósito divino --R998) indica, de un modo especialmente claro, que por medio de esta frase intenta por lo menos expresar propósito.
M15 En la frase τοῦτο ... πληρωθῇ, el tiempo perfecto denota que el evento está registrado en la tradición cristiana permanente. Este tipo de interpretación consideró la narrativa del A.T. como contemporánea.

23 M17 Ἐστίν puede considerarse como un verbo independiente, con un participio explicativo (y no perifrástico). [Editor. Esta cláusula puede traducirse: *que significa: Dios con nosotros.*]

## Mateo 2

1 R408 Ἀνατολῶν se usa como un plural idiomático; significa: *oriente* (las direcciones generalmente se dan en plural --T26).

2 R1062 El infinitivo tiene la idea de propósito: *vinimos a adorar.*
TGr26 La pregunta aquí debe traducirse: *¿Dónde está el recién nacido rey de los judíos?* Los magos no preguntaron: *¿Dónde está el que ha nacido para ser rey de los judíos?*
T172 El sustantivo singular ἀνατολῇ con artículo aparentemente no se refiere a un punto cardinal, sino que significa: *en su*

*aparición*, en los vv. 2 y 9.

T189 Note la posición del pronombre αὐτοῦ (enfático: *su estrella).*

3 B439 El participio ἀκούσας tiene un sentido causal: *porque el rey Herodes oyó esto.*

4 R795 En los Evangelios, ὁ Χριστός usualmente es un adjetivo verbal que significa: *el Ungido, el Mesías.*

M7 Γεννᾶται se usa como un presente futurista: *¿ha de nacer?*

TGr27 Sorprendentemente, el verbo ἐπυνθάνετο está en tiempo imperfecto, lo cual significa que difícilmente esperaba Herodes que su demanda fuera cumplida. Las demandas tentativas se describen con frecuencia en el tiempo imperfecto. El rey Herodes sospechaba que podría haber algún complot contra él, especialmente de los que estaban más cerca de su trono, y su sospecha sale a relucir en el informe de Mateo: *¿Dónde? Pero espero que ustedes no me lo dirán.*

5 R1109 Aunque el participio ἡγούμενος no tiene artículo, aquí se usa como un sustantivo (*príncipe* --T151).

6 T48 Uno no debe introducir demasiado sentido consecutivo en el pronombre ὅστις (probablemente sea más exacto traducirlo mediante el pronombre relativo *quien* que mediante *que*).

7 R530 Λάθρᾳ se usa como un dativo de manera: *secretamente.*

8 R860 El participio de aoristo πέμψας se refiere a una acción que es simultánea con la del verbo principal (πέμψας εἶπεν significa: *enviados con las palabras* --T156).

9 T279 'Επάνω tiene aquí un uso adverbial: *delante de.*

10 B439 El participio ἰδοντες tiene aquí un sentido causal: *porque vieron la estrella, se regocijaron.*

M32 'Εχάρησαν χαρὰν μεγάλην σφόδρα significa: *se regocijaron con gozo muy grande.*

11 M68 El participio con la siguiente frase prepositiva, ἐλθόντες εἰς τὴν οἰκίαν, sencillamente significa: *entrando en la casa.*

13 R1088 Τοῦ con el infinitivo *ἀπολέσαι* se usa para expresar propósito (los ejemplos de ésto aparecen principalmente en Mateo, Lucas y Hechos).

BD321 *Φαίνεται* se usa como un presente histórico: *un ángel apareció.*

14 T235 El genitivo *νυκτός* significa: *durante la noche.*

15 R636 Ὑπό se usa para referirse al agente directo, y *δία*, para referirse al agente intermedio (comp. 1:22).

R1428 *Λέγοντες* sencillamente significa: *cuando dijo.*

B222 La cláusula introducida por *ἵνα* expresa propósito (comp. 1:22).

16 R834 Ἐθυμώθη se usa como aoristo de ingreso: *llegó a airarse.*

20 R392 El plural *τεθνήκασιν* esconde a propósito la identidad de la persona a quien se refiere (Herodes el grande; este es el plural de generalización --BD141).

B127 El participio de presente *οἱ ζητοῦντες* se usa como un imperfecto para denotar una acción continuada que antecede a la del verbo principal (comp. M206; *los que estaban buscando, han muerto*).

T75 El presente de imperativo *πορεύου* aparece aquí, donde uno esperaría el aoristo: *vete.*

22 R574 Ἀντί tiene la idea de sucesión, como un hijo sucede al padre en el trono.

23 TGr27 La declaración: *sería llamado un nazareno*, no es de hecho parte de ninguna profecía; aun puede ser una glosa de algún escriba o un comentario del evangelista (preferiblemente esto último).

T7 El plural *τῶν προθητῶν* sencillamente se refiere a Oseas.

## Mateo 3

2 R895 El perfecto del verbo *ἤγγικεν* se refiere a un acto que es duradero-definido, con una mirada retrospectiva: *está cerca.*

4 T41 En αὐτὸς δὲ ὁ Ἰωάννης, el pronombre está seguido por un sustantivo que lo resume: *Juan mismo* (enfático --BD277[3]).

7 R213 Γεννήματα tiene el sentido de *criaturas vivientes.*

R602 La preposición ἐπί expresa propósito: *para el bautismo.*

R848 El verbo ὑπέδειξεν puede traducirse: *ha advertido.*

T66 Los imperfectos (vv. 44 y sigs.) contribuyen a formar un cuadro vivo en el fondo del cual Juan pronuncia sus reprensiones (aoristo).

9 R834 Δόξητε se usa como un aoristo de ingreso (comp. Luc. 3:8): *no comiencen a pensar.*

BD392(1a) El infinitivo λέγειν es complementario del verbo principal: *no se formen la idea de decir.*

10 R881 El verbo en presente κεῖται tiene un sentido perfectivo: *el hacha está puesta a la raíz del árbol* (es decir; ha sido colocada allí; comp. T62).

M107 Πᾶν οὖν δένδρον μὴ ποιοῦν probablemente signifique: *todo árbol que no* (participio atributivo), y no: *todo árbol cuando* (πᾶν δένδρον significa: *cualquier árbol* --T199)

11 R520 La frase prepositiva ἐν ὕδατι se usa como un locativo: *en agua.*

R679 El pronombre αὐτός aquí es enfático; se refiere a ὁ ἐρχόμενος.

T266 Parece que εἰς tiene un sentido causal en este versículo: *por causa del arrepentimiento.*

12 R533 Πυρὶ ἀσβέστῳ puede usarse como un locativo o instrumental (probablemente con referencia al juicio que tendrá lugar en la venida del Mesías y por causa de ella [comp. v. 11]).

R575 El sustantivo compuesto ἀποθήκη significa: *un depósito donde se guardan algunas cosas.*

R581 Aquí el verbo compuesto διακαθαριεῖ tiene un sentido perfecto: *él limpiará por completo.*

13 T141 Τοῦ con el infinitivo denota la idea de propósito: *para ser bautizado.*

14 R234 En la frase πρός με, el pronombre es enfático (comp. T39).

R885 En el verbo διεκώλυεν el tiempo imperfecto se refiere a una acción que comenzó, pero se interrumpió (comp. B23: *deseó impedir* --T65).

T334 En este versículo, καί tiene el sentido de *sin embargo*, donde esperamos καὶ μήν, o καίτοι.

H302 En el verbo compuesto que aparece aquí, διά tiene una idea perfectiva; en realidad Juan iba a *detenerlo por completo*.

16 T25 Oἱ οὐρανοί en los vv. 16 y sigs. es un uso excepcional del plural; generalmente se usa el singular para indicar el sentido material del *cielo*.

17 R372 El adjetivo verbal ἀγαπητός tiene la idea de perfección: *amado*.

M7 El verbo aoristo εὐδόκησα significa: *yo apruebo* (es decir, *estoy complacido con*; se refiere a una reacción inmediata; comp. 2 Ped. 1:17).

## Mateo 4

1 R990 El infinitivo simple πειρασθῆναι tiene la idea de propósito: *para ser tentado*.

2 R1112 El participio de aoristo νηστεύσας denota la razón por la cual tenía el hambre que se expresa por el verbo principal: *porque ayunó*.

3 R871 Las frases υἱὸς τοῦ θεοῦ y ὁ υἱὸς τοῦ θεοῦ (Juan 1:49) no significan lo mismo. Υἱός no tiene artículo aquí porque es indefinido (υἱός no tiene artículo en los vv. 3 y 6 porque precede al verbo --T183). [Editor. Generalmente cuando un predicado nominal precede al verbo, no tiene artículo, aunque sea definido, como parece que ocurre aquí: *El Hijo de Dios*; comp. 14:33 y 27:40.]

B200 Ἵνα se usa para introducir una cláusula de complemento directo después del verbo de exhortación εἰπέ: *ordena que*.

4 R604 La preposición ἐπί tiene aquí la idea de fundamento: *vivir de pan.*

B68 El verbo ζήσεται parece que se usa como un futuro de imperativo (volitivo, el *hombre no vivirá*).

5 R756 Tὸ πτερύγιον no debe traducirse: *un pináculo.* Todo lo que se quiere decir descansa en el artículo: *el ala del templo desde donde se mira hacia el abismo.*

7 R874 'Εκπειράσεις se usa como un volitivo futuro: *no tentarás.*

R895 El verbo en perfecto γέγραπται significa: *se escribió* (acción definida) *y aún está escrito* (acción duradera).

9 R705 Sin duda hay alguna diferencia entre ταῦτα πάντα (aquí) y πάντα ταῦτα (en 6:32). En la primera expresión, πάντα es una especificación más cercana de ταῦτα; en la segunda, πάντα se señala de una manera demostrativa por medio de ταῦτα.

11 R847 Los tiempos son interesantes en este versículo: ἀφίησιν se usa como un presente histórico; προσῆλθεν (aoristo) comienza la acción; mientras que διηκόνουν (imperfecto) la continúa: *los ángeles vinieron y le servían.*

14 R222 Ἵνα denota propósito (comp. 1:22).

15 R500 El genitivo θαλάσσης significa: *por el mar* (*al mar* --T247).

18 R1190 En este versículo, γάρ introduce una explicación por medio de un apéndice al hilo del pensamiento.

23 T51 El verbo compuesto περιάγω significa: *ir por, recorrer.*

T211 Τῆς Βασιλείας se usa como un genitivo de complemento directo: *acerca del reino.*

## Mateo 5

1 R756 Tὸ ὄρος se refiere a la montaña, no a una montaña (la gran colina que se erguía como un trono detrás del mar).

2 R885 En el verbo ἐδίδασκεν, el tiempo imperfecto se refiere al inicio de la acción y significa: *comenzó a enseñar*.

3 R443 Las bienaventuranzas (en los vv. 3-12) no tienen conectivos en absoluto, y se expresan de la manera más efectiva por causa del asíndeton (es decir, la falta de conjunciones).

M46 ¿Qué significa *οἱ πτωχοὶ τῷ πνεύματι*? ¿Se refiere a un sentido espiritual; comp. Stg. 2:5 (*τῷ πνεύματι* se usa como un dativo de referencia --T221; un locativo --R523)? [Editor. En este versículo, *πνεῦμα* parece que se refiere a la vida interior del hombre (comp. Mar. 2:8 y Luc. 1:47). Parece que toda la frase significa: *los que son pobres en lo que se refiere a su vida interior*; esta actitud está en contraste directo con el orgullo farisaico basado en sus riquezas espirituales.]

7 R872 El verbo en futuro ἐλεηθήσονται tiene un sentido de ingreso: *obtener misericordia*.

8 T220 El dativo *τῇ καρδίᾳ* se usa como un dativo de referencia (locativo --R523). [Editor. Los significados resultantes: *con referencia al corazón*, y *en la esfera del corazón*, tienen connotaciones similares.]

10 T85 El tiempo perfecto se usa en *οἱ δεδιωγμένοι* por la tendencia a conectar una acción pasada con sus consecuencias en el presente: *quienes son perseguidos*.

12 M74 La preposición tiene un sentido de tiempo en *τοὺς πρὸ ὑμῶν*: *los que fueron antes de ustedes*.

13 R590 La preposición que aparece en *ἐν τίνι* tiene un sentido instrumental: *¿con qué?*

BD390(3) Aquí el infinitivo tiene la idea de propósito: *ser echada afuera y hollada*.

15 R757 En *τὸν μόδιον* ... *τὴν λυχνίαν*, el artículo distingue el almud y el candelero que están en el salón.

R1183 Se puede agregar *así* después de la conjunción en *καὶ λάμπει* (*καί* tiene un sentido consecutivo: *y así* --BD442[2]).

16 T72 Λαμψάτω parece que se usa como un aoristo de ingreso: *que la luz de ustedes comience a brillar.*

17 R833 El verbo ἦλθον se usa como un simple aoristo que expresa como un sólo hecho una acción realizada durante un tiempo (sólo para indicar el aspecto definido); describe el propósito de la misión de Cristo.

R857 Los infinitivos καταλῦσαι y πληρῶσαι se usan como aoristos efectivos (para destacar el fin de la acción): *no vine para destruir, sino para cumplir.*

TGr32 La prohibición aquí, está en tiempo aoristo y significa: *No piensen ni por un momento que he venido a destruir la ley.*

18 R405 Aquí el verbo singular παρέλθῃ con el sujeto compuesto destaca la totalidad.

BD474(sec. 1) Ἓν está aquí en una posición enfática; el énfasis está en el número, debido a la repetición.

19 T107 El tiempo aoristo de la cláusula relativa se refiere a una acción que antecede a la del verbo principal: *será llamado pequeño, el que (para ese tiempo haya) suavisado.*

20 R666 Note la elipsis en este versículo: *que la de los escribas y fariseos* (el uso de πλεῖον intensifica la comparación --BD246).

21 R844 El verbo en aoristo ἠκούσατε debe traducirse: *Ustedes han oído* (similar al perfecto: *Ustedes han oído que se dijo a los antiguos*; se refiere sin duda a las frecuentes ocasiones en las cuales ellos habían oído tales enseñanzas en la sinagoga --B52).

R889 Οὐ φονεύσεις se usa como un futuro volitivo-duradero en los vv. 21, 27, 33 y 48: *No matarás* (una prohibición).

MT186 El aoristo de subjuntivo φονεύσῃ tiene el sentido de un futuro perfecto: *el hombre que ha cometido asesinato.*

24 R428 La ausencia de una conjunción entre ὕπαγε y διαλλάγηθι da vida y movimiento a la expresión: *vé, reconcíliate primero.*

TGr30 La última parte de este versículo debe traducirse: *reconcíliate primero, una vez y por todas (aoristo) con tu hermano, y entonces ven y ofrece (presenta) tantas ofrendas como quieras* (*entonces puedes reanudar la acción* --BD336[3])

25 B330 Ἕως ὅτου es en efecto una conjunción compuesta que tiene la misma fuerza de la conjunción simple ἕως (*mientras* --T110).

BD353(1) Parece que el participio εὐνοῶν es perifrástico, pero en realidad es adjetival (es perifrástico --MT249). [Editor. Parece que hay poco apoyo para separar el participio del verbo, al tomar al participio como adjetival, ya que el participio depende del verbo y juntos significan: *hacerse amigos*.]

28 R1003 Πρὸς τό con el infinitivo puede expresar la idea de propósito o la de resultado (de propósito, a menos que sea un explicativo de βλέπων --R1075; simple acompañamiento, *y* --T144; *con respecto a* --BD402[5]; explica a βλέπων --MT218). [Editor. En este contexto, πρὸς τό con el infinitivo se refiere al resultado que surge de un conjunto de circunstancias, con el significado resultante: *el que mira a una mujer de tal manera que se le despierte el deseo de tenerla* (comp. el uso de πρός con el acusativo en 1 Cor. 14:26; Col. 2:23 y Juan 4:35). En esta interpretación es un explicativo de βλέπων.]

T73 Ἐμοίχευσεν se usa como un aoristo gnómico, es decir, se refiere a un hecho bien conocido.

29 R992 Aquí la cláusula introducida por ἵνα se usa como el sujeto de συμθέρει (comp. B214): *para ti es mejor que ...*

R1018 La condición expresada por εἰ σκανδαλίζει se considera como una realidad presente (comp. Mar. 9:43-47): *puesto que*.

T32 Καὶ μή expresa la idea de comparación (comp. BD442[1]).

T42 El pronombre personal simple aparece en la frase ἀπὸ σοῦ, en vez de un pronombre reflexivo: *de ti mismo*.

31 MT186 Ἀπολύσῃ no denota tanto poner en práctica, como la determinación de hacerlo.

32 M103 Πᾶς ὁ ... αὐτοῦ significa: *cualquiera que se divorcia de su esposa* (comp. la cláusula relativa).

T107 Parte de este versículo debe traducirse: *el que se divorcia de su esposa la hace una adúltera* (es decir, *el que se ha divorciado*; el participio de presente ἀπολύων se refiere a una acción anterior a la del verbo principal.

34 R1094 El infinitivo de aoristo, μὴ ὀμόσαι expresa un mandato

indirecto: *pero yo les digo que no juren en absoluto.*

TGr31 Jesús usa el tiempo aoristo para prohibir que se jure por el cielo, etc. Por alguna razón, sus oyentes probablemente ya habían renunciado al juramento (a través de la enseñanza de Juan el Bautista); el mandamiento de Jesús ordenaba que ellos nunca volvieran a esa práctica.

BD445(1) La repetición de negativos en este contexto tiene el siguiente signficado: *no juren en absoluto ... (en particular) ni ... ni ...* (es decir, aquí *μήτε* equivale a *μηδέ*).

35 R594 Después de *ὀμόσαι*, *εἰς* con el acusativo tiene el sentido de un dativo (*por* --T255).

37 M42 El genitivo en *τὸ δὲ περισσὸν τούτων* se usa para expresar comparación; significa: *cualquier cosa que sea más que esto* (es decir, *en exceso*).

38 R573 En *ὀφθαλμὸν ἀντὶ ὀφθαλμοῦ* hay una equivalencia exacta (*ojo por ojo*).

39 T77 El aoristo de imperativo *στρέψον* se usa como un precepto válido hasta la venida de Cristo (comp. BD337[2]; comp. también con los vv. 40 y 42).

42 R809 El aoristo de infinitivo *δανίσασθαι* significa: *tener dinero que le ha sido prestado* (es decir, *tomar prestado*).

43 R646 El adverbio *πλησίον* aparece con el artículo y se usa como un sustantivo, y significa: *prójimo*.

R943 El futuro de indicativo *ἀγαπήσεις* y el presente de imperativo *ἀγαπᾶτε* (v. 44) parecen equivalentes (comp. BD362).

44 T86 Las citas del A.T. a menudo usan el futuro para expresar mandatos (comp. v. 43); pero los propios mandatos de Jesús emplean el imperativo.

45 R801 El verbo *ἀνατέλλει* es estrictamente causativo (*hace que salga* --T53; paralelo de *hace que llueva* --BD309[1]).

46 R1181 En *καὶ οἱ τελῶναι*, y *καὶ οἱ ἐθνικοί*, la conjunción *καί* tiene un sentido de ascenso: *también*.

M122 La pregunta final de este versículo debe traducirse: *¿No hacen lo mismo los ...?* ((es decir, *la misma cosa* --*αὐτό*).

47 MT186 El aoristo de subjuntivo tiene el sentido de un futuro perfecto: *si ustedes sólo han saludado* (es interesante el cambio del aoristo al presente --R1019).

## Mateo 6

1 R1003 Πρὸς *τό* con el infinitivo expresa aquí la idea de propósito (*para ser vistos por ellos* --M140).

R1172 Μήγε es un intensivo compuesto negativo (*γε* aparece aquí simplemente para fortalecer las otras palabras --M164).

H471 En los vv. 1 y sigs., *δικαιοσύνην ποιεῖν* significa: *dar limosna* (semítico).

2 R687 En este versículo se usa *σοῦ* en vez de un pronombre reflexivo (comp. T42): *delante de ti*.

R853 La prohibición en aoristo *μὴ σαλπίσῃς* significa: *no comiences a tocar* (*por ningún motivo toques una trompeta delante de ti cuando des limosna* --TGr32).

R866 En los vv. 2, 5 y 16, la combinación del presente con sentido de aoristo y el uso perfectivo de *ἀπό* (en *ἀπέχουσι*) hace muy viviente la descripción: *los hipócritas*.

MT186 El tiempo presente en *ὅταν ποιῇς ἐλεημοσύνην* tiene un sentido duradero: *cuando estés dando limosnas*.

4 T334 Καί parece que significa: *porque* (comp. Dan. 10:17; un uso consecutivo, semítico --H422).

5 R552 Algunos gramáticos consideran que en *φιλοῦσιν ... προσεύχεθαι*, podemos traducir: *orar alegremente*. ¿Pero qué ventaja tiene esto sobre *aman el orar, son aficionados a orar?*

R874 Ἔσεσθε se usa como un futuro volitivo (comp. 1:21): *ustedes serán*.

R963 La oración causal con *ὅτι* es coordinada (*y cuando tú oras, no seas como los hipócritas; porque ellos aman estar en pie y orar en las sinagogas y ...* [comp. el v. 16, donde en una oración similar, se usa *γάρ* en vez de *ὅτι*] --B231; comp. Luc. 11:32).

6 R1186 Note el constraste indicado por σὺ δέ.

T77 El aoristo de imperativo εἴσελθε se usa como un precepto válido hasta la venida de Cristo. (comp. 5:39).

7 R589 La preposición ἐν aquí indica la causa (*por [medio de] sus muchas palabras* --M77; *por causa de* --T253). [Editor. Hay una línea muy fina entre el uso instrumental y el uso causal de ἐν, a menudo se funden en uno, como ocurre en este caso.]

9 R459 Note que el nominativo está aquí en aposición con el vocativo (comp. T35): *Nuestro Padre, el que está en el cielo.*

BD277(1) Ὑμεῖς aparece aquí con el imperativo para dar algún grado de hincapié (en contraste con los gentiles).

10 R1181 Aquí καί significa: *precisamente así* (o *así también*).

T75 El aoristo de imperativo ἐλθέτω significa: *continúe viniendo* (el reino ya está presente como un grano de semilla).

11 BD123(1) La mejor explicación de ἐπιούσιος consiste en suponer que hay una sustantivación de ἐπὶ τὴν οὖσαν (inserte ἡμέραν); con el siguiente significado: *(determinado) para cada día.*

M135 Lucas usa el presente de imperativo δίδου (11:3), mientras que Mateo usa el aoristo δός porque agrega σήμερον: *danos hoy.*

12 T37 El pronombre ἡμεῖς tiene aquí un hincapié definido.

BD453(2) Ὡς tiene un sentido causal (comp. R963): *como*, o *porque.*

13 R653 Τοῦ πονηροῦ no se refiere al mal en general, sino que aparentemente quiso decir διάβολος (es decir, *el maligno*).

16 B457 El participio νηστεύοντες se usa como el sujeto del verbo φανῶσιν (no sólo se los debe tener en cuenta a ellos, sino también su ayuno; comp. v. 18).

17 T37 El pronombre σύ aquí tiene énfasis.

18 R589 La frase prepositiva con ἐν tiene la idea de manera: *quien ve secretamente.*

BD414(3) El participio νηστεύων se agrega al sujeto del verbo (comp. v. 17): *Para que los hombres no vean que ayunas.*

19 R853 El tiempo presente que se usa en la prohibición *μὴ θησαυρίζετε* indica que ellos ya estaban haciendo tesoro en la tierra.

22 R768 Cuando el artículo aparece con el sujeto y el predicado nominal, ambos son definidos, se tratan como idénticos, son intercambiables, como ocurre en este caso (el predicado nominal [*ὀφθαλμός*] tiene el artículo por cuanto es un ejemplo notable: *Sólo el ojo es la luz del cuerpo* --T183).

24 R573 El verbo compuesto *ἀνθέξεται* tiene un significado interesante: *adherirse a, aferrarse a, agarrarse uno mismo de frente con.*

25 R539 Τῇ *ψυχῇ* se usa como un dativo de ventaja: *por la vida de ustedes.*

R853 La prohibición en presente *μὴ μεριμνᾶτε* implica que ellos ya estaban ansiosos.

26 R581 Realmente el verbo compuesto *διαφέρω* significa: *estar aparte, diferir.*

BD246 El comparativo se intensifica por *μᾶλλον*: *de más valor.*

27 R1128 En el participio *μεριμνῶν* la idea de manera se desvanece en favor de la idea de instrumento: *mediante la manifestación de la ansiedad* (comp. B443: puede significar: *por la preocupación,* o *aunque se preocupe* [condicional] --MT230. [Editor. Parece que el participio está describiendo el medio por el cual no se logra ningún beneficio.]

28 T76 El aoristo de imperativo *καταμάθετε* se refiere a un mandato ahora, de una vez por todas: *mirar los lirios,* probablemente durante una caminata por los campos.

29 R807 *Περιεβάλετο* se usa aparentemente como un verbo en voz media directa: *se vistió.*

30 T115 La cláusula condicional con *εἰ* y el indicativo tiene aquí el significado siguiente: *puesto que El la viste.*

32 R403 Usualmente en el N.T. un sustantivo neutro plural que tenga un significado personal o colectivo tiene un verbo en plural (ἔθνη: *los gentiles*, comp. T313).

R419 En πάντα ταῦτα, la primera palabra tiene el énfasis (comp. 4:9 y Luc. 12:30): *todas estas*.

34 TGr30 Jesús usa el tiempo aoristo en esta prohibición, porque lleva esta discusión particular a su final (comp. R853) y sus palabras se refieren al futuro. En este momento, su presencia y su discurso pudieran haber calmado los temores de ellos, y El les dice que no permitan que esto les vuelva a ocurrir. *Nunca comiencen de nuevo a estar ansiosos. El mañana cuidará de sí mismo*.

## Mateo 7

1 R890 La prohibición en presente μὴ κρίνετε se usa para prohibir una acción que ya está ocurriendo: *dejen de juzgar*.

2 R590 La preposición ἐν tiene un sentido instrumental: *con*, o *por*.

3 R685 El pronombre posesivo (τῷ σῷ) aparece cuando pudo haberse usado un pronombre reflexivo (el adjetivo posesivo tiene un sentido reflexivo --T191): *tu propio*.

4 R931 En la primera persona singular, el N.T. siempre usa ἄφες, o δεῦρο con el subjuntivo exhortativo. (comp. Luc. 6:42: *permíteme* --MT176).

5 R1088 El infinitivo ἐκβαλεῖν tiene la idea de propósito: *para sacar*.

6 R1185 Μηδέ aparece aquí con un sentido de continuidad (continuando la negación): *y no*.

TGr32 El tiempo aoristo se usa en una prohibición categórica: *De ninguna manera den a los perros*.

BD111(3) El sustantivo κύνες se usa para designar hombres profanos.

11 R1053 En *οἴδατε διδόναι*, la construcción con el infinitivo significa: *ustedes saben cómo dar.*

R1129 El contexto sugiere la idea adversativa (es decir es un participio concesivo) en *πονηροί ὄντες* (comp. T157): *aun siendo malos.*

12 R427 En este versículo, *ὅσα ἐὰν θέλητε* es una oración adjetival que describe a *πάντα*, lo cual da como significado: *todas las cosas, las que ustedes deseen.*

T107 El tiempo presente es interesante en este versículo. El verbo principal significa: *hagan así con ellos*; y la cláusula relativa significa: *lo que ustedes deseen que ellos les hagan* (es decir, en el momento cuando ustedes estén haciéndoles esto a ellos).

13 B124 El participio de presente *οἱ εἰσερχόμενοι* tiene un sentido genérico y se refiere a una clase distinta de personas (comp. *οἱ εὑρίσκοντες* en el v. 14): *los que están entrando por ésta.*

14 BD299(4) *Τί* tiene un sentido adverbial: *como* (el mejor texto incluye *ὅτι* con un sentido causal --R730). [Editor. Parece que el texto que incluye *τί* cuenta con el mayor respaldo de los manuscritos. Parece que significa: *¡cuán estrecha es la puerta!*]

15 R589 La preposición *ἐν* tiene la idea de acompañamiento: *con.*

17 M8 El tiempo presente se usa aquí con un sentido gnómico (para introducir una máxima o una generalización): *Un buen árbol [siempre] da buen fruto* (comp. B12).

20 R1148 La partícula *ἄρα γε* tiene aquí una fuerza de clímax (es claramente ilativa --R1190; comp. con 6:1): *como resultado.*

21 R752 *Οὐ* sólo niega aquí el significado de *πᾶς*. Jesús dijo que no todos entrarían (la dureza de *οὐ πᾶς* es mitigada por la cláusula positiva con *ἀλλά* que sigue, la cual contiene el significado principal de la oración --T196).

23 MT174 El verbo *ἀποχωρεῖτε* puede tener casi un sentido de ingreso aun en el tiempo presente: *apártense.*

H469 En este caso parece que *ὅτι* significa: *ciertamente.*

24 R727 Πᾶς ... ὅστις es indefinido: *cualquiera que oye.*

25 B2202 En el verbo compuesto προσπίπτω, πρός tiene un sentido muy literal: *caer ante.*

26 T151 Πᾶς ὁ ἀκούων significa: *cualquiera que oye.*

27 R532 La preposición ἐπί tiene aquí un sentido causal: *por*, o *a causa de esta enseñanza.*

## Mateo 8

2 R1018 El verbo presente en ἐὰν θέλῃς es de concepto futuro (un sentido viviente de necesidad presente --R1019; *si tú deseas [pero con modestia lo dejo a tu disposición]* --BD372).

T65 El verbo imperfecto προσεκύνει significa *petición.*

4 R595 La preposición εἰς en este versículo tiene la idea de propósito: *para.*

R854 El imperativo ὅρα se usa casi como una partícula que agrega fuerza a la declaración: *Mira que no hables con nadie.*

8 R653 El adjetivo neutro μόνον tiene aquí un uso adverbial y significa: *sólo* (contraste con μόνος en 14:23).

R681 Note aquí la posición de μοῦ (comp. T189; los pronombres no enfáticos [enclíticos] tienden a ser colocados tan cerca del comienzo de la oración como sea posible --BD473[1]).

M65 La preposición ὑπό se usa en este versículo con el acusativo para expresar un movimiento debajo: *no soy digno de que entres bajo mi techo.*

BD442(2) Καί, en la última parte de este versículo, tiene un sentido consecutivo: *entonces.*

9 BD336(1) El aoristo de imperativo πορεύθητι significa: *vé*, mientras que el presente de imperativo ἔρχου puede significar: *ven conmigo.*

10 R844 Εὗρον debe traducirse: *he encontrado* (comp. 5:21).

11 R357 El verbo futuro en voz pasiva ἀνακλιθήσομαι no tiene sentido pasivo (es posible encontrar aquí un sentido pasivo -R819). [Editor. Generalmente en el N.T. la forma pasiva de este verbo sencillamente significa: *yacer*, o *reclinarse para una comida*, sin ninguna idea de voz pasiva. Aparentemente éste es el significado del verbo aquí (comp. 14:19 y Mar. 6:39)].
T26 Los sustantivos que indican dirección generalmente aparecen en plural en el griego bíblico, como ocurre aquí con ἀνατολῶν y δυσμῶν: *este* y *oeste*.

12 T29 El adjetivo comparativo ἐξώτερος se usa en lugar de un verdadero superlativo: *más lejanas*.
T173 En la última parte de este versículo, el artículo ὁ tiene la idea de: *ese memorable*, o *el mayor de todos*.

16 R533 Λόγῳ se usa como un dativo de medio: *con una palabra*.
R653 Debe insertarse el sustantivo ὥρα con ὀψίας: *la última hora*.

17 R1428 El participio λέγοντος sencillamente significa: *cuando dijo*.
T40 El pronombre αὐτός tiene la idea de énfasis: *él mismo llevó*.

19 R674 Εἷς se usa como artículo indefinido: *un escriba* (no debemos seguir la idea de Meyer [en el comentario respectivo], quien dice que εἷς nunca se usa en el N.T. con el sentido de τις; es peligroso introducir sutilidades exegéticas en el N.T., en contraste con la historia conocida del griego koiné --MT97; comp. M125).

20 R757 El artículo τοῦ, en ὁ υἱὸς τοῦ ἀνθρώπου, se usa con un sentido representativo de toda la clase; de modo que Jesús se llama a Sí mismo: el Hijo de la Humanidad.

21 T334 Καὶ tiene un sentido final (consecutivo --H422). [Editor. En algunas ocasiones, la mente judía no distinguía entre propósito y resultado (comp. Rom. 1:20). Καί con el infinitivo puede introducir la idea de resultado intencional, pero no resultado real.]

24 R679 Hay aquí un evidente énfasis fuerte en el pronombre αὐτός.
R883 Note el imperfecto narrativo ἐκάθευδεν (*El se mantuvo*

*durmiendo hasta que finalmente* ἤγειραν αὐτόν --T66).

25 R941 El imperativo σῶσον tiene más la idea de petición que la de mandato.

MT114 El verbo compuesto ἀπολλύμεθα tiene el sentido de una perdición inevitable, según las condiciones visibles; aunque la historia subsiguiente indica que fue impedida.

27 T318 Ὅτι casi tiene aquí un sentido consecutivo: *de tal manera que*.

28 M141 Ὥστε con el infinitivo tiene un sentido consecutivo (que indica el resultado; puede ser potencial y no real).

BD291(3) El pronombre ἐκείνης designa algo antes mencionado; en este caso se refiere a la morada de los endemoniados, pues el camino en sí aún no había sido mencionado.

29 M74 La frase temporal πρὸ καιροῦ significa: *demasiado pronto*.

TGr43 El contexto exige que la pregunta de este versículo tenga el siguiente significado: *¿Por qué nos atormentas?*

31 R948 El imperativo ἀπόστειλον tiene la idea de súplica (*envíanos*) y ὑπάγετε (v. 32) denota permiso (*vayan*).

B256 La suposición general expresada con εἰ ἐκβάλλεις ἡμᾶς es de carácter futurista: *Si nos echas fuera*.

32 R570 Κατά se usa aquí con el genitivo ablativo: *por un despeñadero* (*por* --M60; la preposición tiene un sentido local: *sobre y hacia abajo* --BD225). [Editor. En realidad todas esas explicaciones son similares. Dentro del contexto, esta preposición se usa con un genitivo de lugar: *ellos se apresuraron hacia abajo (desde) la orilla.*]

34 R995 Ὅπως introduce una pregunta indirecta después del verbo παρεκάλεσαν: *le rogaron que*.

M70 La preposición εἰς tiene aquí un sentido de consecuencia final: *con miras a*, o *con el resultado de que* (comp. 25:1).

Mateo 9

1 R691 ’Ἰδίαν se usa como un pronombre reflexivo: *su propia ciudad* (aquí hay un énfasis definido --R692; comp. MT90).

2 T64 El verbo presente ἀφίενται tiene un sentido definido: *con esto tus pecados reciben perdón.*

5 R1190 La partícula γάρ denota aquí un grado de desdén.

8 R409 En este versículo hay un doble sentido en δόντα, pues Jesús tenía la ἐξουσίαν de una manera en que no la tenían los ἀνθρώποις que recibían el beneficio de ella.

13 R1429 El primer οὐ de este versículo niega el significado del verbo θέλω, que está implícito: *Deseo misericordia, y no sacrificio.*

15 T208 Υἱός se usa de manera figurada con un sustantivo en el genitivo para expresar cierta cualidad: *los amigos del novio.*

17 R1025 Eἰ δὲ μήγε es una frase tan fija que aparece aun cuando la oración que precede es negativa; significa: *de otra manera.*

18 T330 Aquí, antes del mandato, ἀλλά debe traducirse como una interjección: *bien* (comp. Mar. 9:22).

20 B131 El participio de presente αἱμορροοῦσα se refiere a una acción pasada que aún está en progreso: *una mujer que había estado sangrando durante doce años.*

21 TGr33 Cuando Jesús habló a la víctima de la hemorragia sobre su salud real, usó el tiempo perfecto deliberadamente. El dijo, en efecto: *Has recibido sanidad y ahora estás con perfecta salud. Tu fe ha logrado esto.* Luego se usa el tiempo aoristo, cuando el evangelista vuelve a pensar en el evento y lo registra históricamente: *En ese mismo momento la mujer recibió sanidad.*

25 B53 El verbo en aoristo ἐξεβλήθη debe traducirse como un

pluscuamperfecto (antecede a otro verbo en aoristo): *cuando la multitud había sido echada fuera.*

29 R609 La preposición *κατά* se usa para introducir una norma o regla de medida.

34 M77 'Εν tiene aquí un sentido instrumental: *Por medio del príncipe de los demonios* (comp. BD219[sec. 1]).

35 BD150 El verbo compuesto *περιάγω* significa: *recorrer por un área.*

36 M62 y sig. Περί tiene un sentido metafórico en la cláusula *ἐσπλαγχνίσθη περὶ αὐτῶν*, y significa: *se conmovió de compasión hacia ellos.*

38 R995 Ὅπως introduce una pregunta indirecta después del verbo *δεήθητε* (comp. 8:34 y T106): *oren que.*

## Mateo 10

1 R500 'Εξουσίαν con el genitivo significa aquí: *autoridad sobre.*
R809 El participio *προσκαλεσάμενος* presenta a Jesús como el que llama a los discípulos a Sí mismo.
R1089 Ὥστε con el infinitivo tiene en este versículo la idea de propósito; significa: *para que*, no *de tal manera que* (comp. M140 y T136; denota tendencia o resultado intencional como tal: *echarlos fuera* --B371).

2 R657 Πρῶτος se usa aquí como un adjetivo, y se refiere al hecho de que el primero de la lista es Simón.

4 R859 El participio de aoristo con artículo *ὁ παραδούς* se refiere a un acto pasado con respecto al tiempo en que se escribe, aunque futuro con respecto a la acción del verbo principal (comp. B142: *Judas, quien había de traicionarlo* --T80).

5 R500 En *ὁδὸν ἐθνῶν*, el genitivo tiene un sentido objetivo: *el camino de los gentiles.*

6 R881 El participio de perfecto *ἀπολωλότα* se usa en el N.T. como un presente: *la oveja perdida*.

7 H469 En este contexto parece que *ὅτι* tiene la idea de afirmación: *en verdad* (comp. 7:25).

8 R488 *Δωρεάν* se usa como un acusativo adverbial: *gratuitamente*, o *como un regalo*.

9 R810 *Κτήσησθε* significa: *provean para ustedes mismos*.

MT125 La prohibición en aoristo *μὴ κτήσησθε* sería respondida con las palabras: *evitaremos hacer eso*.

13 R948 La idea de permiso es aparente en este imperativo: *la paz de ustedes repose sobre ella*.

14 TGr89 El acusativo con *ἀκούσῃ* indica aquí que no es suficiente que los amos de casa sólo escuchen a los apóstoles, sino que tienen que prestar atención y entender.

18 R1185 *Δὲ καί* significa: *y también*.

19 BD368 El sujeto de *δοθήσεται* es *saber*.

21 R403 El sujeto plural neutro *τέκνα* tiene un verbo plural porque *τέκνα* tiene un sentido personal (comp. 6:32).

23 R776 *Εἰς τὴν ἑτέραν* significa: *la próxima* (forma incorrecta).

24 R632 En este versículo, la preposición *ὑπέρ* tiene el sentido metafórico de *por encima*, o *sobre*.

25 B214 *Ἵνα* introduce una cláusula que se usa como el sujeto del verbo impersonal *ἀρκετόν*: *es suficiente ... que*.

26 T77 En este versículo esperaríamos el tiempo presente, ya que el contexto requiere la traducción: *dejen de temer*.

28 R473 *Φοβεῖσθε ἀπό* imita el idioma hebreo, que mejor se traduce: *tengan temor de* (comp. H460).

BD44(3) *Καὶ ψυχὴν καὶ σῶμα* significa: *aun el alma y el cuerpo*.

29 R751 La expresión ἓν ... οὐ es claramente enfática: *ni uno*.
M39 El genitivo ἀσσαρίου significa: *por un cuarto*.
M82 Ἄνευ con el genitivo quizá signifique: *sin el conocimiento* o *permiso de*.

31 R853 La prohibición en presente μὴ φοβεῖσθε significa: *dejen de temer*.

32 R957 Ὅστις es indefinido en los vv. 32 y sigs. (derivado del sentido de τις): *cualquiera*.
R588 El uso de ἐν después de ὁμολογέω se debe aparentemente a una traducción literal del arameo (comp. MT104; sencillamente significa: *reconocer [a alguien]* --M183).

35 R581 El verbo compuesto διχάξω significa: *poner en desaveniencia (partir en dos)*.
M143 y sig. El infinitivo que aparece en ἦλθον γὰρ διχάσαι es perfectamente representado por el simple infinitivo en español y es igualmente ambiguo. ¿Es una hipérbole desagradable que pareciera significar: *yo vine (con el propósito) de ... ?* En cualquier caso, su signficado básico, literal, realmente tiene que ser consecutivo (es decir, expresa resultado).

37 R633 La preposición ὑπέρ tiene sentido comparativo: *más que*.

41 M79 La preposición εἰς tiene aquí un sentido causal: *porque es un profeta* (ὄνομα da a entender la idea de uno que tiene el nombre o carácter de profeta --R649).

## Mateo 11

1 B459 El participio διατάσσων se usa como el complemento directo del verbo ἐτέλεσεν: *Cuando Jesús hubo terminado de instruir a sus discípulos*.
TGr150 Se omite el antecedente del pronombre αὐτῶν: *sus ciudades* (es decir, en las ciudades de otras personas).

2 BD420(2) Πέμψας εἶπεν aquí significa: *le envió un mensaje*.

3 T63 El participio de presente ὁ ἐρχόμενος tiene un sentido futuro: *el Mesías.*

6 T253 La preposición ἐν tiene en este versículo un sentido causal: *por*, o *por causa de mí.*

7 R1088 Los infinitivos θεάσασθαι e ἰδεῖν en los vv. 7 y sigs. tienen el sentido de propósito (comp. T134): *a observar ... a ver.*

9 R1150 Ναί introduce una cláusula y significa: *ciertamente.*

10 BD378 La cláusula en futuro tiene aquí un sentido final (el mensajero es enviado con el propósito de preparar el camino).

11 T29 El adjetivo comparativo μικρότερος se usa aquí como un verdadero superlativo (este adjetivo significa: *más joven* [¿se refiere posiblemente a Jesús?] --BD1[2]). [Editor. La principal preocupación de Cristo no era hacer que la gente tuviera un alto concepto de El, sino lograr un mayor aprecio para el reino. En consecuencia, el adjetivo μικρότερος se refiere a cualquiera en el reino, con el sentido superlativo resultante (comp. el uso similar de μικρότερος en 13:22 y Luc. 9:48).]

12 TGr59 Aunque el verbo βιάζεται es generalmente deponente (o defectivo) aquí tiene un sentido pasivo: *el reino sufre violencia.*

16 T86 El futuro deliberativo ὁμοιώσω significa: *¿he de comparar?*

19 T258 La preposición ἀπό tiene aquí un sentido causal (comp. M461).

20 M95 Ai πλεῖσται δυνάμεις αὐτοῦ estrictamente debe significar: *sus muy grandes milagros* (es decir; un superlativo intensivo; comp. R670; es un superlativo que intensifica); pero el contexto hace que sea probable el significado: *la mayoría de sus milagros*, como si αἱ πλεῖσται τῶν δυναμένων αὐτοῦ, estuviera en una posición pronominal con πλεῖσται (aquí el adjetivo se usa como un superlativo intensivo; de modo que Jesús censura a las ciudades en las cuales fueron hechas *sus muchísimas obras muy poderosas* --TGr34; *numerosas* --BD245[1]). [Editor. Generalmente

en el N.T., el plural de πλεῖστος tiene el sentido de *la mayor parte*, o *la mayoría de*, como parece que es el sentido en este versículo (comp. Hech. 27:12).]

21 B142 El participio aoristo αἱ γενόμεναι se refiere a un evento pasado con referencia al tiempo en que se escribe, pero futuro con referencia a la acción del verbo principal (comp. 10:4): *que fueron hechos entre ustedes*.

22 R646 Πλήν se usa como una conjunción adversativa: *pero*.

23 T37 El pronombre σύ aparece aquí sin mucho énfasis.

25 MT136 Los verbos aoristos que aparecen aquí tienen el sentido del perfecto: *has escondido ... has revelado*.

27 R682 Aquí puede haber énfasis aunque se use la forma corta del pronombre (μοῦ).
T107 La última parte de este versículo debe traducirse: *a quien el Hijo ha dispuesto* (de tiempo en tiempo; presente) *a revelarlo*.

28 R235 En πρός με, el pronombre es enfático (comp. 3:14).
R873 El verbo futuro ἀναπαύσω puede tener en español un sentido predictivo o volitivo; (solemnemente predictivo --B65). [Editor. Parece que este verbo tiene un sentido predictivo que depende del mandato anterior: *yo les daré descanso*. (La traducción de Robertson, con sentido volitivo, no es adecuada).]

29 R687 El pronombre personal que se usa en ἐφ' ὑμᾶς se usa como un pronombre reflexivo: *sobre ustedes mismos*.

## Mateo 12

1 T27 El plural σάββασιν significa *sábado* en los vv. 1 y 5.

3 R844 Para traducir el verbo aoristo ἀνέγνωτε al español se requiere el tiempo perfecto: *¿No han leído ustedes?*

4 R611 Τοῖς μετ' αὐτοῦ se refiere a los acompañantes o seguidores de

uno (compañeros; comp. *οἱ μετ' αὐτοῦ* en el v. 3).

R1032 Πῶς se usa aquí en una pregunta indirecta: *cómo el entró* (en vez de ὅτι; comp. Mar. 2:26).

M27 En *ὃ οὐκ ἐξὸν ἦν αὐτῷ φαγεῖν* parece ser una construcción combinada: el relativo ὅ, que se refiere al acto de comer los panes, es el sujeto de *ἐξὸν ἦν*; y luego *φαγεῖν* aparece como un sujeto reiterado, aunque la oración había comenzado con *ἀλλά*, o *καίπερ* y no con ὅ (*εἰ μή* se usa en vez de *ἀλλά* --H468).

6 T21 Parece que *μεῖζον* significa: *algo más grande*.

7 R904 El verbo *ἐγνώκειτε* se encuentra en el tiempo imperfecto y se usa con el sentido de pluscuamperfecto *si ustedes hubieran sabido*; comp. MT148).

10 R1176 Εἰ se usa aquí para introducir una pregunta directa: *¿Es legal ...?*

T195 En este versículo *ἄνθρωπος* se usa en lugar de *τις*: *cierto individuo*.

12 R292 Πόσῳ se usa como un pronombre interrogativo directo en una oración cuantitativa, y significa: *¿cuánto?*

M144 Ὥστε se usa como una partícula de inferencia, y significa: *y así, por tanto* (comp. 19:6; *así que* --R999).

14 B207 Ὅπως se usa en una cláusula de complemento directo con el significado: *que* (similar a una deliberada pregunta indirecta).

17 R1428 El participio λέγοντος sencillamente significa: *al decir* (comp. 8:17).

18 B55 El verbo en aoristo *εὐδόκησεν* aparentemente se refiere al tiempo pasado (comp. 3:17; el tiempo perfecto del hebreo se representa por medio del aoristo griego --H458).

T43 Ἡ *ψυχή μου* equivale a *ἐγὼ αὐτός*: *yo mismo*.

21 T238 El dativo aparece aquí con ἐλπίζω, con el significado resultante: *esperar en* (comp. Isa. 42:4).

24 BD219(1) Ἐν tiene un sentido instrumental: *por medio de*.

T152 El participio atributivo tiene que distinguirse de una simple aposición. Así que *οἱ δὲ φαρισαῖοι ἀκούσαντες* no significa: *los fariseos que oyeron*, sino *cuando ellos oyeron*. [Editor. En verdad este no es un participio atributivo sino adverbial. La traducción temporal de Turner es consecuente con esta observación.]

25 R1116 El participio perfecto *εἰδώς* tiene una idea lineal similar al tiempo presente: *sabiendo*.

26 R602 'Ἐπί tiene la idea de hostilidad: *contra* (comp. el v. 25).
R1008 En *εἰ ὁ ... ἐμερίσθη* hay un cambio de tiempo en la apódosis. *El ya estaba dividido contra sí mismo, en ese caso, antes de echarse a sí mismo*. Pero el tiempo aoristo tal vez sólo se deba a un rápido cambio de punto de vista que se ha producido (en realidad es un aoristo atemporal). Este punto es también notable en el v. 28.

27 R1008 Εἰ con el indicativo en este versículo se refiere a una suposición que en realidad no es cierta, aunque Jesús la asume como verdad para los efectos del argumento.

30 R611 La preposición *μετά* se ha desarrollado hasta que exprese la idea de seguidores o participantes.

31 R494 'Η *τοῦ πνεύματος βλασφημία* significa: *la blasfemia del Espíritu*. Por el contexto sabemos que se refiere a la blasfemia contra el Espíritu, aunque el genitivo solo no significa *contra*.

32 R1165 El negativo *οὐ* es amplificado aquí por medio de *οὔτε ... οὔτε* (para destacar la condenación de ellos).

36 R436 Observe como *ὅτι πᾶν ῥῆμα* es atraído por *περὶ αὐτοῦ* (un sujeto dejado en suspenso; o *πᾶν ῥῆμα ἀργόν* es un uso no común del nominativo, o es un acusativo atraído hacia el pronombre *ὅ* --M30). [Editor. Es más probable considerarlo como un acusativo atraído hacia el pronombre *ὅ*, y conjuntamente constituyen el complemento directo de *λαλήσουσιν* (comp. la explicación de Robertson).]

38 R579 La preposición ἀπό tiene un sentido similar a ὑπό: *por*.

39 T214 El genitivo apositivo aparece en la frase τὸ σημεῖον Ἰωνᾶ, con el significado: *la señal que fue Jonás* (comp. TGr60).

41 R593 La preposición εἰς tiene aquí el sentido de ἐν. Es absurdo tomar a εἰς como si significara *hacia*, *sobre*, o aun *a* (similar a ἐν:*en la predicación* --M204; εἰς tiene un sentido causal; se arrepintieron por causa de la predicación de Jonás --T255). [Editor. La traducción: *arrepentirse a la predicación*, es similar a una traducción causal (comp. Luc. 11:32 y Rom. 4:20).]

42 BD253(5) La palabra νότου sin artículo se refiere a una tierra definida del sur (aquí es casi un nombre propio).

44 T319 El participio tiene un sentido condicional. Así que καὶ ἐλθὸν εὑρίσκει significa: *si viene y halla*.

45 R749 En ἕτερα está presente la idea de diferencia.
T43 El pronombre reflexivo ἑαυτοῦ no depende del verbo: *peores que él*.

50 R679 Αὐτός μου ἀδελφός es un resumen, se refieren a ὅστις, y son claramente enfáticas: *mi mismo hermano* (comp. T41).

## Mateo 13

1 M51 La preposición παρά generalmente designa movimiento hacia una posición junto a; así que la última parte de este versículo debe traducirse: *Jesús salió de la casa y se sentó junto al lago*.

2 T154 Ἐμβάντα se usa como un participio modal-temporal, pero sin énfasis en la relación temporal (*cuando El hubo entrado, se sentó* --MT2300.)

3 R764 El participio con artículo ὁ σπείρων tiene un sentido representativo: *el sembrador* (realmente cualquier sembrador que siembra la Palabra).
R1088 El infinitivo τοῦ σπείρειν lleva la idea de propósito.

4 R747 La construcción ἃ μὲν ... ἄλλα δέ significa: *algunos ... otros.*

M77 La expresión ἐν τῷ σπείρειν tiene un sentido temporal: *mientras estaba sembrando.*

5 BD364(3) En este versículo καί denota un sentido consecutivo: *con el resultado de que.*

8 R838 En ἔπεσεν ... καὶ ἐδίδου, el aoristo levanta la cortina mientras que el imperfecto continúa la acción.

12 R957 El pronombre ὅστις tiene un sentido indefinido: *cualquiera.*

T292 El verbo futuro περισσευθήσεται aparentemente tiene un sentido pasivo impersonal (no: *se le,* sino: *esto se hará abundar*), por causa del paralelo verbo pasivo.

13 BD369(2) La partícula ὅτι en este contexto es causal.

14 R539 Αὐτοῖς se usa como un dativo de desventaja: *para ellos.*

R1110 Tanto ἀκοῇ ἀκούσετε como βλέποντες βλέψετε son intentos de traducir el infinitivo hebreo absoluto (el infinitivo absoluto se usó para destacar la idea verbal): *en verdad ustedes oirán ...*

B167 Los negativos dobles con los aoristos de subjuntivo συνῆτε e ἴδητε probablemente deben entenderse como prohibitivos (como en la cita hebrea de Isa. 6:9), y no como enfáticamente predictivos: *no entienden, y no perciben.* [Editor. Esta es una cita directa de la LXX.]

15 R844 Los verbos aoristos ἐπαχύνθη, ἤκουσαν y ἐκάμμυσαν tienen un sentido perfecto. En consecuencia, la traducción al español emplea el verbo auxiliar *haber.*

R1173 En este versículo καί se usa para continuar la negación (*ni*) introducida por μήποτε (con el subjuntivo, μήποτε presenta la idea de propósito negativo --B199).

18 R501 Τοῦ σπείραντος se usa como un genitivo de complemento directo: *la parábola del sembrador.*

21 R623 La palabra compuesta πρόσκαιρος significa: *durante algún tiempo.*

23 R1149 En este contexto, la partícula *δή* aparece en una cláusula relativa: *quien es precisamente el hombre que da fruto* (*ὃς δή* significa *cualquiera* --T333; significa: *este es precisamente el hombre que* --BD451[4]). [Editor. La partícula enfática *δή* no tiene el sentido indefinido que Turner le atribuye. Realmente denota que la declaración está definidamente establecida: *quien en verdad da fruto*. Esto es similar a las explicaciones presentadas por Robertson, Blass y Debrunner.]

24 T179 La frase prepositiva *ἐν τῷ ἀγρῷ* tiene artículo porque se refiere a un campo definido.

25 R571 Las palabras *ἀνὰ μέσον* dan conjuntamente la idea: *entre*.
M77 La cláusula *ἐν τῷ λαθεύδειν τοὺς ἀνθρώπους* tiene un sentido temporal: *mientras los hombres estaban durmiendo*.

26 T72 El verbo en aoristo *ἐποίησεν* puede tener un sentido de ingreso: *comenzó a hacer grano*.

27 R1157 En la pregunta que aparece aquí, *οὐχί* es levemente más enfático que lo que *οὐ* hubiera sido (lo que quiere decir es que los siervos sabían definidamente que se había sembrado buena semilla).

28 M139 *Θέλεις ... συλλέξωμεν αὐτά* significa: *¿Quiéres que ... la arranquemos?*
T195 En este versículo se usa *ἄνθρωπος* en lugar de *τις*, con un sentido indefinido: *un enemigo*, o *cierto enemigo*.

29 M81 Este versículo contiene la única vez que se usa *ἅμα* en el N.T. como una preposición; significa: *simultáneamente con*.

31 R836 La expresión redundante *λαβὼν ... ἔσπειρεν* significa: *tomó y sembró*. (la presencia del participio se justifica porque éste tiene un leve sentido temporal --T154).

32 R1205 En este versículo aparece una figura de dicción llamada hipérbole (es decir, una exageración para dar efecto; comp. Juan 21:25).

33 B330 Ἕως οὗ es en efecto una conjunción compuesta, que tiene la misma fuerza de la conjunción simple ἕως: *mientras* (comp. 5:25).

35 R1106 Διὰ τοῦ προθήτου λέγοντος aparentemente es un ejemplo de un participio atributivo con artículo: *por medio del profeta quien dice*; ya que los griegos no siempre colocaban el participio atributivo entre el artículo y el sustantivo (el participio puede significar simplemente: *al decir* --R1428). [Editor. Cuando el sustantivo tiene el artículo y el participio no, el participio es casi siempre adverbial. Tiene que haber una razón muy fuerte en el contexto para traducir el participio de cualquier otra manera en tal construcción. En consecuencia, es preferible la última sugerencia de Robertson.]

B222 Ὅπως πληρωθῇ denota la idea de propósito puro (comp. 1:22).

38 R698 El pronombre de resumen οὗτοι es diferente en género y número de σπέρμα (el género masculino se refiere a personas).

T208 Figuradamente se usa υἱός con un sustantivo en genitivo para expresar cierta cualidad: *hombres del reino ... hombres del malo*.

41 R598 La preposición ἐκ en este versículo tiene la idea de: *sacar de entre*. Así como la cizaña crece entre el trigo en el mismo campo, los dos reinos coexisten en la misma esfera (el mundo).

44 R580 La preposición ἀπό tiene una idea causal (comp. H461).

R837 Los verbos ἔκρυψεν (aquí), ἠγόρασεν (en el v. 46), συνέλεξαν y ἔβαλον (en el v. 48) se usan como aoristos gnómicos que se refieren a una verdad acostumbrada o conocida (los aoristos pueden ser sencillamente narrativos --M13). [Editor. El hecho de que estos aoristos son de naturaleza atemporal no prueba necesariamente que son gnómicos como Robertson supone. Al contrario, parecen ser simples aoristos narrativos (históricos), que sólo declaran los eventos de la narración.]

R868 El presente histórico aparece a menudo en las parábolas (como ὑπάγει, πωλεῖ, ἔχει y ἀγοράζει en este versículo; simplemente para relatar la narración).

BD255(1) En ἐν τῷ ἀγρῷ, el artículo es incorrecto (los manuscritos D y Crisóstomo omiten τῷ), donde la traducción deber ser: *un campo*. [Editor. A veces, Blass usa un método raro para determinar el texto original. El texto que omite el artículo tiene muy poco apoyo; en consecuencia, en este caso es necesario explicar el texto que lo incluye. El artículo es aparentemente genérico, para indicar el campo como la localidad, que se distingue de otros lugares donde se guardaban tesoros.]

45 T195 Ἀνθρώπῳ se usa como un sustantivo en vez de para τινί; se refiere a una persona indefinida (comp. el v. 28 y H433).

46 R900 El tiempo perfecto en el verbo πέπρακεν tiene la idea de un conmovedor histórico y aparece en una parábola viviente (el participio y el verbo están en una construcción conjunta que significa: *él ha ido y vendido* --R1110; no hay aoristo que tenga la misma raíz de este verbo, pero aun así debe haber algún motivo por el cual se usó el tiempo perfecto --BD344).

48 T14 Los adjetivos τὰ καλά y τὰ σαπρά se usan como sustantivos.

52 R656 Οἰκοδεσπότῃ se usa en oposición con el sustantivo ἀνθρώπῳ (ἀνθρώπῳ se usa como sustituto de τινί; comp. el v. 45 --T195; comp. H433). [Editor. Ἀνθρώπῳ se usa en vez de τινί en aposición con οἰκοδεσπότῃ: *un padre de familia.]*

H400 Μαθητεύομαι se usa como un verbo defectivo, que significa: *ser un discípulo*.

54 R1091 Ὥστε con el infinitivo se refiere al resultado real en este versículo: *así que ellos se maravillaban*.

55 R757 El uso del artículo en ὁ τοῦ τέκτονος υἱός denota que *El es el hijo del carpintero* (bien conocido por nosotros).

56 M52 La preposición πρός denota posición: *todas con nosotros*.

57 H464 La frase prepositiva ἐν αὐτῷ se usa en lugar de un dativo simple: *se ofendían por El* (esto es similar a una cláusula causal).

## Mateo 14

2 R694 En este versículo el artículo αἱ casi equivale a un pronombre demostrativo y significa: *estos*.

3 R840 Los verbos en aoristo ἔδησεν y ἀπέθετο se refieren a una acción que antecede a la de ἤκουσεν (v. 1) y a la de εἶπεν (v. 2); pero la historia del anterior encarcelamiento y muerte de Juan se introduce mediante la partícula γάρ como una reminiscencia (los aoristos son similares a un pluscuamperfecto: *porque Herodes, habiendo prendido a Juan, lo había atado* --B48; comp. M16).

4 B29 El verbo imperfecto ἔλεγεν se refiere a una acción que precede a un evento ya mencionado, y es mejor traducirlo al español mediante un pluscuamperfecto: *porque Juan le había estado diciendo*.

5 R1129 El participio θέλων tiene un sentido concesivo: *aunque él deseaba*.

BD157 Ὡς aparece como un predicado acusativo con εἶχον, y significa: *ellos lo consideraban a él como un profeta*.

6 M44 La expresión dativa γενεσίοις δὲ γενομένος equivale a un genitivo absoluto, con el siguiente significado resultante: *cuando hubieron llegado las celebraciones del cumpleaños de él*.

7 R963 Ὅθεν tiene un sentido causal en este contexto.

R1047 El aoristo de infinitivo de discurso indirecto δοῦναι se usa para representar el verbo futuro δώσω en el discurso directo (comp. Mar. 6:23).

M61 La frase prepositiva μεθ' ὅρκου tiene la idea de asociación: *con un juramento*.

8 R866 Φησίν se usa como un presente con sentido de aoristo: *Ella dijo*, con referencia a una acción definida que sucede en el momento en que se habla (comp. T64).

9 R1129 El participio λυπηθείς presenta un sentido concesivo:

*aunque el rey se entristeció* (comp. B437).

T26 El plural idiomático τοὺς ὅρκους sencillamente significa *el juramento*; pero se usa el plural para destacar la acción individual.

BD442 (16) El segundo καί de este versículo puede usarse en lugar de un genitivo dependiente: *a causa del juramento hecho ante sus invitados.*

13 R609 Κατ' ἰδίαν se usa con un sentido adverbial, y significa: *privadamente.*

14 T40 Αὐτοῖς difiere de ὄχλον en número y género por causa del sentido que implica (el plural masculino se refiere a las personas individuales de la multitud).

15 R613 Ἡ ὥρα ἤδη παρῆλθεν debe traducirse: *la hora ya está muy pasada* (el verbo compuesto en verdad significa: *ida*).

16 M127 Tal vez τι deba analizarse con φαγεῖν y signifique: *algo de comer*; en vez de tomar el infinitivo como un sustantivo sin artículo: *alimento.*

22 R857 El aoristo de infinitivo ἐμβῆναι se usa con el sentido de una acción realizada, durante un tiempo, pero expresada como un solo hecho; mientras que el presente de infinitivo προάγειν tiene un sentido de duración: *ir delante de El.*

R976 Ἕως con el aoristo de subjuntivo significa: *mientras*, en vez de *hasta.*

23 R657 Μόνος se usa como un adjetivo: *estaba allí solo.*

25 M49 Ἐπί con el acusativo presenta la idea de posición, y no la de meta final: *sobre el mar* (comp. los relatos paralelos).

26 R580 La preposición ἀπό denota una idea causal (comp. H461).

H469 Ὅτι tiene una fuerza afirmativa en este versículo: *ciertamente*, o *verdaderamente.*

28 T27 Τὰ ὕδατα es un plural idiomático que simplemente significa: *el agua.*

29 T75 El aoristo de imperativo ἐλθέ, o es de ingreso: *comienza a venir*, o perfectivo: *ven acá*.

31 R739 Εἰς τί se emplea para expresar propósito (*para qué*, o simplemente *por qué*).--T267

33 T183 El predicado nominal θεοῦ υἱὸς precede al verbo, y en consecuencia, no tiene artículo (aunque es de sentido definido).

35 R827 El participio compuesto ἐπιγνόντες tiene un sentido perfectivo: *al reconocerlo*.

36 R958 Ὅσοι tiene un sentido indefinido (comp. el relato paralelo de Marcos): *todos los que*.
B200 Ἵνα introduce el contenido de παρεκάλουν: *le rogaban que*.

## Mateo 15

2 R739 En los vv. 2 y sigs., διὰ τί significa: *por causa de qué* (o *por qué*).

5 T91 La oración ὃ ἐὰν ἐξ ἐμοῦ ὠφεληθῇς aparentemente significa: *Tú hubieras ganado (si no fuera por la palabra δῶρον)*. Así, la traducción resultante sería: *Δῶρον es el beneficio que tú hubieras recibido de mí*. Pero ἐάν no se usa en otras partes en vez de ἄν en este sentido irreal (esta es la correcta traducción de la cláusula; ἐάν se usa en vez de ἄν porque ὃ ἂν hubiera parecido una cláusula relativa de generalización).

6 R845 El verbo en aoristo ἠκυρώσατε debe traducirse al español mediante el presente perfecto: *ustedes han invalidado*.
R874 La expresión οὐ μὴ τιμήσει probablemente es volitiva aunque algunos exegetas la consideran predictiva (la idea requiere el sentido imperativo [volitivo]; comp. el uso frecuente de οὐ μή con un futuro de sentido imperativo en la Versión de los Setenta --B67; tiene un significado imperativo: *no necesita honrar*; ya que es una cita de los rabinos --BD365[2]).

11 R1172 La posición de οὐ le da énfasis en este versículo (una aguda

antítesis --R1066).

19 R427 La omisión de un conectivo aquí da prominencia a las palabras individualmente (*los malos pensamientos, los homicidios).*

20 R1058 El infinitivo con artículo τὸ ... φαγεῖν se usa como el sujeto de κοινοῖ (comp. B393): *comer ... no contamina.*

22 T195 Parece que γυνή se utiliza en lugar de τις: *cierta mujer cananea* (comp. 12:10).

23 R645 Ὄπισθεν significa literalmente: *desde atrás*; así que en este versículo significa: *tras.*

26 R757 Al usar el sustantivo con artículo, τοῖς κυναρίοις, Jesús se refiere a los perrillos que están junto a la mesa.

27 R577 La frase prepositiva ἀπὸ τῶν ψιχίων expresa una idea partitiva: *algunas de las migajas.*

28 TGr40 La respuesta de Jesús está llena de emoción: *tu fe es grande en verdad*, porque la posición poco común de la palabra μεγάλη le presta sentimiento y énfasis a la apreciación que El tuvo de la actitud de la mujer. Esto se destaca, además, por la presencia de ὦ en la exclamación vocativa, *¡Oh mujer!* (comp. BD146[1]).

29 R615 En παρὰ τὴν θάλασσαν, la preposición tiene el sentido: *cerca de*, o *junto a* (El llegó a la orilla del lago --M51).

30 R1127 Ἔχοντες μετά en construcción conjunta sencillamente significan *con* (comp. T154).

32 R602 La preposición ἐπί se usa en este versículo para denotar la emoción de Cristo: *comprensión de la multitud.*

T49 En este contexto aparece una forma de τίς en vez de ὅστις, con el siguiente significado resultante: *algo de comer.*

33 R710 El pronombre τοσοῦτοι se usa para denotar cantidad: *tantos panes.*

R1089 Ὥστε con el infinitivo expresa la idea de propósito: *como para alimentar.*

## Mateo 16

1 B121 El participio πειράζοντες expresa la idea de propósito: *con el propósito de probarle.*

3 R1062 Γινώσκετε διακρίνειν aparentemente significa: *ustedes tienen conocimiento para discernir.*

T27 El plural idiomático τῶν καιρῶν significa: *este período (de tiempo).*

6 R1183 En ὁρᾶτε καὶ προσέχετε la conjunción tiene un significado subordinante: *miren que se guarden.*

7 R1028 El ὅτι introduce un discurso directo, mientras que el ὅτι del v. 8 probablemente es causal (el ὅτι del v. 7 tiene el siguiente significado resultante: *con referencia al hecho de que* BD480[6]; ὅτι se usa como un pronombre interrogativo que significa: *¿por qué?* Así que el Señor no los estaba reprendiendo a ellos, sino que los discípulos se regañaban los unos a los otros. --TGr68). [Editor. La última sugerencia no parece probable, ya que en el mismo versículo que sigue, Cristo reprende a sus discípulos. El comentario del v. 11 indica que (en el v. 7) los discípulos estaban tratando de explicar lo que Cristo había dicho (en el v. 6). Esto limita el uso de ὅτι, o a la sugerencia que Blass ofrece al comienzo de este párrafo o a un sentido causal. En vista del significado más común de ὅτι en el N.T., parece que es causal (comp. Mar. 8:16), con el significado resultante: *Dice eso, porque.*]

12 R1047 El infinitivo προσέχειν introduce un mandato indirecto: *que se guardaran.*

18 R1185 Κἀγῷ δέ significa: *Y yo también.*

M50 Ἐπί con el dativo aquí designa un movimiento que termina en un punto definido: *sobre esta roca.*

TGr181 La ingeniosa combinación de πέτρος y πέτρα apoya el

hecho de que Jesús realmente estaba hablando en griego (no en arameo).

T27 Πύλαι parece que es un plural idiomático, que se refiere a una puerta (comp. R408).

19 B94 Ἔσται *δεδεμένον* es una construcción perifrástica en futuro perfecto (el participio virtualmente es un adjetivo, y es más natural que signifique: *será atado*, que *habrá sido atado* [aunque puede significar: *se hallará atado*] --M18. Toda la cláusula debe traducirse: *Lo que tú ates ya habrá sido atado permanentemente* --TGr80. Se usa como un futuro perfecto perifrástico --T89). [Editor. Hay un pequeño desacuerdo aquí, en cuanto a si debe preferirse la traducción alterna de Moule, lo cual parece mejor (*se hallará atado*).]

20 R679 El pronombre *αὐτός* aquí denota énfasis.

R1046 Ἵνα introduce el contenido del verbo de exhortación *διεστείλατο*: *El ordenó a sus discípulos que no lo dijeran a nadie*.

21 R579 Para interpretar la frase prepositiva *ἀπὸ τῶν πρεσβυτέρων* se debe emplear una traducción libre de la idea de agente u origen: *en las manos de* (*ἀπό* tiene un sentido de causa --T258). [Editor. En algunas ocasiones, *ἀπό* tiene un significado similar a *ὑπό* en el N.T. (el manuscrito D sustituye *ἀπό* por *ὑπό*; Marcos usa *ὑπό* en vez de *ἀπό* en 8:31, por causa de que incluye el infinitivo pasivo mientras que Lucas incluye tanto el infinitivo como *ἀπό* en 9:22). En consecuencia, es preferible la primera sugerencia, especialmente por el hecho de que la razón del sufrimiento de Cristo no fue la maldad de los líderes religiosos, sino el pecado de toda la humanidad.]

22 R541 *Σοί* se usa con *ἔσται* como un dativo de posesión: *tuyo* (significa: *esto no te ocurrirá a ti* --T240; comp. BD189[3]). [Editor. En esencia, las dos sugerencias tienen un significado similar.]

R809 El participio *προσλαβόμενος* está en voz media con sentido indirecto, lo cual indica que Pedro llama a Jesús hacia sí mismo.

R875 En *οὐ μὴ ἔσται*, aparece el doble negativo con un futuro volitivo, para expresar una prohibición (el verbo es predicado y con negación enfática --B66). [Editor. El volitivo: *esto no debe acontecer*, y el predictivo, *esto no acontecerá*, son similares; pero en la idea posterior, que indica confianza, el significado es mucho más pronunciado. La última traducción parece preferible, ya que Pedro estaba demasiado confiado y necesitaba una severa reprensión (v. 23; comp. 26:35).]

T309 Aparentemente debe insertarse *ὁ θεὸς εἴη* con *ἵλεως σοι*: *Dios tenga compasión de ti* (comp. MT240; parece que *ἵλεως* no significa *misericordioso*, sino *lejos esté esto de* --BD126[5]). [Editor. La traducción: *Que Dios tenga misericordia de ti*, realmente significa: *Que Dios en su misericordia te libre de esto*.]

24 R742 Τις aquí se usa como un sustantivo: *si alguno*.

H421 Los imperativos tienen un sentido condicional que implica una apódosis: *entonces él será mi discípulo*.

25 T43 Τὴν *ψυχὴν αὐτοῦ* se usa como un pronombre reflexivo: *él mismo* (comp. Luc. 9:25).

T107 El verbo en aoristo *ἀπολέσῃ* significa: *quien para ese tiempo ya la ha perdido*.

26 R501 El genitivo *τῆς ψυχῆς* con el sustantivo *ἀντάλλαγμα* tiene la idea de *intercambio por su alma*.

M185 El sustantivo *ψυχή* en este v. sencillamente significa: *sí mismo* (comp. el v. 25).

27 B72 Μέλλει se usa con un infinitivo en un sentido similar a un futuro, pero con la indicación de que va a ocurrir la acción.

28 R743 En este versículo, *τινες* es el antecedente de *οἵτινες*; el último es más definido que lo que hubiera sido el pronombre relativo *οἵ*: *algunos de los que están aquí*.

R955 El verbo en subjuntivo *γεύσωνται* tiene un sentido futurista: *no experimentarán*.

T241 'Eν aparece con el dativo asociativo: *con su reino* (la cláusula completa significa: *trayendo su reino* --H464).

## Mateo 17

3 R405 El sujeto compuesto tiene aquí un verbo singular (ὤφθη): *Se les aparecieron Moisés y Elías.*

4 R661 Aquí, Pedro emplea fervientemente el adjetivo positivo καλόν como el más alto y absoluto bien (similar a un superlativo).
T115 Εἰ con el verbo en indicativo θέλεις indica que es una conclusión para Pedro (*si, como parece ser el caso* --BD372[1a]; posiblemente tenga la connotación: *por favor, haré* --BD372).

5 B55 Es mejor entender el verbo en aoristo εὐδόκησα como un aoristo incoativo que se refiere a un punto indefinido e imaginado del tiempo pasado en el cual se presenta a Dios en el acto de llegar a tener complacencia con Jesús (comp. 2 Ped. 1:17).

6 R409 El sustantivo singular idiomático πρόσωπον aparece en vez del plural: *se postraron sobre sus rostros.*

8 R657 Μόνον se usa como un adjetivo y significa: *Jesús solo.*

9 R97 El uso de la preposición ἐκ aquí, no indica que habían estado en una caverna, sino sencillamente arriba en la montaña. El término *montaña* denota más que la tierra y la roca.
MT125 La prohibición en aoristo μηδενὶ εἴπητε tendría como respuesta: *Evitaremos hacer eso.*

11 R870 El presente futurista ἔρχεται indica la certeza de la expectación.

12 MT6 La frase prepositiva ἐν αὐτῷ se usa en vez del simple dativo, y significa: *a él* (comp. R588; T264).

15 T189 El genitivo μοῦ aparece aquí en una posición poco común, para indicar cierto grado de énfasis: *mi hijo.*

17 T33 El uso de ὦ aquí expresa una gran emoción.

19 T37 El pronombre ἡμεῖς tiene aquí cierto grado de énfasis.

25 R531 En προέφθασεν λέγων, el participio expresa la idea principal y el verbo tiene un significado subordinado: *le habló primero* (especie de estilo literario).

27 R573 La frase prepositiva ἀντὶ ἐμοῦ καὶ σοῦ se refiere al impuesto que les corresponde pagar a Cristo y a Pedro (*toma la moneda y dásela a ellos por mí y por ti* --M71; comp. TGr173).

R657 Πρῶτον se usa como un adjetivo, para referirse al primer pescado que salió.

T292 El participio activo ἀναβάντα se usa realmente en vez de un verbo pasivo, pues el pez *se saca del agua* (comp. BD315).

## Mateo 18

1 T29 En los vv. 1 y 4, el adjetivo comparativo μείζων probablemente tiene un sentido superlativo, el *mayor* (o posiblemente un sentido intensivo: *muy grande*). [Editor. La traducción superlativa cuadra mejor con el contexto.]

2 T65 Con el participio de súplica προσκαλεσάμενος, el tiempo aoristo denota que la petición demanda obediencia: *rogó*.

4 BD380(2) Ὅστις ταπεινώσει es indefinido, similar a ἄν con un verbo en subjuntivo (*cualquiera que se humille*).

6 R992 Ἵνα introduce el sujeto del verbo συμθέρει: *sería mejor que*.

7 R580 La preposición ἀπό tiene un sentido causal (comp. H461): *¡Ay del mundo a causa de la tentación a pecar!*

8 T31 El adjetivo positivo καλόν tiene aquí un sentido comparativo: *mejor* (comp. BD245[3]).

9 R496 Τοῦ πυρός se usa como un genitivo (adjetival) descriptivo: *en el infierno de fuego*, o *el ardiente infierno*.

10 R995 Μή con el subjuntivo denota el contenido del verbo ὁρᾶτε: *miren que ustedes no ...*

12 R541 Ἀνθρώπῳ se usa como un dativo de posesión: *si un hombre tiene cien ovejas.*

T63 El verbo en presente ζητεῖ tiene un sentido futurista (que denota certeza).

14 R993 Ἵνα introduce el contenido de ἔστιν θέλημα: *no es la voluntad ... que ...*

BD214(6) Ἔμπροσθεν τοῦ πατρός se usa en vez del genitivo simple: *la voluntad de su padre* (semítico).

15 R458 La ausencia de un conectivo entre ὕπαγε y ἔλεγξον da vitalidad a la descripción.

R687 El pronombre personal σοῦ se usa en vez del pronombre reflexivo: *entre ti y él*; (comp. el v. 16 y T42).

R1020 En la cláusula condicional ἐάν σου ἀκούσῃ, ἐκέρδησας τὸν ἀδελφόν σου, la prótasis mira hacia el futuro, mientras que la apódosis mira hacia el pasado: *si te oye, has ganado tu hermano* (un aoristo después de una condición futura, hasta cierto punto es futurista --BD33[2]).

16 R604 En este versículo, la preposición ἐπί significa: *basado en.*

T57 El verbo en aoristo pasivo σταθῇ significa: *mantener.*

18 B94 Ἔσται λελυμένα es un futuro perfecto perifrástico, que expresa un estado futuro (comp. T89; el participio es un adjetivo; comp. el comentario de 16:19: *se hallará atado* --M18).

20 R593 En este versículo, εἰς significa: *en* (similar a ἐν).

21 R889 En la declaración interrogativa, el verbo futuro ἁμαρτήσει tiene un sentido duradero.

22 T188 Ἑβδομηκοντάκις ἑπτά realmente significa: *70 veces (y) 7*, no *70 veces 7.*

23 T195 El sustantivo ἄνθρωπος se usa en vez de τις: *cierto rey* (comp. 12:10 y H433).

24 R674 El numeral εἷς se usa en este versículo en vez del pronombre indefinido τις (comp. el v. 23).

26 R605 'Ἐμοί se usa como un simple dativo, pero complementado con ἐπί lo complementa: *ten paciencia conmigo.*

27 T234 El genitivo τοῦ δούλου debe tomarse junto con ὁ κύριος, no con el participio σπλαγχνισθείς (las palabras de la frase: *el señor de aquel siervo*, deben tomarse en conjunto --BD176[1]).

28 R883 En ἔπνιγεν, el tiempo imperfecto es descriptivo, pues describe al deudor en el acto de *ahogarlo por causa de la ira.*
T321 Εἴ τι significa: *lo que.*

30 R834 Ἔβαλεν se usa como un aoristo de acción cumplida: *lo lanzó* (esta clase de aoristo expresa como un solo hecho una acción realizada durante un tiempo).
R885 El imperfecto negativo οὐκ ἤθελεν denota resistencia a la presión (indudablemente una presión persistente): *él se negó.*
B324 Ἕως con el subjuntivo ἀποδῷ depende de un verbo de tiempo pasado y se refiere a lo que se consideró como una contingencia futura: *hasta que pagara.*

32 BD328 El verbo en aoristo παρεκάλεσας indica que la simple petición fue suficiente.

33 R919 El verbo en imperfecto ἔδει se refiere a una necesidad pasada, aunque en el tiempo en que se habla aún existe la obligación: (*¿no debías haber tenido misericordia*? --T90).
R118 Καί aparece con las dos partes de la comparación, lo cual da como resultado un equilibrio estudiado de los dos miembros de la oración: *¿No debías tú ... como yo también*?

## Mateo 19

3 R1176 Εἰ se usa para introducir una pregunta directa (comp. 12:10 y T33): *¿Es lícito?*
M59 Κατά tiene aquí un sentido transferido: *por cualquier causa* (la preposición tiene un sentido causal --T268; πᾶσαν sin artículo significa: *cualquier* --TGr61).

4 B52 El verbo aoristo ἀνέγνωτε se refiere a un evento del cual el

tiempo está completamente indefinido: *¿No han leído?*

5 T253 La preposición εἰς con el acusativo se usa con ἔσονται como un predicado nominal: *los dos llegarán a ser uno* (este se debe a la influencia semítica).

6 R845 El verbo en tiempo aoristo συνέζευξεν se traduce: *ha juntado* (es preferible: *a aquellos a quienes Dios unió* --MT140). [Editor. Es difícil transmitir aquí la idea del aoristo al español, sin usar el auxiliar *haber*.]

M144 Ὥστε se usa simplemente como una partícula de inferencia: *así que, por tanto*.

8 R626 La preposición que aparece en πρὸς τὴν σκληροκαρδίαν tiene un sentido causal: (*en vista de su terquedad* --M53; *en vista de* equivale a *por causa de* --BD239[8]).

H469 Parece que ὅτι tiene una fuerza afirmativa en este versículo, y significa: *ciertamente*, o *verdaderamente* (comp. 14:26).

10 B243 y 264 Aquí la oración condicional depende de la verdad de un principio general. Así que los discípulos dicen que, si el principio declarado por Jesús es verdadero, se deduce como un principio general que *no es conveniente casarse* (εἰ con el indicativo denota una conclusión predeterminada --T115).

BD5(3b) Αἰτία parece que se usa como un latinismo (comp. M192), que significa: *relación* o *situación*. Toda la cláusula debe traducirse: *Si así es la relación del hombre con su mujer.*

11 R752 En este versículo οὐ sólo niega a πάντες, con el siguiente significado resultante: *no todos*.

12 R727 El pronombre οἵτινες expresa cualidad, similar a οἷοι: *los que fueron así ...*

14 B387 El infinitivo ἐλθεῖν se usa para completar el significado del verbo de impedimento: *no les impidan venir a mí*.

16 M125 El numeral εἷς se usa con un sentido indefinido: *uno*.

17 R738 Τί tiene un sentido adverbial: *¿Por qué?*

18 T182 El artículo τό se usa para introducir una cita directa.

20 BD154 En τί ... ὑστερῶ parece que el pronombre se usa como un acusativo de referencia general: *¿En qué soy deficiente?*

21 R949 Δεῦρο se usa como una interjección: *¡ven, sígueme!*
R1038 El nominativo τέλειος aparece con el infinitivo εἶναι, porque en esencia es un predicado nominal: *Si tú deseas ser perfecto.*

22 T154 El participio λυπούμενος describe la manera como se marchó el joven: *entristecido.*

24 R192 Unos pocos manuscritos cursivos posteriores sustituyen κάμηλος por κάμιλος, *cuerda* (este es sólo un intento de simplificar la ilustración).
T216 La partícula ἤ se usa aquí porque el genitivo de comparación no hubiera sido suficientemente claro.

25 BD440(2) Ἄρα es una partícula de inferencia en los vv. 25 y 27, y significa: *ahora, entonces, pues.*

26 R1096 Aquí el adjetivo ἀδύνατον significa: *imposible.*

27 MT140 Los verbos en aoristo ἀφήκαμεν en el v. 27 y ἀφῆκεν en el v. 29, se refieren sin duda al día del sacrificio: *nosotros hemos dejado todo.*

28 T214 Note la posición de αὐτοῦ, cuando en realidad el pronombre modifica a θρόνου y toda la frase significa: *su glorioso trono* (un semitismo).

29 T48 Ὅστις se usa como un simple pronombre relativo: *cualquiera que.*
BD460(3) La repetición de la partícula ἤ no es necesariamente retórica, ya que el concepto no podrá ser expresado muy bien de otra forma.

## Mateo 20

1 R728 Al comienzo de la parábola, ὅστις significa: *ahora el,* o *ahora que un.*

R809 El infinitivo en voz media *μισθώσασθαι* significa: *alquilar a sueldo* (*contratar*).

M82 En *ἅμα πρωΐ*, *ἅμα* prácticamente equivale a una preposición y *πρωΐ* a un sustantivo, y juntos significan: *al amanecer*.

H433 Ἀνθρώπῳ se usa como equivalente de *τινι* con un sentido indefinido: *un padre de familia* (comp. 13:28).

2 R470 El acusativo *τὴν ἡμέραν* denota la extensión del tiempo, y se refiere al acuerdo entre el propietario de la viña y los trabajadores (con un sentido distributivo: *por día* --BD161[2]; el artículo es distributivo: *por ese día* --BD252).

R599 La preposición que se usa en *ἐκ δηναρίου* presenta la idea de precio: *por un denario*.

3 M62 La frase prepositiva *περὶ τρίτην ὥραν* significa: *cerca de la tercera hora*.

4 T107 La cláusula relativa depende de un verbo principal que está en futuro: *les pagaré lo que (a esa hora) sea justo*.

6 R738 Τί tiene un sentido adverbial: *¿Por qué?* (comp. 19:17).

7 MT140 El verbo en aoristo *ἐμισθώσατο* realmente significa: *ha contratado*.

8 T155 Ἀρξάμενος aparece con el sentido de *desde ... en adelante*.

9 M67 La frase prepositiva *ἀνὰ δηνάριον* tiene una idea distributiva: *un denario cada uno*.

10 T14 La frase prepositiva con artículo *τὸ ἀνὰ δηνάριον* (apoyada por S, C, L, N y Z) significa: *a cada uno una moneda*.

13 M39 Δηναρίου se usa como un genitivo de calidad: *a un denario*.

BD495(2) El uso de *ἑταῖρε* es un ejemplo de ironía: *mi amigo*.

18 T240 Θανάτῳ se usa como un dativo instrumental: *lo condenarán a muerte* (comp. BD195[2]).

BD323(3) Ἀναβαίνομεν se usa como un presente futurista: *miren, iremos* (para indicar certidumbre).

19 R595 Εἰς τό se usa en este versículo con el infinitivo para denotar propósito (comp. T143; se usa como el complemento indirecto del verbo --B410). [Editor. Realmente, τοῖς ἔθνεσιν es el complemento indirecto de παραδώσουσον. Las tres cláusulas infinitivas de este versículo expresan propósito (εἰς τό no se repite, pero la idea continúa mediante la conjunción καί).]

20 MT160 Parece difícil distinguir entre la voz media y la activa en el verbo αἰτέω, en los vv. 20 y 22 [Editor. Αἰτεῖσθε en el v. 22 se usa en voz media directa y significa: *piden para ustedes mismos*.]

22 B72 Μέλλω aparece con el infinitivo para indicar que es cierto que ocurrirá la acción (comp. 16:27).

23 B393 El infinitivo con artículo τὸ καθίσαι se usa como el sujeto de ἔστιν (*el sentarlos ... no es mío darlo*).

BD448(8) En este versículo, ἀλλά es similar a εἰ μή, y significa: *excepto*.

24 M63 Ἠγανάκτησαν περί significa: *se indignaron por*.

T178 El artículo que se usa en οἱ δέκα marca el contraste entre una fracción y la otra; *los diez* son los otros diez discípulos.

26 R874 El futuro volitivo aparece tres veces en los vv. 26 y sigs., para expresar un mandato: *que sea* (comp. B68; esto puede deberse al uso semítico del imperfecto tanto para el imperativo como para el futuro en la LXX --H458).

27 T108 El presente de subjuntivo θέλῃ con ἄν se refiere a una acción que antecede y es reiterativa, con el significado siguiente: *el que desee de vez en cuando*.

28 R573 Λύτρον ἀντὶ πολλῶν denota la idea substitutiva de la muerte de Cristo, no porque ἀντί signifique: *en lugar de*, lo cual no es cierto; sino porque el contexto hace que cualquiera otra idea resultante quede fuera de lugar (*en lugar de* --M71).

T43 Τὴν ψυχὴν αὐτοῦ se usa como un pronombre reflexivo significa: *El mismo* (semítico, comp. BD283[4]).

T134 Los infinitivos que siguen a ἦλθεν expresan la idea de

propósito: *el Hijo del hombre no vino para ser servido, sino para servir.*

32 R994 El verbo en aoristo *ποίησω* parece que presenta aquí un sentido imperativo después de *θέλετε*: *¿Qué quieren que les haga?*

33 T94 *Ἵνα ἀνοιγῶσιν* tiene un sentido imperativo: *abre nuestros ojos.*

Mateo 21

1 R834 El verbo en aoristo *ἤγγισαν* tiene un sentido de ingreso: *cuando se acercaron* (comp. T72).

2 R742 Tι equivale a un sustantivo, y significa: *cualquier cosa.*
R874 ᾿Ερεῖτε se usa como un futuro volitivo, para expresar una orden: *digan* (comp. la narración paralela en Mar. 11:3; comp. 20:26 --H458).

4 R1428 El participio *λέγοντος* aparece sencillamente para significar: *al decir.*
B222 La cláusula *ἵνα πληρωθῇ* fue diseñada con la intención de expresar propósito (comp. 1:22).
M15 El verbo perfecto *γέγονεν* parece indicar que la narrativa del A.T. se consideraba como contemporánea. Esto puede llamarse un perfecto de alegoría (comp. 1:22 y 26:56).

7 R409 Es probable que *αὐτῶν* se refiera a *τὰ ἱμάτια*, no a *τὴν ὄνον καὶ τὸν πῶλον* (Mateo describe la colocación de los mantos sobre los dos animales y aparentemente declara que Jesús se montó sobre los dos --TGr69. Esta frase implica un problema de crítica textual: o se omite *αὐτῶν* o se sustituye por *αὐτόν* [como en $S^c$] --BD141[8]). [Editor. La omisión de *αὐτῶν* o el uso de *αὐτόν* en lugar de *αὐτῶν* sólo es evidencia de un posterior intento editorial para eliminar la aparente dificultad en el uso del plural. Por otro lado, las frases *ἐπ' αὐτῶν* y *ἐπάνω αὐτῶν* parecen paralelas. Así que parece ser preferible la traducción de Turner. Mateo aparentemente fue más específico en su descripción detallada de este evento, para tratar de mostrar el cumplimiento de la profecía del A.T.: *ἐπιβεβηκὼς ἐπὶ ὄνον, καὶ ἐπὶ πῶλον.*]

8 R838 En este versículo el verbo en aoristo ἔστρωσαν levanta la cortina y los verbos imperfectos ἔκοπτον y ἐστρώννυον continúan la acción.

M98 En este contexto, el superlativo πλεῖστος tiene un sentido intensivo: *grande* (*una multitud muy grande* --T31).

9 R670 Ὑψίστοις se usa como un verdadero superlativo, para denotar la morada de Dios: *lo más alto*.

11 T210 Τῆς Γαλιλαίας es un genitivo de lugar que indica la región dentro de la cual está Nazaret: *en Galilea*.

BD209(3) La preposición ἀπό se usa en vez de ἐκ para denotar el lugar de origen.

13 T86 El verbo futuro κληθήσεται expresa un mandato: *mi casa será llamada*.

16 MT140 El verbo aoristo ἀνέγνωτε debe traducirse de una manera similar al tiempo perfecto (el adverbio οὐδέποτε introduce el elemento de tiempo): *¿Nunca han leido ustedes?*

19 R603 La frase prepositiva ἐπὶ τῆς θαλάσσης indica que la higuera no estaba en el camino, sino al borde de la vía.

B167 El verbo en aoristo de subjuntivo γένηται tiene un sentido predictivo enfático: *nunca jamás habrá fruto de ti* (parece que es un subjuntivo volitivo --R943). [Editor. La traducción que tiene significado predictivo parece preferible, ya que οὐ μή no es común en las prohibiciones y el subjuntivo volitivo es raro en la tercera persona.]

BD247(2) El numeral μίαν se usa en lugar del pronombre indefinido τινα: *cierta higuera*, o *una higuera* (comp. H432).

21 T16 Τὸ τῆς συκῆς realmente significa: *la higuera*.

23 R740 En los vv. 23 y sigs., parece que ποίᾳ retiene su fuerza cualitativa: *qué autoridad*.

24 M33 Un doble acusativo aparece con el verbo ἐρωτήσω: *Yo les preguntaré una cosa*.

BD247(2) Parece que se usa el numeral ἕνα en lugar de un

pronombre indefinido (el relato paralelo de Luc. 20:3 sólo tiene λόγον, el cual parece que equivale a ἕνα con un artículo indefinido: *una pregunta*; comp. el v. 19).

26 BD157(3) El verbo ἔχω aparece con ὡς; el significado es similar a λογίζομαι ὡς:*ellos consideraban que Juan era un profeta.*

28 T32 El superlativo πρῶτος en los vv. 28 y 32 se usa como un comparativo; significa: *el mayor.*

31 BD245(3) El concepto de exclusión está contenido en el verbo προάγουσιν: *van al reino, pero ustedes no.*

32 R1066 Es posible considerar que τοῦ πιστεῦσαι expresa resultado, aunque en realidad indica el contenido de μετεμελήθητε (comp. R1090): *ustedes no se arrepintieron para que pudieran creer.*

33 R575 El verbo compuesto ἀπεδήμησεν en realidad significa: *un hombre se fue de su casa* (ἄνθρωπος aparentemente tiene un sentido indefinido aquí [comp. 11:19] --H433).

34 T135 Mateo tiende a colocar un infinitivo, cuando Marcos tiene ἵνα con un verbo en subjuntivo, para denotar propósito (como ocurre con λαβεῖν en este versículo).

36 R516 Note la comparación que hay en πλείονας τῶν πρώτων: *más que los primeros.*
R819 El verbo futuro en voz pasiva ἐντραπήσονται tiene un sentido activo: *ellos respetarán a mi hijo.*

38 B161 Δεῦτε se usa con un verbo en subjuntivo (exhortativo) sin que afecte el significado del verbo: *vengan, matemos.*

41 B317 Aquí la cláusula relativa con el futuro de indicativo expresa la idea de propósito: *arrendará la viña a otro labrador, que le pague los frutos* (la cláusula relativa puede ser final: *para que le paguen;* o solamente afirmativa: *que le paguen* --M139). [Editor. La segunda sugerencia de Moule parece preferible en este caso, ya que no es común que el pronombre ὅστις tenga la idea de propósito. Οἵτινες describe esencialmente al sustantivo

γεωργοῖς (comp. R247 y Mat. 19:12).]

TGr181 Parece que la vigorosa frase κακοὺς κακῶς indica que Jesús en realidad pronunció estas palabras originalmente en griego. El significado es: *él destruirá a esos hombres miserables de un modo miserable* (comp. 16:18; la frase presenta la reiteración popular, como también un buen estilo clásico --BD488[1a]).

42 M182 Puesto que el hebreo no tenía el género neutro, se usaba el femenino para referirse a ideas abstractas. En consecuencia, αὕτη se usa aquí como una traducción griega, con el significado resultante: *Esto vino del Señor* (comp. T21 y BD138[2]).

BD220(1) La frase prepositiva ἐν ὀθφαλμοῖς ἡμῶν significa: *según nuestro juicio.*

45 R787 El artículo οἱ se repite porque los dos grupos se tratan por separado.

BD324 El tiempo presente en λέγει se usa en discurso indirecto para referirse a tiempo relativo: *que estaba hablando de ellos.*

46 M70 La preposición εἰς con el acusativo tiene un sentido predicativo: *ellos lo reconocían* (*o consideraban*) *como un profeta* (comp. el v. 26).

## Mateo 22

1 R409 Lo que sigue al plural ἐν παραβολαῖς es una sola parábola, pero sin duda hubo otras que no se registraron.

2 R408 El plural γάμους es idiomático y se refiere a una boda.

R957 El pronombre ὅστις tiene aquí un sentido definido: *alguien en particular.*

MT140 El verbo en aoristo ὡμοιώθη pudo haberse usado por el hecho de que el funcionamiento de la comparación incluía una acción parcialmente pasada: *puede compararse.*

H433 Ἀνθρώπῳ tiene un sentido indefinido, con el siguiente significado: *un rey.*

3 R919 El imperfecto con negativo οὐκ ἤθελον destaca de manera aguda el elemento de la voluntad: *ellos se negaron a acudir.*

5 T192 Ἴδιον se usa como un pronombre posesivo simple (comp. el siguiente; αὐτοῦ BD286[1] y M121): *su granja.*

7 R834 El verbo ὠργίσθη se usa como un aoristo de ingreso: *se enojó* (comp. T72).

R835 El verbo en aoristo ἐνέπρησεν tiene un sentido de efecto, que enfatiza el fin de la acción: *quemó la ciudad de ellos.*

T26 Στρατεύματα es un plural idiomático; se refiere a *su ejército.*

11 R485 El acusativo ἔνδυμα con el participio pasivo se parece a un dativo con la voz activa: *no estaba vestido de boda.*

R1138 En el v. 11 aparece οὐκ con el participio ἐνδεδυμένον, y en el v. 12 se usa μή con el participio ἔχων. En el primer caso se destaca la situación real de la descripción, mientras que el segundo es el argumento hipotético sobre éste (οὐ con el participio es clásico --BD430[1]; la primera es la negación de un simple hecho, la segunda es una aplicación de ésta --MT232). [Editor. Οὐκ se usa con el participio para hacer hincapié en que lo que había visto el rey fue perceptivamente afirmado (es decir, definidamente el hombre no estaba vestido de boda). Pero μή con el participio no tiene que explicarse en el N.T. A través del N.T. se usa este negativo con un participio para negar simples hechos, como también para negar muchas otras clases de ideas. Parece que el autor tenía en mente la misma negación objetiva que antes había hecho (pero con menos hincapié, posiblemente menos impacto).]

T161 El participio ἐνδεδυμένον se usa con el verbo εἶδεν con el siguiente significado resultante: *vio a un hombre que no estaba vestido* (el participio que se refiere al complemento directo es similar a una cláusula relativa; comp. BD416[1]).

13 BD62 En el N.T., ἐξώτερον sólo tiene un sentido superlativo: *las tinieblas de más afuera.*

15 B207 Ὅπως se usa para introducir una cláusula de complemento directo, y significa: *que* (comp. 12:14).

16 R550 La frase prepositiva ἐν ἀληθείᾳ se usa con un sentido adverbial: *verdaderamente.*

M28 El verbo impersonal μέλει está seguido de la frase prepositiva estructurada con περί, y significa: *no te importa lo concerniente a.*

17 R1058 El infinitivo δοῦναι se usa como el sujeto del verbo ἔξεστιν: *¿Es lícito pagar?*

27 R668 El adjetivo comparativo ὕστερον se usa con πάντων como un superlativo: *último de todos* (comp. BD62).

28 B39 El verbo en aoristo ἔσχον se refiere a una serie de hechos considerados como uno solo: *porque todos ellos la tuvieron* (un aoristo que hace constar una acción --R833).

30 R392 En relación con los verbos γαμοῦσιν y γαμίζονται, debe considerarse que la palabra *hombres* es el sujeto del primero y se debe insertar la palabra *mujeres* con el último (el verbo pasivo en realidad tiene un sentido transitivo: *casarse* --T57).

36 R740 Ποῖος no tiene una fuerza cualitativa en este versículo, pero tiene un significado parecido a τίς: *cuál.*

T31 El adjetivo positivo μεγάλη tiene un sentido superlativo: *el mandamiento más grande* (comp. Mar. 12:28 y M97 y sig.).

37 T39 La idea de ritmo puede estar presente en esta repetición: *con todo tu corazón, y con toda tu alma, y con toda tu fuerza.*

## Mateo 23

2 R866 'Εκάθισαν es un verbo en aoristo (con sentido gnómico; *se sientan*) y en el v. 3, los verbos en presente λέγουσιν y ποιοῦσιν son también gnómicos: *porque predican pero no practican* (el uso gnómico denota una acostumbrada verdad bien conocida; ἐκάθισαν parece ser un aoristo perfectivo: *tomaron su asiento y aún se sientan* --T72; comp. BD342[1]; este verbo es de ingreso y expresa la afirmación personal de lo que *llegaría a ser Moisés*, de una manera más rigurosa que el tiempo presente; y es reiterativo, porque se aplica a muchos escribas individualmente --H458). [Editor. Parece que la primera sugerencia es la más preferible, ya que los escribas y los fariseos eran reconocidos ampliamente como los exponentes de la ley mosaica.]

4 R1184 En este versículo aparece δέ dos veces; en la primera es copulativo y debe traducirse *y aún*, y en la segunda es adversativo y debe traducirse *pero*.

5 R1075 Πρὸς τό con el infinitivo denota propósito: *para ser vistos*.

8 M135 Los verbos en subjuntivo κληθῆτε, καλέσητε y κληθῆτε en los vv. 8 y sigs., equivalen a imperativos, que expresan mandatos: *no deben ser llamados ... ni llamen a ningún hombre ... ni sean llamados*.

T189 En este caso, el pronombre ὑμεῖς indica algún grado de énfasis.

9 M166 Parece que hay énfasis en las palabras colocadas hacia el comienzo de la última cláusula en este versículo. Se puede traducir: *porque para ustedes sólo hay un Padre: el Padre celestial*.

12 R957 Ὅστις se usa con un sentido indefinido las dos veces que aparece en este versículo; significa: *cualquiera que*.

13 T81 El participio de presente τοὺς εἰσερχομένους se refiere a una acción que sucede antes que la del verbo principal: *a los que estaban entrando* (*tratando de* --R1116).

15 M174 El modismo semítico υἱός con el genitivo solo significa: *digna de*, o *asociada con el infierno* (comp. H441).

BD150 El verbo compuesto περιάγω significa: *recorrer el área*.

16 M60 Ἐν con el dativo se usa para designar la garantía de un juramento: *jurar por* (semítico; comp. H464).

T51 En los vv. 16 y 18, el verbo ὀφείλει se usa con un sentido absoluto: *está obligado por su juramento*.

20 R859 El participio de aoristo ὀμόσας se refiere a una acción que sucede al mismo tiempo que la del verbo principal ὀμνύει: *el que jura ... jura* (ὁ ὀμόσας parece que equivale a ὃς ἂν ὀμόσῃ: *cualquiera que jura* --B150).

23 T90 El verbo de obligación en el imperfecto, ἔδει, significa: *era*

*necesario* (no está ocurriendo, aunque es una obligación).

25 M72 Γέμουσιν ἐκ con el genitivo es virtualmente partitivo, y significa: *están llenos de*.

26 M83 Tὸ ἐντός aparentemente es una expresión adverbial que significa: *lo que está adentro* (en contraste con τὸ ἐκτός).

28 R633 En el sustantivo compuesto ὑποκρίσεως se encuentra la idea de un actor enmascarado.

31 R538 Ἑαυτοῖς se usa como un dativo de desventaja que significa: *contra ustedes mismos*.
M144 En este contexto, ὥστε es sencillamente una partícula de inferencia; significa: *así que, por tanto*.

32 R948 Hay la idea de ironía en πληρώσατε, aunque se usa como un imperativo de permiso: *llenen*.

33 BD366(1) El subjuntivo se usa en una pregunta deliberativa: *¿Cómo escaparán?* (el subjuntivo tiene más sentido potencial que el futuro de indicativo).

34 T209 La frase prepositiva partitiva ἐξ αὐτῶν se usa como un complemento directo: *algunos de ellos*.

35 M206 El participio de presente ἐκχυννόμενον se refiere a una acción que precede a la del verbo principal: *que ha sido derramada*.

37 R689 Note que aquí αὐτήν se usa en lugar de σέ (ocurre un cambio de la segunda persona a la tercera).
M34 Ὃν τρόπον es prácticamente un acusativo adverbial que significa: *de la manera como*.

## Mateo 24

2 M159 La mejor traducción de οὐ βλέπετε ταῦτα πάντα es la siguiente: *¿Ven ustedes todas estas cosas?*

4 B209 Μή introduce una cláusula subordinada que depende de

*βλέπετε*: *miren que nadie.*

5 R604 En *ἐπὶ τῷ ὀνόματί μου*, *ἐπί* la idea de base.

6 B209 *Μὴ θροεῖσθε* es una expresión imperativa coordinada con *ὁρᾶτε* (comp. R949): *estén preparados para las guerras, pero no se turben por ellas.*

9 R899 El participio futuro perifrástico *ἔσεσθε μισούμενοι* tiene un sentido continuo (que destaca la duración del odio): *ustedes serán odiados.*

12 B108 *Τὸ πληθυνθῆναι τὴν ἀνομίαν* aparentemente se refiere a la multiplicación de la iniquidad como un hecho de aquel tiempo sin referencia a que ella precede a la acción del verbo principal.

13 B150 El participio en aoristo con artículo *ὁ ὑπομείνας* puede usarse en lugar de la cláusula relativa *ὃς ἂν ὑπομείνῃ*: *quienquiera que soporte* (comp. 23:20).

15 R434 *Ὁ ἀναγινώσκων νοείτω* es en verdad un mandato entre paréntesis: *el que lee entienda.*

17 M74 En *ἆραι τὰ ἐκ τῆς οἰκίας αὐτοῦ* la preposición *ἐκ* tiene un sentido prolífico y significa: *tomar de su casa las cosas que están en ella* (*ἐκ* se usa en vez de *ἐν* --BD437).

18 M86 *Ὀπίσω* se usa como un adverbio: *no regrese.*

20 R522 En las expresiones temporales *χειμῶνος* y *σαββάτῳ*, el genitivo se refiere al tiempo dentro del cual ocurre el invierno (*en invierno* --M39; en oposición al verano), mientras que el dativo se refiera a un punto del tiempo: *en día de reposo.*

B200 *Ἵνα* introduce una cláusula de complemento directo, que denota el contenido de *προσεύχεσθε*: *oren que.*

21 T70 El verbo perfecto *γέγονεν* aparece con el sentido de un aoristo en la narrativa: *tal como no lo hubo.*

22 R752 En *οὐκ ... πᾶσα*, *οὐκ* niega la acción del verbo, y el

significado resultante es que ninguna carne será salva.

B469 Eἰ μή no significa: *excepto*; pero μή niega la cláusula condicional: *si esos días no hubieran sido*.

T268 Διά con el acusativo puede indicar la idea de propósito: *por el bien de los escogidos*.

24 R990 Ὥστε con el infinitivo πλανῆσαι parece que se usa para denotar propósito puro (comp. R1428 y M143).

27 T26 Ἀνατολῶν es un modismo plural, se refiere a dirección: *este*.

30 T214 En τὸ σημεῖον τοῦ υἱοῦ τοῦ ἀνθρώπου, el genitivo es apositivo: *la señal que es el hijo del hombre*, o posesivo: *la señal que dará el hijo del hombre*. (Editor. La última traducción parece preferible, puesto que hay una respuesta (κόψονται) de todas las tribus a la señal, antes que el Hijo del hombre sea visto realmente. Además, si la primera sugerencia fuera verdadera, el segundo και τότε de este versículo parecería superfluo y la cláusula siguiente sería redundante.]

31 T25 Οὐρανῶν es un uso excepcional del plural; generalmente se usa el singular para referirse al sentido material de *cielo*.

T234 El genitivo que se usa en τοὺς ἐκλεκτοὺς αὐτοῦ designa el agente: *los escogidos por Dios*.

BD474(4) El texto variante en que aparece μετὰ σάλπιγγος φωνῆς μεγάλης significa: *con fuerte llamado de trompeta* (en esencia equivale a la lectura más corta).

33 M50 La preposición que se usa en ἐπὶ θύραις tiene un sentido locativo: *a las puertas*.

40 R675 Los numerales εἷς del v. 40, y μία del v. 41, tienen un sentido indefinido similar a τις: *uno*.

T319 En los vv. 40 y sigs., el verbo en furturo ἔσονται y el participio de presente αλήθουσαι tienen un significado condicional: *si hay dos en el campo ..., si hay dos mujeres moliendo* (comp. BD418[2]).

42 R740 En los vv. 42 y sigs., el pronombre ποίᾳ sólo tiene la fuerza de un interrogativo con poco sentido cualitativo: *¿En qué día*?

43 R870 El verbo en presente *ἔρχεται* tiene sentido futurista y se usa para presentar la certeza de expectación.

BD291(5) 'Ἐκεῖνο significa: *otra cosa.*

45 R777 La fuerza del artículo *ὁ* pasa al segundo adjetivo *θρόνιμος* mediante la conjunción *καί* (comp. BD269[5]).

R845 Es mejor traducir el verbo en aoristo *κατέστησεν* al español con un presente perfecto: *él ha puesto sobre.*

B397 Τοῦ con el infinitivo *δοῦναι* se usa para expresar el propósito del verbo principal: *dar a ellos* (comp. T141).

51 T226 'Ἐκεῖ tiene un sentido temporal: *entonces* (comp. Luc. 13:28).

## Mateo 25

1 R727 El pronombre *αἵτινες* tiene un sentido definido similar al pronombre relativo *quien.*

R1127 El participio λαβοῦσαι se usa con la idea de manera (tiene el significado resultante: *ellas salieron con lámparas* --T154).

M70 La preposición *εἰς* tiene el sentido de: *con la mira de* (comp. el v. 6).

5 R838 En este versículo, el verbo aoristo *ἐνύσταξαν* levanta la cortina y el verbo imperfecto *ἐκάθευδον* continúa la presentación: *ellas cabecearon y se durmieron.*

6 R897 Γέγονεν se usa como un perfecto viviente, que se refiere a un grito repentino (*γέγονεν* se usa en lugar del aoristo en la narrativa --B88.

T235 El genitivo se usa en *μέσης νυκτός* para indicar el punto del tiempo: *a la media noche* (no clásico; denota la clase de tiempo --R495). [Editor. No hay necesidad de forzar el significado del genitivo como la clase de tiempo en esta frase, porque hay otros casos en el N.T., en los cuales el genitivo se refiere al punto del tiempo.]

9 R1161 Aquí el uso de *μήποτε* implica un verbo de temor (comp. B225; quizá el significado sea: *vayan y compren ... para que no* --T99; *esto difícilmente sería suficiente* --BD428[6]).

T75 El presente de imperativo πορεύεσθε puede usarse para representar cortesía (es menos perentorio que el aoristo; el presente de imperativo indica ir aquí y allá, a cualquier parte donde ellas pudieran encontrar uno, mientras que el aoristo de imperativo indica la meta: *y compren* --BD336[1]).

10 T27 Γάμους es un plural idiomático que se refiere a una fiesta de bodas (comp. 22:2).

11 R1200 La repetición de κύριε aquí expresa una fuerte emoción.

14 T192 Ἰδίους se usa como un simple pronombre posesivo: *sus siervos* (comp.22:5).

BD453(4) Ὥσπερ γάρ se usa para introducir una parábola sin un correlativo que le siga, ni conexión de ninguna clase con lo que precede; el significado resultante es: *El reino de los cielos en verdad es como* (la cláusula principal debe suponerse con la comparación --BD482).

16 B150 El participio con artículo ὁ λαβών tiene un sentido similar a una cláusula relativa: *el que recibió* (comp. 24:13).

MT116 El verbo ἠργάσατο se usa como un aoristo que sólo hace constar la acción (aunque sencillamente se refiere a una serie de eventos).

20 R835 Ἐκέρδησα se usa como un aoristo efectivo, para destacar el fin de la acción: *gané*.

21 M49 El cambio de ἐπί con el acusativo por ἐπί con el genitivo parece que sólo es una variación estilística (que no hace variar el significado).

BD102(3) Εὖ se usa como una interjección que significa: *¡Bravo!* en los vv. 21 y 23.

24 BD342(1) El sentido perfecto se usa en εἰληφώς para denotar un efecto continuo: *el poseedor* (comp. R909 y MT238).

BD437 Se usa *ὅθεν (cuando)* en lugar de *ἐκεῖθεν οὗ (donde)* en los vv. 24 y 26.

27 T90 El verbo imperfecto de obligación ἔδει significa: *es necesario*.

30 BD62 En el N.T., el adjetivo comparativo ἐξώτερον sólo tiene un sentido superlativo: *las tinieblas de más lejos* (comp. 22:13).

32 T313 El verbo en plural se usa con el sujeto plural neutro τὰ ἔθνη porque el sujeto tiene un sentido personal: *todas las naciones*.

33 R408 Δεξιῶν y εὐωνύμων son plurales idiomáticos que sencillamente denotan dirección: *derecha ... izquierda*.

34 M73 La preposición ἀπό tiene aquí un sentido temporal: *desde*.
T152 El participio con artículo τὴν ἡτοιμασμένην equivale a una cláusula relativa que significa: *que ha sido preparado*.
BD183 El genitivo τοῦ πατρός se usa para indicar el agente del participio pasivo: *por mi padre*.

35 BD390(2) Φαγεῖν se usa como un infinitivo de propósito: *para comer*.

40 R963 La frase prepositiva ἐφ' ὅσον tiene un sentido causal: *por cuanto lo hicieron* (el verbo en aoristo ἐποιήσατε es similar a un perfecto --MT138).
T31 El adjetivo superlativo ἐλαχίστων tiene un sentido intensivo en los vv. 40 y 45: *muy pequeño* (comp. 5:19).

41 R1096 El participio en voz pasiva que se encuentra en tiempo perfecto κατηραμένοι significa: *habiendo llegado a ser los sujetos de una maldición*; y no debe traducirse como un adjetivo verbal, κατάροι: *malditos* (comp. MT221).

## Mateo 26

2 R869 El verbo presente γίνεται tiene un sentido futurista de acción definida (el verbo γίνομαι se usa más en el tiempo aoristo), que denota la certeza de la expectación (el verbo en presente παραδίδοται también es futurista --M7: *la pascua llegará* y *el Hijo del hombre será entregado*).
R1090 Εἰς τό con el infinitivo se usa para expresar un resultado intencional (parecido a propósito --T143): *para ser crucificado*.

4 R811 La voz media de *συνεβουλεύσατο* tiene una idea recíproca: *tuvieron consejo unos con otros.*

8 R739 Εἰς *τί* expresa propósito: *¿Con qué propósito?*

10 M69 Εἰς *ἐμέ* se usa en lugar de un simple dativo: *a mí.*
MT116 'Ηργάσατο se usa como un aoristo de acción definida, que hace hincapié en la actividad, y no en su producto.

12 R1075 Πρὸς *τό* se usa con el infinitivo para denotar propósito: *a fin de prepararme para la sepultura.*

15 R951 En este versículo, la conjunción *καί* casi equivale a *ἐάν* (*καί* casi tiene el sentido de *ὅτι* o *ἵνα*: *que* --R1183; puede tener un sentido final --T334; comp. BD442[2]). [Editor. Parece que *καί* se usa para completar la oración interrogativa (similar a la anterior sugerencia de Robertson): *¿Qué me darán si yo se lo entrego?* La traducción que indica finalidad: *para que*, no encaja bien en la oración interrogativa.]

18 R744 Τὸν *δεῖνα* es raro y significa: *el señor fulano de tal.*
R870 Ποιῶ es un presente con sentido futurista e indica la certeza de la expectación (comp. B15: *Celebraré la pascua* --M7).
M52 La preposición *πρός* denota posición: *con.*

24 R707 El pronombre *ἐκείνῳ* presenta en este versículo la idea de desprecio.

25 R1168 Judas introdujo su pregunta con *μήτι* (pues esperaba una respuesta negativa); por cuanto no se atrevió a usar *οὐ* (recibe la respuesta inesperada: *συ εἶπας* --BD427[2]).
T87 El participio de presente *ὁ παραδιδούς* se usa por el futuro: *el que lo traicionaría.*

28 R595 La preposición *εἰς* significa: *para.*
M206 El participio de presente tiene un sentido futurista: *que será derramada.*
T269 Parece que *περί* se usa en lugar de *ὑπέρ*, y significa: *por, a favor de* (la preposición *περί* enfoca la muerte de Cristo desde un ángulo diferente --R567). [Editor. En el N.T. ocasionalmente

*περί* tiene un significado similar a *ὑπέρ* (comp. Hech. 26:1 y Heb. 10:26 y BD229[1]; el manuscrito D tiene *ὑπέρ*), lo cual parece que ocurre aquí (comp. Mar. 14:24; Luc. 22:20 y la manera como Pablo trata este tema).]

29 BD382(3) Ὅταν tiene el significado: *aquel día cuando.*

33 R1096 Εἰ introduce una cláusula concesiva: *aunque* (comp. B279; parece que tiene un sentido causal --T115). [Editor. Realmente el sentido concesivo cuadra mejor con el contexto.]

35 R208 Κἄν significa: *aun si* (concesivo --R1026; la idea concesiva se destaca más cuando incluye la conjunción *καί* --B279).
R875 'Απαρνήσομαι se usa como un futuro volitivo (que predice y niega enfáticamente --B66). [Editor. La última sugerencia parece preferible, ya que Pedro tenía demasiada confianza en sí mismo (comp. 16:22).]
T265 Σὺν σοί parece que significa: *en compañía contigo.*

36 R976 Ἕως significa: *mientras*; comp. 14:22 (significa: *hasta que*, con el aoristo de subjuntivo: *siéntense aquí mientras oro*, o hasta que *haya orado*; *mientras oro* es levemente perifrástico --B325). [Editor. En verdad, *hasta que haya orado* tiene una idea resultante que es similar a *mientras oro*.]

38 R856 Μείνατε se usa como un aoristo que expresa en un solo hecho una acción realizada durante un tiempo; aunque se refiere a una acción duradera, la trata como definida (*quédense y continúen velando* --T77).

39 T338 Πλήν se usa como una partícula adversativa en *πλὴν οὐχ*, en lugar de la expresión *ἀλλ' οὐχ* de Marcos: *sin embargo, no.*

43 B91 El imperfecto del verbo copulativo *ἦσαν* con el participio en tiempo perfecto *βεβαρημένοι* forman un pluscuamperfecto perifrástico: *sus ojos estaban pesados.*

44 M122 En *τὸν αὐτὸν λόγον εἰπών*, *αὐτόν* se usa como un adjetivo que significa: *diciendo la misma palabra* (realmente, *palabras*).

45 R807 Puede considerarse que ἀναπαύεσθε está en voz media directa: *descansen ustedes mismos*.

R882 Παραδίδοται se usa como un presente futurista que indica la certeza de la expectación: *será traicionado*.

R948 Καθεύδετε y ἀναπαύεσθε son imperativos que denotan permiso. No es una pregunta, ni tampoco una ironía. Es demasiado tarde para hacerle a Cristo algún bien manteniéndose despiertos. En consecuencia, El retira su petición de que velen (*lo único que pueden hacer es dormir* --M161; τὸ λοιπόν tiene el sentido de inferencia: *así que*, con el siguiente significado resultante: ¡*Así que ustedes aún están dormidos*! --BD451[6]).

T334 El último καί de este versículo se usa en lugar de una conjunción subordinativa temporal: *cuando* (equivale a ὅτε; comp. R1183, BD442[4] y H421).

46 R428 La ausencia de un conectivo en ἐγείρεσθε ἄγωμεν le da vida y movimiento a la narrativa: *Levántense, vamos*.

T151 El participio con artículo en ὁ παραδιδούς es virtualmente un nombre propio que significa: *mi traidor*.

48 B310 En la declaración: *a quien yo besare, ése es*, la suposición expresada con ὃν ἄν es particular; se refiere a una ocasión y a un evento específicos.

T77 El aoristo de imperativo κρατήσατε significa: ¡*Arréstenlo!*

50 R602 La preposición que se usa en ἐφ' ὃ πάρει expresa la idea de meta: *con qué propósito* (el pronombre relativo realmente se usa como un interrogativo: ¿*Por qué has venido*? --TGr69 y sigs.; comp. T50, R725 y MT93; esta cláusula denota ironía: *por eso estás aquí* --BD300[2]). [Editor. La frase ἐφ' ὅ se usó durante el primer siglo con un sentido interrogativo, y aparentemente así se usa en este versículo (comp. la declaración afirmativa en la narración paralela que se halla en Luc. 22:48). Lo que el Maestro da a conocer al discípulo traidor es que El no se engaña por la demostración pública de afecto.]

52 R1191 Γάρ se usa aquí para indicar la premisa mayor.

53 T334 En este versículo, καί se emplea para expresar un resultado: *que*.

BD440(1) Ἤ introduce una declaración interrogativa: *o*.
MT50 Πλείω es un adjetivo comparativo indeclinable: *más de doce legiones* (manuscritos posteriores incluyen la enmienda πλείους).

55 R602 La preposición ἐπί presenta la idea de hostilidad: *contra*.

56 M17 El verbo perfecto γέγονεν parece indicar que la narrativa del A.T. se consideraba como contemporánea. Pudiera llamarse un perfecto de alegoría (comp. 21:4).

60 R1129 El participio προσελθόντων tiene un sentido concesivo: *aunque muchos falsos testigos se presentaron*.

61 R581 Διά significa: *después* (comp. M56; διά con el genitivo se refiere al tiempo dentro del cual algo ocurre: *dentro de tres días* --T267; comp. BD223[1]). [Editor. El genitivo temporal generalmente indica el tiempo dentro del cual. Parece que este es el significado aquí (comp. Juan 2:19).]
R697 Οὗτος se usa con la idea de reproche: *Este hombre*.

63 R883 El tiempo imperfecto de ἐσιώπα tiene un sentido descriptivo duradero: *guardó silencio* (*Jesús guardó silencio hasta que el sumo sacerdote dijo* --T66).
T64 El verbo en presente ἐξορκίζω se refiere a una acción definida que ocurre en el tiempo en que se habla: *Te conjuro*.

64 T72 La respuesta σὺ εἶπας sencillamente significa: *Tú lo dices* (comp. Mar. 15:2 y MT86; el pronombre es enfático --T37).

67 BD250 Οἱ δέ significa: *pero otros* (el artículo es similar a un pronombre demostrativo --R694; comp. 28:17).

69 R674 Μία se usa como un artículo indefinido: *una criada*.
R1182 En καὶ σὺ ἦσθα, καί comienza la oración, porque la conexión es con una idea no expresada: *Tú también estabas con*.

71 R697 El pronombre οὗτος tiene una nota de reproche en este versículo (comp. el v. 61).

72 H469 En los vv. 72 y 74, ὅτι introduce una fuerte afirmación, con

el siguiente significado resultante: *en verdad* (comp. 19:18).

73 R28 El acento que Pedro reveló en este versículo se debió probablemnte a la influencia del arameo en su lenguaje galileo.

## Mateo 27

1 R1029 Ὥστε con el infinitivo se usa aquí para expresar propósito (comp. M140, T136 y MT207; se usa para expresar resultado intencional similar a propósito --BD391[3]; esta construcción está en aposición definitiva con *συμβούλιον*, para definir el contenido del plan, en vez de expresar el propósito por el cual se hace --B371). [Editor. Συμβούλιον ἔλαβον aparentemente no significa: *acoger un plan*, sino *reunirse para una consulta*. La ley exigía dos reuniones de esta clase en casos criminales que eran graves; en consecuencia, *ὥστε* con el infinitivo denota el propósito de esta consulta contra Jesús (comp. 10:1).]

3 R858 El participio de aoristo *μεταμεληθείς* tiene un sentido de ingreso (el arrepentimiento comenzó en ese momento).

4 R874 El volitivo y el futuro son ocasionalmente similares como en *σὺ ὄψῃ*, que significa: *Tú verás lo que harás* (comp. MT177; es volitivo: *tú mismo verás lo que has de hacer* --BD362).

R1128 El participio *παραδούς* presenta la base o razón de la acción del verbo principal *ἥμαρτον* (es decir, es causal; el participio se refiere a una acción que es simultánea con la del verbo principal --R1113; comp. B139; el participio es modal-temporal: *al traicionar* --T154; el participio expresa acción idéntica *en que yo ...* --BD339[1]). [Editor. La última sugerencia parece ser la preferida, puesto que el pecado y la traición son una misma cosa. En esencia, no hay mucha diferencia entre los significados resultantes de estas sugerencias.]

BD299(3) La construcción elíptica *τί πρὸς ἡμᾶς* significa: *¿qué es eso para nosotros?* (el verbo está implícito).

5 T54 Ἀπήγξατο es un verbo que está en voz media (reflexiva) directa: *él se ahorcó* (el verbo significa: *estrangular* --MT155).

7 M73 En ἠγόρασαν ἐξ αὐτῶν, la preposición tiene un sentido instrumental: *compraron con ellas* (es decir, *las piezas de plata*).

8 R848 El verbo de aoristo ἐκλήθη está conectado con el tiempo presente de una manera similar al presente perfecto pasivo en español: *ha sido llamado* (comp. B52; puede significar: *fue llamado [entonces] y ha retenido el nombre hasta hoy* --M14; comp. T71).

11 TGr73 Σὺ λέγεις significa: *Tú lo dices* (comp. 26:64; el pronombre σύ es enfático --T37).
BD77(1) En σὺ εἶ ὁ βασιλεύς, el pronombre es enfático (un hombre como tú).

15 R884 Ἤθελον se usa como un imperfecto reiterativo, para denotar repetición: *a quien ellos quisieran.*
M59 La preposición κατά tiene un sentido distributivo en una expresión temporal: *en el tiempo de la fiesta*, o *en cada fiesta.*

18 R888 El verbo pluscuamperfecto ᾔδει tiene la fuerza de un imperfecto: *él sabía.*

19 R396 El verbo ἔστω debe insertarse con μηδὲν σοί (la idea de preocupación predomina en esta declaración: *No tengas nada que ver con ese hombre inocente* --TGr46).

20 R05 La voz media de αἰτήσωνται parece que se refiere a una petición como en una transacción comercial.
R835 Ἔπεισαν se usa como un aoristo de efecto, para enfatizar el fin de la acción (*tuvieron el éxito de persuadir* --T72).

22 M35 El acusativo Ἰησοῦν se usa como un predicativo: *¿Qué debo hacer con Jesús?* (*hacer algo a* --T246).

23 R1149 En este versículo, γάρ se usa como una partícula intensiva (*Bueno, ¿qué mal ha hecho?* --BD452[1]).

24 R644 Ἀπέναντι significa: *en la presencia de.*
R810 El verbo en voz media ἀπενίψατο probablemente signifique: *él mismo se lavó las manos.*

R874 En ὑμεῖς ὄψεσθε, el futuro tiene un sentido volitivo: *ustedes mismos verán lo que hacen* (comp. T86, BD362 y el v. 4; el pronombre es enfático --R678).

BD182(3) Con ἀθῷος, la preposición ἀπό tiene el sentido de *libre de*.

30 R593 En este versículo, la segunda vez que aparece εἰς significa: *sobre* (similar a ἐπί --T256).

R884 El verbo en imperativo ἔτυπτον tiene un significado reiterativo: *repetidamente lo golpearon*.

31 B48 Cuando un verbo en aoristo se usa en un pasaje narrativo, para referirse a un evento pasado que precede a otro evento pasado, debe traducirse al español con un pluscuamperfecto: *cuando ellos lo hubieron ridiculizado* (comp. M16).

M33 Los verbos ἐξέδυσαν y ἐνέδυσαν tienen aquí doble acusativo, con el siguiente significado resultante: *le quitaron el manto y le pusieron sus propios vestidos*.

32 R993 Ἵνα introduce el contenido de la demanda: *a que llevara su cruz*.

33 B20 La cláusula ὅ ἐστιν κρανίου τόπος λεγόμενος provee un ejemplo de un tiempo presente perifrástico (se discute sobre si ἐστίν no debiera más bien considerarse como un verbo independiente, con un participio explicativo: *que significa* [literalmente, *es, cuando se dice*, o *se traduce]* Lugar de la Calavera [en vez de *que está siendo traducido*] --M17). [Editor. La traducción de Moule es más apropiada, ya que es incorrecto sacar forzadamente un sentido perifrástico en esta construcción. Ὅ ἐστιν se usa ocasionalmente en el N.T. como una fórmula explicativa (comp. Mar. 12:42; Juan 1:41 y Ef. 5:5).]

34 R1087 La estrecha relación entre el infinitivo explicativo y el infinitivo de propósito puede verse aquí cuando aparece por primera vez πιεῖν: *de beber* y *para que bebiera* (aunque la última traducción que tiene la idea de propósito parece mejor).

35 R690 El verbo en voz media διεμερίσαντο tiene un sentido reflexivo: *se dividieron los vestidos de El entre sí*.

40 T81 Los participios καταλύων y οἰκοδομῶν se refieren a una acción anterior a la del verbo principal: *Tú que estabas tratando de destruir ... y reconstruir* (comp. BD339[3] y MT127).

T183 Υἱός no tiene artículo porque es un predicado nominal y precede al verbo (comp. βασιλεύς en el v. 42 y Juan 1:1): *el Hijo de Dios*.

42 T237 Ἐπί con el acusativo se usa con el verbo πιστεύσομεν, y significa: *creeremos en El*.

43 B75 El tiempo perfecto del verbo πέποιθεν denota estado existente: *Confió en Dios*.

H469 Ὅτι tiene una fuerza de afirmación en este versículo, que significa: *verdaderamente* (comp. 26:72).

44 R409 Οἱ λῃσταί no debe tomarse como un plural usado en vez del singular. Probablemente ambos vituperaron a Jesús al principio, y luego uno llegó a sentirse avergonzado y se volvió contra el otro (comp. MT58; éste es un plural idiomático; realmente sólo un ladrón vituperó a Jesús --Gr76). [Editor. La sugerencia de Robertson parece preferible, especialmente en vista del relato que se halla en Mar. 15:32].

M34 Τὸ αὐτό se usa como un acusativo adverbial: *de la misma manera*.

46 R705 Τοῦτ' ἔστιν es una frase explicativa que no concuerda con el sustantivo que explica.

M11n.1 El verbo en aoristo ἐγκατέλιπες se refiere a un evento pasado, cuyos resultados no son considerados de un modo prominente por el escritor. Pero esto no significa que la traducción mediante el presente perfecto, *me has desamparado*, sea incorrecta (es perfectivo --T72).

M62 Περί tiene aquí un sentido temporal: *alrededor de*.

49 R1128 El participio de futuro σώσων expresa el propósito de la acción del verbo ἔρχεται (comp. T157): *vendrá a salvarlo*.

MT175 La combinación de ἄφες e ἴδωμεν significa: *veamos*.

54 T183 Θεοῦ υἱός no tiene artículo porque es un predicado nominal y precede al verbo: *el Hijo de Dios* (comp. el v. 40).

55 R727 Αἵτινες introduce una cláusula explicativa (describe a las mujeres).

57 T53 Ἐμαθητεύθη tiene un sentido causal: *había sido hecho un discípulo*.
BD160 Τοὔνομα significa: *de nombre* (con respecto al nombre).

61 R1104 El participio καθήμεναι tiene una idea adjetival (*sentadas frente al sepulcro*), especialmente por el hecho de que varía en número con respecto al verbo ἦν (el señor Scott considera que esta es una construcción perifrástica --R1406). [Editor. La observación del señor Scott parece altamente improbable, especialmente en vista a la observación anterior.]

63 R870 El verbo en presente ἐγείρομαι tiene un sentido futurista, que presenta la certeza de la expectación: *Resucitaré*.

64 T32 Los superlativos πρῶτος y ἔσχατος se usan como comparativos, y significan: *primero* y *postrero* (comp. BD62).

## Mateo 28

1 R646 Ὀψὲ σαββάτων puede significar: *tarde el día de reposo*, o *después del día de reposo* (comp. M86; de acuerdo con lo que sigue, y en vista del pasaje paralelo que se halla en Marcos, significa: *después del día de reposo* --BD164[4]; comp. H471).
T27 Σαββάτων se usa como un plural idiomático que significa: *el día de reposo*.

2 R840 Ἐγένετο se refiere a una acción que antecede a la del verbo ἦλθεν que aparece en el v. 1.

4 H461 La preposición ἀπό tiene un sentido causal en este versículo.

6 R845 El verbo en aoristo ἠγέρθη debe traducirse mediante el presente perfecto: *El ha resucitado*.
B295 La cláusula en que aparecen las palabras ὅπου ἔκειτο identifica el lugar: *donde yació*.

9 TGr76 En este versículo, el plural es idiomático, ya que sólo María Magdalena le asió los pies (comp. Juan 20:14-18).

BD260(1) El artículo se omite con el sustantivo Ἰησοῦς porque se refiere a su primera apariencia después de la resurrección; en el relato de Juan se incluye el artículo anafórico por causa del contexto (es mejor aceptar el texto variante con ὁ Ἰησοῦς, apoyado por D y L, lo cual está de acuerdo con el uso de los Evangelios --T167). [Editor. Aunque Blass puede atribuir demasiado significado a la presencia del nombre Ἰησοῦς sin artículo, uno no está obligado a aceptar el texto dudoso que sugiere Turner. Generalmente, Ἰησοῦς se usa con artículo en los Evangelios; se considera como un nombre propio y no necesita artículo para que sea definido. Mateo frecuentemente emplea Ἰησοῦς en una construcción sin artículo (comp. 1:16, 21; 17:8; 20:17, 30; 21:1,12 y 27:17).]

10 R993 Ἵνα introduce el contenido de la orden: *Digan a mis hermanos que vayan a Galilea.*

15 R614 La preposición *παρά* tiene la idea de *entre.*

MT139 El verbo en aoristo *διεφημίσθη* se usa como un aoristo narrativo, pero agregando las palabras: *y continúa.*

17 BD250 Οἱ *δέ* significa: *pero otros* (el artículo es similar a un pronombre demostrativo --R694; comp. 26:67).

19 R649 En este versículo *ὄνομα* tiene la idea de *la autoridad de* (bautismo en el nombre indica una relación como una meta del bautismo --T255).

R684 El pronombre *αὐτούς* tiene el género masculino, porque se refiere a la gente incluida en *ἔθνη*.

R1128 Βαπτίζοντες y *διδάσκοντες* son participios de modo, que describen la manera como se hacen discípulos.

BD148(3) El verbo activo *μαθητεύσατε* significa: *hagan discípulos de* (comp. H400).

20 M34 Πάσας *τὰς ἡμέρας* tal vez debe traducirse estrictamente: *la totalidad de cada día.*

# Marcos

## Marcos 1

1 R781 Aunque ἀρχή no tiene artículo, es definido porque se usa como parte del título del libro.

TGr27 y sig. Los vv. 1 y 4 deben tomarse en conjunto, con el material intermedio que se considera como un paréntesis. Así que el significado resultante es: *Juan el Bautista, bautizando ... y predicando ..., fue el comienzo del Evangelio de Jesucristo.*

T211 Ἰησοῦ Χριστοῦ se usa como un genitivo de complemento directo: *acerca de Jesucristo.*

T307 La inclinación de Marcos a incluir el verbo *ser*, se opone a la interpretación: *el comienzo del Evangelio es como está escrito ...*

2 R960 La cláusula relativa con el verbo futuro, ὃς κατασκευάσει ..., presenta la idea de propósito (comp. Luc. 7:27).

3 T151 Aquí el participio tiene un uso sustantival: *voz de un heraldo.*

4 R1127 El participio κηρύσσων tiene la idea de manera (no es un perifrástico con ἐγένετο): *Juan apareció ... predicando.*

T211 Μετανοίας se usa como un genitivo de sujeto, el bautismo no conduce al arrepentimiento, sino que brota de él (un genitivo apositivo: *¿bautismo que implica arrepentimiento?* --T214; comp. R496). [Editor. Tal vez el comentario de Turner no sea inexacto, pero este genitivo especifica el tipo único de bautismo que practicaba Juan (comp. Mat. 3:1 y sigs.).]

7 B376 El infinitivo λῦσαι se usa para limitar el adjetivo ἱκανός: *no soy digno de encorvarme y desatar el cordón de su calzado.*

T67 La expresión con el verbo en aoristo ἐκήρυσσεν λέγων pudiera referirse a alguna ocasión definida y a alguna declaración real (no a un resumen de todo su ministerio).

BD418(5) El participio κύψας se usa para expresar la idea de manera: *aun inclinándome.*

8 T41 El pronombre αὐτός aparentemente tiene aquí algún énfasis (en contraste con ἐγώ).

9 M68 La preposición εἰς parece que se usa en vez de ἐν con un sentido local (comp. BD205), quizá con el siguiente significado: *El vino al Jordán y fue bautizado en él.*

T166 y sig. Ἰησοῦς sin artículo debe tomarse en relación cercana con la frase que sigue: *Jesús de Nazaret en Galilea.* Si significara: *Jesús vino de Nazaret en Galilea*, tendría que escribirse ὁ Ἰησοῦς, según la práctica de Marcos.

10 R577 Con la preposición ἐκ se afirma que Jesús había estado en el agua.

T25 Generalmente el singular οὐρανός se usa para referirse al *cielo* en el sentido material (pero no es así en los vv. 10 y sigs.).

11 R532 La frase prepositiva ἐν σοί se usa para expresar una idea causal.

B55 Εὐδόκησα parece que es un aoristo de ingreso: *me viene gozo al pensar en ti* (comp. T72; probablemente signifique: *he puesto en Ti el sello de mi aprobación*: literalmente, *puse*, en un tiempo que no es definido --MT134; comp. el comentario sobre 2 Ped. 1:17).

15 TGr121 La última parte de este versículo no debe traducirse: *yo creo en el Evangelio*, sino *en la dispensación de este Evangelio, ustedes tienen que arrepentirse y creer* (*creer, en la esfera del Evangelio* --T237 y MT67).

T75 Los imperativos de presente μετανοεῖτε y πιστεύετε significan: *perseveren en arrepentimiento y fe.*

17 R1023 En este versículo, el adverbio δεῦτε tiene la fuerza de un imperativo: *vengan.*

19 R659 El adjetivo ὀλίγον en el caso acusativo se usa como un adverbio: *un poco más adelante.*

BD442(9) La conjunción que aparece en καὶ αὐτούς es enfática: *quienes también.*

21 M7 Εἰσπορεύονται se usa como un presente histórico (muy frecuente en Marcos): *ellos fueron a.*

M9 'Εδίδασκεν se usa como un imperfecto incoativo: *comenzó a enseñar.*

T27 El plural σάββασιν se usa en vez del singular: *en el día de reposo.*

H446 Εὐθύς (εὐθέως) no sólo es sumamente frecuente en Marcos, sino que algunas veces es una conjunción de inferencia, que significa: *así pues* (como en los vv. 21, 23, 29 y 30).

22 R1127 Ὡς ἔχων expresa la idea de manera (comp. B445): *El enseñaba como uno que tenía autoridad.*

23 R784 La frase prepositiva sin artículo, ἐν πνεύματι ἀκαθάρτῳ, es atributiva del sustantivo ἄνθρωπος (comp. T221 y BD272; el ἐν aquí implica la idea de manera; comp. BD219[4]0, y significa: *el hombre que tenía el espíritu inmundo*, a menos que entendamos que el dativo significa: *en el poder de* --T252). [Editor. La primera sugerencia de Turner parece preferible en vista del mandato de Cristo en el v. 25.]

24 M154 La cláusula σε τίς εἶ se usa como el complemento directo de οἶδα (así que σέ está en el caso acusativo y no en el nominativo), y significa: *Sé quién eres* (comp. T149; aparece una prolepsis [es decir, el sujeto se pone de manifiesto adelante] --T325).

TGr43 Τί ἡμῖν καὶ σοί significa: *¡Déjanos!* (comp. Luc. 4:34).

25 TGr42 El aoristo de imperativo φιμώθητι significa: *sé inofensivo* (es decir, *llega a ser inofensivo*).

27 R1181 En la expresión καὶ τοῖς πνεύμασι, la conjunción καί tiene un sentido progresivo, y significa: *aun* (comp. Rom. 13:5).

28 BD103 Πανταχοῦ significa: *hacia todas partes.*

31 T67 Διηκόνει se usa como un imperfecto reiterativo que significa: *comenzó a servirles.*

33 M53 La preposición πρός puede estar cargada de significado. Aparentemente combina el movimiento lineal con el descanso al llegar: *hacia* (aunque es cuestionable si esto puede distinguirse

en Mar. 11:4 o 13:29 con ἐπὶ θύραις).

34 M72 Con los verbos compuestos en los vv. 34 y 42, parece que hay muy poca distinción entre ἐκ y ἀπό.

35 M72 Una distinción general en Marcos (aunque no se observa de manera consecutiva; comp. el v. 34), pudiera ser que un hombre sale de una casa (ἐκ), pero de un campo (ἀπό); así tenemos en este versículo: *salió de la casa y se fue a un lugar deshabitado.*

36 R606 En el verbo compuesto καταδίωξεν, la preposición tiene una fuerza perfectiva: *acorraló* (comp. MT116).

38 R595 La frase prepositiva εἰς τοῦτο tiene la idea de propósito.
B103 'Αλλαχοῦ significa: *hacia otra parte* (comp. el v. 28).
H276 El sustantivo compuesto κωμοπόλεις significa *villa - pueblo* (es decir, una πόλις que es un poco más grande que una κώμη, aldea).

39 BD205 Εἰς se usa en vez de ἐν con un sentido local (εἰς aparece aquí por causa del verbo ἦλθεν --R593). [Editor. La preposición tiene un sentido local (*fueron predicando en las sinagogas de ellos*), pero el verbo de movimiento ἦλθεν tiende a preferir εἰς; note la variante con el verbo de estado ἦν, construcción que prefiere Lucas.]

44 R619 La preposición περί implica aquí una idea causal.
MT124 En este versículo, ὅρα es sólo una clase de partícula que agrega fuerza al imperativo: *mira que no digas a nadie nada.*

45 H446 Πολλά se usa con un sentido adverbial: *hablar libremente.*

## Marcos 2

1 R581 La preposición que aparece en δι' ἡμερῶν tiene un sentido temporal, y significa: *intervalo de días, días entre, después de algunos días* (comp. BD223[1]), aunque ciertamente nadie pensaría que διά en sí misma signifique: *después.*
T261 La expresión local ἐν οἴκῳ significa: *en casa* (comp. MT82).

2 M27 Parece que ὥστε μηκέτι χωρεῖν μηδὲ τὰ πρὸς τὴν θύραν significa: *de manera que ya no había lugar, ni aun en la parte cerca de la puerta* (a menos que τὰ πρὸς τὴν θύραν no sea un acusativo de referencia, sino el sujeto de χωρεῖν, lo cual parece muy improbable cuando interviene μηδέ).

4 H470 Por causa del orden inverso y de la redundancia que aparece en ἀπεστέγασαν τὴν στέγην καὶ ἐξορύξαντες χαλῶσι, el Prof. Wellhausen traduce la primera cláusula de una manera que también pudiera significar: *lo llevaron al techo.* [Editor. El participio repite la idea del verbo principal, quizá indique algún grado de énfasis.]

7 R697 Οὗτος se usa para expresar la idea de reproche (por parte de los fariseos y con respecto a Jesús; comp. Luc. 15:2).

8 M75 Ἐν ἑαυτοῖς se usa en el v. 8 (comp. el v. 6) como equivalente de ἐν ταῖς καρδίαις αὐτῶν (este es un semitismo que se espera en las declaraciones de Jesús --H432).

10 R434 La inserción de λέγει τῷ παραλυτικῷ en la conversación de Jesús con el paralítico es un paréntesis muy interesante.

11 R428 La ausencia de conjunción en ἔγειρε ἆρον da vida y movimiento a la expresión *levántate, toma.*

R855 El presente de imperativo ὕπαγε es exclamativo (comp. Juan 9:7): *¡Vete!*

12 BD434(2) El adverbio οὕτως se usa aquí en vez de un objeto acusativo: *como ésta.*

15 R1190 Γάρ introduce una explicación a manera de apéndice al hilo del pensamiento: *porque había muchos.*

T348 En los vv. 15 y sigs., la puntuación debe ser como sigue: *Pues había muchos. Lo siguieron algunos escribas de los fariseos. Ellos notaron que El comía ...*

BD471(4) Note la concordancia de los dos verbos conjugados en modo personal ἦσαν ... ἠκολούθουν en lugar de un participio.

16 R1029 La segunda vez que aparece ὅτι en este versículo tiene un

sentido interrogativo: *¿Por qué?* (comp. διὰ τί en Mat. 9:11; la primera vez que aparece ὅτι introduce una pregunta indirecta: *que*).

M43 La expresión τῶν Φαρισαίων pudiera ser un genitivo partitivo: *de los fariseos* (comp. T209; Luc. 5:30 dice: *sus escribas*).

17 R990 El infinitivo καλέσαι expresa la idea de propósito: *a llamar*.

18 T292 En este versículo el plural indefinido puede ser impersonal, o puede referirse al sujeto de la oración precedente. [Editor. El sujeto de ἔρχονται y λέγουσιν se provee aparentemente como el sujeto de la oración anterior: οἱ μαθηταὶ Ἰωάννου καὶ οἱ Φαρισαῖοι.]

19 M174 El genitivo adjetival puede verse en οἱ υἱοὶ τοῦ νυμφῶνος; significa: *el cortejo nupcial* (semítico).

20 B316 La cláusula relativa con ὅταν tiene forma condicional, pero tiene fuerza definida: *pero vendrán días cuando el esposo les será quitado* (comp. BD382[3]).

21 R1025 Εἰ δὲ μή tiene el sentido de *pero si no*, o *de otra manera* (comp. Juan 14:11).

T209 El genitivo partitivo con ἀπό tiene aquí el sentido de *algo de ello* (la mejor variante desde el punto de vista de la sintaxis es: αἴρει ἀπ' αὐτοῦ [*algo de ello*] τὸ πλήρωμα τὸ καινὸν [*la nueva llenura*] ἀπὸ τοῦ παλαιοῦ [*es decir, algo de lo viejo*]). [Editor. Parece que el texto correcto es αἴρει ἀπ' αὐτοῦ τὸ πλήωμα τὸ καινὸν τοῦ παλαιοῦ, apoyado por A, K, Δ y ciertos manuscritos siriacos minúsculos. Entonces, este texto se arregló levemente para conformarse al texto de Mat. 9:16. Esta cláusula debe entonces traducirse: *el nuevo remiendo del viejo (vestido) se desprende de él*.]

23 R1043 Aparte de los escritos de Lucas, el infinitivo con ἐγένετο se encuentra sólo en este versículo. Moulton (MT17) dice que esto es una asimilación primitiva de Luc. 6:1.

T56 Aparece el infinitivo activo ποιεῖν, cuando lo esperaríamos en voz media (comp. MT159, el activo ὁδὸν ποιεῖν realmente significa: *construir un camino*).

25 T41 Αὐτός aquí lleva énfasis: *el mismo* (comp. R679, para demostrar contraste).

T49 Τί equivale aquí a un pronombre relativo, y significa: *que*.

26 R603 Ἐπί con el genitivo tiene aquí la idea de *en el tiempo de*, o *durante el tiempo de* (comp. Hech. 11:28).

T137 Πῶς se usa para introducir una cláusula de complemento directo: *como*.

27 M55 Parece que διά tiene aquí un sentido prospectivo, con el siguiente significado: *el día de reposo fue hecho para el hombre, y no el hombre para el día de reposo* (meta o propósito --R584; comp. T268).

28 B237 Ὥστε introduce una oración independiente, y tiene el sentido: *por tanto, en consecuencia* (una partícula de inferencia que significa: *y así que, en consecuencia* --M144): *Por tanto, el Hijo del Hombre es Señor aun del día de reposo*.

## Marcos 3

1 R902 Ἐξηραμμένην ἔχων es similar a un perfecto perifrástico: *quien tenía una mano seca*.

2 R1024 Εἰ se usa aquí para introducir una pregunta indirecta: *si*.

4 B384 Los infinitivos se usan aquí como sujeto del verbo impersonal ἔξεστιν (*es lícito ... hacer bien ... hacer mal*).

T32 Note la idea comparativa en ἔξεστιν ... ἤ (la partícula comparativa se usa después del verbo, como si por sí misma significara: *más que* --H442).

5 R813 Περιβλέπομαι es siempre una forma de la voz media en el N.T., que acentúa el movimiento de los ojos o la preocupación expresada en la mirada.

H325 Es difícil determinar el significado de συλλυπέομαι en este versículo, ya que la palabra en su registro primitivo implica *simpatía*, lo cual es algo forzado aquí. ¿Pudiera ser perfectiva y significar: *absolutamente entristecido*? [Editor. La preposición *σύν* fortalece al verbo simple, lo cual da como resultando el significado: *profundamente entristecido por la dureza del corazón de ellos*.]

6 B207 Ὅπως aparece con cláusulas de complemento directo (significa: *para que*) en el N.T., sólo en Mat. 12:14; 22:15 y en este versículo; y en todos los casos, después de una frase que significa *planificar*.

7 R1183 En este versículo, el segundo *καί* casi toma el lugar del pronombre relativo *ὅ*, porque las cinco veces que aparece la palabra *καί* en el versículo siguiente concuerdan las unas con las otras, pero están subordinadas al *καί* del v. 7.

8 M62 Περί con el acusativo significa aquí: *en la región de*.

9 MT208 La primera vez que aparece *ἵνα* en este versículo introduce el contenido del mandato: *que*.

11 R884 Los verbos imperfectos que se usan en este versículo tienen un sentido reiterativo (el significado es: *cada vez que los espíritus inmundos lo veían, se postraban ante El y gritaban...Luego El habitualmente les encargaba que no lo descubrieran* --TGr34).

B290 La primera parte de este versículo debe traducirse: *si en cualquier momento lo veían, solían postrarse ante El*. Es decir, mientras la clase de eventos es real, la cláusula relativa presenta los casos sucesivos de una manera distributiva como suposiciones.

12 H446 Πολλά se usa con el sentido adverbial: *El ordenó estrictamente* (comp. 1:45).

13 T179 La fórmula *τὸ ὄρος* significa: *región montañosa*.

14 R1088 El infinitivo simple expresa aquí la idea de propósito (*a proclamar continuamente* [presente de infinitivo] --T78).

16 R488 Parece que el dativo y el acusativo están en aposición. [Editor. En verdad, *ἐπιτίθημι* puede usarse con *ὄνομα* y un dativo para indicar que se da un apodo a alguien (comp. v. 17).]

17 T208 Υἱοὶ *βροντῆς* realmente significa *rayos* (comp. BD162[6]).

21 P614 Oἱ *παρ' αὐτοῦ* se refiere a la familia de uno, es decir, a los parientes (*sus parientes* --M52).

B47 El verbo en aoristo *ἐξέστη* tiene la fuerza de un perfecto, que denota un estado presente, como resultado de una acción pasada (*él se ha vuelto loco* --BD342[1]).

TGr56 En este versículo, muchas versiones implican que la madre y los parientes de Jesús lo consideraban loco. Pero *ἔλεγον* tiene un sujeto impersonal, que es común en Marcos. Era un rumor, no era su familia la que había difundido las dudas acerca de su cordura. La familia estaba ansiosa, pues había oído que El no había comido, y deseaban hablar a solas con El, especialmente cuando oyeron los rumores (comp. T292).

24 R602 La preposición *ἐπί* tiene el sentido de *contra* en los vv. 24 y sigs.

28 R732 Tanto *ἁμαρτήματα* como a *βλασφημίαι* son antecedentes del pronombre *ὅσα*, que naturalmente es neutro.

31 R991 El participio de presente *καλοῦντες* implica la idea de propósito, y significa: *ellos enviaron a llamarlo*.

## Mateo 4

1 M51 *Παρά* tiene la idea de descanso: *comenzó a enseñar junto al mar*.

M98 El adjetivo superlativo *πλεῖστος* se usa como un superlativo intensivo (es decir, se usa para intensificar) significa: *enorme* (*muy grande* --T31).

4 M125 Ὃ *μέν* se usa aquí como un pronombre demostrativo; significa: *alguna*.

BD447(3) La presencia de *ὃ μὲν ... καὶ ἄλλο* se debe a un desarrollo histórico que interviene.

8 M77 Si la preposición *ἐν* es la variante correcta aquí, aparentemente significa: *al sesenta y a ciento por uno* (comp. T265 y MT103).

Esto, según una variante, está precedido por εἰς τριάκοντα, lo cual puede ser un ejemplo de la dificultad para distinguir entre ἐν y εἰς, o se puede concebir que representa un real matiz de diferencia: *hasta treinta por uno, y en una proporción de sesenta*, etc. (comp. T266).

BD248(3) Ἓν τριάκοντα es un arameísmo que significa *treinta veces* (ἐν es una variante inferior).

9 R720 La cláusula relativa (ὅς ... ) es el sujeto de ἀκουέτω.

10 T16 Οἱ περὶ αὐτόν significa: *sus discípulos* (comp. Luc. 22:49).

T26 El plural τὰς παραβολάς significa: *la parábola* (comp. TGr47).

11 M77 Ἐν παραβολαῖς significa: *por parábolas* (ἐν instrumental).

12 R1413 Cuando la construcción con ἵνα se continúa en una cláusula posterior con μή, sólo se repite el negativo (comp. Juan 6:50).

M142 y sig. El concepto radical que interpreta toda la frase ἵνα y μήποτε de igual manera como estrictamente final, de tal modo que las parábolas son dichas para impedir que oigan aquellos que no están predestinados para la salvación, es tan incongruente con cualquier parte del período del N.T. que no puede ser plausible. Es mucho más razonable tomar tanto ἵνα como μήποτε como ejemplos de la confusión semítica entre propósito y resultado; de manera que el cambio que hace Mateo de ἵνα por ὅτι es esencialmente fiel al sentido, mientras que el hecho de que ilógicamente retiene a μήποτε obedece al modismo semítico (comp. 2 Cor. 4:4).

TGr49 Ἵνα significa: *para que*, y μήποτε significa: *no sea que*. El profeta (Isaías) vio el oscurecimiento de la mente nacional como parte de la inescrutable providencia de Dios, y parece como si Marcos, y el mismo Jesús, también lo vieran así. Jesús se empeñó, según los Evangelios sinópticos, en ocultar de la mayoría de los judíos su verdadera identidad, a través de su ministerio (ἵνα es final --BD369[2]).

T102 El ἵνα del v. 12 (y Luc. 8:10) se transforma en un ὅτι causal en el pasaje paralelo de Mateo; pero esto no probaría la identidad del significado.

BD471(3) Este versículo significa: *aunque ellos miren con ojos perceptivos, sin embargo, no percibirán*; y la última parte del versículo significa: *en caso de que se arrepientan.* [Editor. La partícula inicial del v. 12 se usa como una fórmula para citar y significa: *para que se cumpla* (comp. la construcción similar en Mat. 18:16). En este uso *ἵνα* representa la idea de propósito. La enseñanza por medio de parábolas tenía el propósito de cumplir la sentencia de ceguera judicial pronunciada contra aquellos que no verían.]

13 T200 Πάσας *τὰς παραβολάς* significa: *Cualesquiera parábolas,* no *todas las parábolas* (comp. BD275[3]).

17 R880 Σκανδαλίζονται se usa como un presente de ingreso, y se refiere a una acción que apenas está comenzando (comp. T63).

22 R999 Ἵνα se usa aquí como *ὥστε* con el infinitivo (consecutivo; comp. BD382[1]): *que.*

R1185 Οὐδέ tiene un sentido continuativo, que continúa la negación sin idea de contraste.

T330 Ἀλλά tiene el sentido de *excepto* (comp. BD448[8] y H468).

24 M33 Ἐν aparece aquí con el dativo de juicio: *con lo que midan.*

26 M23 El subjuntivo se usa en una comparación: *como si él lanzara* (comp. Luc. 11:5 y sig.).

27 R470 En *νύκτα καὶ ἡμέραν*, las acciones de dormir y de levantarse siguen continuamente día tras día.

28 R549 El griego prefiere la conección personal del adjetivo con el sujeto a la conección adverbial con el verbo (así que el adjetivo *αὐτομάτη* se usa como un adverbio en español; comp. T225 y Hech. 12:10): *todo por sí mismo.*

30 R407 Al usar el plural en este versículo, Cristo asocia a otros consigo mismo de una manera muy natural (comp. BD280).

T257 Ἐν con el dativo tiene aquí un sentido instrumental.

M65 y sig. La preposición *ὑπό* parece que tiene la idea de *descansar bajo*, con el siguiente significado: *de tal modo que las aves del cielo pueden anidar bajo su sombra.*

33 R884 'Ελάλει se usa como un imperfecto reiterativo: *el habló repetidamente.*

36 T321 'Ως ἦν ἐν τῷ πλοίῳ significa: *cuando estaba en la barca*, o *mientras estaba en la barca* (estas dos traducciones son similares).

37 R868 El presente realista γίνεται (histórico) está seguido por el imperfecto: *una gran tempestad se levantó.*
R1000 Ὥστε con el infinitivo tiene la idea de resultado: *así que.*
T52 El verbo compuesto ἐπιβάλλω significa: *apresurarse sobre.*

38 R679 El pronombre que se usa en καὶ αὐτός es enfático y denota a Jesús como el Personaje principal de la historia.
R1034 Ὅτι introduce aquí una cláusula de sujeto (el sujeto de μέλει): *¿no es una preocupación para Ti que?*

39 R428 La ausencia de la conjunción en σιώπα, πεφίμωσο da vida y movimiento a la expresión.
R908 La idea de duración está tanto en σιώπα (presente lineal) como en πεφίμωσο: *Ponte la mordaza y mantenla puesta* (πεφίμωσο es probablemente una frase estereotipada que se usaba en los conjuros --T85; un mandato enfático --BD346).

41 R699 En este versículo, ὅτι casi equivale a ὥστε (con un sentido consecutivo: *así que*; comp. T318).
R1182 En la última sección de este versículo, καὶ ... καὶ significa: *tanto ... como* (comp. T335; *aun ... y* --BD444[3]). [Editor. Parece que las conjunciones se usan con un sentido climático, para destacar la majestuosa habilidad de Cristo: *aun ... y.*
M58 El verbo ὑπακούει es singular, aunque son dos sujetos.

## Marcos 5

2 T252 La frase prepositiva formada con ἐν tiene la idea de manera: *un hombre con un espíritu inmundo* (comp. 1:23).

4 R533 Πέδαις y ἁλύσεσιν se usan como dativos instrumentales (que acompañan circunstancia o manera --T241). [Editor. Esas

explicaciones tienen un sentido similar; los sustantivos que están en dativo tienen el siguiente significado resultante: *con grillos y cadenas*.]

R581 La idea raigal de la preposición está presente en el verbo compuesto *διασπάω*: rotas en dos.

B108 El infinitivo *δεδέσθαι* denota una acción cuyo resultado existía, no en el momento de hablar, sino en un tiempo anterior.

B408 *Διὰ τό* con el infinitivo expresa la evidencia (por su condición de estar atado) más bien que la causa estrictamente así llamada (comp. R1071).

5 M39 La frase temporal prepositiva aquí significa: *continuamente, noche y día*.

7 R669 *Ὕψιστος* es un verdadero superlativo que se refiere a Dios: *Jesús, Hijo del Dios altísimo*.

10 T65 Hay una distinción entre el v. 10 y el v. 12; la petición tiene éxito y, por tanto se usa el aoristo en el v. 12 (pero el sentido imperfecto se usa en el v. 10, en el cual la petición es incompleta).

MT208 *Ἵνα* introduce aquí el contenido del mandato: *que*.

H446 Πολλά se usa con un sentido adverbial: *vehementemente* (comp. 1:45).

11 M54 La frase prepositiva significa aquí: *en la colina*.

13 R607 *Κατὰ τοῦ κρημνοῦ* tiene la siguiente idea: *por el despeñadero*.

R884 En este versículo, los detalles separados se describen bien mediante el gráfico tiempo imperfecto (*ἐπνίγοντο* se usa como un imperfecto reiterativo --T67; la acción se repitió hasta que todos los cerdos se hubieron ahogado).

R968 El adverbio *ὡς* tiene el sentido de *alrededor de*.

14 TGr57 Aquí aparece el sujeto impersonal: *ellos (es decir, la gente), salieron a ver lo que había sucedido*.

15 R868 Los verbos *ἔρχονται καὶ θεωροῦσιν*, se usan con sentido presente histórico: *ellos vinieron y vieron*.

R1117 El participio de perfecto ἐσχηκότα no se usa como un perfecto simple, pues describe el estado del hombre antes que Jesús le sacara el demonio, acción que en sí misma está en pasado (como un aoristo --BD343[2]; comp. MT145).

T21 El masculino λεγιῶνα aparece por un femenino, porque ese es el nombre de los demonios.

16 R1032 Πῶς se usa en vez de un declarativo ὅτι (después de διηγήσαντο): *ellos contaron lo que había ocurrido.*

18 B200 Ἵνα se usa para introducir una cláusula de complemento directo después de παρεκάλει, con el significado: *le rogaba que le permitiera estar con El.*

T322 Marcos ha debido hacer que la construcción con el genitivo absoluto, ἐμβαίνοντος αὐτοῦ concordara con el acusativo αὐτόν (comp. BD423[2]). [Editor. Esto no es absolutamente necesario, ya que el genitivo absoluto es un segmento de la oración que carece de conexión gramatical con el resto de la oración. Aparentemente se deseaba una simple expresión temporal. Habiendo escrito la expresión temporal en genitivo, Marcos tuvo entonces que cambiar y colocar a αὐτόν como el complemento directo del verbo παρεκάλει: *mientras El entraba en la barca, el hombre que había estado poseído por el demonio le rogaba.*]

19 B350 El pronombre ὅσα se usa en una pregunta indirecta en los vv. 19 y sigs.: *cuántas cosas.*

TGr34 Una exacta distinción de los tiempos se mantiene en este versículo (comp. R901). *Vete a casa*, dijo Jesús, *y muestra a tu familia la clase de hombre que el Señor ha hecho de ti.* El tiempo perfecto indica el permanente resultado de lo que Dios había hecho por el sufrido demente. Cuando Jesús volvió a hablar, usó el tiempo aoristo: *Y diles que Dios te ha dado un toque de su amor.*

21 T229 El texto es dudoso en este versículo, donde aparecen tanto πάλιν εἰς τὸ πέραν como εἰς τὸ πέραν πάλιν: tal vez el hecho de que Marcos usualmente tiene a πάλιν cerca del verbo inclina la balanza a favor de la última variante.

22 H432 Εἷς se usa aquí como un pronombre indefinido: *uno de los principales de la sinagoga.*

23 R933 Parece que ἵνα es un término introductorio con el subjuntivo volitivo (es decir, con fuerza imperativa) en ἵνα ... ἐπιθῇς (*ven, por favor y pon tus manos* --M144; comp. T95).
H446 Πολλά tiene un sentido adverbial: *vehementemente* (comp. el v. 10).

25 R892 El participio de presente οὖσα se refiere a una acción pasada que aún está en desarrollo (comp. B131); *había estado con flujo de sangre.*
R1105 Wescott y Hort indican, al colocar la coma después de ἐλθοῦσα, que ellos consideran que los participios concuerdan con γυνή (οὖσα, παθοῦσα, δαπανήσασα, ὠθεληθεῖσα y ἐλθοῦσα) como atributivos. Describen a la mujer. Luego la oración prosigue con los participios de predicado circunstancial (ἀκούσασα, ἐλθοῦσα en el v. 27), antes de ἥψατο: *después que ella oyó ..., vino ..., y tocó.*
M78 La frase prepositiva ἐν ῥύσει αἵματος denota circunstancia concomitante, y significa: *padecía de una hemorragia.*

26 R1111 En παθοῦσα ὑπὸ πολλῶν ἰατρῶν, el participio activo tiene construcción de pasivo, pero se debe al verbo πάσχω (y a la preposición ὑπό), no a la voz en que está el participio.
M51 Δαπανήσασα τὰ παρ' αὐτῆς significa: *habiendo gastado todo lo que tenía* (literalmente, *las cosas que tenía junto a ella*, con una insinuación, quizá, de énfasis en el desastroso gasto de todos sus escasos ahorros; comp. Luc. 10:7).

27 T257 La frase prepositiva ἐν τῷ ὄχλῳ, después del verbo ἔρχομαι, no expresa movimiento de un lugar a otro, sino más bien las circunstancias acompañantes en la esfera en que ocurre el movimiento (comp. 8:38 y 13:26): *en la multitud.*

28 R208 Ἐὰν ... κἀν significa: *si sólo* (comp. T321).

32 R838 El tiempo imperfecto del verbo περιεβλέπετο significa: *comenzó a mirar alrededor a causa del toque* (Jesús miró alrededor de El hasta que vino la mujer [ἦλθεν] --T66).

33 R858 Φοβηθεῖσα se usa como un aoristo de ingreso (sólo el comienzo del hecho precede a la acción del verbo principal --B137): *comenzó a temer.*

R897 El uso del verbo perfecto *εἰδυῖα* preserva la intensidad de la conciencia de la mujer.

34 BD206(1) La preposición *εἰς* tiene un sentido similar a *ἐν*:*en paz.*

35 R502 En *ἀπὸ τοῦ ἀρχισυναγώγου*, es posible que deba insertarse *οἴκου* (*de la casa del principal*; comp. el v. 38), puesto que el hombre mismo ya había venido (v. 22).

B47 El verbo aoristo *ἀπέθανεν* aparece con la fuerza propia de un perfecto griego (es decir, para denotar un estado presente, como resultado de un hecho pasado; comp. Luc. 8:49).

36 TGr87 La primera parte de este versículo debe traducirse: *Jesús alcanzó a oir la palabra que se dijo* (a pesar de que se usa el acusativo).

T75 Aquí son interesantes los imperativos que significan: *deja de estar temiendo, pero continúa teniendo fe* (quizá corregido en Luc. 8:50 con *πίστευσον*: *comienza a tener fe*). En Marcos, se le ordena que continúe teniendo tanta fe como antes; en Lucas se le ordena comenzar a tener fe, o a tener una fe mejor que la que tenía antes que la niña muriera. Quizá Lucas sintió la sutil diferencia.

38 H446 Πολλά tiene un sentido adverbial: *lamentando fuertemente* (comp. el v. 10).

40 BD277(3) El pronombre *αὐτός* aquí es enfático: *pero El mismo.*

41 R29 El hecho de que Marcos usa dos citas de las palabras de Jesús en arameo (5:41 y 7:34) no prueba que Jesús habló siempre en esa lengua, ni que la habló sólo en esas dos ocasiones.

R684 En este versículo, *αὐτῇ* concuerda con el género natural de *παιδίου*, y no con el género gramatical (el infante era una niña).

B20 Aquí aparece la construcción perifrástica del presente (es mejor considerar *εἰμί* como un verbo aparte con un participio explicativo --M17). [Editor. En el N.T., *ὅ ἐστιν μεθερμηνευόμενον* no tiene la fuerza completa de una construcción perifrástica, pero se usa como una fórmula explicativa: *que significa (cuando se traduce)*; comp. Mat. 1:23; Mar. 15:22, 34 y Juan 1:41.]

42 R1190 Γάρ aquí es explicativo (γάρ no es explicativo en este contexto. Nadie sospechó jamás que la niña era tan joven que no podía caminar. Marcos coloca mal un paréntesis --TGr66). [Editor. La partícula γάρ se usa con el significado explicativo, aunque esta cláusula es similar a un paréntesis que se usaba.]

43 H446 Πολλά tiene un sentido adverbial: *estrictamente* (comp. el v. 10).

H450 El infinitivo δοθῆναι aparece después de εἶπεν y denota el contenido de una petición: *denle de comer* (sentido imperativo).

Marcos 6

1 R880 Parece que ἀκολουθοῦσιν se usa como un presente histórico duradero: *sus discípulos le siguieron*.

2 R735 Τίς equivale aquí a ποῖος (*¿De dónde viene?* --BD298[2]).
T31 Πολλοί significa: *la mayoría* (aun sin el artículo).
H462 La frase prepositiva διὰ τῶν χειρῶν obviamente sigue el modelo de la frase vernácula διὰ χειρός, y se refiere al dinero que se paga *directamente*.

3 M52 Πρός denota aquí posición (*con*; comp. H467).
BD273(1) Τέκτων tiene el artículo porque Jesús era conocido por esta designación (bien conocida): *el carpintero*.

6 M108 y sig. Τὰς κώμας κύκλῳ se entiende mejor como equivalente de τὰς κύκλῳ, que hace concordar a κύκλῳ con περιῆγεν (κύκλῳ puede definir al verbo como en Rom. 15:19 --T221). [Editor. Si Marcos hubiera querido que se usara κύκλῳ como un adjetivo, probablemente le hubiera puesto artículo, como lo hizo en el v. 36 de este capítulo. Κύκλῳ sin artículo no parece que se use como un adjetivo, especialmente por el hecho de que el sustantivo con el cual aparece tiene artículo: *El iba alrededor*.]

7 M67 Ἀπέστειλεν αὐτοὺς ἀνὰ δύο significa que él los enviaba en parejas, es decir: *con la fuerza de, hasta, dos.*

8 R1042 El discurso indirecto en los vv. 8 y sigs. comienza con ἵνα y concluye con el infinitivo (un cambio para favorecer la variedad): *él les encargó que no tomaran.*

T225 Hay alguna confusión entre μόνος y el adverbio μόνον (D tiene μόνον): *excepto un bordón.*

12 R993 Ἵνα introduce aquí una cláusula de complemento directo después de ἐκήρυξαν: *predicaban que los hombres se arrepintieran.*

13 R483 Ἐλαίῳ se usa como un dativo instrumental: *con aceite.*

14 R694 El artículo αἱ casi equivale en significado a *estos.*

R1111 En Ἰωάννης ὁ Βαπτίζων, no hay una referencia al tiempo presente, sino es la descripción general de Juan como el Bautista, sin relación con tiempo. Realmente se usa con respecto a él después de su muerte (el participio es equivalente a ὁ Βαπτιστής --BD413[1]; la frase es un término menos técnico que el sustantivo --MT127).

15 TGr66 Con el dilatado paréntesis que aparece aquí, el significado es: *Juan el Bautista ha resucitado y, por tanto, grandes poderes actúan en él, como uno de los profetas. Algunos decían que él era Elías, y otros, que era un profeta.*

T320 Ὡς se usa para suavisar una declaración: *como si fuera, tal vez, aproximadamente.*

17 T41 El pronombre proclítico seguido de un sustantivo que resume es una peculiaridad aramea; aquí el significado es: *él, quien es Herodes* (comp. M176).

18 M10 Aquí el tiempo imperfecto equivale a un perfecto o pluscuamperfecto perifrástico en español; el significado resultante es: *porque Juan había estado diciendo* (comp. T67).

19 R539 Αὐτῷ se usa como un dativo de desventaja: *contra él.*

T52 El verbo compuesto ἐνέχω significa: *odiar, perseguir.*

20 H445 y sig. Ἀκούσας αὐτοῦ πολλὰ ἐποίει significa: *lo escuchaba a menudo* (πολλά tiene un sentido adverbial; comp. 1:45).

21 M43 Τοῖς γενεσίοις se usa como un dativo temporal: *en la fiesta de su cumpleaños* (comp. R523; los nombres de las fiestas con frecuencia son plurales --R408).

22 M33 Αἴτησόν με ὃ ἐὰν θέλῃς con el doble acusativo significa: *pídeme lo que quieras*.

MT160 Hay una distinción entre αἰτέω y αἰτέομαι, que se mantiene en los vv. 22-25. La voz media se usaba en transaciones comerciales, mientras que la activa se empleaba en las peticiones de un hijo a un padre, etc. En consecuencia, la hija de Herodías, después de la declaración del rey, queda en una clase de relación comercial con él (comp. R805 y BD316[2]).

25 R943 Ἵνα con el subjuntivo tiene un sentido imperativo después de θέλω (θέλω ἵνα ... δῷς tiene un paralelo en Mat. 14:8, a causa de la palabra δός; comp. BD387[3]): *quiero que des*.

BD425(2) El participio modal-temporal con εὐθύς significa: *ella entró inmediatamente*.

26 T26 El plural ὅρκους significa: *juramento*.

T335 En este versículo se evitaron varios genitivos dependientes mediante el uso de καί (una construcción preferida por los escritores del N.T.). Entonces, no significa: *juramentos e invitados*; sino: *juramentos hechos ante los invitados* (comp. BD442[16]).

T350 Una parte de este versículo debe interpretarse: *él se entristeció a causa de* (no: *él no quería ... a causa de*).

28 T40 Αὐτῆς tiene el género femenino según el sentido, y se refería a la muchacha (no neutro, el cual concordaría con κοράσιον).

33 R530 Πεζῇ se usa como un dativo de manera: *a pie*, o *por tierra*.

34 R1140 Ὡς sólo tiene aquí la idea de comparación: *eran como*.

BD155(1) No aparece un doble acusativo en αὐτοὺς πολλά, sino que πολλά es más bien un acusativo de contenido: *muchas cosas*.

37 R678 El pronombre ὑμεῖς aquí es enfático (comp. T37): *denles ustedes.*

38 R916 El pronombre πόσος se usa aquí como una pregunta indirecta: *¿cuántos?*

39 R487 Συμπόσια συμπόσια puede considerarse como nominativo o acusativo, del mismo modo que πρασιαὶ πρασιαί en el siguiente versículo (nominativos adverbiales --T231; el acusativo de resultado --B158). [Editor. De acuerdo con la forma, συμπόσια puede ser nominativo o acusativo. En vista de que se repite el nominativo para indicar distribución en los v. 7 y 40, parece que esta repetición distributiva pudiera ser también nominativa: *por grupos.*]

BD493(2) La repetición de palabras para dar un sentido distributivo no es retórica, sino vulgar (un semitismo --MT97).

40 M59 Κατά se usa aquí como distributivo con el acusativo. El término κατὰ ἑκατὸν καὶ κατὰ πεντήκοντα usualmente se entiende que significa: *en grupos, (algunos) de ciento (otros) de cincuenta*; pero el contexto, con πρασιαὶ πρασιαί, implica que fueron sentados *en filas; en consecuencia, formaron un gran rectángulo de un ciento por cincuenta*; la palabra κατά entonces equivale a nuestra preposición de: *un lado del rectángulo se calculó en un centenar, el otro, en cincuenta.* Esta interpretación no es inconsecuente con Luc. 9:14, si κλισία es una *hilera* o *fila*, y no un *grupo.*

41 TGr67 y sig. Parte de este versículo debe traducirse: *El dio gracias (aoristo), partió los panes (aoristo) y continuó distribuyéndolo a los discípulos* (imperfecto). Los discípulos acudían repetidamente a Jesús en busca de más alimentos y lo entregaban a la gente. Luego Marcos regresa al tiempo aoristo cuando escribe: *repartió los dos peces entre todos ellos.* El aoristo describe la acción como un todo, sin considerar las partes de una manera individual (comp. Luc. 9:16).

43 TGr57 La parte inicial de este versículo debe traducirse: *ellos recogieron doce cestas.*

45 R975 Ἕως con el presente de indicativo tiene la idea *mientras* (no *hasta*) y se refiere a un evento contemporáneo (comp. B328).

47 R686 Αὐτός en este versículo es enfático: *El estaba solo.*

48 M62 Περί con el acusativo tiene el sentido de *alrededor de.*
T146 Ἐν τῷ ἐλαύνειν significa: *al remo* (comp. BD404[3]).

50 B165 El presente de imperativo φοβεῖσθε con μή prohibe la continuación de la acción que ya se estaba realizando.

52 R604 El sentido de ἐπί con el dativo aquí oscila entre ocasión y tiempo: *ellos no entendieron acerca de.*

54 TGr57 El plural indefinido ἐπιγνόντες debe traducirse: *ellos (es decir; la gente) lo reconocieron.*

55 R884 Ἤκουον se usa como un imperfecto reiterativo: *donde ellos oían.*

56 R969 En ὅπου ἂν εἰσεπορεύετο, ἄν destaca la idea de repetición en el tiempo imperfecto: *dondequiera que entraba.*
M138 Ἵνα κἂν τοῦ κρασπέδου tiene el sentido de *aunque no fuera más que el borde* (*aunque fuera* --T100; comp. Hech. 5:15).

## Marcos 7

4 R807 En Βαπτίσωνται se usa la voz media con un sentido directo: *a menos que se laven.*
TGr57 La preposición ἀπό significa: *después*, en un sentido temporal: *cuando (después que) vienen del mercado, los fariseos no comen, a menos que se laven* (comp. BD209[4]).
T135 El infinitivo κρατεῖν se usa para denotar propósito: *para guardar.*

5 T185 El adjetivo parece que se usa de manera predictiva: *con las manos sucias* (D y W tienen ταῖς antes de Χερσίν).

9 R1198 Note aquí el uso de la ironía por parte de Jesús.

11 R599 ’Εκ tiene aquí la idea de causa u ocasión: *por causa de mí*.
M131 La cláusula relativa tiene un sentido adverbial: *cualquier cosa con respecto a la cual hubieras recibido beneficio*.
M151 La última sección de este versículo tiene una prótasis implícita: *si el dinero no hubiera sido dedicado*.

12 B482 El compuesto de *οὐ* aparece con un infinitivo, por cuanto depende de un verbo principal negado por *οὐ*.

15 M84 Ἔξωθεν se usa como una preposición (*desde afuera*; comp. el v. 18 --BD104).

19 BD111(6) ’Αφεδρῶνα significa *letrina* (D suaviza el texto: *εἰς τὸν ὀχετόν*, que significa: *a través del canal intestinal*).
BD126(3) El significado *hedor*, o *inmundicia*, para *βρώματα*, ha sido aceptado por muchos exegetas que se basan en el griego moderno; pero esto no cuadra con Mar. 7:19, donde significa: *alimentos*.

20 BD291(4) ’Εκεῖνο significa: *aquella otra cosa*.

21 BD104(2) Ἔσωθεν se usa como una preposición en los vv. 21 y 23, que significa: *de adentro*.

26 R884 ’Ηρώτα se usa como un imperfecto reiterativo: *ella le rogaba (repetidamente)*.

28 H345 El diminutivo *ψιχίον* se usa para referirse a la *comida*.

30 R1123 Note el discurso indirecto después del verbo *εὗρεν*: *ella encontró a la niña tendida en la cama*.

31 M67 Generalmente la frase *ἀνὰ μέσον* significa: *entre*, o *en el medio*; pero este versículo es problemático: ¿Significa: *a través de*? [Editor. En este contexto, la frase significa: *a través de la región*.]

35 R838 En la última parte de este versículo, el aoristo levanta la cortina y el imperfecto continúa la acción.

36 T29 El comparativo se duplica aquí para dar énfasis (comp. BD246).

BD154 El relativo ὅσον tiene el sentido de *lo más*, propiamente, *tanto más*.

37 T26 Aquí aparece el plural idiomático; parece que se tiene en mente un solo caso: *los sordos ... los mudos*. [Editor. En realidad parece que la gente está haciendo una declaración general.]

## Marcos 8

1 B346 La palabra τί después de ἐχόντων introduce una pregunta indirecta: *que no tenía algo*.

7 R1047 El infinitivo se usa en un mandato indirecto después de εἶπεν (comp. H450): *mandó que éstos ...*

11 R614 Tanto παρά como ἀπό se usan con el genitivo ablativo: *del*.

12 R1024 Aquí εἰ aparece con el sentido de *no*, en el solemne juramento (con la fuerza de una declaración negativa enfática o juramento --B272; comp. M179): *ciertamente no se le dará* (un resultado de la influencia semítica --H468).

14 B48 El verbo aoristo ἐπελάθοντο se usa para referirse a un evento pasado que precede a otro evento pasado que se menciona en el contexto (similar a un pluscuamperfecto): *ellos habían olvidado*.

19 T236 Εἰς con el acusativo se usa en vez del dativo simple, y significa: *para*.

22 R807 La voz media del verbo ἅψηται tiene sentido directo y significa: *sujetarse a, tocar*.

23 R916 Εἰ introduce una pregunta directa: *¿ves algo?* (esta forma no es clásica y probablemente se deba a la tendencia de la LXX a traducir el hebreo tanto con εἰ como con μή).

24 H436 Ὅτι equivale al pronombre relativo οὕς.

26 BD445(2) A causa de la posición, μηδέ significa en este caso: *ni aun* (el sentido de esta cláusula requiere εἴπῃς en vez de εἰσέλθῃς). [Editor. El más fuerte apoyo de los manuscritos incluye εἰσέλθῃς en el texto, aunque un mandato a hacer silencio puede estar implícito dentro de la prohibición.]

34 H421 En este caso, los imperativos presentan la siguiente idea: *entonces será mi discípulo*.

38 T257 Ἐν τῇ δόξῃ con el verbo ἔλθῃ representa la idea de circunstancia acompañante: *con la gloria de su padre* (comp. 5:27).

## Marcos 9

1 TGr42 y sig. La última parte de este versículo debe traducirse: *hasta que vean el reino de Dios ya establecido (participio perfecto) con poder*. Sus palabras parecen haber sido dichas inmediatamente antes de la transfiguración y en ese hecho se basa el significado. O la transfiguración misma era *el reino ya establecido* o ésta provee la clave para entenderlo.

T82 El participio perfecto ἑστηκότων se usa como un participio de presente (a menudo en el N.T.): *estar en pie*.

6 T117 Según las normas del latín, la parte inicial de este versículo significaría: *él no sabía lo que estaba diciendo*.

8 R809 En el participio περιβλεψάμενοι la voz media tiene un sentido indirecto y significa: *los discípulos mismos al mirar repentinamente alrededor*.

BD448(8) Ἀλλά significa: *excepto*, en este versículo (equivale a εἰ μή).

9 B204 La cláusula construida con ἵνα se usa para denotar el objeto del mandato: *les mandó que no dijeran a nadie*.

10 M110 El artículo τό introduce una cita; así que los discípulos preguntan qué quiso decir con las palabras: *resucitar de los muertos* (a menos que el artículo sólo convierta el infinitivo en

un sustantivo; el infinitivo con artículo se usa como el sujeto del verbo ἐστίν --B393). [Editor. Ocasionalmente en el N.T., el artículo neutro se usa para introducir una cláusula completa como una cita (comp. 9:23), y parece que se usa así aquí.]

BD239(1) Πρός se usa en vez de παρά: *entre ellos*.

11 M132 El primer ὅτι de este versículo introduce un discurso directo, similar a un adverbio interrogativo y significa: *¿por qué?* (comp. Mat. 17:10 y BD300[2]).

12 BD233(2) La preposición ἐπί en los vv. 12 y sigs. significa: *con respecto al*.

BD442(8) Καὶ πῶς γέγραπται significa: *¿Cómo es esto de que está escrito (cómo ha de reconciliarse esto con ...)?*

BD447(6) En los vv. 12 y sigs., μέν significa: *ciertamente, por supuesto*; y ἀλλά es un *pero* enfático.

15 R597 'Eκ tiene aquí un sentido perfectivo en el verbo compuesto: *se asombró en gran manera*.

18 BD101 El verbo ῥήσσει significa: *lanzar al suelo*.

MT186 El aoristo de subjuntivo en ὅπου ἐὰν αὐτὸν καταλάβῃ tiene un sentido de futuro perfecto: *dondequiera que lo ha tomado* [Editor. El aspecto tentativo del subjuntivo tiene un sentido futurista.]

H409 Τρίζω es una palabra que se halla a partir de Homero para hacer referencia a cualquier sonido agudo. En este versículo, significa: *crujir los dientes*.

19 T33 Hay una gran emoción expresada aquí mediante el uso de ὦ (Jesús usó la exclamación ὦ como una clase de gemido: *¡Oh generación incrédula!* --TGr40).

H467 Πρός con el acusativo aquí significa: *con*.

20 En vista del participio ἰδών, el sustantivo πνεῦμα se considera como masculino en este caso (comp. el v. 26; el género masculino designa un ser personal --BD134[3]).

R883 El verbo imperfecto ἐκυλίετο con el participio de presente ἀφρίζων es muy descriptivo en la narración (él se mantuvo revolcándose, y presumiblemente ellos lo observaron un rato, hasta que Jesús habló [ἐπερώτησεν] --T66).

21 R974 El aspecto temporal de ὡς es agudo en este versículo, donde significa: *¿Desde cuándo?* (uno esperaría ἀθ' οὗ --M133).

M73 En este versículo ἐκ es una redundancia, ya que la terminación -*θεν* implica *desde* (el fortalecimiento con ἐκ indica el hecho de que la fuerza original del sufijo se va desgastando --H164).

22 B181 El imperativo *βοήθησον* se usa en una petición, con el siguiente significado: *ayúdanos*.

T330 'Αλλά se usa en este versículo como una interjección antes del mandato: *bien*.

23 M110 Parece que es mejor tomar las palabras *τὸ εἰ δύνῃ* como una repetición exclamativa o interrogativa de Jesús ante las palabras ansiosas del padre: *¡Si puedes ...! Ciertamente, cualquier cosa es posible ...* (o *¿Si tú puedes? ¿Haces tal pregunta?*).

T182 El artículo *τό* se usa para indicar una cita. Significa: *En lo que se refiere a εἰ δύνῃ* (comp. BD267[1]).

25 R464 Parece que el artículo en *τὸ ἄλαλον καὶ κωφὸν πνεῦμα* indica cierto grado de insistencia: *tú, espíritu mudo y sordo*.

26 R1091 Ὥστε con el infinitivo expresa la idea de resultado real.

H446 Πολλά tiene aquí un uso adverbial: *terriblemente* (comp. 1:45).

28 M159 Ὅτι se usa como un adverbio interrogativo: ¿Por qué? (comp. el v. 11).

30 T282 Οὐκ ἤθελεν tiene una fuerza que significa: *El estaba renuente*.

31 B15 Παραδίδοται se usa como un presente futurista para describir vivamente un evento futuro (comp. M7; profético --T63).

34 R529 Πρός tiene aquí una idea asociativa: *con*.

R811 El verbo pasivo deponente *διελέχθησαν* se usa aquí con un pronombre recíproco: *ellos habían discutido los unos con los otros*.

M97 Τίς *μείζων* probablemente significa: *quién era el mayor*;

aunque puede significar que ellos discutieron su relativa grandeza *quién era más grande* (se usa el comparativo en vez del verdadero superlativo: *quién era el más grande* --T30). [Editor. El comparativo *μείζων* puede usarse con más de dos objetos de comparación. La fuerza resultante es la de un superlativo. Tal es el caso en este versículo; comp. Mat. 23:11 y Luc. 22:24.]

35 R874 Ἔσται se usa como un futuro volitivo: *él tiene que ser el último* (comp. H458).

37 T282 El negativo de la expresión *οὐκ ἐμέ* forma una sola idea: *no es a mí* (la antítesis también está presente con ἀλλά).

38 M9 Ἐκωλύομεν probablemente se usa como un imperfecto de increso y significa: *tratamos de impedírselo* (comp. TGr41; el hombre rehusó ser detenido en su buen trabajo --MT129).

40 M64 Ὃς γὰρ ... ἔστιν significa: *porque el que no está contra nosotros, está a nuestro lado.*

41 R795 En las palabras de Jesús, Χριστοῦ se usa como un nombre propio.

M33 Note aquí el doble acusativo: *porque cualquiera que les dé un vaso de agua para tomar.*

M79 Ἐν ὀνόματι ὅτι Χριστοῦ ἐστε casi equivale a *διὰ τὸ χριστοῦ εἶναι*: *por cuanto ustedes son de Cristo* (este uso de *ὀνόματι* no es desconocido en el griego clásico; *ἐν ὀνόματι* significa: *con la pretensión de que, basado en que* --BD397[3]).

42 R997 Εἰ aquí equivale a *ὅτι* (en este versículo *εἰ* con el indicativo es una intromisión en la condición irreal; comp. *ἐάν* con el subjuntivo --BD372[3]). [Editor. Mateo, en su narración paralela (18:16), emplea el *ἵνα* de contenido. En consecuencia, la cláusula construida con *εἰ* en Marcos presenta parte del contenido de la comparación, pero al mismo tiempo indica una suposición irreal.]

49 R534 Πυρί y *ἐν τίνι* se usan como dativos de medio en los vv. 49 y sigs.: *con fuego ... ¿con qué ...?*

Marcos 10

5 M53 La frase prepositiva *πρὸς τὴν σκληροκαρδίαν ὑμῶν* significa: *en vista de la terquedad de ustedes* (tiene un sentido transferido; *en vista de*, equivale a *a causa de* --BD239[8]).

8 M144 Ὥστε se usa aquí sólo como una partícula de inferencia, que significa: *y así, por tanto* (comp. 2:28).

9 TGr60 Algunos exegetas han alegado que *ἄνθρωπος μὴ χωριζέτε* significa: *ningún marido lo separe*. Sin embargo, decir esto es pasar por alto el hecho de que, nuestro Señor cambió *ἀνήρ* (marido; en v. 2) por *ἄνθρωπος* cuando dijo: *ningún hombre lo separe*; en el v. 9, *ἄνθρωπος* significa un miembro de la especie humana, pero nunca *un marido* (así que, Jesús prohibió completamente el divorcio).

10 B205 Εἰς se usa en vez de *ἐν* con un sentido local: *en*.

11 T272 La preposición *ἐπί* significa *con*, después del verbo *μοιχᾶται*.

14 T214 Τῶν *τοιούτων* no es necesariamente un genitivo posesivo (como Mat. [18:3] y Juan [3:3,5] lo entienden), sino que tiene este sentido: *consiste de tales*; los niños son la naturaleza misma del reino.

17 R675 Εἷς prácticamente tiene aquí el sentido de *τις* (indefinido): *un hombre*.

18 R176 En este versículo, Jesús mismo insiste en el uso de *ἀγαθός* para expresar la idea de absoluta bondad.

20 R597 Ἐκ da el punto de partida en expresiones de tiempo: *desde mi juventud*.

T55 En este versículo, la voz media aparece donde uno espera la activa: *observado* (comp. M24n.1).

21 R834 Ἠγάπησεν se usa como un aoristo de ingreso: *comenzó a amarlo* (comp. T72).

22 B432 Parece que ἔχων se usa como un participio sustantival: *porque él era uno que tenía grandes posesiones* (comp. Juan 18:30; ἦν ἔχων es una construcción perifrástica --R888; H452). [Editor. Aparentemente ἦ ἔχων κτήματα πολλά se usa como una construcción perifrástica, para destacar la idea adjetival inherente en el participio: *él era muy rico*. La frecuencia de la construcción perifrástica en Marcos y la proximidad entre el verbo copulativo y el participio apoyan esta interpretación.]

23 R741 Πῶς tiene aquí un sentido exclamativo (como si fuera ὡς; comp. M207; similar a un ὅτι declarativo --T137; comp. BD396): *¡cuán!*

30 R1020 'Εὰν μή casi tiene aquí el sentido del relativo ὃς μή: *que no reciba*.

32 T37 En este versículo, donde οἱ δέ no indica un cambio de sujeto (la variante con οἱ δέ tal vez deba ser rechazada en favor de καί). [Editor. En verdad, el artículo οἱ parece necesario para indicar que el participio ἀκολουθοῦντες es atributivo.]

33 R882 'Αναβαίνομεν se usa como un presente futurista (para destacar la certeza de la acción).

35 MT160 Hay una distinción entre el verbo en voz activa αἰτέω (v. 35) y el verbo en voz media αἰτέομαι (en el v. 38; comp. 6:22).
MT179 En este versículo, parece que ἵνα se une con θέλομεν, en vez de usarse con sentido imperativo: *queremos que*.

36 B171 Note el subjuntivo deliberativo ποιήσω (ἵνα nunca aparece cuando el verbo θέλω está en segunda persona, y el verbo que sigue está en primera persona): *¿Qué quieren que les haga?*

38 R717 En τὸ βάπτισμα ὃ ἐγὼ βαπτίζομαι, el sustantivo βάπτισμα es un acusativo cognado (el sustantivo y el verbo tienen el mismo tema) y el pronombre relativo es un acusativo retenido con el verbo en voz pasiva. El significado resultante es: *el bautismo con el cual yo soy bautizado*.

40 R1058 Δοῦναι parece que es el dativo original que significa: *para darlo.*

41 BD480(1) Οἱ δέκα significa: *los otros diez.*

43 H458 El verbo futuro ἔσται se usa en vez del imperativo y equivale a un futuro volitivo (comp. 9:35 y Luc. 22:26, γινέσθω).

45 R573 Este versículo (comp. Mat. 20:28) enseña el concepto sustitutivo de la muerte de Cristo, no porque ἀντί por sí solo signifique *en vez de*, lo cual no es verdad; sino porque el contexto deja cualquiera otra idea resultante fuera de posibilidad (el Hijo del Hombre vino a dar su vida como un rescate *en intercambio por muchos*, ya que el precio que debía pagarse por ellos era que El entregara su vida --TGr172).

M139 Los infinitivos que siguen a ἦλθεν se usan para expresar propósito: *para servir.*

BD283(4) Por la influencia semítica, τὴν ψυχὴν αὐτοῦ se puede usar en vez del pronombre reflexivo: *darse.*

51 R933 Ἵνα parece que aquí es sólo una palabra explicativa introductoria con el subjuntivo volitivo (comp. 5:23; ἵνα ἀναβλέψω puede significar: *Permíteme recobrar la vista*, y no: *Quiero recobrar ...*; un imperativo --M145; comp. T95). [Editor. En verdad, Robertson explica esta construcción gramatical de una manera que sólo difiere en poco de las explicaciones ofrecidas por los otros gramáticos. Pero en la traducción final, ambas interpretaciones tienen un sentido imperativo.]

## Marcos 11

1 R971 Ἐγγίζουσιν se usa como un presente histórico (comp. Mat. 21:1): *cuando se acercaban.*

5 T82 El participio perfecto ἑστηκότων se usa como un participio de presente (comp. 9:1).

T154 El participio λύοντες tiene un sentido modal-temporal, sin destacar la idea temporal: *¿Qué intención tienen al desatar?*

13 R1190 En este versículo, εἰ ἄρα tiene la idea de *si tal vez.*
T161 El participio ἔχουσαν en verdad significa: *que tenía* (similar a una cláusula relativa).

14 R854 El aoristo optativo φάγοι tiene un sentido de ingreso (expresa prohibición --R913; este ejemplo del optativo prohibitivo es el más vehemente de todo el N.T. --M136): *Nadie coma jamás.*

16 T138 El ἵνα que denota contenido se usa después del verbo ἤφιεν: *No permitía que nadie llevara.*

19 T93 Ὅταν ὀψὲ ἐγένετο significa: *cada vez que era de noche, cada noche* (probablemente denota un hábito --BD367); no como algunos traductores lo toman: *cuando llegó la noche* (de aquel día).
MT248 Los ejemplos de ὅταν que aparecen en los papiros con el significado *cuando* hacen que quede abierta la posibilidad de que sea mejor traducir este versículo: *cuando cayó la noche*, es decir, la noche que se menciona antes del πρωΐ en el v. 20. En un escritor como Marcos, esto es por lo menos posible; la otra traducción produce un orden difícil de manejar. [Editor. Es difícil determinar si ὅταν es definido o indefinido. Aunque aparece el verbo ἐγένετο en aoristo de indicativo, el adverbio parece indefinido (comp. el v. 25, y también el significado usual de ὅταν). Aparentemente Cristo tomó como hábito no pasar las noches en Jerusalén; comp. el v. 11. La traducción resultante no es de ningún modo difícil de manejar si se retiene el verbo imperfecto como el verbo preciso de la siguiente cláusula: *siempre que llegaba la noche ellos salían de la ciudad.*]

22 R500 Ἔχετε πίστιν θεοῦ debe traducirse: *tengan fe en Dios*, aunque el genitivo no significa *en*, sino sólo la clase de fe de Dios (comp. TGr110).

23 R880 Γίνεται se usa como un presente de increso, se refiere a un acto que sólo está comenzando (comp. T63; *comenzará a ocurrir*).

24 T73 Ἐλάβετε se usa como un aoristo gnómico (válido para todo el tiempo: *si ustedes lo piden, lo recibieron* --BD333[2]).

25 R958 Ὅταν puede tener aquí una referencia general (aunque aparece con el indicativo, es aun indefinido --M133: *cuando ustedes estén*).

28 B220 La cláusula elaborada con ἵνα parece que aquí tiene la idea de resultado concebido (comp. R999): *para hacer estas cosas.*

31 R613 La preposición πρός sugiere la idea de: *enfrentándose los unos a los otros.*

32 T67 En este versículo, el verbo imperfecto ἦν equivale a un perfecto perifrástico o pluscuamperfecto, que significa: *que Juan había sido un profeta* (comp. 6:8 y BD330).

Marcos 12

1 R409 La expresión ἐν παραβολαῖς λαλεῖν (comp. Mat. 22:1) está seguida por una sola parábola, pero sin duda hubo otras que no fueron registradas.

BD123 El sustantivo compuesto ὑπολήνιον se refiere a *la vasija que se colocaba debajo del lagar.*

2 R614 La frase prepositiva παρὰ τῶν γεωργῶν tiene un sentido ablativo: *de los labradores arrendatarios.*

T209 Ἀπό se usa con el genitivo con una idea distributiva: *algo de fruto.*

11 R655 El género femenino en αὕτη y θαυμαστή probablemente se deba a la influencia hebrea. El hebreo usaba el femenino para ideas abstractas, ya que no tenía género neutro (comp. M182; αὕτη no debe referirse a κεφαλὴν γωνίας --BD138[2]).

12 B387 El infinitivo κρατῆσαι se usa como el complemento directo del verbo ἐζήτουν: *y procuraban prenderlo.*

M53 La preposición πρός tiene aquí un sentido transferido: *El había dicho la parábola con referencia a (tal vez casi contra) ellos* (comp. BD239[6]).

BD324 EL verbo en aoristo se usa para indicar tiempo relativo en ὅτι ... εἶπεν; significa: *que él había dicho la parábola.*

BD442(1) El segundo *καί* se usa en este versículo con la idea de contraste real: *y sin embargo.*

13 R786 El artículo *τῶν* se repite para indicar distintos grupos de personas.

14 M22 El subjuntivo deliberativo *δῶμεν* significa: *¿Debemos dar, o no debemos dar?*

15 M145 En este versículo, *ἵνα* probablemente tiene un sentido final (propósito) y no imperativo: *tráiganme una moneda para que yo la vea.*

19 BD470(1) Ἵνα λάβῃ ... se usa como una cláusula imperativa: *sus hermanos tienen que.*

23 MT145 El verbo aoristo *ἔσχον* tiene una idea de ingreso; el tema es la formación del vínculo matrimonial.

24 R700 El participio causal *εἰδότες* en realidad es explicativo de *τοῦτο*: *porque ustedes no saben.*

25 BD101 Generalmente la voz activa de *γαμέω* se refiere al hombre y la voz pasiva se refiere a la mujer. Así sucede aquí (*γαμίζονται* no significa más que el simple pasivo *γάμουνται* --H410).

26 R603 En *ἐπὶ τοῦ βάτου* aparece una elipsis en el pensamiento: *en el pasaje que se refiere a la zarza.*

R1032 Πῶς se usa en este versículo en vez de un *ὅτι* declarativo: *cómo Dios le dijo.*

28 R740 Parece que *ποῖος* ha perdido aquí su fuerza cualitativa: *¿Cuál mandamiento*? (comp. 11:28; el pronombre equivale a *τίς*).

R1042 El genitivo que sigue a *ἄκουσας* parece que se usa con la idea de que lo que se oyó también se entendió (*él los oyó que debatían juntos* --TGr87).

M113 Quizá en las dos ocasiones en que aparece *πρώτη* ... *πρώτη* (en los vv. 28 y sigs.) se prescinde del artículo a causa de la suficiente fuerza determinativa de lo que sigue.

T31 Note el adjetivo masculino *πάντων* con el superlativo *πρώτη* (la razón por la cual el femenino *πασῶν* no se encuentra con el sustantivo femenino *ἐντολή* es que se refiere a la idea general que se expresa con *πάντων* [todos] --R410).

32 R1187 Πλήν se usa como una preposición que significa: *cerca de* (similar a *no hay otro sino El*).

33 R1058 Τὸ *ἀγαπᾶν* se usa como un infinitivo que hace función de sujeto (el sujeto de *ἐστίν*; la fuerza de duración es evidente en el tiempo presente --R1081): *amar ... es mejor.*

34 R546 El adverbio *μακράν* aquí es similar a un adjetivo (adjetivo predicado): *no estás lejos.*

38 R441 El hecho de encontrar a *ἀσπασμούς* aquí parece indicar un cambio repentino, pero realmente este sustantivo y el infinitivo *περιπατεῖν* están en acusativo y son el objeto directo de *θελόντων*: *los escribas que desean (o aman) andar con mantas y recibir salutaciones.*

R589 La preposición que aparece en *ἐν στολαῖς* tiene la idea de circunstancia acompañante: *con.*

40 TGr55 y sig. Los participios con artículo *οἱ κατεσθίοντες* y *προσευχόμενοι* no se refieren específicamente a los escribas, sino que presentan una referencia general: *aquellos que ...* (estos nominativos se refieren al genitivo distante *ἀπὸ τῶν γραμματέων*, que aparece en el v. 38 --R413; el caso nominativo [como el caso que nombra] algunas veces se deja inalterado en la oración, en vez de colocarlo en el caso de la palabra con la cual está en oposición --R458).

41 R838 En los vv. 41-44, la escena general se presenta mediante el imperfecto descriptivo de duración *ἐθεώρει* y el presente duradero *βάλλει*. Se visualiza por medio de *πολλοί ... ἔβαλλον*. Pero la figura de la viuda se destaca mediante el aoristo *ἔβαλεν*. Jesús se refiere a los demás por medio del aoristo de acción terminada *παντες ἔβαλον*. Note también la precisa distinción entre *εἶχεν* y *ἔβαλεν* al final. Donde aparecen uno junto al otro el aoristo y el imperfecto, debe suponerse que el cambio se hizo

a propósito y que debe seguirse la diferencia de idea (*muchos que eran ricos echaban mucho* --B21; ἔβαλλον describe la escena en progreso, ἔβαλον sólo declara el hecho --B56).

42 R674 Μία se usa aquí como un artículo indefinido (comp. H432): *cierta viuda* (comp. 14:66).

## Marcos 13

2 R1174 La fuerza de οὐ μή probablemente se debilite hasta cierto grado en este versículo (Lucas no usa el μή [21:6]).

3 BD205 Εἰς se usa en vez de ἐν con un sentido local: *en*.

5 R996 La cláusula que sigue a βλέπετε depende claramente de ese imperativo; denota el contenido del mandato: *Miren que nadie los engañe*.

7 M21 Es difícil detectar la razón por la cual se usa el tiempo presente con el imperativo en μὴ θροεῖσθε del v. 7 y μὴ πιστεύετε del v. 21 (cuando una acción aún no ha comenzado, la prohibición en presente demanda abstención continua de ella cuando comience --B165). [Editor. En ambos casos, Lucas (21:9 y 17:23) corrige el texto con un tiempo aoristo y también cambia el verbo. Mateo, por otro lado, retiene el tiempo presente del v. 7 (en 24:6), pero cambia el πιστεύετε del v. 21 por un aoristo (en 24:23). En vista a este grado de variedad, Burton ofrece la mejor solución.]

8 M59 La preposición que aparece en κατὰ τόπους denota estrecha relación (de lugar) y significa: *en (ciertos) lugares*.

9 T37 El pronombre ὑμεῖς se usa en este versículo sin mucho énfasis. BD205 Εἰς se usa en vez de ἐν con un sentido local: *en* (comp. Mat. 10:17).

10 M69 Parece que la preposición εἰς con el acusativo equivale a un simple dativo: *a todas las naciones*.

12 T313 Cuando en el N.T. se presenta un sujeto plural neutro de persona, se usa generalmente el verbo en plural (como sucede con ἐπαναστήσονται τέκνα; comp. Luc. 12:30).

13 R889 El futuro perifrástico se usa para expresar la idea de duración:
*ustedes continuarán siendo aborrecidos.*
MT150 El verbo futuro σωθήσεται puede usarse para expresar una promesa (un uso volitivo): *éste será salvo.*

14 R429 Τότε acentúa la conección lógica de pensamiento: *entonces.*
T82 El participio de perfecto ἑστηκότα se usa como un participio de presente (comp. 9:1: *que está*).

16 BD205 Εἰς se usa en vez de ἐν con un sentido local: *en* (comp. R525 y Mat. 24:18).

17 T51 El participio de ἔχω con ἐν γαστρί significa: *estar encinta.*

18 B200 Ἵνα introduce una cláusula de complemento directo después de προσεύχεσθε (comp. 5:18): *Oren que.*
T235 El genitivo temporal χειμῶνος se refiere al tiempo dentro del cual sucede un acto: *en invierno.*

19 R1390 Αἱ ἡμέραι ἐκεῖναι puede considerarse como el sujeto o como el nominativo del tiempo. [Editor. Es preferible considerar αἱ ἡμέραι ἐκεῖναι como el sujeto de ἔσονται. Esto hace que la declaración sea muy dura, y que destaque la prolongada calamidad; los relatos paralelos suavizan la descripción.]
T70 Se usa el tiempo perfecto en γέγονεν en vez del aoristo (comp. BD343[3] y Mat. 24:21): *como no se ha visto.*

20 R752 En οὐκ ... πᾶσα, se hace una declaración negativa en cuanto a πᾶσα. El resultado es el mismo como si se hubiera usado οὐδείς con un verbo afirmativo; la idea es: *ninguna carne*; no: *no toda carne* (es decir, *alguna carne*) se hubiera salvado.

21 B165 El imperativo de presente μὴ πιστεύετε ordena la abstinencia continua de una acción que aún no había comenzado (comp. el v. 7).

23 T37 El pronombre ὑμεῖς aparece en este versículo sin mucho énfasis (comp. el v. 9).

24 MT150 El tiempo futuro (vv. 24-27) es futurista (no volitivo).

25 R889 El futuro perifrástico ἔσονται πίπτοντες expresa una idea duradera (comp. el v. 13): *estarán cayendo*.

T130 El plural οὐρανοῖς se usa para indicar el lugar donde habita Dios. En consecuencia, este versículo dice: *las estrellas caerán del cielo, y los poderes del cielo serán conmovidos*.

28 R613 Παραβολή en este versículo significa: *colocar una cosa junto a otra*.

R827 El significado de γινώσκετε aquí es duradero: *logren continuamente conocimiento*.

29 T27 El plural idiomático ἐπὶ θύραις se refiere a una puerta: *El está cerca*, o *a la puerta de ustedes*.

31 R873 Los verbos futuros de este versículo tienen un sentido volitivo.

34 B204 La cláusula que aparece con ἵνα se usa para denotar el objeto directo del mandato (comp. 9:9): *mandó que vigilara*.

BD453(4) Ὡς se usa para introducir una parábola a la cual no sigue un correlativo ni ninguna otra cosa que tenga estrecha relacion con lo que precede: *es como un hombre*.

36 T99 Μή aparece aquí para introducir una cláusula subordinada: *Así que velen ... no sea que* (comp. M139).

## Marcos 14

1 R408 Los nombres de las fiestas son a menudo plurales como en el caso de τὰ ἄζυμα (comp. 6:21): *la fiesta de los panes sin levadura*.

TGr66 y sig. La última parte del v. 1 y la primera del v. 2 deben traducirse de la siguiente manera: *los principales sacerdotes y los escribas buscaban cómo prenderlo por engaño y matarlo, para evitar un alboroto del pueblo (porque el pueblo decía: ¡En el día de la fiesta no!)* (γάρ expresa la razón por la cual los escribas y principales sacerdotes tomaron esa decisión; así que el sujeto de ἔλεγον es alguna otra persona --T292).

T252 La frase prepositiva ἐν δόλῳ tiene un sentido adverbial similar a un dativo instrumental y significa: *por medio de engaño* o *dolosamente*.

BD323(4) El verbo imperfecto ἦν se usa en este versículo con el significado: *iba a acontecer*.

2 R988 Μήποτε introduce aquí una cláusula de propósito negativo: *no sea que haya* (comp. B199).

3 R607 Κατέχεεν significa: *derramar sobre*.

R1127 El participio ἔχουσα expresa la idea de manera: *con* (comp. T154).

4 R739 Εἰς expresa propósito: *¿Con qué propósito?*

T70 El verbo perfecto γέγονεν se usa en vez del aoristo: *se ha hecho*.

T153 Note la construcción perifrástica que aparece en este versículo (comp. H452; ἦσαν ... ἀγανακτοῦντες significa: *ellos se perturbaron grandemente* --BD239[1]).

6 T264 La frase prepositiva ἐν ἐμοί se usa como un dativo de ventaja: *a mí*.

MT175 Este versículo favorece el siguiente sentido: *Déjenla quieta: Dejen que lo haga*.

7 BD102(3) Εὖ ποιῆσαι significa: *hacer bien*.

8 R551 En en προέλαβεν μυρίσαι, el infinitivo indica la idea principal (el verbo tiene un sentido adverbial: *de antemano* --T227; προέλαβεν μυρίσαι puede ser un resultado de la influencia semítica, porque en ninguna otra parte tiene este verbo el sentido de anticipar la acción de un verbo que sigue --H445).

9 BD206(4) El primer εἰς de este versículo parece que se usa en vez de ἐν: *en* (comp. Mat. 26:13).

10 R675 En *ὁ εἷς τῶν δώδεκα*, parece que el uso del artículo con el número es incorrecto: *el uno de los doce* (los primeros papiros también dan ilustración de este uso). Εἷς debe analizarse como un pronombre (*ὁ εἷς* se usa en vez de *τὶς* --BD247[2]).

13 R873 Ἀπαντήσει aquí es sólo futurista: *los encontrará* (este verbo compuesto tiene la idea de cara a cara --R573).

14 R442 Ὅτι introduce un discurso directo y equivale a las comillas.
R969 En *ὅπου ... φάγω* el subjuntivo es probablemente deliberativo, para contestar a *ποῦ θάγω* en la pregunta directa (comp. B319).

18 MT111 El participio es duradero en *ὁ ἐσθίων μετ' ἐμοῦ*, y significa: *que está comiendo conmigo*.

19 M60 ¿Es *εἷς κατὰ εἷς* un uso adverbial de la preposición, o pura gramática mal empleada (la frase *κατὰ εἷς*, o *καθεῖς* llegó a ser estereotipada como un adverbio en el N.T. --T268; en forma distributiva como un adverbio --MT105; comp. Juan 8:9: *uno por uno*)?

20 R525 Εἰς se usa con el sentido de *ἐν*: *en* (comp. Mat. 26:23).

21 R1016 El negativo de la cláusula condicional contraria al hecho es siempre *μή* en el N.T., excepto dos veces, aquí y en el pasaje paralelo de Mat. 26:24. En este versículo, el negativo *οὐ* es muy enfático (el sentido final hace esto del todo irreal --MT200).

23 T209 La frase prepositiva *ἐξ αὐτοῦ* tiene un sentido distributivo: *algo de ella*.

24 R632 Ὑπέρ presenta la idea de *en vez de* (comp. M64 y 10:45).

25 R708 La frase *τῆς ἡμέρας ἐκείνης* se refiere *al último día*.
R930 Note la negación enfática con el subjuntivo futurista *πίω*: *no beberé más*.

28 R871 El verbo futuro *προάξω* expresa una idea duradera (*iré delante de ustedes* --MT149).

29 B280 Καί con πάντες parece que tiene una fuerza intensiva, y sugiere que la suposición es extrema: *aunque todos ellos.*

T37 Aquí hay énfasis en el uso de ἔγω.

T115 El sentimiento de lo definido y de la verdadera realización acompaña a εἰ con el futuro indicativo. Así, en *εἰ καὶ πὰντες σκανδαλισθήσονται*, Pedro hace una suposición: *Supongamos que en verdad todos se escandalicen.*

T330 Aquí, después de la cláusula condicional, ἀλλά tiene el sentido de *por lo menos* (comp. BD448[5]).

30 R873 El verbo futuro ἀπαρνήσῃ a menudo se entiende mal a causa de la traducción: *tú me negarás*. Por tanto, no podría ser falta de Pedro, si Jesús se lo ordenó. En español la traducción queda libre de ese peligro (comp. Luc. 22:61).

31 R875 El verbo futuro ἀπαρνήσμαι tiene un sentido volitivo en este versículo: no te negaré (enfáticamente negativo aquí --B66).

32 B325 Ἕως con el aoristo de subjuntivo denota un evento simple. Así que, la última parte de este versículo significa: *siéntense aquí hasta que yo ore*, o *haya orado* (comp. MT169).

4342 Χωρίον en este versículo significa: *un pedazo de tierra cercado.*

34 R856 La acción duradera a la que se refiere el aoristo de imperativo se toma como definida (*no se vayan, sino velen siempre* --T75).

35 R883 El tiempo imperfecto descriptivo de *ἔπιπτεν ..., καὶ προσηύχετο* presenta la escena realista de Getsemaní (probablemente la descripción de Pedro).

36 R737 Τί se usa en vez de ὅ en este versículo, y significa: *lo que.*

T330 En este versículo, ἀλλά significa: *no tanto ... como.*

BD211 Παρένεγκε ... ἀπό significa: *aparta de.*

40 R1183 El segundo *καί* de este versículo casi tiene el sentido de ὅτι: *que.*

41 M161 Καθεύδατε τὸ λοιπόν significa: *lo único que queda por hacer es dormir.*

T291 El verbo problemático ἀπέχει puede ser impersonal, que se usa en vez del clásico ἀρκεῖ: *Se ha recibido, la cuenta está saldada (*esto es consecuente con el significado de las variantes que aparecen en D y W; ἀπέχει τὸ τέλος: *esto tiene su fin; el asunto ha terminado*; comp. BD129).

T336 ¿Dice Jesús aquí: *Van a continuar durmiendo?* Utilizar la palabra aún (como unas traducciones lo hacen, comp. BD451[6], aunque τὸ λοιπόν no significa aún), es hacer énfasis en el pasado; pero lo que quiere decirles es que ellos no deben estar dormidos cuando llegue el traidor (futuro). 'Απέχει entonces sería una referencia directa a Judas: *Se le ha pagado; está aquí. Por tanto, no es tiempo de dormir* (ἀπέχει se usa como un verbo impersonal, que significa: *Es suficiente [basta]* --M27). [Editor. 'Απέχει es un verbo difícil de traducir, pero parece preferible: *se ha determinado*.]

42 T82 Se concibe que ἤγγικεν sea un verdadero perfecto: *se ha acercado*.

44 R679 El pronombre αὐτός tiene un fuerte énfasis aquí (*él es el hombre* --T41).

R905 En este versículo, el tiempo perfecto de δεδώκει se refiere al arreglo previo de Judas.

45 R606 En el verbo compuesto κατεφίλησεν, parece que se debilita κατά: *lo besó*.

47 R810 En σπασάμενος τὴν μάχαιραν, la idea posesiva expresada por el artículo probablemente es suficiente: *sacando su espada* (comp. Mat. 26:51).

BD11(3) 'Ωτάριον significa: *el lóbulo de la oreja*.

49 M52 La preposición πρός denota posición: *con* (comp. H467).

BD448(7) La expresión elíptica ἀλλ' ἵνα significa: *al contrario (pero), esto ocurrió, para que*.

51 BD337(1) Κρατοῦσιν se usa como un presente histórico: *lo prendieron*.

54 R807 En el participio θερμαινόμενος se usa la voz media con

sentido directo: *calentándose*.

M85 En este versículo εἰς τὴν αὐλήν puede ser una explicación de ἔσω y ἔσω puede equivaler virtualmente a un sustantivo: *tan lejos como hasta adentro, esto es, hasta el patio*.

55 R883 El cambio del aoristo por el imperfecto (ηὕρισκον) en esta narrativa se debe al deseo de evitar la monotonía (este verbo imperfecto significa: *no podían hallar a nadie* [a pesar de los repetidos intentos] --BD327).

M60 La frase prepositiva κατὰ τοῦ Ἰησοῦ significa: *contra Jesús* (comp. el v. 57).

T143 Εἰς τό con el infinitivo aquí expresa la idea de propósito (*para entregarlo a la muerte*).

58 R1042 El genitivo que sigue a ἠκούσαμεν parece que se usa con la idea de que lo que se oyó también se entendió (comp. 12:28; *nosotros lo oímos decir*; no *oímos que El había dicho* --TGr87).

T267 La frase prepositiva διὰ τριῶν ἡμερῶν significa: *dentro de tres días* (comp. BD223[1]).

60 R917 El uso de οὐ en este versículo puede sugerir indignación.

T49 Τί parece que aquí equivale a ὅ (pero esto implica que se entiende que πρός está antes de οὐδέν; por tanto, tenemos que dividir la expresión en dos oraciones: οὐκ ἀποκρίνῃ οὐδέν; τί οὗτοι ...; *¿No vas a contestar? ¿Qué es lo que estos hombres están testificando contra ti?*

61 T67 En este contexto, el verbo imperfecto ἐπηρώτα equivale a un aoristo: *Otra vez el sumo sacerdote le preguntó*.

62 TGr73 La mejor traducción de la respuesta de Jesús es: *Tú has dicho que soy* (como en los paralelos de Mateo y Lucas).

65 R617 Περικαλύπτειν significa: *cubrir todo alrededor*.

66 H432 Μία se usa en vez de τις (con un sentido indefinido): *una de las criadas* (comp. 12:42).

72 R885 Ἔκλαιεν se usa como un imperfecto de ingreso: *comenzó a llorar*.

TGr71 y sig. El participio ἐπιβάλων tiene un sentido intransitivo. Pedro se empujó (βάλλω) a sí mismo hacia adelante (ἐπί). Tal vez se tiró al piso (C. H. Turner); pero es más probable que se lanzara hacia afuera, porque así fue como Mateo decidió interpretar esto.

T137 Ὡς se usa aquí como ὅτι: *que.*

BD308 Teofilacto y Eutimio interpretan correctamente la palabra ἐπιβάλων como ἀρξάμενος; por tanto, *comenzó a llorar.* [Editor. El apoyo más fuerte de los manuscritos incluye a ἐπιβάλων en el texto. Los manuscritos posteriores incluyen a ἀρξάμενος y ἤξατο para tratar de simplificar el texto. Esto no es necesario, ya que ἐπιβάλων puede entenderse con un significado válido; comp. TGr71.]

## Marcos 15

2 TGr7 y sig. Σὺ λέγεις significa: *Tú estás diciendo esto, no yo.* El énfasis está en el pronombre personal (comp. Luc. 23:3).

3 R884 Κατηγόρουν, como también ἀπέλυεν y παρητοῦντο en el v. 6, se usan como imperfectos reiterativos (hubo acusaciones repetidas).

H446 Πολλά tiene aquí un uso adverbial: *encarecidamente.*

4 R917 Una exclamación se expresa por medio del pronombre interrogativo πόσα *¡Mira cuántos ...!* (comp. T50).

6 T268 La preposición que aparece en κατὰ δὲ ἑορτήν tiene un sentido distributivo: *en cada fiesta* (comp. R608).

10 R841 Con el uso del pluscuamperfecto παραδεδώκεισαν (Mateo usó παρέδωκαν), Marcos establece una distinción (*los principales sacerdotes lo habían entregado*) que Mateo no tuvo el cuidado de establecer.

16 T216 El adverbio ἔσω tiene el genitivo τῆς αὐλῆς, que significa: *más adentro del palacio* (se usa como una preposición --R643).

18 MT71 La aparición de βασιλεῦ en este versículo sólo es una

evidencia de la deficiente sensibilidad del escritor hacia los más delicados matices del idioma griego. Esta forma vocativa parece que admite el derecho real, mientras que hubiera podido usarse el nominativo con artículo con un sentido descriptivo (comp. Juan 19:3 y R465).

20 T191 Τὰ ἴδια tiene aquí el antiguo significado clásico: *particulares, privados.*

23 R885 Ἐδίδουν se usa como un imperfecto de conato, y se refiere a una acción comenzada, pero interrumpida (contrasta con *οὐκ ἔλαβεν*; comp. T65): *ellos trataron de darle.*

24 BD298(5) El doble interrogativo *τίς τί* tiene un sentido distributivo: *lo que cada uno.*

H456 El verbo en presente histórico *σταυροῦσιν* que aparece en los vv. 24 y 27 provee una descripción pictórica: *lo crucificaron.*

25 R1183 La inclinación a buscar una coordinación entre los Evangelios hace que se use *καί* donde sería más usual una conjunción temporal (*ὅτε*): *cuando lo crucificaron.*

30 R861 El participio de aoristo *καταβάς* se refiere a una acción simultánea con la del verbo principal *σῶσον*: *sálvate a ti mismo descendiendo.*

32 T102 Ἵνα tiene aquí un sentido consecutivo: *para que como resultado.*

34 R29 En la cita del Sal. 22:1, pronunciada en la cruz, Mateo (27:46) utiliza el hebreo, mientras que Marcos (15:34) utiliza una adaptación aramea.

M11n.1 Según la gramática estricta, el verbo aoristo *ἐγκατέλιπες* debe referirse a un evento ocurrido en el pasado, cuyos resultados no son contemplados de manera prominente por el escritor. Pero esto no significa que sea incorrecta la traducción al español por medio del pretérito perfecto: *me has desamparado* (es un aoristo perfectivo, y por tanto, los resultados presentes de la acción están muy en mente --T72).

T267 Εἰς *τί* significa: *para que*, y no: *por causa de que.*

36 B161 El sentido de ἄφετε aquí es dudoso (comp. MT175). [Editor. Ἄφες y ἄφετε pueden usarse con el subjuntivo exhortativo ἴδωμεν. El significado resultante es: *veamos*; comp. Mat. 27:49.]

42 R965 Ἐπεί tiene aquí un sentido temporal. [Editor. Realmente esta partícula da la razón de la acción inmediata por parte de José: *porque era el día de la preparación* (el uso más común ).]

44 R104 Εἰ se usa aquí (dos veces) para introducir una pregunta indirecta (después de θαυμάζω, la cláusula introducida por εἰ tiene casi la fuerza de una cláusula introducida por ὅτι --B277): *Pilato se maravilló de ..., y preguntó si.*

M154 En ὁ δὲ πιλᾶτος ἐθαύμασεν εἰ ἤδη τέθνηκεν, el sentido no es: *se preguntó si ...*; sino más bien: *expresó sorpresa de que ya hubiera muerto;* es decir; las palabras de Pilato pudieran haber sido: *yo me sorprendería si ...*

T69 Marcos se cuida de mantener en este versículo la distinción de los tiempos. Pilato se maravilla de que Jesús *ya esté muerto* (τέθνηκεν); luego Pilato pregunta *cuando murió* (ἀπέθανεν; τέθνηκεν prácticamente significa: *estar muerto*, mientras que ἀπέθανεν significa: *murió, ha muerto* --R845.

47 T168 El genitivo Ἰωσῆτος se usa para identificar una madre por medio de su hijo: *la madre de Jesús.*

## Marcos 16

2 R602 Ἐπί significa: *tan lejos como.*

T227 En el N.T., un adverbio usualmente sigue al adjetivo o verbo que modifica, pero este versículo contiene una excepción (λίαν πρωΐ), que significa: *muy temprano.*

3 TGR78 La siguiente reconstrucción es más lógica que el orden actual de los vv. 3 y sigs.: *Y ellas se decían entre sí: ¿Quién nos removerá la piedra de la puerta del sepulcro (porque ésta era muy grande)? Y cuando ellas miraron vieron que la piedra estaba removida* (este es un paréntesis mal colocado por Marcos).

5 R408 Note el plural idiomático τοῖς δεξιοῖς, que significa: *al lado derecho*.

6 R817 Aparentemente en este versículo ἠγέρθη es sólo un verbo intransitivo, y no expresa una idea pasiva en concepto (comp. MT163); tiene un matiz activo --T57): *El ha resucitado*.

MT137 El verbo aoristo ἠγέρθη declara por completo el hecho que ha sucedido, la asombrosa noticia de lo que acaba de suceder (comp. 1 Cor. 15:4).

7 TGr69 En este versículo, las palabras que se dice que expresaron los ángeles son incompatibles con lo que se dice que Jesús había dicho, a menos que se acuda a la hipótesis de un paréntesis pospuesto. Técnicamente, el paréntesis: *como les dijo*, debe aparecer inmediatamente después de Galilea, ya que Cristo no había declarado específicamente que ellos lo verían (comp. 14:28).

T330 Aquí es mejor traducir ἀλλά como una interjección: *¡Miren el lugar donde lo pusieron! Bien, vayan a sus discípulos ...* (realmente con una idea consecutiva).

10 BD291(6) El pronombre ἐκείνη significa: *ella*, con referencia al sujeto que lo precede de inmediato.

13 BD291(6) El pronombre ἐκείνοις sencillamente significa: *a ellos* (comp. los vv. 10 y 20).

18 T52 Ἔχω con el adverbio καλῶς significa: *estar bien*.

19 M162 Μὲν οὖν sólo se usa aquí a manera de continuación o transición: *Entonces*.

20 R1127 El participio ἐξελθόντες expresa una idea temporal: *Después que ellos salieron, predicaban*.

BD291(6) El pronombre ἐκεῖνοι sencillamente significa: *ellos*.

# Lucas

## Lucas 1

1 BD456(3) Ἐπειδήπερ significa: *puesto que*, con referencia a un hecho ya bien conocido (sólo aparece aquí en el N.T.; indudablemente es un toque literario --R695).

BD464 Los vv. 1-4 exhiben una medida moderada de los miembros de la oración y una bella relación entre la prótasis con sus tres miembros y la estructura correspondiente de la apódosis. Πολλοί corresponde a *κἀμοί*, *ἀνατάξασθαι διήγησιν* hasta *γράψαι*; y *καθὼς* ... a *ἵνα ἐπιγνῷς* ..., así que la última cláusula, aunque agregada a una idea ya expresada, completamente, se utiliza al menos por la correspondencia estilística.

3 R392 El infinitivo *γράψαι* se usa como el sujeto del verbo *ἔδοξε*: *me pareció bien escribir.*

T31 Κράτιστε tiene un significado intensivo: *excelentísimo* (como un título).

H20 Παρηκολουθηκότι ἄνωθεν se refiere al hecho de que revisó los materiales de nuevo.

4 BD294(5) En este versículo, el antecedente λόγων sigue al pronombre relativo *περὶ ὧν*. Esto equivale a *περὶ τῶν λόγων οὕς*, o a *τῶν λόγων περὶ ὧν*.

5 R743 El uso más común de *τὶς* con los sustantivos equivale a *un*.

7 M18n.1. Es sorprendente que haya tantos tiempos perifrásticos dentro de tan pocos versículos (comp. Luc. 1:7,10, 20, 21 y 22), tanto más en vista de que Lucas evita la perífrasis en 17:27, contrario a Mat. 24:38 (la construcción perifrástica perfecta *προβεβηκότες ἦσαν* tiene una fuerza intensiva --R906: *eran de edad avanzada*).

T220 Ἐν se usa con el dativo de referencia (comp. BD197; la preposición se usa donde no es necesaria --MT75): *en días*.

8 M76 Note especialmente el uso característico que Lucas hace de ἐν τῷ con un infinitivo, el cual no se debe clasificar como un hebraísmo, sino como un griego no idiomático. Pero si es verdadero griego, hay una escasez de paralelos de este uso con el sentido de *mientras*. En este contexto tiene el significado: *en el transcurso del ejercicio de sus deberes sacerdotales*.

M174 El uso de ἐγένετο para introducir otro verbo refleja cierto grado de influencia semítica: *aconteció ... que él recibió como su asignación* (en la continuación de una narrativa, esto puede ser clásico --BD472[3]).

9 B401 Aquí el infinitivo con τοῦ se usa como el complemento directo de ἔλαχε, el cual toma un sustantivo en genitivo como complemento directo: *era su suerte* (probablemente la obtuvo por suertes*) la de encender el incienso*.

10 R888 La construcción perifrástica imperfecta ἦν προσευχόμενον tiene una idea descriptiva (se usa para realzar la naturaleza duradera de la acción --M17): *estaban orando*.

12 BD472(2) Φόβος se coloca antes del verbo porque es paralelo con ἐταράχθη.

14 R871 El verbo futuro χαρήσονται tiene un sentido definido de ingreso: *comenzarán a regocijarse*.

15 R933 Οὐ μή aparece con el verbo en subjuntivo πίῃ; tiene un sentido prohibitivo (comp. MT 177)*: no beberá*.

TGr19 Puesto que πνεύματος no tiene artículo (en los vv. 14, 41 y 67), se implica que ni Juan el Bautista, ni su madre, ni su padre estaban inspirados directamente por el Espíritu Santo, sino que fueron guiados por un espíritu divino más vago y menos personal (el uso de la palabra πνεῦμα sin artículo puede referirse al Espíritu Santo --M113). [Editor. Es incorrecto desarrollar una regla estricta en cuanto a la gramática griega y luego hacer que cada ejemplo de la literatura se ajuste a esa regla (el juez final de cualquier principio gramatical es el contexto). Aunque πνεῦμα no tiene artículo, tiene el adjetivo ἁγίου, el cual parece que tiene mejor significado que la presencia o ausencia del artículo. En consecuencia, se refiere al Espíritu Santo.]

17 R679 El pronombre *αὐτός* se usa para expresar énfasis.

M76 Ἐν con *φρονήσει* se usa en lugar de *εἰς* con un acusativo (significa: *con el pensamiento de*, o *de tal modo que tengan el pensamiento de* --BD218; ¿o es intrumental? --T257). [Editor. La frase prepositiva se usa con un infinitivo que denota movimiento. En consecuencia, es preferible la sugerencia de Moule, Blass y Debrunner.]

18 M59 Κατὰ τί significa: *¿De qué manera?* o *¿por qué medio?* (la preposición tiene un sentido transferido; ¿o causal? --T268). [Editor. En esencia, la traducción inicial, *en la cual Zacarías pide una señal*, tiene una idea causal y es preferible.]

T37 El pronombre *ἐγώ* no expresa mucho énfasis en este versículo.

20 R889 El mismo hecho de que el tiempo futuro no expresa acción duradera, claramente condujo al uso del participio presente con una forma futura del verbo copulativo para expresar tal acción (*ἔσῃ σιωπῶν* significa: *estarás mudo* [no *σιωπήσεις*: *llegarás a estar mudo*; comp. M18; el participio es adjetival y sólo aparentemente perifrástico --BD353[1]). [Editor. Es mejor explicar esto como una construcción perifrástica, ya que el futuro generalmente no tiene un significado duradero; pero esta construcción se usa para presentar descriptivamente una acción que ocurrió durante un período de tiempo de varios meses.]

M68 La preposición *εἰς* tiene aquí un uso cargado de significado, pues cubre las ideas de movimiento y reposo: *en su propio tiempo* (similar a *ἐν*; comp. BD206[1]).

M71 Ἀνθ ὧν tiene aquí un verdadero sentido causal: *ya que*, o *a causa de*.

MT92 El pronombre *οἵτινες* significa: *las cuales, por todo eso* (casi adversativo; se debe tener cuidado de no darle demasiado sentido concesivo a este pronombre --T48).

21 R532 La preposición *ἐν* tiene aquí una idea causal: *porque él se demoraba*.

M17 La contrucción perifrástica imperfecta se usa para destacar la naturaleza duradera de la acción: *el pueblo estaba esperando*.

22 R680 Si hay aquí algún énfasis en el uso de *αὐτός*, es muy leve.

R888 La construcción perifrástica imperfecta *ἦν διανεύων* tiene una idea reiterativa (para destacar el sentido duradero --M17): *él les hacía repetidamente señales .*

TGr39 Ὅτι puede transmitir la prueba de una proposición o la razón por la cual se declara; entre las dos sólo el contexto puede decidir, juntamente con cualquier otra circunstancia relevante, como el estilo literario de Lucas en situaciones similares. De hecho, este es un rasgo del estilo de Lucas. En el v. 22: *ellos percibieron que Zacarías había tenido una visión en el templo, porque* (ὅτι) *él les hacía señas y permanecía mudo.* Obviamente ὅτι se refiere al primer verbo (*percibieron*), tal como ocurre en el comentario que Jesús le hace a Simón (en 7:47), donde se refiere al verbo anterior: *Por lo cual te digo.* Lo que Jesús está diciendo es esto: *Te puedo decir que ella es perdonada, y te puedo decir que es perdonada porque ama.*

28 MT183 No hay nada concluyente que indique que en la última parte de este versículo se implique una forma imperativa, optativa o indicativa del verbo copulativo. [Editor. Parece que el texto está a favor de que es una declaración simple en indicativo: *El Señor está contigo*.]

29 R741 Ποταπός es la última forma de ποδαπός. En el N.T. ya no significa: *de qué país*; sino sólo *de qué clase* (equivale a ποῖος, comp. 7:39).

R1031 Aquí aparece un verbo en optativo, en una pregunta indirecta, donde la pregunta directa tenía el verbo en indicativo: *sería ésta.*

30 M52 La preposición παρά tiene un sentido metafórico, que significa: *ante los ojos de.*

31 T86 El verbo futuro καλέσεις expresa un mandato: *llamarás.*

33 T25 El sustantivo plural αἰῶνας significa: *eternidad.*

35 M107 En este versículo, τὸ γεννώμενον ἅγιον κληθήσεται υἱὸς θεοῦ puede significar: *el (niño) que ha de nacer será llamado santo, el Hijo de Dios*; caso en el cual no surge ningún problema en cuanto al artículo. Pero si el significado es: *el santo (niño) que ha de nacer será llamado el Hijo de Dios,* entonces claramente

es un uso irregular: τὸ ἅγιον τὸ γεννώμενον ... tal vez sería la única manera clara de decirlo. [Editor. En vista de la ausencia de artículo aquí, la primera sugerencia parece más probable.]

TGr19 Puesto que πνεῦμα no tiene artículo, se implica que no fue la tercera Persona de la Trinidad quien cubrió con su sombra a María y la capacitó para concebir al Mesías, sino aquel poder indefinible y santo de Dios que fortaleció a los seres humanos de una manera sobrenatural, como lo había hecho con los héroes de Israel en los tiempos del A.T. (el uso de πνεῦμα sin artículo puede referirse al Espíritu Santo --M113). [Editor. Aunque πνεῦμα no tiene artículo, se usa el adjetivo ἅγιον, el cual parece que tiene mayor significado que el hecho de que aparezca el artículo o no; comp. el v. 15.]

T87 El participio de presente γεννώμενον se usa para describir un evento futuro (para indicar certeza).

37 T196 Οὐκ ... πᾶν significa: *nada*; no significa: *no todo*.

38 M96 y sig. Δούλη se declina como un adjetivo y se usa como un sustantivo: *la sierva*.

39 R652 El adjetivo ὀρεινήν se usa como un sustantivo: *la región montañosa* (el sustantivo femenino está implícito [γῆ]).

H471 La dificultad que se presenta en la frase εἰς πόλιν Ἰούδα (es decir, Judá no es una ciudad), se explica mejor teniendo en cuenta que se debe a que la palabra hebrea que significaba *provincia* más tarde llegó a significar *ciudad*.

41 TGr19 La palabra πνεύματος sin artículo no se refiere al Espíritu Santo (comp. el comentario en los vv. 15 y 35).

TGr89 Nada más que el sonido físico de la voz de María, cuando ella entró en la casa de su prima, inspiró al bebé no nacido para que saltara en el vientre de su prima; nada de lo que había dicho María causó tan vibrante emoción, simplemente el sonido de su voz (a pesar de que ἀσπασμόν está en acusativo después de ἤκουσεν).

42 R422 Las declaraciones de Elizabet (vv. 42-45), María (vv. 46-55) y Zacarías (vv. 67-79), todas contienen sentido poético con algo de la forma y el espíritu hebreos (paralelismo hebreo).

T31 Parece que el uso de *εὐλογήμενη* como un superlativo es el resultado de la influencia semítica: *Bendita eres tú entre las mujeres* (en esencia, la más bendita de todas las mujeres).

43 BD189(3) Se presenta una elipsis del verbo copulativo *εἰμί* con el pronombre dativo *μοί* (el sentido es: *que me ocurra a mí*).

BD394 Ἵνα introduce una cláusula explicativa que aclara aun más la afirmación anterior. Aquí el uso de *ἵνα* no parece correcto, puesto que la acción a que se refiere ya es un hecho; *ἵνα* se usa generalmente si la explicación es teoría, y no hecho; *ὅτι* se emplea usualmente cuando se alude a un hecho real (comp. T134): *que*.

44 BD205 La preposición *εἰς* se usa aquí en lugar de *ἐν* con un sentido local: *en mis oídos*.

45 T35 Se ha sugerido que lo que dijo Elizabet en el v. 45 se hace más inteligible si entendemos que *ἡ πιστεύσασα* es un vocativo que significa: *bienaventurada eres porque has creído* (comp. la Vulgata). Pero la dificultad que entonces se presenta es el *αὐτῇ* que sigue, el cual coloca todo el versículo en tercera persona. [Editor. Parece mejor tomar el participio con artículo como nominativo. En consecuencia, todo el versículo está en tercera persona, pero se refiere a la segunda persona, aunque de una manera más indefinida: *bienaventurada es la que creyó*.]

BD237(1) Παρά se usa aquí correctamente con el sustantivo en genitivo *κυρίου*, puesto que no fue el mismo Dios quien había hablado, sino un ángel por mandato de El (esta frase presenta al agente del participio pasivo --R615).

48 M96 y sig. Δούλης se declina como un adjetivo y se usa como un sustantivo (comp. el v. 38): *sierva*.

49 BD442(6) El uso de *καί* para coordinar palabras con cláusulas independientes es una tendencia semítica (*καὶ ... ἅγιον*).

50 BD493(2) La duplicación distributiva no es retórica, sino vulgar. Así que *εἰς γενεὰς καὶ γενεάς* estrictamente significa: *sobre muchas generaciones venideras*, y no *para toda generación*.

51 R590 'Eν significa: *con*.

T23 El singular distributivo (*καρδίας*) aparece aquí para referirse a algo que pertenece a cada persona dentro de un grupo (*αὐτῶν*).

T74 Los verbos aoristos que aparecen en los vv. 51-53 pueden ser gnómicos (es decir, se refieren a una acción bien conocida).

T228 La frase adverbial *διανοίᾳ καρδίας* está estrechamente relacionada con *ὑπερηφάνους* (es decir, *arrogantes de corazón*), y no con *διεσκόρπισεν* que está más distante de ella, en lo que se refiere al orden de las palabras.

54 R508 El verbo *ἀντελάβετο* tiene un complemento directo en genitivo por causa de su similitud con la idea de *asir*.

R1001 El infinitivo *μνησθῆναι* se usa para expresar la idea de resultado (comp. T136; resultado previsto --B375; este infinitivo se usa como explicativo [aun con este uso, puede haber un sentido consecutivo] --M127).

55 T238 En *ἐλάλησεν πρὸς τοὺς πατέρας ἡμῶν, τῷ 'Αβραὰμ καὶ τῷ σπέρματι*, los dativos difícilmente pueden estar en aposición con el acusativo. Así, que probablemente se usan como dativos de ventaja, y significan: *El habló a nuestros padres a favor de Abraham ...* (comp. Zerwick, sección 40).

57 B400 Τοῦ *τεκεῖν* tiene un uso apositivo con referencia a *χρόνος*: *el tiempo del alumbramiento*.

BD472(2) Aquí 'Ελισάβετ se coloca adelante en la oración para expresar énfasis.

H417 Los vv. 57 y sigs., pueden citarse como ilustración del estilo semítico en la narrativa, tanto por la posición del verbo como por la vinculación de las cláusulas paralelas con *καί*.

58 M183 Μετά se usa en una frase en la cual todo el matiz es semítico (comp. MT106; puede que no sea semítico --R611): *ἐμεγάλυνεν κύριος τὸ ἔλεος αὐτοῦ μετ' αὐτῆς*, donde el koiné regular por lo menos hubiera usado de la manera más natural un simple dativo, o una frase verbal completamente diferente; tal vez *ἠλέησεν αὐτὴν πολλά*, o en todo caso *ἐμεγάλυνεν αὐτῇ τὸ ἔλεος αὐτοῦ*. La frase completa representa una expresión hebrea enteramente natural, aunque es muy curioso el hecho de que parece que no se presenta en la LXX (excepto en 1 Mac. 1:27 y Tob. 12:6): *el*

*Señor había mostrado su misericordia a ella.*

59 B23 'Εκάλουν se usa como un imperfecto de conato (se refiere a una acción que se intentó, pero que no se completó): *ellos quisieron nombrarlo* (comp. M9).

60 R1164 Note la presencia del negativo intensificado *οὐχί* (aquí hay una aguda antítesis).

62 R683 Tanto *αὐτό* como *αὐτοῦ* se refieren a *παιδίον*.

R766 El artículo *τό* no establece ninguna diferencia esencial en el significado de la pregunta. Pero aclara más la idea sustantival de la pregunta indirecta y su relación con la cláusula principal.

R884 'Ενένευον parece que se usa como un imperfecto reiterativo, que significa: *repetidamente hacían señas.*

63 T153 En este versículo, λέγων tiene el sentido de *como sigue* (semítico --BD420[2]).

64 R885 'Ελάλει se usa como un imperfecto incoativo; significa: *comenzó a hablar.*

R1127 El participio *εὐλογῶν* tiene la idea de manera: *él hablaba, bendiciendo a Dios.*

65 M96 El adjetivo *ὀρεινῇ* se usa como un sustantivo: *región montañosa* (comp. el v. 39).

BD472(2) La razón por la cual *πάντας* se mueve hacia adelante en este versículo es la de dar fuerza al adjetivo (*πάντες* del v. 66) y preservar el paralelismo.

67 TGr19 El sustantivo *πνεύματος* sin artículo no se refiere al Espíritu Santo [Editor. Parece que se refiere al Espíritu Santo comp. el comentario en los vv. 15 y 35.]

BD472(2) El nombre *Ζαχαρίας* se mueve hacia adelante en la oración para poner específicamente a Zacarías en contraste con los vecinos, quienes constituyen el sujeto de la narrativa precedente.

71 T24 El sustantivo singular *χειρός* se usa con un sentido distributivo (comp. el v. 51): *de la mano de todos.*

72 T136 El infinitivo ποιῆσαι se usa para expresar resultado (comp. BD391[4]; los infinitivos que se usan en este versículo parece que tienen un sentido explicativo [es decir; definen más la acción de la cláusula anterior] --M127 y B375). [Editor. En este contexto, parece que estos infinitivos tienen el signficado más sencillo de resultado (indican el resultado de la salvación): *para mostrar misericordia ..., y acordarse.*]

73 BD295 El uso de ὅρκον ὃν ὤμοσεν en lugar de τοῦ ὅρκου οὗ es peculiar (aquí la frase no precede la cláusula principal, sino que le sigue como un apositivo; todo el pasaje está fuertemente dominado por la influencia hebrea): *el juramento que hizo.*

BD400(8) Τοῦ con el infinitivo δοῦναι tiene poca fuerza consecutiva: *de dar.*

74 T24 El sustantivo singular χειρός se usa con un sentido distributivo (comp. el v. 51): *la mano de nuestros enemigos.*

75 M43 El dativo se usa aquí temporalmente con un sentido duradero: *todos nuestros días.*

76 R1185 Hay continuación, no oposición en el uso de καὶ ... δέ, donde δέ significa *y*, y καί significa *también.*

77 BD400(6) Un infinitivo simple puede usarse para expresar propósito, pero para favorecer la claridad se puede agregar τοῦ a un segundo infinitivo final (sólo en pasajes que se refieren a un ambiente del A.T.), como en ἑτοιμάσαι ... τοῦ δοῦναι y ἐπιφᾶναι ... τοῦ κατευθῦναι (comp. MT217 y B397; especialmente en escritos que pretendan ser de estilo, como Mateo, Lucas y Hechos --T142): *preparar ..., dar ..., dar luz ..., guiar.*

79 R1086 En este versículo, los infinitivos se usan con sentido explicativo (comp. M127). [Editor. Los infinitivos simples que se usan en los vv. 76 y sig. y 79, aparecen en citas tomadas del A.T., mientras que el infinitivo con τοῦ las sigue de inmediato. En cada caso, el infinitivo con artículo presenta el propósito final del verbo que precede, es decir; προπορεύσῃ y ἐπισκέψεται respectivamente.]

T52 'Επιφαίνω significa: *mostrarse* (las estrellas).

80 BD165 ᾿Αναδείξεως se usa como un genitivo de calidad (el ἡμέρα hebraísta equivale a χρόνος: *el día de su manifestación*).

Lucas 2

1 R1086 El infinitivo ἀπογράφεσθαι está en aposición con el sustantivo δόγμα: *un decreto ... que ...*

BD317 La voz media se usa en ἀπογράφεσθαι, y tiene el sentido de *hacerse empadronar* (se toma como voz media a causa de que la forma del aoristo del v. 5 también está en voz media: tiene un sentido intransitivo en los vv. 1, 3 y 5: *registrar* --T57). [Editor. Parece que las dos traducciones tienen significados equivalentes.]

2 R657 La idea exacta de πρώτη en este versículo no es cierta, pero la más probable idea de Lucas es que hubo dos empadronamientos en el tiempo de Cirenio (πρώτη no se usa con el sentido de πρότερος --R669; este adjetivo se refiere al censo que hubo antes del [más grande] censo hecho por Cirenio --TGr23 y sig.). [Editor. Robertson se contradice en esas dos declaraciones. Comp. el uso que hace Lucas del superlativo πρώτη en Hech. 1:1.]

4 R578 En este versículo, tanto ἀπό como ἐκ se usan para referirse a la casa de uno (ἀπὸ τῆς, Γαλιλαίας ἐκ πόλεως Ναζαρέθ).

T142 Διὰ τό con el infinitivo casi equivale a ὅτι o διότι; denota causa.

5 R804 En este versículo, la voz media de ἀπογράψασθαι significa: *empadronarse en* (puede tener el sentido: *hacerse empadronar*).

6 B400 Τοῦ τεκεῖν se usa en aposición con αἱ ἡμέραι (comp. 1:57): *los días de su alumbramiento.*

7 R541 Note el uso de αὐτοῖς como un dativo de posesión (*un lugar a ellos* en esencia significa: *un lugar para ellos*).

8 M17 Ἦσαν ... ἀγραυλοῦντες no es una construcción perifrástica, sino que significa: *había* (es decir, *existían) pastores, que*

*estaban en los campos*; no *los pastores estaban* ... (primero se expresa su presencia; luego, sus actividades.)

T235 El genitivo *νυκτός* se refiere a tiempo: *durante la noche*.

BD153(3) *Φυλάσσοντες φυλακάς* significa: *estar velando*.

13 T312 El sustantivo colectivo singular aparece con un participio plural (en concordancia con el sentido): *una multitud ... que alababa, ... y decía*.

14 M175 Parece que *εὐδοκίας* se usa como un genitivo descriptivo (semítico) y signifique: *hombres sobre los cuales reposa la buena voluntad de Dios*; *hombres agradables a Dios* (aunque si significa eso, uno esperaría [*τῆς*] *εὐδοκίας αὐτοῦ*; tiene el sentido de: *entre los hombres a quienes Dios aprueba* --T213; esta frase indica: *entre los hombres a quienes se aplica la generosa aprobación de Dios*; está claro que el genitivo es la lectura correcta: *hombres del buen agrado de Dios*, es decir, sus escogidos [la comunidad de Qumram se consideró como la elegida de Dios que vivía en el tiempo del fin.] --BD165).

16 R1113 El participio de aoristo *σπεύσαντες* expresa una acción que coincide con la del verbo principal: *vinieron apresuradamente*.

18 R532 *Περί* con el genitivo tiene una idea causal que sigue al verbo *ἐθαύμασαν*.

B57 Hay una distinción específica de significado entre el verbo en aoristo *ἐθαύμασαν* y el imperfecto, el cual se usa en 4:22: *Todos los que oyeron se maravillaron*.

19 R828 *Συντηρέω* significa: *guardar en conjunto (con seguridad)*.

21 B400 *Τοῦ περιτεμεῖν* se usa en aposición con *ἡμέραι*, y significa: *Y cuando se cumplieron los ocho días para circuncidarlo* (el infinitivo con artículo tiene un sentido consecutivo final --T141; tiende hacia un sentido consecutivo --BD400[2]). [Editor. El infinitivo con artículo parece que está en aposición con el sustantivo *ἡμέραι*; equivale a la frase similar que se usa en 1:57 y 2:6.]

M74 El infinitivo temporal se usa con *πρό* y significa: *antes que fuera concebido*.

BD442(7) El uso de *καί* para introducir una apódosis [de una cláusula condicional] se debe esencialmente al hebreo, aunque esto aparece en tiempo tan antiguo como el de Homero (*καὶ ὅτε ... καί*): *entonces*.

22 R609 La preposición que se usa en *κατὰ τὸν νόμον* se refiere a una norma o regla de medida.

B397 El infinitivo inicial *παραστῆσαι* expresa un propósito que es continuado por *καὶ τοῦ* y un segundo infinitivo (v. 24): *lo trajeron a Jerusalén, para presentarlo al Señor, ... y para ofrecer un sacrificio* (comp. T142).

25 TGr19 Simeón estaba sujeto a una influencia sobrenatural. La presencia del artículo en los vv. 26 y sigs. se debe a la anáfora precedente en el v. 25 (parece que la palabra *πνεῦμα* sin artículo se refiere al Espíritu Santo --M113; comp. el comentario sobre 1:15 y 35).

26 R1047 En *ἦν αὐτῷ κεχρηματισμένον ... μὴ ἰδεῖν θάνατον*, la construcción es como la de un mandato indirecto, pero el sentido se acerca más a un simple infinitivo de complemento directo: *le había sido revelado ... que no vería muerte*.

B114 El aoristo de infinitivo *ἰδεῖν* se refiere a lo que es futuro con respecto al verbo principal.

B333 En el N.T. se hallan dos ejemplos en que aparece un verbo conjugado en modo personal después de *πρίν*: aquí y en Hech. 25:16. En ambos casos, la cláusula está en discurso indirecto, y expresa lo que, desde el punto de vista de la declaración original, era una contingencia futura.

M19 Aquí la construcción pluscuamperfecta perifrástica (es decir, un participio perfecto y un verbo copulativo imperfecto) denota acción terminada, con referencia al hecho pasado como también al resultado existente. El sentido es el siguiente: *y le había sido revelado*.

27 R504 El genitivo *τοῦ νόμου* se usa con el participio *τὸ εἰθισμένον*, porque el participio se considera como un sustantivo: *conforme a la costumbre de la ley* (comp. 1:8).

B109 La acción que denota el infinitivo *εἰσαγαγεῖν*, si se habla estrictamente, precede a la acción del verbo principal; sin embargo el escritor pudiera haber pensado que ocurrió más o menos exactamente en el tiempo en el cual ocurre la acción del verbo principal (*después que ellos entraron* --T145).

B397 Τοῦ con el infinitivo expresa la idea de propósito.

M63 La preposición περί tiene aquí un sentido absoluto: *para hacer ... en relación con El* (*con El* --BD229[2]).

28 R593 Εἰς se usa después de un verbo de movimiento, y significa: *en*.

BD277(3) Αὐτός se usa aquí para indicar énfasis.

29 R1199 En el canto de Simeón se manifiesta el paralelismo hebreo (vv. 29-32).

31 T25 Κατὰ προσώπον y semitismos similares siempre aparecen en singular (un singular distributivo con un plural): *en la presencia de todos los pueblos*.

33 R405 El verbo auxiliar está en singular, pero el participio es plural a causa del sujeto compuesto: *estaban maravillados*.

M17 La construcción perifrástica imperfecta ἦν ... θαυμάζοντες se usa para destacar la naturaleza duradera de la acción.

34 T87 El participio de presente ἀντιλεγόμενον se usa en vez del futuro (quizá por causa de la influencia hebrea o aramea): *será contradicha*.

35 R687 Σοῦ ... αὐτῆς tiene carácter intensivo; significa: *tu propia alma*.

37 R680 Αὐτὴ χήρα puede significar: *viuda por sí misma*.

M45 Note el uso del dativo en νηστείαις καὶ δεήσεσιν λατρεύουσα, que significa: *sirviendo con ayunos y peticiones* (parece más un dativo de compañía que de medio).

38 R574 Ἀντί en este verbo compuesto tiene la idea de: *en recompensa*.

R686 Αὐτῇ está fortalecido y significa: *esa misma* (similar a un pronombre demostrativo; esta es una peculiaridad del estilo de Lucas, no el resultado de la influencia semítica --H432).

39 MT130 El verbo en aoristo ἐτέλεσαν se usa con una idea de efecto: *finalizar*.

41 R523 Τῇ ἑορτῇ se usa como un dativo locativo: *en la fiesta*.
R884 Note el uso reiterativo del tiempo imperfecto en ἐπορεύοντο (es decir; ellos lo hacían repetidamente).

42 M101 El participio de presente ἀναβαινόντων parece que se refiere a una acción que ocurrió antes de la acción del verbo principal ὑπέμεινεν (aunque posiblemente el participio se refiera a toda la ocasión, y no al viaje de ida a la fiesta, como algo distinto del viaje de regreso; por eso, Zerwick traduce ἀναβαινόντων αὐτῶν: *en la ocasión del peregrinaje*). Es interesante notar que el participio de presente está seguido por un participio de aoristo, antes que se presente el verbo principal. [Editor. El participio de presente aparentemente se usa para expresar una acción anterior a la del verbo principal.]

43 M76 El infinitivo temporal significa: *mientras regresaban* (*por cuanto ellos iban regresando* --T145). [Editor. Generalmente esta construcción tiene un sentido temporal en los escritos de Lucas (comp. 1:8), y esa es la traducción que mejor se acomoda a este contexto: *mientras regresaban*.]

44 R1060 El acusativo con el infinitivo es de referencia general, mientras que el infinitivo mismo es el complemento directo del verbo de pensamiento: *suponiendo que estaba*.
B37 En este versículo las palabras: *suponiendo que estaba entre la compañía, anduvieron un día de camino*, no indican que ellos tenían la opinión de que El estaba entre la compañía que iba un día de camino atrás, sino que se estaban formando esta opinión; el participio de aoristo νομίσαντες es incoativo.
T212 Ἡμέρας se usa como un genitivo de tiempo que se refiere a duración: *un día de camino* (clásico).

47 T66 El verbo en imperfecto ἐξίσταντο tenía la intención de hacer la narrativa interesante y continua hasta que se presentara alguna acción en el aoristo que le diera significado a toda la descripción; pero aquí se deja la descripción sin clímax (común en el N.T.): *se maravillaban*.

BD442(16) En este versículo se usa *καί* para coordinar dos ideas, una de las cuales depende de la otra (para evitar una serie de genitivos): *de sus respuestas inteligentes.*

48 M8 El verbo en imperfecto *ἐζητοῦμεν* debe considerarse como un presente, que se refiere a una acción pasada que aún está en progreso: *estábamos buscándote* (y todavía estamos, o te *hemos estado buscando).*

49 B28 El verbo en imperfecto *ἐζητεῖτε* se refiere a una acción que no está separada del tiempo en que se habla por un intervalo reconocido; así que es mejor traducirlo al castellano como un presente perfecto (comp. el v. 48).

M75 Hay algún apoyo en los papiros para la siguiente traducción de *ἐν τοῖς τοῦ πατρός μου*: *en la casa de mi Padre*; aunque la traducción de la Authorized Version: *en los negocios de mi Padre*, parece que es más natural (es más probable que *ἐν τοῖς* implique *casa*, y no *negocios* --R502; comp. T261 y MT103). [Editor. La sugerencia de que significa *casa* parece más probable, ya que Jesús responde la pregunta con respecto al lugar donde se encontraba, y no entra en el asunto de su propósito o misión, para negar de este modo la necesidad de que ellos lo busquen.]

50 BD347(2) Si una acción ocurre sin una consecuencia duradera en el pasado subsiguiente, tiene que emplearse el aoristo (aunque hay un resultado duradero, no fue necesario destacar esto en *συνῆκαν*).

51 R828 El verbo compuesto que se encuentra en el tiempo imperfecto significa: *guardar continuamente.*

## Lucas 3

2 R603 Ἐπί con el genitivo se usa con el sentido de *durante el tiempo de.*

5 R595 Εἰς con el acusativo se usa como un predicado nominal con *ἔσται*: *lo torcido será enderezado.*

9 R870 El tiempo presente de los verbos ἐκκόπτεται y βάλλεται tiene un sentido futurista (se expresa la certeza de la acción).

T151 Πᾶν δένδρον significa: *todo árbol*, no *cada árbol*.

13 M51 Παρά se usa en una comparación: *más del monto indicado*.

T151 Τὸ διατεταγμένον ὑμῖν significa: *tu contribución*.

14 R532 Τοῖς ὀψωνίοις se usa como un dativo de medio (instrumental): *con su salario*.

R582 La preposición διά tiene una idea perfectiva en este verbo compuesto: *robar con violencia*.

R853 El aoristo que expresa como un solo hecho una acción realizada durante un tiempo aparece en διασείσητε y συκοφαντήσητε, en vez del presente de imperativo (los soldados estaban presentes; si Juan les habló en griego, de todos modos el sentido es más restringido).

T151 El participio sin artículo στρατευόμενοι se usa como un sustantivo: *soldados*.

15 B111 Aquí aparece un verbo en modo optativo, en una pregunta indirecta, donde la pregunta directa hubiera exigido uno en indicativo (comp. R1044 y 1:29; lo que en realidad se preguntaban se puede expresar por medio del optativo --T123; el tono de lejanía e incertidumbre dado por el optativo aquí se ve bien en la pregunta indirecta --MT199). [Editor. Parece raro considerar que originalmente el verbo fue un indicativo, ya que se usa la partícula subjetiva μήποτε.]

BD370(3) Μήποτε significa: *si quizá*, o *si sería posible que* (no tiene ninguna idea negativa).

16 R722 El pronombre personal redundante αὐτοῦ está incorporado en la cláusula relativa que aparece en los vv. 16 y sigs.

TGr19 Juan el Bautista anunció que el que vendría después de él bautizaría con un Espíritu Santo y con fuego; pero cuando la paloma descendió sobre Jesús, Lucas probablemente tuvo la intención de comunicar que éste era el Espíritu Santo, ya que el artículo definido aparece en 3:22. Sin embargo, esto puede que se deba a una anáfora (que se refiere a una mención anterior), a pesar de que el v. 16 está algo distante (comp. el estudio hecho sobre 1:15 y 1:35).

T240 *Bautizar con*, usualmente incluye la preposición ἐν, pero aquí se usa ὕδατι sin ἐν (es decir, es instrumental; también los manuscritos tienen ἐν πνεύματι por contraste; comp. BD195 [1d]; ὕδατι se usa como un locativo --R521). [Editor. La primera sugerencia parece más probable, especialmente en vista de las palabras que siguen: ἐν πνεύματι ἁγίῳ καὶ πυρί, comp. Mat. 3:11 donde los dos textos son paralelos.]

18 M162 Μὲν οὖν tiene un sentido de resumen, o transición: *Por tanto, así pues* (es la única vez que aparece μεν οὖν en Lucas).

T197 Ἕτερος tiene aquí el sentido de ἄλλος: *otro* (sin la distinción de clase).

20 BD235(3) Ἐπί con el dativo tiene la idea de *además de*.

21 B109 La construcción ἐν τῷ βαπτισθῆναι ἅπαντα τὸν λαὸν no se puede traducir (en vista del tiempo aoristo): *mientras todo el pueblo se bautizaba*; ni tampoco se puede traducir (en vista de la preposición ἐν): *después que todo el pueblo había sido bautizado*; sino que tiene que entenderse como una afirmación de que el bautismo de Jesús ocurrió en el tiempo (en general) en que se bautizaba todo el pueblo (equivale a ὅτε ἐβαπτίσθη --BD404). [Editor. Aunque parece raro, Lucas utiliza la construcción ἐν τῷ con infinitivo de aoristo para referirse a una acción antecedente a la del verbo principal (Luc. 2:27; 3:21; 11:37; 14:1; 19:15; Hech.11:15).

22 B55 Εὐδόκησα parece que se usa como un aoristo de ingreso: *he llegado a estar bien complacido* (comp. 2 Ped. 1:17).

## Lucas 4

1 R1185 Aquí aparece δέ en su uso de resumen, después de un paréntesis, para continuar con la historia principal.

M205 La segunda vez que aparece ἐν en este versículo parece que se usa en lugar de εἰς (comp. T257): *al desierto*.

TGr19 Parece probable que el Espíritu Santo no llevó a Jesús al desierto, puesto que la expresión ἐν τῷ πνεύματι con artículo es claramente anafórica y se refiere a la línea anterior de la narración: *Jesús, lleno de espíritu santo, ... fue llevado por el mismo espíritu ...* [Editor. Parece que se refiere al Espíritu Santo; Comp. 1:15 y 35.]

3 R1009 Aquí en la apódosis se usa un verbo en imperativo. Este versículo contiene una condición de primera clase. El diablo, por supuesto, no hubiera usado una de segunda clase (que se considera falsa), porque eso hubiera sido una afrenta para Cristo. Las condiciones de tercera y cuarta clase hubieran despertado dudas con respecto al asunto. Para que la tentación tenga fuerza, debe asumirse la idea de que es cierta. El diablo sabía que era cierto. El acepta el hecho como una hipótesis funcional en la tentación. Está ansioso de hacer que Jesús lo demuestre, como si fuera necesaria tal prueba para la propia satisfacción de Cristo y para recibirla. Si el diablo usó arameo, entonces tenemos la propia traducción que Cristo le hizo, o la del evangelista.

T183 El predicado nominal *υἱός* precede al verbo y, por tanto, no tiene artículo: *si eres el Hijo*.

7 BD187(2) *Προσκύνω* puede tomar un complemento en el caso dativo o acusativo, pero *ἐνώπιον ἐμοῦ* es el resultado de hebraizar la construcción: *me adoras*.

9 R834 *Βάλε* se usa como un aoristo de ingreso; significa: *lanzar*.

10 R582 El sentido del adverbio *completamente* aparece en la preposición *διά* del verbo compuesto que se traduce *guarden*.

R1068 *Τοῦ* con el infinitivo se usa como el complemento directo de *ἐντελεῖται*: *El mandará que te guarden*.

14 R607 *Κατά* se usa con *ὅλης*. El significado resultante es: *por toda*.

15 B449 El participio *δοξαζόμενος* se usa para describir una circunstancia concomitante del verbo principal: *Y enseñaba en las sinagogas de ellos, y era glorificado por todos*.

BD277(3) *Αὐτός* tiene poco énfasis; aparece con *ἐδίδασκεν*, con lo cual se elimina *φήμη* como el sujeto que continúa.

16 B295 La cláusula relativa en este versículo es explicativa: *Y vino a*

*Nazaret, donde él había sido criado.*

T27 El plural σαββάτων tiene un sentido singular.

T151 El participio sustantival (usado como un sustantivo) τὸ εἰωθός, con αὐτῷ significa: *su costumbre* (con un dativo de posesión, que destaca el objeto poseído --BD189[1]).

17 R27 En este versículo no está claro si lo que se leyó en la sinagoga de Nazaret fue el texto hebreo o la LXX.

18 M83 Οὗ εἵνεκεν significa: *porque*.

M177 Πνεῦμα κυρίου en realidad significa: *el Espíritu del Señor*; la omisión del artículo se debe al estado de la construcción en hebreo.

MT143 En este versículo parece mejor, como lo hacen algunas versiones, poner un punto después de ἔχρισεν μέ de tal manera que ἀπέσταλκε sea el verbo gobernante de todos los infinitivos y no sea paralelo con ἔχρισεν.

19 M40 El genitivo κυρίου en este versículo (tomado de la LXX) supuestamente es posesivo: *el año aceptable que pertenece al Señor; pero sin duda,* κυρίου también se combina de una manera especial con la idea que subyace en δεκτόν, para comunicar el significado de que este es *el año cuando el Señor aceptará al hombre* (es decir; hay un matiz de significado subjetivo en el sustantivo que está en genitivo).

20 R757 Los artículos que se usan en τὸ βιβλίον ἀποδοὺς τῷ ὑπηρέτῃ denotan que el rollo era el usual y que el ministro estaba en su lugar. [Editor. La primera vez que se usa aquí el artículo parece que es anafórico, (es decir, denota una referencia anterior; comp. la referencia en el v. 17).]

M102 Los dos participios πτύξας y ἀποδούς se refieren a dos acciones sucesivas sin el conectivo καί: *él enrolló el libro y lo devolvió ... y se sentó* (Lucas introduce los participios de una manera muy efectiva, y así presenta un estilo fluido, refrescante, en comparación con el estilo epistolar brusco de Pablo).

BD275(1) La omisión del artículo antes del adjetivo en πάντων ἐν τῇ συναγωγῇ no es clásica: *todos los que estaban en la sinagoga* (comp. el v. 28; esta distinción se aplica principalmente al estilo literario --R773; tal omisión pudo haber causado que los manuscritos cambiaran la posición de ἐν τῇ συναγωγῇ de varias maneras --T200).

21 BD341 El verbo en perfecto πεπλήρωται expresa un estado o condición, y por tanto, tiene el sentido de un presente perfecto: *se ha cumplido.*

22 R532 'Επί se usa aquí con el dativo para expresar una idea causal: *estaban maravillados a causa de.*

23 B146 El participio aoristo γενόμενα se usa como parte integral del complemento directo del verbo de percepción ἠκούσαμεν, para representar la acción que éste denota como un simple evento sin indicación de tiempo. Puesto que se sabe la acción que denota el participio, ésta antecede a la acción del verbo principal: *cualesquiera que sean las cosas que hemos oído que han sido hechas.*

BD205 Εἰς se usa en vez de ἐν con un sentido local: *hechas en Capernaum.*

25 R604 'Επ' ἀληθείας tiene la idea de base: *basado en la verdad.*

26 R1187 Εἰ μή significa: *pero sólo*, en los vv. 26 y sigs., (εἰ μή se usa en vez de ἀλλά, una confusión que puede deberse a la influencia aramea --T330).

27 R603 'Επὶ ἐλισαίου significa: *en el tiempo de Eliseo.*

28 R1127 El participio ἀκούοντες da la ocasión del verbo principal (esta idea en realidad oscila entre lo temporal y lo causal): *cuando ellos oyeron.*

29 R1089 Ὥστε con el infinitivo expresa la idea de propósito: *lo llevaron hasta la cumbre del monte para despeñarlo* (comp. B371).

32 BD198(2) 'Εν con el dativo ἐξουσίᾳ tiene un sentido asociativo: *con autoridad.*

35 M32 Μηδὲν βλάψαν puede ser un acusativo cognado (como si

fuera *μηδεμίαν βλάβην*); pero igualmente puede ser un acusativo de referencia. [Editor. La última sugerencia es más probable, ya que *βλάψαν* está en el texto: *sin hacerle ningún daño.*]

36 R735 Τίς, en este versículo, equivale a *ποῖος*: *qué clase.*
R1001 Ὅτι se usa aquí con un sentido consecutivo: *así que* (a través de influencia semítica; comp. T318).

38 R619 Περὶ *αὐτῆς* tiene la idea de ventaja: *por ella.*
BD260(2) ¿Se le está dando un trato peculiar al sustantivo *πενθερά* sin artículo, como si fuera un nombre propio, o significa: *una suegra estaba allí; es decir, la de Simón*? [Editor. Esto es de especial interés cuando las narraciones paralelas de Mateo y Marcos se toman en consideración. El relato de Lucas es el único caso en que *πενθερά* aparece sin artículo y una vez se usa *Σίμωνος* con artículo. En vista de estos fenómenos únicos, la última sugerencia parece preferible.]

41 B90 El tiempo pluscuamperfecto de *ᾔδεισαν* denota un estado pasado, así que tenemos: *ellos sabían que El era el Cristo.*

42 R1089 Τοῦ *μή* con el infinitivo se usa como el complemento directo de *κατεῖχον*, con un sentido ablativo: *le impedían que se fuera* (el negativo *μή* es redundante, ya que se usa el verbo de impedimento --R1171).

43 T197 En el griego clásico *ὁ ἕτερος* nunca se usa para nada, sino para indicar una división definida en dos partes; pero aquí, *ταῖς ἑτέραις πόλεσιν* significa: *las restantes ciudades.*

## Lucas 5

1 M76 La cláusula temporal *ἐν τῷ τὸν ὄχλον ἐπικεῖσθαι αὐτῷ* significa: *mientras la multitud lo apretaba.*
M121 El pronombre *αὐτός* aquí no es enfático (es decir, significa simplemente: *El estaba*).

3 R597 En *ἐκ τοῦ πλοίου ἐδίδασκεν*, se nos dice que la enseñanza procedía de la barca (Jesús estaba en la barca).

4 R1121 Λαλῶν se usa como un participio complementario con ἐπαύσατο (se usa como el sujeto del verbo --B457): *cuando El cesó de hablar.*

5 R604 'Επὶ τῷ ῥηματί tiene la idea de base (es decir, es causal; comp. T272): *por causa de tu palabra.*

R1181 Δέ se usa aquí con un sentido adversativo: *no hemos pescado nada, pero.*

M56 Διά se usa ocasionalmente en expresiones de tiempo: *durante toda la noche.*

6 R885 Διερρήσσετο se usa como un imperfecto incoativo: *sus redes comenzaban a romperse.*

7 R748 'Ετέρῳ se refiere al segundo de un par.

R1039 El cambio del dativo μετόχοις por el acusativo ἐλθόντας se debe a un anacoluto (un cambio en la estructura de la oración, pero con referencia a las mismas personas; comp. 1:74).

R1068 Τοῦ συλλαβέσθαι es el complemento directo de κατένευσαν (comp. B404): *ellos hicieron señas para que les ayudaran.*

BD338(1) El presente de infinitivo que se usa en ὥστε βυθίζεσθαι αὐτά tiene un sentido duradero: *de tal manera que estaban en peligro de hundirse.*

10 R889 La fuerza de ἔσῃ ζωγρῶν es la de un futuro progresivo, con la idea de continuidad o costumbre un poco destacada; significa: *pescarás hombres*; es decir, *serás un pescador de hombres* (comp. 1:20).

T239 Κοινωνοὶ τῷ Σίμωνι (D tiene el genitivo) significa: *que eran compañeros de Simón* (para crédito de él).

12 H433 Μιᾷ con el genitivo distributivo τῶν πόλεων equivale a τινί: *una de las ciudades.*

14 T40 Αὐτοῖς sigue al antecedente ἱερεῖ, a menos que el pronombre indique una referencia general, no a los sacerdotes, sino al público. [Editor. El pronombre αὐτοῖς parece que se refiere al público en general, ya que ἱερεῖ es singular.]

BD229(1) Περί se usa aquí con el sentido de ὑπέρ: *por tu purificación.*

BD470(2) Es bastante imposible que un autor del N.T. haga lo que es muy común en el griego clásico, es decir, mantener el discurso indirecto en un pasaje extenso. En vez de esto, Lucas vuelve sin falla alguna al discurso directo; esta tendencia tampoco es del todo inusual en los autores clásicos.

17 T143 Εἰς *τό* con el infinitivo *ἰᾶθαι* presenta un sentido de propósito.
H433 Μιᾷ equivale a *τινί* (comp. el v. 12).

19 M34 El genitivo que se usa en *ποίας* (inserte *ὁδοῦ*) *εἰσενέγκωσιν αὐτόν* se refiere a lugar: *de qué manera podrían introducirlo*.

21 BD142 El sustantivo plural *βλασφημίας* se refiere aquí a la única blasfemia que había sido pronunciada.
BD420(2) El uso del participio en este versículo es ciertamente pleonástico (es decir, redundante): *ἤρξαντο διαλογίζεσθαι (reflexionar) ... λέγοντες*.

24 R1203 En este versículo, el evangelista insertó *εἶπεν τῷ παραλελυμένῳ* antes de la conclusión para hacerla más clara. La misma cosa se hace en los pasajes paralelos (Mat. 9:6 y Mar. 2:10; este es un argumento incidental que favorece la teoría de que hubo un documento común para este párrafo).
T75 El imperativo de presente *πορεύου* aparece aquí, donde la regla tomada estrictamente parece que demanda el aoristo: *vete a tu casa*.
BD336(1) En *πορεύου εἰς τὸν οἶκόν σου*, el mandato se refiere más al rumbo que a meta; si él llega o no, es cosa aparte.

26 B52 El verbo en aoristo *εἴδομεν* es similar a un presente perfecto, ya que el hecho es tan reciente que hace que no parezca natural la idea de un intervalo entre la acción y el tiempo en que se habla: *hemos visto cosas extrañas hoy*.

28 H453 El participio *ἀναστάς* se usa de una manera redundante con el verbo de movimiento que sigue: *él se levantó y lo siguió*.

33 M120 No está claro si *σοί* es nominativo plural del adjetivo o dativo del pronombre personal singular. [Editor. En este

contexto *σοί* es aparentemente el plural nominativo del adjetivo posesivo. El adjetivo distingue a este grupo de discípulos de los dos grupos anteriores; *οἱ δὲ σοί* significa: *pero los tuyos.*]

34 R978 El uso temporal de *ἐν ᾧ* es similar a *ἕως*, y significa: *mientras.*

R1085 El infinitivo *νηστεῦσαι* depende de otro infinitivo (común en el N.T.): *¿Pueden ustedes hacer ... que ayunen?*

35 B316 *Ὅταν ἀπαρθῇ* tiene forma condicional pero fuerza definida, con este sentido: *cuando el esposo les será quitado* (por lo menos definido en la mente de Cristo).

36 B444(3) La repetición de *καί* antes de *οὐ συμφωνήσει* significa: *por una parte ... por la otra* (es decir, una doble pérdida).

37 T41 Parece que el pronombre *αὐτός* tiene algún énfasis en este contexto: *se derramará.*

38 R1097 El adjetivo verbal *βλητέον* se parece más a un verbo que a un adjetivo (toma el caso acusativo). Aquí no se expresa el agente: *uno tiene que poner* (*ἐστίν* se omite --BD127[4]).

39 M97 *Ὁ παλαιὸς χρηστός ἐστιν* probablemente deba traducirse: *el añejo es mejor* (el adjetivo positivo tiene el sentido de un comparativo; comp. T31).

## Lucas 6

1 R533 *Ταῖς χερσίν* se usa como un dativo instrumental: *con sus manos.*

R1043 Fuera de los escritos de Lucas, el infinitivo con *ἐγένετο* sólo aparece en Mar. 2:23 (pero en ese caso, esta es una asimilación primitiva de Luc. 6:1 --MT17). En Luc. 6:1, el infinitivo se usa como el sujeto de *ἐγένετο*: *sucedió ... que El estaba pasando por.*

3 R1045 Tanto *ὅ* como *ὡς* se usan (en los vv. 3 y sigs.,) para introducir preguntas indirectas: *cómo.*

4 R714 El pronombre relativo *οὕς* se refiere a la oración anterior.

6 R393 El infinitivo *εἰσελθεῖν* se usa como el sujeto del verbo *ἐγένετο*: *sucedió ... que él entró*.
R748 Ἑτέρῳ significa: *próximo*.

7 T55 El verbo *παρετηροῦντο* aparece en la voz media, donde uno espera la voz activa: *vigilaban de cerca*.

8 R680 Αὐτός sólo presenta un leve énfasis (comp. 1:20).

11 R885 El verbo en imperfecto *διελάλουν* se usa con una connotación incoativa: *ellos comenzaron a discutir*.
R940 Moulton (198) sugiere que *τί ἂν ποιήσαιεν* en la pregunta indirecta es el sustituto vacilante de la pregunta directa *τί ποιήσομεν*. ¿Por qué no suponer más bien una pregunta directa vacilante (deliberativa) (comp. Hech. 17:18; el optativo con *ἄν* se toma sin cambios del discurso directo --B111)?

12 R500 El genitivo *τοῦ θεοῦ* se usa como un genitivo objetivo: *oración a Dios*.
R1058 El infinitivo *ἐξελθεῖν* se usa como el sujeto de *ἐγένετο* (comp. el v. 6).

16 R501 El genitivo de relación Ἰακώβου probablemente signifique: *el hermano*, y no *el hijo de*, en vista de Judas 1 (aunque usualmente, *hijo de* es la relación que debe entenderse).

18 R574 La idea de remoción está presente en *ἰαθῆναι ἀπό* y la de agencia (instrumento) en *ἐνοχλούμενοι ἀπό* (este último es causal-intrumental --M73): *ser sanados de*, y *aquellos que habían sido atormentados con*.
R714 El pronombre relativo *οἵ* no concuerda en número con su antecedente (πλῆθος), pero tiene el número de acuerdo con el sentido.

20 R1393 Aquí se usa la preposición *εἰς*, donde se hubiera usado *ἐπί* en el griego primitivo: *sobre*.

21 TGr39 Este versículo tiene el mismo estilo que 1:22, donde Jesús

dice: *bienaventurados ustedes que ahora tienen hambre; (Yo sé esto) porque serán saciados.* No se puede interpretar: *Ustedes tienen hambre ahora, porque serán saciados.*

22 R834 Μισήσωσιν se usa como un aoristo de ingreso: *comiencen a odiarlos* (comp. T72).

23 MT174 La idea de ingreso está presente en los imperativos de este versículo: *Gócense.*

24 R118 Πλήν como conjunción siempre es adversativa, como lo es en este versículo: *pero.*

25 R459 Οἱ *ἐμπεπλησμένοι* realmente es un vocativo, y no un nominativo en aposición con el sujeto: *¡Ay de ustedes, los que ahora están saciados!*

29 T235 El verbo *κωλύω* se usa con *ἀπό* para significar: *negarle algo a alguien.*

MT125 Aquí, la prohibición en aoristo sería contestada con: *Evitaré hacerlo.*

MT174 El imperativo de presente *πάρεχε* tiene un sentido de duración: *presenta, ofrece.*

30 T76 Δός en Mat. 5:42 se refiere a una ocasión y a una persona definidas, pero *δίδου* en Luc. 6:30 se refiere a cualquiera que pida. (Los imperativos de presente tienen un sentido de intento; es decir: *comienza a dar, y no pidas otra vez*).

32 B282 En Καὶ *εἰ*, la partícula *εἰ* mantiene su fuerza condicional y *καί* significa: *y.*

T115 Εἰ se usa con el indicativo para expresar una declaración: *puesto que* (*εἰ* se usa aquí con el sentido que tiene *ἐάν* con el subjuntivo [comp. el v. 33] --BD372). [Editor. Ἀγαπᾶτε en cuanto a forma puede ser indicativo o subjuntivo. Pero, puesto que no es usual que *εἰ* aparezca con el subjuntivo, aquí aparentemente el verbo es indicativo.]

34 R576 El verbo compuesto *ἀπολάβωσιν* tiene la idea de una persona que recibe lo que le corresponde (una deuda o recompensa).

R720 Παρ' ὧν tiene una idea ablativa: *de quienes.*

35 TGr35 y sigs. En vista del sentido de este pasaje, el texto en que aparece con el término μηδένα parece ser el más exacto. Así que el significado del participio ἀπελπίζοντες es: *no esperando de ningún hombre.*

MT65 'Απελπίζω generalmente toma el complemento en el caso acusativo, como parece que ocurre en este caso, si μηδένα es correcto (es muy probable que haya una elisión en este versículo: μηδὲν ἀπελπίζοντες, la cual hace que concuerden en sentido los diversos manuscritos --H62).

38 R184 La forma dórica πιάζω se usa en cualquier parte del N.T. excepto aquí, donde, sin embargo, πεπεισμένον tiene la idea original: *apretada*, no *agarrada.*

T240 El sustantivo en dativo μέτρῳ se usa con un sentido instrumental: *medir con la misma medida.*

39 BD427(2) Μή se usa con una pregunta que espera una respuesta negativa: *un ciego no puede guiar a un ciego, ¿verdad?* La respuesta que se espera es: *Ciertamente no.* Pero οὐχί espera la respuesta: *Por supuesto.*

41 MT90 Aquí hay énfasis en el uso de ἰδίῳ: *tu propio.*

42 R932 Ἄφες aparece con la primera persona de singular del subjuntivo exhortatorio ἐκβάλω (con este tipo de construcción, el N.T. siempre tiene ἄφες o δεῦρο): *permíteme*, o *déjame ...* (comp. M22).

T139 El infinitivo ἐκβαλεῖν se usa en una conección vaga con el verbo y significa: *Ocúpate primero en.*

T285 El negativo οὐ se usa con el participio βλέπων por la tendencia de Lucas hacia el estilo clásico. [Editor. Al usar οὐ con el participio βλέπων, Lucas destaca la total ceguera espiritual del hipócrita. El hipócrita se preocupa tanto por las faltas menores de otros, que falla por completo en cuanto a ver las mayores inconsecuencias de su propia manera de vivir.]

47 T79 Zerwick (sección 184) llega hasta distinguir ὁ ἀκούων (*el que oye con efecto duradero*) de ὁ ἀκούσας (*el que oye de manera no*

*efectiva y momentánea*) en los vv. 47 y sigs., (esta es una distinción improbable de los tiempos).

T233 En general, el acusativo se usa en el N.T. para referirse a la acción de oir el discurso (excepto en este versículo, que corrige a Mat. 7:24).

48 R1136 La expresión ἔσκαψεν καὶ ἐβάθυνεν significa: *él cavó y ahondó*, que equivale a: *él cavó profundo* (βαθύνας sería más suave, pero καί puede tomarse con el significado: *y en verdad*).

BD293(2) Ὅστις generalmente se usa en relación con un sustantivo de referencia indefinida. Pero Lucas vence esta limitación y usa ὅς en los vv. 48 y sigs.: *un hombre ..., que*.

## Lucas 7

1 T321 Ἐπειδή tiene un sentido temporal sólo en este caso (note las lecturas variantes; normalmente es causal).

2 B73 El imperfecto de μέλλω se usa con un infinitivo para afirmar que una acción iba a ocurrir, o se quiso, o estaba destinada a que ocurriera en un punto de tiempo.

3 T106 Ὅπως con el subjuntivo después de ἐρωτῶν expresa la idea de propósito (en vez de denotar contenido): *para que sanara*.

4 R724 El pronombre relativo ᾧ introduce una cláusula relativa que expresa una idea consecutiva (es una cláusula relativa complementaria que limita el adjetivo ἄξιος --B318). [Editor. Realmente, estos comentarios no se contradicen.]

R884 Παρεκάλουν se usa como un imperfecto reiterativo (es decir, la acción ocurre repetidamente).

6 B216 La cláusula estructurada con ἵνα se usa como una limitación complementaria del adjetivo ἱκανός: *no soy digno de que entres*.

T66 El verbo en imperfecto ἐπορεύετο está seguido por el aoristo ἔπεμψεν, para presentar la idea de que Jesús iba cuando el centurión envió a sus amigos.

T157 El participio λέγων tiene una idea final (propósito; comp. BD418[4]): *el centurión envió unos amigos para que le dijeran*.

8 R856 Los presentes de indicativo que siguen al imperativo se usan con un sentido aoristo: *él va ... él viene ... él hace*.

11 R547 En la frase ἐν τῷ ἑξῆς, el adverbio se trata como un adjetivo: *en el próximo día*.

12 R1116 El participio perfecto *τεθνηκώς* es intensivo; tiene primeramente un aspecto lineal en el tiempo presente: *un hombre que había muerto*.

14 M26 Se duda que haya alguna diferencia substancial entre *ἐγέρθητι* y *ἔγειρε* (en 8:54): los dos parecen ser simples verbos de sentido intransitivo: *levántate*.

17 T257 La preposición *ἐν* se usa aquí con un sentido interesante. Naín ciertamente está a cierta distancia de Judea, pero la adición de distritos circunvecinos hace que *en* sea más natural que *a* (*extendió en* --BD218).

18 T195 *Δύο τινάς* no significa: *unos dos*, sino *cierto par*.

19 R1118 El participio de presente *ἐρχόμενος* tiene un sentido de esperanza (futurista): *el que ha de venir*.

22 T58 El verbo deponente *εὐαγγελίζονται* se usa con un sentido pasivo: *a los pobres se les predican las buenas noticias*.

24 R857 El aoristo de infinitivo *θεάσασθαι* tiene un sentido que expresa como un solo hecho una acción realizada durante un tiempo (es decir; una simple declaración resume una serie de eventos).

27 R960 La cláusula relativa ὃς *κατασκευάσει* ... se usa para presentar una idea final (propósito; comp. BD378).

28 M42 El genitivo de comparación aparece en *μείζων* ... Ἰωάννου *οὐδείς ἐστιν*: *no hay ninguno mayor que Juan*.

T30 El adjetivo comparativo *ὁ μικρότερος* se usa en lugar del verdadero superlativo, y significa: *el más pequeño*.

30 BD192 Εἰς ἑαυτούς se usa en lugar del dativo de ventaja: *para ellos* (semítico).

32 MT82 La frase prepositiva sin artículo, ἐν ἀγορᾷ no significa: *en un mercado*, sino *en el mercado*.

35 M13 Ἐδικαιώθη tiene excelente sentido si se traduce como un aoristo gnómico: *la sabiduría es (siempre) justificada ...*; sin embargo, pudiera ser una declaración de un solo hecho pasado: *la sabiduría recibió su justificación ...* (gnómico --B43 y T73).

M178 Καί tiene un uso adversativo en este versículo: *sin embargo, la sabiduría ...*

H461 Wellhausen toma el uso de la preposición ἀπό como un arameísmo. Pero parece mucho mejor tomarla como equivalente de ὑπό (como es tan común en el koiné), para indicar el agente, después de un verbo pasivo: *por* (ἀπό con el genitivo expresa una idea instrumental --M73).

38 R525 La preposición παρά tiene sentido locativo: *a sus pies*.

R533 Ταῖς θριξίν se usa como un dativo instrumental: *con el cabello*.

M86 Ὀπίσω se usa como un adverbio sólo dos veces en el N.T. (aquí y en Mat. 24:18): *estando detrás*.

39 R727 El pronombre ἥτις no difiere mucho de οἷος y expresa calidad.

R741 Ποταπός significa: *de qué clase*; equivale a ποῖος (comp. 1:29).

R1012 En este versículo, la condición (que se determina como cumplida) sólo tiene que ver con la declaración, no con el hecho real. Así que los fariseos suponen aquí que Jesús no es un profeta, porque permitió que la mujer pecadora le lavara los pies. Por tanto, Jesús ignora cuál es el verdadero carácter de ella. La forma de la condición revela el estado mental de los fariseos, no la verdad acerca de Jesús. En realidad, los fariseos son los ignorantes (comp. B241).

40 B368 El infinitivo εἰπεῖν se usa como un complemento indirecto de ἔχω (similar a un infinitivo de propósito): *tengo algo que decirte*.

45 R978 'Αφ' ἧς se usa con el significado *desde que* (Se puede sustituir el sustantivo ὥρας por la frase ἀφ' ἧς --BD241[2]).

B459 El participio sustantival καταφιλοῦσα se usa como el complemento directo del verbo διέλιπεν: *ella no ha cesado de besar.*

47 R647 Esta es la única vez que aparece χάριν en los Evangelios con el significado: *por consideración a.*

M147 En este versículo, se llega a una completa inconsecuencia, si la cláusula estructurada con ὅτι se toma como dependiente, con respecto a la conexión lógica: *puedo decirlo con confianza, porque su amor es evidencia de ello* (comp. 1:22, 6:21 y TGr37 y sigs.). Pero algunos comentaristas lo toman con ἀφέωνται, con lo cual hacen que el amor de ella sea la base de su perdón, no de la seguridad de que ella ha sido perdonada. Esta es una conclusión no cristiana que coloca esta oración en completa oposición tanto con la parábola precedente como con la segunda parte de este mismo versículo.

50 BD206(1) Εἰς con el acusativo εἰρήνην se usa en lugar de ἐν con el dativo (esta frase se debe a la influencia de la LXX --H463): *ve en paz.*

## Lucas 8

1 R608 La preposición que aparece en κατὰ πόλιν καὶ κώμην tiene la idea de distribución: *por ciudades y aldeas.*

3 R749 Ἕτεραι se refiere sólo a otra, sin tener en mente a más de dos personas y sin idea de diferencia.

4 R583 La frase prepositiva διὰ παραβολῆς indica la manera de hablar: *con una parábola.*

5 R990 Τοῦ se usa con el infinitivo para expresar propósito.

T145 El uso frecuente de ἐν τῷ con un infinitivo, en los escritos de Lucas, se debe a la influencia de la LXX (aquí temporal): *mientras sembraba.*

BD447(3) El uso de ὁ μὲν ... καὶ ἕτερον para expresar contraste es ocasionado por un desarrollo intermedio de la narrativa.

7 R749 Es sorprendente que Lucas cambiara el uso correcto de ἄλλος (Mar. 4:5-8; Mat. 13:5-8) por ἕτερος en Luc. 8:6-8 (para referirse a más de dos; comp. el v. 3): *y otra semilla.*

9 R1031 Aquí aparece un verbo en modo optativo, en una pregunta indirecta donde la pregunta directa tiene el verbo en indicativo: *sus discípulos le preguntaron cuál era esta parábola* (comp. 1:29).

10 T102 El ἵνα aquí se transforma en un ὅτι causal en Mateo, pero esto no prueba que las dos partículas son iguales: *para que.*

BD369(2) El ἵνα final (el cual parece que apoya la teoría según la cual algunos son incapaces de arrepentirse) es suavisado por Mateo (13:13), pues lo cambia por un ὅτι causal.

12 T23 El singular distributivo aparece en los vv. 12 y 15 (comp. 1:51), con referencia a un objeto en singular que pertenece a cada persona de un grupo: *sus corazones.*

13 R625 Πρός se usa en una expresión de tiempo con la idea de extensión (*por algún tiempo*; denota duración --M53).

14 M209 El participio de movimiento πορευόμενοι puede usarse para dar fuerza progresiva al verbo conjugado en modo personal συμπνίγονται: *al irse se ahogan.*

15 TGr181 En este versículo hay evidencias que pueden establecer que hubo una composición griega original. Jesús usa una frase que no es semítica: *en un corazón bello y bueno.* Es bien sabido que *bello y bueno* (καλὸς καὶ ἀγαθός) eran los adjetivos tradicionales que se aplicaban en griego a un caballero; no tiene paralelo en hebreo ni el arameo (es similar al uso que Sócrates le daba a la expresión --R176).

17 R764 Εἰς φανερόν puede estar sin artículo, porque la cosa todavía existe. Pero es más bien un buen punto que se debe comprobar (especialmente por el hecho de que se usa la preposición, lo cual puede hacer que el sustantivo sin el artículo sea definido).

20 R881 El verbo en perfecto ἕστηκα se usa como un presente duradero práctico en el N.T.: *están*.

23 R834 Ἀφύπνωσεν se usa como un aoristo de ingreso: *él se durmió* (comp. T72).
R884 Ἐκινδύνευον se usa como un imperfecto progresivo que expresa peligro o daño.
R885 Συνεπληροῦντο se usa como un imperfecto incoativo: *comenzaron a anegarse*.

24 R1200 La repetición de ἐπιστάτα presenta una fuerte emoción.

25 T318 Ὅτι se usa en este versículo con un sentido consecutivo: *así que* (comp. BD456 [2] y 4:36).
BD444(3) El uso de καὶ ... καί en la última parte de este versículo significa: *aun ... y*.

26 R639 Aquí se discute el significado de ἀντιπέρα. Es un genitivo puro: *opuesta a*; o un genitivo ablativo: *al otro lado de* (aparentemente significa: *en el lado opuesto a* --M82).

27 R809 La voz media indirecta se puede ver en ἐνεδύσατο: *él no se ponía ropa*.
B29 La acción denotada por el imperfecto ἔμενεν precedió evidentemente a un evento ya mencionado. Así que, es mejor traducirlo mediante el pretérito perfecto (así también ocurre con el verbo en aoristo ἐνεδύσατο --B48): *quien no había estado viviendo*.
M43 En χρόνῳ ἱκανῷ, el dativo es claramente duradero: *durante un largo tiempo*.

29 R527 Πολλοῖς χρόνοις se puede usar como un dativo: *hacía un largo tiempo*; pero el locativo daría un buen sentido: *en muchas ocasiones* (parece que la traducción más natural es: *[el espíritu malo] en muchas ocasiones se había apoderado de él* --M43).
R581 El verbo compuesto διαρρήσσων significa: *romper en dos*.
R827 En συνηρπάκει, el sentido perfectivo de σύν se combina con el pretérito perfecto y el locativo (o daativo) πολλοῖς χρόνοις, para denotar el establecimiento de un dominio permanente (*hacía mucho tiempo que el demonio había obtenido completo dominio*

*sobre él, y en ese momento lo mantenía* --MT113).

M9 El imperfecto reiterativo aparece en este versículo: *él solía ser atado ... y solía romper las ataduras y era impulsado ... a los lugares desiertos.*

M10 El verbo en imperfecto *παρήγγελλεν* significa: *El había estado ordenando* (se espera el aoristo --T65). [Editor: La idea que Turner presenta es que esperamos el aoristo, por cuanto el mandamiento se cumplió a cabalidad. Pero esto no es absolutamente necesario.]

33 R607 La frase prepositiva *κατὰ τοῦ κρημνοῦ* significa: *descenso desde el despeñadero.*

35 M72 Note que aquí se usa *ἀπό* en vez de *ἐκ*: *de quien.*

36 R1045 Πῶς se usa realmente para introducir una pregunta indirecta; significa: *cómo.*

37 T65 El verbo en aoristo *ἠρώτησεν* aquí significa: *insistieron* (comp. Mat. 8:34 y Mar. 5:17).

38 BD392(1c) Ἐδεῖτο ... *εἶναι σὺν αὐτῷ* significa: *pidió ... que le permitiera estar con El.*

42 R827 El verbo en imperfecto *ἀπέθνῃσκεν* significa: *muriendo.*

43 B131 El participio de presente *οὖσα* se usa para referirse a una acción pasada que todavía está en progreso.

MT102 La segunda vez que aparece *ἀπό* se refiere al agente de un verbo pasivo (similar al uso de *ὑπό*): *curada por ninguno.*

45 R828 El verbo compuesto *συνέχω* significa: *mantenerse juntos*, o *apretar.*

46 R1041 El participio perfecto se usa para expresar el contenido (complemento directo) del verbo *ἔγνων*, donde Cristo, de esta manera gráfica, describe la terrible pérdida nerviosa de su poder sanador. El sintió que el poder había *salido de El* (tanto el tiempo como el participio acentúan la realidad --R1103; debe traducirse: *sentí que ha salido poder* --T160).

47 R1045 Tanto δι' ἣν αἰτίαν (por qué) como ὡς (*cómo*) se usan para introducir una pregunta indirecta (el sustantivo αἰτίαν está en aposición con el pronombre relativo ἥν --R718).

48 H463 La presencia de la preposición en πορεύου εἰς εἰρήνην se debe a la influencia de la LXX (similar a ἐν con el dativo; comp. 7:50); *en paz*.

49 R867 Lucas prefiere no usar el presente histórico (cambia el presente histórico de Marcos, excepto en este versículo), porque en su tiempo, tal construcción se consideraba como demasiado común para su gusto (ἔρχεται, comp. B14): *vino*.
M125 La prohibición en presente μηκέτι σκύλλε prohibe la continuación de una acción: *ya no molestes al Maestro*.

50 T75 El aoristo de imperativo πίστευσον significa: *comienza a tener fe* (quizá Lucas corrige el presente de imperativo πίστευε, que se halla en Mar. 5:36).

52 R809 En ἐκόπτοντο αὐτήν, el verbo ha cambiado realmente de significado: *ellos se golpeaban a manera de lamentación por ella* (*lloraban por ella*); en realidad el verbo está en voz media directa (la palabra prácticamente ha cristalizado en un sentido apagado: *hacían lamentación por ella* --M24).

54 R465 El artículo nominativo ἡ se usa con παῖς en lugar del vocativo (aquí es evidente un toque de ternura): *niña*.
M26 Ἔγειρε significa: *levántate* (comp. 7:14 y T52).

56 T151 El participio neutro τὸ γεγονός se usa como sustantivo y significa: *lo que había ocurrido*.

## Lucas 9

1 T55 La voz media aparece (συγκαλεσάμενος) donde uno espera la activa: *reunió*.

3 R1092 El infinitivo ἔχειν aparece entre dos imperativos (lo cual le da un sentido imperativo; comp. M126, T78 y BD389).

Moulton objeta este punto (MT179), y propone que este infinitivo se debe a una mezcla de discurso directo e indirecto. Eso es verdad, pero fue un desliz muy fácil, ya que el infinitivo tiene este uso imperativo en sí mismo: *no tomen nada ..., no tengan dos túnicas*.

4 B310 En este versículo, *en cualquier casa donde entren, quédense allí, y de allí salgan*, la suposición es general, se refiere a cualquier clase de acciones.

8 BD306(5) Lucas mejora la declaración semítica de Mar. en 6:15, al afirmar προφήτης τις τῶν ἀρχαίων, que significa: *alguno de los otros profetas antiguos*.

9 BD322 El verbo en presente ἀκούω tiene un sentido perfectivo: *he oído*.

10 R691 Κατ' ἰδίαν aparece aquí con el sentido de: *en privado*.
R733 Ὅσα se usa como una pregunta indirecta: *lo que ellos habían hecho*.

12 H455 El verbo auxiliar redundante ἤρξατο aparece aquí; comp. 4:21 (es decir, la misma idea se puede expresar fácilmente mediante el imperfecto simple): *el día comenzó a declinar*.

13 B253 La razón de que εἰ aparezca aquí con el subjuntivo es que probablemente hay una mezcla de una cláusula condicional y una pregunta deliberativa: *¿A menos que en verdad debamos ir?* (*a menos que en verdad tengamos que ir*).

14 R968 Ὡσεί se usa en el sentido de *alrededor de*, en los vv. 14 y 28.
M35 El doble acusativo aparece aquí; significa: *háganlos reclinarse en grupos*.
T266 Ἀνά se usa aquí como una preposición distributiva (clásica): *háganlos sentarse en grupos*.

16 TGr67 y sig. Hay una interesante distinción de los tiempos aquí. Así primero leemos que Jesús *dio gracias* (aoristo); esa fue una acción terminada. Luego El *partió los panes* (aoristo); una acción terminada. Pero entonces siguió una acción que no

terminó durante un largo tiempo. Esta acción continuó; así que se expresa por medio del tiempo imperfecto. *El continuó distribuyendo a los discípulos.* Los discípulos repetidamente acudían a Jesús en busca de más alimento, y lo entregaban a la gente.

18 R891 En el Evangelio según Lucas aparece dos veces un presente perifrástico de infinitivo (aquí y en 11:1): *εἶναι ... προσευχόμενον*, el cual destaca la continuación de una acción: *mientras El estaba orando.*

R1035 El segundo infinitivo aparece con un sentido declarativo después de λέγουσιν: *¿ ... dicen que soy yo*?

22 R579 ᾿Από tiene aquí el sentido de *agente* (similar a ὑπό con voz pasiva): *sea desechado por.*

23 TGr31 *Si alguno desea seguirme, tiene que negarse a sí mismo una vez por todas y tomar su cruz* (verbos aoristos); omiten la lectura variante que armoniza: *καθ' ἡμέραν*); luego, *sígame como un discípulo continuo* (presente). [Editor. La frase *καθ' ἡμέραν* no aparece en las narraciones paralelas de Mateo y Marcos. Pero esa no es razón suficiente para omitirla aquí, ya que los manuscritos mayores apoyan su inclusión. Lucas pudo haber agregado esta frase para señalar las continuas pruebas de la vida cristiana; comp. 11:2 y sigs.]

H421 Los dos imperativos unidos por *καί* representan la prótasis y la apódosis de una condición implícita (*καὶ ακολουσείτω μοι* equivale a *entonces será mi discípulo;* comp. 7:7).

25 R1023 Note la condición implícita en el participio *κερδήσας*: *si gana.*

28 R107 *Λόγους* tiene el sentido de *cosas.*

R468 *῾Ωσεί* significa: *como* (comp. el v. 14).

T231 El nominativo aparece aquí con designación de tiempo (*ἡμέραι*), donde se espera el acusativo: *como ocho días.*

29 T145 *᾿Εν τῷ προσεύχεσθαι* (presente) *αὐτόν* significa: *mientras él estaba orando*; pero *ἐγένετο ἐν τῷ ἐλθεῖν* (aoristo) *αὐτὸν* significa: *después que El hubo entrado* (en 14:1).

30 R957 Οἵτινες aquí es definido, y tiene el sentido de *alguien en particular*.

31 R884 Μέλλω con el imperfecto tiene un sentido progresivo, pero sin una mirada restrocpectiva: *que El iba a cumplir*.

32 R533 Parece que ὕπνῳ se usa como un dativo de medio: *con sueño*.
R582 Διά tiene una idea perfectiva (*a través de*) en el verbo compuesto διαγρηγορέω.
M13 ¿Significa διαγρηγορήσαντες: *cuando ellos estuvieron totalmente despiertos;* o *habiéndose mantenido despiertos todo el tiempo?* (caso en el cual la partícula διά imparte un sentido lineal que no es afín con el aoristo en sí; el sentido lineal del verbo es preferible --T71).

34 R885 Ἐπεσκίαζεν se usa como un imperfecto incoativo: *que comenzó a cubrirlos*.
BD404(3) Ἐν τῷ con el aoristo de infinitivo εἰσελθεῖν expresa una acción que es simultánea con la del verbo principal: *tuvieron temor al entrar en la nube* (comp. B109).

36 R657 Μόνος se usa aquí como un adjetivo (no como un adverbio): *Jesús fue hallado solo*.
R834 Ἐσίγησαν se usa como un aoristo de ingreso: *ellos llegaron a hacer silencio* (comp. T70).
R897 Ἑώρακαν se refiere a una conversación virtualmente indirecta (es decir, es el dramático presente histórico perfecto; comp. M144 y B78; ἑώρακαν probablemente es un aoristo perfecto, aunque es posible que la idea de un resultado existente esté en mente de una manera más o menos clara, y dé ocasión al uso del tiempo perfecto --B88).
B109 Ἐν τῷ con el aoristo de infinitivo γενέσθαι sólo puede significar: *cuando vino la voz*; este es un significado enteramente apropiado para el contexto (*después* --BD404[2]). [Editor. No es necesario considerar que el infinitivo representa una acción que antecede a la del verbo conjugado en modo personal, sólo por el hecho de que se usa el tiempo aoristo; comp. 3:21.]

38 R541 Μοί se usa como dativo de posesión; *mi*.

41 M52 Πρός denota posición (es decir, tiene un sentido definido): *con ustedes.*

BD146(2) Ὦ se usa en una exclamación que tenía la intención de reprender.

42 T322 Lucas debió escribir el participio en acusativo para que concordara (gramaticalmente) con el pronombre en acusativo, y no con el genitivo. [Editor. Esto no es necesariamente correcto. Lucas se refiere inicialmente a lo demoníaco con el pronombre αὐτοῦ, pero luego lo cambia por αὐτόν, porque éste es el complemento directo del verbo ἔρρηξεν.]

BD101 El verbo épico antiguo ῥήσσω, *sacudir,* o *golpear,* se corresponde con el verbo clásico *lanzar al piso.*

44 B72 Μέλλω se usa con infinitivo para referirse a una acción que ciertamente ha de ocurrir: *porque el Hijo del Hombre ha de ser entregado en manos de hombres.*

45 M142 A pesar de la opinión contraria de algunos eruditos, todavía vale la pena preguntarse si la cláusula estructurada con ἵνα en este versículo no es lógicamente consecutiva (es consecutiva, y no final --T102; es consecutiva, pero no presenta un resultado real --BD391[5]; la cláusula estructurada con ἵνα no es consecutiva, porque parece que παρακεκαλυμμένον demanda la idea de un propósito de la Providencia --MT210; propósito --B222 y R198). [Editor. Parece que en este versículo es preferible tomar la cláusula estructurada con ἵνα como consecutiva, pero en muchos casos no es definida; comp. Rom. 5:20.]

T234 Αἰσθάνομαι con el acusativo significa: *entender* .

46 R585 Ἐν aparece después de un verbo de movimiento, donde εἰς pudiera parecer más natural (comp. M76; *vino a ellos* --BD218; comp. con el v. 47).

T130 El verbo optativo εἴη se usa en una pregunta indirecta, y no debe traducirse *sería*; no es indefinido, ni deliberativo, ni futuro, sino simplemente significa: *era* (el artículo neutro introduce la pregunta indirecta --R739).

47 M52 Παρά con el dativo aparece después de un verbo de movimiento con un sentido locativo: *lo paró (a un niño) junto a El.*

48 T30 El adjetivo comparativo ὁ *μικρότερος* se usa en lugar del superlativo: *el más pequeño* (comp. 7:28).

T31 El adjetivo positivo *μέγας* tiene el sentido de un superlativo: *el más grande.*

49 TGr41 El tiempo imperfecto se usa aquí para referirse a una acción intentada (repetidamente), pero no cumplida (comp. R884): *nosotros intentamos desanimarlo.* En respuesta a esto, Jesús contesta con un presente de imperativo: *Dejen de desanimarlo.* Esta no era una prohibición general para que nunca desanimaran al hombre, porque para eso se hubiera usado el aoristo. Los discípulos tenían que cambiar de inmediato su manera de actuar. En su voz hay un acento que dice: *Cambien su actitud. Vayan de una vez a este hombre. Estréchenle la mano.*

BD193(1) Ἀκολουθεῖ *μεθ' ἡμῶν* no significa: *sígueme*, sino: *sigue (tú) conjuntamente con nosotros.*

51 R951 En *ἐγένετο δὲ ... καί*, la cláusula encabezada con *καί* significa: *en que ...*

R1068 Τοῦ con el infinitivo se usa como el complemento directo del verbo *ἐστήρισεν*: *afirmó su rostro para ir.*

M76 Ἐν *τῷ συμπληροῦσθαι τὰς ἡμέρας* puede significar: *mientras se cumplían los días* (simplemente temporal).

52 R1091 Ὡς con el infinitivo *ἑτοιμάσαι* denota propósito: *para preparar* (comp. T134 y B372).

56 R748 Ἑτέραν tiene el sentido de *próxima* (comp. 6:6).

57 B304 Ἐάν aparece aquí en la cláusula relativa condicional, en vez del simple *ἄν*: *adondequiera que vayas.* [Editor. Esto se debe a la presencia de *ὅπου* con *ἐάν*.]

58 B346 Una pregunta deliberativa indirecta viene después del verbo *ἔχει*: *el Hijo del Hombre no tiene dónde recostar su cabeza (... ningún lugar para recostar ...* --M139).

59 BD306(2) Ἕτερος se refiere a un segundo y a un tercer individuo en los vv. 59 y 61 (no es clásico): *a otro.*

60 R582 El *διά* que se usa en el verbo compuesto de este versículo tiene una idea perfectiva: *completamente*.

Lucas 10

1 R884 El verbo imperfecto *ἤμελλεν* tiene un sentido progresivo, pero sin una mirada restrospectiva: *estaba a punto de* (comp. 9:31).

M67 'Ανά tiene aquí un sentido distributivo: *los envió en pares* (es decir, *en número de, hasta, dos*).

2 B200 Ὅπως introduce una cláusula de complemento directo: *Por tanto, rueguen al Señor de la cosecha que envíe trabajadores a su cosecha*.

4 R853 El imperativo de presente *μὴ βαστάζετε* significa: *no se mantengan llevando ...*, y el aoristo de subjuntivo *μηδένα ... ἀσπάσησθε* significa: *no se detengan a saludar a nadie (dejen de llevar* y *nunca saluden* --T77). [Editor. Las dos sugerencias con referencia al tiempo presente parecen correctas, puesto que las acciones de ellos debían cambiar con respecto a su anterior estilo de vida, y ellos debían actuar en conformidad con este cambio hasta cumplir esta misión.]

6 R394 El verbo siempre está ausente en *εἰ δὲ μήγε*, de tal modo que el modismo llega a ser una frase establecida que significa: *de otra manera* (es decir, *si no*).

R819 Es posible hallar un sentido pasivo en *ἐπαναπαήσεται* (tiene una nota de permiso --R948): *la paz de ustedes reposará*.

T208 Υἱὸς *εἰρήνης* significa: *hombre de paz*.

7 R615 Τὰ *παρ' αὐτῶν* se refiere a los recursos o propiedad que uno tenga.

R709 El pronombre personal *αὐτῇ* tiene la fuerza de un pronombre demostrativo: *en aquella casa* (comp. M93 y T194).

R757 El singular *ὁ ἐργάτης* es representativo: en tal caso el trabajador representa a todos los obreros.

MT125 La fuerza reiterativa del imperativo de presente aparece en *μένετε* (debían permanecer en las casas que les abrieran).

8 R1115 El participio de presente con artículo τὰ παρατιθέμενα indica la ausencia de tiempo: *lo que les pongan delante.*

11 R539 Ὑμῖν se usa como un dativo de desventaja: *contra ustedes.*

13 BD134(2) En Τύρῳ καὶ Σιδῶνι ... καθήμενοι, el participio tiene el género según el sentido (aunque la lectura variante καθήμεναι tal vez sea mejor, porque se refiere a las ciudades como comunidades completas, y no a los habitantes; comp. Mat. 11:21 y sigs.).

16 R418 Ocasionalmente las palabras que contrastan se colocan muy cerca la una de la otra (como ocurre con ὑμῶν ἐμοῦ): *el que los oye a ustedes me oye a mí.*

17 R1181 Καί se usa con un sentido ascendiente (*aun*).

18 R883 El tiempo imperfecto del verbo ἐθεώρουν dibuja el cuadro en esta narrativa: *Yo he estado observando.*

B146 El participio de aoristo, que se usa como una parte integral del complemento directo de un verbo de percepción, representa la acción que denota como un simple hecho, sin definir su tiempo (es complementario del verbo; ἐθεώρουν τὸν Σατανᾶν ... πεσόντα quizá signifique: *He estado observando cómo Satanás se lanzó abajo* --M206).

19 B400 Τοῦ con el infinitivo es apositivo del sustantivo ἐξουσίαν: *autoridad para hollar* (comp. 1:57).

20 T25 El plural οὐρανοῖς tiene un sentido figurado que se refiere al cielo como la morada de Dios.

MT125 La prohibición en presente μὴ χαίρετε les manda que detengan una acción que ya ha comenzado.

21 R709 El pronombre αὐτῇ tiene la fuerza de un pronombre demostrativo: *en aquella hora* (comp. el v. 7).

23 T38 No puede haber ninguna diferencia entre ἃ βλέπετε y ἃ ὑμεῖς βλέπετε expresiones que están una junto a la otra en los vv. 23 y sigs.: *lo que ustedes ven.*

24 R843 Note en este versículo el agudo contraste entre el tiempo aoristo y el presente.

25 R743 A veces τὶς tiene la misma fuerza que la de un artículo indefinido (como ocurre con νομικός τις): *cierto intérprete de la ley.*

M103 El participio de presente ἐκπειράζων posiblemente pueda entenderse como una expresión de propósito: *se levantó para probarlo* (comp. T157).

H309 'Εκπειράζω (verbo perfectivo cuando está compuesto con esta preposición) puede sugerir como significado, el atrevimiento del acto, o el esfuerzo para poner a una *prueba decisiva.*

29 R1182 Algunas veces καί encabeza una oración cuando sirve de conexión con una idea no expresada (como ocurre en este caso).

M102 El participio de presente θέλων tiene una idea causal: *porque quiso* (comp. T157).

30 R521 La idea del dativo en λῃσταῖς περιέπεσεν es: *entre.*

R634 En ὑπολαβὼν ... εἶπεν, la idea de interrumpir o seguir una conversación viene de ὑπό: *tomando la palabra.*

31 R565 Cuando aparece un doble verbo compuesto, el punto que resalta es que cada preposición, por norma general, agrega algo al cuadro. Aquí, la idea es que el sacerdote y el levita pasaron por el otro lado del camino, de frente (ἀντί) al viajero herido.

34 R691 Ἴδιον tiene aquí un sentido reflexivo (comp. 6:41): *sobre su propia bestia.*

35 R602 En la expresión de tiempo ἐπὶ τὴν αὔριον, la preposición sólo llena la idea del acusativo: *el siguiente día.*

T145 'Εν τῷ ἐπανέρχεσθαι με significa: *a mi regreso* (*en mi viaje de regreso* --BD404[2]).

36 R908 En δοκεῖ ... γεγονέναι, podemos ver el vibrante presente narrativo de contar historias (un verbo en presente con un perfecto de infinitivo): *¿ ... parece que se mostró como un prójimo ... ?*

37 M103 En este versículo el participio con artículo equivale a una cláusula relativa: *el que mostró la misericordia*.

38 R633 La idea de hospitalidad (bajo el techo de uno) es natural en el verbo compuesto *ὑπεδέξατο*.

39 T44 El demostrativo *τῇδε* no equivale a *ταύτῃ*; pero *καὶ τῇδε ἦν* significa: *He aquí había*.

40 R573 En el doble verbo compuesto, cada preposición agrega un aspecto adicional a la idea raigal (comp. Rom. 8:26).

R618 El verbo compuesto *περισπάω* tiene un sentido metafórico: *distraída*, o *a causa del servicio* (por tanto, *estaba distraída en muchos servicios*; comp. M62).

R1090 El infinitivo *διακονεῖν* se usa para expresar resultado real (comp. BD392[1]; se usa como un objeto indirecto del verbo principal --B368). [Editor. Realmente el pronombre acusativo *μέ* es el complemento directo del verbo *κατέλιπεν*, mientras que el infinitivo presenta la idea de resultado: *mi hermana me dejó que sirviera*.]

42 MT92 El pronombre *ἥτις* representa lo que en español se expresaría por medio de un pronombre demostrativo y una conjunción, y significa: *y no le será quitada* (comp. R728).

## Lucas 11

2 M135 Los imperativos que aparecen en el Padre Nuestro son todos aoristos en Mat. 6:9-11. Lucas lo sigue en los vv. 2 y sigs., excepto en el presente *δίδου* (en Mat., *δός* ). Sin embargo, el presente de Lucas es exactamente correcto en su contexto, que es de frecuencia, y el aoristo de Mateo es correcto en el contexto diferente que él ofrece; en su obra se usa *continúa dando*, porque se agrega: *cada día* --T77; comp. 9:23).

3 R159 Hay una controversia sobre el significado de *ἐπιούσιον*. Se ha derivado sucesivamente de *ἐπί* y de *οὐσία*: *pan para el sustento*; aunque *οὐσία* sólo tiene el sentido de *ὕπαρξις* en lenguaje filosófico (otra teoría sostiene que la traducción es: *pan*

*de sustancia*, en el sentido espiritual); pero este contexto parece que presenta el significado: *pan para el presente* (ἐπί y ὤν equivalen a ἐπούσιος; comp. BD123[1]).

4 R744 Aquí παντί con el participio tiene la idea de *cualquiera*, sin importar quién.

R880 El verbo en presente ἀφίομεν probablemente se entienda mejor como un presente reiterativo: *nosotros perdonamos* (cuando se presenta la ocasión).

5 M23 El verbo en subjuntivo en los vv. 5 y sigs. luce raramente con el mismo uso que se le da en Mar. 4:26 (puede llamarse un subjuntivo parabólico). Al ser introducido en este caso por las palabras τίς ἐξ ὑμῶν ἕξει φίλον, la construcción pasa sobre este subjuntivo hipotético, con un εἴπῃ que se repite dos veces (los vv. 5 y sigs. contienen un pensamiento expresado con dificultad, para el cual hubiera sido más apropiada la forma condicional [ἐὰν φίλος πορευθῇ] con un futuro en la apódosis [comp. los vv. 11 y sigs.] --BD366[1]): *si un amigo va y dice*.

6 R960 El pronombre relativo ὅ se usa aquí para introducir una cláusula explicativa (el griego clásico hubiera usado ὅτι): *algo para ponerle delante*.

7 R853 Μή μοι κόπους πάρεχε significa: *deja de molestarme*.

M68 La preposición que se emplea en εἰς τὴν κοίτην parece que se usa con un sentido local: *ellos se han acostado a dormir* (comp. BD205).

BD104(2) La terminación -θεν es estereotipada y no tiene significado en la mayor parte del N.T., pero en este versículo θεν tiene su verdadera fuerza en ἔσωθεν: *desde adentro* (comp. R300).

8 B285 La cláusula concesiva introducida por εἰ καί y un futuro de indicativo se refiere a lo que se considera de manera cierta o muy probable que ha de suceder: *aunque no se levante a dárselos porque es su amigo, sin embargo, por la importunidad de éste se levantará y le dará todos los que necesite* (comp. BD372[3]).

T331 Διά γε con el acusativo siguiente significa: *por lo menos a causa de*.

11 M35 El sustantivo en acusativo τὸν πατέρα se usa como predicado del pronombre acusativo τίνα; así que literalmente significa: *¿Quién de ustedes como padre, si su hijo le pide ...?*

T259 La preposición que aparece en ἀντὶ ἰχθύος claramente tiene un sentido sustitutivo: *en vez de un pescado.*

13 R599 El concepto del envío del Espíritu Santo por parte del Padre hizo que se usara ἐξ en vez de ἐν, que de otra manera hubiera sido lo regular: *del cielo.*

TGr19 y sig. El buen don que Dios el Padre ofrece a los que le piden no parece que sea Dios el Espíritu, porque el sustantivo πνεῦμα no tiene artículo; es más bien aquella poderosa unción espiritual con la cual el mismo Jesús fue ungido, y que lo capacitó para hacer frente a las actividades de los espíritus malos (Hech. 10:38; parece que se refiere al Espíritu Santo; comp. con el comentario sobre Luc. 1:15 y 35).

15 R749 Ἕτερος se usa en contraste con τις; significa: *el otro.*

18 B282 Εἰ καί aquí no es concesivo, pero εἰ es condicional y καί se usa como adverbio y significa: *también.*

19 T37 Hay alguna clase de énfasis (antítesis) en el uso del pronombre ἐγώ (en contraste con οἱ υἱοί).

22 R904 Los presentes perfectos que habían llegado a usarse como simples presentes, para resaltar la idea de duración y pérdida de énfasis en la idea del aoristo, son virtuales imperfectos cuando se convierten en pretéritos perfectos (como ocurre con ἐπεποίθει en este caso): *en las cuales él confiaba.*

M98 El genitivo αὐτοῦ se usa aquí para la comparación después del adjetivo comparativo: *más fuerte que él* .

28 M163 Μενοῦν introduce una nueva declaración que corrige o modifica una afirmación anterior: *aun más* (raras veces se usa para comenzar una oración: *mucho más, de hecho* --T338).

29 TGr60 Ἰωνᾶ se usa como un genitivo explicativo. Tiene muy poco que ver con posesión; explica, expande y define. La señal que Jesús prometió a su generación fue el mismo Jonás; no la señal

de Jonás, sino la señal que es Jonás. Por tanto, se presenta a Jesús como Jonás y *más que Jonás* (no *más grande que*, en vista del género neutro). El es el profeta para los gentiles, pero sin la falta de simpatía que redujo la utilidad de Jonás (puede ser un genitivo de complemento directo que se refiere a la señal mostrada en Jonás --R500). [Editor. La explicación de Turner parece la más factible en vista al contexto siguiente.]

32 B232 La diferencia entre una cláusula subordinada causal y una oración independiente que afirma una causa o razón, usualmente es el grado de énfasis de la relación causal entre los dos hechos. Cuando lo principal que se afirma es la existencia de la relación causal, como pasa, por ejemplo, cuando un hecho o el otro está ya presente como un hecho ante la mente, la cláusula causal está manifiestamente subordinada. Cuando se destacan las aseveraciones separadas, como aserveraciones, y no sobre la relación de los hechos que se afirman, la cláusula causal fácilmente llega a ser una oración independiente, como ocurre con *ὅτι* en este versículo: *porque ellos se arrepintieron.*

M204 La preposición que aparece en *εἰς τὸ κήρυγμα* parece que se usa en sentido metafórico: *a la predicación* (*εἰς* tiene aquí un sentido causal: *ellos se arrepintieron a causa de* [pero *a* es suficiente] la predicación de Jonás --T266).

35 MT192 *Μή* se usa en una cautelosa aseveración: *¡Mira! tal vez la luz ... sea oscuridad* (está coordinado, no subordinado; como una pregunta indirecta --R1045).

37 B109 En *ἐν τῷ λαλῆσαι*, la acción denotada por el aoristo de infinitivo, en sentido estricto, precede a la acción del verbo principal; sin embargo, el escritor pudo haber pensado que indica de una manera más o menos exacta, el tiempo en que ocurre la acción del verbo (*después* --BD404[2]).

38 R1035 *Ὅτι* se usa después del verbo *ἐθαύμασεν* con un sentido declarativo: *él estaba asombrado de que.*

BD317 Parece que *ἐβαπτίσθη* se presenta con un sentido diferente de la voz pasiva; muy probablemente lo correcto es *ἐβαπτίσατο* como aparece en $p^{45}$ y en el manuscrito minúsculo 700 (Blass tiene nociones excéntricas de la crítica textual --R808). [Editor.

La forma pasiva tiene bastante apoyo textual, y debe mantenerse. Este verbo pasivo parece que tiene una connotación activa.]

39 R505 El adverbio que se usa en τὸ ἔσωθεν ὑμῶν puede considerarse más bien como un sustantivo: *la naturaleza interna de ustedes.*

41 M34 Πλὴν τὰ ἐνόντα δότε ἐλεημοσύνην es un pasaje desesperadamente problemático. Es concebible que pueda interpretarse: *pero en cuanto a lo que está adentro, den limosna,* caso en el cual τὰ ἐνόντα es un acusativo de referencia. Alternadamente, τὰ ἐνόντα puede estar en aposición con ἐλεημοσύνην: *den, como limosnas, lo que está adentro* (o, siguiendo una sugerencia verbal del Profesor C.H. Dodd: *den, como limosna, lo que puedan* [lo que está dentro de su capacidad]; o el pasaje puede estar corrompido o equivocado (Jesús exhorta: *den limosna de corazón [sinceramente].* El tiene en mente a los fariseos, quienes hacían desfiles para dar limosna ante la vista del público. La generosidad tiene que sentirse genuinamente; un acusativo adverbial --TGr57; el participio puede ser un acusativo atributivo: *limosnas relacionadas con lo que está adentro*; o un acusativo de referencia: pero ninguna de estas dos traducciones tiene tanto sentido como la que lo toma con sentido de acusativo adverbial --T247).

42 R499 'Αγάπην se usa con un genitivo de complemento directo en este versículo (es decir, *ellos habían descuidado amar a Dios*).

T90 El verbo en imperfecto ἔδει tiene un sentido presente que se refiere al hecho de que esto era necesario, pero no estaba ocurriendo: *¿No debieran ustedes haber hecho*?

46 M32 Aquí aparece el acusativo cognado φορτία; significa: *ustedes ponen sobre las personas cargas.*

48 R529 El dativo τοῖς ἔργοις tiene una idea asociativa: *ustedes están de acuerdo con las obras de sus padres.*

R1190 Ἄρα se usa para expresar la idea de correspondencia: *así que ustedes son testigos.*

53 T52 El verbo compuesto ἐνέχω significa: *odiar* o *perseguir.*

Lucas 12

1 R587 Ἐν οἷς se usa en un sentido temporal: *mientras tanto, en dicha coyuntura* (introduce una oración principal --R952).

B371 Ὥστε se usa con el infinitivo para expresar una tendencia, que por implicación llega a ser resultado verdadero: *tanto que*.

MT157 El verbo activo con el pronombre reflexivo προσέχετε ἑαυτοῖς (*pongan atención por el bien de ustedes mismos*) difiere poco en significado del verbo reflexivo en voz media φυλάσσεσθε (del v. 15: *estén en guardia*), pero el anterior parece más enfático.

2 R627 Σύν en el verbo compuesto que aparece aquí tiene una fuerza perfectiva: *completamente encubierto*.

3 M71 Aquí ἀνθ' ὧν significa: *así que, según esto, por tanto* (comp. T258; esta cláusula introduce una oración principal --R952).

4 R704 Algunas veces aparece el plural demostrativo ταῦτα donde realmente se tiene en mente un solo objeto. La frase adverbial μετὰ ταῦτα que se usa en este versículo puede referirse a uno o más incidentes: *después de eso*.

B368 El infinitivo ποιῆσαι se usa como un complemento indirecto (similar a propósito, comp. 7:40): *nada más que hacer*.

BD60(3) Περισσότερον τι equivale a πλέον τι: *nada más*.

5 R232 Note la diferencia entre φοβήθητε (imperativo) y φοβηθῆτε (subjuntivo) (tanto el directo [imperativo] como el mandato indirecto [subjuntivo deliberativo] aparecen aquí --R1046): *les advertiré a quién deben temer: Teman a aquél que*.

6 R1157 Οὐχί es levemente más fuerte de tono que el simple negativo οὐ.

7 R1186 Ἀλλὰ καί no es contradictorio, sino continuativo; para proseguir la narración: *pero también*.

M42 El verbo de comparación aparece aquí con el genitivo; significa: *ustedes valen más que muchos pajarillos*.

8 R684 Ὁ υἱὸς τοῦ ἀνθρώπου se usa en lugar de ἐγώ, para hacer resaltar el sujeto.

R1114 La cláusula relativa ὃς ἂν ὁμολογήσει es paralela con el participio que tiene artículo ὁ ἀρνησάμενος.

M183 El uso de la preposición en ὁμολογήσει ἐν, para significar: *confesar (a alguno)*, es un resultado de traducir del original arameo (para un griego más natural, se espera, después de ὁμολογέω, un dativo, un simple acusativo o un doble acusativo; comp. R524 y MT104).

10 R473 Βλασθημέω aparece con εἰς en el griego clásico. Si uno abriga sentimientos hostiles, la idea resultante con εἰς es: *contra*; aunque la preposición en sí no significa eso (comp. κατά en Mat. 12:32).

11 R787 Por el hecho de que el artículo se repite con συναγωγὰς, ἀρχάς y ἐξουσίας, se sostiene que estos grupos son absolutamente distintos y reciben un trato separado en esta narrativa.

12 R709 Αὐτῇ tiene el sentido de un pronombre demostrativo (comp. Mar. 13:11 con ἐκείνῃ): *en aquella hora*.

15 R598 La preposición ἐκ se usa con la idea de origen o fuente: *en la abundancia*.

R807 En el v. 14, φυλάσσεσθε significa: *guárdense de*.

R974 Ἐν τῷ con el infinitivo, aquí no es temporal; pero expresa el contenido del verbo ἐστίν: *la vida de un hombre no está en la abundancia*.

R1183 Aquí καί parece que tiene el sentido de ὅτι, o ἵνα (*que*; denota coordinación --MT178).

19 M185 El rico insensato probablemente se está dirigiendo a sí mismo en un tono exclamatorio cuando dice: ψυχή, ἔχεις ... (ψυχή significa: *mí mismo*).

20 R392 El verbo plural ἀπαιτοῦσιν se usa a propósito para esconder la identidad de la persona a la cual se refiere (Lucas escribe con respecto al alma, la cual *es solicitada* [que *te la pidan*]).

23 R654 El adjetivo *πλεῖον* es neutro porque se expresa la idea abstracta de una cosa: *la vida es más que (cosas)*.

24 R1183 En este versículo, *καί* casi equivale a *ἀλλά* (el contexto presenta contraste): *pero*.

BD246 La comparación es intensificada por el uso de *μᾶλλον*: *cuánto más*.

MT117 y sig. En la traducción de este versículo hay que retener el sentido de duración del verbo *κατανοήσατε*: *consideren*. Sin embargo, puede significar: *entiendan, acepten este hecho acerca de* (*κατά* aquí es perfectivo: *tomen nota de* --R606).

25 BD417 Parece que *μεριμνῶν* significa: *por medio de la ansiedad* (aunque puede tener un sentido condicional). [Editor. La primera sugerencia es más probable, puesto que Cristo destaca el hecho de que uno no logra nada por medio de la ansiedad.]

26 R1160 No hay justificación para tomar *εἰ οὐδέ* como causal (más bien tiene un sentido condicional): *si entonces*.

T31 'Ελάχιστον se usa como un superlativo intensivo que significa: *muy pequeño* (comp. R670).

28 T227 En el N.T., usualmente el adverbio se coloca después del adjetivo o del verbo que determina; así que la parte inicial de este versículo significa: *la que existe hoy*, no *la que está en el campo hoy*.

29 R609 El verbo compuesto *μετεωρίζεσθε* (de *μετ-έωρος*, que significa: *en medio del aire*) se usa aquí con un sentido metafórico.

30 T313 Los sujetos plurales neutros tienen verbos singulares en el griego clásico. [Editor. Pero el N.T. usualmente quebranta esta regla clásica con palabras que se usan en un sentido personal, como ocurre en este versículo (*ἔθνη*).]

31 R1187 Πλήν se usa como una conjunción con un sentido adversativo (significa: *sin embargo, no obstante* --BD449[1]; el manuscrito D la cambia por *δέ*).

32 R465 El vocativo *τὸ μικρὸν ποίμνιον* significa: *ustedes manada pequeña* (el hecho de que se agregue *τὸ μικρόν* indica que no hay conciencia de fuerza diminutiva en *ποίμνιον*, que simplemente significa: *manada* --H346). [Editor. Por otro lado, Lucas puede estar destacando la pequeñez de la manada.]

T72 El verbo aoristo significa: *fue su feliz inspiración darles.*

33 R1100 Τὰ *ὑπάρχοντα ὑμῶν* significa: *las pertenencias de ustedes.*

35 TGr41 La construcción en perfecto perifrástico de imperativo no significa: *Ciñan sus lomos*; sino: *sean de aquella clase de persona que nunca necesita que se le diga que se los ciña, pues siempre vivirá en esta condición.*

T190 El pronombre posesivo *ὑμῶν* aparece antes de dos sustantivos para eliminar la repetición: *sus lomos y lámparas.*

39 R740 Ποίᾳ ha perdido su fuerza cualitativa original: *a qué hora.*

42 R604 'Επί con el genitivo tiene la idea metafórica de *sobre.*

45 T139 El infinitivo se usa en una conexión vaga con el verbo (quizá por influencia semítica), y significa: *toma un tiempo largo para venir* (comp. B405).

47 M32 y sig. Note la retención del acusativo con un verbo pasivo en los vv. 47 y sigs., (esto sólo ocurre con verbos que tienen doble acusativo en la voz activa): *golpeado con muchos azotes.*

49 M137 Se ha propuesto que se tome *εἰ ἤδη ἀνήφθη* como expresión de un deseo: *¡Oh que ya estuviera encendido!* Pero tanto la construcción como el significado de este famoso enigma están lejos de ser establecidos (*τί θέλω* que significa: *cómo deseo* equivale a: *¡Yo me alegraría si ya estuviera encendido!* --BD360[4]; *τί* significa: *cómo,* se usa como un adverbio --R739; comp. H472).

50 M207 Πῶς se usa aquí en una exclamación (como si fuera *ὡς*): *cómo.*

T138 'Έχω con el infinitivo aquí significa: *tengo que.*

51 BD448(8) Οὐχί, ... ἀλλ' ἤ significa: *nada, sino.*

52 R605 'Ἐπί con el dativo tiene la idea de *contra* en este versículo.
B94 Aquí aparece una construcción perifrástica en futuro perfecto que expresa un estado futuro: *habrá cinco divididos*.

54 R1180 El uso auxiliar de καί (*también*) es más frecuente en Lucas que en cualquier otra parte del N.T., como ocurre con δὲ καί.
BD323(1) Ἔρχεται se usa como un presente futurista: *viene*.

55 T172 Νότος significa: *viento del sur*.

57 T258 'Ἀπό parece tomar el lugar de ὑπό en un sentido causal: *a causa de ustedes mismos*.

58 R967 Ὡς tiene aquí una idea temporal: *cuando*.
R1062 El infinitivo ἀπηλλάχθαι tiene la idea de propósito: *procura reconciliarte* (denota un efecto continuo sobre el sujeto: *llegar a ser y permanecer libre* --BD342[1]).
R1147 En μήποτε, la idea de tiempo ha sido substituida por la de contingencia: *no sea que tal vez*.

## Lucas 13

1 R686 En los escritos de Lucas (como ocurre en este versículo) αὐτός seguido de un artículo es a veces sólo un pronombre demostrativo, como llega a ser en el griego posterior, con el significado: *aquel mismo*.

2 R616 La preposición παρά se usa aquí con la idea de comparación (es decir: *más pecadores que*; comp. el v. 4).

M147 Los galileos no eran pecadores preeminentes porque sufrieron; pero pudiera haberse pensado (erróneamente) que eran pecadores preeminentes a causa de ello (es decir, ὅτι depende lógicamente de δοκεῖτε).

6 R1129 El participio de presente ζητῶν (en los vv. 6 y sigs.) tiene la idea de propósito.

7 R879 El verbo en presente ἔρχομαι tiene sentido duradero e incluye

tanto el tiempo pasado como el presente en una frase (es decir, acción pasada todavía en progreso; comp. B17).

BD442(14) Καί se usa después del interrogativo ἱναντί, y significa: *¿por qué en absoluto?* o *¿para qué?*

8 M32 Περί se usa con el acusativo en un sentido espacial: *hasta que yo haya cavado alrededor de ella.*

9 R394 Εἰ δὲ μήγε es una frase hecha que significa: *de otra manera* (comp. 10:6).

R874 El verbo en futuro ἐκκόψεις tiene un sentido volitivo: *la cortarás.*

M68 La preposición que aparece en εἰς τὸ μὲλλον se usa metafóricamente: *en el futuro.*

M151 Hay una apódosis implícita en este versículo: *y si ésta lleva fruto en el futuro (bien y bueno).*

11 R627 Σύν tiene aquí una idea perfectiva en el verbo compuesto: *ella estaba encorvada.*

M164 y sig. En este contexto, εἰς τὸ παντελές puede significar: *completamente.*

13 R770 El artículo τάς equivale a un pronombre posesivo: *sus manos.*

R885 El verbo imperfecto ἐδόξαζεν tiene un sentido incoativo: *ella comenzó a alabar a Dios.*

14 M44 El dativo simple se usa con un sentido temporal *en el día de reposo* (comp. ἐν τοῖς ... en el v. 10).

16 T90 El verbo en imperfecto ἔδει tiene un sentido presente que se refiere al hecho de que era necesario, pero no está ocurriendo (comp. 11:42).

17 R605 El verbo de emoción ἔχαιρεν tiene ἐπί con el uso locativo del dativo: *todo el pueblo comenzó a regocijarse por.*

19 T253 Εἰς con el acusativo δένδρον se usa aquí como predicado nominal (semítico): *llegó a ser un árbol.*

23 R916 El uso de *εἰ* para introducir una pregunta directa se debe a la traducción que la LXX hizo del original hebreo. Utilizó *εἰ* tanto como *μή*.

B125 En *εἰ ὀλίγοι οἱ σῳζόμενοι*, el participio es indudablemente un presente general. La pregunta no se refiere, por un lado, al número de *los que ya son salvos* (perfecto de estado existente), o *que han sido salvos* (perfecto de acción terminada), ni tampoco, por otro lado, se refiere a *los que están siendo salvos* (presente progresivo de acción simultánea); sino que se refiere a: *los que son (es decir, llegaron a ser) salvos.*

24 BD465(2) Λέγω ὑμῖν se usa como un paréntesis: *les digo.*

25 B303 La cláusula relativα (*οὗ* ... ) en este versículo declara una suposición que se refiere al futuro, y sugiere alguna probabilidad de su cumplimiento: *cuando el jefe de la casa se haya levantado.*

28 B316 Ὅταν ὄψησθε tiene forma indefinida, pero fuerza definida (comp. 5:35): *cuando ustedes vean.*

T226 Ἐκεῖ tiene un sentido temporal: *entonces* (raro en el N.T.).

31 T194 Αὐτῇ tiene el sentido de un pronombre demostrativo (comp. 12:12 y 13:1): *en aquella hora.*

32 R1202 El sustantivo *ἡμέρᾳ* se ha eliminado; debía estar con el adjetivo *τρίτῃ*.

M7 Los verbos en presente en este versículo tienen un sentido futurista: *echaré fuera ... haré ... terminaré.*

33 R393 El infinitivo *ἀπολέσθαι* aparece como el sujeto del verbo *ἐνδέχεται*: *no puede suceder que un profeta sea destruido.*

R1198 Note el uso de la ironía en las palabras de Jesús: *ὅτι οὐκ ἐνδέχεται προθήτην ἀπολέσθαι ἔξω Ἰερουσαλήμ.*

34 M65 Ὑπό con el acusativo se usa con un verbo de movimiento para dar la idea de debajo: *como una gallina [junta] a sus polluelos debajo de sus alas.*

M132 Ὃν *τρόπον* representa una frase adverbial compuesta, como *ἐκεῖνον τρόπον ὅν* ..., que significa: *de la manera en que.*

M180 Es posible que detrás del cambio en este versículo se

encuentre una tendencia semítica de cambiar la tercera persona por la segunda y la segunda por la tercerca (Ἰερουσαλήμ ... ἡ ... ἠθελήσατε): *¡Oh Jerusalén ..., la que matas a los profetas ... no quisiste!*

35 R972 Ἄν siempre está presente con ὅτε, cuando este adverbio se usa con un subjuntivo, excepto en este texto dudoso (así, sugiere una lectura alternativa).
BD382(2) Ἕως ... ὅτε significa: *hasta el tiempo cuando.*

## Lucas 14

1 R613 El verbo compuesto *παρατηρέω* se usa aquí con la idea de: *observación envidiosa* (*mirar de cerca* --T55).
R811 Αὐτοί oscila entre un mero sentido personal y un sentido intensivo: *ellos.*
T145 Ἐν *τῷ ἐλθεῖν αὐτὸν εἰς οἶκον* significa: *después que hubo entrado en la casa* (es improbable que *ἐν τῷ* con el aoristo de infinitivo se refiera a una acción anterior a la del verbo principal, en vista del tiempo imperfecto que sigue --B109; comp. 9:34; es anterior en significado: *después* --BD404[2]). [Editor. En verdad, el incidente que aparece en los siguientes versículos ocurre después que él entró en la casa, y mientras él estaba en ella.]

3 R787 Los dos grupos *νομικούς* y *φαρισαίους* son tratados como uno sólo (porque el artículo no se repite).

4 T39 La tendencia normal del escritor griego (especialmente de un escritor estilista) era la de omitir la repetición de pronombres personales (*αὐτόν* no se repite en este versículo).
BD170(2) El verbo *ἐπιλαμβάνομαι* por lo general toma un complemento directo en genitivo. El uso del acusativo en este caso sólo es una aparente excepción; el acusativo realmente pertenece al verbo *ἰάσατο*, del cual depende el participio.

6 R574 Aquí en el verbo doblemente compuesto, *ἀντί* significa: *en retorno*; y *ἀπό*, *atrás* (comp. el v. 14): *replicar.*

7 R811 Ἐξελέγοντο se usa con una idea recíproca de la voz media: *seleccionaban los primeros asientos para sí mismos* (comp. MT157; el tiempo imperfecto presenta el cuadro de la narración --R883).

R1032 Πῶς se usa en lugar del ὅτι declarativo: *notó cómo*.

8 R907 En este versículo parece que hay un cambio consciente de tiempo, de *κληθῇς* por *μήποτε ... ᾖ κεκλημένος*, lo cual posiblemente sugiere una invitación permanente, según la última forma.

BD337(3) El aoristo de subjuntivo *κατακλιθῇς* se usa para una prohibición categórica: *no te sientes*.

10 B199 En ocasiones, el futuro de indicativo aparece en una cláusula final pura (propósito) introducida por *ἵνα* en el N.T., como ocurre aquí (nunca ocurre en el griego clásico): *para que diga*.

T154 El participio *πορευθείς* tiene un sentido temporal (comp. 13:32: *cuando vayas, siéntate*).

12 MT125 La prohibición en presente *μή φώνει* tiene la siguiente connotación: *deja de invitar ...*, como también: *no continúes invitando ...*

14 R574 En el verbo doblemente compuesto que aparece aquí, *ἀντί* significa: *en retorno*; y *ἀπό*, atrás (comp. el v. 6).

17 T173 En la construcción con artículo *τὸν δοῦλον*, el siervo es aquel cuyo trabajo particular era la actividad a la cual se refiere este versículo.

18 R809 El sentido causativo o permisivo aparece en el participio de voz media *παρῃτημένον* (en los vv. 18 y sigs.,): *te ruego que me excuses*.

R1122 Ἔχε, en los vv. 18 y sigs., significa: *considérame como* (comp. T246).

BD241(6) Parece que *ἀπὸ μιᾶς* significa: *unánimemente, a una*.

19 T63 El verbo en presente *πορεύομαι* tiene un sentido futurista (es decir, *estar en el proceso de ir*; por lo cual, la llegada al destino aún está en lo futuro --BD232[3]).

21 R787 Los grupos son tratados como si fueran uno, porque el artículo τούς no se repite con los sustantivos por καί.

23 M20 El aoristo de imperativo significa: *vé* (comp. T76).
T181 Los sustantivos ὁδούς y φραγμούς se usaron como un todo unificado, porque el artículo sólo aparece con el primero (aunque el género varía; comp. el v. 21).

26 T43 El pronombre reflexivo ἑαυτοῦ es atributivo las dos veces que aparece en este versículo (es decir; modifica a los sustantivos πατέρα y ψυχήν): *su propia*.

27 B313 Aquí se encuentra una suposición general en presente: *el que no lleva su propia cruz y me sigue, no puede ser mi discípulo*.

28 R1045 Eἰ se usa aquí en discurso indirecto, y significa: *ver si* (o *si acaso*).

29 R1173 En este versículo, μήποτε se usa con el verbo ἄρξωνται, y μή, con el participio ἰσχύοντος.
T322 Lucas debió haber escrito el participio en dativo, y no en genitivo (el manuscrito $p^{45}$ intenta hacer la corrección omitiendo αὐτῷ; comp. 12:36). [Editor. Realmente el caso genitivo del participio es necesario para que concuerde con αὐτοῦ. Luego Lucas coloca el pronombre en dativo para que sirva como complemento directo de ἐμπαίζειν: *comiencen a ridiculizarlo*.]

31 R589 'Eν con el numeral expresa la idea de circunstancia acompañante: *con diez mil* (similar a μετά y σύν; comp. M78).
R748 'Eτέρῳ se refiere al segundo de un par (comp. 5:7): *otro rey*.
R1045 Eἰ se usa para introducir el discurso indirecto: *para ver si* (comp. el v. 28).
B376 El infinitivo ὑπαντῆσαι se usa para limitar el adjetivo δυνατός, que denota aquello que uno es capaz de hacer.
M49 'Eπί con el acusativo generalmente designa movimiento hacia: *el que ... viene hacia (contra) él*.
T87 El participio de presente πορευόμενος se refiere a un evento futuro (comp. 1:35), para indicar la certeza de la expectación).

32 BD155(2) 'Eρωτᾷ τὰ πρὸς εἰρήνην significa: o *le pide a favor de*

*su bienestar* (como ocurre varias veces en la LXX); o *él lo saluda (y le rinde homenaje)*. [Editor. En vista del contexto, la última sugerencia parece preferible.]

33 R744 Πᾶς significa *cualquiera*, sin importar quien (casi tiene un sentido indefinido).

T43 El pronombre reflexivo *ἑαυτοῦ* no depende del verbo, sino que es atributivo, y modifica al participio con artículo *τοῖς ὑπάρχουσιν* (comp. 11:21): *todas sus posesiones*.

34 H402 *Μωραίνομαι* significa: *llegar a ser necio*, en Rom. 1:22; pero en este versículo significa: *ser insípida*.

## Lucas 15

2 R697 Hay un sentido de reproche en el uso de *οὗτος* aquí.

6 R563 Aquí la idea es muy clara, sin la repetición de *σύν* en *συνκαλεί τοὺς φίλους*, que significa: *reúne a sus amigos*.

R786 Los dos grupos, *φίλους* y *γείτονας*, se distinguen aquí en cuanto a tratamiento, por la repetición del artículo: *sus amigos y a sus vecinos*.

7 R661 Hay una comparación implícita al usar *ἤ* en este versículo: *más ... que*.

9 R787 Los dos grupos *φίλας* y *γείτονας* son tratados como uno para la narración que se tiene a mano; esto lo indica el hecho de que hay un solo artículo (comp. el v. 6).

12 M103 El participio con artículo *τὸ ἐπιβάλλον* que aparece en *τὸ ... τῆς οὐσίας*, significa: *la parte de la propiedad que me corresponde* (comp. T152).

13 T282 La expresión negativa *μετ' οὐ πολλὰς ἡμέρας* (el manuscrito D tiene *οὐ μετὰ ...*) forma una sola idea: *no muchos días*.

MT130 Ἀπεδήμησεν significa: *se fue lejos*.

14 R680 Si hay algún énfasis en el uso del pronombre *αὐτός* es muy

leve: *comenzó a faltarle.*

M58 Κατά con el acusativo se usa aquí en una expresión local, y significa: *en* (quizá, *en toda) aquella tierra* (*en toda* --T268).

15 R817 Ἐκολλήθη puede explicarse como un verbo en voz pasiva o media, en cuanto a su sentido: *se arrimó a.*

BD247(2) El numeral εἷς aquí tiene el sentido de τὶς (como un artículo indefinido): *uno de.*

16 R885 El imperfecto negativo οὐδεὶς ἐδίδου denota resistencia a la presión: *nadie le daba.*

T66 Los verbos en imperfecto ἐπεθύμει y ἐδίδου tenían la intención de hacer la narrativa interesante y continua, hasta que alguna acción esperada en el aoristo, le diera sentido a toda la descripción; pero aquí la descripción se deja sin clímax (es decir, no aparece un verbo en aoristo).

17 R532 El dativo λιμῷ se usa con un sentido causal: *a causa del hambre.*

MT114 El verbo ἀπόλλυμι se refiere a *agonizar,* sin obstruir de manera absoluta la posibilidad de una recuperación, pero implica la muerte como la meta que está a la vista (ἀπό tiene un sentido perfectivo --R828).

18 R594 La preposición εἰς sólo acentúa el caso acusativo, el cual ocurre en una atmósfera hostil; significa: *contra.*

T154 El uso del participio ἀναστάς con un verbo de salida se justifica porque tiene un sentido temporal en los vv. 18 y 20 (comp. 13:32): *después que me levante.*

BD214(6) Ἐνώπιόν σου equivale a εἴς σε (en los vv. 18 y 21; en consecuencia, él había pecado también contra su padre).

19 T320 En el griego bíblico, ὡς puede servir para suavizar una declaración: *como si fuera, tal vez, aproximadamente.* Eso ocurre en este versículo.

BD247(2) El numeral εἷς tiene el sentido de τὶς en este contexto (comp. el v. 15): *uno de tus jornaleros.*

20 T322 Lucas ha debido hacer que el participio concordara con el pronombre en acusativo, en vez de usarlo en el caso genitivo.

Ha debido concordar con el *αὐτόν* que sigue (comp. 9:42 y BD423[2]). [Editor. No es necesario que el participio esté en acusativo, puesto que concuerda con el anterior pronombre en genitivo, *αὐτοῦ*. El pronombre que sigue (*αὐτόν*) está en acusativo porque es el objeto directo del verbo *εἶδεν*.]

21 R845 El verbo en aoristo *ἥμαρτον* tiene la idea de un presente perfecto: *yo he pecado*.

22 T256 El uso de *εἰς* en lugar de *περί* es el resultado de la influencia hebrea (o aramea): *en su mano*.

M135 Los aoristos de imperativo que se hallan en los vv. 22 y sigs., son interrumpidos por el imperativo de presente *φέρετε*; pero aparentemente con muy poca distinción: *traigan*.

24 B92 Es difícil distinguir entre el pretérito perfecto de estado existente (*ἦν ἀπολωλώς*) y el aoristo histórico (*εὑρέθη*): *se había perdido y se halló*.

25 T154 El participio *ἐρχόμενος* tiene un sentido temporal (comp. el v. 18): *mientras venía*.

26 T65 El verbo en imperfecto, *ἐπυνθάνετο*, tiene la idea de una acción incompleta en el pasado, que espera un cumplimiento en una acción posterior de otro agente: *preguntaba*.

T130 La pregunta deliberativa con *ἄν* y el optativo equivale a una pregunta indirecta: *qué quería decir*.

BD247(2) El numeral *εἷς* tiene el sentido de *τὶς* (comp. el v. 15).

27 R881 El verbo en presente *ἥκει* tiene el sentido de un presente perfecto: *ha venido* (realmente equivale a: *está aquí*).

28 R885 El imperfecto negativo *οὐκ ἤθελεν* denota resistencia a presión (comp. el v. 16): *no quería* (o *rehusaba*).

29 R879 El presente *δουλεύω* tiene sentido duradero y reúne el tiempo pasado y el presente en una frase (es decir, la acción pasada aún está en progreso; comp. 13:7): *y yo todavía te sirvo* (comp. B17 y M8).

30 R697 Hay un sentido de reproche aquí en el uso de οὗτος (comp. BD290[6]; dicho de modo despectivo --T44).

32 R834 El verbo en aoristo ἔζησεν tiene una idea incoativa: *llegó a estar vivo* (tal vez, *vino a la vida* --M10; se refiere al hecho de que estaba muerto y *comenzó a vivir* --TGr150).

R887 El verbo en imperfecto ἔδει se aplica tanto al pasado como al presente, probablemente con una implicación contra la actitud del hermano mayor.

## Lucas 16

1 R703 En este versículo, sólo el contexto aclara que οὗτος se refiere a *οἰκόνομον* (y no a ἄνθρωπος): *este mayordomo*.

R966 Ὡς puede aparecer con el participio para dar la razón alegada, la cual en esencia puede ser real o sólo una suposición (en este caso, Jesús indica que la acusación fue hecha por un [διεβλήθη], y difamador el contexto implica que no era cierta [sólo alegada] --R1140).

BD193(4) Parece que αὐτῷ se usa como un dativo genuino con el verbo en voz pasiva διεβλήθη: *denunciarlo como sospechoso ante él*.

3 R600 'Επί tiene aquí un sentido perfectivo en el verbo compuesto: *mendigar*.

R1102 La distinción entre un participio y un infinitivo es a veces muy importante. En ἐπαιτεῖν αἰσχύνομαι, la idea es: *me avergüenza mendigar, y no lo hago*; mientras que ἐπαιτῶν αἰσχύνομαι significaría: *mendigo, y me avegüenzo de ello*.

B387 Los infinitivos σκάπτειν y ἐπαιτεῖν se usan como complementos directos de los verbos ἰσχύω y αἰσχύνομαι respectivamente; significan: *no tengo fuerza para cavar* y *me avergüenza mendigar*.

4 R827 El verbo en aoristo ἔγνων se usa con una idea efectiva: *comprendo, el asunto* (el verbo se refiere a una acción que se acaba de terminar: *acabo de descubrir hace un momento* --M11; este aoristo da a la declaración mayor vivacidad que el presente, aunque éste es más común en el N.T. --B45).

8 R496 Τῆς ἀδικίας se usa como un genitivo atributivo (denota cualidad --T213): *al mayordomo injusto.*

M64 Ὑπέρ con el acusativo tiene un sentido comparativo: *más sabios que* (literalmente, *sabios más allá de*) *los hijos de luz.*

M174 Los genitivos adjetivales (semíticos) que aparecen con υἱοί y υἱούς sólo significan: *personas dignas de*, o *asociados con esta era*, y *de luz* (comp. T208).

T43 El pronombre reflexivo no depende del verbo, sino que es atributivo de γενεάν (comp. 11:21): *su propia generación.*

9 M28 El sujeto de δέξωνται puede ser οἱ φίλοι (el sujeto es Dios: *para que Dios los reciba en las moradas eternas* --T293). [Editor. El verbo en plural aparentemente toma el sujeto plural que sugiere Moule; el contexto y la analogía con el v. 4 parece que apoyan esto.]

M38 El genitivo adjetival que se usa en la expresión τοῦ μαμωνᾶ τῆς ἀδικίας significa: *las riquezas fraudulentas* (denota cualidad --T213; comp. con el v. 8).

T260 La frase prepositiva ἐκ τοῦ μαμωνᾶ tiene un sentido instrumental: *Hagan amigos por medio de las riquezas*; denota causa u ocasión.

10 T31 Ἐλαχίστῳ es un superlativo intensivo que significa: *muy poco* (así que no es sorprendente que los términos ἐν ἐλαχίστῳ y ἐν πολλῷ estén el uno junto al otro --R660)

13 R748 Ἕτερος sencillamente se refiere al segundo de un par.

15 B433 Un participio adjetival usado como sustantivo con el artículo (οἱ δικαιοῦντες), por supuesto, puede aparecer como un predicado nominal con verbo copulativo. Este, sin embargo, no es propiamente un participio que hace función de predicado. La presencia del artículo hace fácilmente evidente su uso como un sustantivo (comp. 7:14): *ustedes son los que se justifican delante de los hombres.*

16 R975 Μέχρι significa: *hasta el punto de.*

T58 El verbo deponente εὐαγγελίζεται se usa con un sentido pasivo en este versículo (comp. 7:22): *el reino está siendo predicado.*

18 B124 La construcción con el participio de presente πᾶς ὁ ἀπολύων no significa: *todo el que está habituado al divorcio*; aun menos probable es la siguiente traduccion: *todo el que se ha divorciado*; el significado es: *todo el que se divorcia* (cierta clase de personas).

19 R810 Parece que ἐνεδιδύσκετο se usa como una voz media indirecta: *se vestía;* aunque este verbo puede estar en voz media directa con un acusativo de cosa (este verbo está en voz pasiva con un acusativo --T247). [Editor. Parece que este verbo está usado con una idea pasiva: *quien se vestía de púrpura*, ya que la traducción en voz media parece inconveniente con los acusativos que siguen. No es raro que el acusativo aparezca con un verbo en voz pasiva en el N.T.; comp. 1 Cor. 12:13, 2 Tes. 2:15 y Heb. 6:9].

T66 El verbo imperfecto ἐνεδιδύσκετο tenía la intención de hacer que la narrativa fuera interesante y continua (comp. 2:47).

20 R905 El tiempo pasado perfecto del verbo ἐβέβλητο sugiere que el hombre pobre había estado a la puerta durante algún tiempo (podemos usar el imperfecto: *estaba echado* --T86: *[había estado postrado y] yacía* --BD347[1]).

21 R1186 La historia se continúa mediante el uso de ἀλλὰ καί (estas conjunciones no indican aquí ningún grado de contraste): *y aun*.

BD11(3) Κύνες se refiere a *perros deambulantes*.

23 R408 Note el plural idiomático κόλποις (singular en el v. 22): *seno*.

24 R495 El genitivo ὕδατος enfatiza la clase de material que tiene en mente el que habla (S tiene ὕδατι; ὕδατος es tal vez virtualmente partitivo --M43).

25 R1379 La preposición ἀπό en el verbo compuesto ἀπέλαβες tiene la fuerza de: *en abundancia*.

M123 Ocasionalmente ὅδε logra un leve énfasis por medio del contexto, y significa: *este*, en contraste con algún otro; uno sospecha que fue un lector ávido y enfático el que, deseoso de enfatizar esto así, hizo que el escriba escribiera ὧδε (aquí) en

Luc. 16:25 (¿la mejor variante?), cuando el sentido obviamente requería un enfático ὅδε (*él* a diferencia de *tú*) (comp. T44 y BD289).

TGr63 y sig. Aunque el elemento espacial del cielo y del infierno ya está implícito en la parábola, el texto que se inserta *aquí*, sin justificación, da la impresión de que el consuelo tiene alguna relación necesaria con el lugar como tal. Los lugares, cielo e infierno, se presentan sólo como detalles para ayudar la narración de la historia. Uno puede aun creer en el cielo o el infierno como estados o condiciones, no localidades. El reino (de Dios o de Satanás) aún está dentro de ustedes. [Editor. En realidad, uno no está obligado a llevar el asunto tan lejos como Turner intenta llevarlo.]

26 R896 El tiempo perfecto se usa con el verbo στηρίζω para destacar el hecho de que el abismo aún permanece.

31 B59 Πεισθήσονται tiene el sentido de un aoristo de futuro, que concibe una acción simplemente como un hecho, y afirma que ocurrirá en el tiempo futuro: *tampoco se persuadirán si alguno resucita de los muertos* (de resultado: *no estarán abiertos a la persuación* --B101).

## Lucas 17

1 R721 Δὶ οὗ equivale a τούτῳ δι' οὗ, que significa: *de aquel por quien*.

R1040 Τοῦ con el infinitivo se usa como el sujeto del verbo: *imposible es que no vengan tropiezos* (comp. M129; el genitivo es sugerido aparentemente por la idea de *tropezar*, o de *evitar*, que hay en el adjetivo ἀνένδεκτον --B405).

2 R997 Tanto εἰ como ἵνα introducen cláusulas que se usan como sujetos (comp. B214).

H442 La partícula comparativa ἤ se usa después de un verbo (λυσιτελεῖ), como si por sí mismo significara *más que*.

4 B98 A veces es apropiado traducir un aoristo de subjuntivo después de ἐάν como si fuera un presente perfecto o un futuro perfecto,

pero sólo porque el contexto indica que la acción ha de preceder a la del verbo principal: *y si peca contra ti siete veces en el día ... tú lo perdonarás*.

5 B181 El imperativo πρόσθες se usa en una petición: *y los apóstoles le dijeron al Señor: Auméntanos la fe*.

6 R1022 Aquí aparece una oración condicional mixta; la prótasis es determinada como cumplida, y la apódosis es determinada como no cumplida; parece que la oración condicional significa: *si ustedes tuvieran fe, dirían;* la condición real, en presente de indicativo, puede deberse a la cortesía, pues los discípulos habían afirmado que tenían algo de fe, cuando pidieron que se les aumentara. La condición: *Si ustedes tuvieran fe*, parece que negara este hecho de un modo demasiado brusco --T92; comp. TGr51 y sig. La oración condicional significa aquí: *si ustedes realmente tienen (pero no la tienen; sin embargo, si la tuvieran), entonces* ... --BD72[1a]). [Editor. No necesariamente implica Jesús que los discípulos no tenían fe en absoluto. Sin embargo, El presentó el asunto de tal manera que se entendiera que la necesidad de ellos no era la de tener más fe, sino la clase correcta de fe. Ellos no tenían la fe vigorosa y viviente que era necesaria para una vida cristiana victoriosa; comp. los vv. 3 y sigs., y Mat. 17:20.]

8 R976 El sentido de ἕως es realmente *mientras*, y no *hasta* (levemente perifrástico --B325).

M135 El aoristo de imperativo ἑτοίμασον se refiere a una acción específica: *prepara algo para mi cena*; mientras que el imperativo de presente se refiere a una acción continua: *sírveme*.

T49 Tί se usa como un pronombre relativo: *aquello que*.

BD448(4) 'Aλλ' οὐχί significa: *sino más bien* (D omite οὐχί, caso en el cual este versículo no sería interrogativo).

11 R581 Διά con el acusativo tiene el sentido de *a través de*, aquí (comp. διὰ μέσου en el 4:30); note el genitivo después de μέσον (la frase prepositiva διὰ μέσον tiene un sentido estrictamente local: *entre Samaria y Galilea* [sin embargo, la variante es incierta; A tiene διὰ μέσου y D sólo tiene μέσον] --M55).

T170 Γαλιλαία generalmente aparece con artículo, excepto aquí, donde la omisión del artículo con Σαμαρείας ha causado su omisión con Γαλιλαίας, para dar equilibrio (comp. BD261[4]).

15 R611 La preposición *μετά* tiene un sentido instrumental (que denota la manera del *δοξάζων* --BD198[3]): *glorificando a Dios en voz alta.*

17 T178 Por lo general, los números cardinales no tienen artículo, pero aquí, si aparece el artículo, indica (como en el griego clásico) cierta fracción o parte; así que *οἱ ἐννέα* significa: *los nueve de ellos.*

21 M83 y sig. Sobre el significado de *ἐντός*, los comentaristas han estado divididos desde hace mucho tiempo. Tienen dos tendencias: *adentro de ustedes* (es decir; en el corazón de cada individuo); y *entre ustedes* (es decir; presente, en la persona de Jesús y en su obra, entre aquellos a quienes él se estaba dirigiendo). La mayor parte de la evidencia parece que favorece el significado: *adentro de ustedes* (comp. R641 y TGr61 y sig.).

24 BD241(1) Es mejor insertar *μερίδος* que *γῆς* con *ἐκ τῆς* ...: *desde una parte.*

25 R579 La preposición *ἀπό* tiene el sentido de *ὑπό* (comp. 6:18): *por esta generación.*

27 T66 Los verbos imperfectos que describen el tiempo de Noé se emplean para que la narración sea interesante y continua, con la esperanza de que un verbo en aoristo dé un clímax a toda la descripción (comp. 2:47).

BD101 Ἐγαμίζοντο se refiere a las mujeres: *ellas eran dadas en casamiento.*

29 M27n.1 El sustantivo *θεός* debe agregarse como el sujeto del verbo impersonal *ἔβρεξεν.*

31 R724 En este versículo, Lucas tiene *καὶ ὁ*, en vez de *καὶ αὐτός*.

R957 El pronombre relativo *ὅς* tiene un sentido indefinido en los vv. 31 y 33 (similar a *quienquiera*).

34 R749 Ἕτερος se usa aquí en contraste: *el uno ... el otro*.

35 R889 El participio de presente y la forma futura del verbo copulativo ἔσονται se usan conjuntamente para presentar una acción duradera (comp. 1:20): *dos mujeres estarán moliendo*.

## Lucas 18

1 R1075 Πρὸς τό con el infinitivo no se usa para expresar propósito, pero significa: *con referencia al deber* (comp. B414 y MT218).

2 R743 La traducción al español: *cierta* parece demasiado enfática para traducir el uso que aquí se le da a τὶς y τινί: *una ciudad*.

BD445(4) Καὶ ... μή no indica correlación, sino una clase independiente de paralelismo (también καὶ οὐκ en el v. 4): *y no respetaba hombre*.

4 B284 La cláusula concesiva introducida por εἰ καί corresponde a una oración condicional de primera clase. El hecho al cual se refiere en general no es contingente, sino concebido como real: *aunque yo ...*

5 R1148 La partícula γε tiene la idea de *por lo menos*.

BD207(3) Εἰς τέλος aquí significa: *por completo*; así que la cláusula final de este versículo debe traducirse: *para que ella no me agote gradualmente (¡presente,* ὑπωπιάζῃ!) por completo mediante *su continuo venir (¡presente!)*.

7 R495 El genitivo de tiempo ἡμέρας καὶ νυκτός se refiere al tiempo dentro del cual ocurre una acción (clase de tiempo).

R930 La pregunta de este versículo es más retórica que deliberativa (el verbo en subjuntivo ποιήσῃ puede explicarse como un modo ocasionado por el negativo enfático o por la naturaleza retórica de la pregunta --B172): *¿no hará Dios ...?*

M178 Καί parece que se usa como una partícula adversativa; por tanto, καὶ μακροθυμεῖ tal vez signifique: *a pesar de su paciencia*, o *de su dilación del juicio*.

T56 La forma activa de ποιέω aparece en los vv. 7 y sigs., donde esperamos la voz media (comp. MT159).

8 R589 La idea de manera está presente en la frase prepositiva ἐν τάχει (*prontamente* --M78).
M164 La partícula interrogativa ἆρα introduce una pregunta que significa: *¿Va él a encontrar, entonces, fe ...?*

9 R605 Parece que el dativo se usa con la preposición en ἐφ' ἑαυτοῖς, para complementarlo: *en sí mismos*.

10 B366 El infinitivo expresa propósito: *dos hombres subieron al templo a orar* (comp. BD390[1]).

11 R697 Hay un sentido de reproche del fariseo hacia el publicano, que se evidencia aquí en el uso de οὗτος (comp. 5:2).
T57 Nadie colocó al fariseo en el templo, aunque se usa la voz pasiva σταθείς: *él se puso en pie allí*.

12 M39 Δὶς τοῦ σαββάτου significa: *dos veces cada semana*.

13 T57 Ἱλάσθητι tiene una idea intransitiva, y no pasiva: *ten misericordia* (comp. BD101; este verbo tiene el sentido de permiso: *está dispuesto hacia la gracia* --BD314). [Editor. La primera sugerencia parece más correcta en vista de la petición que se presenta a Dios en este versículo, y ya que en el N.T. ocasionalmente un verbo pasivo puede tener sentido intransitivo.]
T173 La frase con artículo τῷ ἁμαρτωλῷ tiene que significar: *el pecador de los pecadores*.

14 R703 Los dos pronombres οὗτος y ἐκεῖνον aparecen en agudo contraste, uno señalando al publicano, el otro, al fariseo (es raro que estos pronombres se usen en contraste --BD291[2]).
T31 La preposición παρά se usa aquí para expresar comparación (realmente, contraste; D agrega μᾶλλον): *antes que*.

18 M173 Se sabe bien que el hebreo tenía la tendencia de usar expresiones coordinadas (es decir, de colocar lado a lado oraciones completas con verbos principales, en vez de usar cláusulas subordinadas). La costumbre griega por lo menos estaba más dispuesta a usar cláusulas subordinadas. Los ejemplos siguientes indican la tendencia de Lucas a subordinar,

en contraste con Marcos y Mateo:

| Marcos | Mateo | Lucas |
|---|---|---|
| 10:17 | 19:16 | 18:18 |
| 10:28 | 19:27 | 18:28 |
| 11:7 | 21:7 | 19:35 |
| 14:49 | 26:55 | 22:53 |
| | 25:29 | 19:26 |

22 BD189(3) El pronombre dativo que se usa en ἕν σοι λείπει, parece que expresa antítesis: *Aun te falta una cosa.*

25 B384 El infinitivo εἰσελθεῖν se usa como el sujeto de un verbo: *porque es más fácil que pase un camello por el ojo de una aguja.*

29 BD365(3) Οὐδείς ἐστιν ... ὃς οὐχὶ μὴ ἀπολάβῃ equivale a ὃς οὐκ ἀπολήψεται (hace hincapié en el contenido positivo del todo: *todos ciertamente recibirán ...*).

35 R743 Tanto τυφλός como τὶς son adjetivos (aunque τυφλός se usa como un sustantivo: *ciego*).

36 R1031 El verbo en optativo εἴη aparece en la pregunta indirecta, donde el discurso directo tenía un verbo indicativo.

TGr87 El genitivo que aparece después del participio ἀκούσας indica que el ciego realmente oyó el ruido de la multitud que pasaba, no oyó que una multitud pasaba (es decir, él oyó el ruido; no recibió el informe acerca del movimiento).

T65 El verbo de petición ἐπυνθάνετο, que está en imperfecto, tiene la idea de una acción incompleta en el pasado, que espera el cumplimiento de una acción posterior realizada por otro agente (comp. 15:26): *él comenzó a preguntar.*

39 R664 El adjetivo instrumental πολλῷ fortalece al adjetivo μᾶλλον: *mucho más.*

T41 Αὐτός parece que tiene algún grado de énfasis en este caso.

41 M145 Ἵνα con el verbo en subjuntivo ἀναβλέψω parece ser virtualmente imperativo y significa: *Permite que yo recobre la vista*; en vez de: *deseo recobrar mi vista* (comp. T95).

Lucas 19

2 R679 Καὶ αὐτός tiene algún grado de énfasis las dos veces que aparece en este versículo.

3 R580 La preposición ἀπό tiene un sentido de causa: *a causa de la multitud*.

4 M39 El pronombre genitivo ἐκείνης se refiere a un lugar: *estaba a punto de pasar por aquel lugar* (comp. 5:19; el genitivo en 5:19 y 19:4 no tiene el sentido *en*, que tiene el genitivo clásico de espacio, para designar toda el área dentro de la cual ocurrió algo --BD186[1]).

5 R861 El participio de aoristo σπεύσας se refiere a una acción simultánea (que ocurre al mismo tiempo) con la del verbo principal.

R1127 Σπεύσας expresa la idea de manera: *desciende con prisa*.

7 T273 Aquí παρά con el dativo significa: *en la casa de*.

8 R880 Los verbos en presente δίδωμι y ἀποδίδωμι pueden usarse como reiterativos o de carácter consuetudinario aunque es más probable que se refieran a un nuevo propósito de Zaqueo (se usan como presentes futuristas --T63). [Editor. Los verbos en presente no describen aquello a lo cual Zaqueo había estado acostumbrado, sino la acción que él llevaría a cabo espontáneamente; aquí se usa el vibrante presente futurista.]

9 B46 El verbo en aoristo ἐγένετο aparece en este versículo donde el castellano requiere el presente perfecto: *ha venido*.

11 T227 No hay seguridad en cuanto a si προσθεὶς εἶπεν παραβολήν significa: *El dijo otra parábola*, o *El también dijo una parábola* (προσθεὶς εἶπεν significa: *El continuó y dijo una parábola* [es decir; algo que él no había hecho antes] --BD435[b]; puede significar: *volver a decir*, o *decir además* --M177; este participio equivale a πάλιν --H445). [Editor. Aparentemente, esta construcción debe traducirse: *El procedió a decir una parábola*;

ya que una porción substancial del discurso ha ocurrido entre esta parábola y la precedente que se narra en 18:9-14.]

13 M76 La expresión temporal ἐν ᾧ ἔρχομαι supuestamente significa: *mientras vengo* (es decir; *hasta que yo regrese*).
BD285(2) El pronombre ἑαυτοῦ significa: *sus*.
MT118 Lucas usa en este versículo el verbo simple πραγματεύομαι (*negociar*); y el verbo compuesto perfectivo διαπραγματεύομαι (*ganado al negociar*) en el v. 15.

15 B109 En ἐν τῷ ἐπανελθεῖν, la acción del aoristo de infinitivo precede a la acción del verbo principal; sin embargo, el escritor pudo haber pensado que tal aoristo indicaba de manera más o menos exacta el tiempo en que ocurre la acción del verbo (significa: *después de su regreso* --T145; comp. 11:37).

17 T31 El superlativo ἐλάχιστος tiene un sentido intensivo: *muy pequeño*.
BD102(3) Εὖγε es una interjección que significa: *¡Bravo!*
MT174 Puesto que el verbo copulativo no tiene aoristo, no es sorprendente que su imperativo sea a veces casi de ingreso (*comienza*); como ocurre con ἴσθι aquí.

20 T197 Ὁ ἕτερος aparentemente significa: *el tercero* (A omite el pronombre).

21 R997 En este versículo, el uso raro de ὅτι con ἐφοβούμην puede ser causal: *tuve miedo de ti, porque*.

30 M20 El participio de aoristo y el imperativo que aparece en λύσαντες αὐτὸν ἀγάγετε significan: *desátenlo y tráiganlo*.

33 T22 El plural οἱ κύριοι puede referirse a un dueño hombre o mujer.

37 R623 Πρὸς τῇ καταβάσει posiblemente puede considerarse como un verdadero dativo con ἐγγίζοντος; pero es mejor insertar *aun*, y considerarlo como un locativo; (πρός aparece con el dativo que implica posición, y significa: *a* --M54).

41 R834 Ἔκλαυσεν se usa como un aoristo de ingreso que significa:

*irrumpió en llanto* (comp. T72).

42 R834 El verbo en aoristo ἔγνως tiene un sentido de ingreso: *llegarás a conocer*.

R842 Ἐκρύβη es un verbo en aoristo que se refiere a lo que acaba de suceder: *ahora han estado encubiertos*.

BD482 En este versículo, la apódosis se omite en la oración condicional (se implica: *esto sería agradable para mí*).

43 M87 En el verbo compuesto que aparece aquí, περί no rige un complemento directo, pero fortalece la idea de cerco: *rodear*.

44 M71 La frase prepositiva ἀνθ' ὧν significa: *puesto que*, o *por cuanto*.

H423 Καί introduce una cláusula circunstancial (καὶ ἐδαφιοῦσιν ...) que se refiere al hecho de que el enemigo sitiará la ciudad, mientras los hijos estén dentro de ella, no sólo la población regular, sino todos los judíos de lejos y de cerca que hayan huído a la metrópoli.

47 B34 El perifrástico imperfecto ἦν διδάσκων se refiere a una acción repetida: *enseñaba diariamente*.

48 R1127 El participio ἀκούων expresa manera (*todas las personas oían atónitas las plabras de Jesús;* pues buscaban esperanza y guía en un mundo de desorden y desesperación --R1430).

Lucas 20

6 R891 Este versículo contiene el único caso en el N.T. en que aparece un presente de infinitivo en discurso indirecto, en representación de un imperfecto de indicativo (contrario a lo que implica Burton en B112): *que Juan era un profeta*.

M18 Aquí, la contrucción en perfecto perifrástico es más perfecta en forma que en significado: *(las personas) están convencidas*. Aquí πεπεισμένος es virtualmente un adjetivo, con poca o ninguna referencia al tiempo en el cual se produjo el convencimiento; y sería equivocado traducir: *ha sido persuadido* (esto destaca el estado existente --B84).

9 R470 El acusativo *χρόνους ἱκανούς* se refiere a la duración de tiempo: *por un largo tiempo*.

10 B198 Note la cláusula final pura con un verbo en futuro de indicativo: *que ellos le dieran*.

11 R551 En *προσέθετο ... πέμψαι*, el infinitivo presenta la idea principal, que significa: *proseguir y hacer*, o *hacer otra vez* (*hacer otra vez*, o *además* --M177; *προσέθετο πέμψαι*, según el pasaje paralelo de Mar. 12:4 y 5 [que tiene *πάλιν*], significa: *envió otra vez* --T227, comp. BD435(a) y H445).

19 R626 La preposición *πρός* no agrega nada al caso acusativo, y la idea es simplemente *con referencia a* (es decir, *dirigida a*; comp. BD239[6]).

R1183 El último *καί* de este versículo casi equivale a *ἀλλά* (el contexto exige el contraste).

20 M143 *Ὥστε* con el infinitivo tiene aquí el sentido de propósito (aunque este contexto puede significar: *tales palabras que les permitieran entregarlo*). [Editor. El Textus Receptus tiene *εἰς τό* en vez de *ὥστε*, lo cual es una interpretación que muestra apoyo para el sentido de propósito.]

23 MT117 El participio de aoristo *κατανοήσας* se refiere a la terminación de un proceso mental: *el detectó la astucia de ellos*.

25 T16 *Τά* con el genitivo aquí significa: *propiedad de*.

26 M13 El tiempo aoristo con el verbo *σιγάω* que parece ser esencialmente lineal, expresa un acto o un estado extendido, por prolongado que sea en tiempo, del cual se considera que constituye un sólo hecho sin referencia a su progreso: *ellos se sumieron en el silencio*.

BD170(2) La construcción genitiva *αὐτοῦ ῥήματος* aparentemente significa: *una palabra de El* (pero otros manuscritos incluyen el artículo).

27 R1171 Algunos manuscritos tienen *ἀντιλέγοντες*, (otros omiten el prefijo *ἀντί*), caso en el cual el negativo *μή* es redundante,

porque el participio compuesto denota una idea negativa: *quienes dicen que no hay resurrección.*

32 BD62 En este versículo, ὕστερον significa: *más tarde.*

35 T232 A veces, el genitivo aparece con el verbo τυγχάνω en los escritos de los autores más cultos: *alcanzar aquel siglo y la resurrección.*

36 T208 La expresión *hijos de la resurrrección* se refiere a aquellos que resucitarán.

BD118(1) 'Ισο en ἰσάγγελος corresponde a un participio, como si se dijera: *siendo igual a.*

37 R1034 Un ὅτι declarativo aparece con el verbo μηνύω (para indicar el contenido del verbo): *Moisés reveló que.*

BD234(3) Aquí la preposición ἐπί con el genitivo tiene el sentido de *a, cerca, por* (a menos que en este caso signifique: *en ocasión de.* [Editor. Parece que la frase ἐπὶ τῆς βάτου se refiere a un segmento de historia: *en el pasaje de la zarza* (Exo. 3), del cual se cita más tarde.]

46 T227 El participio con artículo τῶν θελόντων significa: *quienes gustan de.*

47 R564 Κατεσθίω significa literalmente: *devorar.*

## Lucas 21

1 B138 Frecuentemente el participio de aoristo griego se traduce mejor al español por medio de un verbo conjugado en forma personal, más la palabra *y*: *El levantó los ojos y vio.*

8 MT125 La prohibición de este versículo sería contestada: *evitaremos ser engañados.*

11 BD443(1) Las dos veces que aquí aparece τε simplemente significan: *y* (a menos que quizá se piense en un asíndeton, ya que τε no es muy apropiada como partícula conectiva). [Editor.

No hay razón para suponer que se ha omitido un conectivo cuando aparecen *τε* y *τε καί*. La partícula *τε* puede usarse como conectiva en el N.T.; comp. Hech. 2:33 y 10:22.]

13 M70 La preposición *εἰς* tiene el sentido de *tener como resultado*.
M89 El verbo compuesto *ἀποβαίνω* significa: *resulta ser, resultar.*

14 R1094 El infinitivo *προμελετᾶν* introduce el complemento directo del verbo *θέτε*: *propongan en sus mentes, no pensar.*
BD392(3) Τίθημι ... *ἐν* tiene el sentido de: *proponerse, pensar en.*

16 T209 'Eκ con el genitivo aquí expresa un sentido distributivo: *algunos de ustedes.*

17 R889 El futuro perifrástico se usa para expresar una acción duradera (comp. 1:20): *ustedes continuarán siendo odiados.*

22 R1088 Τοῦ con el infinitivo expresa la idea de propósito (aquí limita a un sustantivo --B400): *cumplir.*

24 R534 Στόματι se usa como un dativo instrumental (comp. T240): *a filo de espada.*
B71 El futuro perifrástico expresa una idea duradera: *Jerusalén (continuará siendo) hollada* (comp. el v. 17).
T27 El plural *καιροί* es una construcción idiomática que se refiere a *este período de tiempo.*

26 R566 La preposición *ἀπό* no se repite con *προσδοκίας* porque las dos ideas, *φόβου* y *προσδοκίας*, se toman conjuntamente ya que son similares: *de temor y expectación* (la preposición *ἀπό* tiene aquí un sentido causal --H461).

33 R873 Οὐ *μή* aparece aquí con el futuro predictivo (*οὐ μὴ παρελεύσονται* aparentemnete es una fusión de Mat. 24:35, *οὐ μὴ παρέλθωσιν*, y Mar. 13:31, *οὐ παρελεύσονται* --T97): *mis palabras no pasarán.*

34 H379 Βιωτικός (de *βιόω*), tal como lo usó primeramente Aristóteles, significó: *apto para vivir, viviente*; y mostró una analogía con la mayoría de las palabras de este grupo (*τικός*).

Pero su uso regular en los escritos helenísticos aparece en Luc. 21:34 y 1 Cor. 6:3, donde es adjetival, y corresponde a *βίος*. Este significado de: *mundano, secular, comercio, cada día* puede ilustrarse tanto a partir del koiné no literario como del literario.

36 BD97(1) No hay razón suficiente para atribuir un sentido pasivo al infinitivo simple intransitivo *σταθῆναι*, que significa: *estar en pie delante de*.

37 M9 El verbo en imperfecto *ηὐλίζετο* significa: *él solía pasar la noche* (paralelo de *ἦν ... διδάσκων*; comp. T67).

BD205 Parece que la preposición *εἰς* se usa en lugar de *ἐν* con un sentido local: *en*.

Lucas 22

1 T27 El plural idiomático *ἀζύμων* se refiere a un festival específico.

2 R427 Τὸ *πῶς ἀνέλωσιν* es el complemento directo del verbo *ἐζήτουν* (el artículo se usa con una pregunta indirecta en los vv. 2 y 4: *cómo* --R766). [Editor. En esencia, estos dos comentarios tienen significado similar.]

4 T181 El artículo *τοῖς* no se repite porque los dos grupos se consideran como un todo unificado.

6 B400 Τοῦ con el infinitivo se usa para definir más específicamente el sustantivo *εὐκαιρίαν*: *una oportunidad para traicionar*.

7 R887 El imperfecto *ἔδει* se refiere a una obligación pasada: *tenía que ser sacrificado*.

9 M139 El subjuntivo simple se usa en este versículo en una cláusula final: *¿dónde deseas que preparemos ...?*

11 T109 El verbo en subjuntivo *φάγω* tiene un sentido final (equivale a *ἵνα φάγω* --BD378): *para que yo coma*.

15 M178 Ἐπιθυμίᾳ ἐπεθύμησα probablemente signifique: *He* (o quizá, *había*) *deseado intensamente* (similar al infinitivo absoluto en hebreo).

19 T87 El participio de presente *διδόμενον* aparece en lugar del futuro (quizá por influencia aramea o hebrea; literalmente significa: *tiene la característica de* --BD339[2b]).

20 M31n.1 Ἐν *τῷ αἵματί μου, ... ἐκχυννόμενον* luce extrañamente como una *falsa concordancia*, como si *τῷ ... ἐκχυννομένῳ* fuera el sentido que se tenía en mente; pero puede ser que tuvo la intención de referirse a *τὸ ποτήριον*. [Editor. La última sugerencia parece preferible: *esta copa que es derramada*.]

M64 La preposición *ὑπέρ* tiene aquí un significado que es similar a *ἀντί*: *por ustedes*.

M78 La frase prepositiva *ἐν τῷ αἵματί μου* quizá signifique: *sellado* o *ratificado con mi sangre*.

T301 El paralelo de Lucas que se halla en 1 Cor. 11:25 omite la cópula *ἐστίν*; Cadbury hace hincapié en la extrañeza de esto, en vista de la práctica regular que tenía Lucas de insertar la cópula, especialmente si halló el verbo copulativo en sus fuentes. Probablemente esta no es una frase de Pablo, sino una que Lucas heredó.

23 R427 Τὸ *τίς ... εἴη* es el complemento directo de *συζητεῖν* (el artículo introduce una pregunta indirecta --T131; comp. el v. 2: *ellos comenzaron a preguntarse entre sí, quién de ellos sería*).

24 M75 Ἐν *αὐτοῖς* evidentemente significa: *entre ellos*.

25 R510 El verbo *κυριεύω* toma el complemento en genitivo porque tiene cierta semejanza con un sustantivo: *ser un gobernador de*.

26 BD480(5) En la primera parte de este versículo aparece un elipsis del verbo (es decir; *no debe suceder así*).

29 R581 El verbo compuesto *διατίθημι* significa: *disponer*.

30 BD369(3) El verbo en futuro *καθήσεσθε*, colocado después de *ἵνα* y conectado por *καί* con el subjuntivo, designa alguna

consecuencia posterior (como una extensión de ἵνα con el subjuntivo): *y que se sienten.*

32 M63 La frase prepositiva περὶ σοῦ significa: *por ti.*

37 M61 Μετά tiene la idea de *asociación con.*

40 R603 'Επί con el genitivo tiene el sentido de *hacia* (clásico).
BD336(1) El presente de imperativo προσεύχεσθε, en los vv. 40 y 46, se refiere a una acción que queda suspendida, sin visualizar ninguna meta definida (es decir, *oren*, sin prever ningún tiempo cuando deben detenerse).

41 M34 El acusativo βολήν indica extensión (de espacio): *como a un tiro de piedra.*

42 T115 Εἰ con el verbo en presente de indicativo βούλει tiene la idea de *puesto que.*
BD211 El verbo compuesto παρένεγκε con la preposición ἀπό tiene la idea de *(permite) ... que pase (y por tanto, aparte de).*
BD284(1) El pronombre posesivo μοῦ aparece aquí en una construcción de contraste. El hincapié sobre todo está en el adverbio de negación *no.*

45 R580 'Από tiene una idea causal (*los halló durmiendo a causa de la tristeza* --M73).

46 B200 Ἵνα se usa con una cláusula de complemento directo, para denotar el contenido de προσεύχεσθε: *oren para que no entren.*

48 R533 Φιλήματι se usa como un dativo de medio: *con un beso.*

49 M77 La frase ἐν μαχαίρῃ es instrumental: *¿Atacamos con la espada?*
M151 Εἰ se usa para introducir una pregunta (con el futuro, para preguntar lo que se debe hacer --B70).
T270 Οἱ περὶ αὐτόν significa: *sus discípulos*, o *los que estaban alrededor de El* (comp. M62; *los que estaban con él* --R620; *sus discípulos* --BD228). [Editor. A esta hora, los que estaban alrededor de Jesús hubieran sido sus discípulos.]

50 T195 Εἷς τις significa: *uno de*.

BD111(3) Οὖς se refiere al órgano de la audición; Lucas usa el griego clásico cuando usa *οὖς* para referirse a una parte del cuerpo. Aparece *οὖς* en una simple declaración enfática, mientras que en el v. 51, *ὠτίου* tiene carga emocional.

51 M99 El participio de aoristo con el verbo en aoristo de indicativo significan: *tocando su oreja, lo sanó*.

53 T190 La posición del pronombre en la expresión *ὑμῶν ἡ ὥρα* indica un énfasis especial.

55 M89 *Περιάπτω* se refiere a encender un fuego.

59 R550 Ἐπ' *ἀληθείας* es una frase adverbial que significa: *ciertamente*.

61 R873 Ἀ*παρνήσῃ* a menudo se entiende mal a causa de la traducción: *me negarás* (imperativo). Por tanto, no podría ser falta si Jesús se lo ordenó. En este versículo la traducción con *me negarás* (declarativo, predictivo) está libre de este riesgo.

T137 Ὡς aquí equivale a *ὅτι* (indica el contenido del verbo *ὑπεμνήσθῃ*).

65 B121 El participio de presente *βλασφημοῦντες* realmente especifica la significación o calidad interna del verbo principal *ἔλεγον*: *ellos decían ..., blasfemaban*.

66 R1179 Los conectivos *τε* y *καί* se usan para indicar un vínculo interno, aunque no se da ningún indicio sobre el valor relativo de los asuntos que se unen.

M101 En los vv. 66 y sigs., el participio de presente *λέγοντες* se refiere a lo que ocurría después de la acción del verbo principal *ἀπήγαγον*.

BD444(4) Ἀ*ρχιερεῖς τε καὶ γραμματεῖς* es una frase explicativa que está en aposición con la frase anterior, *τὸ πρεσβυτέριον τοῦ λαοῦ*, ya que de otra manera se hubiera usado el artículo para designar a los dos grupos: *el concilio de los ancianos ... tanto los sumos sacerdotes como los escribas*.

70 R678 Ὑμεῖς λέγετε no equivale a *correcto;* sino significa: *ustedes mismos lo dicen, no Yo* (comp. BD441[3]).

71 M121 Αὐτοί aquí parece enfático: *porque nosotros mismos hemos oído.*

Lucas 23

3 MT86 Σὺ λέγεις significa: *Tú lo dices, la palabra es tuya* (el énfasis está en el pronombre personal: *Tú lo estás diciendo, no yo* --TGr73; comp. con 22:70).

4 H341 Αἴτιον significa: *crimen*, en los vv. 4, 14 y 22 (del adjetivo que significa: *digno de culpa*).

5 T155 Ἀρξάμενος aparece con el significado *desde ... en adelante.* BD225 La preposición κατά, en este contexto significa *a través de.*

11 M37 Ἐξουθενέω significa: *estimar en nada.*

12 R625 La preposición πρός expresa aquí una disposición hostil el uno y el otro: *enemistad entre sí.*

14 R966 Ὡς aparece con el participio para referirse a una acusación alegada; Pilato no cree que sea verdadera la acusación contra Jesús.

15 R534 Aparece aquí el único ejemplo verdadero de un dativo simple usado para referirse al agente (equivale a ὑπό con el genitivo) de un verbo pasivo o de un participio (a menos que el pronombre dativo αὐτῷ se explique de otra manera, como si significara: *en su caso* --M204; presenta un agente dativo --BD191; comp. T240).

R903 Aquí la construcción perfecta perifrástica constituye un uso extensivo del tiempo perfecto, que se refiere a una acción terminada: *ha sido hecho.*

19 R860 Ἦν βληθείς es una construcción perifrástica del aoristo, y significa: *había sido echado.*

M76 Ἐν con el dativo τῇ φυλακῇ se usa en lugar de εἰς y el acusativo, *en la cárcel.*

28 BD449(1) Πλήν se usa aquí en lugar de ἀλλά, después de un negativo (el manuscrito D tiene ἀλλά): *pero.*

31 B169 Este versículo contiene una pregunta retórica: *Porque si hacen estas cosas en un árbol verde, ¿qué se hará en el seco?*

T293 La supresión del sujeto de ποιοῦσιν parece que da énfasis a la acción del verbo.

32 BD306(5) Ἕτεροι se usa en sentido pleonástico; así que καὶ ἕτεροι δύο significa: *y además, dos malhechores* (el adjetivo implica la idea de diferencia --R749).

38 R604 La preposición que aparece en ἐπ' αὐτῷ tiene la idea de *sobre.*

41 M122 Οὗτος se usa en contraste, para destacar el pronombre *éste.*

42 BD198(2) Ἐν con el dativo se usa en un sentido asociativo: *con tu reino* (los manuscritos B y L cambian por εἰς).

49 T185 Γυναῖκες αἱ συνακολουθοῦσαι significa: *las mujeres, es decir, las que lo habían seguido ... estaban* (el participio de presente se refiere a una acción que ocurre antes de la acción del verbo principal; comp. el v. 55 --M101).

51 T40 Αὐτῶν se refiere a los miembros del concilio (se deduce de la declaración anterior).

54 R885 Ἐπέφωσκεν se usa como un aoristo de ingreso (*estaba a punto de rayar* --BD323[4]).

55 R726 Ὡς introduce aquí una pregunta indirecta, y significa: *cómo.*

56 BDp.5n.1 En este contexto, ἡτοίμασαν realmente significa: *comprar.*

## Lucas 24

1 M39 La expresión en genitivo ὄρθρου βαθέως significa: *muy de mañana*.
T187 El uso de μιᾷ, que significa: *primer*, puede ser semítico.

4 T56 El verbo en voz media ἀπορεῖσθαι tiene un sentido activo: *estar en incertidumbre*.
BD140 'Εσθῆτι es un colectivo singular que significa: *vestiduras*.

6 R1032 'Ως introduce una pregunta indirecta: *cómo* (comp. 23:55).

7 T325 El sujeto de los infinitivos (τὸν υἱόν) se encuentra en una posición no normal aquí (posiblemente para indicar énfasis).

10 R501 El genitivo de relación que aparece en Μαρία ἡ 'Ιακώβου se refiere a la madre de Jacobo; el contexto debe decidir si se refiere a madre, esposa, hija o hermana, (en este versículo se refiere a la madre).

11 BD214(6) 'Ενώπιον αὐτῶν aparece aquí en lugar del simple pronombre αὐτοῖς: *les parecía*.

13 M34 El acusativo σταδίους indica la extensión del espacio: *alrededor de sesenta estadios* (es decir, unos once kilómetros).
M93 'Εν αὐτῇ τῇ ἡμέρα presenta una excepción del uso idiomático normal de αὐτός; aquí el significado parece ser: *en el mismo día*; y no *en el día mismo*. [Editor. Posiblemente la frase prepositiva ἐν αὐτῇ se considere definida sin el artículo; comp. 23:12.]

14 P625 Πρός con el acusativo se usa en los vv. 14 y 17 para referirse a una relación muy personal (una conversación íntima).

15 BD260(1) Se puede usar el nombre 'Ιησοῦς sin artículo porque es la primera vez que aparece después de la resurrección (esta explicación es demasiada sutil; es mejor aceptar la variante ὁ 'Ιησοῦς de los manuscritos D y L, que concuerda con el uso del Evangelio --T167). [Editor. Tomar la interpretación que ofrece Blass puede ser demasiado sutil; pero uno no está obligado a

aceptar la dudosa variante que prefiere Turner. Realmente, se considera que 'Ἰησοῦς es un nombre propio y no requiere artículo para ser definido. Además de esto, Lucas emplea frecuentemente 'Ἰησοῦς en una construcción sin artículo (comp. 4:1; 8:41; 9:36,50; 18:37,40; 22:48 y 23:28).]

16 B403 El infinitivo con *τοῦ μή*, después de un verbo de obstrucción, está íntimamente relacionado con el infinitivo de resultado. La interpretación que da Meyer a *τοῦ μὴ ἐπιγνῶναι αὐτόν*, en este versículo, en el sentido de que expresa un propósito divino (la traducción de su gramática al inglés no representa el significado del original alemán) no se requiere según el uso del N.T. El griego de la manera más natural, significa: *los ojos de ellos estaban velados para que no lo conocieran.*

17 R572 Note en este versículo el verbo compuesto *ἀντιβάλλετε* donde los dos discípulos estaban intercambiando palabras (*lanzándoselas el uno al otro mientras se miraban entre sí -ἀντι*) el uno con el otro; este es un cuadro íntimo y vivo de una conversación.

R735 Τίς aquí equivale a *ποῖος* (comp. *ποῖα* en el v. 19: *qué*).

R835 'Ἐστάθησαν se usa como un aoristo efectivo (es decir, el hincapié está en el fin de la acción): *ellos permanecieron quietos.*

18 R172 Κλεοπᾶς aparentemente es una abreviación de *κλεόπατρος* (equivale también a *κλωπᾶς* [en Juan 19:25] --BD125[2]).

R1183 Καί tiene aquí un sentido consecutivo: *¿y como resultado, no sabes*?

20 R731 Esta es la única vez que aparece *ὅπως* en el N.T. para introducir una pregunta indirecta: *cómo.*

21 R628 Σύν aparece en este contexto con la idea de *además.*

R701 El predicado acusativo aparece en *τρίτην ταύτην ἡμέραν*. El significado no es: *este tercer día*; sino: *este es un tercer día.*

R1148 La partícula *γε* en este versículo tiene el sentido de *tanto como esto, tanto como*, donde *καί, σύν* y *ἀλλά* acentúan la fuerza de la partícula, la cual aquí es afirmativa, no adversativa (el significado total es: *sí, y además de todo esto* --M81).

M27 *Este es el tercer día* tal vez equivalga a: *está pasando el tercer día.*

T66 El verbo en imperfecto ἠλπίζομεν tuvo el propósito de hacer que la narrativa fuera continua hasta que alguna acción en el tiempo aoristo pusiera sentido a toda la descripción; pero aquí la descripción queda sin clímax (es decir, no se presenta luego un verbo en aoristo; comp. 2:47).

T291 Jesús es el sujeto del verbo ἄγει; El ya había permitido que pasaran tres días.

22 R1126 La narración continúa con el uso de ἀλλὰ καί (esas partículas aquí son continuativas, no adversativas: *además*).

23 B343 La última parte de este versículo debe traducirse: *ellas vinieron diciendo que también habían tenido una visión de ángeles, quienes dijeron que El estaba vivo.* Después de un verbo en pretérito, la cláusula principal del discurso directo se expresa en discurso indirecto por medio de un infinitivo, mientras que la cláusula subordinada retiene el tiempo y el modo del discurso directo (comp. M133).

25 B399 Τοῦ con un infinitivo se usa para limitar el adjetivo βραδεῖς: *lentos para creer.*

TGr40 Había emoción en las palabras del Señor resucitado cuando El se juntó a Cleofas y a su amigo en el camino a Emaús (por cuanto usa la palabra ὦ). El se sorprendió por el hecho de que ellos no entendían el significado de la profecía del A.T., y exclamó: *¡Oh insensatos y lentos de corazón!*

BD187(6) Ἐπί con el dativo aquí significa: *basado en.*

26 R919 El verbo en imperfecto ἔδει se refiere a que era una necesidad y la declaración puede estar confinada a esta fase del asunto, aunque la necesidad todavía existe (comp. B30; se refiere a una obligación pasada: *¿No hubiera sido necesario?* --T90; simplemente una necesidad pasada --BD358[1]). [Editor. El verbo en imperfecto ἔδει se refiere a una necesidad pasada que fue suplida. No parece que haya razón para mantener que la necesidad aún existe.]

27 M63 Τὰ περὶ ἑαυτοῦ significa: *lo que concernía a Sí mismo.*

M181 Hay una peculiaridad en el uso de ἀπξάμενος; el significado completo puede ser: *El les expuso a partir de Moisés (donde comenzó), y luego, de todos los profetas (con los cuales continuó).*

29 R1088 Τοῦ con el infinitivo μεῖναι expresa propósito: *el entró a quedarse con ellos.*

30 B109 En la expresión ἐν τῷ con el aoristo de infinitivo, la acción que denota el infinitivo precede a la acción del verbo principal; sin embargo, el escritor pudo haber pensado en indicar de una manera más o menos exacta el tiempo en el cual ocurre la acción del verbo (*después* --BD404[2]; comp. 11:37).

T68 Es un punto interesante que, cuando Lucas describió la escena de Emaús, después de la resurrección, preservó el mismo orden verbal que usó Marcos (6:41); aoristo ... aoristo ... imperfecto. Antes que Jesús fuera reconocido por Cleofas y el otro discípulo, *dio gracias, bendijo, y se dedicó a distribuirles el pan.*

31 TGr79 y sig. Hay un doble hincapié en el pronombre αὐτῶν: en primer lugar, el hecho de usarlo; y luego, el hecho de colocarlo tan enfáticamente al comienzo de la oración. Sin embargo, el énfasis no carece de sentido cuando consideramos la oración en relación con lo que antecede. El evangelista ha colocado juntos los dos pronombres de pronunciación similar: αὐτοῖς y αὐτῶν; y la clave para la interpretación correcta consiste en unir mentalmente los pronombres tan íntimamente como sea posible, y entender que el concepto subyacente en la historia del camino a Emaús es la capacidad iluminadora del partimiento del pan. Todos los que (αὐτοῖς) reciben el pan partido, estos son los que (αὐτῶν) logran la iluminación.

32 R974 Ὡς se usa aquí con un sentido temporal: *cuando.*

B22 La traducción: *¿No ardía nuestro corazón ...?* es mejor que: *¿No estaba ardiendo nuestro corazón ...?* El verbo es un imperfecto perifrástico (καιομένη ἦν), y se necesita una acción en progreso para traducirlo adecuadamente.

35 R587 Ἐν con el dativo κλάσει tiene la idea de *en el caso de.*

R726 Ὡς se usa para introducir una pregunta indirecta, y significa: *cómo* (comp. 23:55).

36 B435 El participio tiene un sentido temporal: *Y mientras ellos hablaban estas cosas, El mismo se paró en medio de ellos.*

38 R739 Realmente hay muy poca diferencia entre τί que significa: *por qué*; y διὰ τί, que significa: *¿a causa de qué?*.

39 M121 Ἐγώ εἰμι αὐτός es una expresión muy enfática, que significa: *soy Yo mismo.*

41 R580 La preposición ἀπό tiene una idea causal (comp. H461): *a causa del gozo.*

46 R1080 Los aoristos de infinitivo atemporales παθεῖν y ἀναστῆναι se refieren a eventos futuros con referencia al verbo principal.

B75 El verbo en perfecto γέγραπται se refiere a un estado existente: *así está escrito* (es decir, *permanece escrito*).

47 M69 Parece que εἰς con el acusativo aquí equivale a un simple dativo: *a todas las naciones* (esta frase denota los destinatarios de la predicación --BD207[1]).

T78 Parece muy probable que el infinitivo κηρυχθῆναι sea imperativo, y que signifique: *que se predique.*

MT182 Con gran vacilación, ἀρξάμενοι puede tomarse como imperativo, si se toma la puntuación del versículo según la nota marginal de Wescott y Hort: *Comiencen desde Jerusalén, como testigos de estas cosas.* El enfático ὑμεῖς, repetido en el v. 49, así indica el contraste entre los doce, para quienes Jerusalén siempre sería el centro, y el que sería levantado pronto, quien haría del mundo su parroquia (o el participio es imperativo, o lo que hay aquí es un anacoluto --R1203; el participio significa: *desde ... en adelante* --T155; *comenzando con* --BD419[3]). [Editor. No es necesario traducir este participio como un imperativo; especialmente por el hecho de que su significado más común, *comenzando con*, provee un sentido válido.]

50 BD239(3) Ἕως con la preposición πρός significa: *hasta, el alcance de la vista de.* No hay ningún indicio de que hayan entrado en Betania.

# Juan

## Juan 1

1 R623 En este versículo, la idea literal de πρός es evidente: *cara a cara con Dios*.

M116 ¿No es nada más que un modismo la omisión del artículo en θεὸς ἦν ὁ λόγος? Middleton la toma como un caso en que el artículo se omite simplemente porque θεός es el predicado de una proposición que no es recíproca (comp. el v. 4). Similarmente Stauffer (J. W. N. T., III, 106) dice que la omisión del artículo sólo está condicionada a lo gramatical.

TGr17 Moffatt traduce el último segmento de este versículo así: *el Verbo era divino*. En un sentido, se implica que aun los seres humanos pueden llamarse divinos. El doctor Moffatt consideró que él tenía la gramática griega a su favor. La palabra que traduce Dios (θεός) no tiene el artículo definido; así que θεός no es un sustantivo, sino cierta clase de adjetivo; por lo tanto, debe traducirse *divino*, y no *Dios*. La falacia de esto quedó expuesta desde el tiempo del doctor Moffatt, pero a él nunca le han faltado seguidores. El hubiera estado, sin lugar a dudas, sumamente ansioso de desconocer la traducción absolutamente inadecuada de un ex-sacerdote romano alemán: *el Verbo era un dios*. El hecho de que Θεός no tiene artículo no transforma la palabra en un adjetivo. Es un predicado nominal cuyo sujeto es λόγος. Una regla muy universal en el griego del N.T. es que, cuando un predicado nominal precede a un verbo, ese sustantivo carece de artículo definido. Las consideraciones gramaticales, por tanto, no requieren que necesariamente haya un significado doctrinal en la omisión del artículo, porque es simplemente un asunto relacionado con el orden de las palabras (cuando aparece una forma del verbo copulativo, no se usa el artículo con el predicado nominal, a menos que se pueda intercambiar con el sujeto. El uso de ὁ θεός ἦν ὁ λόγος hubiera dado apoyo al sabelianismo [comp. el comentario sobre el v. 4 y la construcción similar en 1 Juan 4:16 --R767).

3 R751 Οὐδὲ ἕν es más enfático que οὐδέν: *ninguna cosa.*

TGr138 y sig. La mejor traducción de los vv. 3 y sigs., es: *nada fue hecho sin El. En cuanto a lo que ha sido hecho, él fue su vida.* Esta traducción se basa en un modismo gramatical según el cual una palabra que esté en el caso nominativo aparece al principio de una oración, pero sintácticamente está aislada del resto de ella (comp. el v. 12).

T70 Aquí parece que hay poca distinción entre el tiempo aoristo y el perfecto (comp. Col. 1:16; el verbo perfecto γέγονεν denota un efecto continuo sobre el sujeto, *de las cosas creadas*, que equivale a *existentes* [sin embargo, algunas versiones colocan una pausa completa antes de ὅ] --BD342[1]. Al colocar una pausa completa antes de ὅ, y tomar a ὃ γέγονεν como equivalente a una construcción hebrea similar, el resultado es: *Por cuanto en El estaba la vida* --H436). [Editor. Las evidencias de los manuscritos casi están divididas por igual en cuanto a colocar un punto antes de ὅ, o colocarlo antes de ἐν. El contexto parece que apoya la colocación del punto antes de ἐν, puesto que la cláusula relativa puede traducirse en su sentido más común con referencia a la creación (comp. la traducción de Blass).]

4 R768 Cuando el artículo aparece con el sujeto y el predicado nominal, ambos son definidos, y se tratan como idénticos, y son intercambiables (comp. el v. 1): *la vida era la luz.*

5 R1183 El uso de καί con el significado de *sin embargo* aparece con frecuencia en el Evangelio según Juan (como ocurre la segunda vez que se usa καί en este versículo; contraste real --BD44[1].

M197 Parece que κατέλαβεν significa tanto *entender con la mente (comprender)* como *agarrar con la mano (vencer).*

T73 El verbo aoristo κατέλαβεν se usa con un sentido gnómico (que expresa un axioma válido para todo el tiempo).

6 R534 La preposición παρά con el genitivo se usa aquí para expresar agente: *por Dios.*

7 R850 El verbo en aoristo μαρτυρήσῃ sólo tiene un sentido de acción realizada durante algún tiempo (sumario, comp. 15:7): *para que diera testimonio.*

8 R708 Abbott nota (283) que en el Evangelio según Juan, cuando *ἐκεῖνος* está fuera de diálogo, tiene usualmente un énfasis considerable, como en los vv. 8, 18 y 33.

R1187 'Αλλ' ἵνα es una expresión elíptica en este versículo (comp. Mar. 14:49; *sino al contrario* --BD448[1]).

M144 La cláusula formada con ἵνα puede tener aquí un sentido imperativo: *él tenía que dar testimonio* (comp. Mar. 14:49; dudoso en Juan 1:8 --T95). [Editor. Parece preferible considerar la cláusula elaborada con ἵνα como final, y que repite la cláusula idéntica del v. 7, especialmente si se tiene en cuenta la tendencia de Juan a repetir palabras, frases y cláusulas.]

9 T87 Aunque ἦν y el participio están separados por toda una cláusula completa, aun forman una construcción perifrástica (comp. H452): *la luz verdadera ... venía.*

10 R834 El verbo en aoristo ἔγνω tiene un sentido de ingreso: *el mundo no dejó de ser ignorante, o comenzó a reconocer* (comp. 16:3 y T71).

H469 El uso de καί en declaraciones que contrastan, con el significado de *pero*, es una característica del cuarto Evangelio (como en los vv. 10 y sigs. comp. el v. 5).

11 R691 Τὰ ἴδια se refiere *al hogar de uno*, y οἱ ἴδιοι, *al pueblo de uno.*

12 B290 En este versículo no tenemos dudas en cuanto a entender la cláusula relativa como definida, ni por el hecho de que el antecedente está expreso: *a ellos*; sino porque la cláusula se refiere a cierta clase que realmente lo recibió.

MT115 En el griego del N.T., la preposición en un verbo compuesto puede omitirse sin debilitar el sentido, cuando se repite el verbo; ἔλαβον continúa la idea introducida por παρέλαβον en el v. 11 (comp. R563).

13 T27 Αἱμάτων es un plural literal que se refiere a los antepasados de uno, del marido y de la esposa (este es sólo un plural idiomático --R408). [Editor. La sugerencia de Turner es más probable, ya que la construcción denota aquí la transmisión de la vida física por medio de la procreación.]

14 R829 Ἐσκήνωσεν se usa como un aoristo que expresa como un solo hecho toda la vida terrenal de Jesús, mientras que εγένετο es de ingreso, y acentúa la entrada del Logos a su vida sobre la tierra (ἐθεασάμεθα es probablemente un verbo de efecto, que acentúa el resultado).

T315 Πλήρης es un adjetivo indeclinable sólo cuando está seguido por un genitivo. En este versículo puede tomarse con δόξαν o con αὐτοῦ (D lo tiene como declinable). [Editor. Parece que πλήρης está en aposición con el sustantivo μονογενοῦς, a causa de su cercana proximidad, y porque Juan lo describe a El con el sustantivo πληρώματος en el v. 16.]

15 R438 Abbott considera que la digresión de este versículo es un ejemplo del impresionismo que se debe al deseo que tenía el escritor de causar primero su impresión y luego añadir la corrección explicativa.

R640 Ἔμπροσθεν tiene la idea de rango en este versículo: *tiene un rango superior al mío.*

R896 Ciertamente κέκραχεν (perfecto) es aquí un tiempo histórico vivido, aunque sólo sea intensivo en su sentido (comp. Luc. 9:36; equivale al presente histórico --BD321): *el clamó.*

R964 En los vv. 15 y sigs., el ὅτι aparece con sentido causal tres veces en sucesión.

M42 El superlativo πρῶτος se usa como un comparativo: *antes de mí* (no clásico; o *superior a mí* --T32).

16 R574 La explicación de χάριν ἀντὶ χάριτος parece ser que, a medida que los días vienen y van, una nueva provisión toma el lugar de la gracia que ya se había concedido, como las olas siguen una tras la otra sobre la playa. La gracia responde (ἀντί) a la gracia (*hemos recibido un favor en lugar de otro, una sucesión de favores* --M71).

R829 Ἐλάβομεν se usa como un aoristo de efecto, que acentúa el resultado (comp. el v. 14): *todos hemos recibido.*

R1181 Καί se usa para introducir una frase que es una explicación adicional (*es decir* --BD442[9]).

M72 Ἐκ se usa aquí con el genitivo, con un sentido partitivo: *de su plenitud.*

T258 En este versículo, ¿tiene ἀντί la idea de substitución (es decir, el Espíritu Santo en lugar de la presencia de Cristo); o implica una sucesión de gracias? [Editor. La idea de sucesión parece preferible; comp. R574.]

18 R708 El pronombre *ἐκεῖνος* denota énfasis (comp. el v. 8).

R829 Ἐξηγήσατο se usa como un aoristo que expresa como un solo hecho la totalidad del ministerio terrenal de Cristo: *él lo ha dado a conocer* (comp. el v. 14).

B88 El uso de un adverbio de tiempo pasado con un verbo perfecto (*ἑώρακεν*) sirve para dar más prominencia a la acción pasada que la que usualmente da el tiempo perfecto.

M69 No debe pensarse que *εἰς τὸν* ... sea sutilmente diferente en significado de *ἐν τῷ* ... (*εἰς* con un sentido local aparece en vez de *ἐν* --T254): *en el seno*.

20 R918 Note la brusquedad progresiva de las tres negaciones de Juan el Bautista en los vv. 20 y sigs. (Se ve en la forma breve de la negación).

22 BD483 Una cláusula final con *ἵνα* aparece aquí después de una pregunta; (comp. 9:36): *responde, para que podamos*.

26 R550 Μέσος ὑμῶν ἕστηκεν significa: *está en medio de ustedes* (una variante).

27 R961 En *ἄξιος ἵνα λύσω*, la conjunción *ἵνα* no indica una idea de propósito. Burton (216) prefiere llamarlo una limitación complementaria de la cláusula principal, cierta clase de propósito secundario. Pero la idea es más bien la de un resultado previsto (introduce una cláusula consecutiva cualitativa que equivale a un infinitivo --BD379): *no soy digno de desatar*.

29 T151 Ὁ *αἴρων* realmente significa: *el que lleva el pecado*.

T231 Ἴδε aparece con un nominativo como complemento directo porque, como *ἰδού*, *ἴδε* ha llegado a ser una partícula estereotipada de exclamación (comp. 19:26 y sig.): *¡He aquí!*

30 R677 Ἐγω denota un grado de énfasis en los vv. 30 y 33: *yo mismo* ...

M42 El superlativo *πρῶτος* tiene un sentido comparativo (comp. el v. 15).

M65 La preposición *ὑπέρ* tiene aquí un significado similar a *περί*: *acerca de quien yo dije*.

31 R904 Los verbos del presente perfecto, que habían llegado a ser sólo presentes en el N.T., por medio de la acentuación en la idea duradera y la pérdida del hincapié en la idea definida (precisa), son virtualmente imperfectos cuando aparecen con la forma pluscuamperfecta, como *ᾔδειν* aquí: *Yo no lo conocía*.

32 R440 El verbo *ἔμεινεν* se usa en vez del participio (comp. el v. 33), para dar énfasis especial a ese punto: *el Espíritu permaneció sobre El*.

R893 El verbo perfecto *τεθέαμαι*, en la boca de Juan el Bautista, se refiere al bautismo de Jesús unas semanas antes; pero aún tenía la visión (*τεθέαμαι τὸ πνεῦμα καταβαῖνον* significa literalmente: *He visto al espíritu que descendía*; pero el español [que toma en cuenta el intervalo] demanda: *yo vi* ... [si no una paráfrasis torpe como *yo vi ... y por tanto ahora estoy convencido*, para expresar el resultado que sugiere el tiempo perfecto griego] --M14).

33 B299 La cláusula relativa no expresa aquí un principio general que se aplica a cualquiera de muchos casos, sino una suposición y una afirmación que se refieren a un caso particular: *sobre quien* ...

T135 El infinitivo *βαπτίζειν* tiene la idea de propósito: *a bautizar*.

35 BD321 En los vv. 35-43, las circunstancias, o todo lo que es secundario, se da en un tiempo pasado; por otro lado, es probable que la acción principal esté representada por el presente, mientras que los eventos concluyentes vuelven al aoristo, porque aquí no sería natural el uso de un presente histórico (el pluscuamperfecto *εἱστήκει* equivale a un imperfecto: *estaba*).

39 R813 La voz media de *ἔρχομαι* es muy difícil de explicar. [Editor. La forma media de este verbo es entendible, ya que *ἔρχομαι* es deponente y las formas medias y pasivas se usan con un sentido activo: *Vengan*.]

41 R549 En este versículo, los manuscritos varían entre *πρῶτος* y *πρῶτον*. Uno no puede hacer aquí otra cosa que preguntarse si,

al fin y al cabo, πρῶτος no es el texto correcto, con la implicación de que Juan también halló a su hermano Jacobo. Esta delicada implicación fácilmente pudo haber sido pasada por alto por un escriba. Pero el uso de πρῶτον significaría que lo primero que hizo Andrés fue hallar a su hermano Simón (comp. R657). [Editor. La diferencia está en que πρῶτος es un adjetivo, pero πρῶτον es un adverbio. El adverbio se apoya por las mejores evidencias de los manuscritos.]

R692 No se niega que aquí hay énfasis en la expresión τὸν ἴδιον (la cual no es más que un adjetivo posesivo --M121). [Editor. La sugerencia de Moule parece más probable, ya que [ἴδιον se usa así a veces en el N.T.; comp. Juan 4:44: *su hermano*.]

R795 En los Evangelios, ὁ χριστός usualmente es un adjetivo verbal que significa: *el Ungido, el Mesías* (como ocurre en este caso).

R893 Cuando Andrés le dijo a Pedro: εὑρήκαμεν, su descubrimiento era reciente y viviente (comp. el perfecto en el v. 32).

42 R835 Ἤγαγεν se usa como un aoristo de efecto (es decir; el énfasis está al final de la acción en oposición al comienzo; comp. Luc. 19:42): *lo trajo*.

T37 Σύ aprece en este versículo sin énfasis (este pronombre se usa para indicar contraste; esta persona particular en contraste con otros --BD277[1]).

44 R598 Ἐκ expresa la idea de origen o fuente en los vv. 44 y 46 (tanto ἀπό como ἐκ se usan con ese sentido --T259).

45 R578 Aquí con el uso de ἀπό, no se hace ningún esfuerzo para expresar la idea de que ellos venían del interior de Nazareth (comp. el v. 46).

46 T75 El presente de imperativo ἔρχου significa: *comenzar a venir*.

48 R634 El acusativo con ὑπό toma aquí el lugar del genitivo (ὄντα ... significa: *cuando estabas bajo la higuera* --M66; comp. el v. 50).

50 R871 El verbo en futuro ὄψῃ tiene aquí un sentido duradero: *verás cosas mayores que éstas*.

R1028 En este versículo, el primer ὅτι es causal; pero el segundo introduce un discurso indirecto: *porque ..., que*.

## Juan 2

4 R539 Algunos interpretan τί ἐμοὶ καὶ σοί con el significado: *¿Qué es eso para Mí y para ti?* Es decir, *¿Qué tenemos que ver con eso?* En breves palabras: *¡No te preocupes!* (un dativo ético: *¿De qué preocupación es para ti o para Mí?* --BD299[3]); la observación que Jesús hace a la madre de El es una petición cortés para que se abstenga de interferir y le deje todo el asunto a El. Tal vez por esa razón, ella pensó que El tenía un plan definido en mente y les pidió a los sirvientes que estuvieran listos para obedecer cualesquiera órdenes --TGr43).

5 R855 En medio de los aoristos que aparecen en los vv. 2-8 (los aoristos de efecto ποιήσατε, γεμίσατε y ἀντλήσατε, que tienen énfasis en el fin de la acción), se destaca el verbo φέρετε en presente. Probablemente fue una manifestación de cortesía al maestro de ceremonias de la fiesta.

T107 El presente de subjuntivo en la cláusula relativa ὅ τι ἂν λέγῃ significa: *lo que El les estará diciendo*, háganlo en el momento en que lo esté diciendo (Zerwick [235] lo explica de un modo diferente; hace que equivalga a ἄν universal con el subjuntivo en una cláusula condicional: *lo que El les diga en cualquier momento; lo que El les diga* de tiempo en tiempo --MT186).

6 R571 ᾿Ανά parece que tiene aquí un sentido distributivo (el único caso en Juan, comp. Apoc. 4:8): *en cada una cabían*.

9 R1184 ῾Ως δέ significa: *y cuando*, o *así que cuando* (comp. 23).

10 M97 Καλόν quizá signifique: *mejor*, las dos veces que aparece en este versículo (comp. T31).

T37 Hay cierto grado de énfasis en la antítesis que se ve entre σύ y πᾶς ἄνθρωπος.

11 R701 y sig. La parte inicial de este versículo debe traducirse: *Esto hizo Jesús como un principio de milagros* (la ausencia del

artículo con el sustantivo hace que *ταύτην* sea un real predicado --R771).

12 R680 La presencia de *αὐτός* aquí indica énfasis.

13 H422 Parece que *καί* se usa con un sentido temporal: *cuando*.

16 R855 Note aquí la distinción entre el aoristo de imperativo y el presente de imperativo: *¡Saquen de aquí estas cosas! Dejen de hacer ...*

17 R500 Ὁ *ζῆλος τοῦ οἴκου σου* significa: *el celo relacionado con tu casa* (un genitivo de complemento directo).

R903 *Γεγραμμένον ἐστίν* se usa como un perfecto perifrástico intensivo (es decir, equivale a un presente; tiene virtualmente significado de adjetivo --M18): *está escrito*.

18 R433n.3 A Juan le gusta mucho el uso de *οὖν* como resumen, luego de un paréntesis, como en 2:18; 3:25 y 4:28: *entonces*.

R964 *Ὅτι* oscila aquí entre un sentido objetivo y uno causal (parece que implica *εἰς ἐκεῖνο* --R1034; tiene un sentido casi consecutivo: *así que* --T318). [Editor. La tercera sugerencia de Robertson parece que es la más probable, ya que los judíos estaban cuestionando la autoridad por la cual Cristo podía hacer tales cosas; comp. Mar. 11:28 y Luc. 20:20, y la construcción similar en Juan 9:17.]

19 R586 La frase *ἐν τρισὶν ἡμέραις* indica que Jesús quiso decir que la resurrección ocurriría dentro de un período de tres días.

R948 *Λύσατε* no se usa como un mandato estricto; se parece mucho a *ἐάν λύσατε* (el imperativo sólo propone una hipótesis --B182): *si ustedes destruyen este templo*.

20 R833 El verbo *οἰκοδομήθη* se usa como un aoristo de acción indefinida: todo el período de cuarenta y seis años se trata como si fuera un punto del tiempo; (comp. M11).

R1183 *Καί* se usa en un contexto de contraste: *y sin embargo* (comp. 1:5).

21 R498 *Τοῦ σώματος* se usa como un genitivo apositivo (se da a

entender que el templo y el cuerpo son idénticos --R399).

R708 El pronombre *ἐκεῖνος* se usa para dar énfasis (comp. 1:8).

23 T171 El nombre con artículo *Ἱεροσολύμοις* aquí es repetitivo (es decir, indica una referencia anterior).

24 R476 Aquí *πιστεύω* con el acusativo significa *confiar*: *Jesús mismo no se fiaba de ellos*.

R686 El énfasis del pronombre en *αὐτὸς δὲ Ἰησοῦς*, describe al mismo Jesús, a distinción de aquellos que creyeron en El.

R885 El imperfecto con el negativo comúnmente denota resistencia ante la presión o la desilusión, como ocurre en este versículo (*ἐπίστευεν*).

25 R1029 Aquí se usa *ἦν* en discurso indirecto donde hubiera aparecido *ἐστίν* en discurso directo (o hay una asimilación del tiempo en vez del *ἐστίν* que se aplicaría universalmente, o *ἦν* se refiere a ese tiempo en particular --BDF330). [Editor. En esta narración en particular, la cláusula relativa depende de un verbo imperfecto, que aparentemente se refiere a ese tiempo; aunque esto no elimina la validez de ese hecho en el tiempo presente.]

## Juan 3

1 R1185 No está claro si *δέ* es copulativo o adversativo. ¿Es Nicodemo una ilustración o una excepción? [Editor. Esta partícula parece indicar un contraste, ya que Nicodemo era una excepción de aquella clase de hombres de los cuales Jesús no se fiaba, tal como se describen en los versículos anteriores.]

2 R611 La preposición *μετά* tiene la idea de ayuda o socorro (comp. 8:29).

3 TGr182 Si suponemos que Jesús conversó con Nicodemo en griego, nos enfrentamos con la verdad de que la conversión no es sólo un nuevo nacimiento (nacer otra vez), sino también un nacimiento que viene de Dios (nacer de arriba; es decir, el doble significado de *ἄνωθεν*. A pesar de la renuencia general a creer que Jesús hablaría a un rabino en griego, debe recordarse que

esto ocurrió probablemente en Galilea, y no en Jerusalén (comp. el v. 22); y Nicodemo, cuyo nombre es totalmente griego, pudo haber sido un rabino de una clase muy liberal, probablemente un *helenista*, como Esteban.

7 T77 No parece natural que la prohibición en aoristo *μὴ θαυμάσῃς* signifique: *deja de maravillarte* (con referencia a una acción que ya había comenzado --R582).

8 BD323(3) Ὑπάγει aparentemente significa: *sopla*, o más bien *sopla cada vez*.

10 BD273(1) El predicado nominal con artículo *ὁ διδάσκαλος* significa: *el gran (verdadero) maestro*.

11 R407 Note que Jesús usa el plural literario en este versículo.
H469 Καί se usa con declaraciones de contraste en los vv. 11 y 13 (esa es una característica del cuarto Evangelio; comp. 1:5).

12 B244 La primera cláusula condicional de este versículo se refiere a una condición cumplida: *Ya que yo he*.

15 TGr121 El versículo no significa: *todo aquel que cree en El tiene vida eterna*; sino *todo creyente cuya vida está escondida en Cristo posee vida eterna* (por lo que significa la fórmula *ἐν χριστῷ*, y del hecho de que *ἐν αὐτῷ* debe tomarse estrechamente con *ἔχῃ ζωήν* --T237).

16 R762 El adjetivo *μονογενῆ* indica significado definido, porque el artículo se repite con éste (comp. 1:9).
R1413 Cuando una cláusula estructurada con *ἵνα* se continúa con *ἀλλά* (que significa: *sino al contrario*), no se repite *ἵνα*.
TGr143 y sig. En este versículo, Juan realmente escribió *ὥστε* con el indicativo (y no *ὅτι*, como propone Blass, 391[2]). La construcción hace que el resultado esté coordinado con la causa que se expresa en el verbo principal y que sea relativamente más importante; el infinitivo hubiera subordinado el efecto a la causa. Entonces el apóstol quiso que el significado fuera: *¿De dónde viene este acto de encarnación? Se origina en el amor de Dios*. Hay más énfasis en la encarnación misma que en el amor que la

causó. Así que la pregunta no es: *¿Cómo se revela el amor de Dios?* sino *¿Qué causó la encarnación?*

BD466(3) Cuando el autor escribió πᾶς, probablemente tenía en mente la segunda cláusula positiva (comp. 6:39). [Editor. Aparentemente ambas cláusulas estaban en la mente del autor, ya que πᾶς es el sujeto tanto de la cláusula negativa como de la positiva.]

18 R897 Κέκριται y πεπίστευκεν se usan como perfectos gnómicos, que denotan verdades conocidas.

R963 En las oraciones coordinadas causales, el negativo normal es οὐ, pero μή aparece en un caso (ὅτι μὴ πεπίστευκεν; comp. 1 Juan 5:10); la cláusula con μή establece la acusación, y la cláusula con οὐ declara el simple hecho (Moulton MT 171). Otros explican que el negativo que aparece en ὅτι μὴ πεπίστευκεν se debe a un elemento hipotético: éste declara la base de condenación, y no el hecho de la incredulidad. Pero todo esto hubiera podido expresarse gramaticalmente, en vez de utilizar este solecismo. Ὁ μὴ πιστεύων, colocado precisamente antes de éste, hace que suene menos duro (comp. 1 Juan 4:3 --M155). [Editor. Aunque la negación anterior por medio del participio puede hacer que esta construcción sea menos áspera, la apariencia de μή con un verbo indicativo en una oración coordinada causal requiere una explicación, tal como la que intenta proveer Moulton.]

19 R426 Καί significa: *y sin embargo* (comp. 4:20).

R964 En este versículo, Crisóstomo interpreta que ὅτι significa *porque*; pero esta partícula aparentemente tiene aquí un sentido declarativo: *que* (comp. R1028).

R1184 Δέ aparece aquí en un paréntesis explicativo: *Y esta es ...*

21 TGr11 Es mejor traducir el v. 21: *El hombre que es un discípulo de la verdad acude a la luz, para que se vea claramente que Dios está en todo lo que él hace* (porque ἀλήθειαν tiene artículo, y para Juan el verbo ποιέω puede tener algún significado religioso especial, como *adorar* o *ser un discípulo de*).

22 R884 Ἐβάπτιζεν se usa como un imperfecto reiterativo (acostumbrado).

23 T27 El término plural idiomático ὕδατα sencillamente se refiere al *agua*.

25 R433n.3 Note el término οὖν de resumen, después de un paréntesis (comp. 2:18): *entonces*.

R515 En ἐκ τῶν μαθητῶν, la preposición indica claramente la idea ablativa (un genitivo partitivo [inserte ἐν τοῖς] --T208). [Editor. Parece que esta frase prepositiva tiene una connotación ablativa, ya que la disputa surgió entre los discípulos de Juan. La preposición denota el origen de la disputa.]

R610 Μετά probablemente aparece con un sentido hostil, aunque Abbott (267) sostiene la idea de alianza entre los discípulos del Bautista y los judíos para incitar rivalidad entre el Bautista y Jesús. [Editor. La anterior sugerencia es preferible, puesto que la preposición puede emplearse con este significado después de los conceptos de contienda (comp. Apoc. 2:16, 12:7.]

27 R907 La expresión ᾖ δεδομένον presenta una idea duradera de acción definida: *lo que es dado*.

28 R707 Juan el Bautista usa ἐκείνου para referirse a Cristo, en claro contraste consigo mismo en los vv. 28 y 30.

T326 Note la posición peculiar de ὅτι en este versículo (ὅτι se omite antes de οὐκ porque también aparece antes de εἶπον; la omisión se rectifica después de ἀλλά --BD470[1]).

29 R530 Note el uso instrumental cognado del dativo en χαρᾷ χαίρει (comp. el acusativo cognado de Mat. 2:10): *se goza grandemente*.

31 R5098 'Εκ denota la idea de origen o fuente.

32 BD342(2) En ὃ ἑώρακεν καὶ ἤκουσεν, Juan hace el mayor énfasis en la acción de ver (el hecho de que aparezca un perfecto con un aoristo en el mismo contexto no presenta confusión de tiempos, más bien provee la distinción entre ellos --R901; comp. el comentario sobre Hech. 22:15).

H469 El segundo καί de este versículo aparece en una declaración de contraste, y significa: *pero* (comp. 3:11).

33 R859 ῾Ο λαβών se refiere probablemente al Bautista.

35 R585 En este versículo, ἐν aparece con el dativo locativo (comp. 2 Cor. 8:16; ἐν aquí con el dativo es aparentemente similar a εἰς con el acusativo --M76): *en*.

## Juan 4

1 R684 El sustantivo ᾽Ιησοῦς se repite porque el sólo pronombre sería ambiguo.
R1034 La cláusula estructurada con ὅτι depende de otra cláusula de la misma clase (doble discurso indirecto --R1421): *Jesús supo que los fariseos habían oído que*.

2 R1148 La idea concesiva se expresa con las palabras καίτοι γε ᾽Ιησοῦς αὐτός: *aunque el mismo Jesús* .

3 BD327 ᾽Απῆλθεν tiene un uso no común en el del tiempo aoristo, porque los vv. 4 y sigs. presentan lo que ocurrió en el camino, y la llegada a Galilea en realidad no ocurre hasta el v. 45 (uno esperaría el tiempo imperfecto).

5 R547 Este versículo contiene el único caso en que aparece πλησίον como una preposición en el N.T. (con el genitivo). Significa: *cerca*.
R596 Note la preposición que aparece en ἔρχεται ... εἰς πόλιν, donde la traducción no es *en*, sino *a* (similar a πρός).

6 R599 ᾽Εκ tiene la idea de causa u ocasión: *a causa del viaje*.
R909 El participio perfecto κεκοπιακώς representa un estado (intensivo): *estar cansado*.
M50 ᾽Εκαθέζετο ... ἐπὶ τῇ πηγῇ significa: *se sentó junto al pozo*.

7 M127 El infinitivo πεῖν se usa como un sustantivo: *dame un trago*.
T135 El infinitivo ἀντλῆσαι tiene la idea de propósito: *con el propósito de sacar agua* (comp. el v. 15).

9 R434 La partícula οὖν se refiere al contexto que precede al paréntesis del v. 8: *entonces*.

R482 En *παρ' ἐμοῦ*, la preposición aparece con un genitivo ablativo: *a mí*, o *de mí*.

10 T37 Aquí hay algún grado de énfasis o antítesis en *σύ* (comp. BD277[1], énfasis).

11 R762 El artículo con *ὕδωρ* tiene un sentido anafórico, y alude al agua de que se habla en el v. 10.

R1179 En *οὔτε ... καί*, realmente la construcción *τε ... καί* es presente: *tanto ... como* (la correlación de los miembros positivos y los negativos es admisible, aunque no es común en el N.T. --BD445[1]).

14 R889 *Διψήσει* se usa como un futuro duradero con *οὐ μή*: *nunca tendrá sed*.

15 R1413 *Ἵνα* no se repite aquí en la continuación de la cláusula conectada por *μηδέ*, pero la idea de propósito está en las dos (comp. 3:16): *para que yo no*.

16 BD336(1) Ἐλθὲ *ἐνθάδε* significa: *regresa acá*.

18 R702 En la traducción de *τοῦτο ἀληθὲς εἴρηκας*, el pronombre relativo es necesario en español: *lo que tú has dicho es cierto; o dijiste esto como algo verdadero*.

R843 En la construcción *ἔσχες ... ἔχεις* existe un contraste entre el tiempo aoristo y el presente (el aoristo puede traducirse: *te has casado* --MT145).

19 M7 Parece que *θεωρῶ* se usa como un simple presente (definido). Significa: *yo percibo* (tal vez *θεωρῶ* no se use por ninguna razón mejor que por el hecho de que no hay un aoristo conveniente para este verbo particular).

20 R426 *Καί* significa: *y sin embargo;* denota contraste (comp. 3:19).

22 R713 El pronombre neutro *ὅ* se usa dos veces para referirse al objeto de la adoración (es decir, Dios).

23 R1186 Abbott (pág. 100) considera que *ἀλλά* es inexplicable, por-

que siempre tiene que significar *pero*. [Editor. No es necesario considerar que ἀλλά es inexplicable, ya que Cristo presenta una distinción en períodos de tiempo.]

27 R604 La preposición que aparece en ἐπὶ τούτῳ comunica la idea de base u ocasión (esta frase tiene un sentido transferido: *en esta [coyuntura]* --M50; comp. T272).

R756 No es correcto traducir μετὰ γυναικός mediante el término *la mujer*. Se refiere a *una mujer*, cualquier mujer, no la mujer de la cual se está hablando.

R1188 Μέντοι es una combinación de dos partículas intensivas (μέν y τοί), y se usa con el significado: *sin embargo*.

29 R1167 Aquí en la oración interrogativa, οὐ hubiera levantado la oposición de los vecinos para que formaran partidos en cuanto a si Jesús era o no el Mesías. La mujer no quiere dar a entender claramente que Jesús no es el Mesías, cuando usa μήτι; sino que levanta la pregunta y lanza una nube de incertidumbre y curiosidad sobre ésta, con el agudo instinto de una mujer.

31 R645 Μεταξύ aparece aquí sencillamente como un adverbio, con el sentido de: *mientras tanto* (comp. Hech. 13:42).

33 BD427(2) La oración interrogativa con μή significa aquí: *con toda seguridad, nadie pudo haberle traído alimentos* (sin embargo, parecía que alguien le había traído).

34 R1078 Ἵνα introduce una cláusula apositiva (especialmente común en los escritos de Juan; la cláusula define el contenido del sustantivo βρῶμα --B213), con el significado resultante: *mi comida es hacer la volundad del que me envió*.

35 R626 Πρός aparece aquí con el sentido general de aptitud.

R870 Ἔρχεται se usa como un presente futurista. No sólo implica la profecía, sino la certidumbre de la expectación (comp. T63).

36 R659 El adjetivo ὁμοῦ se usa aquí como un adverbio: *regocijarse juntamente*.

38 T135 El infinitivo θερίζειν presenta la idea de propósito: *a segar*.

39 R1123 Burton (B461) describe a μαρτυρούσης como un participio que se usa como parte integral de una frase limitativa del genitivo (*de la mujer que testificaba*, es decir, del testimonio de la mujer); pero en realidad este es un participio atributivo (comp. Mat. 21:4).

41 R1179 En este versículo, las palabras *καί* y *τέ* no están coordinadas. Καί introduce toda la oración y *τέ* conecta las dos partes.

43 R762 En *τὰς δύο ἡμέρας*, se usa el artículo para referirse a los *dos días* que se mencionan en el v. 40.

45 R1128 El participio *ἑωρακότες* tiene un sentido causal: *porque ellos habían visto*.

52 R470 Ὥραν ἑβδόμην es un ejemplo difícil de acusativo, por cuanto se indica un punto de tiempo (comp. Apoc. 3:3). Uno puede conjeturar que este uso de *ὥραν* no se consideró como esencialmente diferente de la idea de extensión. O se consideró que la acción sobrepasó la hora, o se tomó la hora más bien como un acusativo adverbial (aquí aparece un raro uso del acusativo para indicar a qué hora --M34).

R665 Κομψότερον ἔσχεν (un adverbio comparativo con *ἔχω*) significa: *mejor que antes que Cristo pronunciara la palabra*.

M10 El verbo en aoristo *ἔσχεν* tiene un sentido de ingreso: *dio una vuelta hacia lo mejor* (*comenzó a mejorar* --T72).

T65 El verbo aoristo *ἐπύθετο* sólo presenta una pregunta, pero es urgente, y la respuesta es conocida (comp. Luc. 15:26; el aoristo es incorrecto en Juan 4:52 --BD328). [Editor. Lo que dice Blass es muy improbable, ya que el uso del aoristo puede explicarse, y el imperfecto tiene muy poco apoyo de los manuscritos.]

## Juan 5

3 R427 El asíndeton (omisión de la conjunción) aparece entre los sustantivos en este versículo para destacar el concepto.

4 R585 Ἐν aparece en lugar de *εἰς* en este versículo espurio: *al*.

5 B131 El participio de presente ἔχων se refiere a una acción que comienza antes de la del verbo principal y continúa en el tiempo denotado: *quien había estado enfermo durante 38 años.*

6 B17 El verbo en presente ἔχει se refiere a una acción pasada que aún continúa: *había estado allí.*

7 R960 Se usó ἵνα en ἵνα ... βάλῃ, donde hubiera podido usarse un pronombre relativo (este se usa en una cláusula relativa cualitativa-consecutiva, y significa: *tal que* --BD379).

8 R855 En los dos imperativos ἆρον y περιπάτει, el aoristo tiene un sentido de ingreso: *toma,* y el presente expresa una idea duradera: *continúa andando* (la misma distinción de tiempo se preserva en el v. 9: ἦρε ... περιπάτει).

10 H422 El segundo καί de este versículo tiene un sentido consecutivo en una construcción coordinada: *como resultado.*

11 T37 En el N.T. ὁ δέ aparece frecuentemente para continuar una narración, aun en Juan, donde aparece con menos frecuencia (A y B tienen ὃς δέ).

18 R884 Ἔλυεν se usa como un imperfecto reiterativo (comp. 3:22; repetidamente).
MT90 Hay aquí un énfasis innegable en el uso de ἴδιον (comp. 1:41): *su propio Padre.*

19 R1181 En la última parte de este versículo y en el v. 26, καί significa: *eso precisamente.*

24 R897 Μεταβέβηκεν se usa como un perfecto gnómico, que denota una verdad conocida (comp. 3:22).

27 R781 En este versículo, υἱὸς ἀνθρώπου puede significar: *el hijo del hombre,* o *un hijo de hombre* (aparte de las citas del A.T., esta construcción sin artículo sólo aparece aquí; la omisión del artículo puede ser un semitismo --M177; la forma υἱὸς ἀνθρώπου sin artículo probablmente se deba al sentido que tenía el autor de que el título se usa aquí de manera cualitativa --H441). [Editor.

Generalmente cuando un predicado nominativo precede al verbo, no se usa el artículo (comp. E. C. Collwell, *A Definite Rule for the Use of the Article in The Greek New Testament*, Journal of Biblical Literature, I [1933], 12-21). En consecuencia, no hay razón para que saquemos un significado distinto basado en la construcción sin artículo.]

T49 Si ὅ está separada de τι, parece que la cláusula significa: *juzgar lo que un hombre es* (¿o debe leerse ὅτι?). [Editor. Es preferible la variante ὅτι.]

T56 La voz activa aparece con ποιεῖν, donde esperamos la voz media. [Editor. El infinitivo activo puede traducirse como tal, sin imponerle el sentido de la voz media. El infinitivo aparece con el sustantivo κρίσιν, con lo cual convierte un simple verbo de acción en una perífrasis: *juzgar*.]

28 R890 Aquí la prohibición en presente, prohibe algo que ya se ha estado haciendo (puede significar: *¿Tal vez ustedes se maravillen de esto, de que [como dicen los rabinos] ...?* o *¡No! ustedes no se maravillan de esto; aunque es tan asombroso como lo que dije antes* --BD427[2]; esto presenta una pregunta: *¿ustedes se maravillan de esto?* --T283). [Editor. El verbo θαυμάζετε puede ser un indicativo o imperativo en cuanto a forma. La traducción imperativa parece preferible, puesto que Cristo instruye a la gente para que no se maraville de esto, porque vienen cosas aun mayores; comp. el v. 20 y 3:7.]

29 BD166 Los sustantivos ζωῆς y κρίσεως se usan como genitivos de propósito (o resultado) y significan: *para vida* y *para juicio*.

30 B482 El negativo compuesto οὐδέν con el infinitivo puede explicarse. Se debe a que depende de un verbo en forma personal con οὐ. [Editor. En verdad, οὐδέν no niega la acción del infinitivo, sino que se usa como el complemento directo del infinitivo: *No puedo hacer nada por mí mismo*.]

31 R1010 Es posible tomar a ἐὰν ἐγὼ μαρτυρῶ como un presente de indicativo: *como dije* (si es un presente de subjuntivo, el significado sería: *si yo doy testimonio*; comp. 8:14 --R1018). [Editor. Según la forma, este verbo puede ser indicativo o subjuntivo; pero puesto que aparece la partícula ἐάν, lo más

probable es que se quiso usar el modo subjuntivo.]

32 BD306(3) El uso de ἄλλος aquí parece similar a ἕτερος (con la segunda de dos partes): *otro*.

34 R866 Los verbos en presente λαμβάνω y λέγω tienen aquí un sentido de aoristo: *recibo ... digo*.

35 BD273(1) Los sustantivos que hacen oficio de predicado, por regla general no tienen artículo. Sin embargo, el artículo se inserta si el sustantivo predicado se presenta como algo bien conocido o como aquello que sólo amerita la designación (lo único que ha de tenerse en consideración), como sucede con ἐκεῖνος (Juan) ἦν ὁ λύχνος ὁ καιόμενος καὶ φαίνων (el único que realmente merece la designación *luz*).

36 R516 No está claro si el genitivo τοῦ Ἰωάννου se refiere al testimonio dado por Juan, o dado a él. [Editor. Parece que τοῦ Ἰωάννου se usa como un genitivo de comparación: *que Juan*; pues sigue al adjetivo comparativo. Si se hubiera deseado la traducción alterna, el apóstol Juan hubiera repetido el artículo τῆς, o el artículo y el sustantivo τῆς μαρτυρίας (pues su tendencia era repetir). Además, Juan el Bautista era considerado un testigo; comp. el v. 35 y 1:8.]

B86 Aunque cada tiempo retiene su propia fuerza, los dos se aproximan mucho, y se usan el uno junto al otro para expresar hechos que parecen coordinados. Casos de esta aproximación de los dos tiempos son especialmente frecuentes en los escritos de Juan (vv. 36, 38; 1 Juan 1:1; 4:9, 10; hay una distinción aguda entre el verbo en presente y los siguientes verbos en el perfecto --R894). [Editor. Aunque el aoristo πέμψας sigue de inmediato al tiempo perfecto del mismo verbo, y parece que los tiempos están intercambiados, el autor aparentemente emplea el tiempo perfecto en los vv. 36 y sigs. para indicar una viva distinción, especialmente por el hecho de que el verbo perfecto ἀκηκόατε rara vez aparece en el N.T.]

T186 Μείζω se usa aquí con sentido predicativo, y significa: *un testimonio que es mayor*.

37 BD342(2) Los verbos ἀκηκόατε y ἑωράκατε están coordinados por

el tiempo perfecto, en el cual ver y oir son igualmente esenciales (comp. 3:32).

BD445(4) Καὶ οὐ, en el v. 38, después de las cláusulas negativas (οὔτε ... οὔτε ...), no indica correlación, sino una continuación independiente: *y ustedes no tienen su palabra.*

38 R703 Note el contraste entre los pronombres ἐκεῖνος y τούτῳ.

T37 No hay mucho énfasis por el hecho de que aparece ὑμεῖς en los vv. 38, 39 y 44 (algunos manuscritos corregidos han omitido este pronombre en el v. 44; en el v. 38, el pronombre se usa para indicar contraste; en el v. 39 significa: *ustedes mismos*; y en el v. 44 significa: *personas como ustedes* --BD277[1]).

39 R329 Ἐραυνᾶτε aquí aparentemente es un verbo indicativo: *ustedes escudriñan.*

R1183 Καί significa: *y sin embargo* (comp. 1:5).

BD273(3) El participio con artículo αἱ μαρτυροῦσαι se usa como un predicado nominal: *ellas que testifican.*

40 H469 Καί significa: *y sin embargo*, en los vv. 40 y 43 y sigs. (comp. 1:5).

42 R499 El genitivo que aparece en ἀγάπην τοῦ θεοῦ puede tener un significado subjetivo u objetivo. [Editor. El genitivo aparentemente es objetivo, se refiere al hecho de que los judíos no amaban a Dios (comp. 1 Juan 2:5, 15; 3:17; 4:12 y 5:3) porque rechazaron su mensajero.]

43 R762 El artículo τῷ aparece con el adjetivo para presentar un significado especial (comp. 1:9): *en su propio nombre.*

44 R1128 El participio causal λαμβάνοντες está coordinado con el verbo ζητεῖτε: *porque ustedes reciben gloria los unos de los otros y no buscan la gloria sólo de Dios.*

TGr6 El peligro espiritual al cual se enfrentaba el pueblo judío, según Jesús, estaba en que ellos aceptaban gloria de otras fuentes y también de Dios. El les recordó que tal gloria debe buscarse sólo de El (a pesar de que μόνου está en una posición atributiva, se usa como un adverbio que significa: *sólo de Dios*; y no como un adjetivo que significaría: *de aquel que sólo es Dios* --T226).

45 R853 En la prohibición en el tiempo presente μὴ δοκεῖτε, se implica que ellos habían estado pensando precisamente eso (*dejen de imaginar* --T76).

T80 El verbo paralelo κατηγορήσω que aparece anteriormente, hace inevitable que el participio κατηγορῶν tenga un sentido futuro (por tanto se refiere al fin de esta era --BD339[2b]).

47 R1012 Aquí la cláusula condicional está determinada como si se hubiera cumplido: *ya que ustedes no creen sus escritos.*

## Juan 6

1 R444 Este capítulo comienza con μετὰ ταῦτα, un conectivo que se refiere a los incidentes del capítulo 5, que pudieran haber ocurrido un año completo antes.

6 B121 El verbo y participio de acción idéntica (ἔλεγεν πειράζων), aunque denotan la misma acción, usualmente la describen desde un punto de vista diferente. En este caso, el verbo expresa la acción y el participio, el propósito o resultado (comp. Mat. 16:1): *para probarlo.*

7 R998 Ἵνα con el subjuntivo expresa aquí un resultado previsto (ἵνα equivale a ὥστε --BD393[2]): *para que.*

9 R713 En παιδάριον ... ὅς, el cambio se hace según el género real, y no según el gramatical (el pronombre masculino se usa para referirse a una persona).

BD11(3) Juan usa ὀψάρια para referirse al pescado como comida, pero ἰχθύς para referirse a un pez como animal viviente.

BD299(1) Τί se usa aquí con ταῦτα en sentido predicativo, y significa *¿para qué sirven?*

10 R486 Τὸν ἀριθμόν se usa como un acusativo adverbial (en verdad este es un acusativo de respecto o referencia: *como en número de 5.000* --M33).

12 R974 Ὡς tiene un sentido temporal en los vv. 12 y 16: *cuando* (comp. Hech. 8:36).

16 R602 'Eπί con el acusativo aquí significa: *tan lejos como*.

17 R904 El verbo *ἤρχοντο* se usa como un perfecto descriptivo y el que sigue, *διεγείρετο* (v. 18), como un imperfecto incoativo: *el mar comenzó a levantarse*. Pero los dos pluscuamperfectos intermedios indican etapas de la travesía antes que llegaran a la costa. Tanto *ἤδη* como *οὔπω* ayudan a acentuar el intervalo entre la primera oscuridad y la última aparición de Jesús, que pronto se expresa mediante el vivo presente histórico *θεωροῦσιν* (v. 19).

T179 La frase *εἰς πλοῖον* significa: *a bordo*.

19 BD233(1) Debe entenderse que *ἐπὶ τῆς θαλάσσης* significa: *por el mar* (comp. 21:1 y Mat. 14:25 y sig.).

22 T67 El tiempo imperfecto (*ἦν*) que aquí aparece en discurso indirecto, expresa un relativo tiempo pasado (similar a un pluscuamperfecto). Significa: *había estado allí*.

BD467 La tradición textual de Juan 6:22 y sigs. es tan diversa que no nos permite discernir la mano del autor; según la lectura acostumbrada, *τῇ ἐπαύριον ὁ ὄχλος* al comienzo, se resume mediante *ὅτε οὖν εἶδεν ὁ ὄχλος* en el v. 24, de una manera rara entre los escritores clásicos, en la cual no hay duda de que haya habido algún desliz mental (comp. 1 Juan 1:1 y sigs.). [Editor. Esta es en esencia una explicación del texto que parece tener mayor apoyo externo.]

25 R896 El verbo en perfecto *γέγονας* tiene tanto la idea definida como la de duración: *vinieron y están aquí* (*¿cuándo llegaste acá?* --B82; este perfecto es una combinación de *¿cuándo viniste?* y *¿cuánto tiempo has estado aquí?* --MT146).

27 R471 'Εργάζεσθε en este contexto significa: *trabajen por*.

29 R400 La cláusula introducida por *ἵνα* en este versículo está en aposición con la cláusula anterior (comp. los vv. 39 y sigs. y 4:34): Esta *es la obra de Dios, que*.

30 R850 El verbo en aoristo de subjuntivo *πιστεύσωμεν* tiene un sen tido de ingreso, que significa: *vengamos a creer* (comp. *πιστεύητε* en el v. 29).

T37 El pronombre *σύ* aparece aquí sin mucho énfasis.

32 M14 *Δέδωκεν* se usa como un perfecto de alegoría (comp. Heb. 7:6): *ha dado.*

35 R889 *Διψήσει* se usa como un futuro duradero con *οὐ μή* (comp. 4:14): *nunca tendrá sed.*

36 T335 Parece que *καὶ* ... *καί* es el griego bíblico que equivale a *τε* ... *καί*, el cual es sumamente raro: *sin embago, no creen.*

37 R409 *Πᾶν ὅ* en este versículo se refiere a creyentes (es decir, el neutro se usa en un sentido colectivo con referencia a la suma total: *todo*; comp. el v. 39 --R653).

39 *Ἵνα* está en aposición con el anterior *τοῦτο* en los vv. 39 y sigs. (comp. el v. 29; en el v. 39 parece que tiene un sentido imperativo --T95): *esta es la voluntad ..., que.*

R1413 Cuando una cláusula introducida por *ἵνα* se continúa con *ἀλλά*, y significa: *sino al contrario*, *ἵνα* no se repite (comp. 3:16).

42 R697 *Οὗτος* tiene aquí la idea de reproche de parte de los judíos contra Cristo (comp. Luc. 15:2).

43 R610 *Μετά* con *γογγύζω* tiene un sentido hostil: *contra* (comp. 3:25).

45 R614 *Παρά* aparece en los vv. 45 y sigs. con el uso ablativo del genitivo: *del padre.*

49 R1183 *Καί* significa: *y sin embargo* (comp. 3:19)

51 R1185 En la construcción *καὶ* ... *δέ*, *καί* significa: *también*; y *δέ* significa *y*.

57 R584 *Διά* con el genitivo presenta en este versículo la base personal (*por el mérito de alguien* --BD22).

H422 En este versículo, *καί* tiene un sentido consecutivo en una cláusula coordinada: *como resultado* (comp. 5:10).

59 MT236 *En la iglesia* es una traducción válida de *ἐν συναγωγῇ* (Westcott fuerza demasiado esta frase al traducirla: *en ocasión de una asamblea solemne*).

61 R587 La preposición que aparece en *ἐν ἑαυτῷ* tiene la idea de *en el caso de*.

62 R487 Τὸ *πρότερον* se usa como un adverbio: *primero*.
BD482 En este versículo se omitió la apódosis; debe insertarse: *¿Entonces ustedes aún se ofenderían?*

64 R597 Con expresiones de tiempo, *ἐκ* indica el punto de partida, como ocurre en este versículo: *desde el principio*.

66 R597 La frase *ἐκ τούτου* es una expresión de tiempo (*ἐκ τούτου* se puede traducir con sentido causal: *por causa de esto*, y no temporal --M72 y sig.). [Editor. Parece que esta frase tiene aquí tanto el sentido temporal como el causal. Una gran deserción de los discípulos de Cristo ocurrió a partir de ese momento (comp. el siguiente *οὐκέτι*) a causa de la anterior discusión.]

68 R790 La frase *ῥήματα ζωῆς αἰωνίου* debe traducirse: *palabras de vida eterna* (indefinido, ya que no tiene artículo; destaca la cualidad o el carácter --MT 83).

69 B77 El tiempo perfecto aparece en este versículo como un presente enfático; así tenemos: *nosotros hemos creído y sabemos que Tú eres el Santo de Dios* (perfecto intensivo).

70 T55 'Εκλέγομαι aparece en voz media donde uno espera la activa. [Editor. 'Εκλέγομαι no aparece en el N.T. en voz activa; comp. el estudio sobre 1:39.]
H469 Καί se usa aquí en un contraste: *pero* (comp. 1:5).

71 B73 El imperfecto de *μέλλω* con el infinitivo indica que en el tiempo pasado una acción estaba a punto de ocurrir (comp. 7:39).

## Juan 7

1 R885 El negativo imperfecto (*οὐ ἤθελεν*) generalmente denota resistencia a la presión o la frustración (comp. Luc. 15:28).

4 BD372(1a) Εἰ aparece con el indicativo de realidad, y significa: *Si, como Tú dices, quieres hacer eso ...*
MT212 Aquí aparece el nominativo como sujeto del infinitivo, porque el sujeto del infinitivo es el mismo del verbo principal.
H469 En los vv. 4 y 19, *καί* tiene un sentido adversativo: *pero* (comp. 1:5).

5 R1185 Οὐδέ significa: *ni aun*.

8 BD323(3) Οὐκ *ἀναβαίνω* es un presente futurista, si no se prefiere *οὔπω* ni se omite *εἰς ... ταύτην*: *yo no subo*.

9 BD332(1) Si el aoristo de un verbo como *μένω* se usa sin límite de tiempo, eso sólo indica el hecho de una estada en contraste con una partida (*ἔμεινεν ἐν τῇ* Γαλιλαίᾳ equivale a *οὐκ ἀνέβη εἰς* Ἱεροσόλυμα).

11 T46 El pronombre *ἐκεῖνος* tiene una idea de desprecio: *aquel hombre*.

13 R500 El genitivo *τῶν* Ἰουδαίων se refiere a temor hacia los judíos o con referencia a ellos.

14 R885 Ἐδίδασκεν se usa como un imperfecto incoativo: *comenzaba a enseñar*.

17 R551 Θέλῃ ... *ποιεῖν* significa: *está deseando hacer*.
R757 El artículo aparece en *τῆς διδαχῆς*, porque se hace referencia a la enseñanza con respecto a la cual estaban maravillados.

18 R762 El artículo *τήν* se repite con el adjetivo para indicar un significado especial (comp. 1:9 y 6:70): *su propia gloria* (en oposición a la gloria de Dios).

22 R1429 Οὐχ ὅτι, no significa: *no solo*, sino *no porque*.

23 R774 Ὅλον ἄνθρωπον ὑγιῆ significa: *todo un hombre sano*.
B244 Εἰ introduce una cláusula condicional que se refiere a una condición cumplida (comp. 3:12): *puesto que*.

26 B47 El aoristo de indicativo de unos pocos verbos se usa en el N.T. para denotar un estado presente que es el resultado de un acto pasado; por tanto, tiene la fuerza propia de un perfecto griego; así ocurrió aquí con ἔγνωσαν: *conocer*.

28 BD442(1) Καί se usa aquí con un contraste: *sin embargo, yo realmente no vine ...* (comp. el v. 30).

30 R1183 Καί significa: *y sin embargo* (comp. 3:19).

33 H422 Kaí tiene un sentido temporal: *entonces* (comp. 2:13).

35 R501 Τὴν διασπορὰν τῶν Ἑλλήνων significa: *la dispersión entre los griegos*.

38 M30 y sig. Aquí el nominativo ὁ πιστεύων no se usa como sujeto, a menos que se coloque una pausa total después de ὁ πιστεύων εἰς ἐμέ, caso en el cual se convierte en el sujeto gramatical del verbo precedente πινέτω (en casi todas las ocasiones en que no hay ambiguedad, una cláusula introducida por καθώς sigue al verbo que gobierna; hay una fuerte presuposición de que esa es la posición en este caso --TGr 144). [Editor. Parece que Turner está forzando un asunto, puesto que καθὼς εἶπεν ἡ γραφή se usa como una fórmula para citar (comp. 6:31 y 12:14), e introduce un concepto del A.T. (Prov. 18:44 y Isa. 58:11). Aquí el participio con artículo se usa en aposición con el sujeto anterior, aunque independiente tanto de lo que precede como de lo que sigue (comp. Apoc. 2:26, 3:12 y 21): *El que cree en mí, como dice la Escritura, ... ríos de agua viva*.]

39 R859 El tiempo aoristo en πιστεύσαντες tiene un sentido que hace constar la acción como si hubiera ocurrido en un punto determinado del tiempo.
B73 El imperfecto de μέλλω con un infinitivo indica que, en un

tiempo pasado, una acción estuvo a punto de ocurrir: *habían de recibir* (comp. 6:71).

40 M72 La preposición que se usa en *ἐκ τοῦ ὄχλου* tiene un sentido partitivo: *algunos de la multitud* (el apóstol Juan usa frecuentemente el partitivo *ἐκ*, cuando desea expresar la identificación más cercana [comp. 15:19] --TGr6).

41 R1190 Aquí el uso de *γάρ* presenta cierto grado de desprecio.

45 T46 'Ε*κεῖνοι* se refiere a los oficiales que estaban lejos de la escena de la acción.

51 R1168 Note los vv. 51 y sigs., donde Nicodemo inteligentemente usa *μή* en una pregunta, y los otros miembros del Sanedrín responden con *μὴ καὶ σύ* (es decir, *μή* con una pregunta espera una respuesta negativa; Nicodemo usa *μή* de una manera más bien sutil --T283).

52 R866 'Ε*γείρεται* se usa como un presente gnómico (se refiere a un hecho bien conocido).

R949 A veces dos imperativos están conectados por la palabra *καί*, cuando el primero sugiere un sentido concesivo: *Aunque Tú escudriñes, verás* (comp. Ef. 4:26).

## Juan 8

4 M99 El participio de presente aparece con un aoristo: *ella fue agarrada en el mismo acto de cometer*.

7 T226 En *ἐπέμενον ἐρωτῶντες*, el verbo tiene una idea adverbial: *incesantemente* (el participio tiene la idea del verbo principal).

9 BD419(3) 'Α*ρξάμενοι* tiene un uso clásico; significa: *comenzando con* (algunos manuscritos agregan algo no clásico: *ἕως τῶν ἐσχάτων*).

14 R870 'Υ*πάγω* se usa como un presente futurista en los vv. 14 y 21 para indicar la certeza de la expectación: *a donde voy*.

BD372(1a) Κἂν ἐγώ significa: *aun si yo*.

16 B281 Καὶ ἐάν, con un sentido concesivo, aparece rara vez en el N.T. (comp. Gál. 1:8). La fuerza de *καί* es aparentemente intensiva, y representa la suposición como real, o desde un punto de vista retórico, como un caso extremo, o especialmente desfavorable para el cumplimiento de la apódosis (*καὶ ἐὰν κρίνω δὲ ἐγώ* significa: *aun si yo juzgo* --BD475[2]).

20 H469 Kaí aparece aquí en contraste: *pero* (comp. 1:5).

25 R487 La expresión *τὴν ἀρχήν* casi es sólo un adverbio *(desde el principio*; o quizá: *del todo, en primer lugar*; comp. *ἀπ' ἀργῆς* en la Primera Epístola de Juan --M34).

TGr140 y sig. Para la última parte de este versículo hay dos interpretaciones, ninguna de las cuales nos exige que supongamos que las palabras del Señor son una mala traducción del arameo. Ambas son inteligibles en griego. Ambas corresponden a una fecha del comienzo de la era cristiana. Cualquiera pudo haber surgido como reacción contra la otra. Las dos posibilidades son: *Yo soy el Principio, como les he dicho*; o *¡Por qué aún les hablo!*; *εἶπον ὑμῖν* simplemente es una inserción para hacer que las cosas se entiendan más fácilmente --T49).

26 R1186 Ἀλλά significa *ahora*, o *sí* (*y sin embargo* --BD448[3]).

28 R837 Ἐδίδαξεν se usa como un aoristo gnómico (un hecho supuestamente bien conocido).

29 R549 El adjetivo *μόνον* aparece con el significado: *No me dejó solo*.

R611 Μετά tiene la idea de ayuda o socorro (comp. 3:2).

31 B263 La cláusula condicional debe traducirse: *Si ustedes permanecieren en mi palabra, (mostrarán que) son verdaderamente mis discípulos*.

32 R872 El verbo futuro *ἐλευθερώσει* tiene un sentido de efecto.

33 R896 *Δεδουλεύκαμεν* es usado como un perfecto de continuidad in-

terrumpida (comp. 1:18; el perfecto probablemente comunique la idea de resultado existente --B88). [Editor. La inclusión de la negación *οὐδενὶ ... πώποτε* favorece la traducción de Burton. Los judíos dijeron (ya fuera cierto o falso) que ellos nunca habían estado bajo esclavitud de ningún hombre, y como resultado, estaban libres en ese momento.]

37 M75 Es difícil determinar si *ἐν* significa: *dentro de* (un individuo) o *entre* (un número de personas). [Editor. La traducción de esta frase prepositiva depende del significado de *χωρέω*. En este contexto, parece que el verbo se refiere a crecimiento y movimiento. El significado resultante es: *no tiene progreso en ustedes*; comp. los vv. 31 y sigs.]

39 TGr52 y sigs. Parece que el texto más exacto es el siguiente: *Si ustedes son hijos de Abraham, harían las obras de Abraham.* Parece que esta es una construcción condensada, capaz de expandirse para significar: *Si se justificara la afirmación de ustedes de que son hijos de Abraham ...*

44 R551 *Θέλετε ποιεῖν* significa: *ustedes están dispuestos a hacer* (comp. 7:17; *ustedes hacen con gusto su voluntad* --T227).

R683 En este versículo, *αὐτοῦ* se refiere a *ψεῦδος*, significado sugerido por *ψεῦδος* (comp. T40): *de mentiras*.

TGr8 El segundo segmento de este versículo debe traducirse: *El padre de ustedes, el diablo, fue un homicida desde el principio y no tiene ninguna permanencia en (Cristo) la Verdad, porque no hay verdadera sinceridad en él.*

TGr148 y sigs. La última parte de este versículo debe traducirse: *él es un mentiroso y el padre de mentiras* (note que para que *πατρός* sea un sustantivo predicativo [*el diablo es el padre de ustedes*] no tiene que tener el artículo; *τοῦ διαβόλου*, por tanto, está en aposición, o de otro modo es un genitivo posesivo.

BD97(1) *Οὐκ ἔστηκεν* probablemente signifique: *no ha persistido; él no permanece*.

52 B47 El aoristo de indicativo *ἀπέθανον* tiene la fuerza de un perfecto (comp. 7:26): *murió*.

H469 El segundo *καί* en este versículo tiene la idea de contraste; significa: *pero* (comp. 1:10).

53 R441 La continuidad de la forma interrogativa de la oración se interrumpe abruptamente por la cláusula *καὶ οἱ προφῆται ἀπέθανον*; una interrupción muy efectiva, sin embargo.

R728 Ὅστις parece que tiene un sentido causal: *viendo que él murió* (ὅστις se refiere a una persona definida y expresa la cualidad general: *quien, sin embargo, fue un hombre que murió* --BD293[2]). [Editor. Juan usa muy poco este pronombre en sus escritos, y generalmente lo usa con el sentido de un pronombre relativo. En este contexto parece que tiene este significado (similar a la sugerencia de Blass), aunque la razón de las preguntas de los judíos está implícita en la cláusula relativa.]

54 R1034 Ὅτι se usa para explicar en este versículo (presenta el contenido de la cláusula anterior): *El que ustedes dicen que.*

56 B217 Ἵνα se usa como una limitación explicativa del verbo *ἠγαλλιάσατο* (que expresa el contenido): *Se regocijó de ver mi día* (comp. M146; *ἵνα* tiene un sentido causal: *Abraham se regocijó porque* ... T102). [Editor. La primera traducción tiene el apoyo del uso más común de *ἵνα*. Además de esto, el hecho de que Abraham no vio completamente el día de Cristo tiende a desacreditar la última sugerencia.]

H475 Burney, al observar que *se regocijó en ver* no da un significado satisfactorio del verbo, sugiere que lo que debemos esperar en este texto es: *anheló ver.*

57 R1183 Καί aparece con el significado de contraste: *sin embargo* (comp. 1:5).

59 BD471(4) Ἐκρύβη *καὶ ἐξῆλθεν* equivale a *ἐκρύβη ἐξέλθων* y significa: *él los eludió*, o más bien: *él se escondió entre la gente y así escapó.*

## Juan 9

1 M73 Aquí en la expresión temporal, *ἐκ* indica el punto de partida (comp. el v. 24 y 6:64): *desde su nacimiento.*

2 B218 Ἵνα se usa para expresar un resultado esperado: *¿para que*

*naciera ciego?* (el efecto es real; pero se infiere la causa --B219; *con el resultado de que*, es decir, resultado real --BD391[5]; este es resultado consecutivo, pero la variante débil con ὅτι indica que los ecribas lo entendieron como un ἵνα causal --T102).

3 TGr145 y sig. Ἵνα aparece aquí con un sentido imperativo; así que la segunda parte de la respuesta de Jesús es: *pero dejen que las obras de Dios sean manifestadas en él* (Cadoux toma tentativamente este ἵνα como imperativo --M145).

4 R976 En el contexto ἕως significa: *mientras*, no *hasta* (Westcott y Hort tienen ὡς en el margen).

5 R972 Este versículo contiene el único caso de ὅταν que expresa la idea de duración en el N.T.: *entre tanto que*.

6 R420 En este versículo, αὐτοῦ está totalmente alejado de ὀφθαλμούς y no tiene ningún énfasis en particular. Probablemente se pensó que el genitivo del pronombre era muy débil para terminar la oración: *sus ojos*.

7 R592 La idea de movimiento se retiene en νίψαι εἰς (comp. Mar. 1:5; εἰς = ἐν, con un sentido local --BD204). [Editor. La última sugerencia parece preferible, ya que la frase prepositiva indica el lugar en que se le ordenó al ciego que se lavara.]

8 BD330 El participio θεωροῦντες se refiere al mismo tiempo pluscuamperfecto que se expresa en la cláusula dependiente, por medio de προσαίτης; ya que el tiempo pasado definido no se expresa en absoluto por medio de participios, tuvo que ser indicado por el imperfecto en la cláusula introducida por ὅτι: *quienes lo habían visto como un mendigo*.

9 B345 La presencia de ὅτι antes de una cita en el N.T., no es ni siquiera una presunta evidencia de que la cita es indirecta, como ocurre aquí: *El decía: yo soy*. El ὅτι, por supuesto, es redundante.

BD291(6) Juan usa frecuentemente ἐκεῖνος con un sentido debilitado (*el*) con referencia al sujeto inmediatamente precedente (comp. los vv. 11, 25 y 36).

10 R419 Los pronombres personales enclíticos (σοῦ) tienen una tendencia a aparecer relativamente al principio de la oración, sin énfasis; como ocurre en los vv. 10 y 17 (comp. 9:6): *tus ojos*.

15 R681 No debe darse ningún hincapié indebido al pronombre μοῦ en este versículo (comp. el v. 6).

16 T26 El plural σημεῖα puede sencillamente significar: *señal*. [Editor. En realidad, el plural aquí parece que tiene sentido literal: *señales*. Sin duda, los fariseos se referían a más de una de las señales precedentes; comp. 3:2].

17 R964 El primer ὅτι de este versículo puede referirse al complemento directo o ser causal (ὅτι ἠνέῳξέν σου τοὺς ὀφθαλμούς debe traducirse: *tú cuyos ojos El ha abierto* --MT94). [Editor. En este contexto, ὅτι parece que tiene una idea causal: *puesto que*; comp. el v. 16 y 8:22.]

18 B330 Ἕως ὅτου es en efecto una conjunción compuesta, que tiene la misma fuerza de la conjunción simple ἕως: *hasta que*.

M121 y sig. La última vez que aparece αὐτοῦ en este versículo tiene un carácter extraño; parece que el contexto exige: *los mismos padres* (τοὺς γονεῖς αὐτούς); no *los padres del mismo hombre*.

T67 En las palabras: *que él había sido ciego y había recibido la vista*, el imperfecto aparece en discurso indirecto para indicar un relativo tiempo pasado, mientras que el aoristo se usa para indicar acción definida (comp. 6:22).

21 M121 Αὐτὸς περὶ ἑαυτοῦ λαλήσει significa: *él mismo hablará por su cuenta*.

22 R811 Συνετέθειντο se usa como un verbo recíproco en voz media: *ellos habían acordado entre sí*.

B217 En este versículo, la cláusula introducida por ἵνα define el contenido del acuerdo mencionado en la porción precedente de la oración (comp. 5:7): *porque los judíos ya habían acordado que*.

BD120(2) El adjetivo compuesto ἀποσυνάγωγος significa: *expulsado de la sinagoga*.

25 R892 El participio de presente ὤν se usa para referirse a una acción

que antecede a la del verbo principal: *yo era ciego.*

M154 Εἰ se usa aquí para dar un tono tentativo y cauteloso: *Si El es pecador o no, yo no lo sé.*

27 T78 Generalmente θέλω está seguido por un aoristo de infinitivo (que significa: *oir la misma cosa indefinidamente* --BD338[2]).

28 R707 Un gesto también pudo haber acompañado la observación de los fariseos (σὺ μαθητὴς εἶ ἐκείνου; la idea de desprecio es evidente; comp. 7:11).

30 R1190 En ἐν τούτῳ γάρ, el hombre usa γάρ como una fina ironía, con lo cual daba a entender: *Bueno, precisamente en esto* (equivale a un interrogativo: οὐ γὰρ ἐν τούτῳ --BD452[2]).

H469 El segundo καί de este versículo tiene un sentido adversativo: *pero* (comp. 8:52).

32 R497 La preposición ἐκ denota el punto de partida (ἐκ τοῦ αἰῶνος tal vez signifique: *desde tiempo inmemorial* --M73).

33 B249 Ἄν se omite de la apódosis en este caso: *Si este hombre no fuera de Dios, no podría hacer nada* (comp. 1 Cor. 5:10).

36 R960 Ἵνα aparece en este versículo, donde hubiera podido usarse un pronombre relativo (comp. 5:7): *tal que.*

BD442(8) Cuando la apódosis es una pregunta y aparece καί (como en este caso), la conjunción tiene un sentido no común: *¿quién, entonces ... ?*

40 R611 La frase οἱ μετ᾽ αὐτοῦ con el participio se refiere a los ayudantes o seguidores de Jesús (acompañantes, comp. Mat. 12:4).

## Juan 10

5 R418 El genitivo generalmente sigue al sustantivo que modifica, a menos que sea enfático, como en τῶν ἀλλοτρίων τὴν φωνήν.

R889 El futuro ἀκολουθήσουσιν tiene un sentido duradero: *ellas no seguirán.*

6 BD291(6) El pronombre *ἐκεῖνοι* aparece con un sentido de un pronombre personal: *ellos* (comp. 9:9).

7 R501 El genitivo que aparece en *θύρα τῶν προβάτων* tiene un sentido objetivo: *la puerta para las ovejas* (o subjetivo: *¿por dónde entran las ovejas?* --T212). [Editor. Parece que el genitivo se usa como un genitivo subjetivo, especialmente en vista de la posterior explicación que da Cristo en el v. 9].

8 R507 *Ἤκουσαν* tiene el sentido de *oir con atención*, cuando está con el genitivo (se usa a menudo en el Evangelio según Juan).
R622 La preposición *πρό* tiene un sentido temporal: *antes de*.

10 R1387 *Περισσόν* se usa aquí como un adjetivo positivo: *en abundancia* (comp. 2 Cor. 9:1).
T180 El uso genérico del artículo aparece en *ὁ κλέπτης*; significa: *ladrones*.

11 R623 *Ὑπέρ* trasmite la idea de *en vez de*, en los vv. 11 y 15 (comp. Rom. 5:6 y sigs.).

12 R1163 Es difícil entender porque se usa *οὐ* con el participio *ὤν* (se espera *μή* con el participio en el N.T.; *οὐ* se debe al énfasis de la negación --BD430[1]). [Editor. El negativo *οὐ* se usa con el participio para expresar de manera enfática que el asalariado ciertamente no era el pastor.]

13 M28 *Μέλει* seguido por *περί* con el genitivo significa: *le importa a alguien a quien le interesa*.

15 R870 *Τίθημι* se usa como un presente futurista: *pondré* (para indicar certeza).

17 R965 Note aquí la correspondencia entre *διὰ τοῦτο* y *ὅτι*: *por esta razón ... porque*.

21 T26 El plural *τυφλῶν* significa: *ciego*. [Editor. Los judíos aparentemente usaron el sustantivo plural en una declaración general con respecto a la credibilidad de Cristo (*el ciego*), y no como una referencia al milagro específico del capítulo 9.]

24 M209 ¿Es τὴν ψυχὴν ἡμῶν αἴρες, en este versículo, un semitismo que significa: *despiertas nuestra esperanza*? No parece haber mucha evidencia de que signifique: *nos mantienes en suspenso*; mientras que el equivalente hebreo pudiera significar: *poner uno las esperanzas en*, y la LXX algunas veces tiene ἐλπίζειν, etc. en tales contextos (ver C.K. Barrett, en el comentario correspondiente; éste, sin embargo, se inclina a seguir a Pallis al sugerir que el verbo debe traducirse *turbar* o *molestar*). [Editor. Parece que esta claúsula significa: *nos mantienes en suspenso*, en vista del siguiente comentario de los judíos y de la respuesta de Cristo en los vv. 25 y sigs.]

30 T37 Hay aquí cierto grado de énfasis en ἐγώ.

32 R880 El verbo presente λιθάζετε tiene un sentido incoativo, y se refiere a algo que acaba de comenzar (acción intentada: *tratan de apedrearme* --B11; comp. M8; *¿quieren apedrearme?* --T63).

35 M35 El acusativo θεούς se usa predicativamente: *el los llamó dioses*.

36 R425 En este versículo aparece una oración un tanto enmarañada por causa de que el antecedente de ὅν no se expresa. Aquí λέγετε es el verbo principal, la apódosis de la condición y tiene dos complementos directos (la cláusula relativa y la cláusula introducida por ὅτι), a los cuales se agrega una cláusula causal (note el ὅτι recitativo en λέγετε ὅτι βλασφημεῖς, en vez de βλασφημεῖν, que haría una conexión mucho mejor con el ὅν precedente --BD470[1]): *¿Dicen ustedes de Aquel a quien ... tú blasfemas ...*?

37 T284 Cuando εἰ significa: *si, como ustedes esperan*, οὐ es siempre el negativo que se usa en el N.T. (como ocurre en este caso).

38 R850 Juan emplea las dos formas γνῶτε y γινώσκητε para distinguir entre el comienzo del conocimiento y el desarrollo de él.

39 R885 'Εζήτουν se usa como un imperfecto incoativo; se refiere a una acción comenzada, pero interrumpida: *ellos intentaron*.

40 BD332(1) El verbo aoristo ἔμεινεν aparece aquí con este significado: *se quedó allí (por tanto, indica algo de ingreso) sin retornar (durante ese tiempo) a Judea* (comp. 7:9).

## Juan 11

2 B142 El participio de aoristo ἡ ἀλείψασα, usado de modo atributivo como equivalente a una cláusula relativa, se refiere a una acción subsecuente (posterior a) a la del verbo principal, aunque antecede (antes de) al tiempo en que se escribió (*María, quien habría de ungir*; a menos que se refiera a una unción anterior, es decir, a Luc. 7:38, caso en en el cual María de Betania es identificada con la mujer pecadora de la calle. Sin embargo, el participio de aoristo se explica como una forma verbal que se refiere al tiempo pasado, no en relación con los eventos que se describen, sino con el tiempo en que se escribe --T80; el uso del participio de aoristo ἀλείψασα se entiende: *María era* (*es* sería más exacto) *la persona conocida* (comp. Mat. 26:13) *por haberlo ungido*; porque eso, expresado en pasado, era futuro (*quien más tarde [12:1 y sigs.] ungió, quien iba a ungir*); el tiempo futuro no era común en griego, así que, el autor hace su declaración entre paréntesis desde su propio punto de vista --BD339[1]).

9 B240 En este versículo, en la oración: *si un hombre anda de día, no tropieza*, la suposición se refiere a cualquier caso en que una persona ande de día, y es general; el *si* es similar a *ya que*.

11 R895 El verbo perfecto κεκοίμηται se refiere a un estado presente: *se ha dormido y está dormido*.

14 BD459(2) Juan usa τότε οὖν como una expresión conectiva para introducir un evento subsiguiente; significa: *por tanto*; no *en ese momento*.

18 BD161(1) El reemplazo ocasional del acusativo por ἀπό y un genitivo, en respuesta a la pregunta; *¿a qué distancia?* es realmente buen griego.

20 R521 'Eν τῷ οἴκῳ simplemente significa: *en la casa*.

27 R891 El participio de presente *ὁ ἐρχόμενος* tiene un sentido futurista (indica cierto grado de certidumbre).

28 R881 El tiempo presente en *ὁ διδάσκαλος πάρεστιν* tiene un uso perfectivo; significa: *el maestro ha venido* (comp. T72).
T156 La segunda vez que aparece *εἰποῦσα* en este versículo no es pleonástica, sino que equivale a *con las palabras*.

32 R722 Ὅπου en este versículo equivale a *ἐκεῖσε ὅπου*: *allí, donde*.

35 R834 Ἐδάκρυσεν se usa como un aoristo de ingreso: *Jesús comenzó a llorar*.

36 T68 En los vv. 36 y sigs., no hay diferencia perceptible entre las expresiones *ἔλεγον οὖν οἱ* Ἰουδαῖοι y *τινὲς δὲ ἐξ αὐτῶν εἶπαν* (*ellos comenzaron a decir*); cada una introduce la conversación de la misma manera, y en verdad los escribas han cambiado el *εἶπαν* por el *ἔλεγον*. La práctica general era utilizar λέγων, no *εἴπων*, después de un verbo de dicción.

37 R920 Ἐδύνατο se refiere al tiempo presente.
B206 Ἵνα *μή* introduce aquí una cláusula objetiva: *¿No podía El haber protegido?*

39 R856 Note los aoristos de ingreso impresivos *ἄρατε* ... λύσατε ... *ἄφετε* en los vv. 39 y 44. El aoristo es más autoritativo y solemne que el presente. Aquí el aoristo concuerda con la conciencia de Jesús (v. 41, *ἤκουσας*).

44 R910 El participio perfecto intensivo *τεθνηκώς* se refiere a una acción que antecede a la del verbo principal (*había estado*, equivale a un pluscuamperfecto --B156); pero *δεδέμενος* denota acción coincidente con referencia al verbo principal.

47 R880 En la pregunta de este versículo se implica que no se estaba haciendo nada: *¿Qué estamos haciendo?* (el presente de indicativo rara vez se usa con un sentido deliberativo en lugar del futuro --BD336[4]).

48 R681 En este versículo, la posición de *ἡμῶν* es enfática (el

pronombre aparece antes de los dos nombres para eliminar repetición --T190). [Editor. El pronombre ἡμῶν está en claro contraste con el sustantivo Ῥωμαῖοι, aunque tal vez no se use para dar énfasis definido, ya que el fenómeno que Turner sugiere aparece ocasionalmente en el N.T.; comp. Luc. 12:35, Hech. 21:11; 1 Tes. 1:3 y Apoc. 2:19.]

T63 Los verbos futuros ἐλεύσονται y ἀροῦσιν tienen un sentido profético u oracular.

H422 La primera καί en este versículo tiene un sentido consecutivo en coordinación yuxtapuesta: *como resultado* (comp. 5:10).

49 T195 Εἷς τις significa: *uno de.*

50 R631 Ὑπέρ aparece con la idea de sustitución: *por* (comp. ἀντί y Rom. 5:7 y sig.).

R993 El paralelo entre ἵνα, que denota contenido, y ὅτι, es evidente en este versículo: *que.*

53 B210 En este versículo, ἵνα denota una cláusula de complemento directo después de un verbo de esfuerzo (comp. B205: *ellos acordaron que*, o *cómo*).

56 M61 La idea de comunicación predomina aquí en la preposición μετά (comp. 4:27).

MT191 Οὐ μή con el subjuntivo ἔλθῃ parece tener un énfasis obvio.

57 R986 La única vez que aparece ὅπως en los escritos de Juan está paralelo con ἵνα en este versículo, y tal vez lo usó para favorecer la variedad: *para que ... a fin de que.*

## Juan 12

1 M74 Evidentemente πρὸ ἓξ ἡμερῶν τοῦ πάσχα significa: *seis días antes de la pascua*; ¿pero cual es la construcción? ¿Es ἓξ ἡμερῶν un genitivo de tiempo, que deja que πρό gobierne a τοῦ πάσχα? En tal caso, ¿es este orden curioso un latinismo? (Moulton se opone a esto --MT100; comp. 2 Cor. 12:2; es mejor traducir esta frase con: *antes de seis días de la pascua* --T248; comp. BD213). [Editor. Esta frase presenta dificultad para la

traducción porque πρό aparece antes de ἓξ ἡμερῶν, en vez de aparecer después. Puesto que esta transposición de πρό aparece en Amós 1:1, en los escritos de Josefo y en los papiros, no es necesariamente un latinismo. En consecuencia, la traducción de Moule parece preferible.]

3 R598 Quizá ἐκ τῆς ὀσμῆς (*a causa de la fragancia*) comunica la idea de causa u ocasión.

BD113(2) Πιστικῆς bien pudo significar: *genuino*, y derivarse de πιστός o πίστις (*digno de confianza, genuino* --H379).

4 R1118 Note aquí el uso de μέλλων, para expresar intención (comp. 6:64 y Hech. 18:14).

6 M28 El verbo μέλει, usado con περί y el genitivo, significa: *esto le importa a alguien a quien le interesa* (comp. 10:13).

7 MT175 Es posible que ἄφες αὐτήν, ἵνα τηρήσῃ signifique: *Deja que ella lo guarde*, como un verbo auxiliar. Aunque la variante: *Déjala; deja que ella lo guarde* es favorecida por Mar. 14:6 (es raro que ἄφες sea sólo un verbo auxiliar --R932).

9 R656 La rara posición del adjetivo atributivo en ὁ ὄχλος πολύς (el sustantivo y el adjetivo forman una idea compuesta) se encuentra en los papiros (comp. Heb. 9:1; ὁ ὄχλος πολύς evidentemente significa: *la gran multitud*, aunque de acuerdo con las reglas, debiera haber significado: *la multitud es [o fue] grande* --M107 [A, B y D omiten ὁ; W agrega ὁ a πολύς]).

10 B205 Ἵνα denota aquí una cláusula de complemento directo después de un verbo de esfuerzo (comp. 11:53).

T54 El verbo que está en voz media tiene un sentido reflexivo: *acordaron los unos con los otros*.

12 R762 El artículo que aparece en ὁ Ἰησοῦς es reiterativo y se refiere al Jesús que antes se mencionó (comp. el v. 1).

16 R605 La preposición ἐπ' αὐτῷ denota la idea: *acerca de*.

17 R892 El participio de presente ὤν se refiere a una acción que

antecede a la del verbo principal --BD127; comp. 9:27).

M16 Aquí los verbos aoristos se usan como pluscuamperfectos: *cuando El había llamado ... y resucitado.*

18 R1103 El infinitivo se usa como el complemento directo de *ἤκουσαν* (el infinitivo [en vez de *ὅτι*] aparece aquí a causa del *ὅτι* precedente --BD388): *porque ellos oyeron que.*

21 R923 Se cree que el vocativo con el tiempo presente es tan fuerte aquí que debe traducirse: *Señor, queremos ver a Jesús.*

23 B216 *Ἵνα* introduce una limitación complementaria del sustantivo *ὥρα* (comp. T139; en este caso, *ἵνα* puede considerarse como una partícula temporal --H470): *la hora ha llegado cuando.*

26 R870 El verbo en presente *εἰμί* se usa con un sentido futurista; no sólo se refiere a la profecía, sino a la certidumbre de la expectación (comp. 4:35).

27 R895 El verbo perfecto *τετάρακται* se refiere a un estado presente (es perfecto intensivo, comp. 6:38): *ahora mi alma está turbada.*

30 T268 *Διά* con el acusativo denota aquí la idea de propósito (comp. 11:42): *para ustedes.*

32 B62 Ya que el verbo *ἑλκύσω* denota esfuerzo, el futuro naturalmente se considerará de intento o conato, como si fuera progresivo, y de resultado, como si fuera aoristo. En este último caso, el significado sería: *mediante mi atracción atraeré a todos los hombres hacia mí.* En el caso anterior, las palabras significarían: *ejerceré sobre todos los hombres una influencia atractiva* (que es preferible).

33 R740 *Ποίῳ* tiene aquí una fuerza cualitativa definida: *de qué clase.*

34 R697 El pronombre *οὗτος* tiene la idea de reproche (comp. 6:42).

H423 *Καί* introduce en este versículo una frase interrogativa, que significa: *y sin embargo* (comp. 1:5).

35 M197 Καταλάβῃ sin ambigüedad significa en este vesículo: *sorprender, dominar* (comp. 1:5 y MT 158).
BD455(3) Ἕως y ὡς raras veces se confunden en el N.T.; así que en este versículo ἕως probablemente deba leerse: *en tanto que*; pero en el v. 36, ὡς se traduce mejor: *ahora mientras*. [Editor. La evidencia de los manuscritos favorece la presencia de ὡς en ambos versículos. Parece que la conjunción tiene similar significado en los dos casos: *mientras* (comp. 2:23).]

40 MT117 El aoristo *νοήσωσιν* puede expresar como un solo hecho una acción realizada durante un tiempo, o puede ser de ingreso: *entiendan* (comp. Ef. 3:4).

41 H469 Ὅτι se usa aquí como una partícula temporal (comp. 9:8). [Editor. Es muy raro que ὅτι tenga un sentido temporal, como *cuando* (similar a ὅτε), en el N.T. Pero aunque la traducción temporal sea correcta, aun tendría una idea causal. Aquí es preferible tomarlo con la idea de causa.]

42 R1188 Μέντοι es una combinación de dos partículas intensivas (*μέν* y *τοί*), y se usa con el significado: *A pesar de eso* (comp. 4:27).
BD120(2) Ἀποσυνάγωγοι realmente significa: *expulsados de la sinagoga* (comp. 9:22).

48 R698 Ἐκεῖνος está realmente en aposición con ὁ λόγος: *la palabra que yo he hablado lo juzgará*.

49 R698 Αὐτός está en aposición con *πατήρ*: *el Padre mismo ... me ha*.

## Juan 13

1 R691 Τοὺς ἰδίους se refiere a *la propia gente de uno* (comp. 1:10).
T266 La frase prepositiva *εἰς τέλος* significa: *con un propósito de llegar hasta el fin*, o *totalmente* (comp. Luc. 18:5: *les dio la perfecta señal de amor* --BD207[3]).

2 T139 Ἵνα se usa para denotar el contenido de: *puesto en el corazón*.

4 T27 El plural ἱμάτια significa: *ropa externa* (comp. 19:23 y Hech. 18:6).

5 R757 El uso del artículo con νιπτῆρα indica que la vasija era la que estaba allí en el salón.

6 R418 Aquí puede haber algún contraste expresado por σύ y μοῦ.
R880 El verbo presente νίπτεις tiene un sentido incoativo, se refiere a un acto que acaba de comenzar (*¿Estás tratando de lavar?* --T63).

9 R1162 Μή aparece aquí con *μόνον*, porque depende del imperativo implícito νίπτε (comp. B479): *no laves sólo mis pies.*

11 B126 Τὸν παραδιδόντα αὐτόν tal vez signifique sencillamente: *su traidor.*

12 M16 El verbo aoristo ἔνιψεν se usa como un pluscuamperfecto (comp. 12:17): *cuando El hubo lavado.*

17 R1019 Las condiciones de primèra y tercera clase aquí están felizmente combinadas, pero con una clara distinción. Jesús asume el conocimiento como un hecho, pero la realización es dudosa (la última parte se refiere a lo futuro --BD372[1a]).

18 TGr147 y sig. Ἵνα tiene aquí un sentido imperativo; significa: *sin embargo, que se cumpla la Escritura.* No ocurre que Judas es excluido con algún propósito, sino que Judas se ha excluido a sí mismo (comp. M145 y Juan 9:3 y 15:25).

19 BD12(3) Ἀπ' ἄρτι equivale a ἀμήν, y significa: *definidamente.*

21 R675 Εἷς equivale a τὶς: *uno de ustedes.*

22 T56 La forma media de ἀπορούμενοι es activa con un sentido intransitivo (*porque ellos estaban dudosos*); pero la forma activa también aparece en el N.T. (comp. Luc. 24:4).

27 R664 La última parte de este versículo puede significar que Judas debía hacer esto más pronto de lo que había pensado antes de ser

descubierto (la idea de comparación es evidente; el adverbio comparativo τάχιον se usa como un positivo: *pronto* --T30; puede ser intensivo, *tan pronto como sea posible* --BD244[1]). [Editor. Este comparativo probablemente se use como un positivo, que significa: *prontamente*, o *sin tardanza*, ya que ocacionalmente tiene esta idea en el N.T.; comp. 1 Tim. 3:14 y Heb. 13:23.]

R880 El verbo presente ποιεῖς tiene un sentido incoativo: *lo que quieres hacer* (comp. T63 y el v. 6).

28 R626 Πρὸς τί expresa la idea de meta o fin, y significa: *¿con qué propósito?* (comp. R739).

29 R595 La preposición εἰς expresa la idea de propósito: *para la fiesta.*

T318 'Επεί aquí tiene un sentido puramente causal (comp. Rom. 3:6).

32 M119 El pronombre reflexivo parece más natural que αὐτῷ (note la lectura variante): *en sí mismo.*

34 T225 El adjetivo καινήν tiene un sentido adverbial, y significa: *yo lo doy de nuevo.*

35 TGr121 La última parte de este versículo debe traducirse: *Si ustedes se aman entre (ἐν con el plural) sí;* porque la esfera en que se ejercita el amor (a la cual se refiere en este contexto) es en la comunidad redimida por Cristo.

36 R857 'Ακολουθῆσαι aparentemente se usa como un aoristo que presenta como un solo hecho una acción realizada durante un tiempo (es decir, expresa como definido un acto que en sí mismo no está confinado a un incidente particular).

## Juan 14

2 R869 El N.T. usa el presente con los verbos ἔρχομαι y πορεύομαι con un sentido futurista (como en los vv. 2 y sigs.: *voy ... vendré*); pero no con εἰμί (comp. BD323[3]).

T135 El infinitivo sin artículo expresa aquí la idea de propósito: *a preparar*.

3 T334 La tercera vez que aparece καί en este versículo tiene la idea de propósito (comp. BD442[2]).

6 R429 Juan es más bien aficionado a la repetición con asíndeton (omisión de la conjunción) en su informe con respecto a las palabras de Jesús, como ocurre aquí y en 15:13.

M112 Es difícil sacarle mucho significado a la presencia del artículo en este versículo. Parece que el artículo definido es requerido (por el contexto) antes de ὁδός; ¿pero los demás casos son sólo ejemplos del uso griego mediante el cual un sustantivo abstracto a menudo tiene el artículo, o aun sólo un acomodo a ese primer artículo? En la traducción equivalente en español: *Yo soy el camino, Yo soy verdad, Yo soy vida* (ἀλήθεια con el artículo se personaliza y es sinónimo del mismo Jesús --TGr8; comp. 8:44 y T178). [Editor. Es mejor no decir mucho en cuanto al artículo en este versículo, pero parece que expresa algo más definido que lo que indica la traducción de Moule.]

9 R879 El verbo en presente progresivo εἰμί se refiere tanto al tiempo pasado como al presente (comp. T62).

11 R856 El presente de imperativo πιστεύετε, en este versículo enfatiza la continuidad de la fe.

R1016 Eἰ δὲ μή sin un verbo significa: *de otra manera, pero si no*.

16 R613 En el sustantivo compuesto παράκλητον, la preposición tiene la idea de *junto a*.

BD306(5) El pronombre que se usa en ἄλλον παράκλητον aparece donde está presente la idea de dos, y significa: *otro, es decir, un Consolador*.

H422 Καί tiene en este versículo un sentido consecutivo (comp. 5:10): *y como resultado*.

17 TGr10 La asociación de la Verdad con el Espíritu, en frases como τὸ πνεῦμα τῆς ἀληθείας, probablemente supone la estrecha relación de Cristo con el Espíritu, y especialmente su promesa de enviar el Espíritu Santo a los creyentes y, por medio de El

guiarlos a la plenitud de sí mismo, la Verdad. [Editor. Note que Turner supone la idea de que, cuando Juan usa *ἀληθεία* con un artículo, generalmente se refiere a Cristo; comp. 8:32.]

21 BD291(4) Ἐκεῖνος está debilitado y es indefinido aquí; simplemente significa: *él.*

22 R739 En *τί ... ὅτι*, aquí, *τί* aun retiene el significado: *¿por qué?*
R1001 Abbott (Johannine Grammar, pág. 534) toma a *ὅτι* en este versículo como consecutivo: *lo que ha ocurrido, de tal modo que* (comp. 2:18).

26 R708 Parece que aquí *ἐκεῖνος* indica énfasis.
R795 El artículo aparece en *τὸ πνεῦμα τὸ ἅγιον*, donde se habla del Espíritu Santo a diferencia del Padre y del Hijo.

27 R777 En *εἰρήνην τὴν ἐμήν* el sustantivo es indefinido y general, mientras que el atributo hace una aplicación particular (comp. BD270[3]): *paz, que es mi paz.*

29 BD442(15) Καὶ *νῦν* significa: *y ahora.*

31 M144 Ἵνα con el subjuntivo tiene aquí un sentido imperativo; así que *ἵνα γνῷ ὁ κόσμος* significa: *el mundo tiene que conocer* (comp. T95).

## Juan 15

2 M104 Es concebible que *πᾶν κλῆμα ἐν ἐμοὶ μὴ φέρον καρπόν* signifique: *cualquier rama, si no lleva fruto*, en vez de: *que no lleva fruto*; mientras que *πᾶν τὸ καρπὸν φέρον* significa: *que lleva fruto*; pero esta es una distinción cuestionable (comp. 14:10; esta distinción parece válida, sin embargo, por cuanto el método de Juan a menudo atiende a la variedad de vocabulario y sintaxis en estrecha proximidad --T157).
T182 Hay un juego de palabras en este vesículo (*αἴρει ... καθαίρει*). La mejor traducción al español es: *toda rama que no lleva fruto, la quita; y toda rama que lleva fruto, la corrige.* Pero esta traducción no tiene nada de la brillantez del griego, y

en cualquier caso, no es muy exacta.

BD101 Καθαίρω rara vez aparece en el N.T., y significa: *limpiar, despojar, podar.*

5 R1165 El negativo compuesto aparece aquí con un intensificador: *no pueden hacer nada.*

6 M181 El sujeto sobreentendido en este versículo es levemente ambiguo.

T74 Un aoristo proléptico (ἐβλήθη y ἐξηράνθη) parece un futuro, y se presenta después de alguna condición real o implícita: *si un hombre no permanece en Cristo, será cortado y marchitado* (los aoristos pueden ser sólo gnómicos, cuando se refieren a una verdad bien conocida --R847; comp. B43; parece que estos verbos en aoristo sugieren inmediación de una manera conmovedora: *ha sido echado fuera sin dilación* --M12). [Editor. Cristo describe el juicio como ya presente, como un intento para recalcar que es inevitable. Los tiempos indican que los individuos que no permanecieron en Cristo, ya han sido echados fuera y ahora están siendo recogidos y quemados.]

8 R837 Ἐδοξάσθη parece que se usa como un aoristo gnómico (que expresa una verdad general).

M146 Ἵνα se usa para denotar contenido; significa: *(Mi padre es glorificado) en que lleven mucho fruto* (comp. R992; Juan es particularmente un aficionado a usar ἵνα en aposición con un pronombre demostrativo precedente, especialmente si el significado real es teoría, y no hecho [como ocurre en este versículo] --T139).

BD369(3) El verbo futuro γενήσεσθε (cuya variante es γένησθε) expresa una consecuencia posterior con una idea de independencia: *y entonces lleguen a ser.*

11 R784 La frase prepositiva ἐν ὑμῖν se usa con el verbo ᾖ, no con ἡ χαρὰ ἡ ἐμή: *mi gozo esté en ustedes.*

12 R992 Ἵνα ἀγαπᾶτε está en aposición con ἐντολή (comp. B213): *Este es mi mandamiento, que ustedes se amen.*

18 T32 El adjetivo superlativo πρῶτον ὑμῶν se usa en vez del

comparativo: *antes que a ustedes* (comp. MT79).

19 R1013 y sig. El hecho de agregar ἄν a una hipótesis indicativa produce un resultado muy parecido a colocar la conjunción *si* en itálicas, o la frase *en ese caso* agregada a una apódosis. Este es el uso definido de ἄν: *en ese caso, el mundo amaría.*

T345 La cláusula ὅτι casi siempre va después de la cláusula principal, pero no en este versículo (en este versículo la cláusula introducida por ὅτι precede a la cláusula principal; comp. 8:45): *porque ustedes no son del mundo.*

21 M69 Parece que εἰς con el acusativo equivale aquí a un simple dativo (εἰς aparece aquí donde uno esperaría ἐν --T256; comp. Mat. 26:10). [Editor. La sugerencia de Moule parece preferible, ya que la frase prepositiva fácilmente encaja como el objeto directo del verbo ποιήσουσιν (el Textus Receptus, A, $D^2$ y N tienen ὑμῖν).]

24 BD444(3) El segundo καί de este versículo significa: *y sin embargo;* mientras que καὶ ἐμὲ καὶ τὸν πατέρα μου agudiza la distinción entre las dos personas (parece que son dos personas completamente diferentes): *tanto a mí como a mi Padre.*

25 M145 Ἵνα puede tomarse con un sentido imperativo: *la palabra tenía que cumplirse* (según este versículo, Jesús fue sencillamente incitado a un triste suspiro de resignación, el cual es introducido por un ἵνα imperativo: *que se cumpla la Tora* [comp. 13:18] --TGr147 y sig).

27 R1185 El uso de καὶ ..., δέ expresa aquí continuación, y no oposición; δέ significa: *y*; καί significa: *también.*

MT119 Ἐστε aparece con un sentido perfectivo: *ustedes han estado conmigo desde el principio.*

## Juan 16

2 R859 El participio de aoristo con artículo presenta una acción definida de una manera atemporal (*todo asesino* --B148).

R998 En este versículo, ἵνα es casi temporal (introduce una

cláusula temporal: *cuando* --T321).

R1186 Ἀλλ ἔρχεται ὥρα significa: *Sí, la hora viene* (ἀλλά introduce un punto adicional de una manera enfática --BD448[6]; comp. T330).

BD120(2) El adjetivo compuesto ἀποσυναγώγους significa: *expulsados de la sinagoga.*

3 R834 El tiempo aoristo en οὐκ ἔγνωσαν pudiera tener un sentido de ingreso, con el significado: *ellos no reconocieron* (comp. T71 y 1:10).

B232 La cláusula causal de este versículo está subordinada; por tanto, ταῦτα se refiere a una afirmación ya hecha, y la intención de la oración es declarar por qué ellos harán estas cosas (comp. el comentario sobre Luc. 11:32).

BD448(3) Parece que ἀλλά pertenece al versículo 3, no al 4. [Editor. En verdad, parece que esta conjunción tiene un sentido válido en la posición en que se halla en los mejores manuscritos. Ἀλλά rompe la enumeración de los vv. 2 y sigs. y vuelve a introducir el pensamiento del v. 1.]

5 H469 Καί tiene aquí un sentido adversativo: *pero.*

7 B65 Los verbos futuros πέμψω (en el v. 7), ὁδηγήσει, λαλήσει y ἀναγγελεῖ (en el v. 13) se refieren a una promesa y son imperativos o predictivos solemnes: *enviaré, guiará, hablará, hará saber.*

8 B435 El participio adverbial equivale aquí a una cláusula temporal: *Y El, cuando venga, convencerá al mundo* (es temporal modal sin énfasis en la relación temporal --T154).

9 M147 Hay una tenue divergencia en cuanto a si las cláusulas introducidas por ὅτι en los vv. 9-11 significan: *por cuanto* (es decir; definen el pecado, la δικαιοσύνη, y el juicio) o son consecutivos (es decir, indican que el pecado, etc., son el resultado de las condiciones que se señalan en la cláusula introducida por ὅτι; tiene el significado causal --R964). [Editor. En este contexto, ὅτι aparentemente tiene el sentido más común de causa, y explica la razón de cada área específica de convicción.]

13 R709 Al usar *ἐκεῖνος*, Juan insiste en la personalidad del Espíritu Santo, cuando el género gramatical, de manera muy fácil pedía la forma neutra *ἐκεῖνο*.

T151 Τὰ *ἐρχόμενα* significa: *lo futuro*.

20 R871 Parece que los verbos futuros *λυπηθήσεσθε* y *γενήσεται* tienen un sentido de ingreso: *comenzarán a ...*

T253 Εἰς con el acusativo aparece en lugar de un nominativo predicativo (semítico, con el significado: *en* o *por* --R458).

23 R708 ᾿Εν *ἐκείνῃ τῇ ἡμέρᾳ* se refiere al día final.

24 R907 En la construcción perifrástica *ᾖ πεπληρωμένη*, se recalca la consumación.

B52 El verbo en aoristo *ᾐτήσατε* tiene un sentido similar a un perfecto: *nada han pedido*.

27 R614 La preposición *παρά* significa: *de* (comp. 1:18).

M121 Αὐτός aquí es enfático; significa: *pues el Padre mismo* (comp. T41).

30 R589 La preposición que aparece en *ἐν τούτῳ* da la ocasión de la acción del verbo principal (comp. Hech. 7:29; causal --T253 y H463: *por esa razón* --BD219[2]).

32 H470 Parece que *ἵνα* se usa como una partícula temporal: *cuando* (comp. 12:23).

## Juan 17

2 R500 ᾿Εξουσίαν *πάσης σαρκός* significa: *autoridad sobre toda carne*.

R963 Καθώς parece que tiene la fuerza de una partícula causal (comp. *ὡς* en 19:33).

T21 El adjetivo neutro *πᾶν* se usa para referirse a personas, porque hace menos hincapié en el individuo que en alguna cualidad general resultante (los hombres primero se incluyen como *σάρξ*, luego como *πᾶν*, y finalmente se designan con el pronombre *αὐτοῖς* --BD138[1]).

3 MT206 La oración: *Y esta es la vida eterna: que te conozcan ...*, exhibe una forma que en otras circunstancias sería una cláusula de propósito. ¿Debemos insistir en reconocer en este caso el fantasma de una cláusula de propósito? Westcott (en el sitio correspondiente) dice que ἵνα expresa aquí una meta, un fin, y no sólo un hecho. La cláusula introducida por ἵνα, entonces, al compararla con (τὸ) γινώσκειν, agrega la idea de esfuerzo o meta de adquirir el conocimiento de Dios (la cláusula introducida por ἵνα sólo está en aposición con αὕτη, y en consecuencia no es una cláusula de propósito; comp. 6:40 y Luc. 1:4 --R992). [Editor. Juan tiene la especial afición de usar ἵνα en aposición con un pronombre demostrativo (comp. 6:29, 39; 1 Juan 3:11, 23 y 4:21). En vista a esta tendencia, ἵνα aparentemente tiene un uso apositivo en 17:3.]

4 R418 A veces las palabras que expresan contraste se colocan muy cerca la una de la otra, como ἐγώ σε en el v. 4 y με σύ en el v. 5.

R843 El verbo aoristo ἐδόξασα se refiere a la oración: *Yo te he glorificado.*

5 M44 El dativo τῇ δόξῃ tiene un sentido intrumental: *glorifícame ... con la gloria* (comp. el v. 17: ἐν τῇ ἀληθείᾳ).

6 M120 El dativo posesivo que se usa en σοὶ ἦσαν es ambiguo. [Editor. El contexto indica que σοί es un dativo posesivo del pronombre personal singular: *ellos son tuyos*.]

11 H469 El καί inicial en este versículo tiene un sentido adversativo: *pero* (comp. 1:10).

12 T208 Ἀπωλείας se usa como un genitivo adjetival con ὁ υἱός (para presentar una característica de una persona; comp. Hech. 3:25).

15 R598 El tiempo del verbo en τηρήσῃς ... ἐκ τοῦ πονηροῦ puede implicar que el maligno tuvo poder una vez sobre ellos (comp. la oración de Jesús por Pedro).

17 TGr9 No debe suponerse que hay dos significados distintos de la palabra ἀλήθεια, en este versículo, que significa: *Santifícalos en*

*la verdad; tu palabra es la verdad.* Este es un ejemplo en que el predicado nominal aparece antes del verbo ἐστίν y, como consecuencia, pierde su artículo definido (comp. 8:32).

19 R908 En la construcción perifrástica ὦσιν ... ἡγιασμένοι, se destaca la consumación (comp. 16:24): *para que ellos sean santificados.*

20 T87 El participio de presente tiene aquí un sentido futurista (que describe una característica común --BD339[2b]): *los que creerán.*

23 BD205 Εἰς tiene el sentido de propósito-resultado (*perfeccionados en uno* --MT234).

24 T21 En este versículo, el don se describe primero en su unidad (ὅ; es decir, el pronombre singular neutro se usa para referirse a personas); luego individualmente (κἀκεῖνοι).

MT179 Θέλω ἵνα casi se unen en este versículo (se parece al imperativo; comp. Mar. 6:25): *yo deseo que.*

25 M167 La expresión καὶ ὁ κόσμος ... καὶ οὗτοι según E. A. Abbott (Johannine Grammar, 2164) significa: *tanto el mundo ... como éstos ...*; pero el primer καί parece que no se explica tan fácilmente (debe traducirse: *tanto el mundo ... como éstos*; comp. 6:36 --T335). [Editor. La dificultad para traducir aquí la conjunción surge de la antítesis que presentan las cláusulas. En el N.T., καὶ ... καί puede utilizarse para introducir un contraste, y significa: *aunque ... sin embargo,* lo cual parece preferible aquí; comp. Juan 6:36 y Hech. 23:3.]

MT113 El verbo aoristo ἔγνων tiene un sentido aglutinante, es decir reúne en una perspectiva todos los momentos sucesivos de γινώσκωσιν σέ (v. 3).

## Juan 18

1 R680 El pronombre αὐτός significa: *El mismo* (comp. 2:12).

2 R859 El participio de aoristo con artículo ὁ παραδιδούς (*el traidor*) se refiere a un acto pasado con respecto al tiempo en que se

escribe, aunque es futuro con referencia a la acción del verbo principal.

3 R1127 El participio λαβών se usa con el mismo sentido de *μετά* en Mat. 26:27 (indica manera: *con un destacamento* --T154).

5 R888 El pluscuamperfecto *εἱστήκει* se usa como un imperfecto (el perfecto de este verbo tiene el mismo sentido de un presente): *estaba*.

11 MT189 En una pregunta que casi es una declaración positiva, parece que un negativo enfático queda totalmente fuera de lugar (*οὐ* niega las preguntas, y espera una respuesta positiva; pero *μή* niega el verbo).

13 T235 El genitivo temporal *τοῦ ἐνιαυτοῦ ἐκείνου* simplemente significa: *ese año*.

16 M54 Πρός con el dativo aquí implica posición: *en*.

18 R909 El participio perfecto *ἑστώς* representa un estado: *en pie*; mientras que *πεποιηκότες* representa una acción terminada: *habiendo encendido*.

20 R589 La preposición que se usa en *ἐν κρυπτῷ* expresa la idea de manera: *secretamente*.
MT236 'Εν *συναγωγῇ* simplemente significa: *en la iglesia* (comp. 6:59).

22 R1116 El participio perfecto *παρεστηκώς* ha perdido la idea de acción terminada, pero mantiene la idea de continuidad sólo en el tiempo presente: *estaba*.

24 B48 El verbo aoristo *ἀπέστειλεν* no expresa antecedente (es decir, no es similar a un pluscuamperfecto) por las siguientes razones: El aoristo es el único tiempo que se puede usar si se piensa en un evento simplemente como un evento; la presencia de *οὖν* que, especialmente en los escritos de Juan, es de carácter continuativo; y el hecho de que hay una ausencia en el contexto de cualquier insinuación que indique que los eventos están

relacionados por su orden cronológico. La traducción resultante es: *Por tanto, Anás lo envió.*

28 R1413 Cuando una cláusula introducida por *ἵνα* está seguida por *ἀλλά* (que significa: *pero al contrario*), *ἵνα* no se repite (comp. 3:16).

B14 Ἄγουσιν se usa como un presente histórico, que se refiere a un evento pasado con descripción viva (comp. Luc. 8:49): *Llevaron.*

30 M18 En este versículo, surge la pregunta en cuanto a si *κακὸν ποιῶν* no es virtualmente un sustantivo: *un malhechor.*

M122 El pronombre *οὗτος* se refiere a un pronombre *El* no enfático, con el significado resultante: *si El no hubiera sido un criminal.*

T92 La oración condicional que aparece en los vv. 30 y 36 significa: *si El no fuera ... no te lo hubiéramos.*

32 R740 Ποίῳ tiene en este versículo una fuerza cualitativa: *de qué clase de muerte.*

33 T37 El pronombre personal *σύ* no tiene aquí mucho énfasis.

37 M165 Si la partícula debe tomarse como *οὐκοῦν* (de inferencia), parece preferible traducir la declaración como una exclamación, y no como una pregunta: *¡Entonces Tú eres un rey!* La paráfrasis de Westcott parece que da el mejor sentido en el contexto, el cual parece que exige una inferencia, por el hecho de que Cristo mencionó su reino: *Así que Tú eres un rey, ¿verdad?*

T37 El pronombre *σύ* aquí es enfático; tiene el sentido: *Tú lo has dicho, no yo* (comp. BD277[2]).

BD441[3] Ὅτι no significa: *que*, sino *porque.*

39 B213 Ἵνα se usa en aposición con el sustantivo *συνήθεια* (comp. 15:12): *una costumbre de que.*

40 R1173 Note el contraste indicado aquí por *μὴ ... ἀλλά* ( en vez del *οὐ ... ἀλλά* que es más común).

## Juan 19

1 BD459(2) Juan usa *τότε οὖν* como una partícula conectiva para introducir un evento subsiguiente; significa: *luego*; no *en ese momento* (comp. 11:14).

3 R884 'Εδίδοσαν se usa como un imperfecto reiterativo: *lo golpearon repetidamente*.

TGr76 La construcción con artículo *ὁ βασιλεύς* se usa aquí para expresar desprecio: *¡Este Rey de los judíos!* (*¡Salve, Rey!* comp. Hech. 26:7 --MT70).

6 R1200 Aquí aparece la repetición para indicar énfasis (*σταύρωσον*).

T182 El artículo *οἱ* se repite con los dos grupos de personas, porque los principales sacerdotes y los alguaciles no constituyen un todo unificado como los principales sacerdotes, ancianos y escribas en Mat. 16:21 (comp. BD276[2]).

11 MT148 El verbo en aoristo *ἐδόθη* (en vez de *ἦν δεδομένον*) sólo hubiera descrito la dádiva original, y no la presencia de ella con Pilato en ese momento.

12 R885 'Εζήτει se usa como un imperfecto de conato (es decir, una acción comenzada pero interrumpida).

M72 y sig. 'Εκ *τούτου* tiene un sentido causal: *a causa de esto* (comp. 6:66).

14 R501 Las palabras *δὲ παρασκευὴ τοῦ πάσχα* probablemente signifiquen: *el día antes del sábado* (viernes).

18 R775 Μέσον τὸν 'Ιησοῦν significa: *Jesús en el medio*.

19 T88 No se puede detectar ninguna diferencia real entre la expresión *ἦν γεγραμμένον*, de este pasaje, y *ἐπεγέγραπτο* de Hech. 17:23.

21 R707 El pronombre *ἐκεῖνος* tiene aquí la idea de desprecio (comp. 9:28; *este hombre* --T46).

T76 La prohibición en presente *μὴ γράφε* significa: *deja de escribir* (es decir, *altera lo que has escrito*).

23 R1184 Δέ introduce aquí un paréntesis explicativo: *ahora la túnica* ...

24 M63 Περί se usa aquí con respecto a la acción de echar suertes: *por esta.*

M162 Μὲν οὖν es sólo una expresión de resumen o transitiva: *Así que* (comp. T337).

25 R501 En la construcción ἡ τοῦ Κλωπᾶ, por causa del artículo femenino, se entiende que se refiere a la esposa (γυνή).

R904 El pluscuamperfecto εἱστήκεισαν se usa como un imperfecto (comp. 18:5):*estaban.*

M52 La preposición παρά tiene un sentido local: *junto a la cruz.*

26 TGr40 La ausencia de ὦ con un vocativo reduce la emoción. Así que en la cruz, donde era probable que la emoción se manifestara, de una manera desapasionada, Jesús encomendó su madre al cuidado de Juan. Cristo tuvo en mente la provisión de un hijo mayor para las necesidades de una madre; y sencillamente declara: *Mujer, he ahí tu hijo.*

T231 Ἴδε aparece con el nominativo como el complemento directo, porque ha llegado a ser una partícula estereotipada de exclamación (comp. 1:29).

27 R691 Τὰ ἴδια tiene el sentido de: *el hogar de uno.*

28 R425 La cláusula final encabezada por ἵνα en este versículo, de alguna manera interrumpe el hilo de la oración (la cláusula de propósito sigue más adelante --BD478; posiblemente esto indique algún grado de énfasis).

30 M16 El verbo aoristo ἔλαβεν tiene un sentido que equivale al pretérito perfecto en español: *Así que, cuando Jesús hubo recibido el vinagre, dijo: Consumado es.*

33 R909 Generalmente cuando el participio perfecto se refiere a una acción que coincide con la del verbo principal, tiene un sentido intensivo, como aquí: *ellos vieron que El ya estaba muerto.*

R963 Ὡς casi tiene la fuerza de una partícula causal (comp. 17:2).

35 TGr138 El pronombre ἐκεῖνος aquí sólo es reiterativo. Significa: *él.* Definitivamente, no introduce un nuevo sujeto. Así que es mejor entender que ἐκεῖνος no se refiere a un autor misterioso, ni a Dios, ni a Jesús. Se refiere más naturalmente al testigo ocular antes mencionado, que es también el autor. *Un testigo ocular*, dice él, *ha escrito este testimonio; es un testimonio cierto; el testigo ocular puede garantizar que es verdad* (comp. T46).

39 R495 El genitivo temporal se refiere al tiempo dentro del cual (clase de tiempo); así que νυκτός significa: *de noche* (comp. M56).

R1127 El participio φέρων se usa con la idea de manera: *vino trayendo.*

40 R1076 El infinitivo ἐνταφιάζειν complementa al sustantivo ἔθος: *como acostumbran los judíos preparar para la sepultura.*

## Juan 20

1 R868 Los verbos en presente ἔρχεται, βλέπει y τρέχει que aparecen en los vv. 1 y sigs., según parece, todos indican la emoción de María.

T187 El uso de μιᾷ en vez de *primero* parece que es resultado de la influencia semítica (comp. H439).

2 R1202 El sujeto indefinido de ἦραν aparentemente es: *la gente se ha llevado.*

3 R838 Aquí, los dos tiempos en estrecha proximidad permiten que el aoristo (ἐξῆλθεν) levante la cortina para que el imperfecto continúe la acción.

7 R593 En este versículo, εἰς tiene un sentido local, similar a ἐν: *en* (comp. M68).

R648 Esta es la única vez que χωρίς aparece como adverbio en el N.T. Significa: *aparte.*

8 BD459(2) En este versículo, *τότε οὖν* tiene el sentido de *ahora*, en contraste con el tiempo precedente (comp. 11:14).

11 R624 La preposición *πρός* tiene un sentido locativo en los vv. 11 y sigs., y significa: *cerca* o *frente a* (*en* --M54).

12 R868 El verbo presente *θεωρεῖ* indica la sorpresa de María al ver los ángeles, como en el v. 14; el tiempo presente se usa cuando ella ve a Jesús (comp. el v. 1 y sigs.)

R906 *Ὅπου ἔκειτο τὸ σῶμα* significa: *donde el cuerpo había yacido*, o *había sido colocado*.

14 R133 El segundo *καί* de este versículo significa: *sin embargo*.

T167 La frase con artículo *τὸν Ἰησοῦν* se refiere al Cristo resucitado en su primera aparición.

15 R1009 *Εἰ* se usa aquí con el aoristo de indicativo porque María supone que esto es un hecho: *ya que*.

BD282(3) El pronombre masculino *αὐτόν* se usa en vez del antecedente neutro *σῶμα* (Cristo como persona estaba en la mente de María).

17 R853 En la prohibición en presente *μή μου ἅπτου*, Jesús indica que María debe dejar de asirse a El (*deja de tocarme* --T67).

R870 En el presente futurista *ἀναβαίνω*, no sólo se indica profecía, sino certeza de la expectación (comp. BD323[3]).

18 R438 En este versículo, *καὶ ταῦτα εἶπεν αὐτῇ* no encaja exactamente después de *ὅτι ἑώρακα τὸν κύριον*. La cláusula agregada es comentario de Juan, no de María.

19 M68 En los vv. 19 y 26, *εἰς* tiene un sentido local: *El vino y se puso en pie en medio de ellos* (comp. BD205).

T187 *Μιᾷ* se usa con el significado: *primero* (comp. 20:1).

20 R1128 El participio *ἰδόντες* aparece aquí con un sentido causal (bien pudiera significar: *cuando vieron al Señor* --BD415). [Editor. La traducción de Blass presenta también un sentido causal, que indica la razón de su regocijo.]

21 R429 Aquí el uso de κἀγώ en la apódosis acentúa la conexión lógica de pensamiento (comp. 7:10): *así también yo*.

23 M152 Hay un sentido condicional latente en la partícula indefinida ἄν. Así que hay dos traducciones parecidas: *a quienes ustedes remitan los pecados*, y: *si ustedes remiten los pecados de cualquiera*. [Editor. El aspecto indefinido al cual se refiere esta partícula parece que es el número de personas que serían las beneficiadas con el ministerio de los discípulos, y no a que ellos decidan si quieren usar el poder que Cristo les ofrece.]

25 M15 El verbo perfecto ἑωράκαμεν parece que contempla el resultado: *Hemos visto al Señor*.

28 R462 Cuando Tomás dijo: *ὁ κύριός μου καὶ ὁ θεός μου* (nominativos usados como vocativos), le dio a Cristo plena aceptación de su deidad y del hecho de su resurrección (es extraño que Winer, pág. 183, llama a esto una exclamación, y no una expresión vocativa, aparentemente para evitar la conclusión de que Tomás quedó satisfecho en cuanto a la deidad de Jesús, por el hecho de que Jesús se le apareció después de la resurrección --R466).

M116 Debe notarse que un sustantivo en caso nominativo, que se usa con sentido vocativo y está seguido por un posesivo, no puede aparecer sin artículo. Por tanto, el artículo que precede a θεός tal vez no tenga ningún significado especial.

29 H469 Aquí, καί indica contraste: *pero* (comp. 1:10).

30 T337 Μὲν οὖν tiene el uso clásico de modificar una declaración que precede: *además* (comp. M162).

## Juan 21

1 R603 Ἐπί tiene la idea de vecindad, así que ἐπὶ τῆς θαλάσσης parece que significa: *en la playa*, o *junto al mar*.

3 R882 Ὑπάγω y ἐρχόμεθα se usan como verbos presentes futuristas: *Iré ... iremos*.

5 R155 El diminutivo *παιδία* tiene la idea de desprecio: (*mozalbetes* --MT170).

6 R408 Δεξιά es un plural idiomático: *el lado derecho*.
R580 ᾿Από tiene aquí un sentido causal.

7 R810 El verbo en voz media *διεζώσατο* significa: *se ciñó*.

8 R499 El genitivo en *τὸ δίκτυον τῶν ἰχθύων* sólo denota la *red llena de peces*.
R521 Τῷ *πλοιαρίῳ* se usa aquí como un locativo (o instrumental): *vinieron*, o *por bote*.
BD161(1) La frase prepositiva con *ἀπό* denota cuán lejos estaban (comp. 11:18).

9 BD111(3) Juan usa *ὀψάριον* para referirse al pescado como alimento (comp. 6:9).

11 R1129 El participio *ὄντων* tiene un sentido concesivo: *aunque*.
H469 El segundo *καί* de este versículo tiene un sentido adversativo. [Editor. En verdad, una idea concesiva encaja en el contexto más fácilmente. La idea adversativa ocasionalmente se confunde con la concesiva.]

12 R1128 El participio *εἰδότες* se usa con una idea causal.

14 R702 Τοῦτο *ἤδη τρίτον* significa: *esta era ya una tercera vez*, o más comúnmente: *esta es ahora la tercera vez que*.

15 T216 La frase *πλέον τούτων* en este versículo puede significar: *más que éstos*, o *más de lo que éstos me aman* (esta frase equivale a *ἤ τούτους* --BD185[1]). [Editor. Si la traducción deseada hubiera sido: *más de lo que éstos me aman*, se hubiera incluido el pronombre *σύ*. La comparación es entre *μέ* y *τούτων*, y significa: *más que éstos*.]

17 R1028 No hay seguridad en cuanto a si el primer *ὅτι* de este versículo es causal o introduce un discurso indirecto. [Editor. Parece que *ὅτι* es causal, ya que la cláusula que sigue presenta la razón de la tristeza de Pedro.]

18 R969 La idea de repetición predomina en el tiempo imperfecto de ἤθελες.

21 R736 En la elipsis aquí, se omitió γενήσεται (*¿y a éste qué le ocurrirá?* Τί se usa como el predicado nominal --BD299[2]).

22 B328 El significado exacto de ἕως ἔρχομαι probablemente es: *mientras vengo*; la venida se concibe como algo que está en progreso desde el momento en que se habla (*hasta que yo regrese* --M133; comp. T111 y Luc. 19:13). [Editor. En esta construcción, parece que el presente tiene un sentido futurista, con el significado: *hasta que yo regrese* (comp. 1 Tim. 4:13 y la tendencia de Juan a usar el presente futurista cuando registra las palabras de Cristo).]

T37 El pronombre σύ aquí es enfático (comp. 18:37).

BD299(3) El verbo ἐστίν se ha omitido de la frase τί πρὸς σέ, que significa: *¿qué es eso para ti?*

BD373(1) Aquí la cláusula condicional que se usa (ἐάν con el indicativo) puede interpretarse: *Si, como debe esperarse* (de acuerdo con el griego koiné), pero es la única interpretación posible según el griego clásico); sin embargo, el autor incluye el v. 23 como salvaguarda contra esta interpretación.

23 R593 La preposición εἰς tiene el sentido de *entre* (comp. Ef. 1:15).

R870 Ἀποθνῄσκει se usa como un presente futurista; se refiere a la certeza de la expectación (comp. 20:17).

T45 Los pronombres demostrativos οὗτος y ἐκεῖνος, aquí no se usan tanto para indicar contraste, sino para dar variedad.

24 R416 En este versículo, parece que hay un comentario de un hermano (o varios) sobre el Evangelio según Juan, el cual ha leído y aprobado (el sujeto de οἴδαμεν probablemente está en contraste con Juan, quien usa οἶμαι en el versículo siguiente para referirse a sí mismo --R406).

25 R1205 Note la hipérbole en el último segmento de este versículo.

BD305 Καθ' ἕν aparece con el significado original: *en detalle*.

# Hechos

## Hechos 1

1 R663 Lucas no usa *πρότερος* en sus escritos, así que *πρῶτον* en este caso se refiere al primero de dos (no de tres, comp. MT79; el significado de *πρῶτον* es ambiguo; o Lucas es culpable de un amaneramiento popular helenístico, o él tenía la intención de escribir tres tomos --T32). [Editor. Puesto que Lucas nunca usó el comparativo de este adjetivo, y en el griego helenístico el superlativo a menudo se usa en lugar del comparativo, parece que nunca pensó en escribir tres tomos.]

R1193 Parece que aquí hay alguna vehemencia o urgencia en el uso de *ὦ*.

M181 El verbo *ἤρξατο* tiene un sentido similar a *desde el principio* (comp. T227).

2 M57 *Διὰ πνεύματος ἁγίου* tal vez signifique: *por medio del Espíritu Santo* o *en contacto con el Espíritu Santo* (a veces es difícil distinguir entre compañía e instrumento; comp. 21:24).

3 M56 *Διά* con el genitivo se usa aquí en una expresión de tiempo. *Δι' ἡμερῶν τεσσεράκοντα ὀπτανόμενος* a menudo (siguiendo a Crisóstomo) se toma con el siguiente significado: *apareciendo a intervalos durante cuarenta días* (comp. T267); pero la idea *a intervalos* no se deriva de las palabras, sino de conocimiento de las tradiciones.

4 R618 Note la idea de *más allá* en el verbo compuesto *περιμένω*.

5 R389 El dativo *ὕδατι* puede tener un sentido locativo o intrumental con *βαπτίζω* (intrumental --T240, *bautizar con* --BD195; comp. el v. 2).

R418 En este versículo, el verbo aparece entre el sustantivo y el adjetivo (*ἐν πνεύματι βαπτισθήσεσθε ἁγίῳ*) para dar unidad a la cláusula.

M60 y sig. Se debate si *οὐ μετὰ πολλὰς ταύτας ἡμέρας* es un latinismo, caso en el cual *μετά* se usa con un sentido adverbial absoluto; si es así, o es un latinismo *vulgar*, o algo más deliberado (ya que se usa con una lítote [figura retórica que consiste en decir menos de lo que se quiere expresar] característico de Lucas; es el único caso que aparece en los primeros capítulos de Hechos); o la otra alternativa: ¿Es esto un arameísmo? (en *οὐ μετὰ πολλὰς ταύτας ἡμέρας*, el negativo invierte el significado de *πολλάς*; así que el significado es: *después de estos pocos días* --T193). [Editor. Una característica de los escritos de Lucas es el uso de *οὐ* con el adjetivo o el adverbio (comp. Luc. 7:6; 15:13; Hech. 20:12; 27:14 y 27), lo cual destaca la idea opuesta a la presentada por el adjetivo o adverbio. En este versículo, Lucas usa esta expresión para hacer conmovedora la brevedad del tiempo. Lucas pudo haber adquirido esta característica por influencia aramea.]

6 R916 Εἰ se usa para introducir una pregunta directa (en consecuencia, esta partícula no debe traducirse; comp. Luc. 13:23).

R1151 No se intenta ningún contraste mediante el uso de la expresión *οἱ μὲν οὖν* aquí (esta puede significar: *entonces los que se habían reunido*, o *entonces ellos, cuando se hubieron reunido* --BD251). [Editor. Μὲν οὖν es una fórmula que aparece frecuentemente en los Hechos para introducir una nueva sección de la narrativa, y significa: *así que, entonces*. Esta aparece constantemente en una posición posterior al pronombre y, en consecuencia, a la palabra que aparece antes de esta fórmula (comp. 8:4, 25; 9:31; 12:53 y 16:5). Así que en este versículo es preferible tomar el artículo y el participio conjuntamente; así apoyamos la anterior sugerencia de Blass.]

7 M38 Οὐχ ὑμῶν ἐστιν γνῶναι significa: *no les toca a ustedes saber* (la frase posesiva *οὐχ ὑμῶν* equivale a *οὐχ ὑμέτερον*: *no es preocupación de ustedes* --BD162[7]).

8 R787 Las dos provincias, Ἰουδαίᾳ y Σαμαρείᾳ, son diferentes, pero están adyacentes (por tanto, no se repite el artículo).

10 R904 El verbo en pluscuamperfecto, *παρειστήκεισαν*, tiene el sentido de un imperfecto (comp. Luc. 11:22): *estaban en pie*.

T335 En la construcción *καὶ ἰδού*, por lo menos *καί*, si no *ἰδού*, es a menudo pleonástico (redundante), como en este caso, en el cual significa: *he aquí*.

11 M132 Ὃν *τρόπον* representa una frase adverbial compuesta, como *ἐκεῖνον τρόπον ὅν*; significa: *en la manera en que*.

13 R501 La expresión Ἰούδας Ἰακώβου probablemente se refiere al hermano de Judas, en vista de lo que dice Jud. 1, y no a su hijo (comp. Luc. 6:16).

14 R623 Πρός tiene aquí una idea perfectiva, en el verbo compuesto: *adherir a*.

15 H473 En el N.T., *ἐπὶ τὸ αὐτό* tiene un significado técnico; significa la unión del cuerpo cristiano (comp. 2:1 y 47; significa: *todos juntos* --R602).

16 B142 Los participios de aoristo *γενομένου* y *συλλαβοῦσιν* se refieren a una acción que es subsiguiente a la del verbo principal, aunque antecede al tiempo en que se habla. Así que la última sección de este versículo debe traducirse: *lo que el Espíritu Santo habló antes por la boca de David en cuanto a Judas, quien llegó a ser guía de los que prendieron a Jesús*.

M57 Δ*ιά* con el genitivo significa: *por medio de*.

18 M162 Μὲν *οὖν* tiene sólo un sentido de transición: *pues*.

H440 Τῆς *ἀδικίας* es un genitivo del complemento directo (el salario causó la iniquidad).

19 T191 Ἰδίᾳ aparece aquí con el significado clásico: *peculiar*, o *privado*.

21 M13n.2 El tiempo aoristo de *συνελθόντων*, *εἰσῆλθεν* y *ἐξῆλθεν* se refiere a una acción lineal (contraste 9:28; comp. T71; un aoristo de resumen).

M94 y sig. El contexto sugiere fuertemente, para la frase *ἐν παντὶ χρόνῳ*, el significado: *durante todo el tiempo* (para este significado generalmente el sustantivo lleva artículo); no *en toda ocasión*.

24 BD390(3) El infinitivo λαβεῖν tiene aquí la idea de propósito.

25 R692 Hay aquí un énfasis definido en el uso de ἴδιον (comp. MT90): *su propio lugar*.

BD442(16) La coordinación de dos ideas, una de las cuales depende de la otra, sirve en el N.T. para evitar una serie de genitivos dependientes: *este ministerio del apostolado*.

Hechos 2

1 T145 Ἐν τῷ con el infinitivo tiene aquí un sentido causal, que explica por qué ellos se reunieron.

MT233 Blass coloca una pausa completa al final de este versículo. Pero podemos traducirlo sin la pausa: *Aconteció durante aquellos días del cumplimiento del día de Pentecostés, mientras todos ellos estaban reunidos, que de repente hubo ...*

H473 Ἐπὶ τὸ αὐτό significa la unión del cuerpo cristiano (comp. 1:15).

2 R966 Ὥσπερ con el participio se usa para presentar el asombro de la gente (expresa comparación --T158). [Editor. La última sugerencia es más probable, ya que ὥσπερ significa: *al momento*.]

R1105 El participio sin artículo φερομένης se usa como un atributivo. [Editor. Puede ser más exacto considerarlo como un participio predicativo, que denota la manera como entró el sonido en el salón.]

4 R748 En este contexto, ἑτέραις tiene el sentido de *diferente*. [Editor. Parece que esto está implícito en la descripción de las lenguas que se halla en los versículos siguientes.]

TGr18 Πνεύματος ἁγίου se considera un nombre propio. La primera vez que se menciona no tiene artículo, pero lo tiene cada vez que aparece posteriormente en este capítulo (vv. 4b, 33, 38 y otros).

6 T161 Si esta variación sin sentido (es decir, tanto el acusativo como el genitivo con una partícula y el verbo ἀκούω) puede aparecer en un escritor como Lucas, la distinción clásica entre genitivo y

acusativo se ha destruido en el N.T. (comp. 9:9).

7 M168 Tal vez *οὐχ ἰδού* puede que no sea un semitismo, sino un modismo en koiné que sustituye al clásico *ἆρ' οὐ* (que introduce una pregunta directa): *¿no son ...?*

8 MT88 Ἰδίᾳ ... ἡμῶν significa: *nuestra propia.*

9 R788 En los vv. 9 y sigs. note que aparece *τήν* con Μεσοποταμίαν, nombre que está solo, mientras que en Πόντον *καὶ τὴν* Ἀσίαν también aparece, probablemente porque se refiere a la provincia de Asia (no a Asia Menor como un todo).

12 R747 El modismo *ἄλλος πρὸς ἄλλον* es casi recíproco como *ἀλλήλων* (equivale a *πρὸς ἀλλήλους* --B287): *unos a otros.*
BD386(1) Τί *θέλει τοῦτο εἶναι* aparece como una pregunta directa (pero, los manuscritos S y E tienen el optativo *θέλοι*, como una pregunta indirecta que, después de *λέγοντες*, difícilmente se permite): *¿Qué significa esto?*

13 R903 La construcción perfecta perifrástica *μεμεστωμένοι εἰσίν* expresa una idea intensiva (equivale al tiempo presente; de estado existente, comp. B84): *Ellos están llenos.*
R1127 El participio *διαχλευάζοντες* se usa para expresar la idea de manera: *Pero otros, burlándose, decían* (comp. B444).

14 BD480(1) Λοιποῖς se sobreentiende por el uso del artículo *τοῖς*: *con los once restantes.*

17 M95 Πᾶσαν *σάρκα* significa: *toda carne* (comp. 1:21).
T241 Note el dativo semítico *ενυπνίοις ἐνυπνιασθήσονται*, que representa el infinitivo absoluto hebreo (destaca la idea de soñar).

18 T185 El sustantivo *δοῦλος* toma la forma de un adjetivo al aparecer en género femenino: *mis siervas.*
BD439(2) Καί *γε* tiene aquí un significado enfático: *y aun* (el orden clásico sería *καὶ ἐπί γε*).

21 R720 La cláusula relativa llega a ser sustantiva, y no adjetiva (es

decir, no tiene antecedente expreso): *todo el que invoque*.
R744 Πᾶς se refiere a *cualquiera*, sin importar quién.

22 R579 Aquí el significado de ἀπό es similar al de ὑπό (indica agencia): *por Dios*.

23 R1113 El participio de aoristo προσπήξαντες expresa una acción idéntica a la del verbo principal ἀνείλατε, lo cual indica que el asesinato fue hecho manifiestamente mediante la crucifixión.

25 R594 Εἰς con el acusativo se usa aquí como un dativo después de λέγει. [Editor. Realmente esta frase prepositiva se usa con un sentido similar a περί con un genitivo (comp. el v. 29: *con respecto a El*).]

27 R593 Εἰς con el acusativo tiene el sentido de ἐν con el dativo: *en el hades* (comp. el v. 31 y M68).

30 BD198(6) Note el dativo semítico ὅρκῳ ὤμοσεν (comp. el v. 17): *juró con un juramento*.

32 R714 En este versículo, el pronombre relativo οὗ muy probablemente significa: *de lo cual*, aunque *de quien*, con referencia a Ἰησοῦν, es posible. [Editor. El pronombre relativo οὗ debe considerarse como neutro, y se refiere al incidente y no a una persona. Esta traducción también cuadra con el énfasis de la oración (comp. 1:22 y 3:15).]

33 R448 El dativo τῇ δεξιᾷ puede tener un sentido instrumental: *exaltado por*; o ser un dativo simple: *a la diestra de Dios* (tal vez instrumental --M20; local, y no instrumental --BD199). [Editor. La traducción: *a la diestra de Dios*, denota la meta que se deseaba lograr, y usualmente se indica en el N.T. por medio de πρός o εἰς después de verbos de movimiento. Además, parece que en este contexto se presentan tanto la resurrección como la ascensión; comp. los vv. 31 y sigs. En consecuencia τῇ δεξιᾷ parece que se refiere al poder de Dios: *por la diestra de Dios*, similar a Sal. 118:16 e Isa. 63:12 en la LXX.]
R498 El sustantivo en genitivo τοῦ πνεύματος se usa en aposición con (es decir para definir) τὴν ἐπαγγελίαν; significa: *la*

*promesa, que es el Espíritu Santo.*

36 R772 Hay sólo una casa de Israel; así que πᾶς οἶκος Ἰσραήλ significa: *toda la casa de Israel* (comp. 1:21).

37 R1179 Δέ introduce toda la oración, y τέ conecta dos partes de ella (εἶπόν τε significa: *así que dijeron* --BD443[3]).

38 R389 Εἰς por sí no expresa fin (comp. Mat. 10:41), pero puede usarse como tal en este caso (*con el propósito de*, o *para que dé como resultado* --M90).

T214 Τοῦ ἁγίου πνεύματος se usa como un genitivo apositivo con τὴν δωρεάν, que significa: *el don, que es el Espíritu.*

39 M68 No se sabe con certeza si la proposición que aparece en εἰς μακράν tiene un sentido local o es un semitismo (local --T15 y BD205; en Isa. 57:19, la LXX no tiene esta construcción): *muy lejos.*

T239 Ὑμῖν se usa como un dativo de posesión (comp. BD189[2]; este ejemplo es una excepción de la distinción clásica; comp. Luc. 12:20): *la promesa es de ustedes.*

40 T30 El adjetivo comparativo que aparece en ἑτέροις τε λόγοις πλειόσιν se usa como un positivo; aquí parece que la construcción significa: *mayoría* y *más* (tiene que significar: *muchas, o varias*).

BD443(3) En la unión de cláusulas, τε indica una conección y relación más bien estrecha; significa: *y del mismo modo.*

41 M107 El hecho de que el artículo seguido por δέ, o μέν, o μὲν οὖν pueda usarse como un pronombre personal hace que surja una ambigüedad ocasional, cuando también se encuentra un participio. Así, en este versículo, ¿οἱ μὲν οὖν ἀποδεξάμενοι ... ἐβαπτίσθησαν significa: *Así que los que habían aceptado ... fueron bautizados*; o *así que habiendo ellos aceptado ... fueron bautizados*? [Editor. La primera traducción es preferible; comp. 1:6.]

43 BD189 La mejor traducción de ἐγίνετο πάσῃ ψυχῇ φόβος es: *todos llegaron a estar más y más temerosos* (el verbo en imperfecto

aparece con el dativo posesivo).

45 R581 El verbo compuesto *διαμερίζω* significa: *distribuir*.

R967 Καθότι aparece con un sentido comparativo sólo dos veces en el N.T. (aquí y en 4:35). En ambas ocasiones parece que *ἄν* particulariza cada caso: *según la necesidad de cada uno*.

T67 El tiempo imperfecto de los verbos *ἐπίπρασκον* y *διεμέριζον* tiene un sentido reiterativo (la acción ocurre a menudo, pero de manera espasmódica; comp. R884; el tiempo aoristo hubiera implicado que ocurría con frecuencia, pero no era universal ni se ejecutaba totalmente --BD325).

46 M78 Ἐν *ἀγαλλιάσει καὶ ἀφελότητι* significa: *con alegría y sinceridad* (un uso adverbial de la preposición).

BD444(1) En este versículo, el primer *τε* conecta toda la nueva cláusula, el segundo conecta los dos participios: *y ... y*.

47 R1116 La idea de repetición (el uso reiterativo del tiempo presente) aparece en *προσετίθει τοὺς σῳζομένους*, que significa: *El continuaba añadiendo a los salvos de tiempo en tiempo*.

B125 El participio de presente *τοὺς σῳζομένους* puede traducirse: *los que son salvos* (con el sentido de: *los que llegan a ser salvos*); o puede tomarse como un presente progresivo de acción simultánea. No puede significar: *los salvos*, con el sentido de: *los que han sido salvos* (comp. 1 Cor. 1:18).

BD202 En este contexto, el verbo *προσετίθει* significa: *añadir a la congregación*.

MT107 Ἐπὶ *τὸ αὐτό* significa la unión del cuerpo cristiano (comp. 1:15).

## Hechos 3

1 R602 En esta expresión de tiempo, *ἐπί* indica un período más definido que el que hubiera expresado el simple acusativo: *a la hora de la oración*.

T179 Ὥρα generalmente no tiene artículo, especialmente después de una preposición, pero el artículo aparece aquí porque posteriormente se introducen palabras definitorias: *a la hora*.

2 R884 Note el imperfecto reiterativo *ἐτίθουν* (que indica repetición).

R990 Τοῦ con el infinitivo que expresa la idea de propósito está casi confinado a Mateo, Lucas y Hechos (aquí, *τοῦ αἰτεῖν*): *con el propósito de pedir.*

3 R884 La idea de repetición está claramente presente en *ἠρώτα ἐλεημοσύνην*: *repetidamente les pedía limosna.*

5 R828 El verbo compuesto *ἐπέχω* significa: *agarrarse a.*
R1127 El participio *προσδοκῶν* expresa la idea de manera en esta descripción pintoresca.

7 R508 Note *αὐτὸν τῆς χειρός*, donde el acusativo se refiere al todo y el genitivo indica la parte: *tomándolo por su mano derecha.*

8 R1116 No está clara la razón por la cual aparece el participio de presente *ἐξαλλόμενος*, a menos que sea para anotar que continuó saltando y andando (alternadamente; comp. *περιπατοῦντα καὶ αἰνοῦντα* que aparece más tarde).

10 R626 La idea de propósito o fin se desarrolla naturalmente aquí con el uso de *πρός*: *a pedir limosna.*
R885 El imperfecto *ἐπεγίνωσκον* tiene un sentido incoativo (se destaca el comienzo de la acción; comp. Luc. 1:64).
R1117 El participio de perfecto *τῷ συμβεβηκότι* tiene el sentido de un pretérito perfecto: *ante lo que había sucedido.*
T41 El uso de *αὐτός* en este versículo indica algún grado de énfasis (comp. BD277[3]).

11 R407 El cambio en número, de *ὁ* λαός a *ἔκθαμβοι*, se debe al sentido (es decir, el sustantivo colectivo λαός se refiere a varias personas).

12 R423 Note aquí la posición de *ἡμῖν* (la cual denota posible énfasis).
R1140 Ὡς implica una idea concesiva o condicional: *como si nosotros hubiéramos hecho esto* (motivo subjetivo --T158).
B404 Τοῦ con el infinitivo se usa para expresar el complemento directo de *πεποιηκόσιν* (comp. MT217; el infinitivo significa propósito --M128; consecutivo-final --T141). [Editor. Realmente el infinitivo se usa como el complemento directo del participio *πεποιηκόσιν*, para completar la idea del participio:

*como si nosotros lo hubiéramos hecho caminar.*]

13 R707 El contraste es agudo entre *ὑμεῖς* y *ἐκείνου* (contrasta a los judíos con Pilato).

14 R785 Cuando se aplica más de un epíteto a la misma persona, usualmente sólo se usa un artículo (*τὸν ἅγιον καὶ δίκαιον*).

15 BD458 Las dos veces que aparece el pronombre relativo en este versículo son similares a un pronombre demostrativo, que equivale a: *éste mismo*.

16 R639 Ἀπέναντι sólo tiene el sentido de *delante de*, *a la vista de*, o *en presencia de*.

M58 ¿Significa *ἡ πίστις ἡ δι' αὐτοῦ*, *fe que es causada por El (Cristo)*, o simplemente *fe cristiana (en El)*? [Editor. Moule intenta hacer una distinción entre lo que corresponde al sujeto y lo que pertenece al complemento directo, similar a la del caso genitivo. Pero probablemente ambos conceptos deben incluirse aquí, con la simple traducción: *la fe que viene por medio de El*.]

T221 El artículo *ἡ* es necesario aquí con la frase prepositiva atributiva para evitar ambigüedad (así se indica que la frase prepositiva modifica el sustantivo *πίστις*).

H473 y sig. Torrey observa que la repetición de *τὸ ὄνομα αὐτοῦ* en este versículo obscurece el sentido y daña el sonido. Así que él ofrece una traducción literal en arameo y concluye que la oración se lee: *y por fe en su nombre, El ha hecho fuerte a éste, a quien ustedes ven y conocen; sí, la fe que es por El le ha dado esta sanidad delante de todos ustedes*. El señor Burkitt, sin embargo, asegura un sentido excelente, tanto como una retórica característica de Lucas, al colocar dos puntos antes de *τοῦτον* y omitir *ἐπί*; así concuerda con los manuscritos Aleph y B. Ahora el pasaje se lee así: *Ustedes mataron al Príncipe de Vida, a quien Dios resucitó de entre los muertos, de lo cual nosotros somos testigos, aun de la fe en su nombre: a este hombre, a quien ustedes ven y conocen, el nombre de El lo ha hecho fuerte, y la fe que es por medio de El le ha dado esta perfecta sanidad delante de todos ustedes*.

17 R1128 Κατὰ ἄγνοιαν expresa la idea de manera (Lucas prefiere la

frase prepositiva al participio, una tendencia del koiné; comp. 1 Tim. 1:13 --T154): *ustedes actuaron con ignorancia.*

18 B114 El aoristo de infinitivo *παθεῖν* se refiere a lo que es futuro con referencia al verbo principal: *Dios predijo que su Cristo sufriría.*

20 T27 El plural *καιροί* se refiere al período de tiempo mesiánico.

23 TGr89 Aquí aparece el genitivo con *ἀκούω*, con el significado: *toda alma que no oiga aquel profeta* (es decir, *que rehúse aun permitir que hable un profeta*).

25 R625 El uso de *πρός* denota aquí la idea de conversación personal.
T208 Los genitivos que siguen a *οἱ υἱοί* se usan para expresar cierta cualidad de los hijos.

26 R549 Note que aparece *ὑμῖν πρῶτον* (adverbial), no *ὑμῖν πρώτοις* (adjetival). Así que, el significado no es: *ustedes como primeros*; sino: *la cosa es hecha primero para ustedes.*
R891 El participio de presente *εὐλογοῦντα* se usa con el sentido de propósito: *él lo envió para bendecirlos* (comp. B442).
R1073 La construcción temporal *ἐν τῷ* con el infinitivo tiene aquí un sentido que aparentemente significa: *en que se aparte cada uno de ustedes de sus iniquidades* (*en que se aparten* equivale a: *en que ustedes se apartaron* --BD404[3]; instrumental --T146). [Editor. La traducción: *en apartarse*, es similar a la traducción instrumental: *apartándose*.]

## Hechos 4

2 R587 La preposición *ἐν τῷ Ἰησοῦ* tiene el sentido de *en el caso de* (no difiere grandemente del uso metafórico de *ἐν* con el alma o la mente; Lucas expresa el concepto de Pablo en *ἐν χριστῷ*; así que la vida que surge de entre los muertos viene por medio de Cristo, y los que están *en* Cristo resucitarán de la muerte física y espiritual --TGr155 y sig.). [Editor. Este versículo se refiere a la resurrección de Cristo, no la resurrección de los santos. Parece que Pedro y Juan están proclamando en el caso de (o

basados en el hecho de) la resurrección de Jesús, el concepto general de resurrección.]

7 R678 Note aquí la posición enfática de *ὑμεῖς*.

R740 Ποῖος parece que retiene su fuerza cualitativa en este versículo: *con qué clase de*.

BD277(1) Los pronombres *τοῦτο* y *ὑμεῖς* se usan con el siguiente significado resultante: *personas como ustedes han hecho este milagro* (el uso de los pronombres en conjunto es un recurso estilístico; pero sería una fantasía suponer que el significado es: *¿Personas como ustedes haciendo un milagro como éste*? La simple pregunta se originó en la ira, no en la sutilidad --T37). [Editor. No está definido si estos pronombres presentan un estilo o una sutileza, pero *ὑμεῖς* ciertamente se usa para destacar la predominante actitud de desprecio.]

9 T212 Ἀνθρώπου es un genitivo de complemento directo que se refiere a la *ayuda dada a un hombre enfermo* (comp. R500).

11 R703 Οὗτος es un pronombre de resumen y vuelve a tomar el hilo principal de la historia (el antecedente de *οὗτος* es Ἰησοῦ, aunque *θεός* es el nombre más cercano --T44).

12 R749 Lo que quiere decir *ἕτερον* en este contexto es que ningún otro nombre en absoluto, aparte del de Jesús; no se refiere a la diferencia de clase.

M66 Ὑπό con el acusativo presenta la idea de lo que está bajo: *porque tampoco hay ningún otro nombre bajo el cielo*.

M76 Tal vez *ἐν* con el dativo *ἀνθρώποις* tenga el sentido de *εἰς* con el acusativo (D omite *ἐν*; la preposición y el caso dativo se usan de un modo pleonástico en lugar del simple dativo; en este caso se destaca la esfera de actividad --T264). [Editor. En estas dos explicaciones, *εἰς* con el acusativo es similar al simple dativo. Pero cuando se alude al destinatario con el verbo *δίδωμι*, generalmente se usa el dativo simple, en vez de incluir también la preposición *ἐν*: *a los hombres*.]

M77 Las preposiciones que se usan en *ἐν ἄλλῳ* ... *ἐν ᾧ* tienen una idea instrumental: *por*.

M103 Τὸ *δεδομένον* es un uso raro, y no sin razón se ha sospechado que tiene un fondo semítico. (Posiblemente un mal entendimiento de un participio semítico; equivale a ὁ ἐδόθη: *que fue dado* --T153).

13 R415 En este versículo, tanto a Pedro como a Juan se los llama: ἀγράμματοι καὶ ἰδιῶται. No es necesario insistir demasiado en esto y, sin embargo, es notable que la Segunda de Pedro y Apocalipsis son precisamente los dos libros del N.T. cuyo griego choca más contra la mente culta, y los que muestran el más cercano parentesco con el koiné. Una de las teorías acerca de la relación que hay entre la Primera y la Segunda de Pedro es que Silvano fue el escriba de Pedro cuando escribió la Primera Epístola, y por tanto, el griego es suave y fluido, mientras que en la Segunda de Pedro aparece el tosco y no corregido griego de Pedro. Así también en Hechos, Lucas refina el griego de Pedro, cuando informa acerca de sus discursos.

R812 La fuerza intensiva de la voz media se ve en καταλαβόμενοι, que denota *comprensión mental* (este verbo no tiene forma activa en el N.T., pero sí la tiene en el griego clásico; uno espera la voz activa en Hech. 4:13, 10:34; 25:25 y Ef. 3:18 --T55).

R1421 El verbo en imperfecto ἦσαν lleva la idea del perfecto en el pasado: *habían estado*.

16 T304 Lucas prefiere usar un verbo copulativo cuando sea necesario, excepto en frases o palabras de significado fijo como φανερόν (comp. 2:29): *es manifiesto*.

18 BD339(3) El artículo τό debe tomarse con καθόλου, no con el infinitivo: *en absoluto*.

19 R1045 Aquí εἰ se usa para introducir una pregunta indirecta: *si*.

20 R1094 En οὐ δυνάμεθα ... μὴ λαλεῖν, el negativo no es redundante, sino que ambos negativos preservan su fuerza total, y significan: *no podemos hacer otra cosa que hablar*.

21 R766 El artículo τό se usa para introducir una cita (en consecuencia, el artículo no debe traducirse).

R1128 El participio εὑρίσκοντες tiene un sentido causal: *los soltaron porque no hallaron modo de castigarlos*.

22 M38 Ἐτῶν ... πλειόνων parece que se usa como un genitivo de definición, y significa: *él tenía más de cuarenta años.*

BD347(3) Γεγόνει se usa como un perfecto aoristo: *se había hecho.*

25 TGr20 Πνεύματος ἁγίου no tiene artículo; así que se dice que los Salmos fueron expresados por Dios a través de los labios de David, por medio de una inspiración divina: literalmente, *Espíritu Santo* (comp. el comentario sobre Luc. 1:15).

T313 El verbo en plural se usa con el neutro plural ἔθνη, porque el sustantivo se usa con un sentido personal (comp. 11:1).

H474 Torrey ofrece una traducción aramea para ὁ ... εἰπών y demuestra que la confusión común del arameo ha oscurecido el verdadero significado. En consecuencia, debe traducirse: *lo que nuestro padre David, tu siervo, dijo por la boca (el mandato) del Espíritu Santo.*

27 B92 Como en castellano no hay ambigüedad en la traducción de los términos συνήχθησαν (v. 27) y συνηγμένοι (v. 31), no es necesario traducir ambos mediante la expresión: *estuvieron reunidos*; porque el primero es un aoristo y se refiere a un acto (*se reunieron)*, y el último es un perfecto y se refiere a un estado (*estaban reunidos*).

29 T200 El adjetivo πάσης con el sustantivo sin artículo tiene aquí el sentido de *completo* (*con completo candor* --BD275[3]).

30 B417 Lo más probable es que el infinitivo γίνεσθαι se tome como el complemento directo de δός y esté gobernado por la preposición ἐν. Sin embargo, estrictamente no está sin el artículo; el τῷ que precede a ἐκτείνειν pertenece también a γίνεσθαι: *mientras extiendes tu mano ... y haces.*

32 R691 Ἴδιον aparece con el sentido de *privado.*

R751 Οὐδὲ εἷς es más enfático que el simple negativo οὐδείς.

33 M169 Καὶ ... ἀπεδίδουν τὸ μαρτύριον οἱ ἀπόστολοι τῆς ἀναστάσεως ... τοῦ κυρίου Ἰησοῦ es simplemente una declaración extraordinaria; uno hubiera esperado bien καὶ ... οἱ ἀπόστολοι τῆς ἀναστάσεως τοῦ κυρίου Ἰησοῦ ἀπεδίδουν τὸ μαρτύριον (es decir, *los apóstoles del Señor Jesús daban su*

*testimonio de la resurrección*); o καὶ ... οἱ ἀπόστολοι ἀπεδίδουν τὸ μαρτύριον τῆς ἀναστάσεως τοῦ κυρίου Ἰησοῦ (es decir, *los apóstoles dieron su testimonio de la resurrección del Señor Jesús*). Tal como está, la declaración es tanto ambigua como difícil de manejar. [Editor. La última sugerencia es preferible, ya que ellos fueron testigos de la resurrección del Señor Jesús; comp. el v. 2 y 1:22.]

T350 Aquí, la interrupción del orden normal de las palabras para dar efecto oratorio da como resultado la ambigüedad (el orden normal de las palabras se abandona porque sería demasiado engorroso y desagradable --BD473[2]).

34 R1116 La idea de repetición está presente en los tiempos de *πωλοῦντες*, *ἔφερον* y *ἐτίθουν*, que significan: *ellos de vez en cuando vendían, traían y colocaban a los pies de los apóstoles* (comp. BD339[3]).

35 R967 *Καθότι* tiene un sentido comparativo (comp. 2:45).

36 R530 Τῷ *γένει* expresa la idea de manera (se usa como un dativo de referencia). [Editor. Realmente se usa como un dativo de referencia, pero mantiene un sentido modal: *por familia*, o *por raza*.]

R579 La preposición *ἀπό* tiene un significado similar al de *ὑπό* (comp. T258): *por los apóstoles*.

T208 El genitivo que sigue a *υἱός* describe cierta cualidad de la persona (comp. 3:25): *hijo de consolación*.

37 R116 Hay un agudo contraste entre la acción repetida del v. 34 (imperfecto) y el caso específico de Bernabé en el v. 37 (aoristo).

## Hechos 5

2 R627 Parece que el verbo *σύνοιδα* se refiere al conocimiento que se comparte con otro (comp. 1 Cor. 4:4).

R810 Ἐ*νοσφίσατο* se usa como si estuviera en voz media indirecta, y significa: *él guardó para sí mismo*.

R1116 El participio perfecto *συνειδυίης* ha perdido la idea de terminación, pero mantiene la idea lineal con un tiempo presente: *con el conocimiento de su esposa.*

3 B389 Ψεύσασθαι puede considerarse como un infinitivo de complemento directo gobernado por la idea de persuación que está implícita en ἐπλήρωσεν ... τὴν καρδίαν, o como un infinitivo consecutivo de resultado previsto (el infinitivo tiene un sentido consecutivo, es decir, Ananías realmente había mentido --R1101; comp. T136 y BD391[4]).

4 R965 Τί ὅτι realmente es una forma contraida de τί γέγονεν ὅτι (τί significa: *por qué*, en los vv. 4 y 9).

R1166 Note aquí la aguda antítesis con el uso de οὐ ... ἀλλά (para destacar el asunto de que Ananías había mentido a Dios).

M120 El dativo de posesión aparece en οὐχὶ μένον σοὶ ἔμενεν, que significa: *mientras la retenías, ¿no era tuya?*

8 R810 'Απέδοσθε se usa como si tuviera un significado en voz media indirecta y significa: *¿diste por tu propio interés*?

10 M53 La preposición πρός en este versículo tiene un sentido cargado; aparentemente combina la idea lineal con el reposo definido que hay al llegar. Así que la construcción tiene la idea: *ella cayó ... a sus pies ..., ellos la sepultaron junto a su marido.*

12 M57 Διά con el genitivo tiene el sentido de *por medio de.*

14 R1106 Πλήθη está en aposición con el participio sin artículo πιστεύοντες (*hombres creyentes*; *los creyentes eran añadidos al Señor, multitudes tanto de hombres como de mujeres* --B423).

BD465(1) El paréntesis que hay en este versículo es áspero, aunque la conexión con el v. 13 es lo suficientemente suave; pero la reanudación en el v. 15 es torpe y ὥστε καὶ εἰς τὰς πλατείας ... en realidad es una consecuencia del v. 13, no del v. 14.

15 R1091 Ὥστε con el infinitivo ἐκφέρειν expresa resultado real: *tanto que ellos.*

M138 Ἵνα κἄν aparece dos veces en el N.T. (Mar. 6:56 y aquí); y en ambos casos parece que es evidente una cláusula condicional implícita: *aunque no hubiera más que la sombra.*

16 R404 El participio *φέροντες* es plural, aunque el verbo *συνήρχετο* es singular, como el sustantivo colectivo *πλῆθος* (el plural aparece de acuerdo con el número real del sustantivo colectivo).
BD474(8) La preposición que aparece en *τῶν πέριξ πόλεων Ἰερουσαλήμ* está separada de su nombre (sigue los textos de los manuscritos S y B); primero se concibió como: *las ciudades de alrededor*.

17 R1108 Parece que *ἡ οὖσα* tiene un sentido técnico: *la escuela local de los saduceos* (comp. MT228; este uso redundante del participio es una característica del libro de los Hechos, y significa un poco más que *corriente*, o *existente* --T151 y sig.) [Editor. Realmente, no hay mucha diferencia entre estas dos sugerencias, pero la primera puede ser preferible en vista del uso común que Lucas hace de este participio con artículo; comp. 11:22; 13:1; 14:13 y 28:17.]

19 R581 La preposición que se usa en *διὰ νυκτός*: *de noche*, añade muy poco al genitivo mismo.

20 T57 El verbo en voz pasiva *σταθέντες* es mejor traducirlo simplemente: *puestos en pie*.

21 R635 El versículo ofrece el único ejemplo en que se usa *ὑπό* en una expresión temporal en el N.T. (*alrededor de*, o *cerca del amanecer*; comp. M66).

24 R940 Se usa aquí, el optativo con *ἄν* en la pregunta indirecta, para expresar duda y perplejidad (la cita indirecta ha preservado la forma de la directa --B343); significa: *qué ocurriría*, o *como resultaría esto*.

26 B224 Parece que *τὸν λαόν* puede denotar a las personas de las cuales se teme, y *μή λιθασθῶσιν* la cosa temida; de tal modo que el significado se expresaría de la siguiente manera: *porque ellos temían que serían apedreados por el pueblo*. Pero por otro lado, *ἐφοβοῦντο ... λαόν* puede tomarse con carácter de paréntesis y *μὴ λιθασθῶσιν* como una expresión que limita a *ἦγεν αὐτούς, οὐ μετὰ βίας* (comp. Westcott y Hort). [Editor. La última sugerencia significaría: *los trajeron sin fuerza, para que ellos (el*

*capitán y los oficiales) no fueran apedreados*; que esencialmente equivale a la sugerencia anterior.]

BD327 El tiempo imperfecto de ἦγεν se usa para presentar la manera de la acción; es decir, una acción pasada se presenta como si estuviera en marcha (con calificación posterior; contraste con el aoristo del v. 27, que describe la acción como concluida; el tiempo imperfecto indica una acción que prosiguió hasta que finalmente ellos fueron presentados al Sanedrín --T66).

28 R697 Τούτῳ aparece con la idea de reproche (comp. Luc. 15:2).

R878 Βούλομαι es menos frecuente en el e N.T. que θέλω y difícilmente puede resolverse sólo con un futuro. Parece que la idea de propósito prevalece aquí: *ustedes intentan*.

R895 El tiempo perfecto en πεπληρώκατε se usa para referirse a un estado completo (un perfecto extensivo): *ustedes han llenado a Jerusalén con su enseñanza*.

M178 La construcción dativa enfática παραγγελίᾳ παρηγγείλαμεν ὑμῖν tal vez signifique: *les ordenamos estrictamente*.

29 R747 Ἄλλοι se sobreentiende antes de ἀπόστολοι: *Pedro y los otros apóstoles*.

BD245a(1) Aquí la expresión de comparación tiene la idea de exclusión.

30 R1127 Κρεμάσαντες se usa como un participio modal: *a quien ustedes mataron colgándolo en un madero* (es decir, el participio indica la manera o medio).

31 R526 Τῃ δεξιᾷ puede usarse como un dativo simple, locativo o instrumental. [Editor. La traducción instrumental de esta frase parece ser la más probable; comp. 2:33.]

R1088 El infinitivo expresa la idea de propósito: *con el propósito de que El diera*.

32 T218 La lectura variante αὐτοῦ μάρτυρες τῶν ῥημάτων τούτων significa: *sus testigos de estas cosas*.

33 M89 El verbo compuesto διαπρίω parece que literalmente significa: *aserrarlos en dos*.

34 R653 El adjetivo neutro *βραχύ* se usa como adverbio: *un momento*.

35 R605 La preposición *ἐπί* en este versículo tiene el sentido de *respeto a*, o *en el caso de* (aquí con el dativo da la siguiente idea resultante: *contra*).
B72 Μέλλετε se usa con un infinitivo para presentar un acontecimiento futuro (comp. Luc. 9:44).

36 R581 Διαλύω significa: *disolver*.
R743 Τινα se usa como un predicado con un significado enfático: *alguien en particular*, (comp. 8:9).
R253 El acusativo que aparece en *ἐγένοντο εἰς οὐδέν* se usa en lugar del predicado nominal (semítico): *llegaron a ser nada*.

37 R835 Ἀπέστησεν se usa como un aoristo efectivo (es decir, se coloca el énfasis en el fin de la acción, y no en el comienzo): *descarrió al pueblo*.

38 R1018 Se mantiene una real distinción entre *ἐὰν ᾖ* y *εἰ ... ἐστίν* (comp. M150). Gamaliel le da el beneficio de la duda al cristianismo. El supone que el cristianismo es de Dios y pone la alternativa, que es de los hombres, en la cláusula condicional de tercera clase. Por supuesto, esto no demuestra que Gamaliel era un cristiano o un interesado. Sólo quería anotarse un punto contra los saduceos. Aquí, en verdad, la suposición es con respecto a una situación presente; pero *ἐάν* y el subjuntivo contemplan el resultado futuro (*resulta ser*; las cláusulas condicionales significan: *si, como uno puede suponer, este consejo es ..., pero si [como estas personas proclaman] realmente es* --BD372[1a]).
B230 La cláusula causal (*ὅτι ..., καταλυθήσεται*) se usa como la apódosis de la cláusula condicional con *ἐὰν ᾖ*.

39 R1096 Θεομάχοι significa: *luchando contra Dios*.
MT193 La advertencia que hay en el v. 39 puede comenzar con *tal vez ustedes sean hallados*, o *no sean hallados*; la primera sugerencia encaja mejor con el significado de *μήποτε*.

41 P632 Ὑπέρ con el genitivo tiene aquí el siguiente significado resultante: *por casua de*.

R884 El uso descriptivo duradero del imperfecto aparece con el verbo ἐπορεύοντο (comp. el v. 26): *ellos iban saliendo.*

M162 Μὲν οὖν es una expresión de resumen o transición (no se intenta algún contraste con el uso de μέν --R1151): *Y así.*

42 B457 Los participios διδάσκοντες y εὐαγγελιζόμενοι se usan como sustantivos por cuanto constituyen el sujeto del verbo: *no cesaban de enseñar y predicar a Jesús como el Cristo.* (no hay necesidad de aplicar el término *sustantivo* a estos participios complementarios que sólo tienen ideas verbales --R1109). [Editor. Robertson tiene razón porque el verbo παύομαι generalmente tiene un participio que lo complementa, aunque la traducción de Burton es suficiente.]

## Hechos 6

1 R626 La idea resultante de πρός en este versículo es: *contra.*

3 B317 El pronombre relativo con el futuro οὓς καταστήσομεν expresa la idea de propósito.

5 TGr20 Puesto que πνεύματος ἁγίου no tiene artículo, lo que se dice es que Esteban estaba lleno de inspiración espiritual. [Editor. Parece que se refiere al Espíritu Santo; comp. Luc. 1:15].

BD214(6) Agradable a los ojos de alguien equivale a *agradable a alguien.*

BD316(1) 'Εκλέγομαι siempre es voz media (*elegir*); sólo en Hech. 6:5, 15:22 y 25 no es absolutamente necesaria la fuerza de la voz media (para dar a entender el significado: *uno mismo*).

7 T312 Note el verbo en plural con el sujeto en singular ὄχλος (A y B lo corrigen con un verbo singular; realmente πολύς τε ὄχλος τῶν ἱερέων equivale a πολλοὶ ἱερεῖς --BD134[1c]).

9 R788 El uso repetido de τῶν divide las sinagogas en dos grupos (por un lado, hombres de Cilicia y Asia, y por el otro, de Alejandría, Cirene y los libertos). El asunto es sencillamente geográfico, excepto en lo referente a los Λιβερτίνων; y así se

puede usar dependiendo del significado de este término.
T15 Οἱ ἐκ se usa para referirse a una secta (comp. BD209[2,3]): *los miembros de la sinagoga.*

11 R594 Εἰς con el acusativo tiene la idea de *contra.*
R634 En el verbo compuesto ὑποβάλλω, la idea de sugerencia tiene un mal sentido: *instigar.*

## Hechos 7

1 R546 Ἔχει se usa con οὕτως en una construcción idiomática: *¿Son verdaderas estas cosas?*
R916 Εἰ se usa para introducir una pregunta directa (en consecuencia, no se traduce).

2 R419 Ἄνδρες ἀδελφοὶ καὶ πατέρες es una frase formal similar a *señoras y señores.*

4 M68 Εἰς tiene una idea local (tal vez por atracción, por lo menos con el pronombre relativo); se usa en lugar de ἐν con el dativo: *para reubicarlo en* (comp. BD205).

5 R1036 Δοῦναι se usa como un infinitivo de discurso indirecto: *él prometió dar.*
T285 Οὐ se usa aquí con el participio porque Lucas tiene una tendencia a usar el estilo clásico (comp. BD430[2]). [Editor. Οὐκ ὄντος αὐτῷ τέκνου es una expresión idiomática que se usa ocasionalmente en la LXX (comp. 1 Cron. 2:30 y 32). Lucas aparentemente incorpora esa frase en este resumen de la historia del A.T.: *aunque él no tenía hijos.*]

6 R889 Parece que los verbos en futuro que se usan en este versículo tienen un sentido progresivo (y no la idea normal definida del futuro).

10 R1100 Ἡγούμενον en verdad significa: *gobernador.*

12 T161 El acusativo con el participio después de ἀκούσας denota el contenido de lo que se oyó.

T254 Eἰς se usa en lugar de ἐν con un sentido local: *en* (la LXX, en Gén. 42:2, que se cita, tiene ἐν; comp. BD205).

BD62 Πρῶτος equivale aquí a πρότερος (comp. 1:1).

13 BD191(2) El verbo en voz pasiva con el dativo significa: *José se dio a conocer por sus hermanos.*

14 R589 La preposición ἐν parece que significa: *en número de* (*consistente en* --M79).

16 BD162(3) La identificación del padre por parte del hijo es imposible; por tanto, la explicación de la variante τῶν υἱῶν Ἐμμὼρ τοῦ Συχέμ (otros manuscritos tienen ἐν Συχέμ, o τοῦ ἐν Συχέμ), como si fuera Ἐμμὼρ πατρὸς Συχέμ (que sigue a la LXX en Gén. 33:19), no es correcta.

17 R968 Καθώς parece que tiene un sentido temporal en este versículo: *cuando.*

BD187(4) Ὁμολογέω significa: *prometer*, según su uso aquí (note las lecturas variantes).

18 R639 En este versículo, ἄχρι se usa como una preposición y como una conjunción, de la cual resulta una frase temporal (similar a ἕως οὗ --B331): *hasta que.*

19 R1090 Parece que εἰς τό con el infinitivo expresa aquí un resultado hipotético (parece ser final [propósito] o cercano a esto --T145): *para que estos no se mantuvieran vivos.*

B398 Τοῦ con el infinitivo ποιεῖν declara un resultado (*de modo que, en que él hizo*; equivale a ποιῶν --BD400[8]: *como para hacer* --R1090).

20 M46 Ἀστεῖος τῷ θεῷ es un posible semitismo, que significa: *sumamente justo* (comp. BD192 y H443).

21 BD157(5) Eἰς con el pronombre αὐτόν en acusativo se usa en lugar del predicado acusativo (semítico): *como a su hijo.*

22 R772 Con un sustantivo abstracto (πάσῃ σοφίᾳ) *cada* y *toda* prácticamente significan lo mismo (*toda sabiduría* --M95).

23 M27 El sujeto de ἀνέβη es ἐπισκέψασθαι: *se le ocurrió visitar.*

24 R805 'Αμύνομαι significa: *ayudar;* no *aportar de uno mismo*; pero la fuerza de la voz media está presente (la voz media se usa en lugar de la activa --BD316[1]). [Editor. Parece que la traducción en voz media produce buen sentido cuando se refiere a la ayuda a un amigo].

25 R885 'Ενόμιζεν se usa como un imperfecto de conato; se refiere a una acción que comenzó, pero fue interrumpida (note el término siguiente: *οὐ συνῆκαν*).

R1049 Dos formas de afirmación indirecta siguen a ἐνόμιζεν: el infinitivo y ὅτι; uno depende del otro: *él pensaba que sus hermanos entendían que Dios les estaba dando.*

26 R885 Συνήλλασσεν se usa como un imperfecto de conato: *él trató de reconciliarlos.*

BD191(1) Lo más probable es que ὤφθη αὐτοῖς signifique: *se presentó a ellos*, y no: *fue visto por ellos*.

29 R589 La preposición en ἐν τῷ λόγῳ τούτῳ provee la ocasión para la acción del verbo principal (*ante estas palabras* --M78 y sig. realmente denotan un sentido causal --T253).

30 T213 Πυρός se usa como un genitivo de cualidad (comp. 2 Tes. 1:8: ἐν πυρὶ φλογός)· *llama ardiente.*

31 MT117 Un sentido perfectivo real es evidente en el verbo compuesto *κατανοέω*, que significa: *dominar el misterio* (en realidad describe la terminación de un proceso mental).

33 T56 Λῦσον aparece en la voz activa donde en el griego clásico esperaríamos la voz media (la LXX tiene la voz media): *Quita el calzado de tus pies.*

34 M22 En este versículo, aparece un subjuntivo extraordinario (como aparece en la LXX, Exo. 3:10) donde el futuro sería absolutamente natural: uno esperaría ἀποστελῶ en lugar de ἀποστείλω (un subjuntivo futurista --MT185: *enviaré*).

T157 La construcción semítica ἰδὼν εἶδον se usa para fortalecer la idea verbal: *ciertamente he visto.*

35 B82 Cuando el perfecto de indicativo se usa con respecto a un hecho pasado del cual se piensa que está separado del momento en que se habla por un intervalo de tiempo, es imposible traducirlo adecuadamente. Quizás la mejor traducción sería: *a éste envió Dios para que fuera tanto un gobernante como un libertador* (es un perfecto narrativo --T70; los resultados permanentes de la misión de Moisés formaron un pensamiento que nunca estuvo ausente de la mente judía --MT144; parece que es un perfecto de alegoría, que aparece varias veces en el N.T., cuando se explica el A.T.; comp. Gál. 3:18 --M15). [Editor. En esencia, el comentario de Moulton es similar a la sugerencia de Moule; definidamente, hay un resultado existente presentado en este verbo.]

BD217(2) *Σὺν χειρί* es una circunlocución (repetición) que significa: *a través de, por medio de.*

BD270(3) Aquí el participio con artículo equivale a una cláusula relativa: *un ángel, es decir, aquel que ...*

BD420(2) En *ὃν ἠρνήσαντο εἰπόντες*, aparece el participio aoristo porque *ἠρνήσαντο* no se usa aquí como un verbo de dicción y porque el participio es la primera palabra que introduce el hecho de la conversación: *ellos rehusaron, diciendo.*

36 B37 En este versículo, el verbo en aoristo *ἐξήγαγεν* parece que sólo se refiere al resultado, ya que de otro modo se hubieran presentado las señales hechas en el mar Rojo y en el desierto como las que acompañaron la salida; y entonces, en vez de *ποιήσας* hubiéramos tenido *ποιῶν* (el aoristo de un verbo cuyo presente implica esfuerzo o intención [*ἐξάγω*] comúnmente denota el éxito del esfuerzo --B42).

40 R697 *Οὗτος* aparece aquí con la idea de reproche (de los judíos contra Moisés; comp. 5:28).

41 R532 La frase prepositiva *ἐν τοῖς ἔργοις* expresa un sentido causal.

42 BD147(3) Normalmente el artículo aparece con el nominativo cuando se usa como un vocativo; pero aquí se omite por influencia semítica (*οἶκος* Ἰσραήλ).

43 R642 La preposición *ἐπέκεινα* aparece sólo una vez en el N.T., (una cita de Amós 5:27) y con el hablativo en el sentido de *más allá*.

46 T56 *Εὑρίσκω* aparece en la voz activa, y significa *obtener* (la prosa clásica hubiera utilizado la voz media).

48 T287 La posición del negativo puede alterarse para lograr énfasis; como en este versículo, la posición de *οὐχ* denota una negación enfática (la separación del negativo del verbo a que pertenece puede resultar ambigua; como en este caso, el autor probablemente no intenta implicar que alguna otra persona mora allí --BD433[1]).

51 T220 *Καρδίαις* y *ὠσίν* se usan como dativos de referencia: *incircuncisos con relación a los corazones y oídos*.

52 T209 Note que el interrogativo *τίς* se usa con el genitivo partitivo: *¿A cuál de?*

53 R482 *Εἰς διαταγάς* se usa como predicado acusativo (comp. el v. 21; la frase tiene un sentido causal --T266; es concebible que pueda significar: *recibieron ... como ...* --M204; la preposición que aparece en *εἰς διαταγὰς ἀγγέλων* es similar a *ἐν*: *por mediación angélica* --R596; comp. M70; BD206[1] y H463). [Editor. Parece que *εἰς* se usa en lugar de *ἐν* con un sentido instrumental (causal e instrumental son similares). En Gál. 3:19 y Heb. 2:2 se alude a la mediación de ángeles en la dación de la ley.]

R728 *Οἵτινες* tiene aquí un sentido causal (el pronombre se refiere a algo indefinido --BD293[2]). [Editor. La sugerencia de Robertson parece ser más exacta, ya que *οἵτινες* a menudo tiene un significado causal en el N.T., y por el hecho de que el pronombre se hubiera referido de manera definida a los que oían a Esteban.]

54 M89 Parece que *διαπρίω* significa: *aserraban en dos* (comp. 5:33).

55 T20 Puesto que *πνεύματος* no tiene artículo, se refiere a inspiración espiritual (comp. 6:5 y Luc. 1:15).

56 T25 Aquí aparece un uso excepcional de *οὐρανός* en plural (generalmente se usa el singular cuando este sustantivo simplemente se refiere al *firmamento*).

57 R789 Φωνῇ *μεγάλῃ* significa: *con voz alta* (comp. 26:24).

60 R834 Ἐκοιμήθη se usa como un aoristo de ingreso, que representa el punto de entrada: *se quedó dormido*.
T77 La prohibición ocasionalmente aparece en el tiempo aoristo, cuando se trata de oración a la Deidad: *no tomes en cuenta contra ellos*.

## Hechos 8

1 R581 El verbo compuesto *διασπείρω* significa: *esparcidos por*.
R787 El artículo no se repite con Samaria porque las dos provincias son adyacentes (comp. 1:8).

3 R174 Τὴν *ἐκκλησίαν* no tiene la idea de una asamblea, sino que se refiere al cuerpo de cristianos en un sentido local.
T166 Lucas introduce Σαῦλος sin el artículo, pero retrocede a *ὁ δὲ* Σαῦλος con un sentido anafórico (9:1).

4 M162 Μὲν *οὖν* tiene un sentido de resumen o transición (la frase *οἱ μὲν οὖν* se usa como un pronombre demostrativo --R695): *entonces los que fueron esparcidos*.

5 R684 El pronombre plural *αὐτοῖς* se refiere a *πόλιν*; no concuerdan gramaticalmente, pero se usa según el sentido (el masculino plural se usa para referirse a personas).

6 T52 El verbo compuesto *προσέχω* significa: *escuchar a*.

9 R743 Τινα ... *μέγαν* significa: *un hombre muy grande*; comp. 5:36 (en este contexto *τινὰ* se refiere a una persona de importancia, y se le agrega *μέγαν* para destacarla --T195: *alguna persona extraordinaria* --BD301[1]).

11 R533 Ταῖς *μαγίαις* tiene un sentido instrumental: *con su magia*.

R909 El tiempo perfecto del infinitivo ἐξεστακέναι se usa como un perfecto de continuidad interrumpida (que se refiere a una acción realizada mediante una serie de eslabones, es decir; él los había asombrado en numerosas ocasiones).

15 TGr20 Puesto que πνεῦμα no tiene artículo, lo que se quiere decir es que los creyentes en Samaria recibieron inspiración espiritual mediante la imposición de las manos de los apóstoles Pedro y Juan (vv. 15 y sigs.). La extraña presencia de τὸ πνεῦμα (en el v. 18) entre varias referencias a un πνεῦμα sin artículo sólo puede interpretarse como un caso de uso anafórico. El autor quiso agregar algún énfasis: *Simón estaba enterado de que por la imposición de las manos de los apóstoles, este mismo Espíritu era concedido* ... (comp. el comentario sobre Luc. 1:15).

16 T255 La preposición con el acusativo en εἰς τὸ ὄνομα aparece donde sería suficiente el simple dativo: *en el nombre*.

18 M57 Διά con el genitivo significa: *por medio de*.

BD257(2) En los escritos de Lucas, la construcción πνεῦμα ἅγιον sin artículo se refiere a un poder desconocido. Pero el artículo aparece aquí para indicar repetición (comp. el v. 15 y el comentario sobre Luc. 1:15).

20 T122 En el N.T., sólo dos veces se usa un optativo para expresar imprecación (es decir, una oración para pedir un mal; Mar. 11:14 y aquí): *tu dinero perezca contigo*.

21 R541 Σοί se usa como un dativo de posesión (comp. *tu esclavo)*.

22 M158n.1 Εἰ ἄρα significa: *con la esperanza de que tal vez* (expresa un elemento de duda).

23 R593 Εἰς parece que se usa con un sentido similar a ἐν, y significa: *en* (comp. BD205; tiene el sentido de *destinado para* --T254). [Editor. Cuando εἰς se usa con una forma de εἰμί muchas veces expresa destino (comp. el v. 20). En consecuencia, la sugerencia de Turner parece ser más probable.]

R865 ῾Ορῶ se usa como un presente de aoristo (es decir, una simple declaración).

R1041 Si la idea es sólo de una comprensión intelectual, una opinión o juicio, se usa ὁρῶ ὅτι (comp. Stg. 2:24). Y si es una experiencia real, aparece el participio (como ocurre aquí).

B460 Un participio sustantival que forma parte del complemento directo de un verbo, algunas veces equivale a una cláusula de discurso indirecto (como ὄντα se usa aquí): *porque yo veo que tú estás ...*

24 R706 Ὧν se usa en lugar de τούτων ἅ: *cosas de estas.*

M65 Parece que Ὑπέρ tiene el sentido de referencia: *rueguen por (en cuanto a) mí* (significa: *para el beneficio de uno* --R630).

25 M162 Μὲν οὖν es sólo una expresión de resumen o transición (no se intenta presentar contraste): *así que*, o *entonces*.

26 T44 El pronombre demostrativo οὗτος tal vez no se refiera necesariamente al sustantivo que está más cerca de él, sino al sustantivo que está más vivo en la mente del escritor (αὕτη se refiere a τὴν ὁδόν, no a Γάζαν).

27 R877 El participio προσκυνήσων se usa para expresar la idea de propósito o fin: *quien había venido a Jerusalén para adorar.*

30 M158 La construcción ἆρα γε se usa como un interrogativo, aunque γε quizás agregue cierto sentido de duda, y toda la cláusula posiblemente deba traducirse: *Ahora, ¿entiendes ...?* o, *Entonces, ¿entiendes ... ?*

31 B178 El optativo δυναίμην con ἄν se usa para expresar lo que sucedería en el cumplimiento de alguna supuesta condición (aquí una condición mixta): *¿Cómo podría ...?*

B254 'Εάν con el futuro de indicativo debe traducirse: *a menos que alguien me guíe.*

T65 Cuando el verbo παρακαλέω se encuentra en el aoristo, la petición usualmente es absoluta, y demanda obediencia (así que *él hizo que Felipe se subiera* [no lo invitó]).

BD452(1) En este versículo, γάρ se refiere a la razón de una negación o un rechazamiento no expresado, o puede indicar la razón de un reproche (expresado o tácito). [Editor. La primera sugerencia es más probable; aunque la negación tal vez no sea completa, por lo menos hubo un reconocimiento entendido de la incapacidad del eunuco para entender.]

35 T155 Ἀρχόμενος aparece con el significado: *desde ... en adelante.*

36 R602 Aquí ἐπί con el acusativo significa: *hasta.*

40 TGr157 Εὑρέθη es un modismo y significa: *él se encontró.* Lucas usa este modismo para describir la manera como Felipe el diácono fue guiado por el Espíritu en cada paso de la jornada, desde el momento en que desapareció de la vista del eunuco hasta el momento en que él entró en Azoto (εὑρέθη εἰς Ἄζωτον significa: *él vino a Azoto; él apareció repentinamente en Azoto* --BD313). [Editor. El verbo en voz pasiva εὑρέθη no implica que Felipe no entró a la ciudad, sino que simplemente Azoto fue el próximo lugar donde él apareció, aunque el verbo ἥρπασεν del v. 39, indica que en efecto ocurrió un evento sobrenatural.]

BD205 Εἰς se usa aquí en lugar de ἐν, con un sentido local: *dentro de,* o *en.*

## Hechos 9

1 M37 Ἐμπνέων aquí toma un complemento directo en genitivo y significa: *de quien cada aliento era una amenaza de destrucción (respirando amenazas y homicidio* --BD174).

2 BD416 (2) Εὑρίσκω aparece usualmente con un participio: *que pudiera hallarse.*

4 TGr87 Se le pudiera dar mucho uso a la distinción entre el genitivo y el acusativo con ἀκούω, para la interpretación del N.T., si sólo uno pudiera estar bastante seguro de que esa era todavía una distinción válida. Lo más que uno puede hacer es decir que, cuando el verbo ἀκούω está seguido por un participio, entonces hay alguna diferencia real entre el acusativo y el genitivo (el oyó tanto el sonido como el contenido).

5 BD480(5) Hay una elipsis del verbo ἔφη en ὁ δέ: *Y él dijo.*

6 T330 Algunas veces, antes de un imperativo, ἀλλά tiene más

sentido consecutivo que adversativo, y es mejor traducirlo como una interjección *Yo soy Jesús ... bien, levántate y ...*

7 M36 Parece imposible hallar una distinción satisfactoria de significado entre el genitivo y el acusativo con ἀκούω, en 9:7 y 22:9 (no hay contradicción entre Hech. 9:7 y 22:9, ya que el caso altera el significado del verbo. Los siervos, por tanto, oyeron una voz (genitivo de especificación); pero no entendieron su significado (acusativo de extensión) según 22:9 --TGr88; comp. R449 y MT66).

9 M105 El negativo que usualmente se usa con un participio es μή, sin tomar en cuenta lo real que pueda ser la negación (μὴ βλέπων): *él estuvo sin vista.*

BD353(1) En este versículo, el participio βλέπων es adjetival y sólo aparentemente perifrástico. A veces la perífrasis y el participio adjetival son intercambiables (es una construcción perifrástica --T88). [Editor. Si tomamos esta construcción como perifrástica, o consideramos a βλέπων como un participio adjetival, el significado es esencialmente el mismo: *él estuvo sin vista tres días.*]

12 B146 El participio de aoristo, usado como parte integral del complemento directo de un verbo de percepción, representa la acción que el mismo denota, un simple hecho sin definir su tiempo: *y él ha visto a un hombre llamado Ananías que entra y pone las manos sobre él.*

15 R496 Ἐκλογῆς se usa como un genitivo atributivo: *un instrumento escogido.*

T239 Ἐστίν μοι οὗτος significa: *tengo en él* (el dativo tiene la idea de crédito).

16 BD304 Puede entenderse que ὅσα introduce una exclamación, aunque la interpretación que hace esta palabra equivalente a πάντα ἅ parece más obvia: *cuánto.*

17 M75 La frase local ἐν τῇ ὁδῷ significa: *en el camino.*

18 M26 ¿Hay algún significado en la comparación que se presenta

entre 9:18 y 22:16 (cambio de voz)? ¿En realidad un cristiano generalmente *se bautiza a sí mismo, se hace bautizar*, o *se somete al bautismo*? (la confusión de ἐβαπτίσθη y βάπτισαι ha intrigado a los expositores desde hace mucho tiempo, pero no hay misterio; tanto la voz media como la pasiva (en el N.T.) se usan con el sentido de *permitirse uno mismo;* y ambas voces a veces se convierten en voz activa intransitiva [como en este caso] --T57).

19 M88 El verbo compuesto ἐνίσχω aparece aquí y en el v. 22, aparentemente sin ninguna idea de *interioridad*, sino sólo de *intensidad*.

20 R885 Ἐκήρυσσεν se usa como un aoristo de ingreso: *él comenzó a predicar*.

R1034 Aquí aparece un uso explicativo de ὅτι: *que este es*.

21 R905 En este versículo, el tiempo pluscuamperfecto de ἐληλύθει está en contraste con el tiempo presente de ἐστιν ὁ πορθήσας (*él había venido aquí con esta intención* --B89; el pluscuamperfecto se usa aquí porque este propósito era en ese momento algo del pasado, así que ya no era admisible el perfecto --BD347[3]).

22 B447 Συμβιβάζων se usa como un participio de medio: *confundía ... demostrando*.

24 T55 Παρατηρέω aparece aquí con la voz media, donde uno espera la activa; el significado resultante es: *vigilar de cerca*.

T235 Los genitivos temporales ἡμέρας y νυκτός se refieren al tiempo dentro del cual.

25 BD233(5) Διά con el genitivo tiene un sentido espacial: *por*.

26 R1128 El participio πιστεύοντες sugiere la base de la acción del verbo principal (es decir, causal; comp. B439).

M153 Ὅτι se usa aquí en discurso indirecto: *no creyendo que él era un discípulo*.

BD101 Πειράζω significa: *intentar algo*.

27 R1047 En πῶς ... καὶ ὅτι ..., καὶ πῶς hay un cambio de una

pregunta indirecta a una declaración indirecta y luego vuelve a una pregunta indirecta (*él les relató cómo ... el había visto al Señor, y que El le había hablado y cómo ... había hablado libremente* --M153).

T232 Ἐπιλάμβανω, *tomar*, generalmente tiene el complemento directo en genitivo. El acusativo αὐτόν aparece aquí porque el pronombre va con el verbo principal ἤγαγεν (comp. BD170[2]).

28 M68 La preposición εἰς tiene aquí una idea local, similar a ἐν: *en Jerusalén.*

31 R524 Τῷ φόβῳ se usa como un locativo con πορευομένη: *andando en el temor del Señor.*

R787 Las tres secciones de Palestina se tratan conjuntamente, ya que el artículo τῆς no se repite.

M60 Καθ' ὅλης significa: *a través de toda* (comp. 4:14).

M162 Μὲν οὖν tiene sólo un sentido de resumen o transición: *entonces*, o *así que*.

32 R1085 El acusativo y el infinitivo aparecen con ἐγένετο con el sentido de *aconteció*, u *ocurrió* (*y sucedió que, mientras Pedro iba por todas partes, descendió* --B360).

34 B13 El verbo en presente ἰᾶται se usa para referirse a una acción o a un hecho coincidente en tiempo con el acto de hablar y concebido como un evento simple (presente aoristo): *El te sana en este momento en el cual te lo proclamo*; no: *El te está sanando* (comp. T64).

38 R538 Ἐγγύς tiene el complemento en dativo dos veces en el N.T. (aquí y en Hech. 27:8), aunque generalmente se usa el genitivo: *cerca de Jope*.

T171 El artículo está presente con Ἰόππῃ sólo porque tiene una referencia anafórica aquí y en el v. 42 (se refiere a una mención anterior de la misma palabra: comp. el v. 36).

MT125 A la prohibición en aoristo μὴ ὀκνήσῃς, se respondería: *evitaré hacerlo*.

39 R810 La voz media indirecta puede verse en ἐπιδεικνύμεναι χιτῶνας, donde las mujeres estaban mostrando ropas que les

pertenecían (el verbo aparece en la voz media, donde uno espera la activa: *exhibir*, comp. el v. 24 --T55; la voz media con este verbo puede significar: *exhibir sobre uno mismo* --BD31[1]). [Editor. Puesto que de la voz media puede derivarse un significado válido, no hay razón para considerarla como activa.]

B29 Cuando una acción denotada por un verbo en imperfecto precede a un hecho ya mencionado, algunas veces es mejor traducir tal imperfecto mediante el pluscuamperfecto (tal es el caso aquí con ἐποίει): *que Dorcas había hecho*.

42 R607 Καθ' ὅλης significa: *a través de toda* (comp. el v. 31).

T257 'Επί con el acusativo después de πιστεύω significa: *creer en* (retiene un sentido de movimiento [hacia], metafórico --M49).

## Hechos 10

5 R609 En el verbo compuesto μεταπέμπω, la preposición significa: *en busca de*.

6 T206 Βαρσεῖ se usa como un dativo de oposición (aunque no tiene artículo): *Simón, un curtidor*.

T273 Παρά con el dativo significa: *en la casa de* (comp. Luc. 19:7).

7 R892 El participio de presente ὁ λαλῶν sugiere por implicación un tiempo antecedente (anterior a) en relación con el verbo principal (cierta clase de participio imperfecto; comp. 4:34 y B127): *cuando se fue el ángel que le habló*.

9 M62 La frase prepositiva tiene aquí un sentido temporal: *cerca de la hora sexta*.

14 R1173 El negativo μηδαμῶς es enfático: *de ninguna manera*.

T196 Οὐδέποτε ... πᾶν significa: *nada* (un fenómeno peculiar del griego bíblico; comp. Luc. 1:37).

15 T37 Aquí hay algún grado de énfasis en el uso de σύ.

MT125 La prohibición en presente μὴ κοίνου debe traducirse: *tienes que dejar de considerarlo común*.

17 R940 Aquí el contexto indica duda y perplejidad en la pregunta indirecta con ἄν y el verbo optativo (comp. 5:24): *en cuanto a qué podría significar la visión.*

B154 El participio de perfecto significa: *los hombres que habían sido enviados.*

18 R1104 El participio con artículo ὁ ἐπικαλούμενος equivale a una cláusula relativa (comp. el v. 32).

M154 Aquí pudiera posiblemente entenderse que hay una pregunta indirecta: *ellos estaban preguntando si Simón estaba hospedado allí* (pero el hecho de que εἰ puede usarse para introducir una pregunta directa, y de que ἐνθάδε, *aquí*, es estrictamente un adverbio incorrecto en una pregunta indirecta, la cual requiere ἐκεῖ, *allí*, puede indicar que este versículo no tuvo la intención de ser una pregunta indirecta en absoluto, sino una cita directa: *ellos estaban preguntando: ¿Simón ... se hospeda aquí?*).

20 T330 Aquí es mejor traducir ἀλλά como una interjección antes del imperativo (comp. 9:6): *Bien, levántate y desciende.*

22 R614 Παρά aparece con un uso ablativo del genitivo σοῦ: *de ti.*

B123 El participio de presente φοβούμενος se usa sin referencia a tiempo o progreso; simplemente define su sujeto como perteneciente a cierta clase: *un hombre justo y temeroso de Dios.*

23 B138 El participio de aoristo ἀναστάς se traduce mediante un verbo conjugado en modo personal y la conjunción *y*, significa: *él se levantó y salió.*

24 T55 Parece que la voz media de συγκαλέω se presenta en el N.T. aparentemente con el mismo significado de la activa: *convocar.*

25 R98 Τοῦ εἰσελθεῖν con ἐγένετο es una torpe imitación de la construcción infinitiva hebrea (el infinitivo se usa como el sujeto de ἐγένετο: *cuando ocurrió la entrada de Pedro* --B404).

28 R967 En este versículo, ὡς se usa con un sentido declarativo similar a ὅτι: *cuán.*

R1036 El infinitivo de complemento directo aparece con ἔδειξεν: *que no debo llamar.*

30 R471 En este versículo aparece un ejemplo interesante del acusativo, donde *τὴν ἐνάτην* es explicativo de la nota anterior de tiempo; se refiere a un punto de tiempo y aun a una hora completa (puede usarse como un acusativo de referencia, a menos que concebiblemente signifique: *la oración de la hora novena*, y forme un acusativo cognado de *προσευχόμενος* --M34). [Editor. La última sugerencia de Moule parece ser la más exacta, ya que *τὴν ἐνάτην* aparentemente se usa para distinguir la oración de la hora novena de la oración de la hora tercera y de la hora sexta; comp. el uso similar en 3:1.]

31 T58 El verbo deponente *μιμνῄσκομαι* tiene aquí un sentido pasivo: *ser recordadas*.

33 R861 El participio de aoristo *παραγενόμενος* se refiere a una acción que es simultánea con la del verbo principal *ἐποίησας*: *hiciste bien en venir*.

R990 El infinitivo *ἀκοῦσαι* se usa para expresar la idea de propósito (comp. B366).

MT228 Καλῶς *ἐποιήσας* con el participio de aoristo es la manera normal de decir: *por favor*, en los papiros, y es clásica (el verbo aparece aquí en el tiempo aoristo).

34 T55 Uno espera el verbo activo en vez de *καταλαμβάνομαι* (comp. 4:13): *yo entiendo*.

37 R607 Καθ' ὅλης significa: *a través de toda* (comp. 9:31).

BD137(3) Ἀρξάμενος es un participio apositivo que está en el nominativo, para definir más ampliamente el *ῥῆμα* (realmente la terminación -*αμενον* es más exacta gramaticalmente y está apoyada por los manuscritos p$^{45}$, L y P).

38 R533 Los dativos *πνεύματι* y *δυνάμει* tienen la idea de medio.

R1032 Ὡς se usa aquí con un sentido declarativo, aunque realmente significa: *cómo*.

TGr20 Puesto que *πνεύματι* no tiene artículo, eso implica que Jesús mismo fue ungido con una poderosa unción espiritual que lo capacitó para combatir las actividades de los espíritus malos (comp. el comentario sobre Hech. 6:5 y Luc. 1:15).

T72 Διῆλθεν se usa como un aoristo complejo (de sumario) que se

refiere a la acción como un todo sin especificar la clase de acción (aquí con el participio de presente puede significar: *siempre*, o *vez tras vez* [hasta su muerte en Jerusalén, v. 39] --BD332[1]).
BD209(3) 'Ἀπό se usa en vez de ἐκ para indicar el lugar de origen.

39 R1113 El participio de aoristo *κρεμάσαντες* se refiere a una acción que coincide con la acción del verbo principal (es decir, se refiere al mismo evento; comp. los vv. 29 y 33): *ellos lo mataron colgándolo en un madero*.

41 R960 Aquí puede haber un sentido causal en el uso de *οἵτινες*.
R1095 Note el agudo contraste que denota la expresión *οὐ ... ἀλλά*.

43 R1036 El infinitivo de discurso indirecto aparece aquí después de *μαρτυροῦσιν* (el único caso en que aparece después de este verbo en el N.T.: *testifican que*).

44 BD257(2) La frase con artículo *τὸ πνεῦμα τὸ ἅγιον* se refiere al hecho conocido del derramamiento del Espíritu (pero el artículo también puede denotar personificación).

45 R578 'Ἐκ se usa para referirse a los miembros de un grupo (comp. 11:2): *los creyentes circuncidados*.
R1181 La segunda vez que aparece *καί* en este versículo tiene un sentido ascendente: *aun* (la cosa que se agrega está fuera de lo común y asciende a un clímax).
BD345 Los verbos de percepción pueden tomar un perfecto que les siga como un pluscuamperfecto, de la misma manera como toman un presente por un imperfecto (*ἐξέστησαν ... ὅτι ... ἐκκέχυται*): *estaban maravillados, porque el don del Espíritu Santo se había derramado*.

47 R728 Οἵτινες tiene aquí un sentido causal: *ya que ellos recibieron el Espíritu Santo* (comp. el v. 41; este pronombre es más indefinido que un pronombre relativo --M124).
R1171 En este versículo, *μήτι* es la partícula interrogativa que espera la respuesta: *no*, mientras que *μή* es un negativo redundante después de *κωλύω*, un verbo de impedimento.

48 T65 Donde se usa el aoristo, la petición usualmente es dogmática o enfática, y demanda obediencia (προσέταξεν significa: *ser bautizado es esencial*).

BD328 El tiempo aoristo de ἠρώτησαν es necesario porque el cumplimiento de la petición, que en efecto ocurrió, se indica sólo mediante el tiempo de este verbo (es decir; la petición fue concedida).

## Hechos 11

1 T313 El N.T. usualmente quebranta la regla clásica relacionada con palabras neutras plurales que se usan en un sentido personal; así que el verbo en plural aparece con ἔθνη (comp. 4:25).

BD225 En este contexto, κατά simplemente significa: *en*.

2 R885 El verbo en imperfecto διεκρίνοντο se usa con un sentido incoativo (comp. 3:10): *ellos comenzaron a ...*

3 M132 Parece que ὅτι se usa como un interrogativo que significa: *¿por qué entraste en ...?*; aunque también pudiera ser sólo un ejemplo en que ὅτι introduce un discurso directo: *ellos dicen que tú entraste ...* (*¿Por qué entraste?* --B300[2]). [Editor. Ocasionalmente en el N.T., esta conjunción significa: *por qué* (comp. las acusaciones de los escribas y fariseos en Mar. 2:16 y la construcción similar en Mar. 9:11 y 28). En vista de esto, la traducción interrogativa de ὅτι parece ser más probable también en este contexto.]

4 T155 El participio ἀρξάμενος sólo es pleonástico, redundante, ya que el énfasis está en καθεξῆς (comp. BD419[3]): *Pedro comenzó ... por orden*.

5 M38 Note que en este versículo aparece ἐν πόλει Ἰόππῃ con el significado: *en la ciudad de Jope*.

M82 Ἄχρι significa: *hasta*; aquí aparece con ἐμοῦ.

6 R838 Puesto que el imperfecto y el aoristo aparecen juntos en este versículo, aparentemente está presente una clara diferencia.

13 R1032 Πῶς parece tener un sentido declarativo similar a ὅτι, con el significado: *como* (comp. T137).

14 R402 En este versículo, el verbo σωθήσῃ concuerda gramaticalmente con el primero y más importante miembro del grupo (σύ).

T37 Aquí parece que hay algún grado de hincapié en el uso de σύ.

15 B109 En este versículo, la acción que se denota por medio de ἐν τῷ con el aoristo de infinitivo, en sentido estricto precede a la acción del verbo principal; sin embargo, el escritor pudo haber pensado en indicar de manera más o menos exacta el tiempo en que ocurre la acción del verbo principal (comp. Luc. 2:27; *después* --BD404[2]).

TGr21 Según la construcción τὸ πνεῦμα τὸ ἅγιον, podemos concluir con seguridad que lo que llegó a la compañía de los familiares y amigos de Cornelio que se habían reunido en Cesarea, no fue sólo un impulso divino, sino el mismo Espíritu Santo, el que descendió sobre los apóstoles el día de Pentecostés (2:4).

16 M77 Parece que ἐν tiene un sentido instrumental en este versículo: *bautizados con* (algunos eruditos sugieren que el uso constante que Lucas hace del dativo simple con ὕδατι y de ἐν con πνεύματι ἁγίῳ es sólo un asunto de estilo que no tiene significación teológica).

T240 El dativo ὕδατι tiene una idea instrumental (comp. BD195[1d]).

17 R658 El infinitivo κωλῦσαι se usa aquí con el adjetivo como un acusativo de referencia general: *que yo pueda estorbar*.

T237 Ἐπί con el acusativo después de πιστεύω significa: *creer en* (comp. 9:42).

18 R1190 Ἄρα tiene sólo la idea de correspondencia: *de manera que, así que*.

M13 El tiempo aoristo de ἡσύχασαν se refiere a un acto o estado extendido, que aunque se prolonga en el tiempo, se considera como un solo hecho, sin referencia a su progreso (comp. Luc. 20:26).

19 T225 Μόνον se usa aquí como un adverbio: *sólo* (pero D tiene μόνοις).

T271 Ἐπί con el dativo tiene aquí el sentido de *con motivo de*, aunque A y E tienen el significado genitivo *en el tiempo de la muerte de Esteban* (los mejores manuscritos apoyan la traducción *con motivo de* --BD234[2]).

H461 Parece que ἀπό tiene aquí una idea causal (posiblemente por influencia semítica).

23 R530 El dativo τῇ προθέσει se usa para expresar la idea de manera: *a permanecer fieles, con devoción*.

24 TGr20 y sig. No se puede pensar que πνεύματος no tiene artículo, por el hecho de que esta es la primera mención de la palabra en la narrativa; ya se ha mencionado tres veces en este capítulo. En consecuencia, se dice de Bernabé que estaba lleno de una inspiración espiritual (comp. el comentario sobre Luc. 1:15).

BD202 Προστίθημι con τῷ κυρίῳ tiene aquí el sentido de agregar a (sin embargo, B* omite τῷ κυρίῳ; probablemente eso sea correcto). [Editor. Parece mejor retener τῷ κυρίῳ, ya que el apoyo más fuerte de los manuscritos lo incluye.]

25 R990 El infinitivo expresa propósito: *para buscar a*.

26 R659 Πρώτως aparece en lugar de πρῶτον, y significa: *por primera vez* (comp. BD102[5]).

R774 Ἐνιαυτὸν ὅλον significa: *todo un año*.

T72 El tiempo aoristo en συναχθῆναι y διδάξαι se refiere a la acción como un todo, sin especificar el tipo de acción (comp. 10:38): *se congregaron y enseñaron*.

28 R603 La frase prepositiva ἐπὶ Κλαυδίου significa: *en el tiempo de Claudio*, o *durante el reinado de Claudio*.

R728 El pronombre ὅστις equivale a ὅσπερ, y significa: *la misma*.

R8h91 Sólo dos infinitivos de futuro en el N.T. parecen ser de duración (éste y Juan 21:25).

R1036 El infinitivo de discurso indirecto aparece con ἐσήμανεν (el único caso que aparece después de un verbo en el N.T.; comp. 10:43): *él hizo saber que habría*.

TGr21 La profecía cristiana era un don del mismo Espíritu Santo (πνεύματος con artículo), y Agabo habló directamente de parte de Dios (comp. 21:11).

30 R714 El pronombre neutro ὅ se refiere a toda la idea verbal anterior.

R1113 El participio de aoristo ἀποστείλαντες se refiere a una acción que coincide con la del verbo principal (es decir, suceden al mismo tiempo): *ellos lo hicieron, enviándolo.*

M57 Διά con el genitivo tiene aquí el sentido: *por medio de.*

## Hechos 12

1 R578 'Από se usa aquí para denotar los miembros de un grupo: οἱ ἀπὸ τῆς ἐκκλησίας significa: *personas de la iglesia.*

M59 La preposición que aparece en κατ' ἐκεῖνον δὲ τὸν καιρόν simplemente significa: *en.*

2 R533 Μαχαίρῃ se usa como un dativo de medio: *con la espada.*

3 M177 Προστίθημι con un infinitivo aquí significa: *hacerlo otra vez,* o *hacerlo más* (semítico; *también arrestó a Pedro* --T227).

T27 'Αζύμων es un plural idiomático que se refiere a un festival judío.

4 T56 Es muy improbable que ἔθετο implique, en este versículo, que Herodes encerró a Pedro muy cuidadosamente, es decir, por sí mismo (como sostiene Zerwick). La carencia general de una buena distinción de la voz media en el N.T., elimina esa posibilidad.

H176 Τετράδιον significa: *una compañía de cuatro.*

5 M162 Μὲν οὖν puede ser sólo una expresión de resumen o transición; o μέν puede distinguirse de οὖν; en este caso οὖν tiene un sentido de resumen (significa: *sin embargo* --T337).

6 M74 La preposición que se usa en πρὸ τῆς θύρας tiene un sentido local: *delante de la puerta.*

7 M72 No se mantiene una constante distinción entre ἀπό y ἐκ en el

N.T., como se ve en este versículo, donde se puede demostrar que las cadenas están *sobre*, no *en* las manos de alguien.

8 R807 El verbo *ζῶσαι* se usa en voz media directa y significa: *cíñete*.

T77 Note la diferencia en la clase de acción entre el aoristo de imperativo y el presente de imperativo; *περιβαλοῦ* significa: *ponte tu manto* (definido), mientras que *ἀκολούθει* significa: *sígueme* (acción continua).

9 R1153 El contraste se indica aquí mediante un simple *δέ* (éste tiene una gran fuerza adversativa como la de *ἀλλά* después de un negativo en los vv. 9 y 14 --T331).

10 R728 El pronombre *ὅστις* equivale a *ὅσπερ*, y significa: *la cual*.

T225 El adjetivo predicado *αὐτομάτη* corresponde a un adverbio, ya que modifica a un verbo: *se abrió por sí misma*.

BD62 *Πρῶτος* se usa en lugar de *πρότερος* (con un sentido comparativo, comp. 7:12).

11 M75 La preposición que se usa en *ἐν ἑαυτῷ γενόμενος* parece que tiene un sentido local: *Pedro volvió en sí* (la condición opuesta a *ἐκστάσις* como en 11:5; comp. Luc. 15:17).

T200 *Πάσης τῆς* ... significa: *todo* ...

12 T206 El nombre propio en sí generalmente no tiene artículo (especialmente cuando tiene otro sustantivo en aposición); así que la lectura: *τῆς* (S, A, B, D) *Μαρίας τῆς μητρός*, probablemente es incorrecta (comp. BD268[1]). [Editor. Aunque la premisa inicial de Turner es correcta, a veces los nombres propios aparecen con artículo. Puesto que el mayor peso de las evidencias de los manuscritos apoya la inclusión del artículo en este caso, no debe omitirse, sino explicarse. Aquí parece que *τῆς* denota posesión.]

14 R580 La preposición que aparece en *ἀπὸ τῆς χαρᾶς* expresa una idea causal.

R1036 El infinitivo se usa en discurso indirecto tanto en el v. 14 como en el v. 15; en cada caso es la única vez que esta construcción aparece en el N.T. con *ἀπαγγέλω* y *διϊσχυρίζομαι*:

*informó que Pedro estaba ... ella insistía que así era.*

16 T226 Algunos verbos se usan para expresar ciertas ideas adverbiales; en realidad son verbos principales, pero la idea del verbo principal está representada por el participio, como en: *él tocó persistentemente.*

18 M35 Tί se usa con sentido predictivo: *que había sido de Pedro.*

20 BD119(1) El verbo compuesto *θυμομαχέω* significa: *estar muy airado.*

23 M71 'Ανθ' ὧν en este contexto significa: *ya que*, o *porque*.

25 R859 Πληρώσαντες se usa como un aoristo efectivo (es decir, el énfasis está en el fin de la acción): *cuando ellos hubieron cumplido*; y *συμπαραλαβόντες* se usa como un aoristo que expresa como un sólo hecho una acción realizada durante un tiempo: *llevando con ellos.*

R862 Aquí hay problema con la relación del participio y el verbo, si se incluye *εἰς* en vez de *ἐκ* o *ἀπό*. Es cierto que S, B y L tienen *εἰς*, pero esta lectura contradice al contexto. En 11:30, está claro que Bernabé y Saulo fueron enviados desde Antioquía a Jerusalén, y en 13:3 y 5, ellos están en Antioquía con Juan Marcos (la preposición *εἰς* parece que tiene un sentido local; *εἰς* 'Ιερουσαλήμ debe tomarse con *πληρώσαντες τὴν διακονίαν*, con el siguiente significado: *después que ellos hubieron entregado la ofrenda de ayuda en Jerusalén*; Debrunner prefiere: *después que ellos hubieron [llevado la ofrenda de ayuda] a Jerusalén y la hubieron entregado allá* --BD205). [Editor. La sugerencia de tomar a *εἰς* 'Ιερουσαλήμ con el participio siguiente produce la mejor traducción, pero el orden de las palabras no es común. En consecuencia, la proposición de Robertson parece que ofrece la solución más probable.]

## Hechos 13

1 BD268(1) *Λούκιος ὁ Κυρηναῖος* es incorrecto (se encuentra en todos los manuscritos excepto en D*), a menos que el autor tal vez

quiera distinguir entre este Lucas y él mismo (*Λουκᾶς* equivale a *Λούκιος*). [Editor. La última sugerencia parece preferible.]
BD474(5c) La construcción *ἐν Ἀντιοχείᾳ κατὰ τὴν οὖσαν ἐκκλησίαν* significa: *en Antioquía, en la iglesia local* (el participio con artículo tiene un sentido técnico --R1107).

2 R1149 Aquí el uso de *δή* tiene una nota de urgencia (una partícula de invitación: *vamos, apártenme* --T333; comp. Luc. 2:15).

4 M162 Μὲν *οὖν* es sólo una expresión de resumen o transición (comp. 12:5): *entonces*, o *así*.

5 R480 El segundo acusativo *ὑπηρέτην* está en cierta aposición con Ἰωάννην (*ellos tenían ... a Juan como ayudante* --M35).
R885 El tiempo imperfecto de *κατήγγελλον* tiene un sentido incoativo: *ellos comenzaron a proclamar* (comp. 11:2).

6 M82 Ἄχρι aparece con la idea de lugar, y significa: *hasta*.

8 R433 Γάρ introduce una cláusula explicativa: *pues*.

9 M106 En Σαῦλος *δέ, ὁ καὶ* Παῦλος, el artículo con el nombre expresa una idea explicativa: *quien también es Pablo*, sin siquiera un participio como *ὤν* o λεγόμενος.

10 R874 La pregunta impaciente: *οὐ παύσῃ διαστρέφων* casi es imperativa; ciertamente es volitiva: *¿no cesarás de pervertir?* (el uso de *οὐ* sugiere indignación --R917; tiene un sentido imperativo; tal vez es más un reproche que un mandato --BD387[3]).
T208 El genitivo después de *υἱέ* se usa para expresar cierta cualidad: *del diablo*.
BD146(1b) Ὦ generalmente se usa para expresar emoción; en este caso particular, es el anuncio de un castigo divino.

11 T51 Περιάγω significa: *andar alrededor, moverse de un lado a otro*.
T89 La construcción perifrástica futura aparece en *ἔσῃ τυφλὸς μὴ βλέπων* (realmente es mejor no tomar esta construcción como perifrástica --BD353[1]; comp. T88 y el comentario sobre 9:9).

13 R766 Οἱ περὶ Παῦλον es un modismo clásico que significa: *Pablo y sus compañeros* (*los escoltas solos*, es imposible --T16).

14 T27 El plural idiomático σαββάτων en realidad se refiere a un solo día.

16 T153 El participio con artículo depende del pronombre personal implícito ὑμεῖς: *ustedes los que temen a Dios.*

18 R528 El acusativo temporal χρόνον se refiere a la extensión de tiempo: *por un período de tiempo.*

19 T53 Κατακληρονομέω significa: *hacer que se herede.*

20 T243 El dativo se refiere a la duración de tiempo, y significa: *por 450 años* (el griego clásico hubiera usado el acusativo).

21 BD316(2) La voz activa de αἰτέω usualmente se emplea para hacer peticiones dirigidas a Dios. En la expresión ᾐτήσαντο βασιλέα de este versículo, la petición probablemente no fue dirigida a Dios (comp. la LXX en 1 Rey. 8:5).

22 R482 Εἰς βασιλέα se usa como un predicado acusativo que significa: *ser un rey para ellos.*
T82 El plural θελήματα se refiere a: *lo que deseo* (comp. Ef. 2:3).

23 BD284(3) El pronombre τούτου aparece aquí en una posición no común (para indicar énfasis).

24 R94 Note el uso de la repetición en πρὸ προσώπου τῆς εἰσόδου αὐτοῦ en lugar del simple πρὸ εἰσόδου αὐτοῦ: *antes de su venida.*

25 M124 En este versículo, τί se explica por parte de algunos como equivalente a un pronombre relativo (no a uno interrogativo): *No soy aquel que ustedes suponen que soy;* pero la gramática queda a salvo, y hay un buen sentido cuando se traduce: *¿Quién suponen ustedes que soy? Yo no soy (el que).*

27 R608 Κατά se usa aquí con una expresión de tiempo: *todos los días de reposo.*

B137 En el participio de aoristo ἀγνοήσαντες, solo la entrada (el comienzo) de la acción precede a la acción del verbo principal (un aoristo negativo): *porque ellos no reconocieron.*

28 R1129 El participio εὑρόντες se usa para expresar una idea concesiva: *aunque ellos no hallaron ...*

31 R602 Aquí con la expresión de tiempo, ἐπί sólo llena la idea del acusativo (*durante muchos días*).

R728 El pronombre οἵτινες tiene el sentido de: *los cuales* (comp. 11:28; también tiene este sentido en el v. 43 --BD458).

33 R861 El participio aoristo ἀναστήσας se refiere a una acción que coincide con la del verbo principal: *Dios cumplió esto resucitando.*

36 BD202 Aquí el verbo compuesto προστίθημι, con la preposición repetida, significa: *reunirse con los padres de uno.*

38 M56 Parece que la preposición διά en este contexto se usa con un sentido instrumental: *remisión de pecados por medio de El.*

40 R996 La cláusula que aquí sigue a βλέπετε está en yuxtaposición; es una cláusula coordinada, (parece que en este versículo no hay una expresión imperativa coordinada, sino una cláusula dependiente de complemento directo [el complemento directo de βλέπετε] --B209). [Editor. La sugerencia de Burton está apoyada por la traducción normal de μή después de una forma imperativa de βλέπω: *Miren, no sea que.*]

41 R597 La preposición que se une al verbo compuesto ἐκδιηγῆται tiene una idea perfectiva, y significa: *declarar.*

42 R465 Μεταξύ tiene aquí el sentido de *después* (εἰς τὸ μεταξὺ σάββατον quiza signifique: *el siguiente día de reposo* --M58 y sig.).

44 R990 El infinitivo simple ἀκοῦσαι tiene aquí la idea de propósito.

46 R810 La voz media del verbo ἀπωθεῖσθε αὐτόν tiene la idea:

*ustedes la alejan de ustedes mismos* (la rechazan).

BD420(3) Parece que el participio παρρησιασάμενοι se usa como un verbo conjugado en forma personal como εἶπαν: *Pablo y Bernabé hablaron osadamente y dijeron.*

47 R482 Εἰς φῶς se usa como un predicado acusativo: *Te he puesto para que seas una luz.*

50 T259 Aquí hay un intercambio raro entre ἐκ y ἀπό (con un sentido local): *ellos los expulsaron.*

## Hechos 14

1 R502 Los genitivos aparecen aquí antes del sustantivo πλῆθος, porque se usan para indicar énfasis (generalmente el genitivo sigue al sustantivo con el cual se usa).

R1000 Ὥστε con el infinitivo πιστεῦσαι se usa para expresar resultado real.

3 R833 Aquí un período de tiempo es sólo considerado como un punto (es decir, el verbo en aoristo se usa con un sentido definido; ellos permanecieron hasta el final de su estada que se relata en los vv. 5 y sigs., donde se indica el límite --BD332[1]).

M50 Παρρησιαζόμενοι ἐπὶ τῷ κυρίῳ tal vez signifique: *mostrando osadía, confiados en el Señor.*

M162 Μὲν οὖν puede tener aquí un sentido adversativo; significa: *sin embargo, no obstante;* o μέν puede distinguirse de οὖν; en este caso οὖν es de resumen junto con el relevante δέ del v. 5; significa: *por algún tiempo ... pero cuando ...* (la frase parece que significa: *no obstante* --T337). [Editor. La primera sugerencia de Moule parece ser más probable, ya que Pablo y Bernabé continuaron, a pesar de la oposición descrita en el v. 2; comp. la construcción similar en 25:4 y 28:5.]

4 M81 En este versículo, σύν significa: *con*, en un sentido de: *al lado de.*

5 R628 Note aquí un ejemplo en que se pudo usar καί en vez de σύν: *con sus gobernantes.*

BD393(6) Aquí ἐγένετο ὁρμή con los infinitivos significa: *resolvieron*, o *intentaron*.

8 R1096 En este versículo, ἀδύνατος significa: *imposibilitado* (comp. Rom. 15:1), mientras que generalmente significa: *imposible* (comp. MT221).

T220 Aquí τοῖς ποσίν con el adjetivo se usa como un dativo de referencia: *impotente con respecto a sus pies*.

9 BD400(3) En πίστιν τοῦ σωθῆναι, el infinitivo con artículo tiene un sentido consecutivo: *fe necesaria para la salvación* (comp. T141).

10 R838 En la última parte de este versículo, el tiempo aoristo se usa para referirse al comienzo de una acción, y el imperfecto, para describir la continuación.

T225 El adjetivo ὀρθός corresponde a un adverbio, ya que modifica al verbo: *Levántate derecho* (comp. 12:10).

12 T41 El pronombre αὐτός tiene algún grado de hincapié en este versículo.

15 BD229(1) Parece que la mejor traducción de τί ταῦτα ποιεῖτε es: *¿Por qué están haciendo ustedes estas cosas?* Esa traducción es mejor que *¿Qué están haciendo ustedes?* (comp. R738).

BD392(3) Aquí parece que el infinitivo es complementario de εὐαγγελιζόμενοι: *les traemos buenas nuevas: que se conviertan*.

17 R1154 Καίτοι parece que tiene un sentido adversativo: *sin embargo*.

BD442(16) La coordinación de dos ideas, una de las cuales depende de la otra, sirve en el N.T. para evitar una serie de genitivos dependientes. Así, ἐμπιπλῶν τροθῆς καὶ εὐφροσύνης significa: *con alegría por el sustento*; y ὑετοὺς ... καὶ καιροὺς καρποφόρους significa; *tiempos fructíferos por medio de las lluvias* (literalmente, *lluvias de tiempos fructíferos*).

18 R606 Aquí en el verbo compuesto, κατά tiene un sentido perfectivo, y significa: *impedir*.

R1094 Note aquí el negativo redundante después de un verbo de *impedimento* (tal tipo de negativo no puede traducirse al castellano --B483): *de ofrecer sacrificio.*

B403 El infinitivo con τοῦ μή, después de verbos de *impedimento*, está íntimamente relacionado con los infinitivos de resultado (comp. Luc. 24:16).

19 R489 El infinitivo τεθνηκέναι sirve como el objeto directo de νομίζοντες: *pensando que estaba muerto.*

R859 El tiempo aoristo en πείσαντες y λιθάσαντες se usa para hacer hincapié en el fin de la acción.

B138 En este versículo es mejor traducir los participios de aoristo mediante verbos conjugados en modo personal con *y.*

BD327 La lectura variante con ἔσυρον (el aoristo en vez del imperfecto) debe preferirse, porque de otra manera, la terminación de la acción, que ciertamente ocurrió, no se indicaría en ninguna parte (el verbo imperfecto tuvo la intención de hacer que la narración fuera interesante y continua hasta que alguna acción, que se espera en el aoristo, diera sentido a toda la descripción; pero como es común en el N.T., la descripción queda sin clímax --T66; comp. Luc. 2:47).

21 T53 Μαθητεύω tiene un sentido causativo: *hacer un discípulo.*

T80 El participio de presente ἐπιστηρίζοντες se refiere a una acción subsiguiente a la del verbo principal: *ellos retornaron ... para fortalecer* (comp. BD339[3a] y R892).

22 R562 El dativo τῇ πίστει aparece con un sentido locativo: *en la fe.*

26 R905 El tiempo pretérito perfecto en ἦσαν παραδεδομένοι se refiere al comienzo del recorrido desde Antioquía.

27 R350 El pronombre relativo ὅσα aparece aquí en una pregunta indirecta (se puede entender que el pronombre introduce una exclamación, aunque la interpretación que lo toma como equivalente a πάντα ἅ parece más exacta; comp. 9:16 --BD304). [Editor. Esta última sugerencia es similar a la de Robertson, que tiene el siguiente significado: *todo lo que Dios había hecho.*]

M61 Ὅσα ἐποίησεν ὁ θεὸς μετ' αὐτῶν bien puede significar: *todo lo que Dios había hecho en compañerismo (o cooperación) con ellos,* caso en el cual la preposición tiene un uso griego claro, sin que se envuelva ningún semitismo (comp. M184).

T158 Lucas introduce participios de un modo muy efectivo, y así presenta un estilo fluido que es refrescante después del estilo epistolar espasmódico de Pablo (como ocurre aquí; comp. Luc. 4:20).

T212 No está definido si *πίστεως* es un genitivo del complemento directo: *guiando a la fe*; o un genitivo del sujeto: *donde entra la fe*. [Editor. El nombre *θύραν* se usa como una metáfora con el verbo *ἤνοιξεν* (comp. 1 Cor. 16:9; 2 Cor. 2:12 y Col. 4:3). En este versículo en particular, la construcción se refiere a la admisión de los gentiles en la fe de Cristo.]

BD347(2) Los pluscuamperfectos de este versículo que aparecen en la Vulgata son traducidos de aoristos; aunque hay un resultado duradero, no era necesario destacarlo (como lo hace la Vulgata).

28 BD332(2) El verbo imperfecto *διέτριβον* aparece con *χρόνον οὐκ ὀλίγον* sin referencia a un período definido de tiempo (comp. el v. 3): *permanecieron un largo tiempo*.

## Hechos 15

1 M45 Τῷ ἔθει significa: *conforme a la costumbre* (la manera más común de expresar esto es con *κατὰ τὸ ἔθος*; comp. R530 y BD196; *τῷ ἔθει* puede significar: *a causa de la ley*; porque si fuera *conforme a la ley*, esperaríamos *κατά* --T242). [Editor. Se considera que el dativo expresa la idea de manera en la traducción de Moule. Este uso del dativo aparece frecuentemente en el N.T.; comp. Hech. 4:36; 11:23 y 18:2. En consecuencia, no hay necesidad de introducir forzado un sentido en el texto.]

2 T181 El artículo *τούς* no se repite porque los dos grupos son considerados como un todo unificado (comp. Luc. 22:4).

3 M162 Μὲν οὖν es una expresión que sólo tiene un sentido de resumen o transición en los vv. 3 y 30; significa: *así que*.

T66 El tiempo imperfecto de los verbos *διήρχοντο* y *ἐποίουν* tuvo la intención de hacer que la narrativa fuera interesante y continua; comp. 14:19 (el tiempo imperfecto expresa la manera de la acción [dondequiera, y cada vez que se informó esto; la conclusión del asunto se ve en el v. 4 --BD327]).

4 M73 La preposición ἀπό tiene un sentido instrumental: *ellos fueron recibidos por la iglesia* (equivale a ὑπό; comp. el v. 3 y T258).

8 R861 Los participios de aoristo δούς y καθαρίσας se refieren a una acción que es simultánea con la del verbo principal (la acción denotada por el participio ocurre al mismo tiempo que la acción del verbo principal).

9 R580 Μεταξύ explica la preposición διά del verbo compuesto: *él no hizo distinción entre.*

10 B375 El infinitivo ἐπιθεῖναι se usa para definir más concretamente el contenido de la acción denotada por el verbo anterior (íntimamente relacionado con el infinitivo de resultado previsto, y probablemente de origen hebreo); así que la primera parte de este versículo significa: *Ahora, pues, ¿por qué tientan a Dios, de tal manera que ponen* (es decir; *poniendo,* o *en que ponen*), *sobre la cerviz de los discípulos un yugo?* (comp. Sal. 78:18 en el texto masorético, M127 y BD392[1a]).
T37 Hay aquí hincapié en el uso de ἡμεῖς.

11 T137 El infinitivo σωθῆναι se usa como el objeto directo de πιστεύομεν: *creemos que somos salvos.*

12 R834 El verbo en aoristo ἐσίγησεν expresa como un solo hecho una acción realizada durante un tiempo: *hizo silencio* (un aoristo incoativo --B41; *comenzaron a hacer silencio* --T71; comp. 7:60). [Editor. La sugerencia de Robertson parece preferible, ya que el extenso debate parece haber concluido en el v. 7 cuando Pablo se levantó.]

13 B37 El aoristo incoativo aparece en este versículo: *y después que ellos hubieron llegado a estar en silencio* (μετὰ τὸ σιγῆσαι), *Jacobo respondió.* Es evidente que el infinitivo tiene que referirse al hecho de llegar a hacer silencio, no a todo el período de silencio, ya que en el último caso, Jacobo hubiera tenido que guardar silencio mientras que los otros lo guardaban, y hubiera

tenido que comenzar a hablar cuando el silencio de ellos hubiera terminado.

14 R1045 Καθώς se usa aquí en una pregunta indirecta: *cómo.*

17 R713 En *τὰ ἔθνη ἐφ' οὕς*, el pronombre relativo tiene un cambio de género con respecto a su antecedente, de acuerdo con el sentido real (del neutro al masculino, se refiere a los gentiles).

20 B204 Τοῦ con el infinitivo *ἀπέχεσθαι* se usa como el complemento directo del infinitivo *ἐπιστεῖλαι*: *debemos escribirles que se abstengan.*

21 B17 El verbo presente *ἔχει* se usa para describir una acción que, habiendo comenzado en el pasado aún está en progreso en el tiempo en que se habla: *Porque Moisés, desde tiempos antiguos, ha tenido en cada ciudad quienes lo prediquen* (comp. M8).

22 B449 El participio *ἐκλεξαμένους* expresa una circunstancia concomitante del verbo principal: *Pareció bien a los apóstoles y los ancianos ... escoger de entre ellos hombres y enviarlos a Antioquía.*

BD401 Aquí el participio adjunto está en acusativo (*ἐκλεξαμένους*), porque éste modifica al sujeto de un infinitivo, aunque el verdadero sujeto incialmente está en dativo.

23 R787 El artículo *τήν* no se repite en este versículo; así agrupa Lucas a una ciudad con dos países.

R1093 Χαίρειν se usa como un infinitivo absoluto, y no como un infinitivo de imperativo (comp. MT179; este es el infinitivo de deseo del estilo epistolar --T78): *salud.*

R1205 En el N.T., las palabras enfáticas tienen la tendencia constante de llegar a ser menos enfáticas y de necesitar refuerzo. Así aparecen construcciones redundantes, como *γράψαντες διὰ χειρὸς αὐτῶν.*

T24 El sustantivo *χειρὸς* aparece en singular con *αὐτῶν*, con un sentido distributivo.

24 B122 El participio *ἀνασκευάζοντες* se refiere a una acción que es idéntica a la del verbo principal: *ellos los han inquietado con*

*palabras, perturbando las almas de ustedes.*

27 R991 El participio de presente ἀπαγγέλλοντας expresa propósito (comp. MT230).
T267 Διὰ λόγου significa: *en palabra* (lo opuesto a *por carta*).

28 R1061 En τούτων τῶν ἐπάναγκες, ἀπέχεσθαι, el infinitivo está en aposición con las palabras precedentes: *estas cosas necesarias: que se abstengan.*

29 R808 La voz media en ἀπέχεσθαι se usa con un sentido directo: *manténganse alejados de.*
M41 El genitivo de separación aparece en ἀπέχεσθαι εἰδωλοθύτων, y significa: *abstenerse de cosas sacrificadas a los ídolos.*
T85 El verbo en perfecto ἔρρωσθε tiene un significado presente: *Que estén bien.*
T157 El participio διατηροῦντες expresa una idea condicional: *si ustedes se guardan.*
BD102(3) En el N.T., raras veces se usa εὖ como un adverbio de manera (pero aparece aquí a causa del lenguaje literario): *ustedes harán bien.*

32 M57 La preposición que se usa en διὰ λόγου πολλοῦ parece que expresa la idea de circunstancia concomitante, y significa: *extensamente (con muchas palabras).*

36 R714 El pronombre relativo αἷς aparece en plural, con lo cual difiere de su antecedente πόλιν (el plural se refiere a personas).
T33 Δή se usa como una partícula de invitación: *vamos, aparta para mí* (comp. 13:2).

37 R857 El aoristo de infinitivo συμπαραλαβεῖν expresa como un solo hecho una acción que se realiza durante un tiempo, perfectamente natural para el recorrido propuesto. Pero Pablo estaba profundamente consciente de la incomodidad que había causado la deserción anterior de Marcos (v. 38). No volvería a someterse a ese continuo riesgo (por eso aparece el infinitivo de presente: συμπαραλαμβάνειν).
TGr94 y sig. El tiempo imperfecto de los verbos ἐβούλετο y ἠξίου parece que tiene un sentido tentativo; así que *Bernabé quería*

(inicialmente estaba medio convencido), y Pablo sólo *pidió*, y ni siquiera con presión (una demanda que espera cumplimiento exige el tiempo aoristo). Más tarde establece plenamente las razones de su vacilante petición (el uso reiterativo del imperfecto se aplica en ambos casos --un hombre se opone al otro --R884). [Editor. Es probable que las declaraciones inicales de ambas peticiones no se expresaran de manera enérgica; pero tanto Bernabé como Pablo sostuvieron sus proposiciones originales.] Pablo usa el mismo infinitivo que usa Bernabé (*συμπαραλαβεῖν*), pero Pablo deliberadamente altera el tiempo de aoristo a presente, porque preveía que Juan Marcos podría viajar de manera continua o regular con ellos; eso era precisamente lo que deseaba evitar. Tal vez tenía la intención de darle al joven un descanso y llevarlo en un viaje subsiguiente (Pablo rehusaba que estuviera con ellos día tras día uno que se había mostrado indigno de confianza --MT130).

39 R1091 Ὥστε con el infinitivo expresa resultado real (el griego clásico hubiera usado el verbo indicativo --T136): *de tal manera que se separaron*.

## Hechos 16

3 R428 El pronombre demostrativo *τοῦτον* se usa aquí para reflejar la conexión entre las dos oraciones: *éste*, o *él*.

R1029 En este versículo, el imperfecto (*ὑπῆρχεν*) puede indicar que el padre de Timoteo ya no estaba vivo, aunque este no es necesariamente el significado (este verbo indica que su padre había muerto --BD330).

4 R562 En *διεπορεύοντο τὰς πόλεις*, uno puede tomar el acusativo como vagamente asociado con la preposición (que generalmente requiere del genitivo; comp. *διὰ μέσον* en Luc. 17:11), o considerar que la preposición ha convertido un verbo intransitivo en transitivo: *ellos fueron por las ciudades*.

5 R524 Parece que los dativos tienen un sentido locativo (*τῷ ἀριθμῷ* se usa como un dativo de referencia --T220). [Editor. La sugerencia de Turner con respecto al segundo dativo es

preferible, ya que es algo inconveniente considerar que está *en el área (o esfera) de los números*. Este dativo debe traducirse: *con referencia a números*.]

6 R863 El participio κωλυθέντες naturalmente se refiere a una acción que precede a la del verbo principal. Pablo se dirigía hacia el oeste para llegar a Asia, pero, habiendo sido impedido por el Espíritu, se volvió más hacia el norte, a través de la región de Frigia y Galacia. Uno no tiene el derecho de hacer que κωλυθέντες sea equivalente a καὶ ἐκωλύθησαν, a causa de una teoría que no ha sido probada (comp. R788). Además, la narración del v. 6 no parece ser de resumen, sino una nueva declaración de progreso (comp. MT133).

7 R1156 Οὐκ εἴασεν significa: *se lo prohibió*.

9 R581 En la frase διὰ νυκτός, *de noche*, la preposición añade poco al genitivo mismo (*por la noche* --M56).

11 R652 La elipsis de ἡμέρᾳ ocurre con τῇ ἐπιούσῃ: *el siguiente día*.

12 T210 El genitivo geográfico (τῆς Μακεδονίας) es realmente distributivo. Indica el país dentro del cual está un pueblo: *una ciudad de*.

R728 y sig. Ἥτις se usa sólo como un pronombre exclamativo, que concuerda con el género del predicado, y no con el del antecedente.

M111 En ocasiones el artículo prácticamente equivale a un pronombre demostrativo. Τῆς μερίδος Μακεδονίας (si ese es el verdadero texto, tiene que significar: *de aquella parte de Macedonia* (es decir, la parte importante, la parte de que se trata). El señor W. Ramsay ha demostrado que μερίς no significa provincia y no debemos analizar el sustantivo Μακεδονίας como si estuviera en aposición con ella; como si significara: *de la provincia Macedonia*.

13 T27 El plural idiomático σαββάτων realmente se refiere a un solo día (comp. 13:14).

MT82 Según Ramsay (Paul, pág. 195), παρὰ ποταμόν indica familiaridad con la localidad. Pero aceptar esto envuelve abandonar *ἐνομίζομεν προσευχὴν εἶναι*, un paso que no se puede tomar livianamente (en consecuencia, la sugerencia de Ramsay no es muy probable).

15 T65 El aoristo *παρεκάλεσεν* significa: *insistió* (*παρεβιάσατο* indica cuán insistente fue; vea 10:48).

BD442(10) *Καί* en la parte inicial de este versículo tiene el sentido de *junto con*.

16 R728 El pronombre *ἥτις* significa: *la cual* (comp. 11:28).

R810 Es interesante notar la diferencia entre el verbo en voz activa *παρεῖχεν*, del v. 16 (la muchacha que le proporcionaba ganancias a su amo) y el verbo en voz media *παρείχετο* de 19:24 (que se refiere a Demetrio, quien obtenía ganancias para sus artesanos y para él mismo).

R1128 El participio *μαντευομένη* tiene la idea de medio (así que la sierva obtenía la ganancia para su amo; comp. B443).

T22 Algunas veces un sustantivo masculino plural incluye sujetos masculinos y femeninos. Así que *τοῖς κυρίοις*, en los vv. 16 y 19, puede referirse a un amo masculino o femenino.

BD242 *Πύθωνα* se usa como un sustantivo adjetival (que modifica a *πνεῦμα*): *un espíritu de adivinación*.

18 R884 *'Εποίει* se usa como un imperfecto reiterativo (ella hizo esto repetidamente).

B13 El tiempo presente de *παραγγέλλω* tiene un sentido aoristo: *Te mando* (comp. M7 y T64).

M49 En la frase *ἐπὶ πολλὰς ἡμέρας*, la preposición tiene sentido temporal y de alcance; significa: *por muchos días* (aunque aun aquí la idea subyacente puede ser el *movimiento hacia*, si la frase realmente significa: *por [es decir, por la extensión de] muchos días*).

M122 *Αὐτῇ τῇ ὥρᾳ* tiene que significar: *en esa misma hora*.

19 T232 *'Επιλαμβάνω* generalmente tiene un complemento directo en genitivo. Los acusativos *τὸν Παῦλον* y *τὸν Σιλᾶν* aparecen aquí porque ellos son los complementos directos del verbo principal *εἵλκυσαν* (comp. 9:27 y BD170[2]).

22 R618 La preposición *περί* aquí en el verbo compuesto tiene la idea

de: *de alrededor*.

TGr96 Bien se use el imperfecto con verbos de petición o con verbos de mandato, imparte la idea de acción incompleta en el pasado; hay la sensación de intento sin logro, de mandato sin la confianza de que será obedecido. El tiempo del verbo ἐκέλευον (imperfecto) representa sólo una pretensión de mandar, para satisfacer los intereses comerciales del demandante, sin que ello constituya, sin embargo, una infracción técnica de la ley romana. Los magistrados posiblemente esperaban que el carcelero tendría el buen sentido de no llevar a cabo lo que ellos le habían ordenado de manera diplomática. [Editor. Este caso raro en que el infinitivo de presente sigue al verbo ἐκέλευον parece que apoya el argumento de Turner, aunque el mandato se cumplió completamente, según el v. 23.]

23 B145 En Hech. 16:23; 22:24; 23:35 y 24:23, el participio de aoristo que no tiene artículo y sigue al verbo se interpreta muy naturalmente si se entiende que se refiere a una acción subsiguiente en pensamiento y hecho a la acción del verbo que sigue, y equivale a καί con un verbo coordinado (tal vez se deba esto a la influencia aramea: *los echaron ... y mandaron*).

25 R507 El verbo ἐπακροάομαι aparece con αὐτῶν con el sentido de: *oir a*.

31 R402 En este versículo, el verbo σωθήσῃ concuerda gramaticalmente con el primero y más importante miembro del grupo: σύ (comp. 11:14).

T237 Ἐπί con el acusativo después de πιστεύω significa: *cree en* (comp. 9:42 y M49).

33 R576 En la construcción ἔλουσεν ἀπὸ τῶν πληγῶν, al principio pareciera como si las heridas hubieran sido lavadas a Pablo y Silas, y no que Pablo y Silas se lavaron las heridas (Winer sugiere que se agregue en el pensamiento: *y limpiadas*).

34 T237 Πιστεύω con el dativo significa: *creer en* (comp. el v. 31).

36 M79 En este versículo, la preposición ἐν pudo usarse con el significado: *entren en una paz en la cual puedan vivir*.

37 R530 El adjetivo *δημοσία* se usa como un adverbio de manera: *públicamente.*

R1187 En este versículo aparece uno de los usos más sorprendentes de *ἀλλά*: *οὐ γάρ, αλλά*, donde *οὐ γάρ* significa: *no mucho*, con un grado de desdén (comp. *καὶ νῦν*).

H453 'Ελθόντες unido a un verbo conjugado en modo personal es enfático en los vv. 37 y 39: *que vengan ellos mismos ...*

39 BD209(1) 'Ἀπὸ *τῆς πόλεως* simplemente significa: *salir de la ciudad*, no *salir de la vecindad de la ciudad* (la preposición tiene un sentido local [El manuscrito E la corrige por *ἐκ*, ya que ellos *salieron de adentro*, no *sólo salieron de la ciudad*] --T259).

## Hechos 17

1 R1126 El participio *διοδεύσαντες* expresa una idea temporal: *Cuando ellos hubieron pasado por.*

T171 No hay aparente razón para que se use el artículo con los pueblos que se mencionan como sitios de parada [*τὴν* ... *τὴν* ... *εἰς* Θεσσαλονίκην]; es algo peculiar en este caso, pero puede referirse al hecho de que estos lugares están en el bien conocido camino que conduce de Filipos a Tesalónica --BD261[2]).

2 R576 En este versículo, *ἀπό* tiene la idea de fuente.

BD327 *Διελέξατο* se usa como un aoristo que hace constar como un sólo hecho una acción realizada durante un tiempo (complejo, durante tres semanas), pero sólo como una descripción complementaria.

3 B30 El verbo imperfecto *ἔδει* denota una obligación pasada que ya ha ocurrido.

4 R669 Π*ρώτων* en este caso se refiere a rango: *mujeres prominentes.*

T282 La expresión negativa *οὐκ ὀλίγαι* forma aquí una sola idea (comp. 15:13; esta es una expresión común de Lucas que significa: *muchas*).

5 R885 'Εθορύβουν se usa como un imperfecto incoativo: *comenzaron a alborotar.*

6 R572 El verbo compuesto *ἀναστατόω* tiene el sentido de *trastornar*.

B16 La forma presente de *πάρειμι* significa: *han llegado* (*han venido* --T62).

7 R639 'Απέναντι tiene una idea hostil: *contra* (*contrario a* --M82).

10 R728 El pronombre *οἵτινες* significa: *los cuales* (comp. 11:28).

BD221 La preposición que se usa en *διὰ νυκτός* tiene un sentido temporal y significa: *de noche*.

11 R487 La frase *καθ' ἡμέραν* se acerca mucho a un adverbio puro: *diariamente*.

T48 En el pronombre *οἵτινες*, uno no tiene que introducir el significado *porque*; ellos no eran más nobles *porque* recibieron el mensaje, sino simplemente *quienes* recibieron el mensaje, sea cual fuere la demanda del contexto o de la teología.

T127 Εἰ introduce aquí una pregunta indirecta: *para ver si*.

12 M162 Μὲν *οὖν* en este versículo es sólo una expresión de resumen o transición: *entonces*, o *así que*.

13 B119 Los participios de presente *σαλεύοντες* y *ταράσσοντες* se refieren a una acción que es subsiguiente a la del verbo principal (una acción que sigue a la del verbo principal): *ellos fueron, alborotaron y perturbaron*.

15 R669 'Ως *τάχιστα* se usa como un superlativo: *tan pronto como sea posible* (este es un remanente del uso más bien frecuente de *ὡς* con adverbios superlativos --R974; el superlativo en grado máximo se intensifica al agregarle *ὡς* --T31).

16 R885 Παρωξύνετο se usa como un imperfecto de conato: *llegó a irritarse*.

R1204 El pronombre *αὐτοῦ* se refiere a Cristo, quien no ha sido mencionado. [Editor. Esto es muy improbable, ya que el nombre que precede Παύλου, parece que es el antecedente de *αὐτοῦ*.]

BD120(2) El adjetivo compuesto *κατείδωλος* significa: *llena de ídolos*.

17 M103 El participio con artículo *τοὺς παρατυγχάνοντας* equivale a una cláusula relativa, significa: *los que concurrían* (o quizá, *los que, de vez en cuando, llegaban, los que pasaban por allí casualmente* --T151).

M163 Parece que *μὲν οὖν* tiene un sentido de resumen o transición (o posiblemente tenga un significado adversativo: *sin embargo, no obstante*). [Editor. No parece que haya base para tomar esta frase con un sentido adversativo, especialmente por el hecho de que el v. 16 presenta la razón de la acción de Pablo mencionada en el v. 17.]

18 R787 Los dos grupos, epicúreos y estoicos, se tratan en este versículo como si fueran un solo grupo, ya que el artículo *τῶν* no se repite.

R385 En el N.T., la construcción personal se emplea regularmente con *δοκεῖ*, como ocurre en este versículo: *parece un exponente de dioses extraños* (comp. T147).

M151 Parece que la pregunta de este versículo significa: *¿Qué puede estar tratando de decir, este charlatán?* (El optativo con *ἄν* se usa para expresar lo que sucedería al cumplirse alguna supuesta condición; comp. 8:31 --B178).

BD119(1) El sustantivo compuesto *σπερμολόγος* significa: *uno que recoge semillas, un embustero, un chismoso.*

BD290(6) Parece que *οὗτος* se usa con un sentido de desprecio (comp. Luc. 18:11).

20 R742 El pronombre *τινά* tal vez signifique: *una clase de.*

BD126(2) En el N.T., el significado de muchas palabras ha cambiado (usualmente se ha debilitado), como ha ocurrido en este versículo con *ξενίζω*, que significa: *sorprender*.

21 R665 *Καινότερον* se refiere a algo más nuevo que lo que ellos habían oido hacía poco tiempo.

R749 *Ἕτερον* tiene aquí el sentido de *diferente*.

22 R464 Simcox nota que Demóstenes a menudo decía: *ἄνδρες Ἀθηναῖοι*; exactamente como dijo Pablo en este caso (el sustantivo que está en aposición, *ἀθηναῖοι*, trasmite la idea principal --R399).

R665 En este versículo, *δεισιδαιμονεστέρους* significa: *más religiosos (o superticiosos) que lo ordinario*, o *que lo que yo supuse* (parece que se usa como un intensivo popular fortalecido por ὡς, y significa: *extremadamente temerosos de Dios*; comp. el v. 15 --T30). [Editor. En realidad la traducción *más religiosos que lo ordinario* es similar a *extremadamente temerosos de Dios*.]

T57 Aunque se usa el participio pasivo σταθείς, nadie colocó a Pablo en el Areópago; él se paró allá (intransitivo activo; comp. Luc. 18:11).

T161 Aquí el uso de ὡς con θεωρῶ significa: *según lo que veo, parece como si*. [Editor. Realmente, ὡς se usa con el adjetivo comparativo, y no con el verbo; comp. el anterior comentario.]

26 R772 Παντός significa: *todo* (*la totalidad* --M95). [Editor. La sugerencia de Moule parece más exacta, ya que la faz de la tierra se refiere a una entidad.]

R863 La acción a la cual se refiere el participio de aoristo ὁρίσας no es posterior a la del verbo principal ἐποίησεν (la determinación de la habitación del hombre precedió a su creación en el plan divino --MT133).

M143 Los infinitivos que aparecen sin artículo en los vv. 26 y sigs. (κατοικεῖν y ζητεῖν) son vagos; pueden usarse como infinitivos finales o consecutivos generalmente descriptivos (explicativos) (ζητεῖν se usa como un infinitivo explicativo --R1086). [Editor. Κατοικεῖν no es un explicativo que define el contenido del verbo, ya que πᾶν ἔθνος es el complemento directo de ἐποίησεν. El infinitivo más bien presenta la idea consecutiva final (comp. Rom. 1:20 y 5:20 con respecto a la fusión de estos dos conceptos). El segundo infinitivo, ζητεῖν, parece que no es paralelo con el infinitivo anterior, puesto que no se usa una conjunción como καί. Pero este último infinitivo denota el propósito del arreglo providencial antes mencionado.]

T27 El plural καιρούς significa: *el período de tiempo asignado*.

27 R1129 Las palabras καί γε acompañan al participio ὑπάρχοντα para aclarar la idea concesiva: *aunque* (comp. B437).

T127 Aquí εἰ con el optativo está más cerca de ser una cláusula final que condición real (εἰ significa: *si* --BD386[2]; εἰ ἄρα significa: *si casualmente* --R1190; εἰ tiene la idea de propósito [comp. 20:16] --R1021).

MT230 El negativo *οὐ* aparece con el participio concesivo *ὑπάχοντα* para hacer hincapié. [Editor. Realmente, el negativo *οὐ* niega el significado del adverbio *μακράν*, que sigue inmediatamente, y no el del participio.]

28 M123 En la cita tomada de Arato, aparece *τοῦ* en lugar de *τούτου*: *de éste*.

T221 La traducción de la construcción (*ἐκ*) *τοῦ γὰρ ... γένος ἐσμέν*, es: *nosotros somos su descendencia* (a causa del v. 29; *γένος* se usa como un acusativo adjetival).

T268 La preposición que aparece en *τῶν καθ' ὑμᾶς ποιητῶν* se usa en vez de un genitivo posesivo; toda la frase significa: *sus poetas*.

30 R629 La idea negativa de *pasar por alto* aparece en el verbo compuesto *ὑπεροράω*.

M163 Μὲν *οὖν* puede ser sólo una expresión de resumen, o *μέν* puede ser diferente de *οὖν*, y *οὖν* puede tener un sentido de resumen. [Editor. La última sugerencia parece preferible, aunque *δέ* no se usa en este contraste.]

31 R550 Ἐν *δικαιοσύνῃ* tiene la fuerza sustancial de un adverbio (con la idea de manera --R589; *justamente* --M78).

T262 La frase prepositiva *ἐν ἀνδρί* puede significar: *en la persona de un hombre*, o puede ser instrumental (esta frase fue originalmente instrumental --BD219[1]; aquí es instrumental: *por un hombre* --M77).

## Hechos 18

2 R530 El dativo *τῷ γένει* expresa la idea de manera (comp. 4:36): *por raza*.

4 R885 El tiempo imperfecto de *ἔπειθεν* tiene un sentido de una acción comenzada, pero interrumpida: *trataba de persuadir* (comp. T65).

5 R808 En *συνείχετο τῷ λόγῳ*, la voz media puede tener la fuerza de una voz media directa; significa: *él se aferró a la palabra*.

R1036 Εἶναι se usa como un objeto directo en infinitivo, que sigue a *διαμαρτυρόμενος*: *testificando que*.

T220 Τῷ λόγῳ se usa como un dativo de referencia: *con referencia a la palabra*.

6 R810 El participio en voz media que se usa en *ἐκτιναξάμενος τὰ ἱμάτια* significa: *sacudiéndose los vestidos de sí mismo*.

T27 El plural idiomático *ἱμάτια* se refiere al *manto externo*.

7 BD353(3) La construcción perifrástica que aparece aquí difiere muy poco en significado de la simple forma verbal: *cuya casa estaba junto a la sinagoga*.

8 T67 El uso reiterativo de los verbos en imperfecto aparece en este versículo (incidentes repetidos en que creían y eran bautizados).

T237 *Πιστεύω* con el dativo significa: *creer en* (el manuscrito D tiene *εἰς* con el acusativo; comp. BD187[6]).

9 R583 En la frase prepositiva *δι' ὁράματος*, está presente tanto la idea de medio como la de manera: *por medio de una visión*.

R890 Note el uso de los tiempos presente y aoristo con los imperativos; *μὴ φοβοῦ, ἀλλὰ λάλει καὶ μὴ σιωπήσῃς* significa: *él había tenido temor; él debía continuar hablando; él no debía callar*.

10 R477 *Χεῖρας* es el complemento directo implícito del verbo *ἐπιθήσεταί*.

B398 Τοῦ con el infinitivo parece expresar aquí un resultado previsto (puede tener la idea de *como para* --R1002).

T318 Aquí la subordinación indicada por *διότι* es tan vaga que sólo es posible la débil traducción *porque*.

11 R833 Aquí un período de tiempo se toma sólo como un momento (el tiempo aoristo tiene un uso sumario, en que los límites de la acción están siendo definidos por dieciocho meses --T72).

13 R616 La idea de la preposición que aparece en *παρὰ τὸν νόμον* es que ir más allá es ir contra.

14 R1014 En los vv. 14 y sigs., Galión justifica su propia impaciencia

con la primera cláusula condicional (de segunda clase, determinada como incumplida), y muestra su propia opinión mediante la segunda cláusula condicional (de primera clase, determinada como cumplida): *si fuera asunto de ...; pero ya que es ...*

R1193 Aparentemente aquí no hay sentido de vehemencia ni de urgencia en el uso de ὦ (comp. T33). [Editor. Probablemente se expresa el tono de disgusto.]

B153 El participio de presente del verbo μέλλω no se usa con un infinitivo para expresar el propósito de una acción (como se usa el participio de futuro); pero se usa, como no se usa el participio de futuro, para expresar intención, sin designar la acción que se intenta como el propósito de otro acto: *Pablo estaba a punto de abrir su boca.*

15 R686 El pronombre αὐτοί es enfático, y significa: *ustedes por sí mismos.*

T86 El futuro indicativo ὄψεσθε expresa un mandato: *véanlo ustedes mismos.*

T268 La preposición que aparece en τοῦ καθ' ὑμᾶς se usa en vez de un genitivo posesivo que significa: *su ley* (comp. 17:28; *su propia ley* --BD224[1]; note la presencia del artículo con la frase prepositiva, pero no con el sustantivo precedente --R766).

18 R1127 El participio κειράμενος tiene tanto el sentido temporal como el modal (una circunstancia concomitante: *habiéndose rapado la cabeza* --B449).

19 T41 Αὐτός parece que tiene algún grado de énfasis en este versículo.

BD103 En los manuscritos B, H, L y P, se usa el pronombre αὐτοῦ por ἐκεῖ.

21 BD484 Un pleonasmo consiste en la repetición de una idea que ya ha sido expresada en la oración, no con ningún propósito retórico, ni simplemente por descuido, sino como consecuencia de ciertos hábitos del hablar. Note πάλιν ἀνακάμψω: *volveré otra vez.*

22 R1136 Tiene que haber alguna razón sutil que explique el

procedimiento en este versículo, donde el sentido del primer participio (κατελθών) está separado del de los otros dos.

23 R788 No se pueden sacar conclusiones absolutas en cuanto a por qué no se repite el artículo τήν (comp. 16:6).

BD339(2a) El aoristo ἐξῆλθεν se complementa con el participio de presente διερχόμενος, que describe la misma acción; así el resultado es un matiz futuro (*él fue a Antioquía, para pasar por* --T80).

BD421 Entre los participios se aplica el asíndeton (se omite καί), si no tienen valor igual en la oración, como ocurre aquí (comp. el v. 22): *el salió ... fortaleciendo*.

25 R524 Τῳ πνεύματι se usa como un dativo locativo (un dativo de referencia --T220). [Editor. Parece más factible considerar que este dativo tiene un sentido locativo, con el siguiente significado literal: *rebosante en su espíritu*; es decir, *con ardiente celo*, o *lleno de entusiasmo*.]

T15 Τὰ περί significa: las *cosas concernientes*.

26 R665 El adjetivo comparativo ἀκριβέστερον se refiere al hecho de que Apolos recibió información más exacta que la que había tenido (el comparativo se usa en lugar del superlativo intensivo: *muy exactamente* --T30). [Editor. Ya que el adjetivo comparativo puede traducirse como tal con un sentido válido en el contexto, no hay razón para considerarlo como un superlativo intensivo.]

28 R582 Διά parece que aquí en el verbo compuesto tiene una fuerza perfectiva: *refutar*.

## Hechos 19

2 R916 Aquí la primera vez que aparece εἰ introduce una pregunta directa (debido a la traducción que la LXX hizo del hebreo): *¿Recibieron ... cuando creyeron?* (el participio de aoristo πιστεύσαντες se refiere a una acción que es simultánea con la indicada por el verbo principal ἐλάβετε --R861).

R1045 La segunda vez que aparece εἰ en este versículo introduce una pregunta indirecta: *que hay un Espíritu Santo*.

R1186 En ἀλλ' οὐδ', el pensamiento responde la pregunta precedente y probablemente es adversativo.

TGr20 La situación se levantó en Efeso, en el tercer viaje de Pablo, donde él halló a ciertos discípulos que no habían recibido la unción espiritual (ya que πνεῦμα ἅγιον no tiene artículo), los cuales le dijeron que ellos ni siquiera habían oído que alguna otra persona lo hubiera recibido. Hay que entender que los discípulos niegan tener conocimiento de cualquier espíritu santo; presumiblemente sólo sabían de espíritus malos. Luego, en el v. 6, Lucas, mediante una anáfora, vuelve al artículo definido, cuando dice: *cuando Pablo les impuso sus manos, ese mismo espíritu santo vino sobre ellos*. [Editor. Parece que πνεῦμα ἅγιον se refiere al Espíritu Santo; comp. el comentario sobre Hech. 6:5 y Luc. 1:15).

3 R739 Las palabras εἰς τί expresan propósito.

T255 La preposición que se usa con el acusativo en εἰς τὸ ... βάπτισμα, aparece donde hubiera sido suficiente el simple dativo (comp. 8:16).

5 T255 Εἰς aquí, en la fórmula bautismal, es similar a ἐν: *en el nombre*.

7 R773 Οἱ πάντες ἄνδρες significa: *el número total de hombres* (comp. 27:37 y T201).

8 R811 Διαλεγόμενος está en voz media recíproca: *discutiendo juntos*.

9 B119 El participio de presente διαλεγόμενος expresa la acción subsiguiente con respecto al verbo principal; significa: *él separó a los discípulos, y discutía diariamente en la escuela de Tirano* (*él separó ... y luego disertaba ...* --M102).

11 M105 Δυνάμεις τε οὐ τὰς τυχούσας se refiere al hecho de que los milagros que hizo no eran ordinarios.

MT231 Οὐχ ὁ τυχών es una frase vernácula común (este οὐ puede ser analizado con el participio; οὐ no se usa para negar el significado del participio --R1139). [Editor. Οὐ se usa con el participio, porque lo que se quiere decir es que estos milagros no eran de clase ordinaria (comp. 28:2). La figura de dicción en la cual se expresa algo mediante una negación de lo contrario, es característica de los escritos de Lucas; comp. los vv. 23 y sigs.]

15 R736 En las oraciones interrogativas, el N.T. griego ocasionalmente distingue entre la esencia de una cosa (*τί*) y la clasificación de ella (*τίς*), como ocurre en este versículo.

M198 El principio más seguro que puede seguirse con respecto a los sinónimos (*γινώσκω* y *ἐπίσταμαι*) probablemente sea aquel que supone que hay alguna diferencia entre ellos hasta que uno se vea obligado a aceptar identidad de significado. Pero aun así permanece el hecho de que algunas veces encontramos cuestiones de pura variedad y verbos específicos que sólo se conjugan en algunos tiempos, entre los fenómenos estilísticos.

16 R607 Κατά en este verbo compuesto tiene la idea de *caer encima*.

R745 Parece cierto que el término *ἀμφοτέρων* alude a los siete hijos de Esceva. Es posible que haya una corrupción en el texto; pero casi no es necesario postular esto, en vista del innegable uso Bizantino de *ἀμφότεροι* para referirse a más de dos (comp. a estos dos textos en inglés antiguo). Los papiros también mostraron ejemplos indudables, el texto Sahádico y algunas versiones posteriores dieron a *ἀμφοτέρων* el significado: *todos*. Pero Moulton (MT80) vacila con respecto a admitir en Lucas un coloquialismo del cual los ejemplos primitivos son tan raros. En general, con referencia a este texto (como también con referencia a Hech. 23:8), uno está seguro de admitir el libre uso de *ἀμφότεροι*.

T158 'Εφαλόμενος equivale a *ἐφήλετο καί* (comp. 14:27; la lectura variante *καὶ κατακυριεύσας* [S*, H, L, P] da al segundo participio una conexión más débil con el primero).

19 R828 El verbo compuesto *κατακαίω* significa: *quemar*.

20 M169 Note aquí el desplazamiento de *τοῦ κυρίου* (*τοῦ κυρίου* debe referise a *ὁ λόγος* --T350; el genitivo fue colocado antes del nombre que modifica probablemente para dar énfasis).

21 R787 El artículo no se repite con 'Αχαΐαν porque las dos

provincias romanas son adyacentes, aunque distintas.
BD392(3) Τίθημι con ἐν τῷ πνεύματι significa: *intentar* (comp. Luc. 21:14).

22 R800 'Επέχω es un compuesto de ἐχω (*quedarse* --T52).
M68 Aquí la preposición εἰς tiene un sentido local: *en* (en lugar de ἐν; comp. BD205).

24 R810 Note el uso de la voz media en παρείχετο: *producía ganancia para sus artífices y para él mismo* (comp. 16:16).
M105 Este versículo puede significar: *Demetrio ... un platero, un hacedor ... producía no poca ganancia para los artífices; o Demetrio ... un platero, producía no poca ganancia para los artífices al hacer ...* (esta última parece ser la más probable traducción de ποιῶν).

25 M62 La preposición que se usa en τοὺς περὶ τὰ τοιαῦτα ἐργάτας tiene un sentido metafórico, y significa: *los obreros relacionados con tales cosas* (*en esa línea de negocios*, como podría decir uno; la preposición tiene el sentido de *interesados en*; comp. Fil. 2:23 --R620).

26 R697 Οὗτος se usa con la idea de reproche (expresado por aquellos que tenían un interés comercial en la idolatría; comp. 7:40).
M39 Hay la tendencia de tomar las palabras οὐ μόνον 'Εφέσου ἀλλὰ σχεδὸν πάσης τῆς 'Ασίας como ejemplo solitario del uso locativo del genitivo de nombres de lugar (ejemplo, *en Efeso*; comp. R494). Pero es posible que los genitivos sean distributivos y dependan de los términos ἱκανὸν ὄχλον que siguen (aunque a una distancia sorprendente): *una buena multitud de Efeso* (comp. BD186[1] y MT73). [Editor. En vista del orden de las palabras que aparecen aquí, la primera sugerencia parece más probable.]

27 R518 El genitivo τῆς μεγαλειότητος se usa como ablativo: *de su magnificiencia*.
B100 El infinitivo μέλλειν, con el infinitivo καθαιρεῖσθαι, que depende de él, tiene la fuerza de un infinitivo de futuro de este último: *ella sufrirá la pérdida de su magnificiencia*.
B481 Tal vez εἰς οὐθέν limite a λογισθῆναι (generalmente μή

aparece con infinitivos) como una frase hecha, no afectada por el infinitivo: *ser estimado como nada*.

29 H369 Θέατρον parece que tiene el sentido de *espectáculo* en los vv. 29 y 31, como en 1 Cor. 4:9.

30 R885 El imperfecto negativo comunmente denota resistencia a la presión o a la frustración (indudablemente denota lo primero en οὐκ εἴων).

31 T239 El dativo que aparece en ὄντες αὐτῷ φίλοι tiene la idea de crédito.

32 R665 Οἱ πλείους significa: *la mayoría*.
R747 Ἄλλος ... ἄλλο significa: *uno una cosa*, o *unos a otros*.
R1029 En este versículo, aparece el pluscuamperfecto (ᾔδεισαν y συνεληλύθεισαν), donde el lenguaje directo hubiera exigido el presente perfecto: *la mayoría de ellos no sabía por qué se habían reunido*.
M83 Τίνος ἕνεκα significa: *por qué razón*.

33 T209 El genitivo partitivo se encuentra en ἐκ δὲ τοῦ ὄχλου, que significa: *algunos de la multitud*.

35 BD241(7) Está implícita ἄγαλμα con el adjetivo neutro τοῦ διοπετοῦς: *la estatua caída del cielo*.

36 R909 Κατεσταλμένους ὑπάρχειν es una forma perifrástica del infinitivo que sirve de sujeto: *restringirse*.
M102 El participio que se usa en ἀναντιρρήτων ... ὄντων τούτων tiene una idea causal; la idea es: *como esas cosas no pueden negarse* (comp. T157).

37 T157 El participio βλασφημοῦντας tiene un sentido concesivo: *aunque ...*
MT244 El clásico ἡ θεός aparece a menudo en inscripciones magnésicas, para describir a las grandes diosas de la ciudad, mientras que a las diosas de otros lugares se las llamaba θεαί, el usual término koiné. En concordancia con esto, el prefecto del pueblo está usando el término técnico, como pudiéramos esperar.

38 M163 En la construcción *μὲν οὖν*, *μέν* se distingue de *οὖν*; *οὖν* es una palabra de resumen (comp. *δέ* en el v. 39): *por tanto, si;* o *así que entonces*.

T26 'Ανθύπατοί εἰσιν es un plural idiomático, puesto que sólo había un procónsul.

40 M39 El genitivo *στάσεως* puede estar indicando la acusación que se le hace a un demandado, si en este contexto significa: *ser acusado del sanedrín con respecto a este día*; pero parece que este es el único ejemplo en el N.T. (en Hech. 23:6 y 29, se usa *περί* con el genitivo), y es muy dudoso que así se deba analizar aquí (el genitivo *στάσεως* parece denotar la base de la acusación. Esta construcción es tan rara que uno se siente tentado a tomar el genitivo en relación cercana con *σήμερον*, y así analizar de la manera normal *περὶ τῆς σήμερον στάσεως* --T231). [Editor. La sugerencia de Turner es apropiada para esta construcción, y da como resultado la siguiente traducción: *acusados de motín con respecto al hecho de este día*.]

H341 Αἰτίου significa *causa* en este versículo.

Hechos 20

3 B153 En los vv. 3 y 7, se usa el participio de presente de *μέλλω* con un infinitivo para expresar intención, sin designar la acción que se intenta como el propósito de otro acto (comp. 18:14).

B400 Τοῦ ὑποστρέφειν se usa para limitar al sustantivo *γνώμης* (comp. 14:9; *él decidió regresar* --M129).

M38 ¿Debe considerarse el genitivo que aparece en *ἐγένετο γνώμης* como posesivo, como si significara: *el llegó a estar poseído de una decisión* (que equivale a: *él decidió*), que tal vez se pueda comparar con la expresión española: *de la opinión*. [Editor. Sin tener en cuenta si explicamos a *γνώμης* como un posesivo o no, esta construcción con *ἐγένετο* significa: *el decidió*; comp. la construcción similar en 2 Ped. 1:20.]

5 R471 Ἔμενον se usa aquí con sentido transitivo, con el sentido de *esperar* (comp. el v. 23).

6 M205 La curiosa expresión *ἄχρι ἡμερῶν πέντε*, que significa:

*dentro de cinco días*, es única en el N.T. (aunque comp. 3:13).

T171 La expresión *εἰς τὴν Τρῳάδα* con artículo se debe a la anáfora (que se refiere a una mención anterior; comp. el v. 5).

7 T187 Μιᾷ tiene el sentido de *primero*.

9 R579 La preposición que se usa en *κατενεχθεὶς ἀπὸ* ... equivale a *ὑπό* (causal-instrumental: *rendido por el sueño* --M73).

H286 El adjetivo *τρίστεγος* significa: *con tres pisos*, o *perteneciente al tercer piso* (aquí como un sustantivo).

11 BD425(6) La libertad clásica para usar *οὕτως* con el propósito de resumir el contenido de una construcción participal precedente se halla en el N.T. sólo en Hech. 20:11 y 27:17: *y así salió*.

15 R573 En *κατηντήσαμεν ἄντικρυς*, tanto el verbo como la preposición tienen la idea de cara a cara (comp. M82).

R748 Τῇ *ἑτέρᾳ* tiene en este contexto el sentido de *próximo*.

16 B258 Εἰ *δυνατὸν εἴη* representa la prótasis de la oración *ἐὰν δυνατὸν ᾖ γενησόμεθα*, que expresa el pensamiento original de Pablo, al cual se refiere el escritor (*si fuera posible para él*; *εἰ* introduce una frase entre paréntesis: *si le fuera posible* --T127; *εἰ* comunica la idea de propósito; comp. 17:27 --R1021). [Editor. En realidad, la idea de propósito es introducida por *ὅπως* y el subjuntivo, y no por la partícula *εἰ*.]

BD205 Εἰς tiene el sentido de *ἐν* aquí después de *γενέσθαι*: *en Jerusalén*.

17 T171 El artículo que aparece en *τῆς* Μιλήτου tiene un sentido de anáfora (se refiere a una mención anterior; comp. el v. 15).

18 R721 La cláusula relativa indica una aguda distinción con respecto a lo antecedente, cuando la preposición se repite con ella (comp. 7:4).

R773 Τὸν *πάντα* significa: *el todo, la totalidad*. El todo se contrasta con una parte (comp. Gál. 5:14: *todo ese tiempo* --T201).

BD434(2) Πῶς con *ἐγενόμην* significa: *como actué, me comporté*.

20 T137 Ὡς se usa con un sentido similar al de *ὅτι* (es decir, expresa

contenido; comp. πῶς en el v. 18).

22 R523 Τῷ *πνεύματι* se usa como un dativo locativo: *en el Espíritu.*
R878 El participio de futuro con artículo tiene aquí un sentido futurista (no volitivo): *las cosas que sucederán.*
T63 El verbo en presente *πορεύομαι* indica la continuación de una acción durante el pasado y hasta el momento en que se habla (esto es ampliamente retórico y poético en el griego clásico; el verbo en presente tiene un sentido futurista --BD323[3]). [Editor. Realmente, el verbo en presente describe una acción que ya estaba en proceso: *estoy en viaje a Jerusalén.*]

23 BD449(1) Πλὴν ὅτι significa: *salvo que* (clásico).
H122 Ciertos eruditos afirman que *δεσμά* se refiere a las *cadenas reales, mientras que δεσμοί* se refiere al *cautiverio.* Esta distinción no puede imponerse a todo el N.T., aunque encaja muy bien en este contexto, y da vitalidad al v. 23.

24 R499 No hay seguridad en cuanto a si *τῆς χάριτος τοῦ θεοῦ* se usa como un genitivo de sujeto o de complemento directo. [Editor. El uso de esta frase con *τὸ εὐαγγέλιον* parece que favorece un sentido de sujeto. Generalmente, Pablo considera el Evangelio como un tremendo don de Dios; comp. Col. 1:6.]
R967 Ὡς se usa como una partícula final (que expresa propósito) en este versículo (comp. B194): *a fin de que finalice.*

25 M13 El verbo en aoristo *διῆλθον* se refiere a una acción extendida, que aunque se prolongó en el tiempo, se considera como un solo hecho, sin referencia a su progreso.

26 M164 *Διότι* en este contexto significa: *Así que.*

27 R807 La voz media de *ὑπεστειλάμην* se usa con sentido directo, y significa: *yo mismo no he rehuido.*
R1089 Τοῦ con el infinitivo se usa como el complemento directo del verbo de impedimento (comp. el v. 20): *yo no vacilé en cuanto a declarar.*

28 M121 En este versículo, *τοῦ ἰδίου* posiblemente se usa como un sustantivo que significa: *su propio hijo* (comp. MT90; es mejor

traducir la última parte de este versículo: *la iglesia de Dios, la cual El compró para Sí mismo con su propia sangre*; es decir, ¡la sangre de Dios! Ἰδίου se entiende mejor como un adjetivo posesivo que como un sustantivo --TGr14 y sig.). [Editor. Puesto que el sustantivo no aparece con τοῦ ἰδίου, el adjetivo puede ser usado como un sustantivo (comp. 4:23, 21:6 y 24:23).]

T78 El presente de infinitivo ποιμαίνειν significa: *pastorear continuamente* (con la idea de propósito --T135).

29 M41 El genitivo simple se usa con el participio φειδόμενοι para expresar la idea de separación, y significa: *perdonar (es decir refrenarse de)*.

30 R689 Ὑμῶν αὐτῶν se usa como un pronombre reflexivo en la segunda persona plural (esta frase coincide con el pronombre reflexivo solo en apariencia --BD288[1]; el pronombre αὐτῶν es intensivo, no reflexivo --R687 y T194). [Editor. Esta frase parece ser reflexiva, pero en realidad es enfática o intensiva y significa: *de ustedes mismos*.]

32 T264 Este versículo no es simplemente una declaración general de que la gracia de Dios da una herencia a los que son santificados, sino que dará a estos santos de Efeso en particular, a cuyos pastores Pablo se está dirigiendo, una herencia **entre** todos los santificados; se destaca la naturaleza corporativa de la iglesia **dentro** de la cual esos creyentes tienen su lugar (Lucas nunca usa δίδωμι con ἐν con el sentido de *dar a*).

35 R679 El pronombre que se usa en αὐτὸς εἶπεν es enfático; posiblemente signifique: *el Maestro dijo*.

B374 En el N.T. se usa el infinitivo después de ἤ como el correlativo de alguna frase o palabra precedente, y generalmente como un nominativo (comp. 18:25): *es más bienaventurado dar que recibir*.

T31 El adjetivo positivo μακάριον se usa en lugar de un comparativo con el sentido de *más feliz que*.

BD425(6) Ὅτι οὕτως ... no significa: *así, --es decir, trabajando--*, sino que implica un gesto enérgico: *miren, así uno debe trabajar arduamente*.

38 R659 El adjetivo superlativo *μάλιστα* se usa como un adverbio, y significa: *más que todo*.

B72 *Μέλλουσιν* se usa con un infinitivo para describir un hecho futuro (comp. Luc. 9:44): *que ellos no volverían a ver su rostro.*

Hechos 21

2 R891 Los participios de presente *διαπερῶν* y *ἀποφορτιζόμενον* (vv. 2 y sigs.) son futuristas (el último equivale a *ἔμελλεν ἀποφορτίζεσθαι*; significa literalmente: *el barco tenía la característica de* ... --BD339[21]; tiene una idea prospectiva: *el barco estaba destinado a descargar su carga* --R1115; *iba a* --B130).

3 R548 *Ἐκεῖσε*, que significa *allá*, aparece dos veces en el N.T. (aquí y en 22:5). Esta palabra se encuentra en la mejor literatura griega del N.T. (literatura más elegante --BD103).

R883 El tiempo imperfecto del verbo *ἐπλέομεν* tiene un sentido descriptivo duradero *(manteníamos nuestro curso hacia Siria* [imperfecto] *y finalmente arribamos a Tiro* [aoristo] --T66).

BD309(1) *Ἀναφάναντες* significa: *lo hicimos visible a nosotros mismos* (por tanto, tiene el acostumbrado significado de *φαίνειν*), es decir, *al acercarse*.

4 R1096 *Μὴ ἐπιβαίνειν* expresa un mandato indirecto (comp. T149; indica el contenido de *ἔλεγον*): *ellos le decían a Pablo que no fuera*.

M57 La frase prepositiva *διὰ τοῦ πνεύματος* tal vez signifique: *como un discernimiento espiritual*.

BD103 En este versículo, *αὐτοῦ* se usa como un adverbio de lugar: *allá*.

5 T174 *Σὺν γυναιξὶ καὶ τέκνοις* significa: *con sus esposas e hijos* (se omite el artículo porque es una fórmula; comp. 1:14).

6 R691 *Τὰ ἴδια* en este contexto significa: *la casa de uno*.

8 R614 *Παρά* con el dativo tiene la idea de: *en la casa de uno*, en los vv. 8 y 16.

11 TGr21 Agabo habló directamente de parte de Dios (comp. 11:28).
T190 El pronombre reflexivo (*ἑαυτοῦ*) aparece antes de dos sustantivos (y no, después de ellos), para eliminar la repetición (aquí el posesivo genitivo es enfático --BD284[2]).

12 M129 Aquí *τοῦ μή* con el infinitivo parece que tiene un sentido explicativo (es decir, amplía o extiende una idea precedente), y significa: *le rogamos ... que no subiese* (es el complemento directo del verbo conjugado en forma personal con la idea de propósito --R1066 y 1088).

13 R593 *Εἰς* tiene en este versículo un sentido local similar a *ἐν*: *en Jerusalén*.
R1077 Note que el infinitivo aparece con el adverbio *ἑτοίμως*: *estoy listo para ser atado y morir*.
R1181 *Καί* en la expresión *ἀλλὰ καί* tiene un sentido ascendente: *aun*.
T52 *Ἔχω* en este versículo significa: *estar*.

14 R863 El participio de aoristo *εἰπόντες* se refiere a una acción que antecede o es simultánea con la del verbo principal: *ésta última observación de consentimiento* (en construcciones como *ἡσυχάσαμεν εἰπόντες*, no indica orden cronológico, más del que pudiera indicar la coordinación equivalente con *καί* --BD420[2]: *desistimos de las palabras* --MT134). [Editor. Esta construcción es similar a la expresión común *ἀποκριθεὶς εἶπεν*, que simplemente significa: *contestó*.]

16 R502 Note las palabras *τῶν μαθητῶν*, donde el genitivo distributivo está solo (*τινές* está implícito --R1202): *algunos de los discípulos*.
R891 En el participio de presente *ἄγοντες* no hay idea de propósito, sino que sólo es descriptivo (tiene un sentido futuro: *a fin de llevarnos* --T80). [Editor. Parece que Robertson está imponiendo aquí un punto específico. *Ἄγοντες* tal vez no exprese el único propósito por el cual los discípulos los acompañaron a ellos, sino que parece expresar una de las varias razones por las que ellos los ayudaron.]
R955 El verbo en subjuntivo *ξενισθῶμεν* tiene un sentido volitivo: *debíamos hospedarnos*.

R989 La cláusula relativa παρ' ᾧ ξενισθῶμεν expresa la idea de propósito (esta cláusula debe distinguirse de una verdadera cláusula relativa de propósito en que no expresa el propósito con el cual se hace la acción denotada por la cláusula principal, sino que constituye una limitación complementaria de la cláusula principal --B319).

17 BD205 Aquí la preposición εἰς después de γενομένων tiene el sentido de ἐν. [Editor. El participio γενομένων tiene la idea de movimiento hacia. En consecuencia, la preposición εἰς tiene su sentido normal.]

19 R746 En este versículo no debemos conectar ἕν con ἕκαστον. [Editor. Estos términos están conectados pero con el sentido de *una por una*, y no con el significado: *cada una*; comp. 145:27 y 15:4.]

20 T66 Los tiempos imperfecto y aoristo se usan con el significado: *ellos continuaron glorificando a Dios y dijeron* (*ellos alabaron a Dios durante algún tiempo y de varias maneras hasta que finalmente dijeron* --BD327).

21 R524 Τοῖς ἔθεσιν se usa como locativo (este dativo significa: *de acuerdo con nuestras costumbres*; comp. 15:1 --M45). [Editor. La sugerencia de Moule parece más exacta en este contexto aunque la frase más común para esta expresión es κατὰ τὰ ἔθα (comp. el comentario sobre 1:15).]

M33 El doble acusativo con διδάσκεις significa: *usted enseña a todos la apostasía.*

23 R541 Ἡμῖν se usa en este contexto como un dativo de posesión: *tenemos cuatro hombres.*

R1127 El participio ἔχοντες tiene un sentido de manera: *con* (*hay aquí hombres que han hecho* ... --BD353[2]).

24 R809 La voz media de ξυρήσονται se usa con un sentido de permiso: *para que ellos se rasuren la cabeza.*

R816 En ἁγνίσθητι, la voz pasiva aparentemente tiene la fuerza de una exhortación o mandato (comp. la voz media causativa: *purificarse* --T57).

25 R476 Φυλάσσω tiene dos acusativos con el sentido de *huir de* (αὐτούς es el acusativo de referencia general [llamado sujeto] del infinitivo --R483).

26 M64 Ὑπέρ tiene el sentido de *en lugar de* (en la mayoría de los casos, uno que actúa a favor de otro toma su lugar).

27 BD209(3) Ἀπό se usa en vez de ἐκ para indicar el lugar de origen (comp. 6:9).

28 R894 Aquí hay una distinción entre el tiempo aoristo y el perfecto (εἰσήγαγεν ... καὶ κεκοίνωκεν significa: *él introdujo ... y ha profanado* --T69; el tiempo perfecto indica un efecto continuo sobre el objeto directo; la entrada que se realizó en el pasado produjo la profanación como un efecto duradero --BD342[4]).

T26 Ἕλληνας puede ser un plural de especie, que solo se refiere a Trófimo.

BD103 Πάντας πανταχῆ significa: *a todos en todo lugar*.

29 T66 El tiempo imperfecto del verbo ἐνόμιζον hace interesante y continua la narrativa (comp. 14:19): *a quien ellos suponían*.

30 T66 En este versículo puede verse una distinción de los tiempos; ellos estaban en el proceso de arrastrar a Pablo fuera del templo (imperfecto) cuando de repente las puertas fueron cerradas (aoristo).

31 R1132 En el N.T., el participio sin sustantivo (aquí ζητούντων) aparece de vez en cuando en genitivo absoluto (esto sólo puede ocurrir si el sustantivo está implícito --BD423[6]): *mientras ellos pensaban*.

32 R1126 En el participio de aoristo παραλαβών, hay precedencia en cuanto al orden del tiempo, pero es sólo una prioridad sin ningún acento especial en la relación temporal (posiblemente exprese una circunstancia concomitante --R1127).

33 R736 En este versículo, τίς y τί se distinguen notablemente: *quién ... y qué*.

R884 Ἐπυνθάνετο se usa como un imperfecto reiterativo (el tiempo imperfecto de los verbos se refiere a una acción incompleta realizada en el pasado --T65). [Editor. Ambas sugerencias probablemente son correctas, ya que la investigación se extendió por algún tiempo, con relación a diferentes aspectos de Pablo, y no se obtuvieron las respuestas correspondientes a las preguntas.]

R1031 En la pregunta indirecta: *τίς εἴη καὶ τί ἐστιν πεποιηκώς*, aparecen tanto el optativo (que representa al indicativo en el discurso directo) como el indicativo. Esta variación da cierta vivacidad a esta parte de la pregunta (Winer declara [pág. 375] que, en este versículo, el optativo es apropiado para preguntar acerca de lo desconocido, mientras que el indicativo acompañante: *lo que él ha hecho*, satisface la convicción de que el prisionero había cometido algún crimen --MT199). [Editor. Parece que Lucas hubiera usado el optativo en ambos casos en vez de hacer un cambio tan claro, si tenía la intención de usar el optativo de discurso indirecto (en representación del indicativo). En consecuencia, estamos obligados a ofrecer una explicación más sutil para esta variación (por ejemplo, la sugerencia de Winer).]

34 R747 Ἄλλοι δὲ ἄλλο significa: *algunos una cosa, y otros otra* (comp. 19:32).

R884 Ἐπεφώνουν se usa como un imperfecto reiterativo (ellos gritaban repetidamente).

35 R1058 El infinitivo *βαστάζεσθαι* se usa como el sujeto del verbo *συνέβη*: *aconteció que era llevado.*

H427 La palabra clásica *συμβαίνω* se usa en lugar de *γίνομαι*, posiblemente porque ésta ya ha aparecido en la oración (esto es buen griego vernáculo).

37 R916 Eἰ se usa para introducir una pregunta directa (comp. 19:2) y no se debe traducir aquí.

38 R1157 La adición de *ἄρα* significa: *como supuse, pero ahora veo que no es cierto* (con indicación de sorpresa --R917: *Bueno, ¿no eres tú ...?* --BD440[2]).

## Hechos 22

1 BD73(1) Los pronombres no enfáticos se colocan tan cerca del principio de la oración como sea posible, como ocurre aquí con *μοῦ*.

3 R497 Τῆς Κιλικίας es un genitivo descriptivo de lugar (es un genitivo partitivo --T210). [Editor. La última sugerencia es más exacta, ya que el genitivo identifica la provincia en la cual está localizada la ciudad de Ταρσός.]

R615 La preposición que aparece en la frase *παρὰ τοὺς πόδας* tiene un sentido local (similar a *ἐν*: *en*).

TGr84 En lo que concierne a este versículo, las evidencias no requieren que las palabras *esta ciudad* tengan que referirse a Jerusalén (comp. 26:4).

T185 El sustantivo *ἀνήρ* aparece en vez de un adjetivo con un sentido atributivo (comp. 3:14): *un judío*.

4 B122 En este versículo, los participios de presente se refieren a una acción que es idéntica a la del verbo principal *ἐδίωξα*.

5 R548 'Εκεῖσε significa: *allá* (comp. 21:3).

R887 El participio futuro *ἄξων* expresa la idea de propósito o meta (comp. M103: *para traer* --MT149).

6 R539 Μοί se usa como un dativo de ventaja: *para mí*.

7 R508 El genitivo *φωνῆς* aparece con *ἤκουσα*, con lo cual se refiere al contenido, y no sólo al sonido (si esta variación sin sentido puede ocurrir en un escritor como Lucas, la distinción clásica se ha destruido en lo que se refiere al N.T. --T161; el genitivo se usa aquí para indicar que Saulo oyó una voz que le hablaba directamente --TGr87).

9 M36 Parece imposible hallar una distinción de significado entre el genitivo y el acusativo en Hech. 9:7 y 22:9 (comp. Juan 5:28 [genitivo] y el v. 37 [acusativo]; aunque los siervos oyeron la voz [9:7], no entendieron su significado --TGr88; comp. R506 y el comentario sobre 9:7).

10 T75 El presente de imperativo *πορεύου* se usa donde parece que se intentó usar el aoristo (se usa *πορεύου*, aunque se declara la distinción: *vé a Damasco* --BD336[1]).

11 R580 La preposición *ἀπό* expresa aquí una idea causal.

13 M122 *Αὐτῇ τῇ ὥρᾳ* significa: *en esa misma hora* (comp. 16:18).

14 R1033 En esta oración, *ὅτι* tiene un sentido causal.

15 T200 *Πάντες ἄνθρωποι* significa: *todos los hombres.*
BD342(2) En el tiempo perfecto de *ἑώρακα* se destaca el efecto sobre el sujeto. El hecho de que Pablo había visto al Señor es lo que lo establece permanentemente como un apóstol (comp. 1 Cor. 9:1), mientras que el oir la voz es mucho menos esencial (es notable el hecho de que *ἑώρακα* [perfecto] aparece con tanta frecuencia en el N.T., y *ἀκήκοα* comparativamente aparece rara vez; pero explicar el hecho de que el último verbo aparece en aoristo, junto al primero en perfecto, mediante la teoría de que haber visto al Señor era una experiencia más permanente que sólo haberlo oído, es algo absolutamente fantasioso; comp. Juan 3:32 --T85). [Editor. Puesto que el perfecto de *ἀκούω* es infrecuente en el N.T., la distinción precisa de Blass pierde mucho de su apoyo basado en los tiempos. Pero el mismo Pablo declara que la visión de Cristo fue el hecho central en su experiencia de conversión; comp. 1 Cor. 9:1 y 15:8.]

16 R808 En este versículo aparecen dos verbos en voz media-causativa: *βάπτισαι* se usa en voz media directa, y *ἀπόλουσαι* en voz media indirecta, con el significado: *bautízate y lava tus pecados.*

17 B453 El genitivo absoluto se refiere al sujeto de la oración: *mientras yo estaba orando* (comp. 21:34 y Mat. 1:18).

19 R608 En la preposición *κατά* se ve aquí la idea de distribución: *todas las sinagogas.*
T237 'Επί con el acusativo después de *πιστεύω* significa: *creer en* (comp. 9:42).

22 R920 *Οὐ γὰρ καθῆκεν αὐτὸν ζῆν* significa: *no conviene que él viva.*

24 B145 Aquí el participio de aoristo *εἴπας*, que sigue al verbo, equivale a un verbo coordinado: *mandó ... y ordenó* (comp. 16:23).

MT133 Lisias presumiblemente dijo en una oración: *métanlo y examínenlo*.

25 R916 Eἰ se usa para introducir una pregunta directa (comp. 21:37).

R1181 Καὶ *ἀκατάκριτον* es una explicación agregada al comentario anterior: *y no condenado*.

29 R1033 No es seguro si *ὅτι* es causal o declarativo. [Editor. El primer *ὅτι* tiene un sentido declarativo, que denota el contenido de *ἐπιγνούς*, pero el segundo *ὅτι* tiene un sentido causal y presenta la razón del temor, *él tuvo temor, porque él reconoció que Pablo era un ciudadano romano y porque lo había atado*.]

## Hechos 23

1 B137 Sólo el comienzo de la acción a que se refiere el participio de aoristo *ἀτενίσας* precede a la acción del verbo principal.

T200 Πᾶς sin artículo significa: *toda, la totalidad de*.

3 R616 Las expresiones *κατὰ τὸν νόμον* y *παρανομῶν* están en agudo contraste.

5 R874 Aquí aparece el futuro volitivo (*ἐρεῖς*): *no maldecirás*.

6 BD442(16) La coordinación de dos ideas, una de las cuales depende de la otra, sirve en el N.T. para evitar una serie de genitivos dependientes. En consecuencia, *περὶ ἐλπίδος καὶ ἀναστάσεως νεκρῶν* significa: *por causa de la esperanza de la resurrección de los muertos* (comp. 1:25).

8 R745 Parece cierto que *τὰ ἀμφότερα* se refiere a tres elementos (comp. 19:16).

9 R582 *Διά* en el verbo compuesto tiene aquí un sentido perfectivo: *contender incisivamente*.

R1203 Parece que hay una supresión consciente de una parte de la oración por causa de la influencia de la fuerte emoción que se expresa en *εἰ δὲ πνεῦμα ἐλάλησεν αὐτῷ ἢ ἄγγελος* (inserte: *¿qué oposición podríamos hacer?* --BD482).

10 R564 El verbo compuesto *διασπασθῇ* expresa el temor de que Pablo pueda ser partido en dos.

11 R593 Εἰς tiene un sentido local similar a *ἐν*: *en*, dos veces en este versículo (comp. BD205).

12 B330 Ἕως οὗ es en efecto una conjunción compuesta que tiene la misma fuerza de la simple conjunción *ἕως*: *hasta*.

14 M178 Ἀναθέματι ἀνεθεματίσαμεν ἑαυτούς tal vez signifique: *nosotros nos hemos comprometido bajo solemne voto* (comp. BD198[6]).

15 R1141 Ὡς se usa con el participio para presentar una situación alegada (comp. Luc. 23:14): *como si ustedes estuvieran a punto de determinar su caso*.

B200 Ὅπως con el subjuntivo se usa aquí en una cláusula de complemento directo: *que*.

T30 El comparativo *ἀκριβέστερον* tiene el sentido de un superlativo intensivo: *muy exactamente*. [Editor. Este contexto parece que apoya un sentido comparativo, y no un superlativo intensivo; en consecuencia, debe traducirse como tal, especialmente por el hecho de que se usa una forma comparativa.]

T141 Τοῦ ἀνελεῖν con el adjetivo *ἕτοιμοι* tiene cierto sentido explicativo: *listos para matar*.

18 M102 El participio *ἔχοντα* tiene un sentido causal, y significa: *porque él tiene algo que decirte*.

M139 Aquí el infinitivo es virtualmente el objeto directo del participio *ἔχοντα*: *él tiene algo que decir*.

M163 Μὲν οὖν es sólo una expresión de resumen o transición en los vv. 18 y 31: *así que*.

T65 Cuando se usa el aoristo con un verbo de interrogación, la petición usualmente es indiscutible o enfática, y demanda obediencia: *él me pidió que trajera a este joven ante ti* (comp. 10:48 y 16:22).

20 R547 Note el uso adverbial de τὶ y ἀκριβέστερον: *algo más preciso.*

R968 Aquí ὡς con el participio tiene el sentido de *acerca de.*

21 MT125 Aquí la prohibición en aoristo espera la respuesta: *evitaré hacer eso.*

23 R742 Aquí τὶς con un numeral no es indefinido (*alrededor de dos*, como en el griego clásico) sino definido: *cierto par.*

M126 En los vv. 23 y sigs., parece que el infinitivo se usa como un imperativo; εἶπεν ... παραστῆσαι (aquí parece que el εἶπεν precedente influye en el pensamiento del escritor): *él dijo ... , y proveyeran bestias.*

BD119(1) Δεξιολάβους tiene un significado incierto; se refiere a cierto tipo de tropa (se supone que δεξιολάβους significa: *tomar [una lanza] en la mano derecha* [dependencia instrumental locativa]. En la fraseología militar, la lanza siempre estaba relacionada con la derecha, y el escudo con la izquierda. Ciertamente no era una palabra acuñada, pero como no reaparece hasta el siglo siete d. de J. C., tenemos que suponer que es un término técnico de alcance limitado --H272).

24 R1204 Note el sentido de las preposiciones que aparecen en διασώσωσι πρὸς Φήλικα, donde la idea es la de llevar a Pablo ante Félix, y así salvarlo.

27 M100 Uno teme que en este versículo se presenta Lisias como el que intencionalmente toma el crédito de haber rescatado a Pablo por cuanto había descubierto que Pablo era un ciudadano romano. La declaración: ἐξειλάμην, μαθὼν ὅτι Ῥωμαῖός ἐστιν, representa un ajuste diplomático de los hechos que muy probablemente hizo Lisias, y estamos refinando excesivamente si insistimos en que el participio de aoristo es atemporal en relación con el verbo principal, y que la oración muy bien pudiera haber significado igualmente: *Yo lo rescaté y (subsiguientemente) descubrí que él era un ciudadano romano.*

30 R1049 En este versículo, el infinitivo de futuro que se usa en discurso indirecto depende del participio que está en genitivo absoluto: *cuando se me avisó que habría un complot.*

B44 El aoristo epistolar aparece con *ἔπεμψα* (esta acción sería considerada como pasada por el destinatario de la carta, pero era presente para el autor).
M53 *Λέγειν πρὸς αὐτόν* significa: *para acusarlo.*

31 BD223(1) *Διὰ νυκτός* significa: *de noche.*

33 R578 En este versículo, el uso de *ἐκ* ... *ἀπό* se debe a una variedad en estilo (*ἀπό* aparece en lugar de *ἐκ* --BD209[3]).

34 R740 *Ποίας* no tiene un sentido cualitativo en este versículo (es simplemente interrogativo): *de qué provincia.*

35 B145 El participio de aoristo *κελεύσας* equivale a *καί* y un verbo coordinado: *y mandó* (comp. 16:23).
MT133 Es completamente arbitrario hacer suposiciones en cuanto al orden de los elementos en este versículo: *dijo ... , entretanto mandó que ...* muy bien puede significar que Félix primero dijo a sus soldados dónde debían llevar a Pablo, y luego le aseguró al prisionero que pronto lo oiría, precisamente antes que los guardias se lo llevaran.

## Hechos 24

1 R607 Aquí *κατά* con el genitivo significa: *contra.*

2 M57 Aquí en ambos casos, *διά* con el genitivo tiene un uso instrumental: *por medio de.*

3 R530 *Πάντῃ* expresa la idea de manera (*πάντῃ τε καὶ πανταχοῦ* parece que significa: *en toda forma y en todo lugar* --BD103).

4 M45 El dativo *τῇ σῇ ἐπιεικείᾳ* significa: *con tu clemencia.*

5 BD467 Un anacoluto (cambio de estructura en la oración) aparece en el discurso de Tértulo (vv. 5 y sigs.); del cual nos informa Lucas con menos cuidado que en cualquier otro caso. Algo como *εὕρομεν* (en vez de *εὑρόντες*) estaba en la mente del autor cuando introdujo la última parte del v. 6 (Lucas informa con

crueldad lo que el orador dijo, al pie de la letra --MT224).

10 R597 En la expresión temporal que aparece aquí, *ἐκ* indica el punto de partida.

R1115 El participio de presente *ὄντα* se refiere a una acción que precede a la del verbo principal (el tiempo presente se refiere a una acción pasada que aún está en progreso --B131): *por muchos años tú has sido juez* (el tiempo presente acentúa la viva realidad de la experiencia --R1103).

M24 Ἀπολογοῦμαι significa: *hago mi defensa* (comp. 26:2).

11 R717 La frase *ἀφ' ἧς* es una abreviatura de *ἀφ' ἡμέρας ᾗ* (un locativo atraído hacia un ablativo); significa: *desde que.*

R877 El participio de futuro *προσκυνήσων* expresa la idea de propósito o meta (comp. 22:5 y M103).

M31 Es asombrosa la presencia de *οὐ πλείους εἰσίν μοι ἡμέραι δώδεκα* donde sería normal que apareciera un genitivo de comparación: *no hace más de doce días.*

BD189(1) El dativo de posesión (*μοι*) aparece aquí en una construcción temporal (para destacar el objeto poseído).

12 BD445(2) El uso de los términos *οὔτε ... οὔτε ... οὔτε ... οὐδέ* en los vv. 12 y sigs., es perfectamente admisible (el último negativo significa: *no del todo*, como si un solo *οὐ* hubiera precedido).

15 R1076 El infinitivo *μέλλειν* complementa al sustantivo *ἐλπίδα*: *teniendo una esperanza ... de que habrá una resurrección.*

16 M79 Las palabras *ἐν τούτῳ* tal vez signifiquen: *ya que esto es así* (causal --T253; *por esta razón* --BD219[3]). [Editor. Todas estas sugerencias presentan una idea causal. La preposición *ἐν* se usa a menudo en el N.T. con este sentido; comp. 7:29.]

17 R535 Εἰς con el acusativo aparece aquí en vez del simple dativo (con el significado: *para el beneficio de* --T236).

R581 En este contexto, la preposición *διά* significa: *después de* (comp. M56).

R877 El participio de futuro *ποιήσων* expresa la idea de propósito o meta (comp. 22:5): *vine a traer.*

19 R920 El tiempo imperfecto de ἔδει implica que ellos deben estar aquí, pero no están.

M150 Εἴ τι ἔχοιεν πρὸς ἐμέ significa: *si ellos (realmente) tenían alguna queja (que no tienen)*.

BD209(3) La preposición ἀπό se usa en lugar de ἐκ para indicar el lugar de origen (comp. 21:27 y R578).

21 R702 Es difícil entender la oración: *περὶ μιᾶς ταύτης φωνῆς ἧς ἐκέκραξα*. Aquí, *en cuanto a esta voz que yo emití*, tiene un sentido perfectamente obvio. Pero si esta es la manera como debe entenderse, este es el único ejemplo en el N.T. de tal uso atributivo (de οὗτος) sin el artículo. (Este pronombre es atributivo: *esta sola declaración*. El artículo definido se usa con descuido, con el transcurrir del tiempo, en este tipo de construcción --T193; esta construcción equivale a ἡ φωνὴ ἣν μιὰ αὕτη [predicado] --BD292). [Editor. La preposición con el adjetivo περὶ μιᾶς hacen que φωνῆς sea suficientemente definido sin el artículo. Luego, por causa de un deseo de hacer que φωνῆς sea más cierto, se incluyó el adjetivo ταύτης entre el sustantivo y el adjetivo precedente. En consecuencia ταύτης se usa como un adjetivo atributivo.]

22 R665 Ἀκριβέστερον εἰδώς significa que Félix sabía con más exactitud de la que uno supondría (el verbo comparativo se usa como un superlativo, y significa: *muy exactamente* --T30; equivale a ἀκριβέστατα --BD244[2]). [Editor. Aunque no se declara el objeto de la comparación, está implícito en el contexto como el conocimiento expresado en el presente comentario. Félix sabía más acerca del cristianismo que aquello que se había presentado directamente ante él. Cuando es posible traducir un adjetivo comparativo (o adverbio) como tal con un significado válido en el contexto, no hay razón para darle una traducción alterna; comp. 23:15.]

R1128 El participio εἰδώς parece que tiene un sentido causal; aunque εἰδώς puede significar *deseando saber*. [Editor. La última sugerencia es menos factible, ya que esta es una traducción muy poco común de εἰδώς. Parece muy probable que Félix pudo haber aprendido del cristianismo de su esposa Drusila.]

23 R823 Τηρέω significa: *vigilar*.

R863 'Ανεβάλετο se expande por medio de tres participios de aoristo coincidentes (es decir, tres aspectos de la misma acción): *εἰδὼς ... εἴπας ... διαταξάμενος* (comp. MT133).

24 R692 Es posible que *ἰδίᾳ* pueda tener una clave escondida sobre el carácter de Drusila. Para ese momento ella estaba con Félix (al usar *ἰδίᾳ*, Lucas no está sugiriendo irónicamente la pobreza del título de Felix --MT88). [Editor. Tal vez *ἰδίᾳ* sólo indique posesión, sin ningún matiz especial (este uso aparece en cualquiera otra parte del N.T.), pero el simple artículo *τῇ* hubiera sido suficiente.]

25 R1126 En los vv. 25 y sigs. hay varios ejemplos del participio. En *διαλεγομένου ... αὐτοῦ*, vemos la idea temporal de *mientras* con el genitivo absoluto. En *τοῦ μέλλοντος*, la idea temporal de este participio atributivo se debe al significado de la raíz de *μέλλω*. En *γενόμενος* sólo es un antecedente con *ἀπεκρίθη* (de acción casi simultánea). En *τὸ νῦν ἔχον*, el participio atributivo tiene otra vez la idea temporal, lo cual se debe a las mismas palabras. En *μεταλαβών*, tenemos antecedencia enfatizada por *καιρόν*. En *ἅμα καὶ ἐλπίζων*, tenemos la idea lineal destacada por *ἅμα*. En *πυκνότερον ... αὐτῷ*, la nota de repetición que se usa en *πυκνότερον* reaparece en el participio y en el verbo.

M160 Τὸ *νῦν ἔχον* significa: *por ahora* (*ἔχω* es intransitivo cuando se usa con adverbios --R800).

BD169(1) Μεταλαμβάνω siempre toma el genitivo, excepto en este versículo; *καιρόν* aparece con el significado: *hallar tiempo más tarde*.

26 R529 Αὐτῷ se usa con *ὡμίλει* como un dativo de asociación: *hablar con él*.

TGr90 Félix, quien esperaba un soborno, repetidamente hacía llamar a Pablo para platicar con él; el comparativo tiene que tener el significado intensivo: *muy a menudo* (también puede usarse como un comparativo: *tan a menudo* --T30; tiene un sentido comparativo, que indica que él enviaba a buscar a Pablo con más frecuencia que antes --R665; comp. el v. 22).

BD425(2) Ἅμα *καὶ ἐλπίζων* significa: *al mismo tiempo también tenía la esperanza*.

Hechos 25

4 M68 La preposición *εἰς* tiene un sentido local, se usa en lugar de *ἐν*: *en*.
M78 'Ἐν *τάχει* significa: *en breve*.
M153 Aquí se usa un acusativo con el infinitivo en lenguaje indirecto; significa: *Festo, sin embargo, contestó que Pablo debía ser custodiado ... y que él mismo iba a partir*.
M163 Μὲν *οὖν* tiene un sentido adversativo en este contexto: *no obstante*.

5 R742 En los vv. 5, 8 y 11, *τὶ* significa: *cualquier cosa*.

6 R666 En este contexto, *ἤ* no se corresponde con *πλείους* (es decir, con un comparativo), sino que se usa como un conectivo: *o*.

7 R655 Cuando dos o más adjetivos aparecen juntos puede usarse la conjunción, como ocurre en *πολλὰ καὶ βαρέα αἰτιώματα*: *muchas acusaciones graves* .

9 R603 'Επ' *ἐμοῦ* significa: *delante de mí*, o *en mi presencia*.
R878 Parece que *θέλεις* se usa como un futuro volitivo. [Editor. Parece más probable que este verbo deba traducirse como un simple presente, y no imponerle un sentido volitivo, especialmente por el hecho de que este verbo aparece en una oración interrogativa.]

10 R603 En este versículo, *ἐπί* con el genitivo significa: *ante*, mientras que en el v. 17 está presente la idea usual: *encima*.
R1116 La construcción perfecta perifrástica *ἑστὼς εἰμι* tiene la idea de acción continua en el tiempo presente (la perífrasis ofrece una expresión retórica más enérgica --BD352): *estoy en pie*.
T30 Κάλλιον se usa como un superlativo intensivo: *muy bien*.

11 R809 *Καίσαρα ἐπικαλοῦμαι* significa: *apelo a César en mi favor* (la voz media se usa con sentido directo).
R881 'Αδικῶ se acerca a un sentido del tiempo pefecto en este versículo (comp. *πέπραχα*; casi equivale a *estar errado* --T62).
R896 Quizá *πέπραχά τι* deba entenderse como un perfecto de

continuidad interrumpida (es decir, se refiere a una serie de eventos).

R1059 El infinitivo *τὸ ἀποθανεῖν* se usa como el complemento directo del verbo *παραιτοῦμαι* (*no rehúso morir* --B394).

13 R580 Ἡμερῶν διαγενομένων τινῶν realmente significa: *algunos días vinieron entre* (*διά*).

M100 La última parte de este versículo significa: *descendieron ... y saludaron a Festo*; un uso anormal del participio de aoristo (el participio de aoristo puede referirse a una acción coincidente, si la llegada y el saludo suceden al mismo tiempo --T80; comp. B145).

14 R608 *Κατά* con el acusativo es más que un simple sustituto del genitivo (*el caso de Pablo* --M58 y T15).

15 R787 Los dos grupos distintos, los principales sacerdotes y los ancianos, se tratan separadamente (el artículo *οἱ* se repite con los dos sustantivos).

BD205 *Εἰς* se usa aquí con un sentido local en lugar de *ἐν*: en (comp. el v. 4).

16 B333 En el N.T. sólo hay dos casos en que un verbo conjugado en modo personal aparece después de *πρίν*: Luc. 2:26 y aquí. En ambos casos la cláusula está en discurso indirecto y expresa lo que desde el punto de vista de la declaración original fue una posibilidad futura.

T58 *Κατηγορούμενος* con el genitivo significa: *ser acusado*.

BD458 El pronombre relativo *οὕς* es similar a un pronombre demostrativo en los vv. 16 y 18; equivale a: *y a ellos* (comp. 3:15).

20 R1021 *Εἰ* introduce una pregunta indirecta: *si*.

M154 El optativo se usa para dar un tono más tentativo y cauteloso; significa: *yo le pregunté si a él le gustaría ...*; de una manera más vaga e idiomática: *dije: ¿a él le gustaría ...?* (el optativo aparece en discurso indirecto donde el indicativo se usó en discurso directo --R1031). [Editor. El verbo en indicativo *θέλεις* se usó en discurso directo en el v. 9. Así que, tanto el verbo como el modo están alterados en la narración del v. 20.

Festo hace este cambio en su informe ante Agripa, para suavizar la fuerza de un mandato real y, en consecuencia, para ocultar el motivo original de esta pregunta.]

21 M139 El infinitivo τηρηθῆναι (con αὐτόν) se usa como el complemento directo del participio precedente; significa: *cuando Pablo apeló para que se lo reservara* (o *para que fuera reservado*).

22 R919 En este versículo, Agripa no usa βούλομαι de una manera brusca (comp. 1 Tim. 2:8 y 5:14) ni tampoco ἐβουλόμην ἄν, lo cual sugeriría irrealidad, una cosa que no sería verdadera. El desea esto (el uso imperfecto en vez del presente suaviza la petición a favor de la cortesía, y bien puede traducirse: *me gustaría* --B33).

BD480(5) La repetición de *dijo* puede omitirse por ser superflua y difícil de manejar en informes sobre conversaciones, como ocurre en este versículo (εἶπεν se omite aquí).

23 R405 Note en este versículo que un participio está en singular y el otro en plural con el sujeto compuesto. [Editor. 'Ελθόντος concuerda en número, género y caso con τοῦ 'Αγρίππα. Mientras que βερνίκης parece que se agrega como un pensamiento posterior. El participio plural masculino aparece más tarde, el cual toma en cuenta a ambos individuos.]

M59 'Ανδράσιν τοῖς κατ' ἐξοχήν significa: *con los hombres eminentes* (literalmente, *los hombres de preeminencia, colocados en posiciones de eminencia*); κατ' ἐξοχήν comúnmente significa: *por excelencia*.

24 R1047 El infinitivo δεῖν se usa aquí en un mandato indirecto: *gritando que no debe vivir más*.

R1173 El uso del negativo compuesto como un segundo negativo simplemente tiene el propósito de fortalecer la negación.

25 T55 Uno esperaría la voz activa para el verbo κατελαβόμην (comp. 4:13).

26 R743 Τὶ intensifica el adjetivo ἀσφαλές: *algo definido*.

R1045 Aquí el uso de τὶ con γράψαι puede compararse con τοῦ

después de ἔχω en Luc. 9:58: *algo que escribir.*

R368 El infinitivo γράψαι se usa como complemento indirecto de ἔχω: *yo no tengo ... escribir.*

## Hechos 26

1 R885 ᾿Απελογεῖτο se usa como un imperfecto incoativo: *comenzó a defenderse a sí mismo.*

B13 El tiempo presente de ἐπιτρέπεται tiene un sentido de aoristo (*ahora se te permite*; un presente [definido] --M7).

T58 El verbo en voz pasiva aparece aquí con el dativo: *se permite* (casi equivale a: *con esto recibes permiso* --T64).

BD229(1) Περί con el genitivo significa: *a favor de, por la causa de* (en vez de ὑπέρ; comp. las variantes).

2 R690 Generalmente cuando el pronombre reflexivo aparece con la voz media, la fuerza de esta voz prácticamente se pierde, como ocurre en ἥγημαι ἐμαυτόν (este verbo no aparece en voz activa en el N.T. --R811; en consecuencia, el pronombre puede ser necesario para presentar una idea reflexiva): *yo me considero.*

M24 ᾿Απολογεῖσθαι significa: *hacer mi defensa* (voz media).

BD341 El tiempo perfecto en ἥγημαι tiene el sentido de un presente, y significa: *considerar* o *estimar* (clásico).

3 T316 El participio que queda aislado, ὄντα σε, demuestra que la falta de congruencia en los participios no está confinada a los escritores menos educados del N.T. (su antecedente es ἐπὶ σοῦ).

4 R1152 En los vv. 4 y sigs., καὶ νῦν sigue a μέν, a manera de contraste (comp. 17:30).

TGr84 y sig. En esta ocasión, aparentemente Pablo quiso decir con las palabras: *mi nación*, algo diferente de lo que quiso decir en una futura ocasión (22:3). El no se está refiriendo a su posición presente, sino a la situación de los días de su niñez antes que él fuera a Jerusalén para educarse. Antes de eso, él hubiera pensado naturalmente que su nación era la gente de su pueblo natal, del cual él estaba tan orgulloso, Tarso: *ciudad no insignificante.*

5 R670 ᾿Ακριβεστάτην se usa aquí como un verdadero superlativo (comp. MT78; un superlativo intensivo --T31). [Editor. Parece que este adjetivo tiene una verdadera fuerza superlativa, ya que los fariseos realmente constituian el partido más estricto de la religión judía.]

7 R550 La expresión ἐν ἐκτενείᾳ tiene la fuerza substancial de un adverbio: *intensamente*.

BD458 Los pronombres relativos ἣν, en este v. y ὅ, en el v. 10, son similares a un pronombre demostrativo: *por esta esperanza* (comp. 3:15).

8 B277 Después de expresiones de asombro, una cláusula introducida por εἰ casi tiene la fuerza de una cláusula introducida por ὅτι.

M52 La preposición παρά con el dativo tiene aquí un sentido metafórico, con el siguiente significado resultante: *¿Por qué se juzga increíble ante sus ojos ...?*

10 R714 El pronombre relativo ὅ se refiere a una idea verbal, o a toda la oración anterior.

R1113 El participio de aoristo λαβών se refiere a una acción que coincide con la del verbo principal (es decir, se refiere al mismo hecho; comp. 10:39).

11 R885 El tiempo imperfecto de ἠνάγκαζον se refiere a una acción comenzada, pero interrumpida (con la debida modestia, Pablo realmente dijo: *yo traté de hacerlos blasfemar*; y uno no tiene que inferir que su perverso ataque logró cualquier cosa, además de diseminar más la nueva fe --TGr86 y sig.; en sí mismo, el verbo ἠνάγκαζον pudiera, por supuesto, significar: *yo forcé repetidamente*; este es el imperfecto reiterativo. Pero el repentino abandono del aoristo, usado hasta este punto, da un fuerte argumento gramatical que favorece la alternativa: *yo intenté forzar*; esto se hace cierto según el tono total del apóstol en su mirada retrospectiva: no podemos imaginarlo hablando de tal suceso de una manera tan calmada --MT129).

BD60(3) Περισσῶς, en este contexto significa *muy*.

12 M131 En este versículo no es seguro si el pronombre relativo οἷς se refiere estrictamente a lo que precede, como si significara: *En el*

*trancurso de dicha actividad* ...; o si es una vaga frase de resumen, que se corresponde con nuestras expresiones: *y así, bueno, entonces.* [Editor. Puesto que Pablo se dedica a la explicación del marco histórico de su viaje a Damasco, la frase prepositiva *ἐν οἷς* se usa como un conectivo que significa algo así como: *en estas circunstancias.*]

13 R550 Ἡμέρας μέσης significa: *mediodía* (el genitivo se refiere a un punto de tiempo).

14 T27 Κέντρα quizá sea plural, porque el aguijón tenía dos puntas.

16 R871 Ὀφθήσομαι tiene un sentido de ingreso: *comenzaré a aparecer.*

R1078 Aquí el infinitivo está en aposición con *τοῦτο*: *para este propósito, para asignarte.*

T330 Aquí antes del imperativo, *ἀλλά* tiene un sentido consecutivo y es mejor traducirlo como una interjección: *bien* (comp. 9:6).

17 R713 El cambio de género en *τῶν ἐθνῶν ... οὕς* concuerda con el sentido (el género masculino se usa para referirse a personas).

T142 En *ἀποστέλλω σε, ἀνοῖξαι ..., τοῦ ἐπιστρέψαι ..., τοῦ λαβεῖν*, el infinitivo sin artículo tiene un sentido de propósito, pero para mejorar la claridad, se agrega *τοῦ* a los siguientes infinitivos de propósito (esto sólo aparece en escritos que tengan pretensión de estilo).

19 R962 Ὅθεν se usa para introducir una oración coordinada causal (el relativo *ὅθεν* es similar a un pronombre demostrativo [comp. el v. 7] --BD458): *a causa de.*

20 R1047 El infinitivo *μετανοεῖν* aparece en un mandato indirecto: *yo proclamé ... que se arrepintieran.*

BD161(1) El acusativo que se refiere a extensión del espacio aparece aquí (*πᾶσάν τε τὴν χώραν*; responde la pregunta: *¿cuán lejos?*).

21 BD35(3) La forma clásica *ἕνεκα* no se debe tolerar en el N.T., excepto en este versículo (Blass considera que en este caso *ἕνεκα* está a tono con un lenguaje que se usaba en presencia de la

realeza --H67): *a causa de.*

BD101 Πειράομαι significa: *intentar algo* (clásico).

22 R1138 y sig. Οὐ aparece aquí con el participio (comp. B485 y MT231). [Editor. En realidad el negativo no niega el significado del participio (Pablo no está diciendo que él no habló); pero la negación se refiere al adjetivo en sí (*οὐδέν*) que se usa como un sustantivo; es decir, cuando Pablo habló, no dijo cosas inconsecuentes con las Escrituras.]

23 R372 Παθητός tiene una idea verbal: *sujeto a sufrimiento* (*capaz de* ... --R1097).

R1024 Εἰ tiene el sentido de un ὅτι declarativo: *que.*

M73n.2 Εἰ *πρῶτος ἐξ ἀναστάσεως νεκρῶν φῶς μέλλει καταγγέλλειν* ... invita a comparar; pero aquí es muy posible que *ἐκ* no sea instrumental, sino cuasi-local: *si él estaba destinado a ser el primero en resucitar de entre los muertos y anunciar* ... como si a Cristo se lo describiera en el momento de venir de su acto de resurrección. Pero algunos eruditos lo traducen como instrumental. [Editor. Parece que aquí no se requiere el sentido instrumental de *ἐκ*, ya que Lucas simplemente está enumerando las cosas necesarias que Cristo debía cumplir, según el A.T., tal como Pablo las trasmitía (comp. 17:2 y sigs.).

24 R420 La tendencia a colocar los pronombres hacia la parte inicial de la oración puede explicar aquí la posición de *σέ* (comp. BD473[1]).

R656 En *μεγάλῃ τῇ φωνῇ*, el adjetivo se usa como predicado (cuando el artículo aparece con el sustantivo, pero no con el adjetivo, el resultado equivale a una cláusula relativa: *con la voz elevada* --R789).

25 T31 Κράτιστε se usa como un superlativo intensivo: *excelentísimo* (como un título, comp. Luc. 1:3).

26 R903 En la construcción perfecta perifrástica *ἐστιν* ... *πεπραγμένον*, el mayor hincapié está en el aspecto definido (al comienzo; comp. Juan 6:31): *no se ha hecho esto.*

B482 Una forma compuesta de *οὐ* puede aparecer con un infinitivo que depende de un verbo principal limitado por *οὐ*. En consecuencia, este versículo debe traducirse: *no estoy persuadido de que* (es decir, no puedo creer) que cualquiera de estas cosas esté escondida de él (*οὐ* no concuerda con *πείθομαι* sino, como un doble negativo, con λανθάνειν --M16 y sig.).

28 R880 Πείθεις se usa como un presente que se refiere a un acto comenzado pero interrumpido (*tratas de persuadirme* --T63).

TGr97 y sig. Es mejor traducir este versículo: *Tú piensas que no sería difícil ganarme y hacerme un cristiano.*

T147 Si el complemento directo del verbo es idéntico con el del infinitivo, no hay necesidad de repetir tal complemento. Así que este v. significa: *tú buscas convencerme de que me has hecho un cristiano en un momento* (comp. BD405[1]).

T262 'Εν *ὀλίγῳ* puede significar: *en un corto tiempo* (aunque no es imposible la traducción: *mediante un corto argumento* [está implícito λόγῳ]; probablemente signifique: *rápidamente*, o *apresuradamente* --M78).

29 R938 Εὐξαίμης *ἄν* es el único caso en que aparece una afirmación suavisada (*Yo podría orar* --MT198; en sentido estricto, está implícita una prótasis, como: *si sólo fuera posible* --M151).

BD195 La preposición que aparece en *καὶ ἐν ολίγῳ καὶ ἐν μεγάλῳ* tiene aquí un uso instrumental, y significa: *fácilmente, con dificultad*, o *con respecto tanto a lo pequeño como a lo grande*, es decir, a personas que tengan rango o no lo tengan; es un juego de palabras basado en lo que Agripa dijo en el v. 28.

BD442(13) En *ὁποῖος καὶ ἐγώ*, la conjunción significa: *como*.

30 T182 La repetición del artículo en *ὁ βασιλεὺς καὶ ὁ ἡγεμών* evita el mal entendimiento (aquí se usa para especificar diferentes personas).

31 T62 El verbo en presente *πράσσει* se refiere a la continuación de una acción pasada hasta el momento en que se habla (su manera de vida aún continúa).

32 R886 'Απολελύσθαι *ἐδύνατο* expresa una posibilidad pasada (note el infinitivo perfecto; aparece el infinitivo como complemento directo con un antecedente implícito--R909): *Este hombre pudo haber sido puesto en libertad.*

Hechos 27

1 R1424 Τοῦ con el infinitivo se usa como el sujeto de ἐκρίθη (*se determinó que navegáramos para Italia* --B404).

BD327 El tiempo imperfecto con παρεδίδουν se usa para indicar la manera de la acción (comp. el participio de aoristo ἐπιβάντες en el v. 2).

3 R861 El participio de aoristo χρησάμενος se refiere a una acción que es simultánea con la del siguiente verbo (es decir, ocurre al mismo tiempo).

4 R634 El verbo compuesto ὑποπλέω significa: *navegar cerca de.*

BD443(3) En los vv. 4 y sigs., la partícula τέ se usa para conectar cláusulas, con el significado: *y asimismo* (comp. 2:40).

5 R787 Las dos provincias se tratan como si fueran una, ya que el artículo τήν no se repite (comp. 9:31).

6 BD104(1) Κἀκεῖ (los manuscritos $p^{47}$ y A tienen κἀκεῖθεν) significa: *de allí* (refiriéndose a la continuación de un viaje).

7 M101 El participio de presente βραδυπλοοῦντες puede referirse a todo el episodio y significa: *en el transcurso de*, y no *después* (es decir, tiene un sentido simultáneo, y no antecedente).

9 BD328 El tiempo imperfecto de παρῄνει implica que esta amonestación no se puso en práctica.

10 M154 Aquí la construcción mixta de una cláusula introducida por ὅτι y un infinitivo es una confusión entendible que tiene paralelos en los papiros y aun en el griego clásico (esta es una combinación irregular, se necesitaba ὅτι para evitar ambigüedad, y el infinitivo se debe a un desliz de la memoria [una frase larga interviene]): *percibo que habrá mucha pérdida.*

12 R1021 Εἴ πως expresa propósito e implica discurso indirecto.

B258 El optativo de discurso indirecto representa al subjuntivo de discurso directo. La apódosis que se omite está virtualmente contenida en la prótasis (comp. 8:22; aparece con el siguiente significado: *si de algún modo pudieran llegar a Fenice, e invernar allí* --B276).

M95 El adjetivo comparativo οἱ πλείονες se usa con sentido pronominal; significa: *la mayoría*.

13 R634 En ὑποπνέω, la preposición minimiza la fuerza del verbo, con el siguiente significado resultante: *soplar suavemente*.

R665 El comparativo, aun sin que exprese el objeto de comparación, no es sólo el positivo. Así que, en este versículo ἆσσον παρελέγοντο claramente significa: *más cerca que antes* (el comparativo se usa como un superlativo intensivo, y significa: *tan cerca como les era posible* --T30 y BD244[2]). [Editor. El adverbio comparativo parece que tiene un sentido comparativo con referencia a los vv. 7 y sigs.; ellos navegaron más cerca de la costa de Creta que antes (comp. 18:26).]

B137 En el participio de aoristo ὑποπνεύσαντος, sólo el principio de la acción precede a la acción del verbo principal (comp. 13:27).

B138 El participio de aoristo ἄραντες se traduce mejor mediante un verbo conjugado en modo personal con καί (comp. 10:23): *levantaron el ancla y navegaron*.

T232 Los escritores más literarios usan el genitivo con κρατέω cuando significa: *mantenerse firme*, como ocurre en este caso.

14 R834 Ἔβαλεν se usa como un aoristo efectivo; significa: *golpear*.

M60 La frase prepositiva κατ' αὐτῆς, en este contexto significa: *un tornado se levantó de allí*. La topografía es la que decide aquí en favor de la traducción: *de Creta*; y en contra de la traducción: *contra (es decir, cayó sobre) ésta* (αὐτῆς se refiere a κρήτην: *de Creta* --R606).

15 R572 En el verbo compuesto ἀντοφθαλμέω, la preposición continúa la idea de ὀφθαλμός. El bote no podía mirar hacia (ver, cara a cara) o colocarse de frente al viento.

16 R634 El verbo compuesto ὑποτρέχω significa: *correr debajo* o pasar.

R834 Ἰσχύσαμεν se usa como un aoristo de ingreso: *apenas pudimos*.

17 R802 En los vv. 17, 26 y 29 aparece *ἐκπίπτω* con el significado de la voz pasiva de *ἐκβάλλω* (comp. T53).

R995 Μή con el subjuntivo introduce una cláusula correspondiente al complemento directo, que sigue a *φοβούμενοι*: *temiendo que*.

BD425(6) Οὕτως se usa para resumir el contenido del participio que antecede (comp. 20:11): *y así*.

18 R885 'Εποιοῦντο se usa como un imperfecto incoativo: *comenzaron a aligerar*.

T56 La voz media de *ποιέω* es muy rara en el N.T., pero *ἐκβολὴν ἐποιοῦντο* es una contrucción técnica.

20 R1076 El infinitivo con artículo *τοῦ σώζεσθαι* se usa con el sustantivo *ἐλπίς* de una manera complementaria: *esperanza de salvarnos*.

R1179 En este versículo, las palabras *μήτε* ... *μήτε* están juntas, y ambas son paralelas con el *τέ* que sigue (*τέ* es un conectivo, y no un correlativo --BD445[3]): *ni* ... *ni* ..., *y no*.

M161 Λοιπόν es una expresión adverbial que significa: *al fin toda esperanza comenzó a desaparecer*.

T52 'Επιφαίνω significa: *mostrarse uno mismo* (con respecto a las estrellas; comp. Luc. 1:79).

21 R1152 Prácticamente no hay contraste evidente en *μέν*, ... *τε* (*τέ* sencillamente es continuativo: *y*).

22 T138 El complemento directo, *ὑμᾶς*, con un infinitivo después de *παραινῶ*, es una indicación de estilo literario (esta es la única vez que aparece en el N.T.).

23 R758 En *τοῦ θεοῦ*, el artículo destaca al Dios especial a quien Pablo pertenece, y debe preservarse en la traducción.

27 T51 Προσάγω significa: *acercarse*.

T137 En este versículo, se usa el infinitivo con el acusativo como el complemento directo de *ὑπενόουν*: *los marineros pensaron que ellos*.

29 R995 Μή introduce una cláusula de complemento directo: *temiendo que pudiéramos chocar con las rocas* (comp. el v. 17).

R886 El tiempo imperfecto en ηὔχοντο tiene una fuerza tentativa: *ellos deseaban* (comp. Rom. 9:3).

30 R966 Ὡς aparece con el participio genitivo absoluto para expresar una razón alegada (*con la pretensión de que* --T158; comp. Luc. 23:14).

33 BD161(3) El uso del acusativo en *τεσσαρεσκαιδεκάτην σήμερον ἡμέραν προσδοκῶντες* es un modismo especial, con el siguiente significado resultante: *habiendo estado en suspenso hace ya catorce días* (comp. R1102; *διατελέω* aparece aquí con el adjetivo, pero sin *ὤν*, significa: *estar continuamente* (clásico), a menos que analicemos *προσδοκῶντες* y *διατελεῖτε* conjuntamente: *ustedes han estado esperando ininterrumpidamente* --[1]). [Editor. Aparentemente esta cláusula es un modismo único, que no debe tomarse directamente con el verbo principal. El significado resultante es el siguiente: *Habiendo estado en suspenso ya hace catorce días, ustedes han continuado sin comer.*]

34 M54 Τοῦτο *πρὸς ... ὑπάρχει* significa: *esto es por los intereses de su seguridad* (comp. BD240[1]).

37 R773 Ἤμεθα *αἱ πᾶσαι ψυχαί* significa: *éramos todas* (comp. T201, y 19:7).

39 M151 El uso de *εἰ* no está aquí absolutamente claro. ¿Este contexto significa: *¿estaban planeando si podrían*, o *estaban planeando (si podían)*? (Εἰ significa: *si*, o *como si fuera* --T127; *si*, comp. el v. 12 --BD386[2]; comp. R1021; *si* --MT196). [Editor. Parece que *εἰ δύναιντο* se refiere al contenido del verbo *ἐβουλεύοντο* (la partícula entonces tendría el significado *sí*), ya que aparece inmediatamente después del verbo; comp. la construcción similar en Lucas 14:31.]

MT117 Κατενόουν parece que significa: *uno tras otro veía*.

40 BD425(2) Aquí *ἅμα* con el participio significa: *mientras que al mismo tiempo* (comp. 24:26).

41 R580 Διθάλασσον originalmente significó: *parecido a dos mares*;

pero en el N.T. significa: *que yace entre dos mares.*

R885 Ἐλύετο se usa como un imperfecto incoativo: *comenzó* (comp. el v. 18; puede tener este sentido, o puede referirse a una acción interrumpida: *parecía que el oleaje trataba de romper la proa* --T65). [Editor. La posición tomada por los miembros de la tripulación y los pasajeros, que se narra en los siguientes vv., parece que apoya la sugerencia de Robertson. Esta drástica acción parece indicar que la popa definitivamente estaba siendo destruida.]

43 B42 El verbo aoristo *ἐκώλυσεν* denota el éxito del esfuerzo: *pero el centurión ... les impidió este propósito* (*tuvo el éxito de impedirles* --T72).

M41 El genitivo de separación (ablativo) aparece después de *ἐκώλυσεν*, y significa*: él les impidió su plan* (comp. Luc. 6:29).

## Hechos 28

2 T56 El verbo en voz activa *παρεῖχον* aparece donde esperaríamos la voz media. [Editor. La traducción activa de este verbo, *tratar con, demostar,* tiene un sentido válido dentro de este contexto. En consecuencia, no hay necesidad de esperar la voz media.]

MT231 Οὐ *τὴν τυχοῦσαν* es una frase vernácula común (comp. 19:11; esto explica la presencia de *οὐ* con el participio): *bondad no normal.*

4 R697 Hay un sentido de reproche en el uso de *οὗτος* aquí (comp. 19:26).

5 M163 Μὲν *οὖν* tiene un sentido adversativo, y significa: *sin embargo, no obstante.*

6 B100 La construcción infinitiva *μέλλειν πίμπρασθαι* equivale al futuro del último verbo: *pero ellos esperaban que él se hinchara o cayera de repente.*

M101 Los participios de presente *προσδοκώντων* y *θεωρούντων* se refieren a una acción que antecede a la del verbo principal *ἔλεγον* (una acción que ocurre antes de la acción del verbo): *después que ellos estuvieron esperando ..., comenzaron a decir.*

M153 El infinitivo *εἶναι* se usa en discurso indirecto: *ellos comenzaron a decir que él era un dios.*

7 M62 Περί con el acusativo tiene un sentido espacial; significa: *ahora bien, en la vecindad de aquel lugar.*

10 M134 El participio *ἀναγομένοις* se usa en una cláusula temporal; significa: *cuando zarpamos.*

11 BD198(7) Παρασήμῳ Διοσκούροις no significa: *distinguido con el Dioscuri; (Dioscuros es el nombre colectivo de Cástor y Pólux),* sino que se usa como dativo absoluto, que significa: *con el Dioscuri como la insignia del barco,* o mejor, una declinación mecánica de una clase de inscripción, (*πλοῖον*) *παράσημον* Διοσκούροι, que significa: *un barco, insignia el Dioscuri.*

H271 Διοσκούροι literalmente significa: *hijos del cielo.*

13 R550 El antiguo modismo griego que consiste en usar el adjetivo en vez del locativo de tiempo aparece en este versículo (*δευτεραῖοι ἤλθομεν* literalemnte significa: *llegamos hombres del segundo-día* [es decir, en el segundo día] --R657).

14 T72 Παρεκλήθημεν se usa como un aoristo perfectivo: *se nos persuadió.*

T171 En este versículo, el artículo denota a Roma como la meta del viaje (similar a un pronombre demostrativo; comp. BD261[1]).

16 T58 Ἐπιτρέπομαι con el dativo significa: *permitírsele* (comp. 26:1).

17 R1108 En *τοὺς ὄντας ... πρώτους*, el participio con artículo tiene un sentido técnico (comp. 5:17 y MT228): *los líderes locales de los judíos.*

R1138 y sig. El negativo *οὐ* se usa aquí con el participio (comp. MT231). [Editor. Οὐδέν es un adjetivo negativo que se usa en este contexto como un sustantivo. En consecuencia, *οὐδέν* se usa como el complemento directo del participio, y no para negar realmente el significado del participio; así que indica lo que Pablo hizo contra el pueblo; comp. 26:22].

T55 En el N.T., la voz media de *συγκαλέω* parece que se usa con el mismo significado de la activa: *convocar* (comp. 10:24).

19 R1140 La frase οὐχ ὡς significa: *no como si* (comp. 2 Juan 5).
BD430(2) El negativo οὐ aparece aquí con el participio porque se incluye ὡς; así que esta construcción significa: *yo no hice esto como uno que* ... (comp. 1 Tes. 2:4). [Editor. Parece que la distancia entre el negativo y el participio explica el uso de οὐ.]

20 R562 En τὴν ἅλυσιν ταύτην περίκειμαι ocurre un cambio en cuanto a punto de vista, ya que la cadena está alrededor de Pablo (el uso de περίκειμαι como el transitivo pasivo de περιτίθημι no es común).
H319 El verbo compuesto παρακαλέω significa: *llamar a alguien.*

22 BD447(4) Μέν aparece en este contexto con la idea: *sabemos esto.*

23 R1116 El participio de presente πείθων tiene un sentido de conato: *tratando de convencerlos* (comp. B129).

26 B167 Οὐ μή con el aoristo de subjuntivo, en este pasaje de la LXX, probablemente deba entenderse como una prohibición (como ocurre en el hebreo del pasaje que se halla en Isa. 6:9); en vez de entenderlo como una expresión enfáticamente predictiva.

27 B197 Μήποτε con el subjuntivo se usa en una cláusula final para (propósito), y significa: *no sea que por casualidad perciban con sus ojos* (el futuro indicativo aparece aquí junto con el subjuntivo --B199).

30 R833 El verbo en aoristo ἐνέμεινεν se refiere a un período de tiempo como si fuera un punto (se ve como un solo hecho sin referencia a su progreso --B39).

# Romanos

## Romanos 1

1 T211 *θεοῦ* es un genitivo de sujeto (ya que el complemento directo es *περὶ τοῦ υἱοῦ αὐτοῦ*, v. 3): *procedente de Dios.*

3 M58 *Κατὰ σάρκα* (es decir, *en lo físico)* está en contraste con *κατὰ πνεῦμα ἁγιωσύνης* (v. 4).

4 M73 ¿Es temporal el término *ἐξ ἀναστάσεως* (*desde el tiempo de la resurrección ...*), o causal (*a causa de la resurreción ...*)? [Editor. Aquí es difícil determinar cuál es el uso de *ἐκ*. Generalmente, cuando *ἐκ* ha de tomarse con un sentido temporal, hay otras palabras que designan tiempo en el contexto; comp. Mar. 10:20; Luc. 23:8; y el modismo que se halla en Mat. 19:12. Pero tales palabras no aparecen aquí. En consecuencia, es preferible la otra traducción.]

5 R500 *Πίστεως* es un genitivo de sujeto (*obediencia que viene de la fe*).

BD280 *'Αποστολήν* es un término que evidentemente se aplica al mismo Pablo, pero en la palabra *χάριν* están incluidos los destinatarios y todos los cristianos. (La coordinación de dos ideas, una de las cuales depende de la otra [hendiadis], sirve en el N.T. para evitar una serie de genitivos dependientes, es decir: *el don del apostolado* --BD442[16]. ¿Es *καί* explicativo: *es decir, el apostolado*, o es este un caso de hendiadis, *gracia del apostolado*? --T335). [Editor. En esencia la declaración que se halla en BD422 contradice la que se halla en BD280. La manera en que se interpreten *χάριν* y *ἀποστολήν* depende del uso de *καί*. ¿Deben considerarse estos dos sustantivos como independientes el uno del otro, o depende el uno del otro? El uso de *καί* en hendiadis no es común. En consecuencia, el contexto tiene que exegir este tipo de interpretación para que *καί* sea traducido de ese modo. *Καί* aparentemente debe tomarse como una conexión entre dos aspectos diferentes, aunque estos aspectos no sean completamente paralelos. Χάριν representa una categoría general, mientras que ἀποστολήν representa una categoría más específica.]

MT136 Pablo quiere decir claramente (con el verbo en aoristo ἐλάβομεν) que cuando recibió el don de la gracia y la comisión de Dios, los recibió a través de Cristo. Este no es un aoristo indefinido en abosulto.

6 BD183 Κλητοὶ Ἰησοῦ no se usa para designar al agente con un pasivo implícito, sino que el genitivo es posesivo.

7 T234 El adjetivo verbal sustantivado ἀγαπητοῖς (un adjetivo convertido en sustantivo), con sentido pasivo, tiene al genitivo θεοῦ para designar el agente: *amados de Dios*.

8 R1152 En πρῶτον ..., no hay indicación de otros fundamentos para la acción de gracias (falta una comparación).

BD447(4) Aquí el uso de μέν quizá signifique: *desde el mismo principio*.

9 R589 En este versículo, la segunda preposición ἐν sugiere el siguiente sentido: *en la esfera de*.

R1032 Aquí ὡς se usa con μάρτυς y debe considerarse como declarativo, aunque realmente significa *como* (ὡς equivale a ὅτι --T137).

10 R603 El período de la oración se denota sencillamente con la palabra ἐπί (*en*, o *durante*).

R1090 El infinitivo ἐλθεῖν se usa para indicar la idea de resultado (hipotético más bien que real: *que yo venga*).

R1147 La idea de ἤδη ποτέ es más de culminación que de tiempo: *ahora al fin*.

B276 Algunas veces la prótasis (de una cláusula condicional) contiene virtualmente la omisión de una apódosis. La prótasis expresa una posibilidad que es objeto de esperanza o deseo, y por tanto, casi tiene la fuerza de una cláusula final (como en este caso; εἰ significa: *para ver si* --MT194).

11 R983 Aquí ἵνα con el subjuntivo expresa un puro significado de finalidad (propósito).

R1071 Εἰς τό con el infinitivo tiene la idea de propósito (eso es verdad en este caso, pero no hay duda de que en el N.T. este modismo ha acabado hasta cierto punto con la idea clásica de propósito; comp. B409 y T143; puede ser consecutivo --M140; εἰς τό con un infinitivo es una construcción que no necesariamente expresa el resultado de una estricta relación causal en el tema de la Epístola a los Romanos. Puede traducirse: *y así* --TGr12). [Editor. Pablo emplea una construcción similar en 1 Tes. 3:2 con la idea de propósito y en 2 Tes. 3:13 con la idea de resultado. Posiblemente las ideas de propósito y resultado no pueden ser separadas en este ejemplo de Romanos, en cuyo caso la última sugerencia de Turner es más probable; comp. 5:20.]

BD473(1) Elementos que van juntos en una oración son a menudo separados a causa de que los pronombres no enfáticos se colocan tan cerca del comienzo de la oración como sea posible (así se usa ὑμῖν aquí).

12 R682 Aquí se indica cierto hincapié mediante el uso de la forma larga del posesivo ἐμοῦ (en vez de μοῦ).

R1059 Note el aspecto sustantival del infinitivo συμπαρακληθῆναι que se usa como un predicado nominativo (*que seamos mutuamente confortados*).

13 R1181 Καί, que significa *también*, aparece en ambas partes de la comparación, exponiendo una cuidadosa nivelación de los dos miembros de la oración (καὶ ἐν ὑμῖν καθὼς καὶ ...).

14 T239 Donde un verbo copulativo con un dativo forma parte del predicado, por lo general éste lleva la idea de crédito (o descrédito) ante los ojos de la persona (en este versículo se presenta la idea de crédito: *tanto a sabios como a no sabios ...*).

15 M58 Τὸ κατ' ἐμὲ πρόθυμον sencillamente puede significar: *mi anhelo*; pero es más probable que sea una frase adverbial de contenido propio que significa: *en lo que a mí concierne* (comp. Rom. 12:18; πρόθυμον se usa como un sustantivo --M96; τὸ κατ' ἐμέ no es adverbial, sino una frase sustantiva, lo cual significa que se puede usar en lugar de un sustantivo y formar el complemento directo del verbo *predicar* ... El verbo puede traducirse

simplemente: *anunciar*. Pablo había oído acerca de la vida cristiana y de las creencias de los cristianos en Roma; ellos también habrían oído de la vida cristiana y las creencias de él. El quiso intercambiar experiencias y enseñanzas con ellos. Por tanto les escribe: *Debo mucho tanto a los griegos como a los bárbaros ... y por eso estoy ansioso de escribirles también a ustedes, los de Roma, mi punto de vista* --TGr92; *τὸ κατ' ἐμὲ πρόθυμον* equivale a *ἡ ἐμη προθυμία* --BD224[1]). [Editor. Parece que *τὸ κατ' ἐμέ* no debe tomarse como una frase separada. Cuando tal frase aparece en los escritos de Pablo como una frase de contenido propio, se presenta sin un sustantivo o palabra sustantivada que sea diferente del objeto de la preposición; comp. Rom. 9:5 y 12:18. Generalmente cuando una frase similar a la de Rom. 1:15 aparece en el N.T., el artículo se toma con el sustantivo siguiente y la frase prepositiva se considera como atributiva para el mismo sustantivo, comp. Rom. 11:21, 27 y 16:15. En el caso de Rom. 1:15, parece que la frase prepositiva se usa con un sentido posesivo; comp. Hech. 18:15; Ef. 1:15; 6:5 y 1 Tim. 6:3. Por consiguiente, parece que toda la frase significa: *mi deseo o anhelo*. Además, en el vocabulario de Pablo, *εὐαγγελίζω* se refiere a la predicación del Evangelio. La evidencia de Turner, que es contraria a eso, no es completamente convincente.]

16 R1152 *Πρῶτον* se refiere a lo que precede temporalmente (*Ἰουδαίῳ*).

17 R499 *Δικαιοσύνη θεοῦ* (genitivo de sujeto) significa *la justicia que tiene Dios y desea concedérnosla* (comp. T211).

R599 Aquí *ἐκ* con el verbo *ζάω* tiene la idea de causa u ocasión: *por causa de la fe*.

M68 La frase prepositiva *εἰς πίστιν* significa: *que conduce a la fe*.

18 R606 Un sentido perfectivo de *κατά* está presente en el verbo compuesto (*suprimir*).

19 BD220(1) Probablemente la preposición que se usa en *ἐν αὐτοῖς* signifique: *por*, o *para*, y no *entre*.

BD263(2) Orígenes interpreta *τὸ ... αὐτοῖς* como *lo que es conocido* (conocible) *de* (acerca de) *Dios les es manifiesto*, por lo cual la continuación de ὁ θεὸς γὰρ ἐφανέρωσεν es apropiada; por tanto, es comparable con τὰ ἀόρατα αὐτοῦ, v. 20. Bultmann toma en cuenta el concepto *Dios en su posibilidad de ser conocido.*

20 R1002 Meyer insiste en que εἰς τό con el infinitivo siempre indica propósito. En este caso particular, la idea puede ser el propósito divino, aunque la idea probable es resultado (comp. B411; εἰς τό con el infinitivo significa: *y por tanto* --TGr12). (Comp. 1:11). [Editor. Parece que esta cláusula indica algún grado de resultado, especialmente en vista del versículo siguiente.]

M44 Τὰ ἀόρατα αὐτοῦ ... τοῖς ποιήμασιν νοούμενα significa: *sus cualidades invisibles ... percibidas por medio de su obra* (un dativo instrumental --T240).

M73 ¿᾿Απὸ κτίσεως κόσμου significa: *del universo creado* (como la fuente del conocimiento, la base de una deducción), o significa *desde entonces ...* (temporal)? [Editor. Parece que las frases paralelas ἀπ᾿ ἀρχῆς κτίσεως (comp. Mar. 10:6) y ἀπὸ καταβολῆς κόσμου (comp. Mat. 25:34) indican que la fuerza de la frase prepositiva es temporal. Sin embargo, el contexto comunica la idea de que el conocimiento acerca de Dios puede derivarse del mundo creado.]

21 R1129 El participio γνόντες presenta una idea concesiva, *aunque han conocido.*

T23 El singular distributivo de καρδία se usa con un pronombre plural (algo que pertenece a cada persona de un grupo se coloca en singular).

H463 Hay la posibilidad de que la traducción que hizo la LXX probablemente haya dejado su influencia sobre el uso de ἐν con el significado resultante de: *a causa de, por razón de, por motivo de* (ese es el sentido que tiene en este v.).

22 R457 El infinitivo εἶναι tiene un predicado en nominativo (σοφοί), porque se refiere al sujeto del verbo principal.

H402 Μωραίνομαι significa: *llegar a ser necio.*

23 BD179(2) Ἤλλαξαν τὴν ... ἐν significa: *cambiar por.*

24 R585 Parece que el primer ἐν de este versículo se usa en lugar de

εἰς (tiene un sentido causal --H463 y T262; comp. el v. 21). [Editor. Ya que una frase con εἰς se presenta antes, no hay razón para entender que ἐν se usa en lugar de εἰς. Parece que un sentido causal cuadra más fácilmente con el contexto: *a causa de las concupiscencias de sus corazones.*]

R1002 Τοῦ con el infinitivo probablemente se use en un sentido explicativo (*de tal manera que*) después de παρέδωκεν (MT217; consecutivo --T141; una vaga relación entre el infinitivo y el verbo se inclina hacia un sentido consecutivo --BD400[2]).

25 R585 Ἐν se usa después de un verbo de movimiento, donde en principio εἰς parece más natural (*por*).

R616 Παρά tiene la idea de *más bien que* (comp. M51 y Luc. 3:13; *en vez de* --BD236[3]).

R960 Οἵτινες tiene la idea de base o razón: *porque.*

27 H309 El verbo compuesto ἐκκαίω tiene una fuerza perfectiva (de fuego, *que arde*; en este caso metafórico; comp. 1 Cor. 7:9 para ver la idea sencilla de *estar encendido*).

R968 Καθώς tiene un sentido causal (comp. BD453[2]).

R1087 El infinitivo ποιεῖν después de παρέδωκεν es explicativo: *a fin de hacer* (en el v. 28).

30 M40 El adjetivo compuesto θεοστυγεῖς presenta un problema de interpretación. ¿Representa la palabra θεο- un θεοῦ de sujeto (*aborrecidos por Dios*) o un θεοῦ de complemento directo (*aborrecedores de Dios*)? (*Fuera del favor por Dios* --T234; *aborrecidos de Dios* --H273). [Editor. En la literatura clásica, este adjetivo tenía un sentido pasivo: *aborrecidos por Dios.* Pero aparece en los escritos de los padres apostólicos con un sentido activo. Este ejemplo, que es la única vez que aparece en el N.T., probablemente tenga un sentido activo que tendría relación con el resto de la lista de vicios: *aborrecedores de Dios.*]

## Romanos 2

1 R402 A Pablo le encanta argüir con un oponente imaginario. En los vv. 1 y 3, él lo llama ὦ ἄνθρωπε πᾶς ὁ κρίνων.

R748 Τὸν ἕτερον equivale a *prójimo*.

M103 La última parte de este versículo se debe traducir: *porque tú mismo que juzgas haces las mismas cosas* (*tú el juez* --T151).

T253 Ἐν ᾧ en este caso significa: *porque.*

BD281 La segunda persona se usa para representar a la tercera persona (discurso directo).

3 R464 El uso de ὦ, puede indicar la idea de censura (en este versículo no se expresa gran emoción por el uso de ὦ --T33; comp. BD146 [16]).

R678 El pronombre singular σύ se usa en un sentido representativo.

4 R880 El verbo ἄγει en presente se refiere a un acto que apenas comienza (comp. T63; *tal es su tendencia* --B11; *está tratando* o *tiene la tendencia a guiar* --M8).

T14 Τὸ χρηστὸν τοῦ θεοῦ significa: *Dios en su bondad.*

7 M58 Καθ'... ἀγαθοῦ, significa: *por hacer pacientemente el bien* (comp. BD163; *perseverancia en* --T212).

8 M58 Ἐξ ἐριθείας significa: *con un espíritu de interés propio*.

T317 Los nominativos ὀργή y θυμός se usan como acusativos (¡un desliz! complementos directos de αποδώσει). Estos sustantivos son paralelos de ζωὴν αἰώνιον.

9 R549 Aquí πρῶτον se usa como un adverbio de tiempo y significa: *la cosa se hace primero al judío*, no *al judío como jefe*.

11 M52 La preposición παρά con el dativo significa: *en vista de*.

12 R589 Ἐν con el dativo significa: *en la esfera de*.

B54 El tiempo aoristo de ἥμαρτον se usa en un sentido histórico amplio (es decir, es mejor traducirlo al castellano como un tiempo perfecto).

R757 Aquí se usa el artículo para designar específicamente clases diferentes: *oἱ...oἱ*.

R796 Hay un problema aquí en cuanto a si νόμου (note que los otros sustantivos tienen artículo) se refiere a la ley mosaica de una manera definida, o a la ley como tal (*los oidores de la ley, los hacedores de la ley*). [Editor. Este v. presenta un principio general. Uno no puede hacer una regla definida con respecto al sustantivo *νόμος* con artículo y sin artículo; sólo el contexto puede ser la guía final. Aunque *νόμου* no tiene el artículo, se refiere a la ley en general y no a la ley mosaica específicamente (comp. T177 y el v. 17).]

14 R704 En *οὗτοι* el género cambia según el sentido (de *ἔθνη*; el masculino se usa para referirse a la gente).

R796 En *ἔθνη τὰ μὴ νόμον ἔχοντα* se hace referencia a la ley mosaica, pero no en *ἑαυτοῖς εἰσιν νόμος*.

BD188(2) Ἑαυτοῖς significa: *para sí mismos*.

15 R728 *Οἵτινες* se usa con un sentido causal.

BD465(1) En los vv. 15 y sigs. parece que hay una brecha en el pensamiento entre *ἀπολογουμένων* y *ἐν ᾗ ἡμέρᾳ*, de manera que hay un paréntesis; pero una conexión lógica para *ἐν ᾗ ἡμέρᾳ* sólo se halla muy atrás. Así que la solución más simple sería la eliminación de *ἐν ᾗ ἡμέρᾳ*. Así ocurre la omisión de un conectivo: *ἢ καὶ ἀπολογουμένων, κρίνει ὁ θεός* ... (comp. BD382[3]). [Editor. Si una frase tiene apoyo textual muy fuerte es mejor no eliminarla. Aun el texto que queda, cuando se ha excluido tal frase, no carece de dificultad para interpretarlo. En verdad este versículo es una conclusión de todo el párrafo que se refiere al juicio divino. Los vv. 14 y 15 contienen una breve explicación que describe por qué los gentiles serán juzgados, aunque no hayan recibido una ley escrita.]

17 R796 En los escritos de Pablo en general, cuando *νόμος* no tiene artículo, se refiere a la ley mosaica, como aquí en *νόμῳ*; comp. el v. 13.

T39 Pablo se coloca como ejemplo a sí mismo y a su lector de una manera viva (al emplear *σύ* aquí) para ilustrar un punto, sin hacer el intento de aplicar literalmente lo que se dice a sí mismo ni a su lector.

T115 Aquí la cláusula condicional se refiere a algo que está sucediendo realmente: *ya que ...*

T253 Ἐν con el dativo tiene aquí un sentido causal.

BD467 Es posible transformar lo que parece ser una prótasis sin una apódosis correcta en cláusulas independientes al adoptar la variante *ἴδε* en vez de *εἰ δέ* (vv. 17 y sigs. ΙΔΕ -- ΕΙΔΕ, son equivalentes; por tanto, difícilmente sería una variante).

18 T151 Τὰ *διαφέροντα* es ambiguo; significa: *valores diferentes* (*distinciones morales*) o *cosas superiores* (comp. Fil. 1:10). [Editor. La última sugerencia parece ser más probable, ya que el siguiente versículo describe al que ha recibido una revelación especial de Dios como guía del que no la ha recibido.]

19 M153 Aquí el acusativo y el infinitivo se usan para indicar discurso indirecto. Por tanto, la primera parte de este versículo debe traducirse: *y confías que eres un guía de los ciegos.*

21 M106 Note el paralelo exacto entre los participios con artículo y una cláusula relativa en los vv. 21 y sigs. (comp. BD490).

23 R796 Νόμος sin artículo se refiere a la ley mosaica en los vv. 23 y 25 (comp. 2:13).

T253 Ἐν se usa con sentido de causa (comp. v. 17).

26 R481 Εἰς se usa con el acusativo en vez de un predicado nominal (*como circuncisión*).

R819 El verbo λογισθήσεται tiene sentido pasivo (aunque es defectivo): *ser considerado.*

T40 El pronombre αὐτοῦ no tiene antecedente explícito y es de referencia vaga. [Editor. El pronombre aparentemente se refiere a ἡ ἀκροβυστία en este versículo.]

27 R1022 En el v. 27, el participio τελοῦσα tiene un sentido condicional *(si* ...; el participio es adverbial; comp. T187).

B427 El participio τελοῦσα es atributivo. Así que toda la cláusula significa: *la incircuncisión que por naturaleza cumple la ley* (comp. el v. 14). [Editor. Esta sugerencia aparentemente tiene dos dificultades. La frase prepositiva ἐκ φύσεως, por su posición en este caso, modifica al nombre ἡ ἀκροβυστία. Además, el participio τελοῦσα no tiene artículo y está separado del nombre con el cual concuerda. Estos criterios tienden a indicar que no es atributivo, sino adverbial. Por consiguiente, la cláusula debe traducirse: *si el que es incircunsiso por naturaleza cumple la ley*.]

M57 Διά expresa la idea de ambiente o circunstancia concomitante.

Así que la segunda parte de este versículo debe traducirse: *a ti, que con todas tus observancias de la letra y tu circuncisión, aun eres transgresor de la ley* (comp. T267; la preposición διά se usa en este contexto con el siguiente significado resultante: *a pesar de* --TGr105 [comp. Rom. 4:11]; y designa medios --R583; es causal, *¿porque* o *mientras?* --BD223[3]). [Editor. El sentido más probable de διά en este caso es el de circunstancia concomitante (comp. 4:11 y Ef. 6:18). Pero aun con este uso, tiene un sentido concesivo, como sugiere Turner, aunque parece levemente forzado sacar un sentido causal o instrumental de esta preposición en este contexto.]

28 R962 La común partícula de inferencia γάρ introduce una oración independiente, no dependiente. Pablo por lo general emplea esta partícula para introducir una oración separada.

## Romanos 3

1 R408 El artículo se usa con el sustantivo singular 'Ιουδαίου para referirse a toda la clase, *el judío* (genérico).

R1198 Las preguntas retóricas que aparecen en este versículo, muestran vivacidad dialéctica (comp. BD496; Pablo es aficionado al τί retórico --R739).

2 R816 El acusativo de cosa se retiene con la voz pasiva de πιστεύω: *encomendársele* (comp. 1 Tes. 2:4).

R1152 La presencia de πρῶτον μέν puede deberse a un cambio de pensamiento de parte de Pablo (anacoluto) o pudiera ser el uso original de μέν con la frase que significa: *lo primero de todo en verdad*. [Editor. La última sugerencia es más probable, especialmente por el hecho de que Pablo usa ocasionalmente πρῶτος de esta manera, sin más enumeración (comp. Rom. 1:8 y 1 Cor. 11:18).]

3 R1190 La explicación que denota el uso de γάρ se presenta a manera de apéndice al hilo del pensamiento.

TGr111 *La fe de Dios* da mejor sentido en su contexto si se entiende como *la fidelidad de Dios* (genitivo de sujeto), porque se contrasta con la carencia que el hombre tiene de ella.

BD299(3) Tί γάρ significa: *¿qué importa?* o *¿qué diferencia establece?*

4 R986 Este versículo ofrece el único caso de ὅπως en el N.T. con el futuro indicativo en una cláusula de propósito (es una cita de la LXX: Salmos 51:6, pero cambiada del subjuntivo al indicativo).

R1170 El optativo de deseo con μή aparece en los vv. 4, 6 y 31 (el optativo desaprueba fuertemente lo sugerido --B176 y sig.: *que no sea así*).

T145 En este caso, ἐν τῷ con el infinitivo se usa en un sentido causal: *cuando fueres juzgado.*

BD98 Γενέσθω equivale a ἔστω (*que Dios sea).*

5 B428 Un participio atributivo equivalente a una cláusula relativa puede, como una cláusula relativa, comunicar una idea subsidiaria, como la idea de causa. Luego participa de la naturaleza tanto del participio adjetival como del participio adverbial. Por tanto, toda la cláusula debe traducirse: *¿es injusto Dios que (porque) visita con ira?* (comp. R1108; temporal, *cuando él* --M103). [Editor. En esencia estas interpretaciones son similares. Si incluimos una traducción temporal, aún queda implícito un sentido causal (es decir, la razón) en el argumento de Pablo en este contexto.]

T211 Θεοῦ es como un genitivo posesivo que significa: *la justicia que Dios dispensa.* [Editor. Esta traducción realmente indica que θεοῦ se ha tomado como un genitivo de sujeto.]

BD495(3) Pablo sabe cómo cambiar su tono de una manera sorprendente y usa la epidiortosis (una corrección posterior de una impresión previa) cuando él piensa que ha ofendido a alguien (κατὰ ἄνθρωπον λέγω), para mantener siempre un contacto más sensible con sus lectores.

6 T318 Ἐπεί se debilita en el griego bíblico y cambia de un sentido causal para significar: *porque de otro modo*, como sucede en este texto (comp. BD456[3]).

7 R678 Aquí se usa la primera persona singular de una manera representativa, como una de una clase (toda la humanidad).

M167 Es característico de Pablo, según parece, el desplazamiento de un καί que lógicamente debería estar en coherencia con el verbo. Así que τί ἔτι καγὼ ... κρίνομαι ... no significa: *¿Por qué también yo soy juzgado?* ..., sino: *¿por qué aun así soy juzgado?*

8 BD427(4) El uso de μή en el primer segmento de este versículo parece que se debe al hecho de que la cláusula es un paréntesis (καθώς) que se confunde de alguna manera con el discurso indirecto; tal vez a causa del comentario original μὴ λέγομεν (λέγωμεν) ὅτι: *¿decimos tal vez? (¿tal vez debiéramos decir?*, o por causa de τί (v. 7) *οὐ ποιοῦμεν, o μὴ ποιήσωμεν: ciertamente nosotros no deseamos hacer mal.*

9 R621 El verbo compuesto προέχω significa: *sobrepasar.*

M168 Si οὐ πάντως es la variante correcta en este caso, entonces tiene que significar lo que lógicamente se expresaría por medio de las palabras πάντως οὐ: *¡ciertamente no!*, en vez de: *no, absolutamente*; comp. T287).

TGr106 Se discute entre eruditos en cuanto a si el verbo προεχόμεθα tiene un sentido activo o pasivo. En vista de la evidencia, es muy probable que tenga un sentido activo: *¿somos nosotros mejores que ellos?*

10 R751 Οὐδὲ εἷς es particularmente un negativo enfático, aun más enfático que οὐδείς.

12 R751 Note la negación enfática en la última parte de este versículo (B omite el segundo οὐκ ἔστιν).

13 M66 Ὑπό con el acusativo se usa para designar reposo debajo: *el veneno de áspides está debajo de sus labios.*

15 R1062 Ὀξεῖς ἐκχέαι αἷμα significa: *presurosos para derramar sangre.*

18 R500 Θεοῦ se usa como un genitivo de complemento directo (es decir, *temor* o *reverencia a Dios*).

M82 Ἀπέναντι significa: *en la presencia de, ante.*

20 R752 Οὐ ... πᾶσα significa: *ninguna carne*, y no: *no toda carne.*

R962 Διότι se usa como una partícula coordinada causal.

T177 La palabra *νόμου* sin artículo se usa para designar cualquier ley (*para conocer cualquier pecado tiene que haber alguna ley*; comp. BD258[2] y 2:17).

21 R781 *Δικαιοσύνη θεοῦ* probablemente significa: *una justicia de Dios*, no *la justicia de Dios*.

22 R567 Pablo es especialmente aficionado a variar las preposiciones; de una manera hábil, así condensa el pensamiento con cada preposición y así añade una nueva idea (eso ocurre con la construcción que aparece en este versículo; comp. los vv. 25 y sigs.).

R1184 Algunas veces una palabra se repite con *δέ* para dar un hincapié especial, como *δικαιοσύνη δέ* (v. 22; comp. 9:30).

TGr122 La frase controversial *la fe de Jesucristo*, es un caso en que una cuidadosa interpretación del genitivo resulta satisfactoria; es difícil comprenderla dentro de los límites del genitivo de sujeto o del genitivo del complemento directo exclusivamente, pero comparte las cualidades de ambos (¿uno de los genitivos *místicos* de Pablo?). Es mejor entenderlo como *fe ejercida dentro del Cuerpo de Cristo* (vv. 22-26).

23 R518 El verbo *ὑστερέω* toma el complemento directo en el genitivo: *no alcanzar*..

B54 *Ἥμαρτον* evidentemente tiene la intención de sumar el conjunto de las obras malas de los hombres, de las cuales el apóstol ha estado hablando en los párrafos precedentes (1:18-3:20). Así que éste es un aoristo histórico colectivo (es mejor expresarlo en español con el tiempo perfecto)

25 R589 Parece que aquí la frase prepositiva con *ἐν* indica precio (*al costo de su sangre* --T253).

R595 La preposición que aparece en la expresión *εἰς ἔνδειξιν* tiene la idea de meta o propósito.

R781 En el v. 25 es posible tomar *εἰς ... αὐτοῦ* con el siguiente significado: *para una manifestación de su justicia;* mientras que en el v. 26 la expresión *πρὸς ... αὐτοῦ* puede referirse a la mención anterior de dicha justicia como una concepción más definida.

M35 El acusativo *ἱλαστήριον* se usa en forma predictiva: *a quien*

*Dios colocó como expiación*, o quizá *con efecto expiatorio* (comp. R480).

M54 y sig. Es de interés particular el uso de *διά* con el acusativo, donde establece una gran diferencia si se toma estrictamente con el significado: *a causa de* , o si se toma más libremente con un significado casi equivalente a: *por medio de, envolviendo*, o aun, *con el propósito (con el propósito de* --T268). [Editor. Parece que la preposición tiene un sentido de causa, y da la razón por la cual era necesario probar la justicia de Dios. En todo este párrafo, Pablo apoya el hecho de que Dios es justo.]

M56 y Sig. Aquí *διά* con el genitivo se usa con un sentido instrumental (*por medio de la fe*).

T190 *Αὐτοῦ* aparece en una posición enfática (comp. BD284[3]).

26 TGr12 *Εἰς τό* con el infinitivo significa: *y así* (comp. 1:11).

T15 *'Εκ* se usa muy frecuentemente en los escritos de Pablo para referirse a miembros de una secta (*creyentes en*).

27 R498 *Πίστεως* se usa como el genitivo de definición (*la ley de la fe*).

28 T137 La cláusula de infinitivo se usa como un objeto directo, después de *λογιζόμεθα (consideramos que)*.

T240 El dativo instrumental *πίστει* se usa aquí con el siguiente significado: *vindicar por fe.*

30 M195 Es un error tratar de establecer, como algunos eruditos, una fina distinción entre *ἐκ πίστεως* y *διὰ πίστεως*, como si significara que el gentil es justificado *ἐκ πίστεως*, mientras que el judío es justificado *ἐκ πίστεως διὰ περιτομῆς*.

TGr107 y Sig. ¿Qué significado hay en el cambio de *ἐκ πίστεως* por *διὰ τῆς πίστεως*? La diferencia básica entre estas dos frases es que la última tiene artículo. La presencia del artículo no es más que el uso normal en la anáfora (es decir, en la segunda ocasión se refiere, como un adjetivo demostrativo, a la anterior mención inmediata de la palabra *fe*). En vista de esto, debemos traducir la oración: *Dios justificará a los judíos como un resultado directo de su fe, y luego justificará a los gentiles por medio de la misma fe.* Esto pone de manifiesto el punto importante de que la fe de la cual Pablo está hablando no es la fe de los gentiles, ni aun la fe tanto de judíos como de gentiles; sino algo bastante inesperado: la fe de los judíos solamente. ¡Los gentiles son salvos por medio de la fe de los judíos! En el siguiente versículo (31), la palabra *νόμος* que significa *ley* o *principio*, aparece dos veces sin el artículo, y esto sugeriría que como ahora no hay anáfora, *νόμος* en cada caso no se refiere a la misma cosa (es decir, la segunda vez que aparece no puede referirse a *la misma ley*). Es difícil sacar o relucir esto en español, pero nuestra traducción debe ser: *Entonces, ¿estamos (mediante nuestro argumento de que los judíos son salvos por la fe, no por la Tora) reduciendo la Tora a la nada? ¡De ninguna manera! Hemos establecido un principio. El principio es que la fe de Israel será el medio para la salvación del mundo.* El evadió toda sospecha de irrespeto hacia la antigua ley de Moisés, pero afirmó que si su razonamiento, al fin y al cabo, envolvía el fin de la ley (¡triste pensamiento para un orgulloso judío!), sin embargo, él exaltaba un principio mucho más importante: la fe de Israel salvará al mundo. [Editor. El artículo anafórico aparentemente se refiere a la misma fe que se denota previamente, pero probablemente no en el mismo sentido que Turner sugiere. Esta construcción puede indicar que el gentil obtiene la salvación a través de la misma fe que se le requiere al judío.]

## Romanos 4

2 B242 Aquí en la cláusula condicional, la prótasis simplemente declara una suposición que se refiere a un caso particular en el presente o en el pasado, y no implica nada en cuanto a su cumplimiento (*si Abraham fue justificado por obras*).

3 R458 Εἰς con el acusativo parece que toma el lugar de un predicado nominal (de influencia semítica): *le fue contado como justicia* (comp. R481).

T253 El verbo deponente *ἐλογίσθη* se usa con un sentido pasivo: *ser contado*.

4 R609 *Κατά* se usa para denotar un patrón o regla de medida.

R757 El artículo que precede a *ὁ μισθός* se refiere al salario particular que se debe a cada uno.

7 T296 Las expresiones nominales *μακάριοι* y *μακάριος* están en forma de exclamaciones.

8 BD365(3) La doble negación *οὐ μή* con el aoristo de subjuntivo o futuro de indicativo es muy común en el N.T. y en la mayoría de los casos es menos enfática que en la literatura clásica, pero está virtualmente limitada a citas de la LXX y a dichos de Jesús. Aquí equivale a una simple negación.

10 R1198 Las preguntas retóricas aquí comunican vivacidad (comp. 3:1; especialmente frecuente en Romanos --BD496).

11 R781 El sustantivo sin artículo *σφραγῖδα* significa *un sello*, no *el sello*.

M38 El genitivo de definición (*περιτομῆς*) representa más que un adjetivo; éste representa nada menos que un segundo nombre en aposición con el primero. Así que la primera parte de este versículo debe traducirse: *él recibió la señal de la circuncisión*, (es decir, *recibió la circuncisión como una señal*, o *recibió una señal que consistió en la circuncisión*).

M57 *Διά* con el genitivo indica circunstancia concomitante: *quienes, en un estado de incircuncisión, son, sin embargo, creyentes* (comp. el v. 13, *διὰ νόμου*; la preposición tiene una idea concesiva: *aunque ellos no sean circuncidados.--TGr105).* [Editor. Estas sugerencias producen traducciones resultantes que son de significado similar (comp. 2:27).]

T211 *Τῆς πίστεως* indica la fuente de *δικαιοσύνης* (comp. el v. 13), y es, por tanto, un genitivo de sujeto (comp. Rom. 9:30 y Fil. 3:9): *la justicia que él tuvo por la fe*.

12 R423 Generalmente el negativo precede inmediatamente a aquello que niega. Pero en los vv. 12 y 16, el negativo *οὐ* está separado de *μόνον*, y la repetición del artículo *τοῖς* (v. 12) hace que la expresión *οὐ μόνον* parezca estar fuera de lugar.

13 B395 En vista del infinitivo apositivo, la primera parte de este versículo debe traducirse: *Porque no por medio de la ley le fue dada la promesa a Abraham o a su descendencia, de que él sería heredero del mundo.*

14 B273 El verbo de la prótasis o apódosis de una cláusula condicional puede omitirse; así en el v. 14 significa: *porque si aquellos que son de la ley (son) herederos*.

T15 Ἐκ se usa para referirse a los miembros de una secta: *quienes viven por la ley* (también en el v. 16: *que comparten la fe de Abraham)*.

16 TGr12 Εἰς τό con el infinitivo significa: *para que* (comp. 4:11).

17 R717 En κατέναντι οὗ ἐπίστευσεν θεοῦ, un pronombre relativo en dativo ha sido atraído hacia el genitivo junto con la incorporación: *en la presencia de Dios en quien creyó.*

18 R616 En παρ' ἐλπίδα ἐπ' ἐλπίδι, las dos preposiciones responden la una a la otra: *más allá sobre.*

19 R1146 Πού significa: *como* (*aproximadamente* --BD103).

B145 El participio ἀσθενήσας aunque precede al verbo, se interpreta naturalmente como si se refiriera a un resultado (que se concibe) de la acción denotada por κατενόησεν. En tal caso, este es un participio de aoristo incoativo que denota una acción subsecuente. Su posición se debe, sin duda, a que quiere destacar (*sin debilitarse en la fe, él consideró su propio cuerpo*).

M105 Por lo general el negativo que se emplea con un participio es μή, sin importar lo verdadera o segura que sea la negación: *sin debilidad en su fe* (μή pertenece al participio [donde su uso es correcto] y al verbo conjugado en modo personal [donde ha debido usarse οὐ; vea lecturas variantes], y debe traducirse: *¿Llegó él a ser débil en la fe y no consideró ...?* BD427[1]). [Editor. En verdad parece que el negativo se usa sólo con el participio, como declara Moule.]

20 R532 Los dativos τῇ ἀπιστίᾳ y τῇ πίστει expresan la idea de causa, motivo u ocasión; esta idea de fundamento oscila entre la idea de asociación y la de medio (es decir, de causa --T242).

R861 El participio de aoristo δούς se usa para indicar una acción que es simultánea con la del verbo principal (en los vv. 20 y sigs., puede entenderse que los participios δούς y πληροφορηθείς definen conjuntamente la expresión ἐνεδυναμώθη τῇ πίστει, aunque δούς debe seguir estrictamente a ἐνεδυναμώθη --B145).

[Editor. En este caso el último comentario parece ser incorrecto. Rara vez se usa el participio de aoristo para referirse a una acción que es subsecuente a la del verbo principal; por consiguiente, el contexto debe exigir un sentido subsecuente que provenga de un participio de aoristo para que ese sentido pueda mantenerse. Aquí el contexto parece que favorece un sentido simultáneo; generalmente uno da gloria a Dios mientras se fortalece en la fe.]

M204 Εἰς ... τὴν ἐπαγγελίαν significa: *en (o en vista de) la promesa*, (la preposición εἰς puede tener un sentido causal; así, *a causa de* [pero *considerando* es suficiente] *las promesas de Dios, Abraham no vaciló* --T266). [Editor. En esencia estas explicaciones son de significado similar.]

21 R1035 Aquí ὅτι después de πληροφορηθείς tiene un sentido declarativo: *estando totalmente convencido de que.*

24 T237 Πιστεύω con ἐπί y el acusativo significa: *creer en* (la preposición posiblemente retiene metafóricamente un sentido de movimiento --M49).

25 M194 y sig. Hay pasajes que, juzgados por sus palabras y no por sus ideas, contienen antítesis o paralelismos; pero que, al juzgarlos por sus ideas, parecen de estructura obviamente menos balanceada; y es posible que, en tales casos, la antítesis o paralelismo sólo tenga un efecto retórico. Así que, en el v. 25, ¿debemos entender una clara distinción entre la causa de la muerte y la causa de la resurrección:

*¿por causa de nuestros pecados El fue entregado,*
*por causa de nuestra absolución fue resucitado?*

¿O es una manera retórica de decir que la *muerte y la resurrección* (juntas) están relacionadas inseparablemente con nuestra *culpa y absolución*, sin ninguna intención de separar en el pensamiento los dos pares? Lo último es ahora la exégesis de moda ... especialmente por la dificultad de encontrar alguna lógica en la separación de términos y de entender el significado de διά (comp. el comentario de 5:10).

T268 El segundo διά de este versículo tiene un sentido prospectivo: *con el propósito de* (comp. M55).

## Romanos 5

1 R598 'Eκ comunica la idea de causa.

R850 En εἰρήνην ἔχωμεν, el presente duradero aparece con el siguiente significado: *continuamos disfrutando paz con Dios*, la paz ya lograda.

M15 Εἰρήνην ἔχομεν significa: *disfrutemos la posesión de la paz*; (δικαιωθέντες) ἔχομεν εἰρήνην es la premisa antecedente no expresada (comp. MT110). [Editor. En vista de las consideraciones textuales, es difícil determinar si el subjuntivo ἔχωμεν o el indicativo ἔχομεν es la variante correcta.]

2 T70 'Eσχήκαμεν es probablemente un perfecto verdadero: *¿mientras aún la poseemos?* (comp. BD343[2]).

T262 Parece que ἐν se usa aquí con el significado: *en la esfera de.*

3 R394 El verbo καυχώμεθα debe sustituirse por οὐ μόνον δέ.

R1200 En la lista de virtudes (vv. 3-5), hay una fuerza acumulativa en la repetición, que va aumentando hasta llegar a un clímax (comp. BD493[3]).

M117 El artículo indica referencia previa. Se usa el artículo para referirse a un sustantivo que ya se había mencionado en el texto (vv. 3-5).

T253 Parece que la preposición ἐν tiene un sentido de causa (comp. H463).

5 B74 El tiempo perfecto (ἐκκέχυται) se usa aquí para indicar acción cumplida y duradera: *ha derramado* (comp. R896).

6 R632 'Υπέρ se usa con el sentido de: *en vez de* (similar a ἀντί).

M166 Aquí se encuentra un ejemplo de la manera como las palabras enfáticas se colocaban cerca del comienzo de la oración.

BD255(3) ¿Significa κατὰ καιρόν: *en el tiempo oportuno, en su buen tiempo*; o debe agregarse a la cláusula precedente, es decir, *mientras aún estábamos en el período de debilidad?* [Editor. Esta frase prepositiva se usa aparentemente de una manera similar a la siguiente frase para modificar el verbo ἀπέθανεν (lo cual apoya la primera sugerencia de Blass y Debrunner); comp. la idea similar en Gál. 4:4.]

7 R876 En el futuro gnómico, ἀποθανεῖται, el hecho es verdad en cualquier tiempo, y significa: *esté dispuesto a morir* (comp. B69; T86; BD349 [1]).

M64 Ὑπέρ se usa con un sentido similar a ἀντί: *en vez de* (comp. el v. 6).

M111 El artículo se usa para indicar un género conocido: *por el tipo bueno de hombre*, o *por el hombre bueno* (genérico --T180).

8 R594 Εἰς ἡμᾶς toma el lugar de un dativo: *a nosotros* (la frase prepositiva modifica el verbo συνίστησιν, no al sustantivo ἀγάπην --R784).

R1034 Ὅτι parece implicar ἐν τούτῳ (significa: *en que* --BD394).

9 M77 El uso instrumental del caso dativo puede verse en ἐν τῷ αἵματι: *ahora absueltos por su sangre* (comp. BD219[3]); un dativo instrumental de precio --T253).

10 M195 Este versículo parece confirmar (curiosamente) la presencia de una antítesis latente en el pensamiento real de Pablo (comp. 4:25).

11 R1134 Es algo forzado tomar la oración οὐ μόνον δέ, ἀλλὰ καὶ καυχώμενοι de otra manera que no sea independiente (es decir, tomar el participio como un verbo). Si admitimos el hecho de este modismo, esta es ciertamente la manera más natural de considerar esta oración (se usa el participio por el verbo en indicativo --M224): *No sólo esto, sino que también nos regocijamos en Dios* (comp. el v. 3).

12 R438 Uno de los ejemplos más impresionantes de anacoluto (un cambio en la estructura de la oración) se encuentra al final del v. 12, donde falta la apódosis para la cláusula formada con ὥσπερ. La siguiente oración (ἄχρι γάρ) toma la cláusula subordinada ἐφ' ᾧ ἥμαρτον, y la comparación nunca se completa. En el v. 18, se presenta una nueva comparación en forma completa.

R684 Aquí la antítesis se sostiene mejor mediante la repetición del sustantivo y no con el solo pronombre (ἁμαρτία ... ἁμαρτίας).

R833 Ἥμαρτον es un ejemplo sorprendente del uso del aoristo para indicar acción teminada (sumaria) (es decir, una serie de eventos a los que se refiere el aoristo).

M132 La interpretación *en que* del v. 12, íntimamente relacionada con las teorías del pecado original, es casi ciertamente errónea (ἐφ' ᾧ casi ciertamente significa *por cuanto*; comp. 2 Cor. 5:4).

TGr116 y sig. No hay duda de que ἐφ' ᾧ no es una conjunción que significa *porque*, pero ᾧ es un pronombre relativo que se refiere a Adán, el *hombre* por quien el pecado entró en el mundo (aquí ἐπί comunica la idea de base u ocasión: *porque*; comp. T272; MT107. El significado resultante es: *por tanto, porque* --M50). [Editor. La afirmación inicial de Turner no niega la probabilidad de que la preposición misma exprese una idea de causa.]

13 T177 La parte inicial de este versículo debe traducirse: *antes que viniera una ley*, a causa de que νόμος aparece sin artículo (el significado resultante de ἄχρι es *antes de* --BD258[2]).

14 R833 En ἐβασίλευσεν se resume un período de tiempo mediante el aoristo de acción terminada (comp. v. 12).

15 M44 Παραπτώματι se usa como un dativo instrumental que significa: *por la transgresión* (comp. el v. 17 y T240).

18 R500 Ζωῆς se usa como un genitivo de complemento directo: *para vida* (es un genitivo apositivo: *justificación que es vida* --T214). [Editor. En este versículo εἰς δικαίωσιν es paralelo de εἰς κατάκριμα; para mantener esta estructura paralela, ζωῆς probablemente debe considerarse como un genitivo de complemento directo. Así, esta frase se refiere a justificación que produce vida, así como la condenación produce muerte.]

M70 En εἰς κατάκριμα la preposición tiene el sentido de *con el propósito de*, o *que resultó en* (es decir, las circunstancias *condujeron a condenación, el resultado fue condenación*). [Editor. Moule unifica las ideas de propósito y resultado.]

BD481 Pablo destaca la correspondencia entre las dos causas que contrastan: (διά) y los últimos fines (εἰς), y entre su extensión equivalente (εἰς).

20 R722 El pronombre οὗ aquí no tiene antecedente (tiene un sentido local: *donde* --T344).

R998 Ἵνα posiblemente puede usarse con un sentido consecutivo (comp. MT207; parece que los vv. 20, 21 y 6:1 todos contienen cláusulas de propósito --M143). [Editor. A veces en el N.T., el propósito y el resultado no se pueden diferenciar claramente, caso en el cual se usa *ἵνα* para indicar el resultado que sigue, según el propósito del sujeto. En la mente de un judío el propósito y el resultado eran idénticos en las declaraciones de la voluntad divina (comp. Rom. 3:19; 7:13 y 8:17). En los vv. 20, 21 y 6:7 hay una idea definida de propósito (comp. el desarrollo del pensamiento en Rom. 7:7 y sigs. y Gál. 3:19 y sigs.) y también de resultado; comp. también Rom. 1:11.]

## Romanos 6

2 R728 Parece que *οἵτινες* tiene un sentido causal (comp. B294).
R940 El optativo de deseo desaprueba vigorosamente algo que se sugiere (comp. 3:4): *Que no sea así.*
B60 Note el uso progresivo del tiempo futuro en este versículo (comp. M10), *¿Cómo podemos aún vivir?*

3 R592 En ambos casos en que aparece *εἰς* con el acusativo, es evidente la idea de esfera (es decir, *εἰς* se usa en vez de *ἐν*): *en.*

4 R493 Aunque la función del caso genitivo es ampliamente adjetival, el adjetivo y el genitivo no son exactamente paralelos, porque con dos sustantivos, cada idea se destaca con más agudeza, como en *ἐν καινότητι ζωῆς* (*vida nueva* --T213).
R784 Las frases que por origen son conscientemente verbales, fácilmente se presentan sin repetir el artículo. Queda claro por tanto, que aquí *εἰς τὸν θάνατον* debe construirse con *βαπτίσματος*, no con *συνετάφημεν* (especialmente por el hecho de que *εἰς τὸν θάνατον* ... aparece en el versículo precedente, comp. BD272 y MT83): *bautismo para muerte.*
R850 El tiempo aoristo en *περιπατήσωμεν* tiene un uso de ingreso: *comencemos a caminar* (comp. 13:13 y BD337[1]).

5 T220 Parece que *τῷ ὁμοιώματι* se usa como un dativo adjetival, a menos que sea un dativo instrumental, caso en el cual el genitivo va con *σύμφυτοι*, pero esto no es natural (comp. BD194[2]): *en la semejanza de su muerte.*

6 R990 Τοῦ con el infinitivo probablemente se usa aquí para indicar propósito (generalmente Pablo no usa esta construcción para expresar la idea de propósito --R1088 y MT217; se usa aquí como un consecutivo débil --T141). [Editor. En esencia, un sentido consecutivo débil es igual a un sentido de propósito.]

R1128 El participio *γινώσκοντες* sugiere la base de acción para el verbo principal (de causa).

M38 Ἁμαρτίας se usa como un genitivo de definición y significa: *el cuerpo poseído por el pecado* (comp. con un genitivo de cualidad).

9 R1128 El participio *εἰδότες* tiene un significado causal.

10 M46 En este versículo los sustantivos dativos significan: *con respecto a* (es decir, dativo de referencia).

M131 Parece que ὅ se usa como un relativo adverbial. Presumiblemente es mejor traducirlo: *en cuanto murió, ... murió ...*, en vez de tomar ὅ como un relativo cognado [como si se usara en vez de *τὸν θανά- τον ὃν* (*ο ᾧ*) *ἀπέθανεν* ... (ὅ se usa como un acusativo análogo --R478; puede ser adverbial --R715; como un acusativo cognado --BD154).] [Editor. Gramaticalmente, la evidencia no es conclusiva en cuanto a cómo traducir el pronombre relativo; comp. Gál. 2:20. En ambos casos se presenta un concepto similar de un Cristo que muere.]

BD188(2) Aquí aparece el dativo de ventaja y desventaja, pero parece que el dativo *θεῷ* expresa más la idea del poseedor (los dativos se usan para denotar ventaja y desventaja; comp. el v. 2 --R539). [Editor. Parece que esos dativos pueden traducirse específicamente para denotar ventaja y desventaja, y no con la idea general de referencia. Ciertamente es verdad que por causa de este evento, aquello fue para la ventaja de Dios y desventaja del pecado.]

11 R587 y sig. Pablo usa frecuentemente *ἐν χριστῷ* con una idea mística (comp. Juan 15:4).

T264 Cuando Pablo desea expresar la idea de *vivir para*, y no *en la esfera de*, emplea el dativo simple con una forma de *ζάω* (como sucede en este caso).

12 R1090 Parece que *εἰς* se usa con el infinitivo para indicar un

resultado hipotético (*de tal manera que lo obedezcan*).

R1097 Θνητός significa *sujeto a muerte*, no *que muere*.

T96 Los imperativos de presente y aoristo que aparecen en los vv. 12 y sigs., deben traducirse: *no permitan que el pecado continúe ..., no continúen entregando sus miembros al pecado ..., sino comiencen a entregarse a Dios* (se presenta una antítesis marcada --MT139).

14 R635 En los vv. 14 y sigs., el concepto de ὑπό es el de descanso: *bajo la ley*.

R796 Νόμου sin artículo se refiere a ley mosaica (comp. 2:13 y 17).

T177 'Αμαρτία aquí no se refiere a *ningún pecado*, sino a *ningún pecado como poder* (como es común en Pablo, comp. BD258[2]).

15 R850 La fuerza precisa puntual del tiempo aoristo se manifiesta en el verbo subjuntivo ἁμαρτήσωμεν: *¿debemos pecar?*

B176 El optativo de deseo se usa para desaprobar fuertemente algo que se sugiere (comp. 6:2).

BD299(3) En el primer segmento de este versículo está implícito ἐροῦμεν (comp. el v. 1).

16 T334 Las partículas disyuntivas ἤτοι y ἤ aquí denotan correlación y significan: *o ... o*.

17 R719 La forma resuelta de εἰς ... διδαχῆς probablemente sería τύπῳ διδαχῆς εἰς ὃν παρεδόθητε (comp. BD294[5]): *obedientes a aquella forma de enseñanza a la cual estaban entregados*.

BD327 El tiempo imperfecto de ἦτε se usa para indicar una acción pasada descriptiva (duradera) en contraste agudo con el presente.

19 M97 Δοῦλος comúnmente es un sustantivo normal como λόγος, pero también aparece como un adjetivo: *porque como ustedes han entregado sus miembros como siervos*.

20 M46 El dativo τῇ δικαιοσύνῃ tiene el concepto de *con respecto a* (probablemente no *de*, aunque se puede decir que el dativo es un ablativo; τῇ ... se usa como un dativo de ventaja --T238; un dativo locativo R523). [Editor. Generalmente cuando un sentido ablativo sigue a ἐλεύθερος, se usa el caso genitivo en vez

del dativo. Parece que un dativo de ventaja no tiene mucho significado en este contexto. Parece que el argumento que Pablo presenta aquí se expresa más precisamente mediante un dativo de referencia; comp. la sugerencia de Moule).

21 M132 ¿Significa ἐφ' οἷς *de las cuales cosas?* [Editor. Este caso es el único ejemplo en el N.T. en que aparece ἐπί y un dativo con ἐπαισχύνομαι. La preposición parece que significa *en*.]

## Romanos 7

2 R500 Νόμου τοῦ ἀνδρός significa: *la ley sobre el marido*, (genitivo de complemento directo).

R1190 Γάρ introduce una explicación a manera de apéndice al hilo de pensamiento (comp. 3:3).

3 B398 La idea de resultado previsto se expresa aquí por medio de τοῦ con el infinitivo (comp. T141; τοῦ con el infinitivo tiene un sentido explicativo --R996; equivale a ὥστε μὴ εἶναι --M128; en esta expresión hay muy poca fuerza consecutiva --BD400[8.] [Editor. La cláusula con el infinitivo aparentemente se refiere a la claúsula previa en vez de explicar el participio siguiente. De este modo representa un resultado remoto de la cláusula anterior y depende de la acción que se describe en el participio de presente.]

T215 Ἐλευθέρα ... ἀπό significa: *independiente de* ... (comp. BD182[3]).

4 R539 Τῷ θεῷ se usa como un dativo de ventaja: *para Dios.*

R1071 Εἰς τό con el infinitivo tiene un sentido de propósito (comp. B409 y T143; significa *para que* --TGr 112). [Editor. A veces es difícil distinguir la idea de propósito de la de resultado (comp. 1:11 y 5:20). Pero en este contexto, Pablo aparentemente destaca el hecho de que el cristiano murió a la ley con el propósito de unirse con Cristo.]

M144 Ὥστε se usa simplemente como una partícula de inferencia que significa: *por tanto, en consecuencia.*

T187 El artículo τά se repite aquí para evitar ambigüedad.

6 T213 Aquí aparece un genitivo de cualidad, por lo cual la traducción es: *en un nuevo espíritu y no según una literalidad anticuada.*

7 R874 El futuro volitivo aparece en este versículo (ἐπιθυμήσεις): *No codiciarás.*

TGr86 Pablo habla de la codicia como una experiencia personal (v.7) y aparentemente hace su propia confesión: *el pecado forjó en mí toda forma de concupiscencia* (v. 8; comp. BD281; los vv. 7-25 no son claros, pero la vehemencia de la pasión indica que esta es la propia experiencia de Pablo --R402).

T39 Pablo se coloca a sí mismo y a su lector como ejemplos vivos para ilustrar un punto, sin intentar aplicarse literalmente a sí mismo o a su lector lo que se dice (vv. 7 y sigs.). [Editor. Compare las dos afirmaciones de Turner. La expresión enfática αὐτὸς ἐγώ con el verbo δουλεύω en el v. 25 parece indicar que este pasaje se aplica al mismo Pablo.]

10 R539 Parece que *μοί* se usa como un dativo de desventaja: *contra mí.*

12 M144 Ὥστε se usa simplemente como una partícula de inferencia (comp. v. 4): *Así que.*

13 R609 Κατά introduce un patrón o regla de medida.

B176 El optativo volitivo aparece aquí (comp. 3:4: *Que no sea así*; similar a: *no lo quiera Dios).*

14 R158 Σάρκινος significa: más que *hecho de carne*, o *que consiste en carne*, tal vez *arraigado en la carne* (comp. 1 Cor. 3:1)

16 T115 En los vv. 16 y 20, la cláusula condicional se refiere a algo que realmente está ocurriendo (*puesto que).*

17 T37 El uso de ἐγώ en este caso por lo menos indica algún hincapié o antítesis.

18 R1059 El sujeto de παράκειται está expresado por τό con un infinitivo (comp. T140: *porque yo estoy dispuesto a querer lo que es bueno para mí).*

23 R748 Ἕτερον lleva la idea de diferencia de clase.
R796 La palabra νόμος significa *principio*, y en ἕτερον νόμον está indeterminada con respecto a cualquier ley específica.

24 R497 Θανάτου es un genitivo atribuitivo (*el cuerpo de esta muerte* --T214).
R540 En τῷ νοὶ ... νόμῳ aparece tanto el dativo instrumental como el dativo simple: *en (o con) mi mente ... a la ley de Dios.*
BD281 En αὐτὸς ἐγώ, Pablo ciertamente se aplica las palabras a sí mismo (comp. el v. 7).

## Romanos 8

2 R784 Es razonablemente claro que ἐν Χριστῷ está en el predicado con ἠλευθέρωσεν (*a través de Cristo, la ley me ha hecho libre).*
T39 Μέ es representativo (tiene un sentido universal --BD281).

3 R784 Hay alguna ambigüedad en el uso de la expresión ἐν τῇ σαρκί. Si es atributiva con ἁμαρτίαν, hay una afirmación definida de pecado en la carne de Jesús. Pero si la frase es predicado y se considera parte de κατέκρινε, no se hace tal afirmación ... Alguien que esté versado en la teología de Pablo estaría convencido de que las palabras ἐν τῇ σαρκί se escribieron para que fueran tomadas como predicado.
M35 Cuando una palabra o frase se coloca vagamente en aposición con toda una oración, está en acusativo (o donde la forma es ambigua, se puede suponer que esté) en acusativo. Así que τὸ γὰρ ἀδύνατον τοῦ νόμου ... ὁ θεὸς τὸν ἑαυτοῦ υἱὸν πέμψας ... κατέκρινεν τὴν ἁμαρτίαν ... significa: *Dios, al enviar a su propio Hijo ... condenó al pecado ... lo cual era imposible para la ley.*
M63 No se sabe con seguridad si περὶ ἁμαρτίας en este caso es el término técnico de la LXX equivalente a *ofrenda por el pecado* (como en Heb. 10:6; comp. 5:26); o si el significado es más general como *hacer frente al pecado, en relación con el pecado;* pero en cualquier caso, aunque el sentido técnico se deriva claramente del más general, es preferible el sentido general: *del pecado* (es decir, *de alrededor del pecado* --R618).
M131 Ἐν ᾧ se usa para significar: *ya que (en razón de que) es*

*débil* ... (de causa; comp. R978; T253 y BD219[3]).

BD263(2) Peculiar a Pablo (y a Hebreos) es el uso de un adjetivo singular neutro, con un genitivo dependiente (comp. 2:4). Tò *αδύνατον τοῦ νόμου* significa: *aquella cosa que la ley no pudo hacer* (no abstracto).

MT221 No se sabe con seguridad cuál es el significado de *ἀδύνατον* en este versículo. ¿Significa *incapaz*, como en Hech. 14:8 y Rom. 15:1, o *imposible*, como en las otras veces que aparece en el N.T.? [Editor. Parece que este adjetivo tiene el sentido más común: *imposible*. La ley no se hizo nunca para condenar el pecado.]

4 T285 Puesto que *μή* se usa generalmente con participios, eso es lo que esperamos aquí. En el griego clásico, *τοῖς μὴ* ... significaría: *si no andamos* ..., pero Pablo probablemente quiere decir: *nosotros, quienes no andamos* ...

7 R962 *Διότι* se usa como un participio coordinado de causa (comp. 3:20). La forma negativa correspondiente es *οὐδὲ γάρ*: *porque tampoco puede* (comp. BD452[3]).

9 R1186 Note el uso adversativo de *δέ* en los vv. 9 y sigs. *(pero)*.

M38 En el griego del N.T. no existe el adjetivo posesivo en la tercera persona del singular. Así que el pronombre genitivo puede aparecer solo: *οὐκ ἔστιν αὐτου* significa: *este no es de él.*

TGr119 La unión mística con Cristo, que se describe con las palabras *ἐν* Χριστῷ, se explica en términos complementarios como el hecho de que Cristo o el Espíritu Santo moran en el creyente. Esta es una morada recíproca: *Ustedes no están en la carne, sino en el Espíritu, si el Espíritu de Dios mora en ustedes.* La idea de morada mutua es lo suficientemente real para aquellos que realmente viven dentro de esta nueva esfera de existencia espiritual.

10 M195 La segunda vez que aparece *διά* con el acusativo probablemente signifique: *a causa de (la fuerza de supervivencia de Cristo) la justicia.*

11 T115 Eἰ con el indicativo significa aquí: *ya que.*

12 R996 Τοῦ con el infinitivo aquí es explicativo (comp. MT217; tiende hacia un sentido consecutivo --BD400[2]). [Editor. Si *τοῦ ζῆν* se toma como explicativo, expresaría el contenido de la deuda: *vivir según las demandas de la carne;* pero si es consecutivo, entonces expresa el resultado de no estar atado a la carne: *para que vivamos conforme a la carne* (sino por el Espíritu). La última sugerencia parece más probable, ya que el punto principal de Pablo en este contexto es el contraste entre caminar en la carne y caminar en el Espíritu (comp. el v.4).]

R1095 Οὐ niega a *τῇ σαρκί* y no al infinitivo.

T238 Τῇ *σαρκί* se usa como dativo de ventaja: *para la carne.*

13 M44 Se usa el dativo para designar una idea instrumental: *si por el Espíritu hacen morir las actividades sensuales, vivirán* (comp. T240 y el v. 14).

15 R595 Εἰς con el acusativo *φοβόν* presenta la idea resultante de meta o propósito (comp. 3:25): *para temer.*

M131 Ἐν ᾧ debe traducirse *en (o por) el cual.*

MT10 Es muy precario sostener con Zahn, basados en la expresión *Abba Padre* (aquí y en Gál. 4:6), que Pablo usaba el arameo en sus oraciones.

18 R535 Εἰς se usa en vez de *ἐν*. [Editor. Un simple dativo hubiera sido suficiente.]

R626 La preposición *πρός* puede usarse en una comparación técnica como en este caso (comp. M53): *en comparación con.*

R191 Note que Pablo comienza todas las oraciones con *γάρ* en los vv. 18-24.

M169 y sig. Tanto Rom. 8:18 como Gál. 3:23 indican un orden curioso de las palabras en cláusulas casi idénticas (donde uno esperaría *πρὸς τὴν δόξαν τὴν μέλλουσαν*; una frase estereotipada posiblemente pudiera ser la razón de este orden --T350).

20 BD222 Διά se usa con el acusativo en un sentido local: *por medio de (por los méritos de alguien;* tiene el significado usual: *a causa de* --MT105). [Editor. Gramaticalmente parece que es más probable el uso normal de causa. Muchos exégetas tienen un problema con esta traducción porque el versículo afirma que la creación fue sujetada a futilidad por causa de Dios. Esta fue

una acción llevada a cabo por Dios a causa del pecado. En verdad este sentido puede lograrse tomando a *διά* como causal.]

21 R964 Si el verdadero texto es *διότι*, entonces esta sería la única vez en el N.T. que esta conjunción se usa con el sentido de *ὅτι* cuando introduce complemento (*que*).

M175 Es un error sostener que hay un genitivo semítico donde un buen genitivo griego tiene mejor sentido; sería una sutileza mal ubicada traducir *τῆς δουλείας τῆς φθορᾶς* con las palabras: *esclavitud corruptora*, cuando obviamente significa: *esclavitud a la corrupción (o a la mortalidad)*; aunque en el mismo versículo parece más natural traducir *τὴν ἐλευθερίαν τῆς δόξης* con sentido semítico: *libertad gloriosa* (y no, por ejemplo: *libertad que consiste en la gloria ...*).

23 T41 El pronombre *αὐτοί* tiene cierto énfasis en este versículo.

24 R533 Tῇ *ἐλπίδι* se usa como instrumental de manera (para denotar manera, *en esperanza*, pero no realmente --T241; *en esperanza aunque no en realidad* --M45). [Editor. El dativo representa la idea de manera. La pregunta es si ésta es real o si es la descripción de un hecho futuro como si ya hubiera ocurrido. En vista del versículo anterior, parece que es proléptica y significa: *hemos sido salvos, aunque sólo en esperanza*.]

B290 En la oración *quién espera lo que ve*, la cláusula relativa aparentemente no se refiere a una cosa definida que se ve en un acto real de visión, sino que equivale a una cláusula condicional: *si ve algo*.

25 M58 *Δι' ὑπομονῆς* significa: *con fortaleza* (comp. T267).

26 R573 En el verbo compuesto *συναντιλαμβάνεται* el significado fundamental es obvio. El Espíritu Santo agarra nuestra debilidad junto con nosotros (*σύν*) y lleva su parte de la carga al frente de nosotros (*ἀντί*), como si dos hombres estuvieran llevando un tronco, uno en cada extremo.

R629 La idea de *defensa, a favor de, inclinándose para proteger*, aparece en *ὑπερεντυγχάνω*.

R766 El artículo *τό* aclara más la idea sustantival de la pregunta indirecta y su relación con la cláusula principal (es posible que sea una pura idiosincrasia de Pablo --M111).

T268 En los vv. 26 y sigs., κατά significa: *de acuerdo con* (comp. M59).

29 R1071 Εἰς τό se usa con el infinitivo para expresar propósito (comp. B409 y T143).

T215 El adjetivo συμμόρφος toma la forma del genitivo ablativo: *participando en la forma de su imagen.*

BD493(3) La repetición que aparece en los vv. 29 y sigs. representa un clímax (comp. 5:3).

30 R837 El aoristo que se usa en los verbos ἐκάλεσεν y ἐδόξασεν tiene un sentido gnómico (es decir, describen una verdad general).

31 R630 La idea de *en nombre de, por el beneficio de uno* (por ὑπέρ) surge con fuerza especial en casos en que κατά se contrasta con ὑπέρ.

M53 Πρός se usa con un sentido transferido y significa: *en vista de.*

BD496(2) La pregunta retórica se usa en el versículo 31 para expresar una exaltación regocijada; a la cual se anexan pares de preguntas con sus pretendidas respuestas.

32 R632 Ὑπέρ se usa por ἀντί: *en vez de.*

R725 Ὅς introduce una cláusula de causa (una cláusula relativa que indica una relación de causa).

R773 Τὰ πάντα significa: *la suma de las cosas, el todo.*

R1148 La partícula γέ tiene aquí una fuerza culminante. Todos los casos en que aparece γέ en el N.T. se presentan con conjunciones u otras partículas, excepto en este caso y en Luc. 11:18 y 18:5 (aquí γέ debe traducirse: *el que aun* --T331).

34 M103 En τίς ὁ κατακρινῶν el participio con artículo tiene un sentido similar a una cláusula relativa: *¿quién hay que (nos) condene?*

35 T211 Τοῦ Χριστοῦ puede referirse al sujeto, al objeto o a ambos. [Editor. Este genitivo parece referirse al sujeto, porque lo que es inmutable es el amor de Cristo hacia nosotros, no nuestro amor hacia él.]

36 R501 Σφαγῆς se usa como un genitivo objetivo: *sentenciados a la matanza.*

37 M78 Quizá ἐν τούτοις πᾶσιν signifique: *en el medio de* o *a pesar de todas esas cosas, (con respecto a* --T265). [Editor. La sugerencia anterior de Moule parece que es la más probable, ya que el argumento principal de Pablo en este contexto es que el cristiano puede obtener la victoria porque Dios no lo abandonará. En medio de las circunstancias que puedan ocurrir, el amor de Dios no se separará del cristiano. Por consiguiente, una gloriosa victoria es posible para el cristiano.]

M87 En ὑπερνικάω, la preposición significa: *excesivamente* (comp. R629).

39 T187 El artículo τῆς se repite con la frase prepositiva para evitar ambigüedad (para hacer hincapié --BD269[2])).

## Romanos 9

1 BD463 La falta de conexión entre las dos divisiones principales de la epístola (9:1), que son tan diferentes, puede parecer rara, pero una mera conjunción aun estaría lejos de ser una conexión real.

3 B33 Pablo pudo haber escogido el imperfecto con ηὐχόμην, porque evitó expresar una alternativa deliberada con respecto a tan solemne materia, o porque pensó que eso estaba fuera del control o influencia de su deseo (comp. T65; Pablo usa el potencial imperfecto donde casi expresa un mal moral --R886; por cortesía --R919: *Yo casi pudiera rogar que sea maldito* --M9).

M64 Ὑπέρ se usa con el significado *en vez de* (comp. 8:32).

BD211 Ἀπό en algunas expresiones, especialmente en Pablo, denota alienación (como en este versículo), para la cual no puede hallarse paralelo directo en el griego clásisico (ἀπό se conforma a ἐκ --M72).

4 R427 En enumeraciones, la repetición de καί da cierta clase de dignidad solemne (que tiene efectividad retórica --BD460[3]).

BD141[8] Διαθῆκαι es literalmente un plural; porque el singular en otras partes siempre finaliza con -η (note la variante): *pactos.*

5 R1108 Como es bien sabido, la dificultad que aquí se presenta es una cuestión de exégesis, y la puntuación del editor se hace de acuerdo con su teología. Pero debe decirse en breve que la manera natural consiste en tomar *ὁ ὤν* y Θεός como apósitos de *ὁ* Χριστός. Es muy común en el N.T. que aparezca *ὁ* y el participio donde es posible que aparezca una cláusula relativa (comp. MT228: *El Mesías es Dios* --TGr15).

M58 Τὸ *κατὰ σάρκα* significa: *en lo que concierne a la descendencia física* (comp. T15; el artículo destaca fuertemente la limitación --BD266[2]).

7 H463 El uso causal de *ἐν* aparece aquí (semítico).

8 R701 'Εστίν debe colocarse entre las palabras *ταῦτα* y *τέκνα*.

H463 Εἰς con el acusativo se usa en lugar de un predicado nominal (semítico): *considerados como descendientes.*

11 425 Parece que la cláusula final con *ἵνα* interrumpe el hilo de la oración (ha sido cambiada hacia adelante --BD478).

B454 Un participio en construcción de genitivo absoluto, ocasionalmente aparece solo sin un pronombre o nombre que lo acompañe, cuando la persona o cosa a que se refiere es percibida fácilmente en el contexto, como sucede aquí con *γεννηθέντων* y *πραξάντων* (*no habían nacido aún, ni hecho nada).*

T268 "Η ... *θεοῦ* significa: *el propósito que Dios tuvo de elegir.*

17 BD290[4] Εἰς *αὐτὸ τοῦτο* significa: *por esta misma razón* (se refiere a la siguiente palabra *ὅπως*; comp. B197: *precisamente esta razón* --T45).

20 P402 Pablo habla muy en serio cuando usa aquí combinadas las partículas *μενοῦνγε.*

R678 El pronombre *σύ* tiene una posición muy enfática. Este pronombre también aparece con un sentido representativo.

R1148 Hay un fino toque de ironía en la primera oración aquí.

T226 Parece que *οὕτως* se usa como un predicado acusativo (comp. BD434[2]): *¿Por qué me hiciste así (o de esta manera)?*

21 R1062 'Εξουσίαν *ποιῆσαι* significa: *poder para hacer.*

22 R1129 El participio $\theta\acute{\epsilon}\lambda\omega\nu$ se usa con una idea concesiva: *si bien.*
T14 Τὸ δυνατὸν αὐτοῦ significa: *cuán poderoso es El.*
BD165 'Ὀργῆς y ἐλέους (vv. 22 y sigs.) se usan como genitivos de cualidad con un sentido figurado, como si significaran: *portadores de ira ... de misericordia* (comp. T213).
BD467 En el v. 22 no hay ningún anacoluto (cambio en la estructura de la oración), si la conjunción *καί* no aparece en el v. 23, en el manuscrito B ni en otros (comp. R438 y M151).

24 R713 El pronombre relativo *οὕς* cambia al verdadero género (cambia al masculino porque se refiere a personas) en vez de mantener el género gramatical.
M168 Note el orden de las palabras: *οὕς* que precede a *ἡμᾶς* (el antecedente).

25 M105 Es difícil explicar los usos de *οὐ* con un participio, pero aquí parece que el negativo se alía muy íntimamente con el participio, casi como si fuera un alfa privativa (una clase de título; el pasaje de Oseas también está en el fondo; se usa *οὐ* porque es una cita de la LXX --BD430[3]).
T282 Οὐ se usa con el nombre λαόν para expresar una sola idea (un nombre propio --BD426).

27 R632 'Ὑπέρ tiene el mismo sentido de *con respecto a* en relación con el verbo *κράζω* (comp. M65).
B285 'Εάν introduce una cláusula concesiva: *aunque.*

30 R1184 Algunas veces una palabra se repite con *δέ* para hacer un hincapié especial, como en este caso (comp. 3:22 y BD447[8]).

33 T237 'Ἐπί se usa con *πιστεύω*, con el mismo sentido de *creer en* (comp. BD187[6]).

## Romanos 10

1 M70 Tal vez la preposición *εἰς* se use con un sentido de finalidad en este versículo: *el deseo de mi corazón ... tiene como propósito la salvación de ellos.*
T191 El adjetivo posesivo *ἐμῆς* equivale a *μοῦ*: *de mi corazón.*

BD463 La omisión de un conectivo en este versículo distingue más la apelación emocional.

2 M40 Ζῆλον θεοῦ, literalmente *celo de Dios*, es un genitivo objetivo porque representa la idea que se expresa con las palabras ζηλοῦσιν θεόν: *ellos están celosos de Dios*, en la cual Dios es el objeto (comp. R500).

3 R818 En griego moderno, la forma del aoristo de la voz pasiva se usa casi invariablemente tanto para la idea media como para la pasiva. Esta tendencia que se ve en el N.T. (y el resto del griego común) ha triunfado sobre el aoristo medio. La traducción debe ser: *ellos no se sujetaron a la justicia de Dios.*

4 M70 Τέλος ... δικαιοσύνην probablemente significa: *Cristo es un fin del legalismo para el logro de la justicia, como un medio para la justicia.*

6 T135 El infinitivo καταγαγεῖν se usa para expresar propósito.

8 R505 El genitivo σοῦ se usa con el adverbio ἐγγύς: *cerca de ti.*

9 R1123 Aquí, en el doble acusativo, κύριον se usa como un predicado de Ἰησοῦν: *que Jesús es Señor.*

10 M70 La preposición εἰς parece que se usa con un sentido consecutivo: *porque uno cree con el corazón, y esto da como resultado la justicia.*

11 T237 Ἐπί se usa con πιστεύω para significar *creer en* (comp. 9:33).

12 R594 Εἰς con el acusativo se usa en lugar de un dativo: *para con todos.*

13 M151 Hay una cláusula condicional latente en ἄν ...; *cualquiera que invoque* tiene un sentido cercano a *si alguno invoca.*

14 R706 El antecedente implícito del pronombre οὗ probablemente es εἰς τοῦτον.

R1106 La idea de χωρὶς κηρύσσοντος no es *sin predicación*, sino *sin uno que predique, sin un predicador.* Para traducir *sin predicación*, el texto tendría que ser: χωρὶς τοῦ κηρύσσειν.

R1200 Aquí la repetición del verbo da una fuerza acumulativa que asciende hasta un clímax (comp. 5:3).

15 R302 Ὡς se usa para indicar exclamación en ὡς ὡραῖοι: ¡*Cuán bellos ...*!

16 R752 Οὐ πάντες significa: *no todos*, y no *nadie.*

18 R506 Ἀκούω en este contexto significa *entender.*

R1159 Cuando μὴ οὐ aparece en preguntas, μή es la partícula interrogativa mientras que οὐ es la negativa del verbo (vv. 18 y sigs. *¿no oyeron?*; comp. B468; *ciertamente ellos no lo han oído* [*pasaron por alto oírlo*] --T283).

M163 La partícula μενοῦνγε parece que es adversativa; μενοῦνγε εἰς πᾶσαν τὴν γῆν significa: *al contrario, por toda la tierra.*

19 R657 Πρῶτος se usa aquí como un adjetivo y no como un adverbio: *Moisés es el primero que dice ...* (comp. T225). [Editor. Parece mejor tomar πρῶτος como adverbio, porque tiene una referencia temporal relacionada con el v. que sigue: *Primeramente Moisés dice ... También Isaías se atreve a decir ...*]

T282 El negativo οὐκ se usa con el nombre ἔθνει para expresar una sola idea (comp. 9:25).

20 T58 El pasivo de εὑρίσκω puede unirse a la persona a que se refiere por medio del dativo, y no por medio de ὑπό con el genitivo, con un significado intransitivo: *Fui encontrado.*

T264 La preposición (ἐν) significa: *entre* (la preposición ἐν se usa en vez del acostumbrado dativo, similar a *aparecí a ...;* la LXX omite ἐν --BD220[1.] [Editor. El apoyo de los manuscritos para ἐν está dividido. Pero si la preposición debe incluirse, la cláusula parece que tiene un sentido paralelo a la siguiente, es decir; similar a la última sugerencia.]

## Romanos 11

1 R810 La voz media en ἀπώσατο expresa una idea indirecta: *¿Alejó Dios a su pueblo de Sí mismo?*

2 T261 El uso local de ἐν con el dativo da como resultado el significado: *en la historia de Elías* (una fórmula para citar).

3 R634 En el verbo compuesto ὑπολείπω aparece la idea perfectiva y significa: *quedar, sobrar.*

4 M183 La curiosa expresión τῇ βάαλ (en vez del género masculino) que aparece en este versículo, se explica usualmente (y con algo de razón) por el hábito hebreo de pronunciar en la lectura una palabra que significara *vergüenza* o *abominación* donde apareciera en el escrito el nombre de una deidad extranjera (u otra palabra abominable); por tanto, en lugar de *Baal*, uno pudiera leer *Bosheth*: *cosa vergonzosa*, y como esta palabra es femenina (o neutra), sugeriría un artículo femenino en griego.

5 TGr49 El punto de vista de Marcos sobre el *secreto* mesiánico concuerda con un similar punto de vista en los escritos de Pablo, especialmente en Rom. 11:5-8.

6 T318 'Επεί tiene un sentido causal, pero en el griego bíblico se debilita hasta significar: *porque de otra manera* (como sucede aquí y en el v. 22; comp. BD456[3]).

7 M37 El genitivo usualmente aparece con ἐπιτυγχάνω, que significa *alcanzar a* (pero el v. 7 aparece con el acusativo).

8 R1061 En este versículo los infinitivos son paralelos con κατανύξεως.

B400 Aquí, los infinitivos con el artículo τοῦ se usan para limitar los nombres. De modo que la parte inicial de esta cita significa: *Dios les dio un espíritu de estupor, ojos que no ven y oidos que no oyen* (aquí tiende hacia un sentido consecutivo --BD400[2]).

BD109(4) El sustantivo κατανύξεως se derivó originalmente del verbo que significa *aturdir.*

10 BD400(2,4) Como en el v. 8, este pasaje exhibe una relación muy vaga entre el sustantivo y el infinitivo y tiende hacia el sentido consecutivo (el estilo de la LXX es el responsable de esta construcción --H450): *de manera que no puedan ver.*

11 T190 A pesar de su posición, *αὐτῶν* no es enfático en este caso.
MT207 *Ἵνα* se usa aquí para introducir el resultado esperado: *como para que cayeran.*

13 R602 *Ἐπί* se usa aquí con la idea de grado o medida: *por cuanto.*
BD474(4) El genitivo atributivo *ἐθνῶν* aparece antes del nombre que modifica (para indicar posible énfasis).

14 B276 *Εἰ* con el verbo tiene aquí la fuerza de una cláusula final (comp. 1:10): *para que* (los verbos pueden ser aoristos de subjuntivo --R1017).

15 TGr109 Pablo declara en este versículo que el hecho de que Dios rechazó temporalmente a Israel ha producido la reconciliación de todo el mundo con El, y las bendiciones para el mundo serán correspondientemente mayores cuando la propia fe de Israel lo devuelve hacia Dios.

17 R418 La posición de *σύ* indica un énfasis retórico (*tú*, en oposición a las mencionadas previamente; este pronombre singular tiene un sentido representativo --R678).
T115 La cláusula condicional en este caso se refiere a algo que realmente está ocurriendo *(ya que ... )*

18 BD483 Este versículo contiene un ejemplo de omisión, es decir, una figura de dicción en que para favorecer la brevedad se omite un elemento que no es necesario para la estructura gramatical, sino para el pensamiento (*εἰ δὲ κατακαυχᾶσαι*, suple el significado de *tú debes saber que*, o *recuerda que*, *οὐ σύ* ...).

20 R532 El dativo *τῇ ἀπιστίᾳ* se usa para expresar un sentido causal *(por causa de la incredulidad* --M44; comp. v. 30).
R1199 Hay más ironía en los escritos de Pablo que en el resto de la literatura del N.T. (parece que representa un ejemplo).

21 R609 Κατά se usa para denotar una norma o regla de medida (significa: *natural, de acuerdo con la naturaleza* --M59).
R1012 Es casi imposible traducir εἰ οὐ con el significado: *a menos que*.

22 R524 Los dativos que aparecen en los vv. 22 y sigs., se usan como locativos (*en bondad ... en incredulidad*).
R965 Ἐπεὶ καί equivale a *otra* (*porque de otra manera* --T138; comp. el v. 6).

23 R418 La posición de *κἀκεῖνοι* despliega un énfasis retórico (comp. el v. 17).

24 R616 Παρά con el acusativo tiene la idea de *más allá* y así, *contrario a*.

25 T238 Ἑαυτοῖς se usa como un dativo de desventaja (en consecuencia: *espontáneamente* --BD188[2]).

26 BD275(4) Πᾶς Ἰσραήλ significa: *la totalidad de Israel* (porque el nombre propio se toma como si tuviera artículo --R772).

27 R616 La preposición *παρά* en este versículo tiene la idea de autor: *el pacto que proviene de mí*.

30 M44 En los vv. 30 y sigs., ciertamente habría un buen sentido, si las palabras *τῇ τούτων ἀπειθείᾳ* y *τῷ ὑμετέρῳ ἐλέει* se tradujeran con un sentido temporal: *en el tiempo de su incredulidad* y *en el tiempo cuando se les muestra misericordia* (comp. T243). Por otro lado, parece que el dativo *τῇ ἀπιστίᾳ* del v. 20, es virtualmente instrumental. (El dativo *τῇ ἀπειθείᾳ* se usa con un sentido causal --R532 y BD196). [Editor. En un sentido se repite en el v. 30 lo que se expresa en los vv. 11, 12, 15 y 28, según lo cual los gentiles han recibido la misericordia de Dios por (por causa de) la desobediencia de Israel. Por consiguiente, parece preferible la traducción causal más específica.]

31 BD196 El dativo aquí representa una idea causal: *porque Dios deseó mostrarles misericordia* (comp. R532).

BD284(2) El adjetivo posesivo expresa aquí la idea del genitivo objetivo: *a la misericordia manifestada a ustedes.*

32 T266 La preposición *εἰς* se usa aquí para comunicar la idea de causa: *Dios ha sujetado a todos por causa de la desobediencia.*

33 R302 Ὡς se usa como una exclamación (comp. Rom. 10:15; ambas referencias indican la ausencia del verbo conectivo): *¡Cuán inescrutables ... !*

BD146(2) Ὦ *βάθος πλούτου* ..., introduce un acto de adoración, y así excluye la posibilidad de que aluda a una cantidad abstracta.

36 R583 En esta noble doxología, Pablo considera a Dios como la Fuente, Agente mediato y el Objeto o Fin último (comp. el uso que Pablo hace de las preposiciones en 3:22).

R595 Εἰς no significa *por*, aunque es la idea resultante aquí.

R773 La expresión *τὰ πάντα* significa: *la suma de todas las cosas* (*el universo* --BD275[7]).

## Romanos 12

1 R1205 La expresión *τὴν λογικὴν λατρείαν ὑμῶν* está en aposición con la cláusula introducida por el infinitivo *παραστῆσαι* ... (significa: *les ruego, por tanto, ... que se presenten ... que es su servicio espiritual* --M35 y sig.; comp. Rom. 8:3).

M58 La frase prepositiva *διὰ τῶν* ... significa (la compañía es similar al instrumento): *en el nombre de las misericordias de Dios* (*por* --T267).

T28 El plural *οἰκτριμῶν* se usa para expresar una idea abstracta: *misericordia.*

2 M44 El dativo *τῇ ἀνακαινώσει* se usa con un sentido instrumental (comp. T240): *por la renovación.*

3 R629 La idea de *exceso* o de *más que*, aparece en el verbo compuesto con *ὑπέρ*.

R1072 Parece que *εἰς τό* con el infinitivo expresa un resultado previsto o real (comp. B411; MT219; quizá signifique: *adoptar un concepto que tienda a la sobriedad* --M70).

M58 Aquí la preposición διά quizás signifique: *en virtud de.*

BD488(16) La selección que Pablo hizo aquí de palabras similares casi puede calificarse como florida (es decir, con la variación de φρονέω).

5 R487 La frase τὸ καθ' εἷς es acusativa, aunque εἷς está en nominativo.

R606 Κατά con el nominativo se usa con el sentido distributivo (τὸ καθ' εἷ es un adverbio estereotipado --T15; significa: *individualmente, con relación a cada individuo* --BD305).

6 R946 Ἔχοντες aparece como un indicativo práctico (el participio es imperativo o indicativo, o debe introducirse una palabra como ἐσμέν o ὦμεν --R1134; el verbo en subjuntivo ὦσιν puede introducirse antes de ἐν τῇ διακονίᾳ --T302).

MT183 En los vv. 6 y sigs., hay un caso de acomulación de elipsis. Hay mucho apoyo para traducir ἔχοντες como virtualmente equivalente a ἔχομεν: *Pero tenemos dones de gracia que difieren según la gracia que nos fue dada, si el de profecía, (difiere) según la medida de nuestra fe, o el de servicio (difiere) en la esfera del servicio, o el que enseña (ejerciendo--*ἔχων*- su don) en la enseñanza, o el que exhorta en su exhortación, el que da (ejerciendo este carisma) con singularidad de propósito, el que gobierna, con un profundo sentido de responsabilidad, el que muestra misericordia, con alegría.* De esta manera se introduce διάφορον con προφητείαν y διακονίαν, y luego se comienza cada cláusula sucesiva con ἔχοντες χαρίσματα, casi con el mismo sentido en todas las cláusulas: el sentido duradero de ἔχω, *tener*, y por tanto, *ejercer;* tiene que retenerse. Por otro lado, la idea imperativa, que es el concepto usual que se entiende aquí, tiene que derivarse del hecho de que las frases prepositivas se colocan sucesivamente como interjecciones (lo cual es menos probable).

8 M114 En este versículo la omisión del artículo quizá se deba al uso adverbial de la frase prepositiva.

9 R439 Los participios están dispersos en este capítulo en una serie interminable, mezclados con infinitivos e imperativos. Así en los vv. 9-13 aparecen unos participios; en el v. 14, un imperativo, en el v. 15, un infinitivo; en el v. 16a, otros

participios; en el v. 16b, un imperativo y en el v. 17 más participios. Aquí el participio parece que prácticamente equivale al imperativo; los infinitivos también parece que son imperativos (comp. MT180; TGr166 y BD468[2]).

T177 El artículo se usa con los nombres en los vv. 9 y sigs., por cuanto éstos se refieren a virtudes de las cuales se supone que son bien conocidas.

10 M46 Τῇ *φιλαδελφίᾳ* ... *φιλόστοργοι* parece que es un uso adverbial del dativo (comp. T239): *Amense los unos a los otros con amor fraternal.*

M180 Los adjetivos simples *φιλόστοργοι* y *ὀκνηροί* se usan con un sentido imperativo (comp. R1172)

BD150 Π*ροηγούμενοι* significa *prefiriendo (no excediendo)*, si se analiza como *προκρίνειν* (como un infinitivo).

15 R944 En este versículo, *χαίρειν* y *κλαίειν* son claramente paralelos de *εὐλογεῖτε καὶ μὴ καταρᾶσθε* (infinitivos que se usan como imperativos; comp. B365; M126; MT179; BD389; tal vez se puedan sobreentender las palabras *χρὴ δεῖ* --T78).

16 R594 Εἰς con el acusativo se usa en lugar de un dativo: *unos a otros* o *los unos con los otros.*

M52 Π*αρά* con el dativo da el siguiente significado resultante: *sabios en su propia opinión.*

TGr166 Aquí los participios se usan como imperativos (comp. el v. 9): *vivan en armonía ...*

17 R573 En *ἀντί*, la idea de *en el lugar de*, o *en vez de* está presente donde dos sustantivos colocados en aposición el uno con el otro son equivalentes y, por tanto, pueden intercambiarse.

18 R611 En este versículo la preposición *μετά* con el participio expresa la idea de *compañerismo general.*

M33 y sig. Τὸ *ἐξ ὑμῶν* significa: *por su parte, hasta donde esté en su poder* (acusativo de referencia; toda la frase llega a ser adverbial: *en lo que dependa de ustedes* --T14).

19 T173 El artículo *τῇ* se usa aquí porque se refiere a la bien conocida ira.

MT180 El participio ἐκδικοῦντες significa: *no se venguen ustedes mismos (cuando les hagan mal)*; un sentido reiterativo; o *no ...* (como es su tendencia). [Editor. Posiblemente prevalezcan las dos ideas.] Este participio de presente se contrasta fuertemente con el aoristo decisivo δότε: *una vez por todas, no den lugar a la ira (que sólo puede hacer justicia o mal).*

21 R881 El tiempo presente de νικάω se usa como un perfecto. La acción es duradera sólo en el caso de estado, no en el caso de acción lineal (comp. T62): *ser vencido.*

Romanos 13

2 R807 Ἀντιτασσόμενος significa: *alinearse uno mismo contra* (voz media directa).

M144 Ὥστε se usa como una partícula de inferencia que significa: *así que, por tanto.*

BD188(2) El dativo ἑαυτοῖς se usa para indicar desventaja: *para sí mismos.*

3 T319 Θέλεις δὲ μὴ φοβεῖσθαι ... debe traducirse: *si tú deseas no tener temor de ...*

4 M70 El primer εἰς de este versículo se usa con un sentido final (e indica propósito): *para tu bien.*

5 R1181 La expresión *sino también*, que se dedujo de καί, es un adelanto a la sola idea de adición, la cual se debe al contexto, no a la conjunción καί. La cosa que se agrega está fuera de lo ordinario y se eleva hasta un clímax.

7 R758 En este versículo, el artículo se usa con cada cosa y con cada cualidad (con lo cual se particulariza cada cualidad).

8 R748 Τὸν ἕτερον significa: *prójimo.*

R897 Parece que el verbo πεπλήρωκεν se usa como un perfecto gnómico (se refiere a una verdad acostumbrada, bien conocida por los destinatarios).

R1173 El uso del negativo compuesto como un segundo negativo sencillamente tiene el propósito de fortalecer la negación: *no deban a nadie nada* --B489.

BD399(1) El infinitivo es reiterativo, ya que este es un mandato bien conocido.

9 R766 Los artículos *τό* y *τῷ* introducen las citas.

11 R1059 El infinitivo está en posición predicativa con *ὥρα*: *hora de levantarse* (comp. T139).

R1181 La expresión *καὶ τοῦτο* denota una adición explicativa (*y en verdad* --T45).

MT182 Debe sobreentenderse un imperativo, *y (hagan) esto con conocimiento* (el participio es más bien complemento de un imperativo sobreentendido, y no un imperativo en sí).

12 R901 El uso del aoristo y el perfecto juntos aquí no indica que hay confusión de los tiempos, sino que apoya su distinción.

13 M155 Μή se usa aquí por causa de la cercana relación con el verbo anterior en modo subjuntivo.

T76 El aoristo de subjuntivo significa: *pues, andemos* (denota el comienzo de esta forma de vida --BD337[1]).

## Romanos 14

1 M44 Τῇ *πίστει* probablemente se use en un sentido locativo metafórico: *débil en la fe.*

T22 Τὸν *ἀσθενοῦντα* es un singular genérico (que representa una clase total).

2 B387 El infinitivo se usa aquí como el objeto de *πιστεύει*: *tiene confianza.*

BD397(2) Aquí *πιστεύει* no significa: *creer*, sino *tener la confianza para arriesgarse, sentirse capaz para ...*

4 R539 El dativo *τῷ ἰδίῳ κυρίῳ* se usa como un dativo de ventaja o desventaja (comp. 6:2): *para la ventaja o desventaja de su propio señor.*

R678 El pronombre *σύ* tiene una posición muy enfática.

5 R692 Aquí ἴδιος es equivalente de ἑαυτοῦ. Aunque se puede suponer que los pasajes del N.T. son enfáticos cuando se usa ἴδιος (*por sí mismo* destaca el pronombre --MT89).

M51 La preposición *παρά* se usa con el significado de *más que, o más allá.*

M125 Los pronombres relativos ὃς ..., ὅς se usan como demostrativos: *un hombre ... otro hombre.*

6 R539 Κυρίῳ se usa como un dativo de ventaja (comp. BD188[2]); *en honor al Señor* --T238).

7 BD188(2) Los dativos que aparecen en los vv. 7 y sigs., expresan más la idea de posesión que la de ventaja o desventaja. [Editor. Lo más probable es que estos dativos se usen para indicar ventaja y desventaja (*vive para sí mismo*). Un dativo de posesión es realmente un dativo predicativo y generalmente aparece con *εἰμί, γίνομαι* o *ὑπάργω.* La construcción *τοῦ κυρίου ἐσμέν* no es exactamente paralela de ninguna de las construcciones dativas precedentes, especialmente por el hecho de que hay un cambio en el verbo.]

9 R834 Ἔζησεν significa: *llegó a estar vivo* (aoristo inicial; comp. el verbo *ἀπέθανεν*, que precede; B41; M10 y T71).

M195 Posiblemente hay algo más que pura retórica en el paralelismo de este versículo; como si su muerte fuera por los muertos y su vida por los vivientes.

10 R678 Σύ tiene aquí una posición enfática.

11 BD188(2) Ἐμοί se usa con un sentido de ventaja (*para mí*).

13 R1059 El infinitivo con artículo está en aposición con *τοῦτο* (la cláusula de infinitivo describe la decisión que debe tomarse).

14 T137 El infinitivo *εἶναι* es el complemento de λογιζομένῳ.

15 M44 El dativo *βρώματι* se usa con un sentido instrumental: *no lo destruyas por tu comida ...* (es causal --T242). [Editor. Parece que está incluida una idea causal en la traducción instrumental: *por causa de tu comida* es similar a *por tu comida*.]

16 T189 El pronombre posesivo no aparece comúnmente en primera posición como aparece aquí ὑμῶν (posiblemente indique énfasis).

17 R784 La frase prepositiva ἐν πνεύματι ἁγίῳ sin el artículo, se entiende como atributiva (comp. T221; modifica el sustantivo χαρά: *gozo en el Espíritu Santo).*

19 BD266(3) Τὰ τῆς εἰρήνης significa: *lo que contribuye a la paz.*

20 R1153 Pablo expresa un contraste agudo al usar μὲν ... ἀλλά.
M58 Aquí διά con el genitivo se usa casi como un adverbio y significa: *el que come de una manera que causa tropiezo* (la idea de medio y manera se matizan en un concepto --R583: *con ofensa* --T267).

21 R978 Parece que ἐν ᾧ aquí expresa una idea instrumental (de causa --T253). [Editor. Compare estas sugerencias con la observación que se hace en el v. 15. En verdad, una interpretación causal parece que representa el argumento de Pablo con más precisión.]
BD338(1) En καλὸν ... προσκόπτει, el aoristo de infinitivo debe tomarse estrictamente: *es bueno no comer carne ni siquiera una vez* (en un caso específico) ... *si eso pudiera causar ofensa*; no es un asunto de abstención continua.
BD480(1) En este versículo está implícita la expresión: *hacer cualquiera otra cosa.*

22 R716 Ἐν ᾧ implica ἐν τούτῳ (*con respecto a* --T265).

23 R897 El verbo en tiempo perfecto Κατακέκριται parece que se usa para expresar un concepto gnómico (para indicar una verdad acostumbrada): *es condenado.*

## Romanos 15

1 R1096 Ἀδυνατός aquí significa *incapaz*, aunque generalmente significa *imposible* (comp. MT221).

2 M53 Πρός con el acusativo se usa con un sentido transferido y significa: *hacer para edificación.*

3 BD332(1) El tiempo aoristo de ἤρεσεν se usa para una acción lineal que (habiendo terminado) se toma como un todo (en toda la vida terrenal de Cristo; un aoristo complejo: *Cristo no se agradó a sí mismo)*.

4 R563 La preposición πρό se usa con el primer verbo y se desliga del segundo, aunque retiene su sentido (comp. MT115).

5 B176 El optativo δῴη indica deseo (expresa una oración).

7 R809 Προσλαμβάνεσθε significa: *tómense a ustedes mismos* (está en voz media indirecta).

13 B176 El optativo πληρώσαι deseo (comp. el v. 5).

T145 Ἐν τῷ πιστεύειν tiene aquí un sentido causal: *porque ustedes creen* (es temporal --BD404). [Editor. Ἐν τῷ con un infinitivo se considera generalmente como una expresión temporal en el N.T. Pero si aquí se incluye la interpretación temporal, la idea de base o razón (es decir, causa) aun está implícita; la fe es la base para la bendición del gozo y la paz.]

T265 Ἐν τῇ ἐλπίδι se usa para denotar el concepto: *con respecto a la esperanza.*

14 R686 En este versículo, αὐτός aparece con la primera persona, y αὐτοί, con la segunda persona, lo cual indica un contraste agudo.

B154 El participio perfecto (πεπληρωμένοι) se usa para referirse a una acción terminada: *llenos de todo conocimiento.*

15 R846 El verbo ἔγραψα en el v. 15 pudiera referirse a otra porción de la misma epístola o a la epístola como un todo (se indica una parte anterior --T73). [Editor. La última sugerencia parece ser más probable, pero en realidad la frase ἀπὸ μέρους se refiere a las partes anteriores (plural).]

T30 El adjetivo comparativo se usa sencillamente como un positivo, *atrevidamente*, (Si un adjetivo comparativo no tiene el término de comparación no necesariamente tiene que ser positivo --R655). [Editor. Esta observación de Turner es cuestionable, ya que no es necesario incluir el término de comparación con adjetivo comparativo.]

16 R594 Εἰς con el acusativo se usa aquí, donde uno esperaría un dativo simple: *a los gentiles.*

T211 Τοῦ θεοῦ es un genitivo del sujeto, pues se dice que el objeto es *περὶ τοῦ υἱοῦ αὐτοῦ* (*el evangelio de Dios).*

17 BD160 La frase *τὰ πρὸς τὸν θεόν* se usa como un acusativo adverbial (*en lo que a Dios).*

19 M85 Μέχρι significa: *hasta.*

20 R748 'Αλλότριον, significa: *perteneciente a otro.*

22 R1061 Τοῦ con el infinitivo se usa como un ablativo con el verbo de impedimento (comp. B401): *he sido impedido de ir.*

B28 Cuando un imperfecto se refiere a una acción que no está separada del tiempo en que se habla por un intervalo reconocido, es mejor traducirlo al español como si fuera perfecto.

M108 ¿Significa *τὰ πολλά* en el v. 22: *aquellas muchas veces* (de las cuales todos ustedes están enterados), o *la mayoría de las ocasiones?* [Editor. La primera sugerencia presenta más fácilmente el significado común usual de *πολύς*. Esta interpretación también parece que explica la inclusión de la variante *πολλάκις* en algunos manuscritos.]

BD400(4) Pablo omite *μή* después del verbo *impedir*, de modo que la dependencia del verbo se aclara (realmente *τοῦ μή* con un infinitivo después de tales verbos significa: *para que ... no*).

23 T141 Τοῦ *ἐλθεῖν* después del nombre *ἐπιποθία* es explicativo: *un anhelo de verlos.*

24 M133 'Ως *ἄν* con el verbo en subjuntivo se refiere a un tiempo con grado de indefinición (*en mi inminente viaje a España* D445(2); se refiere a una acción definida en lo futuro --T112). [Editor. En esencia, Turner implica que el grado de indefinición está en el aspecto futurista.]

25 R891 El participio de presente *διακονῶν* se usa como un futuro con el sentido de propósito (sin embargo sólo por implicación): *con el propósito de ayudar.*

26 R502 Τῶν ἁγίων se usa como un genitivo distributivo (*los pobres entre el pueblo de Dios* --M43).

R528 La preposición εἰς con el acusativo se usa aquí para el dativo simple (*para los pobres*).

27 BD113(2) Σαρκικός significa: *perteneciente a la σάρξ*, de la naturaleza de la σάρξ.

28 R582 Winer toma δι' ὑμῶν con el significado: *a través de ustedes*, es decir, *a través de su ciudad, por el medio de ustedes*.

29 R589 El dativo ἐν πληρώματι se usa para representar una idea de circunstancia concomitante: *en la abundancia*.

M134 La idea que hay en el participio ἐρχόμενος pudiera ser *cuando*, o *si yo voy* (este ejemplo indica como las cláusulas temporales y las condicionales se sobreponen).

30 BD223(4) Διά con el genitivo se usa aquí como un modismo (en un llamado urgente): *por nuestro Señor*.

31 R783 El artículo τῶν no se repitió con la frase prepositiva ἐν τῇ Ἰουδαίᾳ, sencillamente porque no se sintió la necesidad de otro artículo (la frase prepositiva modifica a τῶν ἀπειθούντων).

M204 Εἰς con el acusativo, después de διακονία, probablemente debe tomarse con un sentido local que sustituye a ἐν con el dativo: *en Jerusalén*.

## Romanos 16

2 R505 El adverbio ἀξίως se usa con el genitivo de manera similar a una preposición (comp. Fil. 1:27): *digno de los santos*.

M145 La cláusula ἵνα aquí denota el contenido de συνίστημι, en vez de ser imperativa.

T41 Αὐτή significa: *ella misma*.

T265 La preposición que aparece en ἐν ᾧ se usa aquí con el sentido de: *con respecto a*.

4 R633 La preposición que aparece en el verbo compuesto ὑπέθηκαν tiene la idea de *poner bajo*.

BD293(4) El pronombre relativo definido ὅς y el indefinido ὅστις no se distinguen claramente en el N.T. En los vv. 4 y sigs., se hace una simple declaración al usar ὅς, mientras que una característica se presenta en el uso de ὅστις (comp. T47).

6 H446 El adjetivo πολλά tiene un sentido adverbial: *muy* (en los vv. 6 y 12); tal vez esto se deba a influencia semítica.

7 B82 El perfecto de indicativo γέγοναν se usa con respecto a un evento pasado que, por razón del contexto, necesariamente se piensa que está separado del momento en que se habla por un intervalo de tiempo. Es mejor traducir la última cláusula de este versículo: *quienes también estaban en Cristo antes de mí (quienes han estado en Cristo más tiempo que yo* --MT141)

10 R783 La frase prepositiva ἐν Χριστῷ es atributiva, aunque el artículo τόν no se repite (*el aprobado en Cristo*).

T169 La posesión de esclavos por parte de una familia parece que se indica en la construcción τοὺς *hermanos, cristianos*) ἐκ τῶν (*esclavos*) 'Αριστοβούλου, ... Ναρκίσσου (comp. BD162[5]).

15 M93n.1 Cuando πᾶς significa *todo* o *todas* no se incluye dentro de la unidad artículo-nombre. El v. 15 es una excepción sorprendente. Ciertamente τοὺς σὺν αὐτοῖς πάντας ἁγίους significa: *todos los santos con ellos.*

H350 Νηρεύς es un nombre personal y posiblemente se refiere a uno de los libertos de Nerón.

16 T212 Τοῦ Χριστοῦ se usa como un genitivo de relación con ἐκκλησίαι, con un concepto místico similar a ἐν Χριστῷ (las iglesias de Cristo)

17 R616 Aquí παρά con el acusativo tiene la idea de *más allá*, y por tanto, *contrario a* (comp. Ro 11:24 y 12:3).

R954 En σκοπεῖν τοὺς ... ποιοῦντας la cláusula de relativo es adjetival, pero en sí es sólo un incidente entre τούς y el participio ποιοῦντας (note también el modismo clásico de τούς, que se separa de ποιοῦντας).

19 BD447(5) Debe notarse en los casos de una lectura incierta que

envuelva a *μέν*, que la inclusión de esta palabra coloca el hincapié en el segundo miembro (indicado por *δέ*); así que, donde el énfasis recae en la primera parte, la segunda es sólo un apéndice, y *μέν* no debe traducirse (como en *σοφούς* [*μέν*]).

21 R173 *Σωσίπατρος* es de Corinto y *Σώπατρος* es de Berea (Hech. 20:4), aunque es posible que los dos nombres se refieran al mismo hombre (note las variantes textuales en la referencia de Hechos).

BD268(1) La expresión con artículo *ὁ συνεργός* significa: *mi bien conocido colaborador.*

25 R609 La preposición que aparece en *κατὰ τὸ εὐαγγέλιον*, se usa para introducir una norma o regla de medida.

26 R1117 Note el agudo contraste entre el aoristo (con *νῦν*) y el participio anterior en tiempo perfecto.

27 BD467 El pronombre relativo *ᾧ* debe omitirse, como ocurre en el manuscrito B, no sólo a causa del anacoluto (elipsis que deja una palabra sin su debida concordancia con la frase), sino especialmente para conectar la frase *διὰ* Ἰησοῦ Χριστοῦ con el resto de la oración (B mejora el texto --T343).

# 1 Corintios

## 1 Corintios 1

1 M95 El término κλητός en los vv. 1 y 2 significa: (*una persona*) *llamada*, y se usa sencillamente como un sustantivo que está en el preciso lugar que le corresponde a un participio.

5 T265 Ἐν παντί se usa como un dativo de referencia y significa: *con referencia a todo*.

6 R500 Μαρτύριον τοῦ Χριστοῦ significa: *testimonio acerca de Cristo* (genitivo de complemento directo).

9 R583 Διά se usa con el genitivo para referirse a Dios como la causa o el agente que interviene (comp. M204 y T267; denota el originador BD223[3]).

10 R1186 En el contraste que se establece con μὴ ... δέ, δέ es claramente una conjunción adversativa (similar a la construcción οὐ ... ἀλλά): *que no haya divisiones ... sino*.

R1413 Cuando la construcción con ἵνα prosigue con μή en una cláusula posterior, sólo se repite μή, pero continúa el sentido de ἵνα μή (ἵνα se usa para introducir una cláusula de complemento directo de un verbo de exhortación: *les suplico que* --B200).

BD223(4) Διά se usa aquí con el genitivo como un modismo que indica una petición urgente, y significa: *por*.

11 R502 El artículo τῶν usado con Χλόης se refiere a la familia en general: *por los de la casa de Cloé* --T16).

16 M161 Λοιπόν se usa como una expresión adverbial. Así que, toda la cláusula debe traducirse: *no sé si bauticé a algún otro además de ...*

17 B481 El negativo οὐ no niega el infinitivo, sino el verbo: *Cristo no me envió a bautizar*.

18 R827 En la expresión *οἱ ἀπολλύμενοι*: *los que perecen*, el destino se acentúa mediante el uso de *ἀπό*, y el tiempo verbal describe el proceso.

B125 El participio, *σῳζομένοις* puede traducirse: *a nosotros que somos salvos* (con el sentido de *a nosotros que llegamos a ser salvos*), o puede tomarse como un presente progresivo de acción simultánea. No puede significar: *los salvos*, con el sentido de *aquellos que han sido salvos*.

BD190(1) Las palabras *μωρία ἐστίν* significan: *se considera como locura*.

M114 El participio *ἀπολλύμενοι* tiene un fuerte sentido de duración, aunque el mismo verbo (*ἀπολλύω*) es perfectivo por el hecho de que la meta se alcanza idealmente: se requiere una transformación completa de sus sujetos, para sacarlos de la ruina que está implícita en su condición.

20 H402 En el uso clásico *μωραίνω* significa: *ser loco*, pero aquí significa: *enloquecer*.

21 B231 Ἐπειδή introduce una cláusula subordinada en el v. 21, pero una coordinada en el v. 22 (comp. Luc. 11:32).

M40 La expresión *τῇ σοφίᾳ τοῦ θεοῦ* se puede clasificar como un genitivo de sujeto (paralela a *ὁ θεὸς σοφὸς ἐστίν*); pero igualmente puede (quizás mejor) considerarse como un genitivo de posesión: *la sabiduría que pertenece a Dios*.

25 R962 Parece que tanto *ὅτι* en el v. 25 como *γάρ* en el v. 26, introducen cláusulas coordinadas.

M98 El complemento *τῶν ἀνθρώπων* probablemente se use con sentido vago en vez de *τῆς σοφίας τῶν ἀνθρώπων*: *más sabio que la sabiduría de los hombres*.

T14 Τὸ *μωρὸν τοῦ θεοῦ* equivale a *μωρία* (que precede): *la aparente insensatez de Dios*.

26 T282 La expresión negativa con *οὐ* forma una sola idea (*οὐ πολλοί* es similar a *muy pocos*).

27 R411 El plural neutro se usa en un sentido colectivo para representar personas (destaca la calidad y no a los individuos --T21).

BD138(1) Aquí se usa el plural porque el singular se entendería, a la luz del v. 25, como *la insensatez, ... la debilidad del mundo* (por consiguiente, se usa el plural para hacer referencia a personas).

29 R752 Μὴ ... πᾶσα significa: *ninguna carne.*
T105 Ὅπως se usa aquí como variedad estilística, (comp. v. 28), y por consiguiente tiene el mismo sentido de la palabra ἵνα que precede.

30 BD444(4) En esta enumeración τε es sólo un conectivo y no está correlacionado con καί. [Editor. Cuando τε καί o τε ... καί se encuentran en el N.T., por lo general τέ sigue a la palabra o a la primera palabra de la cláusula que conecta, y todo junto forma una construcción correlativa. En este versículo parece mejor introducirlo: *y además justicia, y santidad ...]*

31 R949 Probablemente hay una elipsis de γένηται después de ἵνα (por tanto, significa: *a fin de que pueda suceder, o resultar tal como ...* La adopción de una cita literal en lugar de una paráfrasis hubiera requerido el subjuntivo [en vez de γέγραπται] --BD481; comp. M139).

## 1 Corintios 2

1 R85 Uno no debe forzar el lenguaje de Pablo en 1 Cor. 2:1-4 hasta el punto de negar que él pudo haber usado el estilo literario. Lo que allí se manifiesta es más bien un rechazamiento del arte ampuloso que fue tan común desde Tucídides hasta Crisóstomo. Con esta comparación en mente, habla Orígenes (Celso, VII, 59) sobre la inferioridad literaria de Pablo.
M105 La razón por la cual aquí aparece οὐ con el participio es que la distancia que hay entre el negativo y el participio haría que μή sonara extraño. Resulta que el negativo con el participio significa: *no proclamando.*

2 R1181 La última cláusula de este versículo, introducida por καί, es una adición explicativa de Χριστόν (καί en aposición; comp. T335; la conjunción con el pronombre demostrativo es enfática --BD442[9]: *y a El crucificado.*

M156 Οὐ γὰρ ἔκρινα τι εἰδέναι evidentemente significa lo que normalmente se ha expresado mediante las palabras ἔκρινα γὰρ μηδὲν εἰδέναι; y el uso de οὐ en vez de μή parece que se debe al desplazamiento del negativo (pero J.B. Lighfoot [en el sitio correspondiente] sostiene lo contrario; *no tuve la intención, no tuve el deseo ...* es el significado). [Editor. Parece que Lightfoot tiene razón, puesto que él ofrece una explicación más sencilla del texto tal como está escrito. Οὐ es el negativo que uno esperaría con un verbo en indicativo (ἔκρινα). Además es mejor no cambiar el orden de las palabras, si se puede lograr una traducción satisfactoria sin alteraciones.]

4 R1206 Los judaizantes en Corinto no discutían las delicadezas retóricas de estas epístolas. Ellos sentían el poder de las ideas, aunque se resistían a la autoridad de Pablo. Pablo usó tropos (lenguaje figurado), pero con ellos él golpeó corazones, y no sólo halagó la fantasía de los amantes de la sofistería (argumento y razonamiento sutiles). Pablo negó que él hubiera hablado ἐν πιθοῖς (πειθοῖς) σοφίας λόγοις, aunque al que ama a Cristo, le parezca que sus palabras están llenas de la mayor atracción para el alma del hombre. Uno tiene que descontar esta desaprobación, no sólo por la modestia natural de Pablo, sino por el contraste con el concepto que los corintios tenían de πιθός. A ellos les encantaban los giros retóricos de los oradores artificiales de su tiempo.

M78,79 'Εν con el dativo πειθοῖς probablemente se usa con el sentido de acompañamiento (comp. 1 Tes. 2:5): *con palabras persuasivas de sabiduría.*

5 T253 Aquí, en ambos casos, ἐν se usa con el dativo y tiene el sentido de *por causa de.*

6 T264 Aquí se usa ἐν con el dativo en forma pleonástica, en lugar del dativo normal, y significa: *hablamos a los perfectos ...* (para provecho de ellos).

BD447(8) El segundo δέ de este versículo se usa para introducir una explicación: *pero* (o *aunque*) *no la sabiduría.*

7 R418 El orden de las palabras en θεοῦ σοφίαν, hace que se destaque de manera apropiada la palabra θεοῦ (la sabiduría de Dios).

R589 La preposición *ἐν* tiene la idea de *en forma de* (comp. BD220[2]; quizá descriptiva, *que consiste en* --M78).

R1117 Aquí el uso del tiempo perfecto del participio indica que la sabiduría de Dios ya no está escondida (el participio perfecto se usa aquí como un pluscuamperfecto para denotar un estado existente que es anterior al tiempo del verbo principal (comp. el v. 10 --B156).

M74 La preposición *πρό* se usa aquí con un sentido temporal y significa: *antes de los siglos, antes del tiempo.*

9 M183 Ἐ*πὶ τὴν καρδίαν* (se usa en vez de *ἐν τῇ καρδίᾳ*) puede ser una expresión correcta en griego; pero luce como una traducción literal de la LXX (significa: *ningún pensamiento le vino al hombre* --BDp.3, n.4).

13 R654 Existe una ambigüedad en *πνευματικοῖς πνευματικὰ συγκρίνοντες*, pero la presencia de λόγοις lo inclina a uno a pensar que aquí Pablo combina ideas espirituales con palabras espirituales.

M40 El adjetivo *διδακτοῖς* aparece dos veces en este versículo con un genitivo de sujeto y significa: *no con palabras enseñadas por sabiduría humana, sino con palabras enseñadas por el Espíritu* (comp. T211).

14 R159 Ψ*υχικός* se refiere al hombre que sólo posee vida natural (v. 14), la cual se opone a la vida regenerada (*πνευματικός* en el v. 15).

BD190(1) Μ*ωρία ἐστίν* significa: *se considera como locura* (comp. 1:18).

16 R724 Ὅς se usa para denotar una idea consecutiva: *para que,* o *de tal modo.*

## 1 Corintios 3

1 BD113(2) Σ*αρκικός* (*que pertenece a* la *σάρξ*, de la naturaleza de la *σάρξ* [en contraste con *πνευματικός*]) a veces se confunde en los manuscritos con *σάρκινος* (*hecho de carne*). (Los adjetivos que terminan en *ικός* generalmente significan: *como*; los que terminan en *ινος* generalmente tienen la idea de *hecho de*. La

terminación ινος denota una relación material, mientras que ικός denota una relación ética o dinámica con respecto a la idea precedente de la raíz. En este versículo se escogió deliberadamente *σαρκίνοις* para diferenciarlo de *σαρκικοί* que aparece en el v. 3. La inclusión de *σαρκικοῖς* en algunos manuscritos posteriores es una obvia corrección --H378; comp. R158 y 1 P. 2:11).

2 T330 Ἀλλά introduce una vigorosa adición y significa: *sí, en verdad* (enfático --BD448[6]).

3 BD456(3) Ὅπου significa: *por cuanto.*

5 R583 La idea intermedia (de agencia) de *διά* se ve claramente aquí (*por medio de los cuales*).
BD442(9) Καί tiene aquí un sentido explicativo (*es decir*).

6 BD448(2) El sentido de este versículo es: *pero el que hizo que creciera no fue Apolos, ni yo, sino Dios* (ἀλλά indica un claro contraste).

7 M144 Ὥστε se usa como una partícula de inferencia que significa: *así que, en consecuencia.*

8 R691 El adjetivo *ἴδιον* implica en este caso lo que es peculiar a uno, su particularidad o idiosincracia (comp. T191, MT90 y 1 Cor. 7:7).

9 H341 El sustantivo *γεώργιον* parece que aquí significa: *labranza, cultivo.*

11 R616 La preposición *παρά* tiene en este versículo la idea de *además de*, o *por encima de* (un tipo de comparativo, *otro además de*, comp. M51).

12 B240 En el v. 12 es probable que debamos leer: *si alguno construyendo*, y entender que la cláusula se refiere a lo que entonces estaba ocurriendo hipotéticamente, en vez de entender que se refiere a lo que podría ocurrir en cualquier momento.
BD460 El asíndeton (omisión de una palabra conectiva) en este

versículo tiene eficacia retórica y debe leerse con ánimo (vivacidad) destacando la escala estudiada de valor descendente.

13 M77 Si las palabras *ἐν πυρί* se usan con *ἔργον* tienen sentido instrumental; pero si van con *ἡμέρα*, expresan acompañamiento (la frase prepositiva tiene un sentido instrumental --R590). [Editor. El sujeto más apropiado de *ἀποκαλύπτεται* es el *τὸ ἔργον* que le precede. Por consiguiente, la frase prepositiva presenta un sentido instrumental.]

14 BD372(2a) En los vv. 14 y 15 se usa *εἰ* con el futuro de indicativo (de realidad) para expresar una deducción (se presenta una deducción lógica de la declaración previa).

15 R582 La preposición *διά* tiene la idea de *pasar entre, a través de*.

17 M131 Se ve en este caso que se agrega la cláusula relativa (*οἵτινες* ...) para dar sentido adicional a la declaración previa (explicativo) *(y eso es lo que ustedes son)*.

19 M52 *Παρά* con el dativo se usa en un sentido metafórico, y significa: *a la vista de Dios*.

21 M144 *Ὥστε* se usa como una partícula de inferencia, y significa: *así que*, o *por eso* (significa: *por tanto* --R1000). [Editor. En esencia, estas traducciones son similares. La partícula introduce una inferencia que surge de la discusión previa.]
T265 *Ἐν* con el dativo significa: *con referencia a*.

## 1 Corintios 4

1 H433 *Ἄνθρωπος* se usa con un sentido indefinido (posiblemente semítico): *uno*.

2 R992 *Ἵνα* introduce una cláusula sustantiva que funciona como el sujeto de *ζητεῖται* (la cláusula debe traducirse: *lo que se requiere de los administradores es que cada uno sea hallado fiel* [*sea fiel*] --B212).
M161 *Ὧδε* ... *ἵνα* debe traducirse: *de acuerdo con esto* (*ὧδε* se

refiere al versículo precedente donde se ha llamado a los apóstoles administradores), *se deduce que* (λοιπόν) *lo que se busca en los administradores es que ...* (comp. BD451[6]).

T265 'Eν con el dativo significa: *con referencia a* (comp. 3:21).

3 T31 'Ελάχιστος es un superlativo en grado no absoluto y significa: *muy pequeña cosa* (comp. MT236).

T139 La cláusula con ἵνα explica el contenido del adjetivo ἐλάχιστον (una cláusula sujeto; comp. R992): *es una cosa muy pequeña que yo sea* (comp. el v. 2).

4 M51 'Eν τοῦτῳ significa: *por esa razón* (es decir, de causa; comp. T253).

5 R757 'O ἔπαινος significa: *la alabanza que corresponde a cada uno* (el artículo hace resaltar esta connotación).

M144 "Ωστε se usa como una partícula de inferencia, y significa: *así que, por consiguiente*.

TGr131 y sig. ¿Qué era exactamente lo que Pablo pensaba que Dios algún día sacaría a la luz? ¿Se refería a las cosas que las tinieblas esconden, o más bien a las mismas tinieblas que las encubren? Si seguimos de cerca, su razonamiento es el siguiente: En un mundo en que se toman decisiones con criterios prejuiciados, y donde los motivos están mezclados, es imposible juzgar justamente a causa de la ignorancia y prejuicio que conducen a la ceguera. No es simplemente que el hombre carece de omnisciencia, o que algunos hechos se escondan de él cuando toma una decisión, sino que la situación es peor. Hay unas tinieblas reales que envenenan y desorientan la mente, que sólo pueden ser quitadas por el esplendor de la *parusía* del Señor, y no por la sola adquisición de mejores conocimientos. Así que lo que Pablo estaba sugiriendo era que Cristo desvanecerá *las mismas tinieblas que encubren*. El estaba siendo juzgado en Corinto por su mayordomía, y pensaba que, si sus acusadores sólo carecían de hechos que aclararan la verdad, eso podría arreglarse pronto. No se necesitaba la *parusía* para sacar a la luz nuevos hechos; sin embargo, sólo la *parusía*, nada menos, podría desvanecer el prejuicio, que es lo que contribuye con *las tinieblas que encubren* la verdad deliberadamente (v. 6).

6 R675 Εἷς se usa como un pronombre indefinido: *cada uno*.

B198 En este caso ἵνα aparece con un futuro de indicativo sólo como una cláusula de propósito (a menos que θυσιοῦσθε se tome como subjuntivo; en realidad es un subjuntivo --H75). [Editor. Parece que es mejor tomar este verbo contracto como subjuntivo (comp. BD91), especialmente por el hecho de que sigue a ἵνα.]

M64 Τὸ *μὴ ὑπὲρ ἃ γέγραπται* significa: *no más de lo que está escrito*. Pero puede ser una glosa marginal, en la cual algún escriba pudo haber usado ὑπέρ en su raro sentido local, con referencia a algún manuscrito que había visto. (Pero si no se recurre a una enmienda, es mejor tomar esto como la cita de un lema conocido por Pablo y sus lectores --M111; comp. T182). [Editor. El texto así como está tiene fuerte apoyo de los manuscritos. En consecuencia, la alteración del texto sería un pobre método de exégesis, si se puede lograr una traducción válida, sin apelar a tal práctica.]

M77 Una extensión del uso instrumental de ἐν se pudiera calificar como ejemplar. La oración ἵνα ἐν ἡμῖν μάθητε, quizá signifique: *para que, al considerar nuestro caso, ustedes aprendan*. (Comp. R587; tiene un sentido causal --H463). [Editor. En verdad, en la sugerencia de Moule se puede notar un sentido causal resultante.]

BD247(4) La última parte de este versículo significa: *cada uno a favor de uno contra el otro (ninguno ... a favor de uno contra el otro)*.

7 R1184 En este versículo, la traducción apropiada del primer δέ es *si* y la del segundo es *pero* (adversativo).

B282 En la cláusula condicional, la conjunción καί es intensiva, para destacar la palabra que sigue y sugerir una suposición extrema en cierto sentido: *pero si en verdad lo recibiste* (comp. 7:11).

8 R841 Cuando se trata de deseos sobre el pasado (deseos inalcanzables), se utiliza en el N.T. ὄφελον (una forma reducida de ὤφελον) con el aoristo de indicativo (comp. BD359[1]); y los expresa como un lamento --T91: *yo aun deseo que ustedes hubieran llegado a ser reyes*).

B27 Parece que el deseo que aquí se expresa se refiere al tiempo presente. El tiempo aoristo se usó para representar la acción de una manera indefinida como un simple evento. [Editor. Si Pablo hubiera deseado expresar un deseo presente, hubiera utilizado el método normal que consistía en el empleo de un verbo en imperfecto con ὄφελον, y no de un aoristo.]

B54 El tiempo aoristo de ἐπλουτήσατε es incoativo y representa el punto de entrada; ἐβασιλεύσατε también es incoativo y significa: *ustedes han llegado a ser reyes* --M11).

BD439(2) Aquí la partícula γέ es enfática: *y yo aun deseo que ustedes ...*

BD495(2) Las tres primeras declaraciones de este versículo son un ejemplo del uso que Pablo hizo de la ironía (comp. 1148).

9 R481 Note el doble acusativo que aparece con ἀπέδειξεν (un predicado acusativo): *Dios nos ha exhibido como los apóstoles, como los postreros.*

R788 Los nombres ἀγγέλοις y ἀνθρώποις, que aparecen sin artículo, particularizan a τῷ κόσμῳ: *al mundo, tanto a los ángeles como a los hombres.*

10 H307 Ἔνδοξος significa: *con gloria.*

12 M150 El participio λοιδορούμενοι tiene un significado similar a una cláusula condicional (con sentido concesivo): *aunque siendo injuriados.*

13 R618 Περικάθαρμα significa: *desperdicio* y περίψημα significa: *desecho.*

M13 Ὡς ... ἕως ἄρτι (con el aoristo) literalmente significa: *llegamos a ser la inmundicia del mundo ... hasta ahora*; pero la expresión "hasta ahora" (que elimina el intervalo entre el hecho y el tiempo en que se habla) demanda en español el presente perfecto: *nosotros hemos llegado a ser ...*

14 R1138 y sig. El negativo οὐκ niega el significado del participio ἐντρέπων. [Editor. Οὐκ se usa aquí para negar el participio, (en lugar de μή, el negativo que se encuentra normalmente con los participios), a causa del contraste formal indicado por οὐ ... ἀλλά.]

15 R283 Μυρίοι significa literalmente *muchos miles.*

R582 Διά con el genitivo se usa en un sentido instrumental: *por medio de.*

R1018 'Εάν con el subjuntivo en este caso se refiere al resultado futuro (resulta ser).

T330 Después de la cláusula condicional, ἀλλά debe traducirse: *por lo menos* (comp. BD448[5]).

17 R960 La cláusula relativa ὃς ὑμᾶς ἀναμνήσει se usa para indicar propósito (puede contrastarse con la simple cláusula explicativa relativa ὃς ἐστίν μου τέκνον que aparece en la misma oración.

M33 Aquí el doble acusativo debe traducirse: *él les recordará mis procederes.*

18 B440 'Ως ... τινες debe traducirse: *pero algunos están envanecidos, como si yo no estuviera en el proceso de ir a ustedes* (es decir, *porque [como ellos suponen] yo no estoy en el proceso de ir;* ὡς con el participio expresa un motivo del subjetivo --T158).

20 M79 'Εν se usa con un sentido descriptivo: *el reino de Dios no consiste en palabras, sino en poder* (comp. T265).

21 R534 La preposición ἐν ῥάβδῳ indica instrumento (comp. MT12; también hay la posibilidad de que designe la circunstancia acompañante --R589; asociativa --T241; *armado con* --H23). [Editor. Parece que ἐν tiene un sentido asociativo (es decir, indica una circunstancia concomitante), que describe la manera de ἔλθω. Se implica que si Pablo fuera con una vara, ese sería el medio para castigarlos.]

## 1 Corintios 5

1 R803 El verbo ἀκούεται (en voz pasiva) aparece con el sentido: *se informa* (reiterativo).

M140 En πορνεία ... τοιαύτη ... ὥστε, parece que la partícula ὥστε es más apositiva que consecutiva o final, aunque el uso de τοιαύτη bien pudo haber influido en la elección de ὥστε, al darle a la oración una forma consecutiva: *que alguno tiene la esposa de su padre.*

BD473(1) El pronombre (τινά) usualmente se coloca tan cerca

como sea posible del comienzo de la oración. La posición de *τινά* aquí parece destacar el significado tanto de *γυναικά* como de *πατρός*.

2 T95 En este versículo la palabra *ἵνα* usualmente se toma con sentido final, pero sólo tendría sentido si se toma como imperativo: *que él ... sea quitado*.

4 R628 La preposición *σύν* tiene un sentido técnico: *junto con*.

7 R399 La palabra *τὸ πάσχα*, está en aposición y precede al nombre Χριστός (lo cual es raro, y es posible que tenga el propósito de hacer resaltar el concepto del sufrimiento).

BD452(3) El bien conocido uso de *καὶ γάρ* que significa: *porque*, en el cual *καί* ha perdido completamente su fuerza, se sugiere algunas veces como traducción en este versículo; pero en este caso *καί* equivale a *también*, aunque se refiere a toda la oración y no a una sola idea. [Editor. Cuando *καὶ γάρ* se encuentra en el N.T., *γάρ* es la conjunción que conecta la oración o cláusula. Pero *καὶ* se usa como adverbio, como se ve en este versículo (ejs.: Mat. 8:9; Mar 10:45; Luc. 6:32; Juan 4:23; Hech. 19:40; Rom. 15:3; 1 Tes. 3:4).]

8 R931 En *ὥστε ἑορτάζωμεν*, el subjuntivo es exhortativo y *ὥστε* indica inferencia (*así que celebremos*; comp. M144).

9 R1047 En los vv. 9 y 11, se usa el infinitivo para dar un mandato indirecto (imperativo: *no se asocien*).

T93 El significado de *ἔγραψα* indica claramente que Pablo había escrito una carta, por la cual habían surgido preguntas; ahora se prepara para contestarlas (comp. Rom. 15:15, R757 y BD334).

10 B249 En este versículo aparece una cláusula condicional contraria a la realidad, pero de la apódosis se omite *ἄν* (*en tal caso ustedes tendrían que salir ...* [*pero no se salgan*] --BD358[1]).

T318 'Επεί tiene un sentido causal en el N.T., pero en ocasiones se debilita hasta el punto de significar: *porque de otra manera*, como en este versículo (comp. BD456[3]).

BD433(2) Parece que *οὐ πάντως* tiene el siguiente sentido: *no me refiero a lo inmoral en general*.

11 R1185 Μηδέ se usa con el significado de: *ni aun*.
B44 Ἔγραψα es un aoristo epistolar (así el escritor se coloca en el lugar de sus lectores; note el contraste de significado con la misma palabra en el v. 9).

12 T240 Εἰμί (aunque se omite) con el dativo tiene el significado: *que están*.

13 BD288(1) En la cita de Deut. 17:7, el pronombre reflexivo *ἑαυτῶν* fue reemplazado por *ὑμῶν αὐτῶν* en el texto de la LXX, y Pablo cita la misma: *de entre ustedes*.

## 1 Corintios 6

1 R603 'Επί con el genitivo tiene en este caso el significado de: *ante, en la presencia de*.
R811 El verbo *κρίνεσθαι*, que está en la voz media, se usa con una idea recíproca (es decir, como si *ἀλλήλων* apareciera en el contexto): *juzgarse los unos a los otros*.
M53 Πρᾶγμα ἔχων τὸν ἕτερον debe traducirse: *al tener alguna demanda contra su prójimo* (comp. T274).

2 BD219(1) 'Eν *ὑμῖν* se usa con sentido instrumental (esta frase prepositiva tiene un uso único aquí: *en su juicio* --T253). [Editor. La voz pasiva de *κρίνω* con *ἐν* y el dativo pueden tener el significado de: *juzgar ante*. Entonces, parece que tiene un sentido locativo.]
MT236 'Ελαχίστων se usa como un superlativo no absoluto de inferencia: *muy pequeñas*; comp. 4:3.
H343 El sustantivo *κριτήριον* significa: *demanda legal*, en los vv. 2 y 4.

3 BD247(3) El vocablo elíptico *μήτιγε* equivale a *πόσῳ γε μᾶλλον* y significa: *para no hablar de (para no hablar de los simples asuntos de la vida diaria* --MT240).

4 BD450(4) Μὲν οὖν se usa en respuestas para intensificarlas o corregir (con fuerza compuesta --clásico): *por tanto*.

6 R409 Existe una dificultad en el uso del singular *ἀδελφοῦ*. La forma más completa hubiera sido el plural o la repetición de la palabra: *ἀδελφοῦ καὶ ἀδελφοῦ*. Parece que Pablo (como otros escritores del N.T.) sigue el uso griego normal con libertad propia e individualidad. Esta frase significa: *entre sus hermanos*.

R610 En el v. 6 *μετά* se usa con un sentido hostil (en el contexto de juicios legales: *el hermano va a juicio contra el hermano)*.

T45 *Καὶ τοῦτο* en los vv. 6 y 8 significa: *en verdad* (el *καί* apositivo se usa con el demostrativo con sentido enfático para particularizar el punto --BD442[9]).

7 R690 *Ἑαυτῶν* se usa con sentido recíproco: *los unos con los otros* (es decir, en lugar de *ἀλλήλων*, comp. T43).

R808 Los verbos *ἀδικεῖσθε* y *ἀποστερεῖσθε* pudieran estar en voz media y significar: *permitan ustedes mismos el ser agraviados y robados*. El sentido permisivo de la voz media está íntimamente relacionado con el causativo y se acerca al pasivo (estos dos verbos expresan una idea activa y no pasiva ni media: *sométanse al fraude* y *sométanse a la pérdida* --T57; *permitan* --BD314). [Editor. No hay razón aparente para forzar la voz media de estos verbos y sacarles un sentido activo.]

11 R411 El pronombre neutro *ταῦτα* se usa para referirse a la gente (este pronombre se usa en una manera similar a *τοιοῦτοι*, pero más definida y enfática --R704).

R807 *Ἀπελούσασθε* significa: *ustedes se lavaron*.

BD448(2) *Ἀλλά* aparece sin un negativo que le preceda o le siga en el contexto. Así que fácilmente se pueden introducir las palabras *pero ustedes ya no son*, seguidas por el modo adverbial *al contrario*.

H397 *Δικαίοω* tiene el significado de un verbo que expresa la idea de conceder cierto carácter, y debe traducirse: *considerar como* ... o *tratar como* ... no *justificar*.

12 M196 Es concebible que un problema arduo que se presentó en 1 Cor. 6 deba ser solucionado mediante el diálogo conveniente (estilístico). Muchos comentaristas reconocen que la primera parte del v. 12 pudiera representar un lema antinómico "libertino", citado por Pablo para hacerle frente con su propio

lema en la segunda parte del mismo v. 12, y que el caso es similar a las dos partes del v. 13; pero parece que no se ha sugerido que el v. 18 sea también esencialmente un diálogo. Si no lo es, nos enfrentamos a la perplejidad de que Pablo declara que la fornicación es esencialmente diferente (y no sólo en grado) de cualquier otro tipo de pecado. Esta es una posición con la cual muy pocos cristianos modernos estarían de acuerdo. Pero si está en forma de diálogo, tenemos lo siguiente:

18a (lema "libertino" de los Corintios): Πᾶν ... ἐστιν (es decir; ningún pecado puede afectar el verdadero "cuerpo" de un hombre: la concuspiscencia física no puede tocar la "personalidad" segura del iniciado).

18b (réplica de Pablo): ὁ δὲ ... ἁμαρτάνει (al contrario, cualquiera que comete fornicación, comete una ofensa contra su propia "personalidad").

En algunos contextos, σῶμα requiere claramente un sentido más corporal; y aunque se piense que en este caso es improbable (especialmente en vista de 2 Cor. 12:13, donde se puede demostrar que se alude al "cuerpo"), la lógica del pasaje es tan difícil en la exposición ordinaria, que vale la pena considerar tal alternativa.

14 R582 Διά con el genitivo se usa para indicar agencia: *por medio de.*

15 B176 Aquí aparece el optativo de deseo (μὴ γένοιτο), el cual desaprueba vigorosamente algo que se ha sugerido.

16 T253 Εἰς con el acusativo se usa como un predicado nominal (semítico): *los dos llegarán a ser una sola carne.*

19 T23 Τὸ σῶμα ὑμῶν es un ejemplo en que aparece un distributivo singular con un pronombre plural (es decir, algo que pertenece a cada persona de un grupo se coloca en singular).

20 R1149 Δή se usa con el imperativo para expresar urgencia: *así que glorifiquen a Dios.*

M39 Τιμῆς se usa como genitivo de cantidad: *ustedes fueron comprados por un precio.*

## 1 Corintios 7

1 M63 La preposición *περί* se usa en un sentido absoluto. La traducción de la primera parte de este versículo debe ser: *en cuanto a las cosas de las cuales me escribieron.*

2 M121 Ἴδιον y ἑαυτοῦ aquí parecen ser prácticamente equivalentes (comp. T191 y MT89): *propio.*

5 M53 Πρὸς *καιρόν* significa: *por un tiempo*, y denota duración.
M145 La primera cláusula en que aparece *ἵνα* en este v., tiene un sentido imperativo (dudoso, en verdad --T95). [Editor. La cláusula introducida por *ἵνα* depende del imperativo *ἀποστερεῖτε.* En consecuencia, *ἵνα* tiene un sentido imperativo, aunque tal idea no está inherente en el verbo mismo (*no se nieguen el uno al otro ... excepto ... para que puedan*).]
BD376 En *εἰ μήτι ἂν ἐκ συμφώνου*, se agrega la partícula *ἄν* para indicar una modificación hipotética de esa frase. El significado resultante es: *excepto por acuerdo.*

6 R609 Κατά con el acusativo se usa para expresar una norma (la frase significa: *a manera de concesión* --M59).

7 R691 Ἴδιον implica lo que le es peculiar a uno, su propia particularidad o idiosincracia (*su propio don* --T191).

10 TGr101 y sigs. En los vv. 10-16, Pablo presenta la enseñanza de que, en general, ningún hombre debía divorciarse de su esposa, ni la esposa de su marido.

11 B282 La primera conjunción *καί* aquí es intensiva, y destaca la palabra que sigue y sugiere una suposición que es extrema en cierto sentido (comp. 4:7): *pero si ella en verdad se separa.*

12 TGr101 En este versículo Pablo declara que las palabras de nuestro Señor sobre la indisolubilidad del matrimonio no se aplican en casos como éstos.
T37 Hay cierto grado de énfasis o antítesis en el uso de *ἐγώ*: *yo digo*, (en contraste con *κύριος*).

14 T262 'Eν con el dativo puede usarse con un sentido local y significa: *en la esfera de* la esposa o el esposo cristiano (ἐν con el dativo se usa en un sentido causal --H463). [Editor. Parece que la preposición tiene un sentido de causa en este versículo; el esposo (o esposa) es santificado(a) a causa de la influencia de su cónyuge. Pero la idea local también estaría implícita (en oposición a la de separación). Pablo señala específicamente la razón lógica de la conversión, en vez de presentar simplemente la situación en la que ocurre.]

T318 'Eπεί significa: *pues de otra manera* (comp. 5:10).

15 R948 Note el uso permisivo del imperativo en *χωριζέσθω*, que significa: *que se separe*.

M79 La preposición ἐν (en ἐν εἰρήνῃ) puede usarse en vez de εἰς, lo cual da como significado resultante: *Dios los ha llamado a la paz en la cual El desea que ustedes vivan* (comp. T263).

16 M154 No hay seguridad en cuanto a si esta pregunta directa tiene el propósito de esperar la respuesta *sí* o la respuesta *no* (a propósito la pregunta se deja indefinida).

17 R1025 Eἰ μή tiene el sentido de *sólo*, y no debe analizarse con περιπατείτω (significa: *pero* y equivale a πλήν --BD376). [Editor. Ambas traducciones son similares por cuanto son adversativas.]

T75 Aquí el presente de imperativo de περιπατέω significa: *continúe caminando*.

T262 'Eν con el dativo en este versículo puede significar: *en* o *para las iglesias*. [Editor. El sentido normal de ἐν ofrece una traducción válida. Si Pablo hubiera deseado expresar la idea de *para*, hubiera podido emplear el dativo simple.]

18 T264 Puesto que se usa el verbo καλέω en el v. 18, la frase no significa: *a la incircuncisión*, sino *siendo incircunciso*.

BD494 La descomposición de una oración para colocar sus partes componentes de manera inconexa (como sucede aquí), produce un efecto más poderoso que el que daría la forma normal.

21 M21 El v. 21 es un pasaje en que, si ciertamente pudiera dependerse del significado del tiempo imperativo, podría tener

importancia exegética. ¿Significa esta declaración: *pero decida aprovecharla (la oportunidad para hacer eso)*? ¿O Significa: *pero aunque pueda ..., decida más bien continuar en su actual empleo*? En el último caso, uno hubiera esperado un presente de imperativo; y de hecho, es preferible la primera interpretación (especialmente en este contexto; comp. M167).

TGr103 Pablo seleccionó el aoristo de imperativo: *¡Aprovecha tu oportunidad de ser libre!* La cuestión sobre el significado preciso de la partícula condicional (*εἰ καί*), si es *si* o *aunque*, no es realmente relevante para la discusión, ya que *εἰ καί* puede tener ambos significados: *una vez y por todas*. (Sólo con un presente de imperativo la interpretación debe ser: *usa tu condición actual para la gloria de Dios* --T76; comp. MT247.)

H165 Μᾶλλον se usa para destacar el concepto, y significa: *de cualquier manera*.

25 R1128 Ὡς *ἠλεημένος* se usa con una idea de causa (es decir, la base de la acción del verbo principal es sugerida por el participio; éste sugiere la idea de manera --B446; expresa un motivo del sujeto: *con la convicción de que* --T158; comp. *como uno que* --BD425[3]). [Editor. Parece que *ὡς* señala una cualidad característica de Pablo, con el sentido de *como uno que*; comp. 2 Cor. 6:4; Ef. 5:1 y 1 Tes. 2:4.]

M63 La preposición *περί* tiene un sentido absoluto (comp. el v. 1): *en cuanto a las señoritas*.

M127 Aquí se usa el infinitivo en una manera apositiva. Así que *ἠλεημένος ... πιστὸς εἶναι* significa: *ha alcanzado suficiente misericordia ... para ser fiel*.

26 R1059 El infinitivo con artículo se usa como sujeto de un verbo implícito (*es bueno ser*).

R1205 Ὅτι *καλὸν* es una expansión de *τοῦτο καλόν* y significa: *que es bueno*.

27 MT125 La prohibición, que en este caso está en presente, significa: *deje de buscar*.

28 R1027 Ἐὰν *καί* tiene la idea de *si aun*, en vez de *también si*.

B50 El tiempo aoristo se usa a manera de prolepsis, pero es una figura retórica y no un modismo gramatical. La oración condicional significa: *pero aun si se casa no ha pecado.*

29 R1140 Aquí el participio con ὡς tiene una idea concesiva o condicional. [Editor. Parece que el contexto favorece un sentido condicional: *como si.*]

M34 Τὸ λοιπόν significa: *finalmente* o *de aquí en adelante, así que, por lo que resta* --M161).

M145 La cláusula en que aparece ἵνα se usa como un imperativo (comp. T95; BD387[3] y MT179): *Que los que tienen esposa vivan como si no la tuvieran.*

31 T51 En este versículo παράγω significa: *desaparecer.*

34 T220 Aquí aparece el dativo de referencia: *con referencia al cuerpo y el espíritu.*

35 R689 Ὑμῶν αὐτῶν se usa como un pronombre reflexivo: *su propio.*

BD117(1) Εὐπάρεδρον significa: *constante* en el v. 35 (es peculiar porque se usa el adjetivo en vez del sustantivo).

36 R1204 El sujeto del verbo γαμείτωσαν está implícito en el contexto (es decir, los dos jóvenes): *que se casen.*

B182 Los verbos imperativos se usan para expresar consentimiento, o sólo para proponer una hipótesis; así que la última parte de este versículo debe traducirse: *y si la necesidad así lo requiere, que haga lo que quiera; no peca, que se case.*

T75 El presente de imperativo ποιείτω significa: *continúe haciendo lo que quiera.* (El tiempo presente denota la calidad de la conducta --BD336[2]).

T115 Parece que εἰ con el indicativo νομίζει indica que Pablo sabe que esto está ocurriendo realmente (las palabras ἐὰν ᾖ que siguen se refieren a lo futuro --BD372[1a]).

H352 La fuerza comparativa del adjetivo ὑπέρακμος puede tomarse como modal y no temporal (es decir, *excesivamente sensual,* no *pasada de la flor de la juventud*).

37 BD468(3) El significado del participio ἔχων se continúa mediante un verbo conjugado en modo personal: *no teniendo necesidad, pero teniendo su deseo bajo control.*

38 M120 En τὴν ἑαυτοῦ παρθένον, parece que el reflexivo ἑαυτοῦ ha perdido su fuerza reflexiva. Τὴν παρθένον αὐτοῦ significaría exactamente lo mismo (comp. el v. 36), si se interpreta que el contexto se refiere al matrimonio espiritual o al trato de un padre con su hija (*su hija virgen*).

M144 Ὥστε se usa como una partícula de inferencia, y significa: *así que, por tanto*.

H409 Tal vez γαμίζω no signifique más que γαμέω (comp. Mar 12:25; Luc. 17:27), es decir, puede significar: *casar* o *dar en casamiento*.

39 R897 El perfecto δέδεται expresa una idea gnómica (denota una verdad acostumbrada; comp. B79): *la esposa está atada*.

## 1 Corintios 8

1 M63 La preposición περί significa: *en cuanto a* (comp. 7:1).

3 R845 El tiempo perfecto no hace hincapié en lo que recientemente sucedió (ἔγνωσται significa: *éste es conocido*).

5 R1026 Se considera que la suposición con καὶ εἴπερ es improbable. La verdad de la oración principal se afirma sólidamente frente a esta objeción (las partículas introductorias significan: *aun cuando* --R1181).

6 R583 En este versículo ἐξ οὗ se refiere a Dios el Padre como la fuente de todas las cosas y δι' οὗ se refiere a Jesús como el agente intermedio por quien todas las cosas llegaron a existir (comp. BD223[2] y MT106).

7 R532 Τῇ συνηθείᾳ expresa una idea de causa: *a causa del hábito*.

10 B411 Las palabras εἰς τὸ ἐσθίειν, del v. 10 expresan una medida de resultado, o constituyen el objeto indirecto de οἰκοδομηθήσεται (expresa una medida de efecto: *llevándolo a comer* --T143).

12 BD442(9) Aquí se usa καί con un sentido explicativo para particularizar y explicar más lo anterior (*pecando contra sus*

*hermanos, hiriendo su débil conciencia*).

13 M164 Διόπερ aparentemente tiene un significado muy similar a *διό*, pero tal vez con un mayor hincapié sobre la conección lógica entre las cláusulas que une (comp. 10:14): *por esta misma razón*.

## 1 Corintios 9

1 R587 Parece que el uso de la preposición tiene un sentido místico en *ἐν κυρίῳ* (comp. *ἐν* Χριστῷ).

R1157 La forma *οὐχί* del negativo tiene un tono un poco más agudo que el simple *οὐ* (lo cual indica algún énfasis sobre la tercera pregunta).

2 R1148 Ἀλλά *γε ὑμῖν* (el griego más antiguo hubiera preferido *ὑμῖν γε*) significa: *para ustedes por lo menos (si no para otros)*.

4 R1169 Cuando aparece *μὴ οὐ* en preguntas, *μή* es la partícula interrogativa, mientras que *οὐ* es la negación del verbo (es decir, se espera una respuesta negativa; *¿acaso no tenemos el derecho de ...?* --M156).

5 T246 Ἀδελφὴν *γυναῖκα* no significa: *una esposa que es una hermana*, sino *una hermana como esposa* (es decir, es un acusativo predicativo, no atributivo).

6 BD431(1) En este versículo, las negaciones tienen la tendencia de eliminarse mutuamente (pues para destacarlas, las dos conservan su fuerza total): *no tenemos derecho a abstenernos de*.

7 R532 El dativo *ἰδίοις ὀψωνίοις* se usa con un sentido causal: *por su propia cuenta*.

R1147 Ποτέ tiene la idea de *jamás*, y no de *alguna vez*.

9 M28 El verbo *μέλει* es una construcción impersonal, con un claro genitivo de referencia (sin *περί*): *con respecto a los bueyes, por los bueyes*.

10 B400 Aquí se usa el infinitivo con *τοῦ* después de un sustantivo

para limitarlo (definirlo). Se usa de manera similar a otro sustantivo: *con la esperanza de recibir.*

BD452(2) Γάρ se usa como una respuesta (a la pregunta retórica ἤ ... λέγει), para afirmar lo que se pregunta (dando la razón de un *sí* tácito): *para estar seguro.*

11 R681 Aquí parece que la posición de ὑμῶν indica énfasis: *sus bienes materiales.*

BD113(2) Σαρκικός significa: *que pertenece a, de la naturaleza de* σάρξ, (es decir, las cosas materiales).

BD372(1c) Εἰ con el aoristo da la siguiente idea: *puesto que nosotros, como todos lo admiten ...* y εἰ con el futuro significa: *si en consecuencia, como en realidad ocurrió, nosotros ...*

12 R500 El genitivo con ἐξουσίας da la idea de *sobre*, con el significado resultante de: *autoridad* o *derecho sobre ustedes.*

T211 Τοῦ Χριστοῦ es un genitivo de complemento directo y significa: *el Evangelio acerca de Cristo.*

13 R521 Parece que el dativo *τῷ θυσιαστηρίῳ* está usado como un locativo y significa: *en el altar.*

14 R598 Ἐκ con el genitivo comunica la idea de causa u ocasión (la idea de causa es similar a la de medio).

15 R587 Ἐν con ἐμοί da la siguiente idea: *en el caso de* (es decir; *en mi caso*, comp. M77).

R845 El verbo ἔγραψα es un aoristo epistolar (el autor ve lo escrito desde la perspectiva de los lectores).

BD369(2) Ἵνα τις (en vez de οὐδείς) con el futuro de indicativo es el texto correcto que expresa propósito. [Editor. Parece improbable que el texto con ἵνα τις y el futuro de indicativo deba ser incluido, ya que esto tiene apoyo muy débil de los manuscritos y ἵνα rara vez se usa con un futuro indicativo en el N.T.]

16 B285 En la cláusula condicional de este versículo, la prótasis es concesiva (es decir, *aunque yo ...*) y la apódosis está afirmando lo que es verdad y aún será verdad.

17 M32 Se retiene el acusativo con el verbo en voz pasiva *πεπίστευμαι*, y significa: *se me ha encomendado una administración*, donde la parte activa sería *πιστεύω οἰκονομίαν τινί* (comp. T247).

18 R1079 Ἵνα se usa para introducir una cláusula que está en aposición con la declaración previa (que la describe aun más ampliamente; comp. B213): *que cuando yo predique*.
T143 Parece que *εἰς τό* con el infinitivo *καταχρήσασθαι* expresa propósito.

19 R595 Ἐκ se usa con el genitivo *πάντων* para expresar una idea de ablativo: *independiente de, libre de*.
R665 Τοὺς *πλειόνας* significa: *la mayoría*.
R1129 El participio *ὤν* tiene un sentido concesivo (es decir, *porque aunque yo ...;* comp. M102, se usa en esta misma forma en el v. 21).

20 M66 Ὑπὸ *νόμον* significa: *bajo la ley*.
T169 Ἰουδαῖοι no necesita el artículo, así como no lo necesitan los nombres personales. Así que cuando Pablo usa aquí el artículo, debe tener en mente alguna ocasión especial como la circuncisión de Timoteo. En las cláusulas siguientes *τοῖς* es virtualmente demostrativo; (*τοῖς ἀνόμοις* puede referirse a los gálatas; Ἰουδαίοι con artículo se refiere a *aquellos judíos con los cuales tuve que tratar en cada ocasión* --BD262[1]).

21 H307 Ἄνομος que significa: *sin ley*, se contrasta con *ἔννομος*: *bajo la ley*.

22 R742 El plural *τινάς* significa: *algunos*.
BD275(7) La expresión *τοῖς πᾶσιν*, con artículo, se refiere a los grupos individuales que se mencionan en los vv. 20 y sigs. (tratados como un todo).

25 M163 Μὲν *οὖν* se usa aquí como una expresión auténtica, prácticamente idéntica con la simple declaración: *aquellos por un lado ..., pero nosotros*.
BD154 El adjetivo *πάντα* se usa como un acusativo de referencia general: *con referencia a todas las cosas*.

26 R112 Aquí el participio con ὡς tiene la idea de manera (comp. B445; *como uno que golpea al aire)*.

R163 El negativo οὐ se usa aquí con el participio para indicar hincapié. [Editor. Οὐ se usa aquí con el participio δέρων a causa del contraste formal indicado por οὐ ... ἀλλά. En consecuencia, aquí no hay hincapié particular indicado por el uso de οὐ.]

## 1 Corintios 10

1 R419 En la construcción οἱ πατέρες ἡμῶν πάντες, el énfasis está en el sustantivo πατέρες y no en el adjetivo (por causa del orden de las palabras: *nuestros padres todos estuvieron*).

2 R808 La voz media de ἐβαπτίσαντο se usa en un sentido causativo: *todos se bautizaron*.

3 R883 En los vv. 3 y sigs., los verbos en aoristo ἔφαγον y ἔπιον dan el resumen del relato (lo hacen constar) mientras que el verbo en imperfecto ἔπινον presenta una descripción.

4 T67 El cambio del aoristo al imperfecto (comp. también los vv. 6 y 11) puede ser nada más que un cambio estilístico. Lo más que puede decirse es que el aoristo registra la acción sin destacar su ejecución. (El aoristo presenta el hecho, mientras que el imperfecto describe la manera de la acción --BD327).

5 M108 Parece que τοῖς πλείοσιν significa: *la mayoría* (¿pero hubiera usado Pablo ἐν con este adjetivo para dar a entender este significado? Tiene el sentido de *muchos* --T30). [Editor. La sugerencia de Moule parece más probable, ya que pone de manifiesto la idea de comparación y describe más exactamente la narración de Núm. 14; comp. 1 Cor. 9:19.]

T253 La segunda ἐν de este versículo se usa con un sentido causal. [Editor. En realidad la razón de la cláusula precedente está expresada por la partícula previa γάρ. Así que la preposición ἐν parece que tiene un sentido local.]

6 R500 Τύποι ἡμῶν tiene el sentido de *prefiguras para nosotros* (un genitivo de complemento directo).

T143 Εἰς τό con el infinitivo se usa para expresar la idea de propósito.

7 R931 En los vv. 7 y sigs., Pablo cambia de la segunda a la primera persona.

R1185 El μηδέ es continuativo y se repite varias veces en los vv. 7-10.

8 T262 La preposición ἐν refuerza el dativo de tiempo: *en un día*.

10 R967 Καθάπερ sólo aparece en los escritos de Pablo, excepto en Heb. 4:2 (sin verbo). Este término es completamente ático e indica un carácter literario (como en este caso).

11 R626 Aquí πρός se usa con el acusativo para expresar la idea de meta o fin: *para nuestra instrucción*.

T114 Aquí los plurales τέλη y αἰώνων son idiomáticos y es mejor traducirlos como singulares. Así, la última parte de este versículo significa: *Están escritas para amonestarnos a nosotros, sobre quienes ha venido el fin del mundo*. Pablo compartió con sus primeros convertidos una viva expectación de la *parusía*. Aquí no se implica una gran división de dispensaciones.

12 R430 Μή aquí funciona claramente como una conjunción: *para que no caiga* (después del verbo *prestar atención* --B206).

R1000 Ὥστε se encuentra aquí en una construcción coordinada y se usa como conjunción de inferencia con el sentido de *por tanto*.

13 R996 Τοῦ con el infinitivo se usa con un sentido completamente explicativo (comp. MT217; aquí la construcción exhibe una relación muy vaga entre el sustantivo y el infinitivo, y tiende hacia un sentido consecutivo). [Editor. Parece que esta construcción expresa la idea de propósito o resultado previsto. Dios provee la ἔκβασις con el propósito de que el cristiano pueda ser capaz de soportar la tentación.]

14 M164 Διόπερ tiene aparentemente el mismo significado de διό, pero tal vez con mayor hincapié en la conexión lógica entre las cláusulas que une (comp. 8:13): *por esta misma razón*.

T173 El nombre εἰδωλολατρίας tiene el artículo (aunque con él se usa la preposición) porque se refiere a la *adoración de ídolos que ustedes conocen muy bien.*

16 R880 Los verbos εὐλογοῦμεν y κλῶμων en presente tienen un sentido reiterativo (es decir, de acción repetida).

BD490 Este es un caso de paralelismo (comp. 1:25).

17 M62 Vea 9:12 (comp. 10:21,30).

TGr104 Pablo omite un verbo que es más que una mera cópula (aparece en los escritos de Pablo cerca de treinta veces --T303; hay que introducir ἐστίν). Así que la primera parte de este versículo debe traducirse: *por cuanto hay un pan, nosotros los muchos somos un cuerpo.*

19 R233 El pronombre que se usa en τί ἐστιν no es interrogativo, sino el pronombre enclítico indefinido con el acento de ἐστίν (es decir, se usa como un predicado nominal que significa: *algo*).

20 T313 Generalmente el sujeto plural neutro acompaña a un verbo en singular, pero aquí y en otros pasajes en el N.T. se quebranta la norma clásica, (por el hecho de que el nombre neutro ἔθνη se toma aquí en un sentido personal).

21 R509 Aquí el verbo μετέχειν (participar) requiere el genitivo distributivo.

R1183 En el v. 21, οὐ καί tiene función de contraste.

BD259(2) Generalmente se hubiera usado un artículo con el sustantivo principal τραπέζης, que tiene un genitivo definido (κυρίου - δαιμονίων). Pero aquí el hincapié está en la cualidad característica (una es la mesa del Señor, la otra, una mesa del diablo).

22 R923 En ἢ παραζηλοῦμεν τὸν κυρίον, el indicativo señala el hecho, mientras que la forma interrogativa denota la sorpresa y la indignación (*¿provocaremos a celos al Señor?*).

29 R688 En el v. 29, ἑαυτοῦ significa: *tuya propia* (comp. M120).

30 TGr86 "¿Por qué he de ser censurado?" significa: *¿Por qué se*

*habla mal de tal cristiano?* (La primera persona tiene un sentido representativo; comp. R402 y BD281.)

T241 Χάριτι Se relaciona ligeramente con el verbo para describir una manera o circunstancias concomitantes: *con agradecimiento.*

BD372(2c) Aquí εἰ con el indicativo puede significar: *si yo participo como, por supuesto, lo hago ...* (posiblemente equivalente a *puesto que*).

31 BD454(3) Los correlativos *εἴτε ... εἴτε* sólo aparecen en los escritos de Pablo y en 1 Pedro, y significan *sea ... o.*

BD480(1) Ἄλλο, que significa: *cualquier otra cosa,* se omite después de *τι.*

33 M35 El acusativo *πάντα* se usa como un acusativo de referencia, y denota número: *en cuanto a todo.*

TGr86 Cuando Pablo dice que agrada a todos los hombres en todas las cosas, establece este como un precepto para los cristianos en general, y no como una técnica privada de evangelización.

T190 En el N.T. sólo aquí aparece *ἐμαυτοῦ* como un genitivo posesivo con un sustantivo (enfático: *mi propia ventaja,* en oposición a la ventaja de otros; comp. BD283[3]).

BD245(1) Τῶν πολλῶν se contrasta con *ἐμαυτοῦ*; por tanto, es similar a *πλείονες,* y el significado resultante es: *la mayoría* (comp. R660).

## 1 Corintios 11

2 R881 El verbo en tiempo perfecto *μέμνημαι* se usa como un presente duradero (la atención se dirige totalmente al estado presente resultante --B75): *porque ustedes me recuerdan.*

M35 El acusativo *πάντα* se usa para denotar referencia (*en todo respecto*; comp. 10:33).

3 R769 Cuando aparece un artículo con el sujeto y el predicado en nominativo, ambos son definidos, tratados en forma idéntica, son intercambiables (*ἡ κεφαλὴ ὁ Χριστός ἐστιν*; comp. esto con *κεφαλὴ γυναικὸς ὁ ἀνήρ,* y note que no se afirma que el hombre es la cabeza de la mujer en el mismo sentido en que Cristo es la cabeza del hombre --R781).

4 R606 La preposición *κατά* comunica la idea de *colgar de* (es decir, *el velo que cuelga de la cabeza*; *con una cubierta sobre la cabeza* --M60).

5 R530 Ἀκατακαλύπτῳ τῇ κεφαλῇ se usa como un dativo de manera (significa: *con la cabeza descubierta* --R789).

T21 El pronombre neutro aquí se refiere a una persona y significa: *ella es una y la misma como si ...*

BD131 El pronombre *τὸ αὐτό* es igual en significado al que se refiere a la mujer que ora o profetiza con la cabeza descubierta; pero no es igual en cuanto a persona. Por tanto, es inconcebible el género femenino. [Editor. Parece que se usa el neutro porque se refiere al concepto general.]

6 T57 Κείρασθαι y ξυρᾶσθαι transmiten una idea activa intransitiva, y no pasiva ni media: *que se corte su cabello* (la voz media en estos infinitivos es *permisiva* --R809). [Editor. Si la voz media se puede traducir como tal con sentido válido, no debe imponérsele un sentido activo. Por consiguiente, parece que la traducción preferible es: *ella debe permitir que se le corte su cabello ...*]

BD372(2a) El indicativo con *εἰ* se usa en una deducción (e indica la deducción lógica; este fenómeno aparece predominantemente en los escritos de Pablo, comp. 3:14).

9 BD452(3) En la construcción *καὶ γάρ*, la conjunción *καί* significa: *también*, aunque se refiere a toda la oración y no a una sola idea (comp. 5:7).

11 R1187 Pablo usa *πλήν*, al final de un argumento, para destacar el punto principal.

12 R582 Note *διὰ τῆς γυναικός· ... ἐκ τοῦ θεοῦ*, donde se distinguen la fuente (*ἐκ*) y el agente mediato (*διά*).

R773 Τὰ *πάντα* se refiere a *la suma de las cosas, el todo.*

13 R687 Ὑμῖν *αὐτοῖς* se usa como un pronombre reflexivo (*σεαυτοῖς*: *juzguen ustedes mismos*, comp. 7:35).

T253 Ἐν se usa aquí con un sentido casi judicial, y significa: *según su juicio*, (comp. 6:2).

14 R686 Ἡ φύσις αὐτή significa: *la naturaleza de sí misma.*

15 M71 Ἀντί se usa aquí con su sentido original: *se le ha dado su cabello como* (es decir, *en vez de*) *velo.*

17 BD244(2) Aquí los comparativos tienen un sentido positivo (*de una buena ... mala manera ...*).

18 R174 Ἐκκλησία tiene el sentido de *asamblea.*
R803 En este versículo ἀκούω tiene el sentido clásico de *se me dice.*
R893 El tiempo presente de ἀκούω se usa como un aoristo de efecto (similar al tiempo perfecto). La acción es duradera sólo en el sentido de estado, no de acción lineal (*he oído* --BD322).
R1152 En πρῶτον μὲν γάρ hay un contraste implícito con los vv. 20 y sigs. (δέ se omite, así que el significado es: *desde el mismo principio* --BD447[4]).
H473 La comparación entre el v. 18 y el v. 20 muestra que ἐπὶ τὸ αὐτό y ἐν ἐκκλησίᾳ son términos sinónimos; se refieren a la unión del cuerpo de cristianos.

21 R880 Προλαμβάνει se usa como un presente reiterativo o de costumbre (esto se hace repetidamente).

22 R918 Μή es una partícula interrogativa, mientras que οὐ es la negación del verbo (comp. 9:4): *¿No tienen ustedes casas?*
R1090 Aquí la idea de propósito en εἰς τό con el infinitivo cambia a la idea de resultado hipotético. Se usan los infinitivos, como el infinitivo simple, para representar un objeto indirecto (*¿qué? ¿no tienen ustedes casas en que coman y beban?* --B410; comp. R1072). [Editor. Aquí parece que los infinitivos se usan como objetos indirectos para denotar la idea de propósito-resultado.]
H226 Ἐπαινέσω probablemente es aoristo de subjuntivo y no futuro de indicativo.

23 R579 Parece que no hay ninguna distinción radical entre ἀπὸ τοῦ κυρίου y ἀπὸ τοῦ πατρός (que aparece en Juan 10:18; ἀπό tiene el sentido de παρά cuando aparece con el genitivo después del verbo παραλαμβάνω --T259): *del Señor.*

24 R595 La preposición εἰς con el acusativo expresa la idea de

propósito: *para que me recuerden.*

M64 Ὑπέρ con el genitivo tiene el sentido de *en lugar de* (comp. Rom. 5:7 y sig.).

25 R974 Ὁσάκις se usa solamente con la idea de repetición indefinida: *cada vez que.*

26 B312 Ὁσάκις γὰρ ἐάν se usa con el presente de subjuntivo para expresar una suposición general: *porque tan fuertemente como* (comp. el v. 25).

27 M144 Ὥστε se usa como una partícula de inferencia, y significa: *así que, por tanto.*

28 R519 Aquí ἐκ con el genitivo expresa la idea distributiva (es decir, *que coma una parte del pan ...*).

29 B436 El participio adverbial διακρίνων equivale a una cláusula condicional (comp. MT230) y significa: *si él no está discerniendo.*

B488(1b) Parece que la repetición de la raíz en κρίμα ... διακρίνων ... διεκρίνομεν ... ἐκρίνομεθα ... κρινόμενοι ... κατακριθῶμεν (en los vv. 29 y sigs.) presenta cierta sutileza (es decir, cada término designa un sentido específico).

31 R1015 Este versículo tiene una oración condicional contraria a la realidad (el tiempo imperfecto de este tipo de oración designa el tiempo presente: *si nos juzgamos a nosotros mismos no seríamos juzgados*).

T42 El pronombre reflexivo en tercera persona, ἑαυτούς, se usa como reflexivo de primera persona: *a nosotros mismos* (este desarrollo aparece en la LXX, en el N.T. y en los papiros no literarios; el pronombre reflexivo plural de primera persona no aparece en el N.T.).

33 R100 Ὥστε se usa aquí como una partícula de inferencia similar a οὖν y significa: *por tanto.*

34 BD455(2) Ὡς ἄν con el subjuntivo equivale a ὅταν con el subjuntivo, y significa: *cuando vaya* (un sentido indefinido --MT167).

## 1 Corintios 12

1 M63 La preposición *περί* se usa con un sentido absoluto: *en cuanto a*, o *ahora respecto a*.

2 R974 El verbo en imperfecto de indicativo con *ἄν* da la idea de repetición (comp. *ὅταν*; *cuando ustedes eran llevados [de día en día]*; es una construcción reiterativa que coincide con la cláusula condicional --MT167).

6 T265 'Ε*ν* *πᾶσιν* se usa como un dativo de referencia (es decir, *con respecto a*).

7 M53 Π*ρός* con el acusativo tiene aquí el sentido de *llevar hacia (para el provecho común)*.

8 R746,479 Tanto *ἄλλος* como *ἕτερος* sencillamente son pronombres que significan: *otro*, en los vv. 8-12 (el cambio representa una variación en el estilo; comp. T197 y BD306[2]).

T267 Δ*ιά* con genitivo tiene el sentido de agencia: *a través del Espíritu*.

9 R758 Los dones mencionados en los vv. 9 y sigs., no tienen artículo porque no es necesario cuando se designan cualidades: *a otro fe ...*

11 T191 'Ι*δίᾳ* tiene aquí el sentido clásico: *su propio don* (el dativo transmite la idea de manera --R530).

12 R419 En la construcción *πάντα δὲ τὰ μέλη τοῦ σώματος*, la primera palabra (el adjetivo *πάντα*) lleva el énfasis: *todos los miembros del cuerpo* (comp. 10:1).

13 BD452(3) Κ*αὶ γάρ* significa: *porque aun* (ambas partículas retienen su sentido completo; comp. 1 Cor. 5:7).

15 R1164 La repetición de la negación *οὐ* no constituye una doble negación, sino que cada adverbio de negación retiene toda la fuerza (comp. B486: *por cuanto no soy ... no soy)*.

M51 En los vv. 15 y sigs., *παρὰ τοῦτο* significa: *por eso, por esa razón* (es decir, *por esta razón, no es menos ..., a pesar de eso, aun pertenece al cuerpo...*; comp. *ἐν τούτῳ* en 4:4 y comp. R550).

22 T31 El positivo se usa en lugar del comparativo, así que *πολλῷ μᾶλλον ... ἀναγκαῖά ἐστιν* significa: *mucho más necesarios.*

23 TGr59 Pablo se refiere a las partes del cuerpo menos honorables por medio del grado comparativo (es decir, usa el adjetivo comparativo en lugar del superlativo).

24 T56 *Ὑστερέομαι* significa: *ser inferior.*

25 R1413 Cuando la construcción *ἵνα μή* está seguida por *ἀλλά* (que significa: *pero por el contrario*), *ἵνα* no se repite (pero aun se mantiene la idea de propósito).

27 BD212 *Ἐκ μέρους* significa: *(cada uno) por su parte.*
BD442(9) *Καί* se usa con un sentido explicativo para particularizar y explicar más (comp. 8:12).

28 T55 Aquí el verbo *ἔθετο* se usa en voz media, aunque se esperaría voz activa, ya que este verbo tiene un sentido transitivo. [Editor. La voz media puede indicar que Dios los escogió para su propio uso (es decir, con un sentido indirecto).]

31 R777 En *τὰ χαρίσματα τὰ μείζονα*, tanto el sustantivo como el adjetivo reciben énfasis, y el adjetivo se añade para indicar cierto clímax en aposición con un artículo separado *(los dones espirituales, los más importantes).*
T221 Una cláusula prepositiva rara vez se usa como un atributivo en relación con un sustantivo sin artículo; en el v. 31, *εἰ τι* aparece en lugar de *ἔτι* en p[46], D*, F y G, con lo cual *κάθ' ὑπερβολήν* ya no es un atributo del sustantivo sin artículo, (es decir, se introduce *ζηλοῦτε*; comp. BD272; la cláusula prepositiva es atributiva --R784). [Editor. La frase prepositiva atributiva aparece con menos frecuencia en el N.T. que la frase prepositiva adverbial; sin embargo, se usa (comp. Mar 1:23; Rom. 14:17 y 2 Cor. 12:2). Es mejor traducir este versículo

tomándolo como una construcción un poco menos común, que enmendar el texto. Por consiguiente, esta frase debe traducirse: *un camino más excelente.*]

## 1 Corintios 13

1 R758 No es necesario agregar el artículo a las cualidades. Es lo que sucede en este caso con *ἀγάπην* (Pablo no desea particularizar el amor, sino que sencillamente lo declara como una cualidad; comp. 12:9-11).

R1105 El participio *ἠχῶν* sin artículo es atributivo de *χαλκός*: *un pedazo de metal ruidoso.*

2 R772 Hay muy poca diferencia de idea entre *πάσῃ γνώσει* (1:5) y *πᾶσαν τὴν γνῶσιν* (13:2). Con esta palabra abstracta, las expresiones *en toda ciencia* y *toda ciencia* prácticamente significan lo mismo.

R1090 Ὥστε se usa con el infinitivo para expresar un resultado hipotético: *de tal modo que* (comp. B371).

T116 'Εάν con el indicativo (*ἔχω* ... *εἰδῶ*) puede ser una declaración real entre *si yo tuviese* (*ἐάν* con el subjuntivo) y *puesto que tengo* (*εἰ* con el indicativo; esta construcción establece una relación indefinida con una realidad definida --BD372[1a]).

3 R764 Τὰ *ὑπάρχοντα* se usa como un sustantivo seguido por un genitivo: *mis pertenencias.*

4 R1178 En los vv. 4 y sigs., los verbos siguen unos tras otros con énfasis solemne sin conectivos, sólo una vez aparece *δέ*.

BD108(5) El verbo *περπερεύομαι* significa: *conducirse uno mismo como un πέρπερος* (es decir, un jactancioso, presuntuoso).

8 BD454(3) Los correlativos *εἴτε* ... *εἴτε* significan: *si* ... *o* (comp. 10:31).

11 R900 El verbo *γέγονα* en perfecto se usa con sentido presente: *cuando llegué a ser* (la idea primaria que llega a la mente es el estado presente; comp. BD382[1]).

12 R600 Aquí la preposición ἐπί tiene una idea perfectiva en el verbo compuesto (la última parte de este versículo significa: *Ahora estoy adquiriendo un conocimiento que, en el mejor de los casos, es parcial: entonces habré aprendido mi lección, conoceré como Dios me conoció en mi vida mortal* --MT113).

13 R405 Aquí se usa el verbo en singular con un sujeto compuesto, porque el autor inicialmente tuvo en mente sólo al primer sujeto (*permanecen ...*).

T177 ᾽Αγάπη tiene artículo, por cuanto se hace referencia a la mención previa de este sustantivo en el mismo versículo.

BD244 El comparativo μείζων se usa como superlativo: *el mayor.*

## I Corintios 14

1 R993 Ἵνα expresa el contenido del verbo ζηλοῦτε (equivale a ὅτι): *que ustedes profeticen* (comp. el v. 12).

4 T176 No hay seguridad en cuanto a si ἐκκλησίαν se refiere a *una congregación* o a *la iglesia.* [Editor. La primera sugerencia parece más probable ya que ἐκκλησία generalmente aparece con el artículo en el N.T., cuando es específicamente definida. Además, este sustantivo frecuentemente se escribe con artículo aunque sea el término de una preposición (comp. 6:4; 7:17; 12:28; 2 Cor. 8:1 y 19).]

5 R640 ᾽Εκτός es una combinación de ἐκ y la terminación adverbial τος. Es sólo una expresión más completa que la preposición original, y significa: *sin.*

R253 En este versículo la preferencia por la construcción εἰ μή, que es más común con relación a ἐὰν μή, la cual es menos común, pudo haber conducido al uso de la primera construcción, a pesar de que el significado exigía una partícula de subjuntivo: *a menos que alguien interprete.*

M83 En el uso de ἐκτὸς εἰ μή hay obviamente una redundancia, pero se puede suponer que sin el uso de εἰ μή, ἐκτός hubiera sido virtualmente una preposición (en este contexto tiene el sentido de *a menos que* --T321).

T135 El infinitivo y la cláusula estructurada con ἵνα son paralelos en este versículo (y denotan el contenido de θέλω): *deseo ..., que hablen ..., y especialmente que profeticen.*

6 M79 'Eν con el dativo se usa para comunicar la idea: *consiste en.*

7 R871 El futuro de γινώσκω (en los vv. 7 y 9) expresa una idea incoativa: *¿cómo llegará a saber alguien ... ?*

T337 La palabra ὅμως en este versículo ha sido desplazada de su lugar. De acuerdo con el sentido debe trasladarse y colocarse después de δίδοντα: *las cosas inanimadas pueden dar un sonido, sin embargo si* (usualmente este versículo y Gál. 3:15 se explican como casos en que ὅμως ha sido desplazado. Puesto que en ambos casos, sin embargo, se introduce una comparación, y en el caso de 1 Cor. 14:7, οὕτως viene después de ὅμως [v. 9], está presente el primer sentido de ὅμως [*igualmente*], y por tanto, debe traducirse: *también, de igual manera* [en vez de explicarlo como un desplazamiento] --BD450[2]). [Editor. En los dos casos en que aparece ὅμως, en los escritos de Pablo, se usa para introducir una comparación. Por consiguiente, parece que es preferible la última sugerencia.]

8 R807 La voz media en παρασκευάσεται se usa con un sentido directo, y significa: *se prepara a sí mismo* (comp. MT156).

9 R353 El aspecto lineal de la acción se destaca mediante la construcción perifrástica ἔσεθε λαλοῦντες (*ustedes estarán hablando*).

10 R1021 Aquí (y en 15:37) Pablo usa la frase estereotipada εἰ τύχοι (un ejemplo de prótasis): *si esto sucediera* (εἰ introduce una frase entre paréntesis: *si fuera posible* o *como si fuera* --T127; *puede ser, por ejemplo* --BD385).

11 M46 La expresión τῷ λαλοῦντι se usa como un dativo de referencia: *yo seré un extranjero ante el que habla.*

M76 'Eν con el dativo toma el lugar del dativo simple (comp. BD220[1]; ἐν ἐμοί significa: *a mi juicio* --MT103).

12 B229 La cláusula causal debe traducirse: *ya que ustedes están celosos con respecto a los dones espirituales, procuren abundar*

*en la edificación de la iglesia* (la cláusula designa el contenido de ζητεῖτε --B210; comp. el v. 1).

15 R533 Los dativos se usan aquí como instrumentales de modo o de medio (de modo --T241). [Editor. Parece que la interpretación en que se toman como expresiones de modo es la más probable, ya que el punto principal que Pablo establece en este párrafo es la manera como uno debe expresarse y no los medios por los cuales puede hablar.]

R874 Aquí el futuro volitivo expresa propósito, no sólo el tiempo futuro: *oraré, cantaré*.

17 R1153 Μέν ... ἀλλά se usa aquí para expresar un contraste agudo: *porque tú ... pero el otro*.

19 R792 Ἐν ἐκκλησίᾳ significa: *en la iglesia*.

T32 Ἤ toma el lugar de μᾶλλον ... ἤ en este caso (denota una comparación; comp. BD480[4]).

20 R524 Los dativos se usan en un sentido locativo (parece que son dativos de referencia --T220). [Editor. En este contexto, *en la esfera de* es similar a *con referencia a*.]

R1383 Note el uso de ἀλλὰ ... δέ, lado al lado, donde el contraste mayor lo establece δέ y el menor, ἀλλά.

T177 El artículo se usa con κακίᾳ a causa de la atracción hacia la expresión concreta ταῖς θρεσίν: *sus mentes*.

21 R591 Εἰς no se usa mucho en verbos compuestos en el N.T. y siempre se usa donde hay movimiento, excepto en el caso de εἰσακούω, donde parece que hay poca diferencia entre εἰς y ἐν (comp. Mat. 6:7, *oír a*).

22 M70 Εἰς con el acusativo significa: *establecidas como una señal* (*a fin de que sirvan para* --BD145[1]).

M144 Ὥστε se usa como una partícula de inferencia y significa: *por tanto, de manera que*.

24 R427 En este versículo aparece un asíndeton (la omisión de una conjunción) para indicar el énfasis (en los segmentos separados del versículo).

26 R626 Πρός con el acusativo expresa aquí la idea de meta o fin: *para edificación.*

27 R571 'Ανὰ μέρος por lo general tiene un sentido distributivo, pero aquí significa: *por turno* (aunque puede ser distributivo --M67). [Editor. La mejor traducción es: *por turno*, ya que la mayor preocupación de Pablo en este contexto es que debe haber orden en la asamblea; comp. los vv. 30 y sigs.]

R670 Τὸ πλεῖστον es un verdadero superlativo, significa: *a lo más* (comp. M98).

BD442(9) El uso explicativo de *καί* aparece en este versículo (para particularizar y explicar más la declaración anterior).

28 BD188(2) 'Εαυτῷ se usa como un dativo de ventaja: *para él mismo.*

31 M60 Καθ' ἕνα significa: *uno por uno* (la preposición tiene un sentido distributivo).

34 T58 El pronombre dativo *αὐταῖς* se usa como sujeto del verbo pasivo *ἐπιτρέπεται* (este verbo llega a ser impersonal en la voz pasiva): *a ellas no se les permite ...*

39 R1059 Aquí los dos infinitivos con artículo se usan como complementos directos de los verbos imperativos: *procuren profetizar, y no impidan hablar.*

MT125 ¿Cómo debemos imaginarnos a Pablo en el momento de ordenar a los corintios que *dejen de prohibir* (imperativo presente) el ejercicio de su amado carisma? Su expresión *μὴ κωλύετε* significa: *no desaprueben el hablar en lenguas. Después de las palabras que acabo de escribirles, ustedes pudieran inclinarse a hacer eso.*

## 1 Corintios 15

1 R427 El asíndeton (la omisión de un conectivo) en los vv. 1 y sigs., denota énfasis (comp. 14:24).

2 R530 Εἰκῇ se usa como un dativo de manera: *en vano.*

R954 Τίνι λόγῳ se usa casi como un pronombre relativo entre los numerosos relativos que hay en los vv. 1 y sigs.: *lo que yo les prediqué.*

BD478 Sería forzado hacer que τίνι λόγῳ εὐηγγελισάμην ὑμῖν dependa de la expresión siguiente: εἰ κατέχετε; lo más probable es que tanto εἰ como la interpretación de los manuscritos D*, F y G, (es decir, ὀθείλετε κατέχειν en lugar de εἰ κατέχετε), constituyan una nota explicativa (p[46] tiene un guión, luego aparecen puntos suspensivos en vez de κατέκειν, y luego εἰ κατέχετε). De esta manera el asunto se reduce a un caso en que una cláusula subordinada precede a una principal (κατέχετε; por tanto, debe haber un punto después de σῴζεσθε y luego una nueva oración independiente): *manténganse firmes en lo que les prediqué.* [Editor. No hay manuscritos que apoyen el texto que propone Blass. Es mejor explicar el texto preferido que enmendarlo. En consecuencia, la traducción más probable de esta parte del versículo es: *si ustedes se mantienen firmes en lo que les prediqué.*]

3 M59 Aquí la preposición κατά con el acusativo tiene el siguiente significado resultante: *conforme a las Escrituras.*

4 R846 El tiempo perfecto se usa entre dos aoristos porque Pablo desea destacar la idea de que Jesús está aún resucitado. (Es difícil encontrar una traducción idiomática en español que le haga justicia comp. M15; T69. Parece que es más adecuado traducir este perfecto como sigue: *fue resucitado, resucitado al tercer día, según las Escrituras* --M137).

6 MT136 El verbo aoristo ἐκοιμήθησαν significa: *durmieron (en diversas ocasiones)*, por tanto: *han dormido.*

7 T200 Si πᾶς se coloca después de un sustantivo con el artículo (como en este versículo), se le da una fuerza enfática especial al sustantivo (es decir, *a los apóstoles, en verdad a todos los apóstoles*, porque Santiago, quien nunca salió de Jerusalem, no fue un emisario; comp. BD275[5]).

8 R757 En τῷ ἐκτρώματι Pablo habla de sí mismo, porque de entre los apóstoles sólo él vio a Jesús después de su ascensión (es decir, esa es la razón por la cual usa el artículo; comp. M111).

BD433(3) Ὡσπερεὶ τῷ ἐκτρώματι equivale a τῷ ὡσπερεὶ ἐκτρώματι ὄντι, y significa: *a mí que soy, por decirlo así, un abortivo.*

9 R279 Ὁ ἐλάχιστος es un verdadero superlativo (comp. MT79). Esto es tan raro en el N.T. que Blass (60[2]) atribuye este ejemplo al lenguaje literario o a una corrupción del texto: *el más pequeño de los apóstoles.*

10 R713 Ὅ significa: *lo que soy,* no *quien soy.* [Editor. El género del pronombre es el factor principal que determina la diferencia de significado.]

12 T210 Aquí aparece el uso distributivo de ἐν ὑμῖν con τινές (*algunos de ustedes*).

13 BD372(2b) Eἰ con el indicativo de realidad se usa en los vv. 13 y sigs., no para expresar una idea causal o restrictiva, sino por causa del razonamiento lógico de Pablo (para denotar una deducción lógica).

15 R607 Aquí κατά con el genitivo puede significar *contra Dios,* o puede transmitir la idea de tomar un juramento (tal vez que la mano es colocada sobre aquello por lo cual se toma el juramento). [Editor. La primera sugerencia saca a relucir más apropiadamente la idea etimológica de κατά. Esta traducción también cuadra muy bien en este contexto en que Pablo tiende a usar un razonamiento invertido.]

R817 La verdadera voz pasiva destaca la acción de Dios en los vv. 15 y sigs. (ἐγείρονται).

R1154 Πέρ en la partícula condicional compuesta εἴπερ agrega una nota de urgencia es decir: *si, como dicen, es verdad que* (comp. BD454[2]).

BD254(2) En los vv. 15, 16 y 32, se omite el artículo con νεκροί, por cuanto lo que se discute es el concepto, no los muertos en conjunto (de otra manera equivaldría al v. 52).

18 B139 Aquí el participio de aoristo se usa para expresar una acción idéntica a la del verbo principal (ellos perecieron cuando murieron).

19 M170 Eἰ ἐν ... μόνον debe significar estrictamente: *si en esta vida sólo tenemos nuestras esperanzas puestas en Cristo* (en oposición a algo más seguro que la esperanza); pero tanto el uso que se le da a ἐλπίζω en el N.T. como el contexto exigen la traducción: *si es sólo en esta vida...* (que equivale a εἰ μόνον).

TGr113 Según el orden de las palabras en griego, un adverbio tiende a seguir muy cerca del verbo, del adjetivo, o de otro adverbio, a los cuales intenta modificar. En esta oración, el adverbio μόνον aparece, no después de las palabras *en esta vida*, sino después del verbo, en realidad, después de toda la oración. No hay la intención de establecer contraste entre tener fe mientras estamos en este mundo y tenerla en algún otro mundo. El contraste se establece más bien entre sólo tener fe y tenerla en la realidad de la presente vida resucitada de Cristo.

20 TGr113 La última parte de este versículo significa: *Cristo es las primicias de los que han estado durmiendo* (el participio de perfecto se usa intencionalmente).

22 T262 'Eν con el dativo se usa para denotar: *en la esfera de*. Adán se considera como un representante de toda la humanidad (ἐν no es instrumental; se usa con el sentido de: *en el caso de* --R587; ἐν τῷ 'Aδάμ es una expresión paralela a ἐν τῷ Xριστῷ; la preposición se refiere a la incorporación espiritual --M80). [Editor. Realmente la sugerencia de Moule es similar a la que presenta Turner. Parece que el contexto indica un sentido de representación; comp. el v. 21.]

MT114 El verbo en tiempo presente ἀποθνήσκουσιν (el verbo mismo tiene un sentido perfecto) se usa con un sentido de frecuencia en el v. 22 y con un sentido reiterativo en el v. 31. El significado resultante es: *todos mueren* y *yo muero cada día*.

23 M38 Aquí el genitivo se usa con una frase posesiva o adjetival, y significa: *los que pertenencen a Cristo* (posiblemente a μαθηταί deba agregársele el artículo οἱ --R767).

24 T112 "Oταν con el sustantivo se refiere aquí a una acción definida que ocurrirá en el futuro (*cuando*).

26 T63 El uso del tiempo presente con significado futuro

(καταργεῖται) aparece en este versículo. Este difiere del simple sentido futuro principalmente en el tono de seguridad que imparte: *será suprimido.*

27 BD275(7) Πάντα significa: *el universo* y también se refiere a πάντας, v. 25.

28 M70 Ἐν πᾶσιν puede usarse con un sentido local (como si el significado fuera: *en todas las personas*, o *que penetra en todas las cosas*); o πάντα ἐν πᾶσιν puede ser sólo una frase enfática, como *todo en todos* (*que Dios sea absolutamente todo;* comp. Ef. 1:23; ἐν significa: *con respecto a* --T265). [Editor. Parece que πάντα ἐν πᾶσιν es una frase que significa: *absolutamente*; comp. Ef. 1:23.]

M149 Ὑποταγήσεται puede usarse como un futuro de ingreso: parece que la palabra τότε indica que se piensa que la *parusía* inicia una nueva clase de subordinación del Hijo al Padre, y no la perpetuación de aquella que había sido conspicua en todo el tiempo en el cual fue Mediador.

29 R1012 Εἰ ... οὐ no debe traducirse: *a menos que*, sino *si ... no.*

B230 La primera oración de este versículo debe traducirse: *De otro modo, ¿qué harán los que se bautizan por los muertos* (es decir, *puesto que [si los muertos no resucitan] los que se bautizan por los muertos se bautizan sin ningún propósito*)?

M64 Ὑπέρ se usa con el sentido de ἀντί: *en vez de* (que es similar al significado usual de ὑπέρ, *en nombre de;* tal vez se use con el sentido de περί: *acerca de*, o *concerniente a* --R632). [Editor. Parece que el significado más normal, *en nombre de*, o *en vez de*, es la traducción más probable en este caso.]

BD442(14) Τί καί en este versículo significa: *¿Por qué en absoluto, aún?*

30 R470 En πᾶσαν ὥραν, puede ocurrir que el sustantivo ὥραν no haya sido considerado como algo esencialmente diferente de la idea de extensión. O se consideró que la acción va más allá de la hora, o a lo sumo se consideró a ὥραν como un acusativo adverbial (similar al uso adverbial de τὸ λοιπόν). [Editor. El sentido resultante de πᾶσαν ὥραν es una idea adverbial: *constantemente*, comp. Rom. 8:36 y 2 Cor. 4:11.]

31 R1150 Esta es la única vez que νή aparece en el N.T. Esta partícula es peculiar del dialecto ático y se usa en declaraciones enfáticas solemnes (juramentos, etc.) y significa: *verdaderamente, sí*. Probablemente esta partícula tiene el mismo significado de ναί, el adverbio afirmativo (comp. BD107).

32 M7 Ἀποθνῄσκομεν se usa como un presente con significado de futuro: *moriremos* (comp. el v. 26).

34 R626 Πρός con el acusativo comunica la idea de meta o fin: *para vergüenza de ustedes*.

35 R740 Ποίῳ tiene aquí su sentido original cualitativo: *con qué clase*.

36 BD475(1) Cuando un elemento que pertenence a una cláusula subordinada precede a la conjunción subordinante, dicho elemento se destaca (aquí es el pronombre σύ).

37 R892 El participio de futuro γενησόμενον se refiere a una acción incoativa: *el cuerpo que saldrá*.

T127 La partícula εἰ introduce una frase de paréntesis, y significa: *si es posible, como si fuera* (comp. 14:10).

38 T191 Ἑκάστῳ ... ἴδιον significa: *su propio cuerpo*.

BD442(9) Καί se usa con un sentido apositivo: *es decir, a cada una*.

39 R748 En los vv. 39 y sigs., ἄλλη se usa con el sentido de *diferente* (similar a ἕτερος).

R752 Οὐ puede negar toda la oración (a causa de la palabra ἀλλά que sigue, y que significa: *ninguna carne*) o sólo a πᾶσα (*no toda*). En vista del contexto, el último sentido parece preferible (*no toda clase de carne* --R1163).

40 BD127(5) El verbo ἐστίν se omite aquí. El sentido es: *hay*.

42 R424 En los vv. 42 y sigs., se omiten las conjunciones entre los verbos para presentar un contraste distinto.

41 T265 Ἐν significa: *con referencia a*.

45 M204 Εἰς con el acusativo sigue a ἐγένετο con el sentido de un predicado nominal: *llegó a ser un ser viviente.*

47 BD253(3) Ἐκ γῆς equivale a *terrenal;* lo esencial es la cualidad específica de la tierra en contraste con ἐξ οὐρανοῦ.

50 R405 El verbo singular aparece con un sujeto compuesto por cuanto el autor inicialmente sólo tenía el primer sujeto en mente (comp. 13:13): *la carne y la sangre no pueden heredar.*

51 M168 Parece que πάντες οὐ significa οὐ πάντες (es decir: *todos nosotros no)*, y el orden irregular posiblemente se deba al deseo de alinear la expresión con πάντες δέ, que sigue (comp. T287; R423; BD433[2]).

55 H22 Aquí Pablo echa a perder intencionalmente el efecto retórico de la cita de Oseas, al sustituir θάνατε por ᾅδη. Porque Hades era una divinidad griega, no un lugar, y el nombre, aunque bastante común en la literatura, se había escapado del uso ordinario vernáculo.

57 R1116 El participio de presente (διδόντι) se usa para describir una acción que ocurre durante el tiempo del verbo implícito y después: *quien da.*

## 1 Corintios 16

1 R594 Εἰς con el acusativo se usa aquí donde sería suficiente el dativo simple: *para los santos.*
M63 Περί se usa en un sentido virtualmente absoluto: *en cuanto a la contribución.*

2 M155 Ἵνα μή significa: *para que ... no.*
H238 Εὐοδόω significa: *dar de una manera razonable.*
H439 El uso de μίαν con el significado de *primero* parece que indica influencia semítica.

3 B310 En οὓς ἐάν la suposición se refiere a una ocasión y a un evento específico.

M57 Διά con el genitivo expresa la idea de circunstancias concomitantes: *yo los enviaré con cartas* (o quizá *una carta*, plural idiomático).

M133 Ὅταν con el subjuntivo es indefinido (Pablo no está seguro en cuanto a cuándo llegará él a Corinto).

T135 El infinitivo se usa aquí para expresar propósito: *para traer*.

4 R1061 El infinitivo con τοῦ se usa como un sujeto. El significado resultante es: *si mi ida es también valiosa* o *conveniente* (comp. B405 y M129).

5 R869 El verbo en tiempo presente διέρχομαι (en contraste con διέλθω) significa: *voy a través de (Macedonia).*

M7 El verbo en presente διέρχομαι (equivale a un futuro: *iré por* (comp. 15:32; BD323[1] y MT120). [Editor. En verdad, en la traducción de Robertson se implica un sentido futuro.]

6 R490 El participio τυχόν realmente es el acusativo absoluto, y tiene (la idea de manera: *tal vez, posiblemente*; comp. BD424).

M52 Πρός con el acusativo se usa en los versículos 6 y sigs., para denotar posición: *con*.

10 B210 Ἵνα introduce una cláusula de complemento directo después de βλέπω (para denotar contenido): *miren que*.

11 R943 La tercera persona del subjuntivo aoristo ἐξουθενήσῃ se usa con μή para expresar una prohibición (*que nadie lo desprecie;* esto ocurre rara vez en el N.T.).

12 R423 Πάντως οὐκ significa: *de ninguna manera*.

H446 Πολλά se usa con un sentido adverbial (posiblemente esto muestre alguna influencia semítica), y significa: *grandemente*, o *fuertemente*.

15 BD134(1a) El verbo en plural ἔταξαν se usa según el sentido (y no según la forma gramatical; un sujeto en singular, οἰκίαν, aparece en la cláusula principal; seguro que había varias personas en la casa de Estéfanas).

21 R416 Παύλου está en aposición con el pronombre posesivo ἐμῇ:

*con mi propia mano, Pablo.*

TGr86 Aparentemente Pablo dictó toda la 1 Corintios, excepto el saludo (que escribió él mismo). Los artificios retóricos le vendrían naturalmente al que estaba dictando.

22 R939 Ἤτω expresa una imprecación (oración para pedir el mal), y se usa como un optativo: *sea maldito.*

H54 Μαραναθά es de interés especial: es un término semítico que sólo se halla en una epístola a los griegos (parece que significa: *¡Ven, Señor Nuestro!*). Aparentemente esta era una contraseña que se usaba en un idioma extraño, que encarnaba la esperanza cristiana, de tal modo que era ininteligible para los no iniciados.

# 2 Corintios

## 2 Corintios 1

3 T296 La omisión de un verbo en *εὐλογητὸς ὁ θεός* destaca la vivacidad de la exclamación.

4 T200 Algunas veces se puede detectar una diferencia de contenido entre *πᾶς* con el artículo (realmente con el sustantivo) y *πᾶς* sin él en el mismo pasaje. En este versículo parece que el sentido es: *en toda nuestra aflicción … en cualquier aflicción* (es decir, en cualquier aflicción que se pueda encontrar; comp. R772 y BD275[3]).

6 R632 En este versículo *ὑπέρ* sugiere el objeto al cual uno está apuntando: *(es) para consuelo y salvación de ustedes (*para aquello que uno desea lograr --BD231[2]).

T190 La posición atributiva de *ὑμῶν* es enfática (toma el lugar de *ὑμέτερος*): *consuelo de ustedes*.

8 R632 *Ὑπέρ* con el acusativo tiene la idea de *más allá*

B371 *Ὥστε* con el infinitivo se usa para expresar una tendencia convertida en resultado real por implicación: *de tal modo que perdimos la esperanza.*

B401 Τοῦ con el infinitivo se usa después de un infinitivo de obstáculo con un sentido ablativo: *aun de vivir* (la expresión sirve para explicar la anterior cláusula con infinitivo --T141).

M65 la preposición que aparece en *ὑπὲρ τῆς θλίψεως* se usa con el sentido de *concerniente a*, o *acerca de* (equivale a *περί*).

9 R498 *Θανάτου* se usa como un genitivo de aposición o definición: *la sentencia de muerte.*

R897 *Ἐσχήκαμεν* se usa como un perfecto intensivo (*él aún tenía la sentencia)*, que es un terrible recuerdo para Pablo (el perfecto de indicativo expresa un simple hecho pasado donde casi no es posible suponer que la idea de resultado existente estaba en la mente del escritor --B80; aoristo perfecto --T70; puede tomarse como un perfecto normal comp. 7:5 --BD343[2]). [Editor. Parece que este verbo tiene el sentido usual de un perfecto, mientras que el resultado existente se refiere a la confianza de Pablo en Dios.]

B103 El perfecto perifrástico se usa aquí para indicar el estado existente: *no confiáramos*.

BD283[4] El pronombre reflexivo se fortalece mediante el uso del pronombre αὐτοί: *tuvimos en nosotros mismos*.

10 R710 El correlativo τηλικοῦτος siempre se refiere a tamaño en el N.T.

B77 El verbo perfecto ἠλπίκαμεν tiene el sentido de un presente enfático o intensivo: *en El hemos puesto nuestra esperanza*.

T28 El sustantivo plural θανάτων (el texto de algunos manuscritos) puede implicar maneras de morir, es decir, *peligros mortales*.

11 R474 En este versículo, εὐχαριστέω aparece en voz pasiva, en una construcción que muestra que la voz activa hubiera tenido un acusativo de cosa y un dativo de persona; *se dio gracias por el don*.

M108 Si διὰ πολλῶν va con εὐχαριστηθῇ, como equivalente de *sean dadas gracias por muchos*; entonces ἐκ πολλῶν es redundante; pero si διὰ πολλῶν va con εἰς ἡμᾶς χάρισμα, como equivalente de *el don que llegó a nosotros por medio de muchos;* entonces la gramática estricta exige un segundo artículo (es decir: τὸ διὰ πολλῶν). [Editor. La primera sugerencia parece más probable, ya que una frase prepositiva sin artículo generalmente modifica al verbo, y no a un sustantivo. Además, la repetición aparece con frecuencia en el N.T.]

12 H378 El adjetivo con la terminación ικος denota una relación ética o dinámica con la idea de la raíz (comp. 1 Cor. 3:1): *carnalmente*.

13 M89 Ἀναγινώσκω generalmente se toma como si significara *leer*, presumiblemente en el sentido de que el lector *discierne otra vez* (ἀνά) lo que el escritor originalmente tuvo en mente. Pero J.H. Kennedy sostiene de una manera interesante, si no convincente, que este verbo, en el v. 13 y en 3:2, se debe interpretar como un intensivo, lo cual hace que el verbo signifique: *admitir* o

*reconocer*. [Editor. En vista del uso normal de ἀναγινώσκω en los escritos de Pablo (comp. 3:15) y del significado del siguiente ἐπιγινώσκω, es preferible la primera sugerencia.]

15 M68 En el griego del N.T. hay una tendencia de usar πρός con un objeto personal y εἰς con uno impersonal (como aquí y en el v. 16, aunque esto no es una regla).

M119 En los vv. 15-24 parece que hay una distinción muy cuidadosa entre el singular y el plural (es decir, en referencias personales).

17 R614 En παρ' ἐμοί, la preposición se usa en una relación ética: *conmigo*.

B218 Ἵνα se usa para introducir una cláusula que expresa el resultado de una acción (comp. BD391[5]). La palabra ἵνα en este versículo debe tratarse como final; Pablo está rechazando la característica mundana de convicciones no establecidas, que hace que la gente diga *sí* y *no* al mismo tiempo --MT2100. [Editor. Ocasionalmente en el N.T., el resultado y el propósito no se distinguen, lo cual pudiera ocurrir en este caso (comp. Rom. 5:20).]

19 BD475(2) Aquí el énfasis está en τοῦ θεοῦ, puesto que la conjunción γάρ viene después, en vez de preceder (es raro que γάρ aparezca en esta posición; τοῦ θεοῦ también precede al nombre υἱός).

22 M76 Ἐν con el dativo se usa con el sentido de εἰς y el acusativo: *puesto en nuestros corazones* (comp. 8:16 y Apoc. 17:17).

23 M185 Parece que ἐπὶ τὴν ἐμὴν ψυχήν significa: *sobre mi vida.*

24 T303 Hay una elipsis de un verbo que tiene un significado más fuerte que el simple ἐστίν en οὐχ ὅτι: *no que*.

## 2 Corintios 2

1 R401 Τό con el infinitivo está en aposición con τοῦτο: *porque yo determiné esto para mí mismo: que no volvería a ustedes con tristeza.*

T238 Ἐμαυτῷ se usa como un dativo de ventaja: *para mí mismo* (comp. R539).

2 BD442(8) Καί debe entenderse con un sentido especial cuando la apódosis es una pregunta: *¿entonces quién*?

3 R705 Τοῦτο αὐτό significa: *por esta misma razón.*
R846 Parece que ἔγραψα, en los vv. 3 y sigs. y en el v. 9, se refiere a una carta anterior.

4 M57 Aquí διά con el genitivo expresa la idea de circunstancia concomitante: *con muchas lágrimas.*

5 B240 La aparición de un pronombre indefinido en la prótasis de una cláusula condicional no hace necesariamente que la suposición sea general. En el v. 5: *pero si alguno ha causado tristeza, no me la ha causado a mí, sino ... a todos ustedes*, la suposición se refiere a un caso específico y particular.

6 M108 Τῶν πλειόνων tal vez signifique: *la mayoría* (aunque no todos).

7 M144 Ocasionalmente, en el uso de ὥστε aparece una elipsis (como en este caso, inserte δεῖν antes del infinitivo; tiene el sentido de tendencia o resultado previsto; comp. 1 Cor. 13:2): *a fin de que.*
T242 El dativo λύπῃ se usa para expresar un sentido de causa (comp. R532).
MT193 La distinción entre la prohibición latente (con μή) y la cláusula de propósito puede ilustrarse con este versículo, donde el original bien pudiera significar igualmente: *tal vez él sea abrumado*, o *para que no sea abrumado.*

10 M184 Parece que ἐν προσώπῳ significa: *en la presencia de.*

11 T282 Οὐ ... ἀγνοοῦμεν tiene como significado resultante: *conocemos bien.*

12 R595 El segundo εἰς de este versículo sugiere el propósito de su llegada a Troas.
T171 Τρῴας tiene artículo porque se refiere a 1:23, donde Troas

estaba en mente: *a Troas donde habíamos convenido reunirnos* (comp. BD261[1]).

13 R532 El dativo con el infinitivo, τῷ μὴ εὑρεῖν, se usa con un sentido de causa (única vez en el N.T. en que aparece sin ninguna preposición; virtualmente es instrumental: *porque no hallé*; comp. B396 y M44).

R539 Τῷ πνεύματι se usa como un dativo de ventaja: *descanso para mi espíritu*.

B80 El perfecto de indicativo ἔσχηκα se usa para referirse a un simple hecho pasado (un aoristo perfecto; comp. 1:9; 7:5; comp. M14 y BD343[2]): *no tuve descanso*.

14 R407 Pablo se tiene en mente sólo a sí mismo, pero usa el plural en los vv. 14 y sigs. (el plural idiomático).

BD148(1) Θριαμβεύειν significa: *dirigir en procesión triunfal, burlarse, escarnecer* (comp. T53 y H400; con respecto a *celebrar un triunfo*, vea Col. 2:15. Pero, ¿pudiera este verbo significar: *hacer triunfar* en 2 Cor. 2:14? El verbo que se usa en Col. 2:15 tiene significado distinto del que tiene en 2 Cor. 2:14 --R474).

15 B125 El participio σῳζομένος puede traducirse: *los que son* (con el sentido de: *nosotros los que hemos llegado a ser*) *salvos*, o como un presente progresivo de acción simultánea.

T239 Donde un verbo copulativo con el dativo forma parte del predicado, generalmente lleva la idea de crédito (o descrédito) ante los ojos de las personas: *para Dios*.

16 R626 Πρός aparece aquí con un sentido general de idoneidad en conexión con el adjetivo ἱκανός: *¿quién es suficiente para estas cosas?*

17 M17 Aquí aparece la construcción perifrástica perfecta (rara en el N.T.). Οὐ γὰρ ἐσμεν ... καπηλεύοντες ... significa: *Porque nosotros no somos, como la mayoría, que sólo hacen negocio con el mensaje de Dios* (generalmente esta construcción hace hincapié en la acción lineal, aunque es difícil ver exactamente la manera en que el sentido hubiera sido alterado aquí por el uso del presente simple).

T158 Aquí el participio ha sido omitido con ὡς, lo cual da como resultado el siguiente significado: *como siendo de Dios* (es decir *comisionado por El*).

## 2 Corintios 3

1 M158 La forma de la pregunta inicial en este versículo no indica claramente qué tipo de respuesta se espera, pero el contexto sí lo indica.

H379 Συστατικῶν significa: *recomendatorio.*

3 R1034 Ὅτι se usa con un sentido declarativo: *que.*

T287 Οὐ niega el significado del nombre μέλανι, no el del participio: *escrita no con tinta.*

BD113(2) Σάρκινος significa: *hechas de carne* (comp. 1 Cor. 3:1).

5 T303 Οὐχ ὅτι significa: *no es que* (comp. 1:24; elipsis de un verbo).

7 M15 El verbo aoristo ἐγενήθη es estrictamente apropiado, y se refiere a una gloria que ha pasado.

8 R1136 Cuando el corazón de Pablo ardía por completo con pasión, en este libro, amontonaba participios como pedregones en la ladera de la montaña, a la manera de una erupción volcánica (como en los vv. 8-10).

10 M15 El verbo perfecto δεδόξασται es el correlativo estrictamente perfecto del verbo aoristo que aparece en el v. 7. Aquí el perfecto se refiere a una gloria que ya no existe porque ha sido reemplazada.

11 T267 Διά con el genitivo δόξης tiene el sentido de acompañamiento: *con gloria* (esto prácticamente equivale a *glorioso*; comp. el siguiente ἐν δόξῃ).

13 B414 Πρὸς τό con el infinitivo ἀτενίσαι se usa para expresar propósito (*para que los hijos de Israel no vieran ...*; comp. T144).

BD482 El concepto *no hacemos* debe insertarse después de οὐ.

14 BD424 Μὴ ἀνακαλυπτόμενον ὅτι puede significar: *porque no ha sido revelado (a aquellos) que*; ¿o se refiere el participio a κάλυμμα: *el mismo velo permanece no levantado*? [Editor. En la primera traducción, el participio se toma como un nominativo absoluto que se refiere a lo que continúa. En el N.T., el participio rara vez se usa de esta manera. Ya que el nombre κάλυμμα concuerda con este participio, es mejor tomarlos juntos.]

15 T23 Contrario a la práctica normal del griego, el N.T. a veces sigue la preferencia hebrea y aramea para un distributivo singular. Algo que pertenece a cada persona en un grupo de personas se coloca en singular (τὴν καρδίαν αὐτῶν).

BD455(1) Ἡνίκα (que sólo aparece dos veces en el N.T. en los vv. 15 y sigs.) se refiere estrictamente a una hora o estación del año; pero en el griego clásico se usa de manera intercambiable con ὅτε.

16 R617 El verbo compuesto περιαιρεῖται significa: *se quita el velo de alrededor de la cabeza* (es mejor tomar este verbo compuesto como intensivo, y no con la idea de algo *que envuelve*, o *tendido en ambos lados* --H321). [Editor. Aquí la preposición del verbo compuesto aparentemente mantiene un sentido local, ya que esa es la idea presentada en la cita del A.T. y ese es el significado usual en el N.T.]

17 TGr126 y sigs. Normalmente en los escritos de Pablo, κύριος con artículo se refiere a Cristo, pero κύριος sin artículo se refiere a Yahvé, el Dios de Israel revelado en casi todo el A.T. Pero en este versículo, es probable que ὁ tenga un sentido reiterativo (es decir, que tome una referencia inmediata que precede). De ese modo, el artículo llega a ser virtualmente demostrativo. La referencia inmediata que precede a κύριος se halla en el v. 16, y se refiere a Yahvé (no tiene artículo y la discusión se centra alrededor de Exo. 34:34). Así que la primera parte de este versículo debe traducirse: *Yahvé es el Espíritu*. Algunas veces Yahvé se refiere al preexistente Señor Jesús, y otras veces al Espíritu Santo, en la interpretación de las teofanías del A.T.

[Editor. Κύριος es casi como un nombre personal en el N.T., y es imposible formar una regla estricta con referencia al artículo. Pablo usa *κύριος* sin artículo para referirse al Padre en 2 Tim. 1:16 y 18, y *κύριος* sin artículo para referirse a Cristo en Rom. 10:13, 1 Cor. 4:4 y 7:22. Es muy probable que Pablo se refiera a Cristo en 2 Cor. 3:17.

18 R789 *Ἀνακεκαλυμμένῳ προσώπῳ* significa: *cara descubierta.*

R810 Κατοπτριζόμενοι probablemente signifique: *contemplando por nuestra cuenta en un espejo* (voz media indirecta).

R820 La preposición que aparece en *ἀπὸ κυρίου πνεύματος* expresa agente.

TGr126 En este versículo, Pablo prometió a los corintios que si judíos y gentiles se volvían a Yahvé con la cara descubierta, la visión resultante sería gloriosa; sin embargo, sería la gloria de un espejo en vez de la realidad; y el hombre tiene que ser transformado de esta gloria a otra que es final, que envuelve toda la raza en un cuerpo de Cristo unido, la Iglesia, la perfecta *εἰκόνα* (imagen) de Dios.

BD474 Ἀπὸ *κυρίου πνεύματος* significa: *del Espíritu del Señor.*

## 2 Corintios 4

2 R810 La voz media del verbo *ἀπειπάμεθα* tiene el sentido de voz media indirecta: *renunciamos a tales cosas.*

3 B84 La construcción perifrástica perfecta (un participio perfecto con un verbo copulativo en presente) denota aquí el estado existente: *si nuestro Evangelio está escondido* (desconocido).

T264 Aquí *ἐν* con el dativo sustituye al dativo normal de desventaja: *escondido para aquellos* (*para*, o *a* es mejor que *entre* --BD220[1]).

4 M13(n.2) La expresión *εἰς τὸ μὴ αὐγάσαι* puede usarse para expresar la idea de propósito (el propósito del esfuerzo cegador: *para impedir que vean la luz del Evangelio*), o la idea consecutiva (el resultado de cegar). [Editor. La primera sugerencia parece que es más probable, ya que esta es la meta de Satanás; pero comp. Rom. 1:11.]

T218 Cuando se juntan varios genitivos, usualmente el genitivo que gobierna precede al que depende, como en este caso: *τὸν φωτισμὸν τοῦ εὐαγγελίου* (genitivo de origen; significa: *luz que emana del Evangelio*) *τῆς δόξης τοῦ* Χριστοῦ. Tanto *δόξης* como Χριστοῦ modifican a *εὐαγγελίου* (*δόξης* es un genitivo de contenido y Χριστοῦ un genitivo de complemento directo).

6 R962 Ὅτι se usa para introducir una oración coordinada causal (comp. 1 Cor. 1:25).

M184 Ἐν *προσώπῳ* puede significar: *en la presencia (semblante)* o *en la persona.* [Editor. La primera sugerencia presenta el sentido más literal de *προσώπον* y tiene aquí un sentido legítimo.]

7 R1413 Cuando la construcción con *ἵνα* continúa en una cláusula posterior con *μή*, este *μή* solo se repite, pero se mantiene el sentido de *ἵνα* (comp. 1 Cor. 1:10).

8 R596 La idea perfectiva de *ἐκ* en un verbo compuesto puede verse aquí en contraste con el verbo simple *ἀπορέω*: *desesperar.*

T56 Los participios en voz media *ἀπορούμενοι* y *ἐξαπορούμενοι* se usan como activos: *en confusión, pero no en desesperación.*

BD430(3) Οὐ aparece con los participios en los vv. 8 y sigs. porque niega la idea simple (*οὐ* rara vez aparece con el participio en el N.T.). [Editor. En realidad, *οὐ* es el negativo que se espera, puesto que aquí hay un contraste sutil en cada caso (ἀλλ' *οὐ*). El negativo que usualmente se emplea para denotar un contraste con *ἀλλά* (*ο δέ*) es *οὐ*.]

BD488(16) Aquí en el contraste aparece la repetición de la raíz de la misma palabra, y presenta cierta sutileza.

10 T167 En las Epístolas y Apocalipsis, Ἰησοῦς aparece sin el artículo excepto en cuatro textos; y en esos casos se refiere a una mención previa (comp. los vv. 5 y sigs.).

12 M144 Ὥστε se usa como una partícula de conclusión y significa: *asi que, por tanto*. (Comp. 1 Cor. 3:7,21).

13 R1134 Es probable que convenga tomar *ἔχοντες* con *πιστεύομεν*: *habiendo ... creímos.*

15 M108 El uso de *πλεονάσασα* y *περισσεύσῃ* sugiere aquí que *τῶν πλειόνων* significa: *los números crecientes.*

16 B284 La construcción 'αλλ' *εἰ καί* introduce una cláusula concesiva: *aunque.*

T243 'Ημέρᾳ *καὶ ἡμέρᾳ* significa: *todos los días* (semítico).

BD448(5) La repetición de *ἀλλά* después de *ἀλλ' εἰ*, significa: *sin embargo, ciertamente, por lo menos.*

17 M186 La asociación de *βάρος* y *δόξα* en este versículo puede haber sido sugerida por el hecho de que tanto *peso* como *gloria* se expresan en hebreo por medio de las mismas consonantes.

## 2 Corintios 5

1 R882 'Έχομεν se usa con un sentido futuro de duración (la condición que introduce *ἐάν* es futura en cuanto a concepto, pero la conclusión es una realidad presente; tal es la confianza que tiene Pablo en la bienaventuranza del cielo).

2 R600 Las preposiciones retienen su idea raigal en *ἐπ-ἐν-δύω*: *revestir.*

TGr128 y sigs. Los vv. 1 y sigs. deben traducirse como sigue: *Porque sabemos que si nuestra casa terrenal de este tabernáculo se deshiciere, tenemos un edificio de Dios, una casa no hecha con manos, eterna en los cielos* (plural *οὐρανοῖς*). *Porque en este tabernáculo gemimos, deseando intensamente revestirnos (como un vestido extra) de nuestra casa que recibiremos del cielo* (singular *οὐρανοῦ*).

4 R762 El artículo que acompaña a *σκήνει* tiene un sentido reiterativo (se refiere al v. 1).

R963 'Eφ' ᾧ significa: *porque.* Los cristianos de Corinto (no necesariamente Pablo) estaban ansiosos; no querían permanecer *desvestidos* en algún estado intermedio entre la muerte y la resurrección, pero esperaban la resurrección del cuerpo (comp. TGr131; *en vista de que* --MT07; *puesto que* --M132).

5 R595 La preposición *εἰς* expresa la idea de propósito.

T214 El genitivo τοῦ πνεύματος se usa en aposición con el sustantivo que antecede: *la garantía que es el Espíritu* (comp. v. 1).

6 R440 El participio θαρροῦντες no se usa como un verbo indicativo. Lo que pasa es que se ha omitido un verbo indicativo. Pablo, después de usar el participio, lo repite en la forma de θαρροῦμεν, porque en las cláusulas intermedias, él expresa εὐδοκοῦμεν: *así que siempre estamos confiados*.

7 T267 Aquí διά con el genitivo significa: *con* (indica la manera como uno camina).

8 R265 En πρὸς τὸν κύριον Pablo tiene en mente la conversación cara a cara con el Señor.

10 R585 Aquí διά con el genitivo se usa para expresar medio: *por medio del cuerpo*.

M53 Πρός se usa con un sentido transferido, y significa: *en proporción a sus hechos*.

T201 En esencia, τοὺς πάντας ἡμᾶς significa literalmente: *la suma total de nosotros*.

T303 Probablemente deba insertarse un verbo subjuntivo con εἴτε ... εἴτε: *sea ... o*.

11 R500 Κυρίου se usa como un genitivo de complemento directo en τὸν φόβον τοῦ κυρίου: *el temor dirigido hacia el Señor*.

R880 El conato de presente πείθομεν se refiere a una acción comenzada pero interrumpida (con la idea de que no está completa: *intentamos persuadir*, comp. T63).

BD350 'Ελπίζω con el perfecto de infinitivo indica una desviación del concepto de *esperanza* hacia el concepto *del pensamiento*.

12 R626 Πρός tiene el significado resultante de *contra*.

T343 Pablo hace que el participio διδόντες concuerde con un verbo que denota tiempo, número y persona, para intentar que el participio se use como un verbo en indicativo (comp. M179): *no estamos recomendando ..., sino dando*.

13 B47 El aoristo de indicativo ἐξέστημεν se usa para denotar un estado presente, que es el resultado de un acto pasado, y por

tanto se usa con la fuerza propia de un perfecto griego (*nosotros cedimos al éxtasis* --BD342[1]).

M195 Es difícil detectar una antítesis más que retórica en este versículo:

*Εἴτε γὰρ ἐξέστημεν, θεῷ.*
*εἴτε σωφρονοῦμεν, ὑμῖν.*

Porque, ¿qué lógica hay en decir que el éxtasis es por amor a Dios, y la cordura por amor a los corintios? [Editor. Esto puede referirse a un concepto similar expresado en 1 Cor. 14:2.]

T238 *Ὑμῖν* se usa como un dativo de referencia, así que los dativos deben traducirse: *por amor a Dios ... por el interés de ustedes.* Es el uso que se llama dativo de referencia, por cuanto la idea de interés personal (ventaja) está tan disminuida que llega a ser no más que una vaga referencia (ventaja --R539).

14 R499 *Χριστοῦ* es un genitivo de sujeto: *el amor que procede de Cristo* (comp.T211).

15 R539 *Ἑαυτοῖς* tiene el sentido de un dativo de ventaja: *para que ellos ya no vivan para sí, sino para aquel que.*

M64 En este versículo *ὑπέρ* tiene la idea de *en vez de* (sustitución, equivale a *ἀντί*, comp. 631).

BD442(9) El *καί* inicial de este versículo tiene un sentido explicativo (es decir, introduce una explicación posterior a la declaración previa).

16 M144 *Ὥστε* significa: *así que, por tanto.*

19 R683 El pronombre plural *ἀυτοῖς* se usa según el sentido y no según la forma gramátical (su antecedente es *κόσμον*; se refiere a los individuos del mundo).

R964 *Ὡς* con *ὅτι*, tiene aquí una fuerza causal similar a *puesto que* (*con el propósito de* --T157).

M17 En el v. 19, es discutible si *ἦν ... καταλάσσων* es perifrástico o no. [Editor. Parece preferible no tomar esta como una construcción perifrástica, sino más bien tomar el participio como un adjetivo, especialmente en vista del orden de las palabras: *Dios estaba en Cristo reconciliando consigo al mundo.*]

20 B445 *Ὡς* con los participios se usa con la idea de manera: *Así que*

*somos embajadores en nombre de Cristo, como si Dios estuviera rogando por medio de nosotros.*

## 2 Corintios 6

3 T343 El participio διδόντες se usa como un verbo conjugado en forma personal: *no damos agravio* (comp. 5:12).

4 R454 El nominativo διάκονοι (plural literal) significa: *como un ministro de Dios, me recomiendo*, mientras que en acusativo sería: *me recomiendo como un ministro de Dios.*

M78 Ἐν παντί puede usarse como adverbio: *en todo respecto*, o con sentido temporal: *en toda ocasión.* [Editor. Parece que esta frase prepositiva se usa como adverbio, ya que tiene ese significado en otras construcciones similares (comp. 1 Cor. 7:11; 11:9) y está en contraste directo con las palabras ἐν μηδενί del versículo anterior (comp. también los varios aspectos presentados en la siguiente lista).]

M196 Los vv. 4-10 constituyen un pasaje vehemente y casi lírico, donde la precisión en las interpretaciones de las preposiciones es probablemente imposible, porque la lista ha inducido al escritor a repetir una preposición en algunos casos en que la prosa sobria no hubiera sido natural.

T28 Aquí los plurales implican casos de la expresión: *en tribulación.*

7 R582 Διά con el genitivo tiene aquí un sentido instrumental: *por medio de las armas* (comp. M58).

T207 *La armadura de justicia* probablemente es aquella que la justicia divina provee.

8 M58 Διὰ δόξης puede expresar una idea local: *pasando por la gloria* (la preposición lleva la idea de *con* [circunstancias concomitantes] --T267). [Editor. En esencia, estas sugerencias son similares, pero la primera cuadra mejor en el contexto, ya que este versículo describe las condiciones o circunstancias en que Pablo se recomienda a sí mismo.]

9 B446 Ὡς se usa con participios adverbiales en los vv. 9 y sigs. para

expresar la idea de manera (indica la manera en que ellos son tratados).

10 R828 La preposición que se halla en la palabra compuesta *κατέχοντες* tiene una fuerza perfectiva: *mantener en posesión de uno.*

11 R895 'Α*νέῳγεν* se usa como un perfecto de duración: *está abierta.*

13 M160 Τ*ὴν δὲ αὐτὴν ἀντιμισθίαν* puede ser una frase adverbial que se construye con una base que no es la de un sustantivo neutro. Parece como una mezcla sutil de *τὸ δὲ αὐτό*: *del mismo modo,* y *κατ' ἀντιμισθίαν*: *a manera de recompensa*; y en este caso puede traducirse: *y en conformidad, a manera de respuesta de parte de ustedes;* pero pudiera ser más bien un acusativo que está en aposición con toda la oración que le sigue (pero sin incluir el paréntesis *ὡς τέκνοις λέγω*): *ensanchen sus corazones de la misma manera en intercambio* (comp. R486; tal vez equivalga a *τὸν αὐτὸν πλαστυσμὸν ὡς ἀντιμισθίαν* --BD154). [Editor. Todas esas interpretaciones tienen la idea resultante de que los creyentes corintios deben tener una respuesta adecuada para la súplica de Pablo. Sin embargo, la segunda sugerencia de Moule parece que es la más probable; comp. la construcción similar en 3:18.]

14 R625 Π*ρός* después de *κοινωνία* se refiere a una relación viva o íntima.

BD189 El dativo de posesión tiende a destacar más el objeto poseído que al poseedor: *porque qué compañerismo tiene la justicia* ... (aquí se encuentra sin el verbo).

BD345 Γ*ίνομαι* con un participio de presente se usa para denotar el comienzo de un estado o condición: *no se presten a* ...

15 R217 Β*ελιάρ* es un término que viene de dos palabras hebreas que significan: *el Señor del bosque.*

17 R853 Al usar el profeta (Isa. 52:11) el presente de imperativo *μὴ ἅπτεσθε*, supone que el pueblo era culpable (ellos debían dejar de hacer eso).

18 T253 Ocasionalmente aparece εἰς con el acusativo en lugar del predicado nominal, debido a la tendencia helenística hacia la mayor expresividad y a la influencia semítica: *y yo seré un Padre para ustedes.*

## 2 Corintios 7

3 BD494(3) Pablo sabe cambiar su tono de una manera sorprendente, y usa una corrección subsiguiente de una impresión previa cuando siente que ha ofendido, pero aún mantiene el más sensible contacto con sus lectores (comp. 12:11).

4 BD195(2) Se usa el dativo instrumental τῇ χαρᾷ donde en griego clásico se hubiera usado un genitivo: *con gozo.*

5 T28 Los plurales μάχαι y φόβοι implican *casos de ...* (comp. 1:10 y 6:4).

BD468(1) El participio θλιβόμενοι se usa como un verbo conjugado en modo personal (equivale a un verbo indicativo; comp. 4:12): *fuimos afligidos.*

7 R1091 Ὥστε con el infinitivo χαρῆναι se usa para expresar resultado real: *de modo que me regocijé aun más.*

8 M167 La expresión εἰ καί es concesiva, y significa: *aun si,* o *aunque los contristé* (comp. B284).

9 R599 Ἐκ presenta la idea de causa u ocasión (comp. T260).

R834 El aoristo ἐλυπήθητε tiene un sentido incoativo (*llegaron a ser contristados*; comp. T72).

M59 En los vv. 9 y sigs., la preposición κατά, en la frase repetida κατὰ θεόν, significa: *en una manera piadosa ... tristeza piadosa ... de una manera piadosa,* (comp. T268).

11 R523 Parece que el dativo ὑμῖν (sin la preposición) se usa con un sentido locativo: *en ustedes.*

R741 Πόσος tiene aquí un sentido exclamativo: *¡cuánto celo!*

T330 Ἀλλά introduce una fuerte adición, y significa: *sí, verdaderamente* (enfático).

BD197 Τῷ πράγματι se usa como un dativo de referencia: *en referencia a este asunto* (sería más exacto usar ἐν con el dativo).
BD399(1) Τό con el infinitivo está en aposición con el pronombre τοῦτο (comp. 2:1): *que ustedes se hayan entristecido.*
BD406 Συνεστήσατε significa: *ustedes han demostrado.*

12 R846 Ἔγραψα se refiere a una carta anterior (comp. 2:3,4 y 9).
R1073 Usualmente ἕνεκεν τοῦ con un infinitivo aparece con un sentido de fin, es decir, propósito; pero en este versículo tiene sentido causal, como también en los dos participios precedentes (expresa propósito --M140). [Editor. La idea usual de propósito que tiene ἕνεκεν con el infinitivo cuadra mejor en el contexto que la idea de causa.]

13 T29 Aquí se usa el comparativo doble para exaltar la comparación, con el significado resultante: *aun mucho más* (comp. BD246).
T258 Ἀπό se usa por ὑπό con un agente después de un verbo pasivo (*preparado y derivado de*).

14 R603 Ἐπί con el genitivo Τίτου significa: *ante* o *en la presencia de*.
R632 Aquí ὑπέρ con κεκαύχημαι tiene el sentido de *concerniente a.*

15 R612 Μετά lleva la idea de acompañamiento: *ustedes estaban acompañados de temor y temblor.*
BD60(3) Parece que περρισοτέρως tiene una gran fuerza equivalente a ὑπερβαλλόντως: *especialmente*, o *cuanto más.*

## 2 Corintios 8

1 T264 Es posible que la frase prepositiva ἐν ταῖς ἐκκλησίαις signfique: *a las iglesias* (como un dativo simple), aunque no es imposible la traducción: *dentro de* (se usa por el dativo simple; vea 4:3 --BD220[1]; ἐν significa: *entre* --R587; la preposición se usa en vez de εἰς, comp. 1:22 --M76). [Editor. Después del verbo transitivo δίδωμαι, la preposición ἐν con un dativo parece que tiene un sentido que equivale a un dativo simple; comp. Hech. 4:12. En esencia esto es similar a la sugerencia de Moule.]

2 R607 En κατὰ βάθους, la idea es: *abajo en la profundidad* (es decir, *su profunda pobreza; pobreza extrema, radical* --BD225).

3 M59 La preposición que se usa en κατὰ δύναμιν tiene un sentido transferido (*de acuerdo a, conforme a*) y significa: *hasta lo máximo de su capacidad;* lo cual se contrasta con παρὰ δύναμιν, que significa: *más allá de su capacidad.*

6 R1003 Εἰς τό con el infinitivo se usa con una idea consecutiva: *así que exhortamos a Tito.* Este modismo no se encuentra en los escritos de Juan, aunque es muy frecuente en la literatura paulina (especialmente en Romanos y 1 Tesalonicenses) y en Hebreos (comp. M141: *a tal grado que* --T143).

B200 Ἵνα introduce una cláusula de complemento directo después de un infinitivo de exhortación (ἵνα de contenido): *para que tal como él.*

7 TGr147 En sus palabras a los cristianos corintios, Pablo les solicita su comprensión afectuosa: *miren que* (ἵνα) *abunden también en esta gracia.* El hecho de que se le haya añadido *miren que,* implica que se tenía en mente algo más que una simple fuerza imperativa (un sentido imperativo --M144).

8 T14 El adjetivo neutro con artículo (y con un genitivo) se usa aquí como un sustantivo abstracto: *lo que es genuino con respecto al amor de ustedes* (comp. BD263[2]).

9 R834 Ἐπτώχευσεν se usa como un aoristo que indica comienzo: *El llegó a ser pobre* (comp. B37 y 1 Cor. 4:8).

B438 El participio ὤν se usa con un sentido concesivo: *aunque era rico.*

10 R1059 Los infinitivos con artículo son complementos directos del verbo προενήρξασθε *(ustedes comenzaron hace un año no sólo a hacerlo sino también a desearlo).*

M124 Parece que οἵτινες en este contexto es claramente diferente del pronombre relativo (más indefinido): *cualquier cosa.*

11 R395 La elipsis del verbo subjuntivo ᾖ aparece después de ὅπως: *que pueda ser.*

R600 La fuerza perfectiva de ἐπί está presente aquí en el verbo compuesto: *completamente cumplidos.*

R1073 Ἐκ τοῦ ἐχεῖν (la única vez que aparece ἐκ τοῦ con un infinitivo en el N.T.), tiene el propósito de acentuar la capacidad creciente: *según sus medios.*

BD400(2) La relación entre el sustantivo y el infinitivo en ἡ προθυμία τοῦ θέλειν es vaga y tiende hacia un sentido de consecuencia: *el celo en querer de tal modo que uno realmente quiera.*

12 M59 Καθὸ ἐὰν ἔχῃ, que equivale a καθ' ὃ ἐὰν ἔχῃ, significa: *en proporción a lo que uno tiene* (comp. el v. 3).

13 M145 Ἵνα con el verbo subjuntivo omitido (ᾖ) posiblemente pueda usarse en un sentido imperativo (esto es dudoso --T95). [Editor. Ἵνα no se usa como un imperativo; más bien parece que introduce el contenido de la elipsis que aparece en οὐ γάρ, y significa: *no es que haya descanso para otros.*]

14 R707 El contraste es agudo entre ὑμῶν y ἐκείνων.

R896 Ὅπως se usa aquí para favorecer la variedad (ya que antes se usó ἵνα; comp. BD369[9]).

15 BD263(1) El adjetivo singular neutro (τὸ πολὺ ..., τὸ ὀλίγον) se usa con un sentido individual de una cosa o un acto particular definido: *mucho ..., poco.*

16 R585 Aquí la preposición ἐν se usa con el sentido de εἰς: *en el corazón* (comp. 1:22 y M76).

17 M12 En los vv. 17, 18, 22; 9:3 y 5, parece que el tiempo aoristo se usa con un sentido epistolar, por medio del cual el escritor cortésmente se proyecta a sí mismo en la imaginación hacia la posición del lector, para quien las acciones contemporáneas del tiempo en que se escribió serían pasadas (comp. T73).

T30 El comparativo σπουδαιότερος se usa como un superlativo intenso, y significa: *muy solícito* (comp. BD244[2]).

18 MT68 Parece que ἐν τῷ εὐαγγελίῳ significa: *en la esfera del Evangelio.*

21 BD176(2) Προνοοῦμεν καλά significa: *tenemos el propósito de hacer lo bueno*.

22 R530 Una idea instrumental asociativa aparece en el uso de αὐτοῖς: *con ellos*.

R659 El adjetivo acusativo πολύ se usa como un adverbio: *mucho más diligente*.

23 R632 Ὑπέρ tiene la idea general de *acerca de*, o *concerniente a*.

24 TGr66 El participio ἐνδεικνύμενοι se usa como un imperativo: *ustedes tienen que estar mostrándoles una prueba de su amor* (note que se cambia por la forma imperativa en algunos manuscritos).

## 2 Corintios 9

2 M108 Τοὺς πλείονας quizá signifique: *la mayoría* (aunque no todos; comp. 2:6).

T190 Note el pronombre atributivo τὸ ὑμῶν (las lecturas variantes tienen ἐξ ὑμῶν; comp. 1:6). En los escritos de Pablo, cuando el pronombre personal toma esta posición, es enfático (comp. BD284[2]).

3 T187 El artículo τό se usa con la frase prepositiva en este versículo para evitar confusión (para mostrar que es atributiva: *nuestro gloriarnos con respecto a ustedes*).

4 M139 Μή πως significa: *no sea que tal vez* (se usa como una conjunción coordinada --BD471[3]).

BD495(1) Ἵνα μὴ λέγωμεν ὑμεῖς está muy lejos de ser una declaración simple y recta; la expresión simple del pensamiento sería: ἵνα μὴ καταισχυνθῆτε; pero puesto que esto sería doloroso para los lectores, él lanza el reproche ostensiblemente contra sí mismo, mientras aclara que lo está haciendo.

5 R996 La cláusula de infinitivo (ταύτην ἑτοίμην εἶναι) se usa después de la cláusula con ἵνα para expresar un propósito explicativo o complementario (subsidiario para la cláusula ἵνα;

puede ser consecutivo o final --M141). [Editor. Aquí, en el infinitivo, probablemente entran tanto la idea de propósito como la de resultado; comp. Rom. 1:11 y 5:20.]

6 BD481 Debe entenderse que el verbo *φήμι* está implícito en *τοῦτο δέ*, y sigue la misma construcción de 1 Cor. 7:29 y 15:50: *Pero esto digo*.

7 B12 El tiempo presente del verbo *ἀγαπᾷ* se usa con un sentido gnómico (para generalizaciones o proverbios): *Dios ama al dador alegre* (comp. M8).

10 TGr166 En los vv. 10 y sigs., el participio *πλουτιζόμενοι* se usa con un sentido imperativo: *él aumentará los frutos de la justicia de ustedes; (sean ustedes) enriquecidos en todo* (comp. M179).

BD101 *Αὐζάνω* tiene aquí un uso transitivo, y significa: *hacer que crezca*.

12 M17 La cláusula que tiene la construcción perifrástica presente debe traducirse: *este ministerio no consiste sólo en suplir ...* (comp. 2:17).

TGr66 El participio *δοξάζοντες* tiene un sentido imperativo (comp. M179). Así que los vv. 12 y sigs. deben traducirse: *el cumplimiento de este servicio no sólo suple las necesidades de los santos, sino que hace que ellos den gracias a Dios. (Ellos deben estar) alabando a Dios por causa de esta prueba de ustedes*.

13 R783 La frase *εἰς αὐτούς* es atributiva de *τῆς κοινωνίας*: *la generosidad de la distribución de ustedes para ellos*.

14 R605 Parece que *ἐφ' ὑμῖν* es un simple uso del caso dativo con *ἐπί*, para complementarlo: *en ustedes*.

15 R605 En este versículo *ἐπί* presenta la idea de la base u ocasión: *por causa de*.

## 2 Corintios 10

1 R407 Pablo defiende su autoridad apostólica en 10:1-11:6, donde todo el punto se refiere a su personalidad: pero él usa el plural tanto como el singular. Así que, aunque sea el plural, se refiere a sí mismo (comp. los vv. 3, 7, 11 y 13).

M58 *Διά* tiene aquí la idea de acompañamiento: *les ruego por la mansedumbre y la ternura de Cristo.*

M295 En este versículo posiblemente *ἐν* se use por *εἰς*: *a ustedes.*

M466 Κατὰ *πρόσωπον* se usa como una expresión adverbial: *humilde cuando estoy personalmente presente.*

2 T146 El nominativo con el infinitivo deben traducirse: *ruego que cuando yo esté presente no sea osado* (*τὸ μή* aquí equivale a una cláusula introducida por *ἵνα μή*, y debe compararse con el clásico *τὸ μή* después de verbos de impedimento; *δεόμαι τὸ θαρρῆσαι* sin *μή* obviamente sería imposible aun en Pablo --BD399).

BD488(1b) La repetición de una palabra en cercana proximidad se usa en un contraste, de manera que está presente cierta sutileza (*κατὰ σάρκα ἐν σαρκὶ* ... *κατὰ σάρκα*).

3 M59 La frase prepositiva *κατὰ σάρκα* significa: *según las normas materiales* (su significado debe distinguirse del significado de *κατὰ σάρκα* en Rom. 1:3 y de *τὸ κατὰ σάρκα* en Rom. 9:5).

M102 El participio *περιπατοῦντες* se usa con un sentido concesivo: *aunque nosotros (yo) andamos* (comp. T157)

4 R626 Πρός aparece aquí con el sentido general de idoneidad en conexión con el adjetivo *δυνατά* (comp. 2:16; tiene la idea de propósito, comp. Ef. 4:29 --T247). [Editor. El adjetivo parece que tiene una idea de idoneidad; pero la preposición con el acusativo tiene la idea de propósito; comp. Hech. 27:12; 2 Cor. 1:20; 1 Tim. 4:8; 2 Tim. 3:16 y Tito 1:16.]

M184 Aquí *τῷ θεῷ* después de *δυνατά* puede usarse con un sentido intensivo (es semítico: *gran poder*, o *poder divino en honor de* o *en favor de Dios* --H443).

T343 parece que el participio *καθαιροῦντες* concuerda con un verbo conjugado en modo personal: *destruimos argumentos.*

5 R500 Τὴν ὑπακοὴν τοῦ Χριστοῦ significa: *obediencia a Cristo* (un genitivo de complemento directo).

7 M58 La frase τὰ κατὰ πρόσωπον significa: *lo que está frente a ustedes* (comp. T15).

M137 El infinitivo εἶναι se usa como el objeto directo del verbo πέποιθεν: *si alguno confía que.*

8 R716 El pronombre relativo en acusativo ha sido asimilado por el genitivo ἧς, a causa del antecedente que está en caso genitivo (así que ἧς puede actuar como el complemento directo de ἔδωκεν).

T399 Τέ aparece aquí antes de γάρ como una pretensión superflua (es decir, τε γάρ equivale a γάρ o καὶ γάρ; comp. BD443[2]), con el significado resultante: *porque.*

9 R597 ᾿Eκ en el verbo compuesto de este versículo tiene una fuerza causal: *causar temor.*

R959 En este versículo ἄν equivale probablemente a ἐάν y ὡς ἄν, y significa: *y si* (comp. M152; *por decirlo así* --BD453[3].

M145 Parece que ἵνα introduce una cláusula de contenido: *que.*

T267 Διὰ τῶν ἐπιστολῶν significa: *por medio de las cartas* (διά con el genitivo expresa el medio; comp. BD223[3]).

10 R392 Φησίν se refiere a su oponente en un sentido indefinido: *dice mi oponente (el [imaginario] oponente dice* --BD130[2]).

12 T160 El último segmento de este versículo debe traducirse: *ellos no se dan cuenta de que están midiéndose y comparándose a sí mismos con sus propios patrones.*

BD283(4) El fortalecimiento del reflexivo con αὐτός sólo aparece en casos dispersos en el N.T. (una característica del lenguaje literario; esto ocurre frecuentemente en el griego clásico).

13 M71 ¿Significa la frase prepositiva εἰς τὰ ἄμετρα con el verbo καυχησόμεθα: *por referencia a una regla que no tenemos derecho de usar?* ¿O simplemente significa: *con referencia a lo que está fuera de nuestro alcance?* [Editor. Es preferible la primera sugerencia, ya que no hubiera sido necesario que Pablo convenciera a la iglesia de Corinto de que él no se estaba jactando con

respecto a cosas que estaban más allá de lo que él conocía. Este contexto presenta el hecho de que Pablo no quiso gloriarse con respecto a la labor de otro hombre (con lo cual hubiera tomado el crédito correspondiente a ella; comp. el v. 15).]

14 R629 La preposición ὑπέρ en el verbo compuesto presenta la idea de *más allá*.

T285 Ὡς μή se usa con un participio para expresar sólo un concepto y no un hecho: *como si no los alcanzáramos*.

MT68 Parece que ἐν τῷ εὐαγγελίῳ significa: *en la esfera del Evangelio*.

15 B378 El infinitivo μεγαλυνθῆναι modifica al sustantivo κανόνα: *nuestra esfera de acción entre ustedes puede ser engrandecida*.

T343 Los dos primeros participios de este versículo concuerdan con un verbo conjugado en forma personal: *no nos gloriamos ... pero nuestra esperanza es* (comp. v. 4).

16 R647 Ὑπερέκεινα es sólo un compuesto de la preposición ὑπέρ y el pronombre ἐκεῖνα. Aparece sólo una vez en el N.T. y con el genitivo ablativo con el sentido de *más allá*. Así que el significado resultante es: *en las regiones de más allá de ustedes*.

## 2 Corintios 11

1 R1186 En ἀλλὰ καί, el tono de ironía establece dudas en cuanto a si se debe tomar ἀλλά como una conjunción continuativa o adversativa (introduce una fuerte adición: *sí, en verdad* --T330).

M137 Ὄφελον se usa como una partícula para introducir un deseo no cumplido, y está seguido por un verbo imperfecto para referirse al tiempo presente: *Deseo*.

BD448(6) Ἀλλὰ καί se usa de manera enfática: *no sólo expresaré el deseo, sino que de inmediato les ruego* (ἀνέχεσθε se considera como un imperativo), o puede traducirse: *pero ustedes ya lo han hecho* (ἀνέχεσθε como un verbo en indicativo). [Editor. Es difícil determinar cual traducción de este verbo es la correcta. Pudiera ser preferible tomarlo como un indicativo, ya que Pablo cambia el punto de énfasis en el hilo de pensamiento; comp. el uso similar de ἀλλὰ καί en Fil. 1:18.]

2 R1088 El infinitivo simple se usa aquí para expresar la idea de propósito: *para presentarlos.*

M184 ¿Debe interpretarse θεοῦ ζήλῳ como *un anhelo divino* (es decir, *supernaturalmente grande)*, o está más cerca del significado: *un anhelo que es el propio anhelo de Dios* (o *que brota de Dios mismo;* comp. 10:4)? [Editor. El genitivo θεοῦ puede usarse en el N.T. con el significado representado por la primera sugerencia de Moule (comp. τοῦ θεοῦ en 2 Cor. 1:12); sin embargo, esto no ocurre con frecuencia. En vista de esta infrecuencia y de la posición de θεοῦ aquí, la última sugerencia de Moule parece preferible.]

M160 La voz media se justifica en el uso que Pablo hace de ἡρμοσάμην por el profundo interés personal que él tuvo en promover la lucha espiritual.

3 BD211 'Ἀπό denota alienación en algunas expresiones, especialmente en Pablo (tal como ocurre en este versículo), la cual no puede compararse directamente con la lengua clásica: *sean extraviados de.*

4 R747 El cambio de ἄλλον para ἕτερον tal vez sólo haya ocurrido para favorecer la variedad. Pero también es posible que Pablo estigmatice al evangelio de los judaizantes y al espíritu predicado por ellos como ἕτερον (comp. Gál. 1:6), aunque él no está dispuesto a admitir a otro (ἄλλον) Jesús, aun de la misma clase que él predicaba (el cambio ocurre sólo para favorecer la variedad --T197 y BD306[4]). [Editor. Parece que la distinción que hace Robertson es forzada, aunque parece que el cambio indica algo más que una variedad estilística.]

6 R129 Pablo rechaza la elegancia clásica y se llama a sí mismo ἰδιώτης τῷ λόγῳ; sin embargo, esto estaba en contraste con el falso gusto de los corintios.

M119 Parece que en este versículo hay un participio plural epistolar (Pablo se refiere a sí mismo en φανερώσαντες).

M180 El participio se usa como un verbo conjugado en modo personal (coordinado con un verbo --T343): *lo he demostrado.*

BD448(5) 'Ἀλλά en una apódosis después de εἰ significa: *sin embargo, ciertamente, por lo menos.*

9 M53 Πρός denota la idea de posición: *con.*
M206 Parece que el participio de presente *πάρων* se refiere a lo que precedió al verbo principal (con un sentido duradero).

10 M112 Ἔστιν *ἀλήθεια* Χριστοῦ *ἐν ἐμοί, ὅτι* ... presumiblemente significa: *hablo verdad cristiana cuando digo que* ...; si es así, es un sentido muy particularizado de la palabra *ἀλήθεια* cuando está asociada con Cristo (*ὅτι* se usa para introducir el contenido de un juramento solemne).

14 M175 El genitivo *φωτός* se usa con un sentido adjetival que equivale a *φωτεινόν*: *un ángel brillante* o *un ángel resplandeciente.*

15 B282 Las palabras *εἰ καί* no deben tomarse en conjunto; *εἰ* es la partícula condicional y *καί* significa: *también* (comp. T321).

16 R743 El pronombre indefinido se usa con el adjetivo *μικρόν* para suavizar la declaración: *me gloríe un poco.*
M151 Κἂν *ὡς ἄφρονα δέξασθε με* se traduce mejor: *recíbanme, aunque sea sólo como a un loco.*
T137 El infinitivo se usa como un objeto directo del verbo *δόξῃ: de que soy loco.*
BD336(3) El aoristo exhortatorio de subjuntivo *δόξῃ* (note aquí la tercera persona del singular; comp. 1 Co 16:11) debe traducirse: *que nadie tenga la idea* ..., con la connotación de que nadie, por supuesto, pensaba que Pablo era un loco (comp. R853; menos perentorio que el imperativo --MT178).
BD473(1) Generalmente un pronombre no enfático (enclítico) se coloca cerca al comienzo de una oración. Sin embargo, en este v. *δέξασθε* se coloca antes del pronombre *μέ* (probablemente para darle fuerza al verbo).

18 T177 El sustantivo sin artículo *σάρκα* significa: *el estado natural del hombre* (con un sentido abstracto).

20 R606 Κατά tiene una fuerza perfectiva en el verbo *καταδουλοῖ* (es decir, destaca el acto de esclavizar).

21 T170 El tiempo perfecto se usa aquí en un perfecto aoristo (comp.

2:13): *fuimos demasiado débiles*.
T268 Κατὰ φύσιν significa: *de acuerdo con la naturaleza*.
BD396 Ὡς ὅτι tiene el sentido de *para* (comp. 5:19).

23 R293 En ὑπὲρ ἐγώ la preposición se usa como un adverbio, y debe tomarse con el verbo sobreentendido, y no con el pronombre: *Yo lo soy aun más* (comp. M64 y T250).
T28 El sustantivo plural θανάτοις puede implicar maneras de morir (comp. 1:10).

24 T615 Παρά se usa aquí con el acusativo para dar la idea de *menos*.
TGr94 La famosa frase: *estaca en la carne*, que ha levantado tanta controversia (vv. 24 y sigs.), es consecuente con la teoría de la crucifixión.

25 B39 Se usa el aoristo para referirse a una serie o agregado de hechos, de los cuales se piensa que constituyen un solo hecho: *tres veces he naufragado*.
MT144 El tiempo perfecto de πεποίηκα puede traducirse naturalmente al español. Pero no se deduce de eso que aquí tenemos sólo un equivalente de ἐποιήσα. Esto sólo colocaría la experiencia en un mismo nivel con las otras; el tiempo perfecto lo considera como un recuerdo especialmente vivo en ese momento (el perfecto de continuidad interrumpida; el tiempo perfecto se usa como un perfecto aoristo (comp. v. 21; 1:9 y 2:13); aparentemente no hay razón para cambiar por el tiempo perfecto --BD343(2). [Editor. Parece que la sugerencia de Moulton es la más plausible, ya que la proximidad cercana de diferentes tiempos no necesariamente prueba su identidad.]

26 T212 Los genitivos ποτάμων y ληστῶν significan: *en ríos*, y *entre ladrones* (a pesar de ἐν θαλάσσῃ, que sigue, los peligros son *aquellos* que *surgen de* ... [no *en*; comp. ἐξ ἐθνῶν --BD166).

28 P547 Παρεκτός es un adverbio que se usa como un sustantivo (con el artículo τῶν): *lo que es externo*.

29 T38 La repentina inserción de ἐγώ en la segunda oración de este versículo no tiene razón de ser ni significado alguno.

32 R498 En τὴν πόλιν Δαμασκηνῶν, el genitivo se usa con un sentido adjetival (para describir la ciudad).

33 BD223(5) La frase διὰ τοῦ τείχους significa: *por el muro*.

## 2 Corintios 12

1 BD353(5) Inserte ἐστίν con el participio συμφέρον (es decir, se sobreentiende la construcción perifrástica), o el participio puede tomarse como un acusativo absoluto (debe tomarse como una construcción perifrástica --T88). [Editor. Generalmente οὐ no es el negativo usado con el participio en el griego del N.T. Pero aparece aquí a causa de la construcción perifrástica sobreentendida.]

2 R408 La alusión de Pablo al *tercer cielo* aparentemente es un reflejo de la idea judía de siete cielos (comp. Ef. 4:10). [Editor. Robertson no está de acuerdo con esta opinión en Word Pictures in the N.T. (vol. IV, pág. 264).]

M74 Πρὸ ἐτῶν δεκατεσσάρων evidentemente significa: *hace catorce años* (comp. Juan 12:1); ¿pero cuál es la construcción? ¿Es ἐτῶν δεκασσάρων un genitivo de tiempo, que deja a la palabra πρό con una función absoluta? Es difícil entender por qué se usa el genitivo, en vez del acusativo, para denotar un período de tiempo, a menos que sea un genitivo para definir simplemente la cantidad (comp. Amós 1:1), comparable a un genitivo de precio, con la idea lineal de extensión difícilmente visible.

T46 El pronombre con artículo τὸν τοιοῦτον, en los vv. 2,3 y 5, sólo se usa en vez del simple τοῦτον (es decir, se hace simple referencia al sustantivo anterior, ἄνθρωπον): *este hombre.*

T221 La frase ἐν Χριστῷ es atributiva del sustantivo sin artículo, ἄνθρωπος (rara vez ocurre en el N.T.): *un hombre en Cristo.*

3 M197 Σώματι aquí se refiere definidamente a una naturaleza material (es decir, física; comp. 1 Cor. 6:12).

4 T88 El verbo ἐστίν va con el participio impersonal ἐξόν (con lo cual forma en realidad, una construcción perifrástica; comp. el v. 1 con respecto al uso del negativo οὐ en tal construcción).

5 H463 La preposición ἐν se usa aquí con un sentido causal (posiblemente a causa de influencias semíticas).

6 R988 Μή τις se usa aquí con el subjuntivo con un sentido final: *para que nadie piense más*.

BD145(2) Εἰς ἐμέ con λογίσηται puede significar literalmente: *cargar a mi cuenta*.

7 R532 El dativo τῇ ὑπερβολῇ expresa la idea de causa.

R538 Τῇ σαρκί se usa como un dativo de ventaja: *para la carne*; o como locativo: *en la carne*. [Editor. Pablo probablemente hubiera incluido la preposición ἐν para la última traducción. Además, cuando un dativo se usa con un sustantivo tal como σκόλοψ, frecuentemente tiene la idea de ventaja o desventaja; comp. 2:13.]

R629 La preposición ὑπέρ en el verbo compuesto ὑπεραίρω tiene la idea *de exceso, más que*.

8 M65 La preposición que aparece en ὑπὲρ τούτου tiene el sentido de *concerniente a*, o *acerca de*, con el siguiente significado resultante: *acerca de esto tres veces rogué al Señor* (*a causa de eso* --BD231[1]). [Editor. La primera sugerencia parece ser más compatible con el verbo conjugado en modo personal παρεκάλεσα. Pero aun en esa traducción está presente una idea causal.]

9 R602 'Επί con el acusativo se usa aquí con un sentido metafórico: *que el poder de Cristo repose sobre mí*.

R664 'Ἥδιστα y μᾶλλον no deben tomarse conjuntamente: *alegremente* (un superlativo intensivo estereotipado: *muy alegremente* --BD60[2]) *me gloriaré más bien ...* (comp. BD246).

M15 Εἴπηκεν es probablemente un verdadero perfecto griego: *su respuesta para mí ha sido*.

M79 Καυχήσομαι ἐν probablemente signifique: *me gloriaré acerca de* (ἐν es causal --H463). [Editor. Generalmente cuando ἐν se usa con καυχάομαι, ἐν tiene como significado resultante *en*, o *acerca de*; comp.10:15, y la declaración similar en 11:30.]

10 T28 Aquí los sustantivos plurales implican: *casos de*.

11 B284 Eἰ καί introduce una cláusula concesiva (comp. 7:8): *aunque.*
T90 No se sugiere mediante ὤφειλον que no se vivió en conformidad con la obligación pasada; esta es sencillamente una obligación presente que por alguna razón, se expresa en el imperfecto (se usa el imperfecto para expresar una obligación que no ocurre o no ocurrió --BD358[1]). [Editor. Se refiere a una obligación que de hecho no estaba siendo cumplida. Esta fue la precisa razón por la cual Pablo se vio obligado a presentar sus credenciales.]
BD495(3) Pablo cambia su tono de una manera sorprendente (comp. 7:3).

12 R408 El sustantivo con artículo ἀποστόλου se refiere a toda la clase de apóstoles.
T58 El verbo transitivo deponente κατειργάσθη se usa aquí con un sentido pasivo: *fueron hechas.*

13 R1199 Note el uso que Pablo hace de la ironía en este versículo (comp. 11:19).
M131 En τὶ γάρ ἐστιν ὃ ἡσσώθητε, el significado tiene que ser: *¿qué hay en relación con lo cual ustedes llegaron a ser peores?* (es decir, ὅ es un genuino acusativo de referencia).

14 M161 Note el uso de ἔχω con ἑτοίμως para expresar un estado o condición: *estoy preparado.*
BD154 Tρίτον τοῦτο significa: *por tercera vez.*

15 BD60(2) Ἥδιστα significa: *muy alegremente* (superlativo intensivo, comp. v. 9).
BD60(3) El comparativo περισσοτέρως tiene aquí una gran fuerza que equivale a ὑπερβαλλόντως (comp. 7:15): *especialmente.*
BD61(1) Ἧσσον se usa como un adverbio y significa: *menos* (de grado).

16 R392 El verbo ἔστω significa: *admitamos que sea así* o *admitiendo* (la oración es el sujeto).
M103 El participio ὑπάρχων se usa con un sentido causal: *villano como yo fui* ... (comp. T157).

17 R896 Pablo usa el verbo en tiempo perfecto ἀπέσταλκα para

referirse a varias misiones que había enviado a los corintios (comp. MT144; parece que el tiempo perfecto se usa con un sentido de aoristo; aunque es posible que la idea de un resultado existente esté más o menos de manera clara en la mente --B88; aoristo --T70 y BD343[2]). [Editor. Pablo usa el tiempo perfecto aquí para referirse a varias misiones que había enviado a Corinto; pero implica que no hay ningún daño presente o carga colocada sobre ellos como resultado de esos esfuerzos (el resultado existente).]

18 R684 El artículo que se usa con *ἀδελφόν* tiene sentido de un pronombre posesivo y significa: *su hermano*; (comp. T173).

M156 Note las diferentes respuestas previstas por las preguntas que aparecen en este versículo; primero *no*, luego *sí*, (denotadas por el negativo que se usa, *μήτι ... οὐ ... οὐ*).

19 T62 El tiempo presente de *δοκεῖτε* tiene un definido sentido progresivo: *¿ ... han estado pensando ustedes todo este tiempo?*

T190 El pronombre *ὑμῶν* tiene una posición enfática (comp. 9:2): *su edificación*.

20 B475 *Οὐ* se usa con un verbo subjuntivo (*εὕρω*) en cláusulas introducidas por la conjunción *μή* (es decir, *no sea que)* con el siguiente significado: *pues temo que tal vez llegue, y no los encuentre como deseo* (comp. R1159 y BD428[6]).

21 R1117 Hay una diferencia entre el participio perfecto y el participio aoristo (destaca la continuación de su estado pecaminoso).

## 2 Corintios 13

1 BD154 *Τρίτον τοῦτο* significa: *por tercera vez* (comp. 12:14).

BD234[4] *Ἐπί* con el genitivo significa: *ante*.

2 M69 *Εἰς τὸ πάλιν* significa: *otra vez, para otra visita* (la preposición se usa con un sentido metafórico temporal).

4 R598 La preposición en *ἐξ ἀσθενείας* tiene una idea causal.

5 R1045 Eἰ introduce una pregunta indirecta: *para ver si*.
T321 Para el sentido de *excepto si (a menos que)*, el griego helenístico tiende a utilizar *ἐκτός*, mientras el clásico usa *εἰ μή*.

7 R919 Pablo no usa *εὔχομαι* sino *εὐχόμεθα*; él no se atreve a hacer tal oración, ni la hizo (comp. Hech. 27:29).
R1173 Μηδέν se usa para aumentar la fuerza de la negación que precede: *ninguna cosa mala*.

9 R698 Τὴν *ὑμῶν κατάρτισιν* está en aposición con *τοῦτο* (posterior explicación), aunque no concuerda en género: *oramos que ustedes sean hechos completos*.

11 M161 *Λοιπόν, ἀδελφοί, χαίρετε* significa: *finalmente (*o *por tanto), hermanos, regocíjense* (o quizá, *adiós)*.

12 M21 ¿Tiene *ἀσπάσασθε* algún significado en contraste con los imperativos de presente que le preceden y el presente de indicativo que le sigue (no hay cambio en el sentido --T75).

13 T211 Es difícil decidir si el genitivo es de sujeto o de complemento directo en *ἡ κοινωνία τοῦ ἁγίου πνευματός*. [Editor. Para mantener paralelismo con las dos frases que preceden (que están conectadas por *καί*), es mejor considerar que este genitivo es de sujeto: *la comunión que viene del Espíritu Santo*.]

## Gálatas

### Gálatas 1

1 R567 Al negar que el hombre tenga dominio sobre su apostolado, Pablo cubre la idea de fuente y agente, al usar ἀπό y διά.

5 MT183 En vista del contexto debe introducirse un imperativo: *sea gloria*.

6 R879 En θαυμάζω, *estoy maravillado*, se presenta la idea de duración, aunque, es necesario que la traducción de μετατίθεσθε sea: *ustedes están cambiando*.

BD308(4) Parece que algunas veces los adjetivos ἄλλος y ἕτερος se usan juntos sólo por motivo de variedad. En Gál. 1:6 y sigs., parece que se usan sin distinción: ἄλλος se usa hasta cierto punto con sentido pleonástico para introducir εἰ μή ...: *no que haya algún otro, sino que ...* (comp. T197; la opinión de Blass parece que tiene apoyo en 1 Cor. 12:9 y sigs., donde ciertamente no se puede encontrar ninguna diferencia real. Pero debo insistir en que hay una diferencia real en Gál. 1:6 y sigs. Allí se cambia ἕτερον por ἄλλον en atención a la razón muy real de que Pablo no está dispuesto a admitir que ese evangelio esté en el mismo plano (ἄλλο) en que está el que predica él. El admite a ἕτερον pero rechaza a ἄλλο. El hecho de que Pablo usa εἰ μή estigmatiza el evangelio de los judaizantes como ἕτερον (v. 6) y al espíritu predicado por ellos, mientras que no está dispuesto a admitir otro (ἄλλον) Jesús, aun del mismo tipo que él predica --R747; Ramsay (en Gál. 1:6) sostiene que, cuando ἕτερος aparece en contraste con ἄλλος, no significa: *diferente* (como opina Lighfoot), sino que significa: *otro del mismo tipo*. [Editor. En vista de que la declaración positiva con ἕτερον cambia a una cláusula negativa con ἄλλον, hay una indicación de que ocurre alguna distinción entre los dos adjetivos: *no que haya otro*, es decir, otro verdadero evangelio. Pero uno no debe hacer más distinción de la que en realidad se expresa allí.]

7 B274 Εἰ μή no afirma una condición cuyo cumplimiento determina que la apódosis es cierta, o la acción que ocurre, sino una limitación de la declaración principal. Sin embargo, εἰ μή nunca tiene en el N.T. el puro carácter adversativo (εἰ μή significa: *sólo que, salvo que*; comp. Hech. 20:23 --BD376).

M106n.1 En el v. 7 aparece un uso más bien curioso del artículo: *οἱ ταράσσοντες*, donde parece que lo que realmente se requiere es: *οἱ ταράσσουσιν*.

8 R402 Cuando el sujeto comprende a dos o aun a las tres personas, la primera prevalece sobre la segunda y la tercera. Pero en Gál. 1:8 sucede lo contrario, bien porque Pablo sigue lo más cercano tanto en persona como en número, o porque así él reconoce la exaltación superior del ángel (es imposible abarcar ambos sujetos con εὐαγγελιζώμεθα --BD135[4]): *nosotros o un ángel del cielo les predica*.

R616 En los vv. 8 y sigs., παρ' ὅ tiene la idea de *más allá* y así *contrario a* (*otro diferente* --M51).

R939 En el N.T., hay una fuerte inclinación a usar el imperativo en vez del optativo, no solo en peticiones, donde el imperativo también tiene un lugar legítimo en el griego clásico, sino del mismo modo en imprecaciones, donde toma el lugar del clásico optativo, como ἀνάθεμα ἔστω: sea *maldito*.

B278 En Gál. 1:8, el cumplimiento del elemento de la prótasis expresado en παρ' ὃ εὐηγγελισάμεθα es favorable al cumplimiento de la apódosis ἀνάθεμα ἔστω. La cláusula hasta este punto sólo expresa una cuarta parte de la condición. Pero el elemento expresado en ἡμεῖς ἢ ἄγγελος ἐξ οὐρανοῦ, que καί destaca, no es favorable para el cumplimiento de la apódosis, y así la cláusula resulta concesiva. Pudiera expresarse por medio de dos cláusulas, así: *si alguien les predica cualquier otro evangelio diferente del que nosotros les predicamos, que sea anatema*.

B285 Καὶ ἐάν introduce un caso extremo (de una cláusula concesiva), que usualmente se presenta como muy improbable.

11 B13 El verbo γνωρίζω se usa como un aoristo de presente (comp. M7): *deseo que ustedes sepan*.

13 R885 El tiempo perfecto de ἐδίωκον no se refiere a una acción que

se inicia, pero se interrumpe. [Editor. Es más probable que tenga un sentido progresivo o reiterativo, como: *yo estaba persiguiendo*.]

T191 Aquí no se hace hincapié en el uso del adjetivo posesivo (*ἐμήν* equivale a *μοῦ*): *mi conducta anterior*.

14 R633 Ὑπέρ lleva el concepto de *más allá*, en armonía con el caso acusativo.

BD60(3) En los escritos de Pablo, parece que *περισσοτέρως* tiene una gran fuerza equivalente a *ὑπερβαλλόντως*: *mucho más*.

15 M73 La frase prepositiva *ἐκ κοιλίας μητρός μου* se usa con un sentido temporal: *antes que yo naciera*.

16 R587 La preposición *ἐν* con *ἐμοί* se usa aquí con el siguiente significado: *en el caso de* (la preposición *ἐν* con *ἐμοί* quizá se use en vez del dativo simple. El uso de *ἐν* pudiera deberse al deseo de hacer que la frase sea paralela con *ἐν τοῖς ἔθνεσιν* --M76; significa: *a mí* o *en mi caso* [la expresión *en mí*, es decir, *en mi espíritu*, no sería natural] --BD220[1]; *a mí*, que denota ventaja [tal vez, *a través de mí]* --T264). [Editor. En el N.T., *ἐν* puede usarse con un dativo, con el sentido de un dativo simple, como parece que se usa aquí, y significa: *a mí* (comp. 1 Cor. 14:11).]

18 M53 Πρός denota posición: *con*.

22 R487 Τῷ *προσώπῳ* se usa como un dativo instrumental (la idea de manera se expresa por medio del caso instrumental --R530): *de cara o de vista*.

R888 Note los imperfectos perifrásticos en los vv. 22 y sigs., los cuales destacan la acción duradera (comp. M17 y B34: *era aún desconocido ..., ellos sólo oían decir)*.

23 R659 Sólo el contexto puede determinar si *μόνον* se usa como un adjetivo o como un adverbio (aquí es un adverbio: *solamente)*.

R892 El participio de presente *διώκων* se usa para referirse a una acción que es anterior al verbo conjugado en modo personal (un tipo de participio imperfecto). Tanto el participio como el verbo tienen adverbios de tiempo a manera de contraste: *el que anteriormente nos perseguía*.

R1147 El adverbio ποτέ tiene la idea: *una vez*.

BD134(2) Los sustantivos colectivos personales, femeninos o neutros, que están en el plural, pueden estar seguidos por un masculino plural: ἀκούοντες ἦσαν se refiere a ταῖς ἐκκλησίαις (v. 22).

## Gálatas 2

1 R581 Aquí la preposición διά se usa con el genitivo para referirse a un intervalo de tiempo: *catorce años más tarde;* parece que διά significa: *después* --M56).

2 R988 Μή πως ... ἔδραμον es una construcción difícil (comp. 1 Tes. 3:5). Se pudiera tomar como una pregunta indirecta. Esto es posible aquí, pero no en 1 Tes. 3:5. Aun aquí habría una elipsis de un participio (ἔδραμον como un pensamiento posterior, en el v. 2, tiene muchos paralelos en el griego clásico --MT201): *o haber corrido en vano*.

B227 Μή πως introduce una cláusula objetiva de aprensión que es concebida ya como presente o como pasada (es decir, como una cosa ya decidida; aunque el asunto es desconocido en el momento en que se habla, se usa el indicativo; τρέχω es un subjuntivo --BD370). [Editor. Parece que es más correcto considerar a τρέχω como un indicativo y así se hace paralelo con el aoristo de indicativo ἔδραμον; comp. 4:11 y 1 Tes. 3:5.]

M70 La frase prepositiva εἰς κενόν, con el negativo que la precede, significa: *sin ningún propósito*.

MT193 En la cláusula de propósito (si es tal), parece que se desea la respuesta negativa (μή), y que como resultado significa: *¿pudiera ser que yo estoy corriendo, o haya corrido en vano?* Τρέχω sería subjuntivo, ya que la oración como está parece ser de propósito. Esta interpretación como un todo tiene que tener en cuenta una traducción alterna: *¿Estoy corriendo (dije), o he corrido en vano?*, que es decididamente mucho más simple y probable. [Editor. En verdad un sentido de finalidad pudiera estar inherente aquí en la cláusula de aprensión de complemento directo, que es similar a una pregunta indirecta.]

3 M102 El participio ὤν es ambiguo, pues no se sabe si se usa en un

sentido concesivo o causal. ¿Significa: *aunque*, o *porque él era griego*? [Editor. El significado de este participio no puede determinarse atendiendo sólo a consideraciones gramaticales, ya que Pablo lo usa tanto en sentido concesivo como en sentido causal; comp. 1 Cor. 9:19 y 1 Tes. 5:8. Pero aquí puede tener un significado causal, ya que la circuncisión era una costumbre judía, y a los gentiles no se les requería que fueran circuncidados (comp. Hech. 15:1,23 y sigs.]

BD448(6) 'Αλλ' *οὐδὲ* Τίτος probablemente es un pensamiento posterior: *además, aun Tito no fue ...* El v. 3 cuadra mejor entre los vv. 6 y 7.

4 B199 El futuro de indicativo aparece en una cláusula de propósito con *ἵνα*: *para esclavizarnos*.

5 M45 El uso del dativo en *τῇ ὑποταγῇ* es difícil de determinar; quizá signifique: *accedimos en sujeción*, es decir, *sumisamente* (comp. T220).

M53 La frase prepositiva *πρὸς ὥραν* significa: *por una hora*, y denota duración.

6 R438 El anacoluto que aparece en Gál. 2:6 es notorio por el cambio completo de construcción, tal como se demuestra por la repetición de *οἱ δοκοῦντες* en el nominativo, y seguido por la voz media en vez de la pasiva. Observe los dos paréntesis que conducen a la variación. En tal caso es más fácil comenzar de nuevo, como lo hace Pablo. En Gál. 2:5, Blass sigue el manuscrito D al omitir *οἷς* para eliminar el anacoluto, como lo hace en Rom. 16:27 (*ᾧ*); pero es más que probable que la dificultad que presentaba el anacoluto con *οἷς* fue lo que condujo a la omisión en el manuscrito D (para clarificar el texto).

R731 Ὁποῖος se usa en una pregunta indirecta. Junto con *ποτέ*, este pronombre presenta un concepto indefinido: *cualquier clase* (*ποτέ* no es una palabra separada).

R743 Como predicado, el pronombre *τὶς* puede ser enfático (aquí significa: *algo en particular*).

7 R540 Πιστεύω significa: *encomendar*. [Editor. El acusativo retenido aparece aquí con un verbo pasivo: *se me encomendó el Evangelio*; comp. 1 Tes. 2:4.]

R546 Τοὐναντίον tiene una relación vaga con el verbo principal y con todas las demás partes de la oración: *por otro lado*.

TGr86 Τῆς ἀκροβυστίας se usa como un genitivo de complemento indirecto. La frase completa entonces significa: *las buenas nuevas para la incircuncisión*.

9 B217 La claúsula elaborada con ἵνα define el contenido del acuerdo mencionado en la porción precedente de la oración (prácticamente expresa la siguiente idea: *con la condición de que* --R1000).

T37 Hay aquí alguna clase de hincapié en el uso de ἡμεῖς. [Editor. Hay un contraste enfático entre ἡμεῖς y αὐτοί.]

10 R723 Aquí hay un uso intensivo de αὐτό, pero τοῦτο es pleonástico (es decir, una repetición después del pronombre relativo; juntos significan: *eso fue precisamente lo que*).

R933 En este caso parece que ἵνα sólo tiene carácter explicativo con el subjuntivo volitivo (parece que la construcción es imperativa: *sólo debíamos recordar* --M144); comp. T95; indirectamente imperativa --M179). [Editor. En esencia se llega a una conclusión similar en cuanto a si ἵνα tiene carácter imperativo o si el subjuntivo debe tomarse como un verbo volitivo; se obtiene una explicación más probable si se toma la palabra ἵνα con carácter imperativo.]

R960 El sentido de la cláusula relativa se desliza desde la simple explicación hasta la base o razón (es decir, la causa). [Editor. No es necesario obtener por la fuerza un significado inusual de una cláusula relativa, cuando fácilmente puede tomarse como explicación simple: *eso fue precisamente lo que*.]

11 P608 Eν κατὰ πρόσωπον, la preposición se usa con un sentido local: *en su cara*.

T58 Καταγινώσκω significa: *está condenado*.

12 R579 Uno no tiene que sacar demasiado significado de la preposición ἀπό; τινας ἀπό Ιακώβου no significa: *con la autoridad de Santiago*, aunque indudablemente ellos afirmaron que la tenían (simplemente, *de Santiago*).

13 R533 Τῇ ὑποκρίσει se usa como un dativo de medios: *por su hipocresía*.

R1000 En el N.T. hay sólo dos ejemplos donde aparece el indicativo con ὥστε como una conjunción subordinada: aquí y en Juan 3:16. Esta construcción destaca específicamente el resultado real. Blass, basado en un fundamento muy débil, intenta sustituir a ὥστε por ὅτι en Juan, e incluir un infinitivo aquí en Gálatas, como para deshacerse por completo de esta construcción en el N.T.

R1181 El segundo καί de este versículo tiene el sentido de *aun* (climático).

TGr144 La idea resultante se ve aquí en el uso de ὥστε con el indicativo. Lo que san Pablo escribe es lo siguiente: *los otros judíos de igual manera simulaban con Pedro, de tal manera que aun Bernabé fue extraviado.* De suma preocupación para él fue el hecho de que su colega no resistiera el engaño de los judaizantes. Muy subordinado a esto está la causa, que es declarada por el verbo principal: *los otros judíos simulaban de igual manera con Pedro.*

14 R880 'Αναγκάζεις se usa como un presente de conato (un acto comenzado, pero interrumpido): *¿ ... cómo puedes obligar ... ?*

M53 Πρός se usa con un sentido transferido, de modo que toda la cláusula significa: *la conducta de ellos no cuadra con la verdad* (otra alternativa: *ellos no avanzan hacia la verdad*).

15 R598 'Ἐκ se usa aquí para dar la idea de origen o fuente.

T220 Φύσει se usa como un dativo de referencia (casi un adverbio), especialmente porque hay un contraste en este caso (se usa como un dativo de manera --R530). [Editor. El sustantivo φύσει tiene un sentido adverbial y denota la manera por la cual ellos llegaron a ser judíos: *por naturaleza.*]

16 R752 Cuando aparece la construcción οὐ ... πᾶς, el negativo va con el verbo. Una declaración negativa se hace en cuanto a πᾶς. El resultado es el mismo como si hubiera usado οὐδείς con un verbo. La idea es: *ninguna carne*; no: *no toda carne.*

R796 En general cuando νόμος no tiene artículo en los escritos de Pablo, se refiere a la ley mosaica, como en este versículo.

R1025 El uso de ἐὰν μή parece que es adversativo y no exceptivo (*pero sólo* --MT241).

17 B177 La expresión μὴ γένοιτο es un optativo de deseo que desaprueba fuertemente algo sugerido por una pregunta o afirmación anterior. Aquí, como muchas veces en otras partes, expresa la aversión del apóstol hacia una inferencia que él teme que pueda ser (falsamente) sacada de su argumentación.

B242 Aquí la prótasis introducida por εἰ declara una suposición que se refiere a un caso particular en el presente, que no implica nada en cuanto a su cumplimiento: *pero si ustedes son guiados por el Espíritu, no están bajo la ley.*

M196 En los vv. 17 y sigs., es mejor leer ἄρα (no ἆρα) y estimar que hay una pausa completa (no un signo de interrogación), y asignar la expresión μὴ γένοιτο al (imaginado) Pedro. Luego Pablo continuará al efecto: *Tú puedes rechazar la posición con un* μὴ γένοιτο, *pero esa es la posición en que lógicamente te colocaste mediante tu actuación; porque ...* (ἆρα, es probablemente correcto --R1176).

T330 Aquí el acento sería ἆρα, ya que en Pablo μὴ γένοιτο siempre responde a una pregunta; sin embargo, pudiera ser ἄρα, en caso de que la cláusula no sea interrogativa sino una declaración arguyente presentada para que un oponente imaginario conteste: *entonces, en consecuencia.* [Editor. Parece que no hay una razón decisiva para determinar si debe leerse ἆρα *o* ἄρα. Ἆρα que es una partícula interrogativa, puede implicar una idea ilativa; mientras que ἄρα, una partícula ilativa, puede implicar un elemento de interrogación. Pero el hecho de que Pablo usa ἄρα 27 veces, y ἆρα sóla en este caso, pudiera indicar que aun esta vez debiera leerse ἄρα.]

18 M35 El acusativo παραβάτην se usa con sentido de predicado (es decir, para predicar algo de un sustantivo que ya está en acusativo). Así, la última parte de este versículo debe traducirse: *me constituyo en transgresor.*

T115 Εἰ se usa aquí con el presente de indicativo para referirse a un incidente real.

19 R539 Θεῷ se usa como un dativo de ventaja: *para Dios.*

R796 La palabra νόμος sin artículo se refiere aparentemente a la ley mosaica (comp. el v. 16).

20 R632 La preposición ὑπέρ comunica la idea de: *en vez de.*

M131 Las cláusulas adverbiales relativas son difíciles de analizar o definir con precisión. En Gál. 2:20, la interpretación no es muy obvia; se puede traducir la cláusula con una relación de afinidad: *la (esta) vida que ahora vivo*; pero también puede ser: *mientras que ahora vivo, vivo ...* (ὃ νῦν puede equivaler a *en que [acusativo adverbial]--R479).*

Gálatas 3

1 R608 Κατά se usa en una expresión local: *ante* (comp. la frase κατὰ πρόσωπον en Hech. 25:16 y 2 Cor. 10:1).

R1193 Usualmente se expresa alguna vehemencia o urgencia cuando se usa ὦ (aquí se indica ira --T33).

2 M158 La segunda parte de este versículo debe traducirse: *¿Recibieron ustedes el Espíritu por la práctica de la ley, o por oir y creer?* (aquí el contexto indica cuál es la respuesta que se espera, pero no la forma misma de la oración).

M175 La expresión ἐξ ἀκοῆς πίστεως (en los vv. 2 y 5) evidentemente significa: *oyendo y creyendo* (es decir, un tipo de atención que da como resultade la fe).

MT117 Μανθάνω aquí simplemente significa: *confirmar*.

3 M90 En ἐναρξάμενοι πνεύματι, la fuerza de ἐν es suficientemente fuerte para que sea seguido por otro dativo simple en conjunción con un nuevo verbo, sin que se repita una preposición relevante: *¿habiendo comenzado con el Espíritu, ahora están terminando por la carne*?

7 T208 Aquí se entiende el genitivo de cualidad: *hijos de Abraham*.

T260 La frase con artículo, οἱ ἐκ πίστεως significa: *los que comparten la fe de Abraham*.

8 M24 n.2 Aquí hay alguna ambigüedad en el uso de la voz pasiva (ἐνευλογηθή-σονται). La LXX tiene la voz pasiva, pero el original probablemente no significó: *serán benditas*, sino *se bendecirán*.

T260 El uso de ἐκ puede ser instrumental; significa: *por medio de la fe*.

9 M144 Parece que ὥστε es una partícula de inferencia que significa: *así que, por tanto*.

10 R720 Πᾶς ὅς llega a ser una cláusula sustantiva y no adjetiva (*cualquiera*, no importa quien --R744).

R1088 Τοῦ con el infinitivo ποιῆσαι se usa para indicar propósito. Este modismo se usa frecuentemente en el A.T. (note aquí la cita), pero rara vez se usa en los escritos de Pablo.

T260 Aquí se usa el concepto *por* obras (ἐκ, la preposición, comunica la idea de causa u ocasión --R598).

13 R631 En el v. 10, Pablo dijo que los que estaban bajo la ley estaban bajo una maldición (ὑπὸ κατάραν). En el v. 13, continúa la misma imagen. Cristo nos compró *de bajo* (ἐκ ...) la maldición de la ley al hacerse una maldición *sobre* (ὑπέρ) nosotros. En pocas palabras, nosotros estábamos bajo la maldición; Cristo tomó la maldición sobre Sí mismo y por tanto, sobre nosotros (entre la maldición suspendida y nosotros), y así nos rescató de debajo de la maldición. Quedamos libres, mientras que El fue considerado maldito (v. 13). En este pasaje, ὑπέρ significa: *en vez de* (generalmente uno que actúa a favor de (ὑπέρ) otro, que toma su lugar [equivale a ἀντί] --M64).

14 M176 Τὴν ἐπαγγελίαν τοῦ πνεύματος equivale a *el Espíritu prometido* (y así, curiosamente, equivale a la frase contraria de Ef. 1:13).

T253 La preposición εἰς puede aparecer aquí como un sustituto del dativo (o del genitivo), a menos que εἰς signifique: *entre*. [Editor. Generalmente cuando εἰς significa *entre*, aparece con verbos de movimiento, que resultan en movimiento o incluyen un movimiento del cuerpo. Aquí parece que tiene el significado: *sobre*, o *a*. La preposición εἰς pudo haber sido usada para representar la idea de meta.]

15 M59 Κατά se usa en un sentido transferido (es decir, *de acuerdo con, en virtud de, con respecto a)*; κατὰ ἄνθρωπον λέγω significa: *estoy usando una analogía humana, hablo como un hombre*.

T337 Ὅμως ... οὐδείς significa: *puede ser sólo la voluntad de un hombre, sin embargo, nadie* (una transferencia sucede antes de *οὐδείς*; *ὅμως* significa: *aunque sólo* --BD450[2]).

16 R604 La idea de base naturalmente resulta de *ἐπὶ πολλῶν*. [Editor. En verdad esta preposición da la idea: *con respecto a.*]

T158 Ὡς con el participio adverbial sobreentendido expresa aquí un motivo subjetivo (comp. BD425[4]): *como si se refiriera a muchos.*

17 R580 Un *διαθήκη* es un acuerdo o convenio entre dos individuos (note la idea raigal de *διά*).

P1072 Εἰς *τό* con el infinitivo *καταργῆσαι* parece que expresa el resultado que se concibe o real (*a tal grado que* --T143).

18 R583 Mediante el uso de *διά* aquí, se funden las ideas de medio y de manera en un concepto: *por la promesa.*

M15 Un uso interesante del tiempo perfecto es el perfecto de alegoría, que aparece varias veces en el N.T. cuando se está exponiendo el A.T. Era como si este tipo de interpretación cristiana considerara la narrativa del A.T. como contemporánea y, por tanto, podía decir: *tal y tal incidente han ocurrido* (como sucede aquí con *κεχάρισται*).

19 M57 *Διά* con el genitivo representa aquí un sentido instrumental: *por medio de.*

M184 La frase *ἐν χειρί* es sólo un hebraísmo: *por medio de, mediante la agencia de*; y no debe traducirse al español por medio de ninguna frase que contenga la palabra *mano.*

T58 Muchos verbos deponentes transitivos pueden usarse con un sentido pasivo, como *ἐπήγγελται* aquí: *a quien fue hecha la promesa.*

22 T21 El género neutro (*τὰ πάντα*) puede referirse a una persona, siempre que el hincapié recaiga menos sobre el individuo que sobre alguna cualidad general sobresaliente (la referencia es más general que la de *τοὺς πάντας*, de Rom. 11:32 --BD138[1]). [Editor. El adjetivo neutro *τὰ πάντα* se refiere a personas, a causa del argumento de Pablo en el contexto (comp. el v. 10) y en el versículo siguiente.]

23 M169 Tanto Rom. 8:18 como Gál. 3:23 muestran un orden curioso

de palabras en cláusulas casi idénticas (donde uno esperaría: εἰς τὴν πίστιν τὴν μέλλουσαν: *a la fe que estaba a punto de ser revelada*).

24 M144 Ὥστε es una partícula de inferencia, que significa: *así que, por tanto* (comp. 3:9).

25 M66 Ὑπό se usa con el acusativo para denotar descanso debajo. Así que el segundo segmento de este versículo significa: *ya no estamos sujetos a un esclavo tutor*.

Gálatas 4

4 R820 El agente se expresa por medio de ἐκ: *de una mujer*.
M66 Tanto en el v. 4 como en el v. 5, ὑπὸ νόμον significa: *bajo la ley*.

5 R960 Parece que ἵνα aparece en un sitio donde hubiera podido usarse un pronombre relativo. [Editor. El usual sentido de propósito de ἵνα parece que cuadra bien en las dos cláusulas de este versículo.]

6 R441 En los vv. 6 y sigs., Pablo cambia del plural ἐστέ al singular εἶ, para dar la variedad estilística.
M147 La cláusula ὅτι no significa: *por cuanto ustedes son hijos, Dios envió ...*, sino (en prueba) *de que ustedes son hijos de Dios* (es el hecho de que) *Dios envió ...* El contexto favorece claramente este sentido (ὅτι significa: *que*, y no *porque)*.

7 M144 Ὥστε parece que se usa como una partícula de inferencia que significa: *así que, por tanto* (comp. 3:4).

8 BD430(3) El uso de οὐ con el participio εἰδότες es de estilo clásico (se ha inferido una distinción entre el uso de οὐ y μή con el participio --R1172; un participio que no tiene fuerza condicional ocasionalmente toma οὐ --B485). [Editor. El hecho de que este versículo está en contraste agudo con el siguiente puede explicar el uso de οὐ aquí (es decir, similar al patrón de contraste formal οὐ ... ἀλλά; así, tal vez no haya ninguna significación exegética

en el uso de οὐ). Pero parece muy probable que Pablo esté destacando el hecho de que los gálatas no estaban previamente familiarizados del todo con el único Dios verdadero. Pablo cambia de οὐ con el participio a μή con el participio, no para indicar algún matiz especial, sino por razones del uso (por lo general μή se usa con participios en el N.T., sin importar cuán definida sea la negación).]

9 R879 El tiempo presente de ἐπιστρέφετε representa un sentido descriptivo: *cómo pueden volverse.*

10 R613 Παρά en el verbo compuesto παρατηρέω tiene un sentido perfectivo: *guardan cuidadosamente.*

R810 La voz media indirecta se usa con παρατήρεισθε: *observan para ustedes mismos.* (Se espera la activa [*observan escrupulosamente]* --T55). [Editor. Cuando un verbo en voz media puede traducirse con significado válido como tal (como en este caso), es mejor no traducirlo usando otra voz.]

11 B227 Este verbo debe traducirse: *Temo que tal vez yo les haya otorgado mi trabajo en vano* (μή πως introduce una cláusula de aprensión de complemento directo; comp. 2:2).

T325 El complemento directo se coloca primero en la oración (prolepsis: la anticipación del objeto directo de la cláusula subordinada, al convertirlo en el objeto directo de la cláusula principal; ὑμᾶς significa: *para ustedes* --BD476[3]).

13 TGr90 Lo más probable es que el adjetivo comparativo τὸ πρότερον haya sido usado por el apóstol en grado superlativo y no como un verdadero comparativo; así que significa: *originalmente, en el mismo principio* (pero es posible el sentido de verdadero comparativo: *la primera vez* --T30; éste significa: *anteriormente;* --M98). [Editor. Parece que τὸ πρότερον tiene un sentido adverbial: *anteriormente;* comp. 1 Tim. 1:13.]

M106 La frase prepositiva con διά significa: *a causa de una enfermedad.*

16 M144 Ὥστε se usa como una partícula de inferencia que significa: *de modo que, por tanto* (comp. 3:9).

17 T194 En la última cláusula de este versículo, αὐτούς equivale a αὐτοὺς αὐτούς, y significa: *los hombres mismos* (comp. 1 Cor. 5:13; pero el pronombre αὐτούς no se repite en el N.T.).

18 R1162 Οὐ es el negativo que se usa con μόνον, excepto en este caso (el negativo realmente niega lo que dice el infinitivo --B481): *no sólo cuando estoy presente.*

M25 En los vv. 17 y sigs., en medio de mucha incertidumbre puede sugerirse la siguiente interpretación perifrástica, tomando el verbo ζηλοῦσθαι como si estuviera en voz pasiva: *Los judaizantes están cultivándolos celosamente a ustedes (mostrando solícita preocupación por ustedes como lo hacen los evangelistas con los convertidos), pero sus motivos son indignos: ellos quieren que ustedes se sientan excluidos cada vez que no entran en su círculo de selectos ritualistas para que los imiten* (un sentido levemente diferente de ζηλόω desde el principio). *Pero* (volviendo al primer sentido, aunque en voz pasiva), *lo que es realmente bueno debe ser cultivado celosamente en una causa digna; y esa es la condición en la cual deseo que estén siempre, y no sólo cuando estoy con ustedes para mantenerlos en los caminos correctos ...*

T145 Ἐν τῷ con el infinitivo se usa con un sentido causal (semítico --H450; aquí los sentidos temporal y causal son similares: *mientras*, o *porque estoy con ustedes*.

19 R713 El pronombre relativo οὕς tiene el género según el sentido, y no según la forma gramatical (está precedido tanto por ὑμᾶς como por τεκνία; es decir, el género masculino se usa para referirse a personas).

20 R886 El imperfecto se usa con θέλω y significa: *yo estaba a punto de desear.* Pablo usa esta expresión particular para referirse al presente, con lo cual convierte la declaración en un modismo de cortesía. (Pablo pudo cambiar su tono por cuanto amaba a los gálatas, aunque ellos habían sido desviados --R1199; se denota la imposibilidad de que el deseo se realice --B33).

T56 El verbo en voz media ἀποροῦμαι se usa como activo con un sentido intransitivo: *estar en duda.*

23 M15 Γεγέννηται se usa como un perfecto de alegoría (comp. 3:18;

este evento retiene su significado ejemplar --BD342[5]).

24 T187 Μία *μέν* significa: *el primero.*

25 R411 El artículo neutro *τό* con ʽΑγάρ concuerda con la palabra Agar, no con el género de la persona.

R760 Ἰερουσαλήμ no lleva artículo, excepto cuando se usa un adjetivo (vv. 25 y sigs.; en realidad, un adverbio [*νῦν*] se usa como adjetivo).

27 BD43[3] El uso de *οὐ* con los participios es un hebraísmo (en este caso es algo característico de la LXX, note la cita); en consecuencia, aquí no hay una especial significación por el hecho de que se usa *οὐ*.

MT127 ʽΗ *τίκτουσα* es común en las tragedias como un sinónimo práctico de *ἡ μήτηρ* (*la madre*), el título de una relación continua.

28 R1379 Κατά con el acusativo se usa con el sentido de *como.*

## Gálatas 5

1 M44n.2 Parece que *τῇ ἐλευθερίᾳ ... ἠλευθέρωσεν* es un uso enfático del dativo instrumental (un semitismo; esta construcción se deriva del infinitivo absoluto hebreo --T242): *Cristo nos libertó completamente.*

MT125 El tiempo presente de la prohibición se usa aquí con el sentido de una acción que implica la posibilidad de que no llegue a un fin: *no traten de que les carguen otra vez el yugo de esclavitud.*

2 MT162 La idea pasiva que hay en *περιτέμνησθε* es la de *permitir*, o *dejar que uno sea.*

3 R1062 La construcción infinitiva *ὀφειλέτης ... ποιῆσαι* significa: *deudor para hacer* (*uno que está obligado a hacer* --B379).

B124 Παντὶ *ἀνθρώπῳ περιτεμνομένῳ* (comp. 6:13) no significa: *a todo hombre que desee ser circuncidado* (tampoco equivale a un perfecto: *todo hombre circuncidado)*; sino: *a todo hombre que se circuncida*, es decir, *que recibe la circuncisión*. El apóstol no está hablando de la circuncisión como un hecho cumplido, sino de llegar a ser circuncidado.

4 R880 Δικαιοῦσθε se usa como un presente de conato (comp. 2:14: *tratan de ser justificados* --M8).

R960 Οἵτινες introduce un argumento (está presente la idea de base o razón).

T74 El aoristo proléptico (de prolepsis: descripción de una acción como si hubiera ocurrido antes) parece como un futuro que ocurre después de alguna condición real o implícita. En este versículo la construcción significa: *si ustedes van a ser justificados por la ley*, κατηργήθητε ἀπὸ Χριστοῦ: *serán desligados de Cristo* (comp. 1 Cor. 7:28; comp. BD333[2]).

5 M44 El dativo πνεύματι se usa en un sentido instrumental: *por medio del Espíritu*.

T214 Δικαιοσύνης puede ser un genitivo apositivo (*la cosa que se espera, que es justicia*) o un genitivo del sujeto (*la cosa que los justos esperan*). [Editor. La última sugerencia fuerza un sentido no común de la palabra δικαιοσύνης. Parece que este sustantivo se usa como un genitivo apositivo (o posiblemente de complemento directo) para describir la justicia como el objeto tanto de la esperanza como de la expectación.]

6 R583 Διά se usa aquí tanto con la idea de medio como con la de manera, las cuales se funden en un concepto: *por amor*.

M26 Parece más probable que la traducción del participio ἐνεργουμένη no sea pasiva (*la fe operada por el amor*), sino activa (*que opera*) o con algún matiz en voz media del mismo (*la fe que ahora obra mostrando amor* --TGr111; comp. Rom. 7:5).

7 R1094 Se puede usar un infinitivo con verbos de impedimento y negación y no hace falta el negativo μή, (es decir, con el siguiente infinitivo), pero puede usarse como un negativo redundante que repite la idea negativa del verbo; así como los dobles negativos continuaban con la fuerza del primer negativo: *¿quién les estorbó para que no obedecieran la verdad?*

BD488 La última parte del v. 7 y todo el v. 8 deben traducirse como sigue: *no obedezcan a nadie de tal manera que desobe-*

*dezcan a la verdad; esa (clase de) obediencia no proviene de aquel que los llama* (πεισμονή significa aquí: *obediencia, aquiescencia,* y se refiere otra vez a πείθεσθαι, la cual se correspondería bien con el estilo paulino).

10 R746 Οὐδὲν ἄλλο significa: *nada más.*

11 BD372(3) En el N.T., εἰ invade la esfera de ἐάν: *suponiendo que predico.*

12 R809 El verbo en voz media ἀποκόψονται es causativo: *que se castren* (la voz media aquí se usa con el sentido de *dejarse uno ...; hacerse emascular* --BD317).

R940 Ὄφελον con el futuro indicativo aparece para indicar un deseo futuro (comp. B27; BD384): *Deseo que.*

MT201 Hay un ejemplo de ὄφελον con el futuro en el N.T. (Gál. 5:12); esto junto con el uso de καί indican que nunca tuvo el propósito de que se tomara en serio. [Editor. Καί se usa en la cláusula de deseo con ὄφελον, y significa: *deseo que.* Aquí no hay indicación de que el deseo no deba tomarse en serio.]

13 M50 Ἐπ' ἐλευθερίᾳ ἐκλήθητε debe traducirse: *ustedes fueron llamados a (o con miras a la) libertad*; comp. 1 Tes. 4:7; Ef. 2:10 (indica propósito --R605; propósito, resultado --BD235[4]).

14 R419 En ὁ πᾶς νόμος, la primera palabra lleva el énfasis: *la totalidad de la ley.*

R766 El artículo τῷ introduce la cita (y no debe traducirse).

R874 Ἀγαπήσεις se usa como un futuro volitivo (principalmente se halla en citas del A.T.): *amarás.*

15 M152 Hay dos casos en que aparecen cláusulas condicionales en el N.T., las cuales son perfectamente correctas en su forma gramatical, pero inconsecuentes en el sentido lógico, según parece (Gál. 5:15; Stg. 3:14). En ambos casos, la cláusula imperativa es válida si la condición de la prótasis se cumple o no. Lógicamente, las cláusulas imperativas deben estar en futuro de indicativo: *si ustedes continúan así, también ...*

MT124 En el v. 15, *miren que no,* difícilmente pudiera considerarse como una prohibición.

16 R834 Τελέσητε se usa como un aoristo que expresa como un solo hecho una acción realizada durante un tiempo; comp. MT118 y 130): *no satifagan.*

M44 Πνεύματι se usa como un dativo instrumental: *por el Espíritu.*

T75 El presente de imperativo significa: *continúen andando.*

17 R998 Ἵνα se usa con un fuerte sentido consecutivo (comp. M142; MT249; ἵνα expresa el propósito de la hostilidad entre la carne y el espíritu --B222). [Editor. Quizá ἵνα se use para indicar un resultado potencial. Muchas veces en el N. T. no se puede establecer la diferencia entre propósito y resultado (comp. Rom. 5:20): *para que no puedan.*]

18 M44 Πνεύματι se usa como un dativo instrumental aquí y en el v. 25 (denota el agente --T240): *guiados por el Espíritu.*

## Gálatas 6

1 R439 El cambio del plural (*καταρτίζετε*) por el singular (*σκοπῶν*) es una manera de expresar la aplicación personal.

B206 Μή se usa para introducir una cláusula de complemento directo después de *σκοπῶν*: *considérate a ti mismo, no sea que.*

B285 Καὶ ἐάν introduce una cláusula concesiva extrema, que se considera como sumamente improbable: *aun si* (comp. 1:2).

3 R1127 Es difícil clasificar el participio ὤν. Tiene sentido como temporal, causal o modal. [Editor. En verdad este participio parece que tiene un sentido concesivo. Μηδὲν ὤν representa una situación que es contraria a la condición expresada en la cláusula previa: *aunque no es nada.*]

R1173 En este versículo hay un marcado contraste entre el τὶ y μηδέν (ambos son neutros y abstractos, y se refieren a una persona: *algo ... nada*).

BD131 El uso de τὶ da el siguiente sentido: *él da la apariencia de ser algo* (εἶναί τι significa: *algo especial* --BD301[1]).

4 M70 Note el uso de εἰς en este versículo, (algunos lo traducen: por *su propia cuenta ... en comparación con*; comp. con el uso de πρός cuando significa: *comparado con.*

T190 El pronombre reflexivo ἑαυτοῦ se usa como un pronombre posesivo enfático en los vv. 4 y 8: *su propia obra.*

5 R692 Ἴδιον se usa con un sentido enfático: *su propia* (comp. MT90).

9 M110 y sig. Es posible que el artículo neutro introduzca una frase proverbial conocida, y que la oración signifique algo como esto: *Y hay el dicho: No nos cansemos ...*; hay otra alternativa: que el artículo simplemente vaya con καλόν, un sentido genérico: *lo que es bueno.* Sin embargo, tiene que admitirse que pudo haber sido una pura idiosincracia de Pablo el hecho de usar el artículo neutro de esta manera (comp. Rom. 8:26).

T285 En el griego clásico μὴ ἐκλούμενοι hubiera sido condicional (*si no desmayamos*); pero en los escritos de Pablo puede expresar un hecho: *ya que ...* (el participio tiene un sentido condicional --R1023 y B436). [Editor. Parece que la cláusula condicional es la traducción más apropiada de μὴ ἐκλούμενοι. En consecuencia, las recompensas de un cristiano dependen de su persistencia en hacer el bien (comp. Luc. 6:35; 1 Cor. 3:8; 2 Cor.5:11). En respuesta a N. Turner, μή puede usarse con un participio que exprese una idea condicional (en los escritos de Pablo: 2 Cor. 4:18; en los escritos de Pedro: 1 Ped. 3:6.]

10 P968 Ὡς indica un sentido temporal (*ahora mientras* --BD455[2]).
T14 Τὸ ἀγαθόν significa: *buenas obras* (uso genérico del artículo).

11 R741 Πηλίκοις representa el tamaño de las letras: *cuan grandes.*
M12n.1 El aoristo epistolar establece una diferencia en la exégesis; algunos traducen: ἔγραψα: *miren cuán grandes letras he escrito ...*; pero otros lo traducen: *escribo,* lo cual significa que el apóstol toma la pluma del amanuense, y escribe personalmente los párrafos finales con una letra notablemente grande.

TGr94 Ἔγραψα no es un aoristo epistolar, sino un verdadero tiempo pasado. Así que uno se debe preguntar seriamente si Pablo usó alguna clase de secretario cuando escribió a los gálatas (se usa como un aoristo epistolar --R846; puede ser lo uno o lo otro --T73). [Editor. Parece que ἔγραψα se usa como un aoristo epistolar. El párrafo que se halla en los vv. 11-16 reitera algunos de los puntos principales de la carta, lo cual significa que Pablo toma personalmente la pluma para destacar ciertos puntos; comp. Rom. 16:22; 1 Cor. 16:21; Col. 4:18 y 2 Tes. 3:17.]

H8 El brillante trabajo del profesor Deissmann, San Pablo, parece que pierde por completo el blanco, al describir a Pablo como un trabajador, basado principalmente en el fuerte significado de su torpe escritura a mano, que se infiere en Ga. 6:11. Si se concede esta interpretación de *πηλίκοις γράμμασιν*, tal escritura en nuestro tiempo no implica analfabetismo, y no tenemos evidencias de que significara eso en los días de Pablo.

12 R532 El dativo del sustantivo *σταυρῷ* puede usarse para expresar la idea de causa, motivo u ocasión. Esta idea de base oscila entre la idea de asociación y medio (*evitar persecución por causa de la cruz* --M45).

R880 El tiempo presente en *ἀναγκάζουσιν* tiene un sentido de conato (comp. 2:14; *tratan de obligarlos* --T63).

13 M107 El participio con artículo, *οἱ περιτεμνόμενοι*, se usa como un sustantivo y significa: *porque ni aun los que se circuncidan guardan la ley*; mientras que si se hubiera omitido el artículo, hubiera sido adverbial y el sentido hubiera sido: *porque ni siquiera ellos mismos cuando se circuncidan guardan la ley.*

14 R1003 El uso del optativo para expresar un deseo futuro como *μὴ γένοιτο* no es una construcción subordinada, sino coordinada (que desaprueba vigorosamente algo que se sugiere --B177): *que yo nunca.*

16 R1381 El verbo futuro *στοιχήσουσιν* tiene un sentido continuo: *todos los que andan.*

17 R495 El uso temporal del genitivo *τοῦ λοιποῦ* no implica nada en cuanto a la duración de tiempo, pero significa: *en lo sucesivo, finalmente, por lo demás* (comp. T235).

## Efesios

### Efesios 1

1 R582 *Διά* se usa con sentido de agencia: *por la voluntad de Dios* (*διά* también se usa de esta manera en el v. 5).
M108 Τοῖς ... πιστοῖς ἐν Χριστῷ significa: *los que creen en Cristo* y no sencillamente: *los que creen a Cristo.*

6 T218 Las palabras *εἰς ἔπαινον δόξης* deben tomarse muy estrechamente en conjunto, como en Fil. 1:11: *para la alabanza de su gloria* (son difíciles de manejar --BD168[2]).

9 B139 El participio de aoristo *γνωρίσας* se usa para referirse a una acción idéntica a la del verbo principal *ἐπερίσσευσεν*: *que él les concedió ricamente ..., dándoles a conocer ...*

10 T271 No es fácil distinguir *ἐπί* con el dativo para expresar lugar, de *ἐπί* con el acusativo que significa: *delante de,* o *sobre* (aquí el cambio de caso es sólo una variación estilística --M49).

13 M175 Τῷ *πνεύματι τῆς ἐπαγγελίας* significa: *el Espíritu prometido.*
MT67n.2. El segundo *ἐν ᾧ* es asimilado por el primero, y su sentido se determina por medio del verbo *ἐσφραγίσθητε* (comp. R453): *en quien también ustedes ... fueron sellados.*

14 T215 Aquí el genitivo en *εἰς ... περιποιήσεως* es apositivo y significa: *hasta nuestra redención que es nuestra posesión*; o de complemento directo y en este caso significa: *hasta la redención de aquellos a quienes Dios ha adquirido* (se interpreta el sustantivo abstracto como si fuera un sustantivo concreto). [Editor. Es raro que *περιποίησις* tenga este sentido concreto. En consecuencia, la sugerencia anterior parece preferible.]

15 T263 La preposición en *πίστιν ἐν* significa: *en la esfera de.*
BD224(1) El uso de *κατά* en vez del posesivo o del genitivo de

sujeto es generalmente helenístico. En el N. T. se limita a los pronombres (καθ' ὑμᾶς πίστιν en este caso es más que un simple genitivo --R608). [Editor. Parece que la preposición κατά se usa como un genitivo posesivo; el artículo posesivo de la siguiente frase paralela tiende a apoyar esto: *la fe de ustedes*.]

17 MT196 Si se lee ἵνα δῴη, tendría que ser tácitamente una cláusula de deseo, en la cual ἵνα sólo serviría para unir dicha cláusula con el verbo anterior, pero es preferible δώῃ (una cláusula subjuntiva de propósito; comp. T128): *que Dios ... de*.

23 R1206 La metáfora más grande del N.T. es el uso paulino de σῶμα para referirse a la iglesia (como en este versículo).

M25 Algunas traducciones toman la palabra πληρουμένου en este versículo como un verbo en voz media con un sentido activo: *el que lo llena todo y en todo* (para la mente de Pablo, en un verdadero sentido, el Cristo aún esperaba complementación, y sólo la encontraría en la iglesia. W.L. Knox también lo toma como verbo pasivo, pero lo relaciona con *la plenitud de Cristo*, no mediante el crecimiento de su cuerpo, la Iglesia, sino por obra de Dios: *aquel que está siempre siendo llenado por Dios*. Dibelius se pregunta si la frase no pudiera implicar estos dos últimos significados. Es posible, aunque T.K. Abott (I.C.C. en el lugar correspondiente) afirma vigorosamente que τὸ πλήρωμα no está en aposición con la iglesia, sino con Cristo. Entonces, sería correcto tomar πληρουμένου en sentido activo con referencia a Dios, de quien se dice que Cristo es la πλήρωμα (como en otras partes de las Epístolas; comp. R806).

M160 Τὰ πάντα ἐν πᾶσιν es una expresión superlativa adverbial y significa: *totalmente, íntegramente* como παντάπασι en el griego clásico.

## Efesios 2

3 R530 El dativo φύσει tiene la idea de manera: *por naturaleza*.

M174 El genitivo adjetival semítico τέκνα φύσει ὀργῆς quizá signifique: *abandonados a nuestra propia suerte* (φύσει), *estamos destinados a sufrir las consecuencias del pecado*.

T28 Θελήματα es el plural poético de un sujeto abstracto que se usa de una manera clásica: *lo que se desea.*

4 R833 El aoristo ἠγάπησεν se usa para describir una acción que en realidad tal vez no se haya terminado en un momento definido: *con el cual él nos amó.*

5 M44 Χάριτι se usa como un dativo instrumental, y significa: *porque por gracia ustedes son salvos.*

T176 Los traductores no se preocupan por distinguir τῇ χάριτι en Ef. 2:8 de χάριτι en 2:5 (algunos han traducido las dos veces: *por su gracia*); tal vez τῇ sea sólo repetitivo y se refiera al v. 5. Pero hay otro punto de vista: la omisión del artículo tiende a destacar las cualidades inherentes de los sustantivos abstractos, mientras que los artículos hacen que sean más concretos, unificados e individuales. En el v. 8, entonces, se refiere al acto histórico de la gracia salvadora de Dios; en el v. 5 a la gracia como tal, en contraste con los otros medios de redención. Así que la dificultad no consiste en explicar la presencia del artículo, tal como se hace con los nombres concretos. El problema consiste más bien en explicar su ausencia. [Editor. Turner cita a Zerwick como apoyo, pero Zerwick realmente declara que la presencia del artículo requiere atención especial y no se refiere a la omisión del mismo. Parece que la explicación más sencilla es que el artículo se refiere a una declaración previa (la del v. 5).]

BD258(2) A menudo se omite el artículo con sustantivos abstractos. Cuanto más abstracto sea el sentido en que se usa el sustantivo, tanto menos probable es que tome cualquier artículo que no sea el que se refiere a una característica general: de ahí que en algunos casos el problema consiste más bien en explicar la presencia del artículo y no su ausencia. En el v. 5 es: *la gracia que los ha salvado a ustedes*; pero en el v. 8 significa: *la gracia antes mencionada (¿bien conocida?) los ha entregado al camino de la fe.*

MT127 Ἐστε σεσῳσμένοι se refiere a una obra que ha terminado desde el punto del autor, pero que la realizan progresivamente los que son objetos de ella.

8 R704 En este versículo, el pronombre τοῦτο no se refiere a πίστεως, sino más bien a la idea de salvación que aparece en la cláusula anterior.

M18 y sig. No siempre es fácil ver la fuerza de la distinción entre el perfecto simple y el perifrástico. Por ejemplo, ¿se alteraría el sentido si por la oración χάριτί ἐστε σεσῳσμένοι, se hubiera escrito χάριτί σέσῳσθε? Quizá la respuesta sea que éste es también un ejemplo en que el participio tiene poco o ningún significado temporal y prácticamente es adjetival: *como resultado de un favor gratuito ustedes son salvos*. Sin embargo, tiene buen sentido la traducción: *ustedes han sido salvos, por tanto, disfruten su presente condición* (comp. el comentario sobre el v. 5).

T45 Καὶ τοῦτο significa: *y en verdad* (καί con el pronombre demostrativo es enfático --BD442[9]).

10 R505 Ἐπί tiene la idea de meta o propósito: *para buenas obras*.

R681 La posición de αὐτοῦ indica que el pronombre es enfático: *nosotros somos su hechura* (no nuestra).

12 M41 El genitivo de separación aparece en ἀπηλλοτριωμένοι ... y significa: *alejados de la ciudadanía de Israel*.

13 M206 El participio de presente ὄντες se refiere a lo que antecede al verbo principal, y tiene un sentido duradero: *ustedes quienes una vez estaban*.

14 R498 Τοῦ φραγμοῦ se usa como genitivo de aposición o definición: *la barrera formada por la pared divisoria*.

15 T265 Ἐν δόγμασιν significa: *que consiste en ordenanzas*.

16 T43 Ἐν αὐτῷ significa: *por sí mismo*, o *por esto*, es decir, por la cruz. [Editor. El antecedente más cercano y más probable de αὐτῷ es τοῦ σταυροῦ, lo cual hace que la palabra διά sea paralela de ἐν: *por ella*.]

20 M110 Entre las interpretaciones de ἐπὶ ... προφητῶν, están las siguientes: (1) Los apóstoles y los profetas del A.T. (dos grupos separados); (2) Los apóstoles y profetas del N.T. (dos grupos separados); (3) los apóstoles, quienes también son profetas (uno en aposición con el otro). La última opción (comp. la sugerencia de Hort en The Christian Ecclesia, pág. 165.) parece poco

probable, si consideramos la ambigüedad que implica el griego y la pregunta sobre si los apóstoles y los profetas constituían un mismo grupo. Las otras dos son posibles, y dudo que T.K. Abbott (I.C.C. en el lugar correspondiente) tenga razón al decir que la ausencia del artículo antes de *προφητῶν* se opone a la idea de que sean profetas del A.T. (los dos grupos son considerados como uno --R787). [Editor. Cuando un artículo no se repite en una serie, los grupos conectados no constituyen necesariamente uno solo, pero pueden ser considerados como uno, o que están unidos para el mismo propósito.]

21 M94 Lighfoot piensa que *πᾶσα οἰκοδομή* no significa: *todo el edificio*, sino *todo edificio*, y aduce que *συνοικοδομεῖθε* indica que se refiere a muchos *οἰκοδομαί* para formar un templo (el *πᾶς* sin artículo [los manuscritos S[a], A, C, y P tienen el artículo], probablemente no signifique, como en el griego clásico, *cualquier cosa que se construye*, sino [por la influencia semítica] *todo el edificio* --T200; probablemente signifique: *todo edificio*, a causa del siguiente *εἰς ναόν* --R772). [Editor. Generalmente el sentido de *πᾶς* sin artículo es *todo*, lo cual es muy probable en este caso: *todo edificio*.]

## Efesios 3

1 M198 ¿Se refiere la expresión *τούτου χάριν* a lo que sigue o a lo que precede? Un estudio del estilo del autor puede ser la única clave para responder esta pregunta. [Editor. Pablo usa esta construcción tres veces en el N.T.: Ef. 3:1, 14 y Tit. 1:5. Parece que aquí se refiere a la sugerencia precedente.]

3 R845 En *καθὼς προέγραψα ἐν ὀλίγῳ*, Pablo pudiera aludir a lo que acaba de escribir o a toda la epístola. [Editor. En este contexto parece que se refiere a lo que acaba de escribir, especialmente porque él ha explicado con cierto detenimiento el misterio que se le dio a conocer.]

4 M117 *Νοῆσαι* puede ser un aoristo de acción terminada, *entender*, o puede referirse al comienzo de una acción: *comprender*.

[Editor. El primer uso es el más probable, porque Pablo no escribió para que sus destinatarios comprendieran la gravosa revelación que se le había dado a conocer, sino para que entendieran el misterio.]

5 R787 Los dos grupos, ἀποστόλοις y προφήταις son tomados como uno, ya que el artículo no se repite (comp. 2:20).

6 M61n.3 Συμμέτοχος aparece con el sentido de *copartícipe*.

8 R663 La presencia de ἐλαχιστοτέρῳ se debe a la pérdida de la fuerza del sufijo comparativo y al deseo de expresar hincapié (este adjetivo significa: *menos que el más pequeño* --M98). [Editor. La sugerencia de Moule parece más probable porque ofrece un sentido sencillo y literal del adjetivo.]

12 R784 La frase prepositiva ἐν πεποιθήσει es predicativa y no atributiva (es decir, debe tomarse con ἔχομεν y no con προσαγωγήν): *en quien tenemos ... con confianza*.
T263 Αὐτοῦ se usa como un genitivo de complemento directo, y el significado resultante es: *por medio de la fe en él*.

13 R728 Ἥτις se usa con un sentido de causa.

14 R435 El término τούτου χάριν indica que se reasume el tema, luego de la larga digresión en los vv. 1-13. Sin embargo, esta construcción no es un paréntesis técnico.
B203 Κάμπτω τὰ γονατά es una paráfrasis de προσεύχομαι. La conjunción ἵνα se usa en el v. 16 para denotar el contenido de la oración (*ruego ... que*).

15 M94 ¿Significa πᾶς con un sustantivo sin artículo *todo*, o puede significar *el todo, la totalidad?* Πᾶσα πατριά no debe traducirse: *toda la familia*, sino *toda familia*. Esto hace que surjan especulaciones interesantes en cuanto a las familias angélicas o demoníacas, o en cuanto a las tribus celestiales (comp. 2:21).

16 R593 Εἰς se usa en un sentido pleno en lugar de ἐν: *en*.
M175 El genitivo adjetival puede tener sentido semítico. ¿La

expresión τὸ πλοῦτος τῆς δόξης αὐτοῦ significa: *su riqueza de gloria* o *gloriosa riqueza*? [Editor. El principio que hay que tener en mente es que es incorrecto hablar de un genitivo semítico donde un buen genitivo griego (normal) tiene mejor sentido. En vista de esto y de la construcción similar que se halla en 1:7, parece que la mejor traducción es: *la riqueza de su gloria*.]

17 R1090 Los infinitivos κραταιωθῆναι y κατοικῆσαι se usan con la idea de resultado (aquí hipotético): *para que ... habite.*

TGr166 Los participios se usan como imperativos, y significan: *(sean) arraigados y fundamentados en amor.*

18 T55 Καταλαμβάνω aparece en voz media, donde uno espera la voz activa. Indica que el verbo tiene un sentido transitivo: *comprender.*

H310 Ἐξισχύω con el infinitivo es un perfectivo sorprendente: *sean lo suficientemente fuertes* (para comprender). Es una fuerza que se ejerce hasta que se logra el objeto.

19 R519 La idea comparativa es predominante en γνώσεως: *que sobrepasa el conocimiento.*

20 M26 El significado de la voz que se usa en la oración κατὰ τὴν δύναμιν τὴν ἐνεργουμένην ἐν ἡμῖν es ambiguo. [Editor. Pablo usa ἐνεργουμένην en un sentido medio y con el significado *operante* o *efectivo*; comp. Gál. 5:6.]

M42 Ὑπερεκπερισσοῦ ὧν significa: *muchísimo más que*, y es un adverbio de comparación (aunque en este caso la oración precedente ὑπὲρ πάντα ποιῆσαι confunde la construcción: ¿es πάντα complemento directo de ποιῆσαι y ὑπέρ un adverbio reiterado por ὑπερεκπερισσοῦ? ¿O es ὑπέρ una preposición que gobierna a πάντα, y ὧν un sustituto de ἅ, usado por descuido gramatical sugerido en parte tal vez por la idea de comparación con su genitivo? [Editor. En el N.T., ὑπέρ rara vez se usa como un adverbio. Además, ya que ὑπέρ está tan estrechamente relacionado con el acusativo πάντα, sería raro traducir ὑπέρ como un adverbio. Además de estos factores, la atracción del pronombre relativo aparece frecuentemente en el N.T. Por consiguiente, la última sugerencia parece más probable.]

## Efesios 4

1 TGr121 Pablo se describe a sí mismo en Ef. 4:1 como el *prisionero en el Señor*. El vivió en Cristo, en esperanza, en consagración, en paz. Estas son esferas o atmósferas, el aire que el cristiano respira. Pablo es preciso en el uso de las preposiciones cuando los puntos más finos de teología están en juego (ἐν κυρίῳ es atributivo de ὁ δέσμιος; comp. R783).

BD337(1) La exhortación en el tiempo aoristo se usa para expresar la conducta venidera que contrasta con la conducta anterior (de inicio: *los exhorto ... a que anden*).

2 R807 En ἀνεχόμενοι ἀλλήλων se usa la voz media directa: *soportándose los unos a los otros.*

R946 El participio ἀνεχόμενοι se usa como un imperativo *(sean perdonadores los unos a los otros* --TGr66. Se usa como un imperativo [aunque el participio puede depender del verbo que le antecede] --T343. Este participio y σπουδάζοντες, en el v. 3, se usan como imperativos --BD468[2]; comp. MT181). [Editor. Parece que los participios obtienen su sentido imperativo del verbo de exhortación que los precede (en el v. 1).]

4 T263 'Εν se usa con un sentido similar a εἰς, y significa *en*.

6 R567 La variación de la preposición es una manera hábil de condensar el pensamiento; cada preposición agrega una nueva idea. A Pablo le gusta mucho este modismo: *sobre todos y a través de todos y en todos*.

9 TGr171 El adjectivo comparativo κατώτερα está seguido por γῆς, lo cual debe interpretarse: *las partes más bajas que la tierra* y no *el nivel más bajo de la tierra* (τῆς γῆς puede ser distributivo o apositivo: *las regiones más bajas, es decir, la tierra* --T215; τῆς γῆς es un genitivo de contenido: *las regiones bajo la tierra* --BD167). [Editor. Parece mejor considerar τῆς γῆς como un genitivo comparativo, porque sigue a un adjetivo comparativo.]

T182 Tó introduce una frase proverbial (se usa como un pronombre relativo --R735): *que.*

10 R647 Ὑπεράνω es un simple compuesto que en el griego posterior gradualmente desplazó a ὑπέρ. Aquí tiene sentido literal de lugar: *por encima de*.

T25 Quizás Pablo utilice la palabra οὐρανοί siguiendo una idea judía, mediante el uso del plural, para referirse a los siete cielos (comp. 2 Cor. 12:2). Cuando se refiere al sentido material del cielo, predomina el singular.

T55 Algunos verbos aparecen en voz media cuando uno espera la voz activa, por cuanto tienen un sentido transitivo. Πληρόω es controversial: aparece con el sentido activo en Ef. 4:10: *llenarlo*; pero, ¿es este el mismo sentido de la voz media en 1:23? algunas traducciones lo toman así, pero otras lo toman como pasiva: *siendo lleno de Cristo*. [Editor. Si un verbo activo puede traducirse con un buen sentido como tal, no es necesario traducirlo como si estuviera en voz media.)

14 M53 Cuando πρός se usa en sentido transferido, significa: *que tiende hacia, que conduce a, concerniente a, contra, en vista de*. Ἐν ... πλάνης aparentemente debe traducirse: *por astucia en concordancia con las artimañanas del error*.

H339 En los papiros, la palabra μεθοδεία significa: *método*.

16 R589 En la frase ἐν μέτρῳ la preposición significa: *en la esfera de*.

M94 Πᾶν τὸ σῶμα debe traducirse: *todo el cuerpo* (comp. T200 y también 2:21, 3:15).

17 R407 Cuando los adjetivos y los participios no concuerdan en número y género con el sustantivo antecedente, eso se debe al sentido, y no sólo a la gramática (así ἐσκοτωμένοι cambia del neutro [ἔθνη] al masculino, por cuanto se refiere a personas).

R700 Μηκέτι περιπατεῖν está en aposición con τοῦτο, y tiene la idea de mandato.

18 BD352 Puede usarse una paráfrasis en vez del participio mismo (ἐσκοτωμένοι ... ὄντες; comp. Col. 1:21). Este participio se usa para expresar con mayor fuerza la persistencia del nuevo estado de las cosas (se acentúa el aspecto duradero del perfecto --R910).

19 M89 Muchos compuestos de preposiciones con verbos tienen un sentido que se resiste a una explicación exacta. Ἀπαλγέω significa: *dejar de sentir*.

21 M112 ¿La oración καθώς ἐστιν ἀλήθεια ἐν τῷ Ἰησοῦ significa: *así como la verdad (debe ser hallada) en Jesús*, (como si fuera ἡ ἀλήθεια)? [Editor. Parece que la cláusula καθώς ἐστιν ἀλήθεια describe la naturaleza o manera de la instrucción (*de acuerdo con la verdad*), mientras que la siguiente cláusula, que aparece en los vv. 22 y sigs., expresa su contenido o esencia.]

22 R283 Προτέραν se usa como un adjetivo y significa: *la anterior*.

R1038 El uso del acusativo con un infinitivo, en que pudiera aparecer un nominativo (con un verbo conjugado en modo personal), es raro en el griego clásico, pero común en el N.T. En consecuencia, aquí aparece ἀπόθεσθαι ὑμᾶς (el infinitivo puede representar sólo el contenido, y no de una manera clara el resultado o el propósito --R10890: *que ustedes desechen*.

H485 Τὰς ἐπιθυμίας τῆς ἀπάτης significa: *ávidos anhelos engañosos* (un genitivo adjetival).

24 M59 Hay un uso único de κατά en la cláusula τὸν ... κτισθέντα la cual significa: *el nuevo hombre que ha sido creado en conformidad con Dios* (es decir, a la imagen de Dios; comp. Col. 3:10).

26 R1173 Generalmente οὐ, y no μή, sigue a καί. [Editor. Pero μή aparece aquí porque es la partícula negativa que generalmente se usa para negar imperativos.]

BD387(1) El imperativo de ninguna manera está limitado a mandatos, sino que también expresa una petición o una concesión (eso ocurre en el N.T. y en el griego clásico). Ὀργίζεσθε καὶ μὴ ἁμαρτάνετε muy probablemente significa: *en lo que a mí respecta, ustedes pueden airarse (si no lo pueden evitar), pero no pequen por ese motivo* (algunas veces, como en este versículo, dos imperativos están vinculados mediante la conjunción καί, cuando el primero sugiere concesión --R949).

28 BD339(3) El participio de presente ocasionalmente se usa (como en el griego clásico) para referirse a algo que ha ocurrido (representa al imperfecto). Así ὁ κλέπτων significa: *el que hasta ahora robaba* (comp. T81; el participio de presente tiene un sentido reiterativo: *el maleante* --R892; ὁ κλέπτων no significa: *el que hurtó*, o *el que roba*, sino sencillamente, *el ladrón* y

difiere de ὁ κλεπτής, *el asaltante*, sólo en que está más relacionado con el verbo κλεπτέτω --MT127; comp. un participio genérico con artículo --T151).

29 R753 En πᾶς μή, la negación es universal: *que ninguna palabra corrompida*.

R994 Ἵνα con el subjuntivo se usa aquí en lugar del imperativo. [Editor. La idea imperativa viene del verbo precedente ἐκπορευέσθω, y como resultado significa: *ninguna ... que pueda*.]

T25 Τοῦ στόματος ὑμῶν es el distributivo singular. Algo que pertenece a cada persona de un grupo se coloca en el singular.

T274 Πρός con el acusativo tiene el sentido de propósito-resultado: *para edificar*.

32 R594 Εἰς se usa en este versículo donde se manifiesta la disposición o actitud de la mente: *unos con otros*.

## Efesios 5

1 T75 El presente de imperativo περιπατεῖτε significa: *continúen caminando*.

3 R753 Πᾶς μή expresa una negación universal (comp. 4:29): *que ninguna*.

R1173 Μηδέ significa: *ni aun*.

4 BD358(2) El imperfecto se usa en expresiones de obligación. Ἃ οὐκ ἀνῆκεν (D y E tienen τὰ οὐκ ἀνήκοντα) puede significar: *lo que* (realmente) *no es correcto* (sin embargo ocurre).

5 R406 Cuando ἤ conecta sujetos, el verbo usualmente está en singular en el N.T. (así ἐστίν aparece con más de un sujeto).

R753 En πᾶς ... οὐ la negación de πᾶς es completa (comp. T196; por regla general, el negativo precede a aquello que se niega, pero no en este caso --T287).

R786 La expresión τοῦ Χριστοῦ καὶ θεοῦ puede describir a una persona por el hecho de que el artículo no se repite (pero θεοῦ aparece a menudo sin el artículo. Tenemos que considerar seriamente la posibilidad de alejarnos de la mayoría de las versiones españolas y traducir la última parte del v. 5, así: *en el reino de Cristo quien es Dios* --TGr16).

M130 Algunas veces se usa un pronombre relativo neutro (ὅ) donde estrictamente se pudiera haber esperado uno masculino o uno femenino, con referencia a toda la idea de la cláusula precedente, y no a la sola palabra que sirve como antecedente inmediato del relativo (tiene la idea general de cosa: *tal cosa es ser un idólatra* --R713; ὅ ἐστιν significa: *es decir* --BD132[2]).

7 M61n.3 Parece que συμμέτοχος significa: *participante* (comp. Ef. 3:6).

8 T75 El presente de imperativo περιπατεῖτε significa: *sigan andando*.

M174 Parece que el genitivo adjetival es un modismo semítico: *hijos de luz*, y secillamente significa: *gente digna de*, o *asociados con la luz*.

12 R530 En κρυφῇ se usa el dativo de manera: *las cosas que se hacen en secreto*.

13 T55 Algunos verbos aparecen en voz media donde uno espera la voz activa. Así parece que φανεροῦται significa *lo que ilumina*; ¿o está en voz pasiva? [Editor. Es mejor traducir un verbo pasivo como tal, si se puede mantener el buen sentido; eso occurre en este caso: *llega a ser visible*.]

14 M25 La expresión πᾶν γὰρ τὸ φανερούμενον φῶς ἐστιν significa: *lo que ilumina es luz* (una declaración no muy iluminadora); o *lo que es iluminado llega a ser luz* (lo cual incorporaría la esperanzada doctrina de que la oscuridad del pecado, una vez iluminada por el Evangelio, puede convertirse en luz). [Editor. El último significado es más probable; comp. esto con la nota similar que aparece en el v. 13.]

T180 Un artículo puede acompañar a los sustantivos plurales como νεκρῶν: *los muertos*.

16 H309 Ἐξαγοράζομαι significa: *rescatar (de la esclavitud)*.

18 R533 Οἰνῷ se usa como un dativo de medios: *no se embriaguen con vino*.

R854 La prohibición en presente μὴ μεθύσκεσθε puede implicar que algunos de ellos se embriagaban (comp. aun en la mesa del Señor, 1 Cor. 11:21; en la prohibición μὴ μεθύσκεσθε, el apóstol estaba pronunciando advertencias urgentes contra pecados que seguramente reaparecerían en la comunidad cristiana, o que hasta ese momento sólo habían sido expulsados de manera imperfecta --MT126).

19 R690 El pronombre reflexivo ἑαυτοῖς se usa en un sentido recíproco, el cual realmente no difiere en idea de ἀλλήλων: *hablando los unos a los otros*.

21 R500 Χριστοῦ se usa como un genitivo de complemento directo: *reverencia a Cristo*.

BD468(2) Ὑποτασσόμενοι está muy alejado del verbo conjugado en modo personal y se acerca al uso imperativo: *sujétense*.

23 R399 Αὐτός se usa en este caso en posición enfática: *él mismo es*.

R782 En κεφαλὴ ..., κεφαλὴ ..., σωτήρ es posible que prevalezca la fuerza cualitativa de los sustantivos sin artículo: *es cabeza ....*

26 R521 Τῷ λουτρῷ es un ejemplo del dativo puro, que se usa como locativo sin la preposición ἐν. Blass piensa que el locativo puro no aparece en el N.T. [Editor. El sustantivo λουτρῷ puede significar: *lavamiento*, y en consecuencia, toda la frase puede considerarse como instrumental; el significado resultante es: *por el lavamiento del agua*.]

M78 'Eν se usa ocasionalmente con el sentido de acompañamiento. Así que ἐν ῥήματι quizá signifique: *acompañado por la fórmula* (¿o es instrumental?) [Editor. Una frase prepositiva generalmente modifica a un verbo o a una idea verbal, y normalmente no modifica a un sustantivo (comp. R784). Así que la frase prepositiva debe tomarse como un adverbio, a menos que haya una indicación específica de que modifica a un sustantivo. En este versículo, la frase prepositiva modifica al participio καθαρίσας y tiene un sentido instrumental: *por la palabra*.]

27 H361 Σπίλος, que originalmente significaba: *roca*, llegó a significar: sucesivamente *roca porosa, piedra quebradiza, barro y mancha de barro*, hasta que Pablo pudo emplearla metafóricamente como en Ef. 5:27, con el significado de *mancha*.

29 R1147 Ποτέ no tiene en este caso la idea de *una vez*, sino de *jamás*.
H311 Ἐκτρέφω significa: *criar*. En nuestro idioma este verbo tiene sentido perfectivo; en Ef. 5:29, la traducción queda demasiado débil si se usa *nutrir*.

31 R574 Ἀντὶ τούτου se usa con el sentido de *porque (así que)*.
H463 Εἰς se usa con el acusativo en lugar de un predicado nominal: *los dos llegarán a ser una carne*.

32 BD277(1) El pronombre nominativo ἐγώ se emplea de acuerdo con las normas del buen estilo, como en el griego clásico, para establecer contraste o para denotar otra clase de hincapié. Aquí hay contraste entre el hablante y el sujeto.

33 R933 Hay ejemplos en el N.T. en que parece que ἵνα es sólo una partícula introductoria con el subjuntivo volitivo. Ἵνα φοβῆται es paralelo al imperativo ἀγαπάτω (comp. R994, Ef. 4:29; comp. BD389, T95, MT179; *y la esposa reverencie* --M144).
R1187 Pablo usa πλήν al final de un argumento para destacar el punto principal (el v. 33 presenta la culminación del argumento que aparece en los vv. 22-32).
M60 Οἱ καθ' ἕνα significa: *individualmente*.

## Efesios 6

2 M113 ¿Significa la frase ἥτις ἐστὶν ἐντολὴ πρώτη ἐν ἐπαγγελίᾳ: *que es el primer mandamiento con una promesa* (al cual se une una promesa, lo cual no es verdad en sentido literal, y en la cual sería curiosa la omisión del artículo); o significa: *que es un mandamiento principal, y al cual se une una promesa* (el cual es un significado poco probable de πρώτη en tal contexto)? La primera alternativa ciertamente está fortalecida por la omisión del artículo en Mar. 12:28, ya que el artículo usualmente está ausente en expresiones temporales (se pensó que el ordinal

[*πρώτη*] era suficientemente definido, aunque carecía de artículo --R793). [Editor. Por consiguiente, la primera sugerencia parece la más probable.]

3 R875 La pregunta deliberativa se usa con *ἵνα* (cita del A.T.). Las preguntas deliberativas no preguntan por los hechos, sino acerca de la posibilidad, o la necesidad de un curso propuesto de acción (comp. T100; muestra propósito --BD369[3]). [Editor. Puesto que en el N.T. *ἵνα* se usa con más facilidad para indicar propósito que para introducir una pregunta deliberativa, esta partícula aparentemente expresa la idea de propósito, tanto en la cláusula en que aparece como en la cláusula en que está implícita.]

4 H311'Ε*κ τρέφω* significa: *criar.* (comp. 5:29).

9 R502 Los genitivos *αὐτῶν* y *ὑμῶν* preceden al nombre *κύριος* (el genitivo normalmente aparece después del sustantivo). [Editor. Así que la posición en este versículo denota cierto grado de énfasis.]

10 R550 Τ*οῦ λοιποῦ* no es un adverbio, aunque tiene fuerza adverbial (*finalmente, por lo demás* --M39; comp. T235).

R816 Es difícil decir si el verbo *ἐνδυναμοῦσθε* está en voz media o pasiva. [Editor. Parece que el verbo tiene un sentido pasivo: *sean fortalecidos*; comp. Hech. 9:22; Rom. 4:20; 2 Tim. 2:1 y Heb. 11:34.]

11 R991 Π*ρὸς τὸ δύνασθαι* es sólo una cláusula de propósito (comp. R1003, T144 y B414).

T28 Los plurales que aparecen con nombres abstractos pueden implicar *ejemplos*. Así que *μεθοδεῖαι* significa: *astucia*.

13 R563 En este versículo *στῆναι* (*estar firme*) tiene más fuerza que el compuesto *ἀντιστῆναι*: *resistir*.

R777 El hecho de que se repite el artículo en *ἐν τῇ ἡμέρᾳ τῇ πονηρᾷ* indica que se hace énfasis tanto en el sustantivo como en el adjetivo y que el adjetivo se añade como una clase de clímax en aposición con un artículo separado: *en el día que es el malo*.

16 M77 Ἐν ᾧ significa: *con el cual.*

M78 Ἐν πᾶσιν tal vez signifique: *en el medio de,* o *a pesar de todas esas cosas* (comp. Neh. 10:1).

17 B295 La segunda parte de este versículo debe traducirse: *la espada del Espíritu, que es la Palabra de Dios* (las palabras ὅ ἐστιν constituyen un explicativo que no toma en cuenta el género del antecedente --R411).

18 R618 Las preposiciones περί y ὑπέρ difieren muy poco en significado en los vv. 18 y sigs.: *por* (comp. M63 y T270).

M57 Διά se usa con el genitivo para expresar ambiente y circunstancia acompañante. Διὰ πάσης προσευχῆς καὶ δεήσεως significa: *con toda* (posible) *oración y petición* (comp. T267; *toda* --M94).

M76 La preposición que aparece en ἐν παντὶ καιρῷ se usa con un sentido temporal, y significa: *otra vez, constantemente* (*¿en todo tiempo*? --M78).

19 R1090 Γνωρίσαι es un infinitivo consecutivo (resultado), aunque es hipotético y no real*: para que yo pueda dar a conocer.*

21 R608 Κατά es más que una forma larga de expresar el genitivo. [Editor. Parece que las palabras τὰ κατ' ἐμέ significan: *mis circunstancias* [comp. Fil. 1:12; Col. 4:7.]

T344 Normalmente la cláusula dependiente sigue a la cláusula principal. Pero en este caso, la cláusula de propósito con ἵνα precede a la cláusula principal: *Tíquico se lo hará saber ... con el propósito de que ustedes también puedan saber mis circunstancias.*

22 R846 Ἔπεμψα es un aoristo epistolar (*a quien les envío con este mismo propósito* --B21; comp. M12).

24 M197 La expresión ἐν ἀφθαρσίᾳ pudo haber tenido la intención de significar tanto *sinceramente* (en la incorrupción) como *eternamente* (en la incorruptibilidad).

## Filipenses

### Filipenses 1

2 R795 En los Evangelios por lo general κύριος significa: *Dios*, similar al *Señor* del A.T.; pero en los escritos de Pablo siempre significa: *Señor Jesús*.

3 R604 El significado de ἐπί en este versículo oscila entre ocasión y tiempo: *en*, *cuando*.

R772 Πάσῃ τῇ significa: *todo*.

T207 El genitivo ὑμῶν es ambiguo; puede referirse (a) al sujeto: siempre *que ustedes se acuerdan de mí*; o (b) de complemento directo: *cuando pienso en ustedes* (quizá ὑμῶν incluya ambas ideas: genitivo del sujeto y del complemento directo. Pablo da gracias a Dios tanto cuando él se acuerda de ellos como cuando ellos se acuerdan de él --TGr91).

5 TGr91 La preposición εἰς indica movimiento hacia una meta y se traduce: *la comunión de ustedes para el fomento del Evangelio*.

6 T246 Αὐτὸ τοῦτο significa: *precisamente en esta confianza*; equivale a: *estoy seguro*.

BD290(4) El participio perfecto πεποιθώς se refiere a la constancia que se destaca en el v. 5 (¿o al siguiente ὅτι?). [Editor. Parece que el participio perfecto con αὐτὸ τοῦτο se refiere a la confianza en lo que Dios hará con los cristianos filipenses, y no a la comunión que tuvieron los creyentes filipenses con Pablo. Hay un argumento mucho mejor basado en la confianza en un evento futuro que en algo pasado. Además, parece que ὅτι se usa para denotar el contenido de αὐτὸ τοῦτο.]

7 M65 Parece que τοῦτο φρονεῖν ὑπὲρ πάντων ὑμῶν significa: *albergar estos pensamientos acerca de todos ustedes*.

T143 Διὰ τό con un infinitivo es casi igual a ὅτι, o a διότι, y denota causa. Este es el único caso en que aparece tal construcción en los escritos de Pablo (el καθώς precedente es paralelo con la cláusula de infinitivo --R966).

9 T29 Μᾶλλον significa: *aun más grandemente.*

10 R594 La preposición εἰς indica el límite o acentúa la duración expresada por el acusativo: *hasta el día de Cristo.*

T143 Εἰς τό con el infinitivo indica propósito o resultado. Generalmente denota propósito en la literatura paulina (comp. R991 y 1071): *de tal manera que ustedes aprueben.*

T151 El significado de τὰ διαφέροντα es ambiguo. Puede referirse a *diferentes valores* (distinciones morales) o a *cosas superiores.* [Editor. Parece que la traducción: *discriminando entre valores diferentes,* no hace justicia al contexto. La profunda preocupación de Pablo por los filipenses es que ellos continúen creciendo hacia la madurez (comp. los vv. 5-7 y 3:12-16).]

11 T247 Πληρόω toma el acusativo en vez del genitivo en voz pasiva: *llenos de frutos.*

R595 Εἰς indica meta o propósito.

12 T15 Τὰ κατ' ἐμέ significa: *las cosas que me pasaron* (comp. Ef. 6:21).

13 R463 'Εν tiene un sentido causal (por la influencia de la LXX): *a causa de Cristo.*

R540 Ὥστε con el infinitivo expresa aquí resultado real: *de tal manera que ha llegado a ser conocido.*

14 M45 Un uso causal del dativo puede verse en πεποιθότας τοῖς δεσμοῖς μου, si realmente esta expresión significa: *habiendo llegado a sentirse confiados como resultado de*; *animados por el testimonio de mi prisión* (comp. T242; *confiados a causa de mis prisiones*).

M108 Τῶν ἀδελφῶν ἐν κυρίῳ claramente significa: *los hermanos que están en el Señor* (a menos que ἐν κυρίῳ concuerde con la palabra πεποιθότας, que sigue, aunque esto no es posible).

18 R487 Παντὶ τρόπῳ se usa como un dativo instrumental: *de todas maneras.*

R1180 'Αλλά no es un término contradictorio, sino climático

(comp. T330: *sí, en verdad*; introduce una fuerte adición; enfático --BD448[6]).

B60 Χαρήσομαι se usa como un futuro progresivo: *y en esto me gozo, sí, y continuaré regocijándome* (comp. M10).

BD449(2) Πλήν significa: *solo en cualquier caso*; y se usa para concluir una discusión y destacar lo esencial del argumento.

19 R787 Ya que el artículo *τῆς* no se repite, las dos categorías de ayuda se tratan juntamente.

M70 La preposición *εἰς* en este versículo puede significar: *con el propósito de*, o *que da como resultado*. [Editor. En este contexto, la preposición se usa para describir lo que será el resultado, no lo que es el propósito.]

M89 'Αποβήσεται tiene el sentido de *acaecer*.

21 R1059 En este versículo ambos infinitivos se usan como sujetos del verbo sobreentendido: *vivir es Cristo, y morir es ganancia*.

22 R810 El verbo en voz media *αἱρήσομαι* significa: *tomaré para mí mismo*.

T264 Τὸ *ζῆν ἐν σαρκί* significa: *vivir en la esfera de la carne*.

H422 Καί tiene un significado consecutivo: *Pero si ... entonces ¿qué escogeré?*

23 R628 La preposición *σύν* tiene la idea de compañerismo (esta preposición denota contacto espiritual con Cristo; comp. 1 Tes. 4:17 y 5:10 --M81).

T29 Πολλῷ *μᾶλλον κρεῖσσον* significa: *mucho mejor* (todo este hincapié se debe a la emoción con que luchaba Pablo --R664).

T143 Por lo general *εἰς τό* con un infinitivo expresa propósito, (en los escritos de Pablo) pero aquí se limita a un sustantivo: *el deseo de partir*.

24 R1059 El infinitivo con artículo *τὸ ἐπιμένειν* se usa como un sujeto del verbo sobreentendido: *permanecer en la carne es más necesario*.

25 R613 La preposición del verbo compuesto *παραμενῶ* simplemente significa: *junto con*.

26 R588 Ἐν ἐμοί se usa como un dativo simple: *para mí.*
M53 Πρός denota posición: *con* (comp. H467).

28 R729 El antecedente de ἥτις es la idea general de la cláusula que antecede.
BD468(2) El participio πτυρόμενοι es similar a un imperativo en su significado. [Editor. En realidad, el participio logra este sentido a causa del imperativo previo: *sólo que su manera de vivir sea digna del Evangelio de Cristo ... sin estar intimidados.*]

29 R632 Ὑπέρ significa: *por causa de.*
R777 Los dos infinitivos con artículo se usan para explicar el artículo inicial τό: *que es por causa de Cristo, no sólo creer ... , sino también sufrir.*

## Filipenses 2

1 R410 Los pronombres indefinidos varían de género con respecto a su sustantivo (todos deben ser τι --BD137[2]). [Editor. En vista de los sustantivos que se usan, esperaríamos τις ... τι ... τις ... τι. Algunos de los manuscritos posteriores corrigen el último pronombre.]

2 B217 Ἵνα se usa para denotar contenido: *completen mi gozo, que sean de un mismo pensamiento* (la cláusula encabezada por ἵνα describe lo que el escritor quiere dar a entender cuando les dice que completen su gozo: *completen mi gozo, teniendo un mismo punto de vista* --M145).

4 BD306(2) Τὰ ἑτερῶν se usa correctamente en contraste a τὰ ἑαυτῶν (comp. T197): *lo suyo ... lo de los demás.*

6 R407 El adjetivo plural ἴσα difiere un poco de ἴσον en el sentido adverbial: *estar igual con.*
R1059 El infinitivo con artículo τὸ εἶναι se usa como el objeto directo del verbo ἡγήσατο (comp. B394 y 2:24).

7 T220 El dativo de referencia ὁμοιώματι llega a ser casi un adverbio.

B145 Γενόμενος se relaciona con λαβών como un participio de acción idéntica; la relación de λαβών con ἐκένωσεν es menos cierta. Puede denotar la misma acción de ἐκένωσεν, si se considera desde otro punto de vista (idéntico), o puede considerarse como un hecho adicional (subsecuente) a ἐκένωσεν (λάβων no indica acción subsecuente --R1114). [Editor. Cuando un participio aoristo aparece con un verbo en aoristo, el participio puede referirse a una acción simultánea con la del verbo principal, especialmente si el participio sigue al verbo (comp. Mat. 2:8; Hech. 15:8 y Rom. 4:20): *pero se vació a sí mismo, mientras tomaba*.]

8 BD447(8) Δέ se usa para denotar una explicación o una intensificación: *aun la muerte en una cruz*.

9 R629 Ὑπέρ en el verbo compuesto lleva la idea de exceso: *más que*.

10 M79 La preposición ἐν representa la idea de compañía o circunstancia concomitante; significa: *cuando el nombre de Jesús se expresa*, o *ante el nombre*.

11 T302 Algunos exegetas piensan que la omisión del verbo de estado o existencia en ὅτι κύριος Ἰησοῦς Χριστός destaca el sustantivo κύριος, ya que este tipo de frase tiene la cópula en todas partes (ej.: 1 Juan 4:15).

12 R564 Κατεργάζομαι acentúa el hecho de llevar a cabo completamente la obra: *trabajo completo*, o *desarrollo*, mientras que ἐνεργῶν tiene la idea de *trabajo interno*.

M144 Ὥστε se usa como una partícula de inferencia, y significa: *así que, por tanto*.

MT174 El presente de imperativo tiene un sentido de comienzo: *comiencen a desarrollar*.

13 R1059 Los dos infinitivos de este versículo son el complemento directo de ἐνεργῶν: *porque Dios está obrando tanto el querer como el hacer*.

M65 No es seguro si θεὸς ... εὐδοκίας significa: *con el propósito de (llevar a cabo) su buena voluntad*, o si debemos conectar la expresión ὑπὲρ τῆς εὐδοκίας con las palabras siguientes, πάντα ποιεῖτε, y traducir: *con el propósito de que le agrademos* (ὑπέρ sugiere el objeto al cual uno está apuntando: *para* --R632). [Editor. Parece que lo mejor es tomar la frase prepositiva con lo que precede: θεὸς γάρ ἐστιν ὁ ἐνεργῶν, puesto que la pausa con un punto después de εὐδοκίας es virtualmente indiscutible en los manuscritos. Además, el uso más común de la preposición favorece la anterior sugerencia de Moule (comp. 2 Cor. 1:6).]

15 BD296 Hay un cambio de género del sustantivo femenino γενεᾶς por el pronombre masculino οἷς. Esto ocurre a causa de la referencia real a personas (comp. R713).

17 R787 Ya que el artículo τῇ no se repite, tanto θυσίᾳ como λειτουργίᾳ se toman conjuntamente: *el sacrificio y servicio.*
B284 Εἰ se usa aquí en una cláusula concesiva, que corresponde a la primera clase de cláusula condicional (y denota una declaración de hecho): *aunque yo sea derramado.*

18 M34 Τὸ αὐτό se usa como un acusativo adverbial que significa: *de la misma manera* (comp. Mat. 27:44; T246 y BD154).

20 T270 Τὰ περὶ ὑμῶν significa: *sus asuntos* (comp. M63).
BD379 Ὅστις se usa para introducir una cláusula consecutiva cualitativa (que denota el resultado de la declaración previa; comp. R961).

22 R441 Note la falta de paralelismo en πατρὶ τέκνον σὺν ἐμοί. Pablo agrega intencionalmente la preposición σύν para evitar que la figura de dicción sea demasiado literal.

23 T15 En τὰ περὶ ἐμέ, la preposición tiene un significado similar a κατά. En consecuencia, la frase se refiere a *mis circunstancias* y no *a mi ambiente* (comp. M62 y M63).
MT167 Ὡς ἄν significa: *tan pronto como* (las dos partículas equivalen a ὅταν --BD455[2]).

24 R895 El verbo perfecto πέποιθα es casi sólo de duración: *yo confío.*

25 R418 Un agudo contraste puede expresarse mediante la cercana proximidad de los dos genitivos, como ocurre con *μοῦ* y *ὑμῶν* (*mi compañero de labor ... pero el mensajero de ustedes*).

26 R964 *Διότι* tiene un significado causal: *porque*; mientras que *ὅτι* tiene un sentido declarativo: *que*.

H452 La construcción perifrástica imperfecta (*ἐπιποθῶν ἦν ..., καὶ ἀδημονῶν*) aparece dos veces en este versículo (comp. R888; son realmente adjetivales y no perifrásticos --MT227). [Editor. A veces es difícil determinar si un participio con un verbo copulativo es adjetival o perifrástico. Pero por razón de la cercana proximidad entre el participio y el verbo en este versículo, parece preferible considerar la construcción perifrástica: *él tenía el deseo ... y se angustiaba.*]

27 BD235(3) La preposición *ἐπί* significa: *además de* (esto es similar al uso multiplicativo de *ἐπί* --H173).

28 T30 El adverbio comparativo *σπουδαιοτέρως* se usa como un superlativo intensivo: *muy solícitamente*.

T73 *Ἔπεμψα* se usa como un aoristo epistolar: la acción habrá sido completada cuando la carta les llegue (comp. B44 y M12).

29 R481 El doble acusativo aparece en *καὶ τοὺς τοιούτους ἐντίμους ἔχετε* (*tener a alguien en estima* --BD168[1]). [Editor. *Τοὺς τοιούτος* es el complemento directo del verbo, mientras que *ἐντίμους* está en aposición con el (se refiere) complemento directo.]

30 T218 La unión de varios genitivos es característica del estilo de escritura de Pablo, aunque es muy raro que dos genitivos dependan del mismo sustantivo, el cual usualmente está entre los dos, como en *τὸ ὑμῶν ὑστέρημα τῆς πρός με λειτουργίας* (comp. BD168[1]): *su falta de servicio para mí.*

## Filipenses 3

1 R420 *Ὑμῶν ἐμοί* es un ejemplo no común del orden de las palabras. [Editor. Los dos pronombres se colocan juntos para

indicar contraste agudo (comp. 2:25).]

R487 Τὸ λοιπόν se usa como un acusativo adverbial y significa: *finalmente.*

B96 El presente de infinitivo representa el sentido lineal: *estar escribiéndoles las mismas cosas, en realidad no es molesto para mí* (el infinitivo se usa en la construcción de esta oración como el sujeto del verbo implícito --R1058).

2 BD488(1b) En la repetición de *περιτομή* después de *κατατομήν* (circuncisión judía), Pablo echa mano a la palabra de la cual sus oponentes se enorgullecen, y de una manera retórica, la usa para desacreditarlos.

3 M46 Οἱ *πνεύματι θεοῦ λατρεύοντες* puede referirse a aquellos cuyo servicio divino es de tipo espiritual (y no material). El dativo tiene un sentido adverbial. Este significado llega a ser más plausible, si se omite *θεοῦ* (como P[46]). Parece que la variante con *θεῷ* es una corrección (comp. T239); el dativo tiene un sentido instrumental --R540). [Editor. La primera sugerencia parece preferible, ya que Pablo presenta el contraste entre la verdadera adoración espiritual y las meras ordenanzas externas.]

4 R1129 Καίπερ se usa para hacer evidente la idea concesiva: *aunque.*

M179 El participio aparece en *καίπερ ἐγὼ ἔχων*, donde el verbo conjugado en modo personal *ἔχω* (con una alternativa correspondiente para *καίπερ*) hubiera sido estrictamente correcto. [Editor. El participio se usa con un sentido concesivo y la partícula *καίπερ* se emplea para agregar fuerza a la concesión. En verdad, no hay nada gramaticalmente incorrecto en esta construcción (comp. Heb. 5:8 y 7:5).]

5 T220 Περιτομῇ se usa como un dativo de referencia: *con respecto a la circuncisión* (comp. *en referencia a la circuncisión* --M46 y *con respecto a la circuncisión al octavo día* --BD197).

7 R480 En el doble acusativo *ταῦτα ... ζημίαν*, el último se usa como el predicado del primero: *consideré esas cosas como pérdida.*

8 R1036 Εἶναι se usa como un infinitivo de discurso indirecto que sigue a ἡγοῦμαι (el infinitivo se usa como un complemento directo de ἡγοῦμαι --T137). [Editor. Ambas descripciones tienen un significado similar. El infinitivo está complementando al verbo: *considero ... que son*.]

R1148 Las partículas μέν, οὖν y γέ tienen una fuerza de clímax (comp. T138: *mucho más, de hecho*).

9 T191 Por lo general el adjetivo posesivo aparece pospuesto; en consecuencia, cuando aparece antepuesto (es decir, antes del sustantivo que modifica), generalmente indica hincapié. Aquí se usa como predicado (sin artículo): *justicia que es la mía* (comp. BD285[2]: *una justicia de mí mismo).*

10 M128 y sig. Τοῦ con el infinitivo γνῶναι puede denotar un sentido final (es decir, de propósito) paralelo a la cláusula ἵνα que le precede; o puede ser consecutivo, para expresar el resultado de las condiciones previas (equivalente a ὥστε con un infinitivo); o puede ser aun explicativo, para aclarar más la afirmación anterior (es explicativo --R1002 y BD400[8]). [Editor. Pablo generalmente emplea alguna construcción que no es τοῦ con un infinitivo para expresar una cláusula de propósito (comp. R1088 y MT217). El significado usual de esta construcción es explicativo (comp. Fil. 3:21). En consecuencia, es preferible considerar que es explicativo en este pasaje.]

11 B253 Εἴ πως con el subjuntivo tiene aquí el sentido subjetivo: *pero yo avanzo de prisa para ver si puedo asir*.

M109 Hay muchos casos en el N.T. que sorprenden al que lee en español, porque son repeticiones casi pedantes del artículo. [Editor. El artículo τήν se repite aquí para mostrar que la frase prepositiva ἐκ νεκρῶν es atributiva del nombre precedente: *la resurrección que es la resurrección de entre los muertos*.]

12 R901 El verbo en tiempo aoristo ἔλαβον niega la suficiencia del logro de Pablo, mientras que el verbo en tiempo perfecto τετελείωμαι la niega como una realidad presente.

M132 Tal vez καταλάβω se haya usado con sentido absoluto (comp. 1 Cor. 9:24), caso en el cual ἐφ' ᾧ significa: *puesto que*, o posiblemente la frase implique un complemento directo para *καταλάβω*: *que yo pueda asir aquello (el logro) para lo cual he sido asido* (la frase parece que indica meta o propósito --R605). [Editor. La traducción que incluye la interpretación: *para lo cual*, está indicando en esencia la meta, lo cual parece preferible aquí.]

BD368 Εἰ se usa para introducir una cuestión deliberativa y significa: *si* (comp. BD375, una expresión de expectativa).

13 R807 La voz media en *ἐπεκτεινόμενος* da como significado resultante: *extendiéndome hacia adelante*.

T137 El infinitivo *κατειληφέναι* se usa como el complemento directo del verbo λογίζομαι (en esencia el infinitivo está complementando al verbo: *no considero que me lo haya apropiado)*.

16 R1187 Pablo usa *πλήν* al fin de un argumento para resaltar el punto principal.

T75 El presente de infinitivo *στοιχεῖν* se usa como un imperativo (*continuemos andando*) paralelo al subjuntivo exhortativo *φρονῶμεν* (comp. R944; B364; M126; MT179).

18 BD151(1) La construcción simple de λέγω con un acusativo significa: *mencionar en conversación*.

20 T190 La posición del pronombre personal *ἡμῶν* indica que expresa un fuerte hincapié: *nuestra ciudadanía*.

21 M129 El infinitivo con artículo *δύνασθαι* tiene un sentido explicativo (sirve para explicar o ampliar una idea precedente); significa: *en virtud del poder por el cual puede*, o *el poder, es decir, su capacidad para* (comp. R996, T141 y MT217; hay una relación muy vaga entre el nombre *ἐνέργειαν* y el infinitivo, con una leve tendencia hacia un sentido consecutivo --BD400[2]).

T214 El hecho de agregarle el pronombre personal al genitivo, cuando propiamente pertenece al primer sustantivo (*τὸ σῶμα τῆς ταπεινώσεως ἡμῶν*), es el resultado de la influencia semítica. En consecuencia, el significado es: *nuestro cuerpo de humillación* (equivalente a *nuestro humilde cuerpo*).

Filipenses 4

1 M144 Ὥστε se usa como una partícula de inferencia, que significa: *Así que, por eso.*

3 BD442(13) La expresión μετὰ καί es realmente pleonástica, y significa: *junto con.*

6 M45 Τῇ προσευχῇ y τῇ δεήσει deben entenderse como dativos de acompañamiento, y no como dativos instrumentales: *con oración y súplica.*

7 R499 Τοῦ θεοῦ se usa como un genitivo de sujeto: *la paz que Dios tiene y da.*

R1183 Después de la conjunción καί inicial podemos insertar la palabra *así*; equivale a un uso consecutivo de καί: *y así.*

8 M161 Τὸ λοιπόν significa: *finalmente* (o *así que*; el adverbio es similar a una partícula enfática --R1146).

10 R1147 Ἤδε ποτέ denota más la idea de culminación (*ya al fin*) que la de tiempo.

T270 Φρονέω con la preposición ὑπέρ significa: *pensar en.*

M132 ¿La frase ἐφ' ᾧ significa: *puesto que*, o más probablemente *con relación a lo cual* (es decir, τὸ ὑπὲρ ἐμοῦ φρονεῖν)? (Tiene un sentido causal en este versículo --R963). [Editor. La segunda sugerencia de Moule parece la más favorable, ya que Pablo usa esta frase prepositiva para introducir una cláusula que suaviza la dureza de la declaración previa.]

11 R835 Ἔμαθον se usa como un aoristo culminante, que destaca el fin de la acción, en oposición al comienzo (*he aprendido*).

R1041 Ἔμαθον con el infinitivo significa: *aprender a*, no *aprender que* (comp. T146 y MT229).

R965 En este versículo, la expresión οὐχ ὅτι puede ser objetiva o causal: *No quiero decir que*, o *Digo esto, no porque* (un verbo como ἐστίν debe insertarse antes de οὐχ ὅτι --T303; esta frase introductoria es oscura, a menos que se entienda que significa: *así digo* --BD480[5]). [Editor. Pablo generalmente usa esta construcción para introducir una cláusula objetiva (comp. 2 Cor. 1:24; 3:5; Fil. 3:12 y 4:17). Tal parece que es su uso en este caso. La sugerencia de que *ἐστίν* se inserte aquí equivale a esta traducción.]

T37 'Εγώ aparece aquí sin mucho hincapié.

12 R1181 En *οἶδα καὶ* ... *οἶδα καί*, la partícula *καί* aparece con las dos partes de la comparación, un balance estudiado de los dos miembros de la oración es aparente (el primer *καί* también puede significar: *aun* --BD444[3]).

M75 La frase *ἐν παντὶ καὶ ἐν πᾶσιν* se usa para destacar: *en cualquiera y en todas las cosas*.

13 M77 La preposición *ἐν* en *ἐν τῷ ἐνδυσαμοῦντι* aparentemente debe considerarse como similar a la preposición de la fórmula *ἐν Χριστῷ* (que ocurre frecuentemente en los escritos de Pablo; el *ἐν* repetido con el verbo compuesto puede representar la idea de intensidad --M88).

14 R1187 Pablo usa *πλήν* al final de un argumento para destacar el punto principal.

T189 El pronombre personal *μοῦ* tiene un grado de énfasis por causa de su posición no común (antes del nombre, en vez de ir después: *mi tribulación*).

15 M167 El pronombre *ὑμεῖς* aquí no parece enfático.

16 R1183 Καὶ ... *καὶ* ... *καί* significa: *aun* ... *una* ... *y otra*.

17 R594 Εἰς se usa con un sentido similar al dativo, con una actitud mental establecida (similar al dativo ético: *a*, o *para crédito de ustedes*).

R965 La expresión *οὐχ ὅτι* puede ser objetiva o causal (*ἐστίν* debe insertarse antes del *οὐχ ὅτι* --T303). [Editor. Parece que la traducción objetiva, que también es compatible con la sugerencia de Turner, es preferible (comp. 4:11).]

18 M52 Τὰ *παρ' ὑμῶν* significa literalmente: *las cosas del lado de ella*; posiblemente haya una sugerencia de énfasis en el hecho de que los filipenses se alejaban de sus posesiones.

## Colosenses

### Colosenses 1

2 T181 El artículo se refiere a los dos sustantivos y significa: *los santos y fieles hermanos* (el mismo grupo).

T263 Πιστοῖς ἐν significa: *la fe de los que están en Cristo*, o *la propia fe personal de Cristo*. [Editor. La primera sugerencia es más probable en ese contexto, ya que Pablo usa el adjetivo para describir mejor sus destinatarios. Así que equivale a *τοῖς ἐν* Χριστῷ (comp. M108).]

3 T28 El plural del escritor de una carta se encuentra frecuentemente en los escritos de Pablo, especialmente donde parece que él está escribiendo a nombre de un grupo (como parece aquí).

T228 En el griego del N.T., un adverbio generalmente sigue al adjetivo o al verbo que determina. Así que sería más natural tomar a *πάντοτε* con el primer verbo *εὐχαριστοῦμεν* que con el siguiente participio *προσευχόμενοι*. El significado resultante es: *siempre damos gracias a Dios*.

4 R783 No se sintió la necesidad de otro artículo en la frase prepositiva atributiva. En consecuencia, *ἐν* Χριστῷ debe tomarse con el nombre *πίστιν*: *la fe de ustedes en Cristo*.

R1128 El participio *ἀκούσαντες* se usa con un sentido causal (para indicar la base de la acción del verbo principal).

5 T213 'Αληθείας puede ser un genitivo de cualidad, con la cual la frase significa: *del verdadero Evangelio* (¿o es *εὐαγγελίου* un genitivo en aposición que significa: *de la verdad que es el Evangelio*?). [Editor. La dificultad surge por el problema referente a si *ἀληθείας* modifica a *εὐαγγελίου* o viceversa. Al considerar el orden de las palabras aquí, parece más probable que *εὐαγγελίου* modifique a (es decir, en aposición con) *ἀληθείας*: *la verdad; es decir, el Evangelio*; comp. Ef. 1:13.]

T252 La preposición *ἐν* con *τῷ λόγῳ* puede significar: *por medio de* (o quizás tenga un sentido temporal: *cuando*). [Editor. Aquí parece que tiene un sentido temporal, especialmente por el hecho de que el verbo anterior tiene una designación temporal.]

6 R978 Ἀφ' ἧς ἡμέρας significa literalmente: *día desde el cual*; así se llega al significado *desde* (la frase es virtualmente una conjunción --T17).

T55 En el uso de *καρποφορούμενον*, ¿puede haber algún significado en el contraste que se establece entre el verbo en voz activa en el v. 10 y el verbo en voz media en el v. 6? La voz media es rara pero parece que no hay ninguna diferencia: *y lleva fruto*.

7 R172 Ἐπαφρᾶ es una abreviación de Ἐπαφρόδιτας (Fil. 2:25; 4:18), pero no se deduce necesariamente que se refiera al mismo hombre que se menciona en Filipenses.

R781 En *διάκονος τοῦ* Χριστοῦ, la idea es: *un ministro de Cristo*; no *el ministro de Cristo*.

T259 Ἀπό sustituye a *παρά* con el genitivo después de *μανθάνω*: *aprender de*.

9 R485 La verdadera voz pasiva de unos verbos retiene el acusativo del complemento directo. Esto sucede con los verbos en voz activa que tienen dos acusativos en voz activa (*llenos de conocimiento* --T247).

R600 La preposición *ἐπί* compuesta con el sustantivo tiene la idea perfectiva: *verdadero conocimiento*.

R784 La frase prepositiva (*ἐν* ...) es predicativa, y no atributiva (es decir, se usa con el verbo, y no con el sustantivo; significa: *que ustedes puedan ser llenos ... en toda sabiduría espiritual*).

R993 Ἵνα se usa después de *αἰτούμενοι* para indicar el contenido de la petición (las peticiones de las oraciones): *y pedir que*.

10 BD337(1) El aoristo de imperativo se usa donde se alude a la nueva vida del cristiano, que corresponde al llamado divino que crea un nuevo comienzo. [Editor. En realidad aquí no se usa un imperativo, sino un infinitivo que denota el contenido de la súplica.]

13 M175 Τοῦ *υἱοῦ τῆς ἀγάπης αὐτοῦ* probablemente equivale a *τοῦ ἀγαπητοῦ υἱοῦ αὐτοῦ*, y significa: *su hijo amado*.

15 TGr122 Πάσης κτίσεως es un genitivo distributivo: *entre* (no es un genitivo comparativo ni objetivo) e identifica a Cristo como nuestro Arquetipo: *entre toda la creación* (comp. Apoc. 3:14).

H279 Πρωτοτόκος significa: *dar a luz un hijo primogénito.*

16 R896 El verbo en aoristo ἐκτίσθη se refiere a una acción realizada en un punto del tiempo, mientras que en el mismo versículo, el verbo perfecto ἔκτισται agrega la idea de duración; en tanto que, en el v. 17, otra vez, συνέστηκεν pierde la precisión del tiempo, y la acción sólo es duradera: *fueron creadas ... han sido creadas* (el perfecto se usa para denotar un efecto continuo, aunque el efecto no siempre necesita expresarse, por más que esté en el tiempo presente --BD341[1]).

TGr125 Este versículo debe traducirse como sigue: *En* (ἐν, con un sentido instrumental --T253 y BD219[1]) *El fueron creadas una vez todas las cosas que están en el cielo y sobre la tierra, las visibles y las invisibles; tronos, señoríos, potestades, autoridades; todas estas cosas han sido creadas (y ahora existen) por su continuo sustento* (διά) *y El es la meta* (εἰς) *de ellas.*

17 R534 La manera normal de expresar el agente directo en el N.T. es por medio de ὑπό, y la de expresar el agente intermedio, por medio de διά. Pero aquí se usa ἐν: *por El.*

R774 Πάντα se usa para describir la suma total de todas las cosas.

M74 Tal vez se use πρό en un sentido metafórico, y significa: *sobre todo* (o temporal: *antes de*; probablemente temporal --R622). [Editor. Pablo usa la preposición πρό doce veces en el N.T. y en todos los casos se refiere a tiempo. Cuando él desea mostrar la superioridad de rango, generalmente emplea las preposiciones ἐπί o ὑπέρ.]

18 T41 En los vv. 17 y 18, αὐτός se refiere a *El mismo* (el pronombre indica énfasis --R679).

20 M119 En δἰ αὐτοῦ ἀποκαταλλάξαι τὰ πάντα εἰς αὐτόν, es sorprendente que no aparezca la variante ἑαυτόν y que los editores no imprimen αὑτόν, lo cual parece que tiene el propósito de distinguir a Cristo, a quien se alude con las palabras δι' αὐτοῦ de Dios, con quien se hace la reconciliación.

T212 Parece que *σταυροῦ* es un genitivo de lugar (sangre vertida en la cruz; comp. 2 Cor. 11:26).

21 R777 Con la repetición del artículo y el orden de *τοῖς ἐργοῖς τοῖς πονηροῖς*, tanto el sustantivo como el adjetivo reciben énfasis y el adjetivo se agrega como un tipo de clímax en aposición con un artículo separado *(las obras; es decir, las malas)*.

B155 El efecto de la construcción perifrástica es el de un participio perfecto que claramente indica un estado existente (comp. R375, se usa para expresar de una manera aun más energética la persistencia del nuevo estado de cosas --BD352).

B420 En este versículo, el participio se usa como un adjetivo. Esto es claro, especialmente por el hecho de que está unido al adjetivo *ἐχθρούς* por *καί*. [Editor. Realmente parece que el participio *ἀπηλλοτριωμένους* se usa con un sentido perifrástico; pero a pesar de su uso, *ὄντας* destaca este estado como continuo.]

22 M56 La preposición *διά* se usa con el sentido de *por medio de*.

23 T200 Πᾶς con el sustantivo sin artículo tiene aquí el significado de: *todo*, o *el todo*.

24 R574 En el verbo *ἀνταναπληρόω*, Pablo usa *ἀντί*, que quiere decir: *en su turno* (en relación con Cristo). Como Cristo, así Pablo llena la medida del sufrimiento.

M71 Note el verbo compuesto donde *ἀντί* pudiera sencillamente implicar que la plenitud reemplaza a lo vacío, o pudiera estar esperando la fuerza de *ὑπέρ*, que viene después. [Editor. La última sugerencia parece más probable, ya que *ὑπέρ* precede y sigue a este verbo (comp. R574).]

29 R714 El pronombre neutro *ὅ* se usa para referirse a una idea verbal o a toda la oración. [Editor. Parece que el antecedente es todo el versículo precedente, y significa: *por esto trabajo*.]

## Colosenses 2

1 R886 Note la fuerza del tiempo presente en *θέλω* (un deseo continuo).

R908 El infinitivo εἰδέναι se usa en el discurso indirecto: *porque yo deseo que ustedes sepan.*

2 R1382 La cláusula encabezada por ἵνα debe traducirse como un deseo.

TGr166 El participio se usa como un imperativo: *Ellos* (inserte: *tienen que estar*) *unidos en amor* (como un optativo --Mt182). [Editor. El participio tiene un sentido imperativo, si se toma como un imperativo o como un optativo volitivo.]

T206 Χριστοῦ está en aposición con θεοῦ (a pesar del hecho de que presenta una excepción del uso del artículo con el sustantivo cuando está en aposición): *de Dios, que es Cristo.*

4 M145 En muchos casos ἵνα es virtualmente imperativo: parece que el v. 4 es un ejemplo, porque τοῦτο λέγω ἵνα μηδεὶς παραλογίζηται tiene mejor sentido si se traduce: *lo que quiero decir es esto: que nadie los engañe*; que al traducir: *esto lo digo para prevenir que cualquiera ...* (puede indicar propósito, pero igualmente es posible que tenga un sentido imperativo --T102). [Editor. Es difícil determinar aquí el sentido de ἵνα, aunque puede usarse para denotar el contenido de τοῦτο λέγω, similar a ὅτι en 1 Cor. 1:12; así le da un sentido imperativo; comp. Col. 4:16.]

5 B284 Las cláusulas concesivas correspondientes a la primera clase de oraciones condicionales son muy frecuentes en el N.T. El evento a que se refiere la cláusula concesiva (εἰ καὶ ...) se considera como real (εἰ καί significa: *si también*, e introduce una cláusula condicional --R1026). [Editor. Por lo general cuando εἰ καί se encuentra en el N.T., introduce una cláusula concesiva: *aunque.*]

M46 En este versículo, τῇ σαρκί claramente significa *físicamente*, en contraste con τῷ πνεύματι, que significa: *espiritualmente.*

BD448(5) Cuando se usa ἀλλά en una cláusula después de εἰ, significa: *aun, ciertamente, por lo menos.*

BD471(5) En el v. 5 se ve una difícil coordinación de los participios χαίρων καὶ βλέπων; que significa: *viendo con gozo*, o *regocijándose al ver que.*

6 T75 El imperativo de presente περιπατεῖτε debe traducirse: *anden.*

8 R1116 El tiempo presente de συλαγωγῶν se usa con un sentido reiterativo: *que nadie los engañe repetidamente.*

R1159 Se usa el negativo μή porque la cláusula indica propósito (introduce una claúsula objetiva --BD206; se usa en una declaración de precaución; toda la cláusula debe traducirse: *¡Tengan cuidado! Quizá haya alguno que* ... --MT192). [Editor. Cuando Pablo usa βλέπετε μή, el negativo introduce una cláusula de complemento directo (comp. 1 Cor. 8:9 y Gál. 5:15); aunque aquí puede también denotar alguna idea subjetiva de advertencia.]

M106 La primera parte de este versículo debe traducirse: *Tengan cuidado de que nadie los despoje* (o *que los convierta en despojo*).

MT228 El uso del participio con artículo en lugar de una cláusula relativa da dirección e individualidad a la referencia: *alguien que quiera.*

12 T218 En la acumulación de varios genitivos, el genitivo que gobierna generalmente precede al dependiente: *por medio de la fe en la obra de Dios.*

13 R1205 El pronombre ὑμᾶς se repite en este versículo para aclarar lo que quiere decir.

14 R648 'Eκ τοῦ μέσου significa: *de en medio, a un lado.*

M45 Tὸ ... χειρόγραφον τοῖς δόγμασιν significa: *el documento con sus decretos* (aparentemente un documento *que contiene* o *que consiste de decretos*; comp. Ef. 2:15).

T219 El versículo 14 puede tener un ejemplo del uso de un sustantivo con un atributo dativo: *una suscripción a las ordenanzas.*

T242 El dativo de causa aparece aquí (y traspone τοῖς δόγμασιν y lo coloca después de ὃ ἦν); así, la frase debe traducirse: *que era contra nosotros a causa de los decretos* (pero Ef. 2:15 agrega ἐν, lo cual sugiere que este es un dativo de circunstancia concomitante, aun instrumental; es decir, toma la frase como si estuviera íntimamente unida al verbo implícito en χειρόγραφον: *escrito en*). [Editor. Esta última sugerencia parece más probable, en vista de la referencia de Efesios (comp. M45).]

15 R805 'Απεκδυσάμενος no significa: *desvestir*, sino *deshacerse uno*

*mismo de* (la voz media se usa con sentido activo --BD316[1]; comp. T55). [Editor. Un sentido activo que signifique *desarmar* parece que cuadra mejor con el contexto, especialmente por el hecho de que los acusativos *ἀρχάς* y *ἐξουσίας* siguen de inmediato. También parece que *θεός* es el sujeto implícito del v. 15.]

T40 Αὐτούς se usa después de *αρχάς*, en concordancia con el sentido, y no con la gramática (es masculino y se refiere a gente).

T265 Varias interpretaciones son posibles para *ἐν αὐτῷ*; local: *en El*, o *sobre ella (la cruz)*, instrumental: *por medio de El*, o *por medio de ésta* (la cruz; comp. Ef. 2:16). [Editor. El antecedente más cercano de *αὐτῷ* es *σταυρῷ* en el v. 14; además, parece que el v. 15 presenta el procedimiento para la victoria, y no el resultado de la victoria. En consecuencia, esta frase significa: *sobre la cruz*.]

BD148(1) Θριαμβεύω es transitivo sólo en cuanto a significado: *conducir en procesión triunfal, burlarse, escarnecer.*

18 R65 Ramsay considera que la palabra *ἐμβατεύω* se usa en el sentido técnico: *entrando en*, por parte de los iniciados en el santuario de Apolos, en Claros.

R500 Θρησκεία *τῶν ἀγγέλων* se refiere a la *adoración que se ofrecía a los ángeles* (un genitivo de complemento directo).

M183 Parece que es mejor tomar las palabras *θέλων ἐν ταπεινοφροσύνῃ* como un semitismo (*deleitándose en la humildad*), como si *θέλων* estuviera usado de manera absoluta, separado de la frase prepositiva; comp. Sal. 112:1 (el participio significa *intencionalmente* --BD148[2]). [Editor. Ambas sugerencias le dan a *θέλων* una fuerza adverbial que probablemente es correcta (comp. R551). Pero la sugerencia de Moule es más exacta, ya que *θέλω* no significa: *intencionalmente* en otras partes del N.T.]

T246 Puede entenderse que *ἅ* indica contenido u objeto interno. Así la cláusula relativa significaría: *sobre lo que él vanamente imaginó en la visión de su iniciación* (la cláusula relativa debe traducirse: *vanamente engañado por lo que vio en su iniciación.* --BD154). [Editor. En esencia, hay muy poca diferencia de significado entre estas sugerencias.]

19 R478 Τὴν *αὔξησιν* significa: *crece con el crecimiento.*

R1138 En general se puede decir del **koiné**, que la presencia de *οὐ* con el participio significa que la negación es clara y decisiva. [Editor. El negativo *οὐ* se emplea aquí porque el autor destaca el hecho de que los falsos maestros no sólo estaban perdiendo su comprensión de Cristo, sino que lo estaban rechazando por completo.]

20 R807 Parece que la voz en *δογματίζεσθε* se usa como media directa: *se sometan a ordenanzas* (pasiva: *permitan que sean sometidos* --BD314; la idea del verbo es activa intransitiva: *sujétense a las reglas* --T57). [Editor. De acuerdo con la forma, este verbo puede estar en voz media pasiva, y cualquiera de las dos traducciones puede caber en el contexto. En esencia, Turner realmente concluye con un sentido pasivo.]

M210 J. B. Lightfoot declaró (con referencia a *ἀποθνήσκειν* y *θνήσκειν*) que cuando se desea el aoristo, se usa el verbo compuesto; cuando se desea el perfecto, se usa el verbo simple. Esta regla es universal en el N.T.

T251 ᾿Ἀπό se usa en vez del dativo (denota alienación --BD211). [Editor. Este uso de *ἀπό* después de *ἀπεθάνετε* expresa más la idea de separación que la del dativo.]

21 R853 En el v. 21, *μὴ ἅψῃ* (prohibición en tiempo aoristo) es una advertencia a los cristianos de Colosas de no ser desviados por el ascetismo gnóstico.

22 R714 El pronombre relativo plural neutro *ἅ* se usa para cubrir una idea general: *referentes a cosas que todas perecen.*

BD145(1) Εἶναι εἰς significa: *servir para.*

23 R626 La preposición *πρός* por sí no significa *contra*, aunque esta puede ser la idea resultante (como en este caso).

R1152 En este versículo, la antítesis realmente se declara en *οὐκ* sin una partícula adversativa (tal como *ἀλλά*).

## Colosenses 3

1 R881 El pronombre relativo *οὗ* introduce una cláusula explicativa: *donde está Cristo.*

3 R587 'Ἐν τῷ θεῷ puede compararse con el uso frecuente que Pablo hace de ἐν Χριστῷ (comp. Juan 15:4).

R628 Cuando σύν se aplica a Cristo, puede expresar la unión mística e íntima con Cristo (como ἐν).

4 TGr119 Según este versículo, Cristo es la vida (el sustantivo ζωή está en aposición).

5 R727 El pronombre ἥτις es sólo explicativo (causal --R960). [Editor. Por lo general este pronombre se usa en el N.T. para introducir una explicación (comp. Ef. 5:5).]

TGr105 El adjetivo μέλη debe tomarse como un sustantivo en vocativo. Así una frase adjetival (*que están sobre la tierra*) se cambia por una frase sustantival (*las cosas que ...*) y llega a ser el complemento directo imperativo: *hagan morir*. La frase se lee así: *miembros de mi cuerpo, hagan morir las cosas que están sobre la tierra: fornicación, impureza, pasiones desordenadas* ... Tal vez sea más significativo en este contexto entender *miembros* como miembros del Cuerpo de Cristo. Pablo pudiera referirse a los cristianos en general y a sus lectores en particular.

BD258 A menudo el artículo se ausenta de los sustantivos abstractos, pero aquí aparece con el último sustantivo, y significa: *y aquel vicio principal, la avaricia* (la adición de la cláusula relativa ocasiona el uso del artículo, el cual hace que el sustantivo precedente sea definido; comp. Hech. 19:13; 26:27; 2 Cor. 8:18).

6 T208 La traducción del genitivo *de desobediencia* equivale a *desobediente* (similar a un adjetivo).

7 R971 La conjunción de tiempo ὅτε aparece con el imperfecto ἐζῆτε para mostrar la costumbre de la gente.

M79 Las dos clases de ἐν con el dativo se usan aquí para indicar acompañamiento: *con*.

9 MT126 El apóstol usa el presente de imperativo para pronunciar una advertencia urgente contra un pecado que era seguro que reaparecería en la comunidad cristiana, o que sólo había sido parcialmente erradicado: *no mientan*.

10 M59 La frase prepositiva con κατά significa: *a la imagen de Dios*.
M70 Εἰς significa aquí: *con el propósito de*, o *que resulta en*.

11 R1188 Cosas disímiles pueden unirse con la conjunción καί como ocurre en este caso, pero no tenemos que tomar a καί como equivalente de ἤ.
M75 ¿Debe clasificarse ἐν con el dativo (aquí) como un uso local (como si el significado fuera: *en todas las personas*, o *que penetra todas las cosas*; comp. 1 Cor. 15:28)? ¿O es πάντα ἐν πᾶσιν sólo una expresión enfática: *todo en todo*?
M160 Aquí parece que por lo menos πάντα y ἐν πᾶσιν necesariamente representan dos ideas distintas; y 1 Cor. 9:22 muestra cuán cerca están esas frases de los términos muy ordinarios que se refieren a la conducta humana: *Cristo es todo y está en todo*.

13 R690 El pronombre reflexivo ἑαυτός aparece lado a lado con ἀλλήλων como para dar variedad (el pronombre reflexivo significa: *los unos a los otros*).
R742 Τὶς, como un pronombre puede ser igual a *cualquiera*.
R1418 Los participios de tiempo presente se usan como imperativos. [Editor. Realmente estos participios dependen del verbo imperativo del v. 12: *Vístanse, pues, ... soportándose ..., perdonándose*.]

14 R605 Ἐπί con el término en dativo expresa la idea de adición (*además de* --BD235[3]).
R713 El pronombre relativo neutro ὅ aparece entre un antecedente femenino y un predicado masculino (reúne la idea general de *cosa)*.
T212 Aquí se usa el genitivo de complemento directo y significa: *el vínculo que produce perfección* (comp. BD163).

15 R499 En este versículo, τοῦ Χριστοῦ es probablemente un genitivo de sujeto y significa: *la paz que Cristo tiene y da*; pero el significado es más rico que cualquier frase.
M70 La preposición εἰς tiene el sentido de: *con el propósito de*, o *que resulta en* (es decir, es final o consecutiva). [Editor. Parece que el contexto indica que es final y se refiere a la meta.]

16 R690 El pronombre reflexivo ἑαυτούς se usa con un sentido

recíproco (es decir, por ἀλλήλων; comp. T43 y 3:13).

M45 Parece que los dativos ψαλμοῖς, ὕμνοις y ᾠδαῖς son más bien dativos de acompañamiento y no de instrumento: *con*.

M75 Es difícil saber si ἐν significa *dentro de* (un individuo) o *entre* (un grupo de personas), en la frase ἐν ὑμῖν. [Editor. Parece que la exhortación se da a un grupo de creyentes, especialmente en vista de las cláusulas siguientes que aparecen en plural y del sentido de ἑαυτούς. Así que, ἐν ὑμῖν probablemente signifique: *entre nosotros*.]

M78 La frase ἐν πάσῃ σοφίᾳ es adverbial si se une a las palabras que la siguen: de otra manera, tendría un matiz de significado diferente; de acompañamiento. En tanto que la frase ἐν τῇ χάριτι quizá signifique: *con gracia* (un uso adverbial). [Editor. Parece que la frase prepositiva ἐν πάσῃ σοφίᾳ se acomoda mejor a la cláusula siguiente que a la precedente; porque el adverbio πλουσίως califica suficientemente al imperativo que precede, y el sustantivo σοφίᾳ da mejor sentido si modifica a διδάσκοντες y no a ἐνοικείτω.]

TGr166 Los participios se usan como imperativos y deben traducirse: *en toda sabiduría* (inserte: *sean ustedes) maestros y exhórtense ustedes mismos; con salmos, himnos y cantos* (inserte: *sean ustedes) gozozos cantantes* (comp. R946; BD468[2] y MT181).

17 M79 La preposición ἐν se usa con un sentido descriptivo. Así que la primera parte de este versículo debe traducirse: *lo que ustedes hagan, sean acciones o palabras.*

18 R807 Ὑποτάσσεσθε pudiera ser un verbo en voz media directa: *sométanse ustedes mismos* ... (comp. MT163).

R887 El tiempo imperfecto de ἀνῆκεν puede usarse para indicar una obligación conforme a la cual no se vive, o que no ha sido satisfecha (se usa simplemente para expresar una obligación presente --B32; comp. T90; *como es correcto* --BD358[2]). [Editor. La última sugerencia es más probable, ya que en el N.T., el imperfecto puede usarse para referirse a una obligación presente; comp. Hech. 22:22 y Ef. 5:4.]

19 H402 Πικραίνομαι significa: *mostrar amargura*.

20 T263 Es erróneo traducir la última frase del v. 20 con las palabras: *que agrada al Señor.* Lo que Pablo quiere decir es que la obediencia a los padres es conveniente y apropiada en aquel estado de gracia en que el cristiano vive ahora. En los escritos de Pablo, la idea de *al* después de *εὐάρεστος* se expresa por medio del dativo simple, y no con *ἐν*. Si él quisiera dar a entender *al* en este caso, esperaríamos sólo el dativo; además, el paralelo con *ἐν κυρίῳ*, en el mandato que se da a las mujeres precisamente antes, se perdería; porque en el v. 18 sólo puede significar: *(al Señor).*

Colosenses 4

2 T265 La primera vez que aparece *ἐν* en este versículo significa: *ocúpense en* (comp. 1 Tim. 4:15).

3 R407 Parece que *ἡμῖν* es un plural literario (se refiere a Pablo mismo; comp. el verbo singular *δέδεμαι*).

R1090 El infinitivo λαλῆσαι se usa para expresar la idea de resultado (hipotéticamente): *para que yo pueda hablar* (comp. Ef. 6:19).

R1140 Ἅμα con el participio sugiere orden simultáneo o inmediato con relación al verbo principal (*al mismo tiempo también por nosotros* --BD425[2]).

T212 ¿Significa *θύρα τοῦ λόγου*: *la puerta que conduce a la palabra* (genitivo de complemento directo) o *la puerta por la cual entra la palabra* (genitivo de sujeto: *donde la palabra entra* --BD166)? [Editor. Aparentemente Pablo usa el nombre *θύρα* con *ἀνοίγω* en un sentido metafórico, para refirirse a una oportunidad de predicar el Evangelio; comp. Hech. 14:27; 1 Cor. 16:9 y 2 Cor. 2:12.]

5 R625 La preposición *πρός* con el caso acusativo se emplea para indicar una relación viva o íntima.

R810 Aquí se usa la voz media indirecta; *τὸν καιρὸν ἐξαγοραζόμενοι* significa: *comprando ustedes para sí mismos la oportunidad en el mercado libre* (este verbo significa: *redimir lo que ha caído en malas manos* --H309).

T75 El presente de imperativo significa: *continúen caminando.*

6 R1045 En el v. 6, πῶς después de εἰδέναι (*sepan como hacer*) debe distinguirse del uso del infinitivo después de οἶδα (comp. Luc. 11:13).

R1090 El infinitivo εἰδέναι se usa para expresar la idea de resultado (hipotéticamente: *para que ustedes sepan*).

7 T15 Τὰ κατ' ἐμέ significa: *lo que a mí concierne.*

8 R846 Ἔπεμψα es un aoristo epistolar (los destinatarios considerarían el evento como algo pasado; comp. B44 y M12).

12 R172 Ἐπαφρᾶς es una abreviación de Ἐπαφρόδιτας, pero de esto no se deduce necesariamente que se refiere al mismo hombre que se menciona en Filipenses (comp. 1:7).

R772 Πᾶς sin artículo aquí significa *todo*, con el significado resultante: *cualquiera que sea la voluntad de Dios para ustedes.*

R994 Ἵνα se usa para introducir un complemento directo.

H275 Πληροφορέω significa: *llegar a plenitud.*

15 R608 La frase κατ' οἶκον tiene la idea de descanso: *en*, o *situada en su casa.*

16 R600 En τὴν ἐκ Λαοδικίας, ἐκ indica, por supuesto, que había sido enviada una epístola a Laodicea y sugiere que los colosenses la obtuvieron de (ἐκ) ellos (ἐκ se usa por ἐν [τὴν ἐκ: *la que está en*] --BD437). [Editor. Debe considerarse que la preposición ἐκ significa origen o fuente *(de);* y no que indica un sentido local *(en).* Antes de tomar una preposición como si tuviera un significado no común (es decir, como si estuviera usada en lugar de otra preposición), la idea más común de la preposición debe tener muy poco posibilidad en el contexto. La carta ya había sido escrita a Laodicea; ahora vendría de Laodicea.]

T95 Ἵνα ... ἀναγνωσθῇ se usa con un sentido imperativo y significa: *hagan que se lea* (en los vv. 16 y 17, ἵνα se usa en una cláusula sustantiva [comp. el v. 12] --B205). [Editor. Tanto en el v. 16 como en el 17, la palabra ἵνα sigue a un imperativo. En cada caso la cláusula se usa para denotar el contenido del mandato, lo cual le da una fuerza imperativa. Pero en realidad la palabra ἵνα se usa para introducir una cláusula sustantiva.]

## 1 Tesalonicenses

### 1 Tesalonicenses 1

3 T211 Los genitivos *πίστεως*, *ἀγάπης* y *ἐλπίδος* se refieren al sujeto y significan: *trabajo hecho por fe y amor* y *la paciencia sustentadora que trae la esperanza* (comp. BD163).

5 R1045 Οἷοι introduce una pregunta indirecta: *ustedes saben qué clase de hombres.*

M78 En *ἐν λόγῳ μόνον*, la preposición se usa con el sentido de acompañamiento: *sólo como mucha conversación.*

7 T25 Τύπον se usa como un singular distributivo con el pronombre plural *ὑμᾶς*: *ustedes llegaron a ser ejemplo.*

T182 En *ἐν τῇ Μακεδονίᾳ καὶ ἐν τῇ 'Αχαΐᾳ*, las dos provincias se indican por separado (artículo repetido); luego, en el siguiente versículo se mencionan en conjunto (*ἐν τῇ Μακεδονίᾳ καὶ 'Αχαΐᾳ*) y se contrastan con *ἀλλ' ἐν παντὶ τόπῳ*.

8 B369 Ὥστε con el infinitivo expresa el resultado del verbo principal: *en todo lugar, la fe de ustedes en Dios se ha extendido, de manera que no tenemos nada que decir.*

T187 El artículo *ἡ* se usa aquí con la frase prepositiva para evitar ambigüedad (el artículo *ἡ* indica que *πρὸς τὸν θεόν* modifica al sustantivo *πίστις*).

9 P732 'Οποίαν introduce una pregunta indirecta: *ellos cuentan ... qué clase de recibimiento.*

R1032 Πῶς se usa en vez de *τί* (en un sentido declarativo, aunque es mejor traducirlo *como*) después del verbo *ἀπαγγέλουσιν*.

10 R475 'Αναμένω tiene el sentido de *esperar a*, cuando se usa con un acusativo.

R426 En este versículo, *ῥυόμενον* es explicativo, y *ἐρχομένη* es restrictivo; el significado resultante es: *quien nos libra de la ira venidera.*

## 1 Tesalonicenses 2

4 M32 Note el acusativo retenido con el infinitivo en voz pasiva: *hemos sido aprobados para que se nos confiara el Evangelio* (comp. 1 Cor. 9:17). [Editor. Οὐ se usa aquí con el participio a causa del contraste *οὐ ... ἀλλά*.]

5 M78 ᾿Εν se usa con el sentido de acompañamiento: *tampoco nosotros usamos palabras lisonjeras.*

6 T259 No hay aquí mucho significado en el cambio de la preposición *ἐκ* por *ἀπό* (ambas preposiciones significan *de* en este contexto).

7 M78 ᾿Εν *βάρει εἶναι* significa: *ser gravoso* (*ἐν* con el dativo tiene un sentido adverbial).

9 R1075 Πρὸς *τό* con el infinitivo expresa propósito del sujeto: *para no ser gravosos.*
M69 Εἰς *ὑμᾶς* se usa como un simple dativo (S* tiene *ὑμῖν*: *a ustedes*).

10 R1032 ῾Ως se usa en un sentido declarativo (similar a *ὅτι*), aunque realmente significa: *como*. Cuando se usa con un sentido declarativo, *ὅτι* expresa la cosa en sí, y *ὡς* la manera o cualidad de la cosa.
T239 El pronombre relativo *ὑμῖν* se usa con *ἐγενήθημεν*, y tiene el sentido de crédito: *con ustedes los creyentes.*

12 R787 Aunque *βασιλείαν* y *δόξαν* pueden ser palabras de significados diferentes, aquí se consideran como una sola, porque el artículo *τήν* no se repite.
R1072 Εἰς *τό* con el infinitivo *περιπατεῖν* se usa como el complemento directo del participio de mandato o ruego, para dar el contenido de estos participios (equivale a *ἵνα* con un verbo en subjuntivo después de verbos de exhortación (comp. B412 y T143): *exhortando a que vivieran como es digno de.*

13 M167 Parece que Pablo tuviera la característica de desplazar de su

lugar la conjunción *καί*, que lógicamente debiera ser coherente en su cercanía con el verbo, como en *καὶ διὰ τοῦτο καὶ ἡμεῖς εὐχαριστοῦμεν*. Aquí el contexto indica que *εὐχαριστοῦμεν* es la palabra que debe destacarse, y no *ἡμεῖς*. El significado es: *Esa es, de hecho (καὶ), la razón por la cual damos gracias* (*διὰ τοῦτο καί* es una frase tan fija que *καί* incluso pudiera separarse del verbo que destaca --BD442[12]).

14 T212 Como un genitivo de relación, *θεοῦ* se usa para expresar una relación mal definida que puede ser llamada *mística* y parece que se puede intercambiar con la fórmula *ἐν* Χριστῷ: *las iglesias de Dios en Cristo Jesús que están en Judea.*

BD111(2) Συμφυλέτης significa: *miembro de una tribu.*

15 R1205 Pablo usa la hipérbole en: *se oponen a todos los hombres.*

16 M70 Εἰς *τέλος* significa: *completamente* (una frase probablemente influida por el hebreo: *por completo* --BD207[3]).

T143 Εἰς *τὸ ἀναπληρῶσαι* se refiere al propósito de Dios (comp. MT219; el resultado es previsto o real --B411). [Editor. Posiblemente implique tanto el elemento de propósito como el resultado; comp. Rom. 1:11.]

T189 Αὐτῶν aparece aquí en una posición no común (antes del sustantivo; en consecuencia, indica énfasis).

17 M156 En *ἀπορφανισθέντες ... προσώπῳ οὐ καρδίᾳ*, el negativo *οὐ* está estrictamente construido con el participio, aunque en posición lejana. [Editor. Realmente, *οὐ* niega el significado de *καρδίᾳ*, no el significado del participio. El significado es: *cuando fuimos separados de ustedes en persona, no de corazón.]*

18 M119 ¿La oración *ἠθελήσαμεν ... ἐγὼ μὲν* Παῦλος significa: *nosotros (todos) quisimos ... (por lo menos yo quise)*; o significa simplemente: *yo quise (aunque otros no)?* (Pablo usa el verbo en plural para referirse a sí mismo --R407). [Editor. La última sugerencia de Moule parece preferible, ya que Pablo usa con frecuencia el plural literario.]

19 T190 El pronombre posesivo *ἡμῶν* aparece antes de los sustantivos con los cuales se usa para evitar repetición.

1 Tesalonicenses 3

1 M119 El plural ciertamente tiene que ser epistolar (por el mismo significado de *μόνος*), se refire al mismo Pablo.

2 M65 'Υπέρ con el genitivo significa: *con respecto a*. Así que la última parte de este versículo debe traducirse: *para animarlos con respecto a su fe* (comp. T270).

M119 Parece que *ἐπέμψαμεν* tiene un significado idéntico a *ἔπεμψα* en el v. 5 (así que el plural se refiere a Pablo mismo, comp. con el v. 1).

MT68 'Εν *τῷ εὐαγγελίῳ* significa: *en la esfera del Evangelio*.

3 R686 En este versículo, *αὐτοί* significa: *ustedes por sí mismos*.

BD399(3) Τὸ *μηδένα* con el infinitivo expresa aquí la idea de propósito (comp. M140).

4 M467 Πρός significa: *con* (debido a influencias semíticas).

5 R458 Parece que *εἰς* con el acusativo *κενόν* denota la idea de propósito.

R988 El uso que Pablo hace de *μή πως ἐπείρασεν ... γένηται* concuerda con el griego clásico en el cual se usaba un tiempo pasado del indicativo en las oraciones que sólo indicaban finalidad, si se implicaba claramente que el propósito no habría de lograrse (eso es lo que de hecho ocurre aquí, porque el tentador no tuvo éxito con los tesalonicenses).

R1071 Εἰς *τό* con el infinitivo tiene la idea de propósito: *para conocer*, (comp. M140 y T143).

M167 Κἀγώ se encuentra en una posición no común; así que el versículo no comienza: *Por tanto, también envié*; sino: *Por tanto, realmente envié*; o *esa es, de hecho, la razón por la cual envié*.

6 R579 Uno no debe sacarle demasiado significado a la preposición *ἀπό*. No significa: *autoridad de*, aunque Timoteo indudablemente la reclamaba.

7 R605 'Εφ' *ὑμῖν* parece ser un uso simple del caso dativo con *ἐπί*,

para complementarlo; significa: *en ustedes* (comp. 2 Cor. 9:14).

T190 El pronombre atributivo ὑμῶν en este contexto es enfático (precede al sustantivo πίστεως): *la fe de ustedes*.

8 BD372(1a) Ἐάν aparece en vez de εἰ (que equivale a ἐπεί) con el presente de indicataivo στήκετε con un sentido causal: *ya que ustedes están firmes*.

10 R1072 Εἰς τὸ ἰδεῖν se usa como complemento directo de δεόμενοι (comp. 2:12): *orando ... que los veamos*.

11 B176 Note los tres optativos de deseo en los vv. 11 y sigs. (que indican expectativa en oración).

T41 El pronombre αὐτός probablemente indica aquí algún hincapié (*Dios mismo*).

## 1 Tesalonicenses 4

1 R766 El artículo τό introduce una pregunta indirecta (así que no hay ningún significado especial relacionado con el artículo; es decir, no debe traducirse).

M161 Λοιπὸν οὖν significa: *finalmente, entonces* (o *así que*).

2 M57 y sig. ¿Significa τίνας ...'Ιησοῦ: *qué mandatos les dimos* o (quizá *yo les di) en el nombre del Señor Jesús* (paralelo a ἐν κυρίῳ 'Ιησοῦ en el v. 1), o las dos frases significan: *como los que están* [o *el que está] en contacto con el Señor Jesús?* (comp. Hech. 3:6 y 4:30; aunque Pablo es quien habla) él considera que Jesús también da los mandamientos --R583). [Editor. Parece que Pablo está preocupado por presentar la autoridad de los mandatos que él ha dado, y no por la validez de su propia posición. Así que la primera sugerencia de Moule es más favorable.]

3 R698, 1059 Tanto el sustantivo ἁγιασμός como el infinitivo ἀπέχεσθαι están en aposición con τοῦτο, y significan: *esta es la voluntad de Dios, esa es su santificación; es decir, que se abstengan de inmoralidad sexual* ... (comp. B386).

4 M78 Parece que ἐν con los sustantivos dativos ἁγιασμῷ y τιμῇ

tiene un sentido adverbial: *santamente (devotamente) y honorablemente.*

6 R1059 Tanto el infinitivo con artículo como el que no lo tiene están aquí en aposición con τοῦτο en el v. 3: *que ninguno transgreda ni agravie.*

7 R605 'Επί con el dativo ἀκαθαρσίᾳ se usa para expresar meta o propósito: *para inmundicia.*

TGr121 Pablo utiliza las preposiciones con precisión en este versículo, donde están en juego los puntos más finos de teología. En la misma oración, él distingue entre ἐπί y ἐν. Significa: *Dios no nos ha llamado a inmundicia; pero su llamado se dirige a nosotros* ***en nuestro estado*** *de santificación.* El llamado a creer nos viene en el contexto de la santificación y la redención cristianas.

9 R997 Εἰς τό con el infinitivo expresa una idea de propósito en los demás escritos del N.T. Pero Pablo tiene usos que no son finales (es explicativo, juntamente con el adjetivo verbal θεοδίδακτοι --R1072): *han sido enseñados por Dios a amar.*

12 T75 El verbo en presente περιπατῆτε significa: *continuar andando.*

14 R817 El participio pasivo κοιμηθέντας significa: *los que fueron puestos a dormir* (comp. --MT162).

M57 Διά se usa con el sentido de acompañamiento. El significado resultante es: *los que han muerto como cristianos* (tal vez, *en contacto con Jesús*, paralelo con οἱ νεκροὶ ἐν Χριστῷ).

15 R618 La idea de *más allá* se halla en el participio compuesto περιλειπόμενοι.

M79 La frase prepositiva ἐν λόγῳ κυρίου significa: *como un mensaje del Señor.*

BD101 Φθάνω se usa con el significado *preceder*, sólo en este versículo (para dar este sentido, Mateo usa προφθάνω en 17:25).

16 R783 La frase prepositiva ἐν Χριστῷ es atributiva del sustantivo que la precede: *los muertos en Cristo.*

M78 La preposición de la expresión ἐν κελεύσματι tiene el sentido de circunstancia concomitante: *a la voz de mando*.
T41 Αὐτός es enfático aquí: *el Señor mismo*.

17 M82 En este versículo y en 5:10, ἅμα σύν con el dativo, parece como cierta clase de preposición compuesta (comp. R638); pero no hay nada que pruebe que ἅμα está haciendo alguna función de preposición; así como *simultáneamente* no hace función de preposición en la frase: *simultáneamente con* (comp. *junto con*).

18 M144 Ὥστε se usa como una partícula de inferencia y que significa: *así que, por tanto* (introduce una oración independiente --B237).

## 1 Tesalonicenses 5

1 T27 El sustantivo plural καιρῶν se refiere a un período de tiempo (el período mesiánico).

4 R998 Ἵνα tiene una fuerza consecutiva en este versículo (comp. Gál. 5:17): *pero ustedes, hermanos, no están en oscuridad, para que (con el resultado de que) aquel día los sorprenda como un ladrón* (comp. MT210; resultado previsto --B218).

5 T208 Υἱός se usa figuradamente con un sustantivo genitivo para expresar cierta cualidad (este genitivo adjetival simplemente significa: *gente digna de*, o *relacionda con la luz* --M175).

7 H383 Μεθύσκω en la voz media significa: *emborracharse*.

8 M103 El participio ὄντες tiene un significado causal: *pero nosotros*, o *ya que nosotros pertenecemos al día*.

9 T55 Algunos verbos aparecen en la voz media, donde uno espera la voz activa, ya que tienen un sentido transitivo (aquí la voz media de τίθημι tiene un sentido activo): *Dios no nos ha puesto*.

10 B253 Una preferencia por εἴτε, que es la forma más común (en vez de ἐάντε que es algo raro) pudo haber conducido a usarla, a

pesar del hecho de que el significado requería un verbo en subjuntivo (*sea que ... o que*).

BD369(2) El verbo aoristo *ζήσωμεν* significa: *vivir otra vez* (es decir, en la ***parusía***).

11 M120 Εἰς *τὸν ἕνα* se usa en vez del pronombre recíproco *ἀλλήλους* (comp. 1 Cor. 4:6): *los unos a los otros*.

13 BD287 Parece que *ἐν ἑαυτοῖς* se usa en vez de *ἐν ἀλλήλοις*: *entre ustedes* (comp. Mar. 9:50; también puede traducirse: *entre ustedes mismos*.

14 R625 A menudo *πρός* expresa disposición hacia uno, sea amistosa, como en este versículo, u hostil, como en Luc. 23:12.

15 B206 La cláusula de complemento directo se puede introducir mediante el simple negativo *μή* (como ocurre aquí), en vez de las palabras *ὅπως μή*, porque sigue a un verbo que significa: *poner atención*.

23 M136 Los verbos optativos de este versículo expresan un deseo o expectativa en oración (es decir, optativos volitivos: *que el Dios ... los santifique por completo ... y sean guardados*).

T141 Αὐτός aquí es enfático: *Dios mismo*.

25 M16 Περὶ *ἡμῶν* significa: *por nosotros*.

27 R484 El verbo *ἐνορκίζω* tiene aquí dos acusativos. Realmente, la idea es: *hacer que juren por*.

## 2 Tesalonicenses

### 2 Tesalonicenses 1

4 R287 *Αὐτοὺς ἡμᾶς* es intensivo, no reflexivo (destaca a *ἡμᾶς*): *nosotros mismos*.

5 BD480(6) Hay que traducir *ἔνδειγμα* de la manera siguiente: *lo cual es evidencia*.

8 R787 Por causa de que el artículo *τοῖς* se repite, se hace referencia a los que no conocen a Dios y a los que desobedecen al Evangelio de Nuestro Señor como dos grupos diferentes.

BD165 *Φλογός* se usa como un genitivo de cualidad: *flameante fuego*.

10 T57 Note que con el verbo pasivo *ἐπιστεύθη* se retiene el acusativo: *nuestro testimonio a ustedes fue creído*.

11 R714 El pronombre relativo *ὅ* se refiere a una idea verbal o a toda la oración precedente. [Editor. En este contexto *εἰς ὅ* se refiere a la siguiente cláusula estructurada con *ἵνα*.]

12 R786 Ambos sustantivos *θεοῦ* y *κυρίου* pueden referirse a la misma persona, porque el artículo no se repite; pero el hecho de que *κύριος* aparece a menudo sin artículo, como un nombre propio, debilita levemente este argumento (*Nuestro Señor y Dios, Jesucristo*, sería la traducción correcta de la última parte de este versículo --T16).

R987 *Ὅπως* se usa para dar variedad (*ἵνα* se usa antes).

### 2 Tesalonicenses 2

1 R636 *Ὑπέρ* se usa con el sentido de *con respecto a*, o *en relación con* (en vez de *περί*; comp. M65).

2 R964 Ὡς tiene aquí una fuerza causal con ὅτι (comp. 2 Cor. 5:19).
R1072 Εἰς τό con el infinitivo se usa como el complemento directo del verbo ἐρωτῶμεν: *les rogamos ... que no sean rápidamente sacudidos.*
BD211 Ἀπό se usa para designar separación o alienación: *movidos de.*

3 R1202 Note que aquí no se expresa la apódosis (inserte: *esto no puede suceder).*
B166 En el N.T. rara vez aparece en la tercera persona el subjuntivo prohibitivo (pero aquí aparece): *que nadie los engañe.*

4 B371 Ὥστε con el infinitivo indica una tendencia, aunque el resultado real se realiza por implicación: *de tal modo que se sienta.*
M154 Ἀποδεικνύντα ἑαυτὸν ὅτι ἔστιν θεός significa: *y declara que él es un Dios* (ὅτι es declarativo --R1034).

6 BD442(15) Καὶ νῦν significa: *y ahora.*

10 R499 Τῆς ἀληθείας se usa como un genitivo de complemento directo: *amar la verdad.*
M71 Ἀνθ' ὧν significa: *ya que,* o *porque* (posiblemente por influencia semítica).

13 R501 El genitivo en πίστει ἀληθείας se usa como un genitivo de complemento directo. Significa: *fe en la verdad.*

14 R714 El pronombre ὅ se refiere a toda la cláusula precedente (comp. 1:11).

15 T77 El imperativo κρατεῖτε significa: *continúen perseverando.*

16 T41 El pronombre αὐτός es enfático en este versículo: *Nuestro Señor Jesucristo mismo.*

17 B176 Note los dos optativos de deseo en este versículo, y uno en 3:5 (que denota una expectativa piadosa).
T189 Parece que la posición del genitivo ὑμῶν indica énfasis.

## 2 Tesalonicenses 3

1 M161 Tò λοιπόν significa: *finalmente*, o *así que* (el adjetivo neutro acusativo es adverbial).

2 R1205 Note el uso que hace Pablo de la hipérbole mediante una declaración incompleta en la última parte de este versículo.

3 R961 La cláusula relativa con ὅς expresa un resultado de la característica precedente del Señor.

5 TGr122 Τοῦ Χριστοῦ se usa como un genitivo místico. Significa: *firme lealtad en el Cuerpo de Cristo* (similar a ἐν Χριστῷ), y no *la paciencia de Cristo*.

T211 Τοῦ θεοῦ es un genitivo de complemento directo: *que sus corazones amen a Dios* (el pronombre ὑμῶν también aparece en una posición rara, para indicar énfasis --T189).

6 R1047 El infinitivo στέλλεσθαι se usa para expresar el contenido de una orden indirecta (comp. el uso de ἵνα en el v. 12): *los mandamos ..., que se aparten*.

8 1075 Πρὸς τό con un infinitivo se usa para expresar un propósito del sujeto: *para que nosotros no fuéramos*.

9 R965 Οὐχ ὅτι se puede usar en sentido objetivo (*no que*) o causal (*no porque)*. [Editor. En el N.T., οὐχ ὅτι generalmente significa: *no que*, o *no como si* (comp. 2 Cor. 1:24 y 3:5). Aun con la traducción en este caso, se retiene la idea de razón o causa.]

10 R1047 El ὅτι aquí con el imperativo no es un caso de mandato indirecto, sino simplemente el mandato directo que se preserva.

11 R564 Todo el contraste de los participios se expresa mediante el uso de περί, donde una traducción libre pudiera ser: *no haciendo nada sino entremetiéndose*.

B16 El tiempo presente en ἀκούομεν se usa como el tiempo perfecto y significa: *se nos informa*.

14 R944 Puede explicarse que el infinitivo *συναναμίγνυσθαι* expresa propósito, o puede tomarse como equivalente a un imperativo. [Editor. El infinitivo denota el propósito del mandato (*σημειοῦσθε*), y no el mandato mismo.]

15 T161 El participio se omite después de *ὡς*, donde la frase significa: *como si él fuera un enemigo* (comp. BD416[1]).

16 M136 El optativo *δῴη* se usa para expresar una expectativa en oración (o deseo): *que el mismo Señor de paz les dé*.

T41 Αὐτός tiene aquí algún grado de énfasis: *el mismo Señor de paz*.

# 1 Timoteo

## 1 Timoteo 1

1 T206 *Σωτῆρος* está en aposición con *θεοῦ* y significa: *de Dios nuestro Salvador.*

3 BD115(1) *Ἑτεροδιδασκαλεῖν* significa: *enseñar una doctrina diferente.*

BD387(3) Quizá *ἵνα παραγγείλῃς* se use como un imperativo (o tal vez dependa de *παρεκάλεσα* --T95). [Editor. Aunque la idea de exhortación predomina en este contexto, la cláusula constituida con *ἵνα* denota el propósito por el cual Timoteo debía permanecer en Efeso.]

4 BD185(2) El genitivo (de comparación) no sería apropiado en este versículo, especialmente por el hecho de que el significado de *μᾶλλον ἤ* equivale aquí a un negativo (un adjetivo comparativo que expresa exclusión: *más bien que*; comp. T216).

T221 Es muy raro que en el N.T. aparezca el artículo con la frase prepositiva atributiva y no con el sustantivo (como en *οἰκονομίαν θεοῦ τὴν ἐν πίστει*): *la enseñanza de Dios que es en la fe.*

6 M41 *Ὧν τινες ἀστοχήσαντες* significa: *de los cuales se desviaron algunos* (es decir, *no dieron en el blanco*; pero en 1 Tim. 6:2 aparece *περί* con un acusativo --T235).

9 R699 *Τοῦτο* se explica en la cláusula introducida por *ὅτι*: *que la ley ...*

R427 Algunas veces el conectivo (*καί*) se usa con parte de la enumeración (con los pares) y no con el resto, por causa del estilo (como en 1 Tim. 1:9 y sigs.).

10 T147 *Ἄλλος* y *ἕτερος* se encuentran juntos sólo como un oficio literario de variedad, lo cual demuestra que hay poca diferencia entre ellos.

11 R485 Aquí el nominativo con la voz pasiva llega a ser el acusativo

predicativo: *el cual se me ha encomendado*. [Editor. Realmente este es un acusativo retenido con un verbo en voz pasiva, pero provee la misma traducción (comp. 1 Tes. 2:4 y Gál. 2:7).]

12 R1035 Ὅτι tiene un sentido declarativo. [Editor. En este contexto ὅτι no expresa el contenido del verbo anterior, sino más bien la razón de la acción de ese verbo. Así que tiene un sentido causal.]

T80 Es más adecuado interpretar θέμενος como una acción que coincide con el verbo principal: *me consideró fiel, al designarme*.

13 R1127 Ἀγνοῶν se usa como un participio de manera: *lo hice por ignorancia*.

15 M198 ¿En las Epístolas Pastorales, πιστὸς ὁ λόγος se refiere a lo que precede o a lo que sigue?. [Editor. Tal construcción aparece cinco veces en estas epístolas (1 Tim. 1:15; 3:1; 4:9; 2 Tim. 2:11 y Tito 3:8). Generalmente se usa para introducir un punto significativo que Pablo está a punto de plantear, como este caso.]

16 R771 Ἅπας sólo aparece una vez en el N.T. en posición atributiva y con el significado: *la suma total de su resignación* (*toda su paciencia* --M94).

M77 Ἵνα ἐν ἐμοὶ πρώτῳ tal vez signifique: *para que en mi caso, como principal ejemplo*. Una extensión del uso instrumental pudiera llamarse ejemplar (comp. R657).

18 BD308 Ὁ προάγων significa: *las primeras, las precedentes*.

19 R620 Sólo con la Epístola a los Filipenses comenzó Pablo el uso de περί con el acusativo (comp. el genitivo) con el sentido: *en cuanto a* (como el uso en este v.; comp. T270; περί con el acusativo se usa en un sentido metafórico: *con respecto a su fe (o la fe de ellos*) --M62).

20 M43 Ὧν ἐστιν significa: *entre quienes están* (un genitivo distributivo; el genitivo distributivo puede usarse como predicado y como atributivo --T210).

## 1 Timoteo 2

2 R581 Διά en el verbo compuesto tiene aquí una idea perfectiva: *aprobados a través de su vida.*

3 R642 Ἐνώπιον tiene aquí la idea de juicio: *aceptable delante de.*

6 R490 Τὸ μαρτύριον es una expresión que está en acusativo sin ninguna conexión inmediata, a menos que esté en aposición con la cláusula precedente, o que esté vagamente relacionada con δούς. [Editor. Este sustantivo está en aposición con el acusativo de la cláusula anterior: *el rescate ..., es decir, el testimonio.*]
R573 Tanto ἀντί como ὑπέρ se combinan con λύτρον para expresar la idea de *en vez de* (el concepto sustitutivo de la muerte de Cristo).

9 M57 Διά con el genitivo expresa circunstancia concomitante. Κοσμεῖν ... ἀγαθῶν significa: *adornarse ... con buenas obras.*

12 BD257(3) Puede ocurrir que un sustantivo no tenga artículo en alguna fórmula; así aparece γυναικί ... ἀνδρός que significa: *sobre el hombre* (en vez de: *sobre su marido*).
H278 Αὐθεντέω significa: *ser señor de, gobernar.*

15 M56 Διά en este versículo posiblemente signifique: *por medio de* (vea los comentarios sobre la interpretación *salva por medio de su (de la) maternidad;* ¿pero por qué no: *saldrá con bien en los partos*? (comp. 1 Ped. 3:20; puede ser cualquiera de las dos cosas --T267). [Editor. La última traducción presenta el sentido local de la preposición. Además la siguiente cláusula con ἐάν se entiende más fácilmente con esta traducción.]

## I Timoteo 3

3 R1172 El negativo μή se usa con los dos sustantivos, por cuanto éstos dependen de la construcción δεῖ εἶναι (μή es el negativo que se usa con infinitivo normalmente: *es necesario que sea ... no borracho, no violento.*

6 R664 El obispo no debe ser un neófito (un recién convertido). El asunto se refiere más a la experiencia que a la edad.

13 M81 En *πίστις ἐν* no hay seguridad en cuanto a si *ἐν* indica tanto el complemento como la esfera de la fe (aun con el artículo repetido; significa: *la fe de los que están en Cristo*, o *la fe personal de Cristo* --T263). [Editor. El contexto apoya la primera sugerencia.]

14 T30 *Τάχιον* significa: *rápidamente* (un adverbio comparativo que se usa como positivo).

15 R729 *Ἥτις* no concuerda con su antecedente *οἴκῳ*, sino con su predicado nominal *ἐκκλησία*.

16 R534 *Ἀγγέλοις* pudiera ser un dativo instrumental, pero lo más probable es que sea un verdadero dativo (es decir, un dativo simple): *se apareció a los ángeles.*

R713 El texto verdadero en el cual aparecía *ὅς* se cambia por *ὅ* en algunos manuscritos occidentales, para que concuerde con el sustantivo *μυστήριον*.

M199 El himno que aparece en este versículo consiste de seis breves oraciones, cuyos verbos todos están en la tercera persona del singular del aoristo pasivo y, por tanto, riman. Al fin de cada oración hay un sustantivo en dativo. (las oraciones están fuertemente estilizadas --BD488).

BD3129(1) *Ἐπιστεύθη* significa: *ser creído.* Cuando un verbo que toma el dativo en voz activa está en pasiva, el dativo llega a ser el sujeto.

## I Timoteo 4

1 R499 El sustantivo *δαιμονίων* se usa como un genitivo de sujeto: *de demonios*.

BD62 *Ὑστέροις* aparece sólo aquí como superlativo: *en tiempos futuros*.

3 R785 El artículo *τοῖς* no se repite porque los epítetos se refieren a la misma persona.

4 B436 El participio adverbial aparece en este versículo con un sentido condicional: *porque toda lo creado por Dios es bueno, y nada debe rechazarse, si se recibe con acción de gracias.*

5 M57 Διά se usa con el sentido de *por medio de* (significa: *en la presencia de*; comp. 1 Tim. 2:10 --T267). [Editor. La primera sugerencia parece preferible ya que este es el significado más común de la preposición y tiene un sentido válido dentro del contexto.]

8 R1128 Ἔχουσα se usa como un participio causal: *porque tiene promesa* (comp. B439).

T274 Πρός con el acusativo tiene el significado de propósito o resultado (la idea de propósito se retiene aquí).

13 R976 Ἕως con el presente de indicativo ἔρχομαι tiene la idea de *mientras que*, no *hasta que*; y se refiere a un futuro anticipado con referencia al presente (puede significar: *entre tanto que voy*; la ida se concibe como algo que está en progreso desde el momento en que se habla --B328. Puesto que las cláusulas construidas con ἕως son invariablemente pospositivas, tenemos que alterar aquí nuestra puntuación y tomar la cláusula con lo que precede: *conviértete en un ejemplo hasta que yo vaya* --T344). [Editor. Casi siempre, cuando ἕως se usa como una conjunción, se refiere a una cláusula que antecede (es decir, la cláusula principal antecede a la cláusula introducida por ἕως). Sin embargo, hay un ejemplo claro donde se usa para referirse a lo que sigue (Mat. 5:18), y aun en este caso, una cláusula en que aparezca ἕως se repite después de la cláusula principal (la cláusula ἕως ἂν πάντα γένηται, repite el contenido de la cláusula anterior formada con ἕως: ἕως ἂν παρέλθῃ ὁ οὐρανὸς καὶ ἡ γῆ; y la cláusula principal se encuentra entre las dos). Si la cláusula en que aparece ἕως en 1 Tim. 4:13 se refiere a la cláusula anterior, significa: *sé ejemplo ..., hasta que yo vaya.* (Si esto es correcto, indica que hay que cambiar la puntuación de las versiones actuales.) Pero existe la posibilidad de que la cláusula introducida por ἕως se refiera a lo que sigue.]

14 R611 Μετά se acerca a la idea instrumental (significa: *asociación con* --M61).

M57 Διά tiene el sentido de acompañamiento: ... *te fue dado con el acompañamiento de profecía*; a menos que signifique: *a través del medio de la profecía*; es decir, un sentido instrumental (la preposición significa: *en la presencia de* --T267). [Editor. Es difícil determinar cómo se usa la preposición aquí, pero el sentido más probable es el de la primera sugerencia de Moule.]

T76 Podemos esperar la prohibición en aoristo, en vez del presente μὴ ἀμέλει: *no comiences* (Pablo usa con frecuencia μή con el presente de imperativo con un sentido incoativo, que prohibe el desarrollo de cierta conducta --R890).

15 MT184 Ἐν τούτοις ἴσθι significa: *envolvámonos en esas cosas* (*en la esfera de* --R589: *ocupados en* --T265).

T189 No es muy común que el pronombre posesivo preceda al sustantivo (en consecuencia, aquí se enfatiza σοῦ).

## 1 Timoteo 5

1 Mt125 La prohibición en aoristo μὴ ἐπιπλήξῃς sería contestada con: *evitaré hacer eso*.

5 R302 El adverbio ὄντως se usa como un adjetivo: *la verdadera viuda*.

11 BD101 El verbo activo γαμεῖν se usa aquí y en otros pocos casos en el N.T. con referencia a una mujer. De otra manera, se usa la voz pasiva cuando se refiere a una mujer.

13 R617 El nombre περίεργος significa: *ocupadas en trivialidades y no en cosas importantes* (περί tiene la idea de *más allá* --R618).

T160 ¿Se usa aquí el participio con el verbo o debe insertarse εἶναι? Muy a menudo el infinitivo se usa con μανθάνω (este no es un ejemplo de un participio con μανθάνω, pues sólo podría significar: *aprenden a ir de lugar en lugar* --M229). [Editor. Debe insertarse εἶναι con ἀργαί.]

19 R603 Ἐπί con el genitivo da como significado resultante: *ante*, o *en la presencia de*.

M83 Obviamente hay una redundancia, pero puede suponerse que, sin el εἰ μή, ἐκτός hubiera sido virtualmente una preposición; (comp. el lenguaje no literario: *sin que él interprete* (conjuntamente estas palabras significan: *excepto si* --T321).

21 B447 El participio (ποιῶν), que expresa manera o medio, denota la misma acción del verbo principal (φυλάξῃς), la cual describe desde un punto de vista diferente.

22 BD337(2) El presente de imperativo en la construcción σεαυτὸν ἁγνὸν τήρει tiene el sentido de *(por tanto, en todas las cosas) consérvate puro*.

MT125 ¿En μηδὲ κοινώνει se le advirtió a Timoteo que dejara aquello de lo cual era culpable hasta ese momento? (El tiempo presente se usa con un sentido incoativo o de conato [que prohibe el desarrollo de una conducta]; comp. 4:14 --R890).

24 R620 Πρόδηλος significa: *abiertamente manifiestos, delante de todos*.

## I Timoteo 6

3 R609 Κατ' εὐσέβειαν lleva la idea de tendencia o meta (que promueve la piedad).

BD115 Ἑτεροδιδασκαλεῖ significa: *enseñar una doctrina diferente*.

4 T270 Περί con el acusativo significa: *acerca de, con respecto a*; se usa en vez de περί con el genitivo.

5 M41 El verbo ἀποστερέω seguido por el genitivo de separación significa: *privar de*.

BD116(4) Διαπαρατριβαί tiene el sentido de *constantes disputas;* viene de παρατριβή, que significa: *disputa* (παρατριβή literalmente significa: *choque* --H303; la combinación de διά y παρά tiene la idea perfectiva de *apartarse por completo* --R582).

8 R871 El verbo futuro ἀρκεσθησόμεθα es de acción duradera: *estemos contentos continuamente* (la resolución es volitiva, similar a un imperativo --R889).

BD101 En el griego helenístico, el pasivo deponente del verbo ἀρκέω significa: *estar satisfecho con.*

10 BD202 Περιπείρω ... literalmente significa: *traspasarse uno mismo con muchos dolores.*

12 T77 El aoristo de imperativo (ἐπιλαβοῦ) se refiere a un precepto que es válido hasta la venida de Cristo.

13 R603 'Επί y el genitivo tienen como significado resultante: *ante,* o *en la presencia de.*

15 R495 Cuando el acusativo se usa para referirse a tiempo, expresa duración a lo largo de un período; el locativo (dativo) considera ese período como si fuera un punto, aunque sea de alguna duración (como ocurre con καιροῖς ἰδίοις), mientras que el genitivo no implica nada en cuanto a duración.

R660 Κύριος τῶν κυριεόντων es un superlativo: *el Señor de Señores.*

17 R783 En ἐν τῷ νῦν αἰῶνι no fue necesario colocar otro artículo con la frase prepositiva atributiva (es decir, τοῖς ἐν): *los ricos de este mundo (siglo).*

B102 El tiempo perfecto tiene una fuerza intensiva: *encarga a los ricos de este mundo, que no sean altivos, ni pongan su esperanza en la incertidumbre de las riquezas* (comp. R908).

18 H378 Κοινωνικός originalmente significaba: *social,* pero más tarde llegó a significar: *dispuestos a compartir,* como en este caso.

20 R810 'Εκτρέπομαι se usa como un verbo en voz media indirecta: *evitando para ustedes mismos.*

R856 El aoristo de imperativo φύλαξον se usa para indicar que la acción, que es duradera en sí misma, se toma como si fuera definida: *guarda lo que se te ha encomendado.*

BD146(1b) ῏Ω se emplea generalmente para expresar emoción. Aquí introduce un mandato estricto.

21 T270 Περί con el acustivo se usa en vez de περί con el genitivo (comp. el v. 4): *con respecto a.*

## 2 Timoteo

### 2 Timoteo 1

3 R963 ῾Ως casi tiene la fuerza de un participio causal (*ya que*).

6 R722 La frase prepositiva δι' ἣν αἰτίαν actúa como una conjunción causal: *por tanto, así que.*

8 B426 Aquí aparece el participio atributivo explicativo: *según el poder de Dios, quien nos salvó, y nos llamó con llamamiento santo.*
MT125 La prohibición en aoristo (μὴ ἐπαισχυνθῇς) tendría como respuesta: *Yo evitaré hacer eso.*

9 T27 Χρόνων no significa exactamente *años*, como significó en el griego posterior; pero, como iba avanzando en ese sentido, ciertamente significa: *época.*

12 R594 Εἰς se usa con expresiones de tiempo, donde la preposición indica el límite o acentúa la duración expresada por el acusativo. Así encontramos: εἰς ἐκείνην τὴν ἡμέραν, donde pudiera traducirse *hasta* (comp. *contra*).
MT204 Δυνατὸς φυλάξαι significa: *competente para guardar.*

14 T77 El imperativo de aoristo puede usarse para expresar preceptos que son válidos hasta la venida de Cristo (una acción duradera se expresa mediante un simple aoristo --R856).

16 TGr90 La última parte del v. 16 debe traducirse: *Estás muy bien enterado de todo lo que Onesíforo hizo por mí en Efeso.* Se usa el grado comparativo del adjetivo en lugar del superlativo (una tendencia de los escritores helenísticos; comp. MT236 y H164; βέλτιον significa: *mejor que yo* --R665. Este adjetivo no significa: *mejor que yo* --BD244[2]). [Editor. El adjetivo comparativo βέλτιον se usa realmente como un adverbio (comp. R277) y significa: *muy bien.*]

## 2 Timoteo 2

2 R856 En el verbo *παράθου*, la acción se trata como definida (aquí y en el v. 3 se usa el aoristo de imperativo con referencia a preceptos; comp. 1:14 --T77).

B376 El infinitivo puede usarse para limitar adjetivos y adverbios: *que puedan enseñar también a otros*.

M57 *Διὰ πολλῶν μαρτύρων* significa: *en la presencia de* (o tal vez *apoyado por*) *muchos testigos* (es decir, *διά* de circunstancia concomitante; comp. T267).

5 B260 Aquí aparece un ejemplo de la cláusula condicional general en presente. Así que significa: *Y si también un hombre contiende en los juegos, no es coronado, a menos que contienda legítimamente*.

6 M95 Τὸν *κοπιῶντα γεωργόν* tal vez signifique un poco más que: *el labrador industrioso*; pero *τὸν γεωργὸν κοπιῶντα* hubiera significado: *el labrador mientras trabajaba* (o *trabaja*), un sentido que un solo adjetivo no hubiera podido comunicar (comp. *hombres que trabajan* y *hombres en el trabajo*).

8 R1041 'Εγηγερμένον es un participio predicativo que se usa en discurso indirecto con el verbo *μνημόνευε* (*acuérdate que Jesucristo ha resucitado de los muertos)*.

11 BD372(2A) Εἰ se usa con el indicativo de realidad para producir el sentido de una deducción disyuntiva: *Si ... entonces*.

12 M149 Εἰ con el presente y el futuro de indicativo lleva el significado de una condición recurrente o futura, bien sea real o hipotética (aunque la forma implica que la condición se considera como cumplida: *si lo negáremos, él también nos negará*; comp. B254).

13 R1119 Πιστός complementa el sentido del verbo principal *μένει*: *El permanece fiel*.

B287 En el N.T. son pocos los ejemplos de cláusulas concesivas que corresponden a cláusulas condicionales (de una suposición general presente), y la fuerza concesiva no se destaca vigorosamente: *Aunque seamos infieles, El permanece fiel* (comp. 2:5).

14 R605 Parece que la idea de meta o propósito está presente en la preposición ἐπί (la cual denota propósito-resultado --BD235[4]; resultado --T272). [Editor. En ese contexto parece que la preposición denota el resultado y no el propósito de las contiendas sobre palabras.]

B479 El negativo del imperativo es μή. Algunas excepciones se pueden explicar como frases no imperativas usadas a manera de paréntesis en medio de oraciones imperativas. Así que significa: *que no contiendan con respecto a palabras, (algo que no) aprovecha para nada* (ἐπ' οὐδὲν χρήσιμον; comp. R947).

T78 Μὴ λογομαχεῖν puede depender del participio διαμαρτυρόμενος: *encargándoles delante de Dios que eviten disputas sobre palabras*. [Editor. Puesto que el imperativo tiene un objeto directo, el infinitivo λογομαχεῖν depende del participio διαμαρτυρόμενος y expresa el contenido de aquello que se va a encargar.]

15 R856 En el aoristo de imperativo σπούδασον, la acción se trata como definida: *haz lo mejor que puedas*, o *haz todo esfuerzo* (comp. el v. 2; se usa para expresar un precepto --T77).

H274 Ὀρθοτομέω aparece en Prov. 3:6 y 11:5, y se refiere a nivelar o enderezar un camino: *que corta recto el sendero de la verdad*; habría un atractivo significado para el avance del peregrino. Pero es más sencillo comparar καινοτομεῖν, que significa: *innovar*, donde el segundo elemento ha perdido su fuerza: ὀρθοτομέω entonces significaría: *dirigir, aplicar fielmente*, como cuando se habla de *una correcta conversación*.

18 M62 Περί con el acusativo se usa con un sentido metafórico, y significa: *con respecto a (concerniente a* --R626).

21 R597 En el verbo compuesto, ἐκ tiene una idea perfectiva: *limpiar totalmente*.

22 BD227(3) Μετά significa: *en compañía de*; no simplemente *con*.

24 H379 Διδακτικός significa: *apto para enseñar* (comp. 1 Tim. 3:2).

25 R565 En un verbo compuesto con dos preposiciones, por regla general cada preposición agrega algo al cuadro; por tanto, aquí tenemos: *colocarse uno mismo en oposición.*

2988 y sig. En el texto de Wescott y Hort se lee: *μή ποτε δῴη* (optativo) en 2 Tim. 2:25). Pero aun así, si fuera verdad, esta no es una cláusula pura de propósito, sino una clase de pregunta indirecta, como la que aparece en Luc. 3:15, sólo que en este caso el optativo aparece después de un tiempo primario. Casi no es justo decir, con Moulton, que aquí Pablo usó mal un modismo obsoleto, puesto que el optativo, después de los tiempos primarios, aparece ocasionalmente con *ἵνα* en los papiros. Pero probablemente sea mejor, como Moulton sostiene, leer *δώῃ* (subjuntivo), ya que *ἀνανήψωσιν* es indudablemente subjuntivo.

B225 Con respecto a la amabilidad y mansedumbre en el trato con los que se le oponen, virtudes que ha prescrito, el apóstol agrega el argumento: *por si acaso Dios les conceda arrepentimiento*, es decir: *no sea que, suponiendo que están empedernidos, se descubra que estás tratando con dureza a aquellos a quienes Dios aun concederá arrepentimiento* (el subjuntivo *δώῃ* es el texto correcto).

T178 ᾿Αληθεία no se refiere específicamente a Cristo.

26 R707 Note la distinción entre *ἐκείνου* y *αὐτοῦ* (parece que *αὐτοῦ* y *ἐκείνου* son sinónimos --T194). [Editor. Parece que *ἐκείνου* se usa para variar el estilo.]

T266 La preposición *εἰς* presenta la idea de propósito: *para hacer la voluntad de aquél.*

## 2 Timoteo 3

1 R699 El pronombre *τοῦτο* se explica en la siguiente cláusula introducida por *ὅτι*: *saber esto: que.*

2 BD460(2) El asíndeton (la omisión de la conjunción) aparece naturalmente en las enumeraciones largas, y aquí específicamente porque se refiere a los mismos hombres.

6 BD101 'Ενδύνοντες significa: *meterse furtivamente.*

7 R1173 Μηδέποτε es un negativo compuesto que intensifica: *nunca de ningún modo.*

8 M62 Περί con el acusativo se usa con un sentido metafórico: *con respecto a* (en vez de usar el genitivo).
BD475(3) Se considera ὃν τρόπον como una sola palabra que equivale a ὡς: *de la manera en que* (similar a *[tal] como*).

15 R879 En ἀπὸ βρέφους ... οἶδας, la acción pasada sigue en progreso en el tiempo presente: *tú has conocido* (comp. M8).
T263 Πίστις ἐν significa: *la fe de los que están en Cristo*; o *la fe personal de Cristo*. [Editor. En vista del contexto, aquí parece preferible la primera sugerencia; comp. 1 Tim. 3:13.]

16 M95 Es muy improbable que πᾶσα γραφή signifique: *toda Escritura inspirada*, y es mucho más probable que signifique: *toda la Escritura es inspirada* (toda Escritura se usaría para referirse a porciones separadas --R772: lo que es Escritura --T199). [Editor. Lo esencial es saber si θεόπνευστος y ὠφέλιμος son adjetivos atributivos o predicativos. El segundo adjetivo parece que se usa con un sentido predicativo, y parece que καί presenta los dos adjetivos como paralelos. En consecuencia, es preferible la traducción: *toda la Escritura es inspirada*.]

## 2 Timoteo 4

1 BD442(16) Καί se usa para coordinar dos ideas, una de las cuales depende de la otra (hendiadis). Esto sirve en el N.T. para evitar una serie de genitivos dependientes: *de* (o *en*) *su aparición y en su reino*. [Editor. Parece que es mejor considear καὶ ... καί como una construcción correlativa y traducirla: *tanto en su aparición como en su reino*.]

5 T37 Σύ se usa para expresar alguna clase de hincapié o una antítesis en el v. 5; lo mismo ocurre con ἐγώ en el v. 6 (*Pero tú ... porque yo).*

7 BD342(1) El tiempo perfecto se usa aquí para denotar un efecto continuo sobre el sujeto, es decir, hasta ahora; de lo cual se deriva el resultado duradero que se menciona en el v. 8 (se refiere a una acción duradera definida con una visión retrospectiva --R895: *He peleado la buena batalla, he terminado la carrera, he guardado la fe* --B74).

8 M161 *Λοιπὸν ἀπόκειταί μοι* ... significa: *Sólo queda que me está reservada* ... (también es posible *por tanto* --M207).

9 R1205 La redundancia que aparece en *σπούδασον ταχέως*, tal vez se deba al genio, del idioma sin idea de repetición. Aquí parece que predomina el deseo de clarificar: *Haz lo mejor que puedas para venir pronto a visistarme.*

10 R858 *'Αγαπήσας* es un ejemplo del aoristo de comienzo: *Demas, habiéndose enamorado del presente siglo, me abandonó* (sólo el comienzo de la acción del participio aoristo *ἀγαπήσας* precede a la del verbo principal --B137).

13 R614 En la frase *παρὰ Κάρπῳ*, el sustantivo tiene un sentido locativo, y significa: *con Carpo* (es decir, *en su casa*).

15 T127 El adverbio *λίαν* aparece en una posición no común, ya que un adverbio normalmente va después del adjetivo o del verbo al cual modifica. [Editor. Esta posición de *λίαν* denota énfasis.]

BD458 El pronombre relativo se usa como un conectivo; parece ser algo intermedio entre una cláusula relativa y una demostrativa. El significado resultante es: *y esto; pero esto.*

16 R854 El aoristo de optativo *λογισθείη* se usa para denotar un deseo: *no se les tome en cuenta.*

# Tito

## Tito 1

1 M112 Es difícil determinar el significado del sustantivo *ἀληθείας* sin artículo (comp. Heb. 10:26; *ἀληθείας* sin el artículo se refiere a la verdad en un sentido general [no a Cristo] --T176).

2 T27 El sustantivo plural *χρόνων* lleva aquí el significado de un período de tiempo (comp. 2 Tim. 1:9).

5 T37 Ὡς *ἐγώ σοι διεταξάμην* es una frase que se usa regularmente en cartas, por tanto, *ἐγώ* no indica énfasis.

7 R1172 El hecho de que aquí aparece *μή* varias veces debe explicarse por cuanto la construcción infinitiva continúa hasta la última parte del versículo.

10 BD119(2) Φρεναπάτης significa: *uno que engaña su propia mente.*

11 R774 El plural ὅλους significa: *completas.*

BD428(4) Las cláusulas relativas con verbo de indicativo se construyen con *οὐ*, excepto en dos casos (aquí y en 1 Juan 4:3). Ἃ *μή* no es una cláusula condicional ni reiterativa de un concepto general; por tanto, no concuerda con las reglas del griego clásico (comp. 1 Tim. 5:13; quizás se deba tomar como condicional --B474; es indefinida --R962).

12 T191 Ἴδιος *αὐτῶν* significa: *su propio* (no de otra nacionalidad).

15 T190 El pronombre genitivo *αὐτῶν* aparece antes del sustantivo para evitar repetición.

16 R1036 El infinitivo se usa como complemento directo: confiesan que conocen a Dios.

T146 El sujeto del infinitivo no se expresa porque es el mismo del verbo principal.

## Tito 2

2 M179 Parece que el infinitivo se usa como imperativo en los vv. 2-10 (comp. R944).

3 H278 Καλοδιδάσκαλος se puede traducir: *maestras nobles*.

4 R943 Ἵνα con el subjuntivo se usa con un sentido imperativo (propósito --T101). [Editor. El sentido imperativo prevalece en la parte inicial del v. 3; pero la idea de propósito (o resultado) se da a entender aquí.]

5 H274 Οἰκουργός es un compuesto que significa: *trabajador de la casa* (o *guardián de la casa* --H273).

7 M62 Περί se usa con un sentido metafórico, y significa: *en cuanto a todo*.

8 R1087 Λέγειν es un infinitivo explicativo (explica mejor la cláusula μηδὲν ἔχων): *y no tenga nada que decir*.

9 T192 Ἰδίοις se usa sólo como un posesivo: y difiere muy poco de αὐτῶν: *sus amos*.

10 H408 Νοσφιζομένους tiene una fuerza de voz media: *hurtar* (νόσφι significa: *aparte, a un lado*).

11 M114 Ἐπεφάνη ... σωτήριος significa: *la gracia de Dios ha aparecido con poder salvador*; en tanto que la lectura ἡ σωτήριος convertiría el adjetivo en sólo un calificativo; es decir, *la gracia salvadora de Dios* ... el adjetivo nunca desarrolló una terminación femenina, que es la que se esperaría aquí --R272; aquí se usa como un adjetivo predicado --R656).

13 M109 ¿Significa τῆς ...Ἰησοῦ: *la gloria de nuestro gran Dios y Salvador Jesucristo*; o ... *del gran Dios, y de nuestro Salvador Jesucristo* (un sentido que se hubiera garantizado si se hubiera repetido el artículo con σωτῆρος, pero que es posible en el griego común aun sin la repetición del artículo)? En este caso en

particular, existe la improbable alternativa (vea el comentario en Stg. 2:1) de tomar *σωτῆρος* como si estuviera en aposición con *τῆς δόξης*, y *καί* con el significado: *es decir*. La última parte de este versículo entonces significaría: *la gloria de nuestro gran Dios, es decir, nuestro Salvador Jesucristo*, (comp. 2 Ped. 1:1; la repetición del artículo no era estrictamente necesaria para asegurar que los elementos se consideraran por separado. Por otro lado, hay la consideración importante de que la frase *Dios y Salvador*, en el lenguaje contemporáneo, se refería sólo a una persona (en el año 100 d. de J.C. aproximadamente). Además, el artículo pudo haberse repetido para evitar mal entendimiento, si se hubiera pensado en dos personas --T181; comp. MT84; se refiere a la misma persona --R786 y BD276[3]). [Editor. En este contexto parece que es mejor considerar que estas dos frases se refieren a una sola persona, Cristo.]

14 R618 En el adjetivo compuesto, *περί* tiene la idea de *más allá*.
R632 Ὑπέρ se usa en lugar de *ἀντί* y significa: *en vez de*.

## Tito 3

1 BD60(1) Si es correcto el texto que omite a *καί* entre *ἀρχαῖς* y *ἐξουσίας*, entonces debe sobreentenderse, en vista del siguiente asíndeton: *gobernantes y autoridades*.

5 R681 Αὐτοῦ está en posición atributiva (enfático: *su* --BD284[3]).

9 T28 El plural de los sustantivos abstractos puede implicar caso de (ej. *μάχας νομικάς* significa: *discusiones acerca de la ley*).

14 R1041 Μανθάνω con el infinitivo significa: *aprender a*, no *aprender que*.
T266 Εἰς se usa con un sentido causal; el significado resultante es: *mantener buenas obras, a causa de la apremiante necesidad de ellas*.

## Filemón

5 R624 Según Lightfoot, este versículo indica que la fe es hacia (πρός) Cristo y el amor hacia (εἰς) los hombres.
T189 Note aquí la posición de σοῦ (posiblemente indique énfasis).

6 M41 Parece que τῆς πίστεως se usa como un genitivo de complemento directo: *el compartimiento de tu fe.*

7 T267 Διά con el genitivo se usa para indicar agente: *por ti.*

8 M102 Ἔχων se usa como un participio concesivo: *aunque tengo.*

9 R201 En πρεσβύτης, parece que el sentido demanda πρεσβευτής: *embajador* (esto es debatible --H86). [Editor. Realmente, si Pablo hubiera deseado presentarse como un embajador, hubiera podido hacerlo, como lo hizo en 2 Cor. 5:20 y Ef. 6:20. En otras partes del N.T., πρεσβύτης se refiere a una persona de edad. En este nivel de su vida, Pablo indudablemente se consideraba como tal.]
M102 Ὢν presenta una ambigüedad: ¿Es concesivo o causal? ¿La cláusula significa: *aunque no soy otro ...*, o *porque soy ...*? En otras palabras, ¿el segundo παρακαλῶ equivale a: *yo sólo ruego (aunque pudiera ordenar*, como indicó en el v. 8), o significa: *ruego (con la mayor fuerza porque soy) no otro que ...*? [Editor. En vista del contexto, parece preferible una idea concesiva; aunque Pablo tenía la autoridad para ordenar, sólo ruega (comp. los vv. 8 y 14).]
M113 En este versículo aparece un problema exegético en cuanto al artículo. ¿Significa Παῦλος ...: *Pablo el anciano, y ahora también un prisionero ...* ? Si así fuera, con menos ambigüedad, el griego hubiera sido: Παῦλος ὁ πρεσβύτης, ὁ νυνὶ καὶ δέσμιος, donde los artículos sirven para colocar juntos dos conceptos calificativos: *anciano* y *prisionero*. Parece que Middleton pierde el punto cuando sostiene que la traducción *el anciano* implicaría una distinción de otras personas llamadas *Pablo*, lo cual no es posible sin el artículo. Aun más, si tomamos πρεσβύτης con el

significado de *embajador* (para lo cual la estricta ortografía parece ser πρεσβευτής), los dos conceptos, *embajador* y *prisionero*, quedan en un (paradójico) paralelismo. ¿O, según la otra alternativa, significa sencillamente: *el anciano Pablo ... quien ahora también es un prisionero*? [Editor. La última sugerencia parece la más probable, especialmente por el hecho de que νυνὶ δὲ καί se usa como el conectivo].

10 R713 El pronombre relativo concuerda con el género real, y no con la forma gramatical (el género masculino se usa para referirse a una persona).

12 R846 'Ανέπεμψα se usa como un aoristo epistolar (comp. B44, M12 y T73), en el cual el autor ve la carta desde la perspectiva de los destinatarios.

H435 Este versículo no contiene un semitismo (ὃν ... αὐτόν), ya que αὐτόν es un pronombre enfático; las cláusulas siguientes están en aposición con él: *a él, que es ...*

13 R886 'Εβουλόμην (una preferencia pasada) se contrasta con οὐδὲν ἠθέλησα (una decisión pasada).

B33 Un imperfecto con verbos de deseo, sin ἄν, se explica mejor como un verdadero imperfecto progresivo, que describe un deseo que el hablante sintió por algún tiempo, sin afirmar que realmente lo alberga en el tiempo en que habla. Así que tenemos: *yo estuve deseando, ...* o *algunas veces he deseado ...* (*yo hubiera deseado, pero no lo hago, o no lo hice* --BD359[2]; no debe tomarse el verbo como lo toma Blass, porque mantiene su sentido pasado normal --R919; la traducción de Burton ciertamente es complicada por el aoristo epistolar que aparece en el v. 12 --M9). [Editor. Aunque Pablo aún no había enviado a Onésimo a casa de Filemón, el deseo de quedarse con él probablemente estaba en el pasado, pero era aún tentativo.]

BD458 "Ον significa: *y este, pero esto, esta misma cosa* (comp. 2 Tim. 4:15).

14 BD263(1) El adjetivo singular neutro ἀγαθόν se usa con un sentido individual con respecto a una cosa o a un acto particular definido: *tus buenas obras*.

16 R632 Ὑπέρ con el acusativo tiene un sentido metafórico: *encima*, o *sobre* (ὑπὲρ δοῦλον significa: *como uno que es más que un esclavo* --BD230).

R663 En este versículo tenemos una distinción marcada entre μάλιστα y μᾶλλον: *especialmente para mí, y cuánto más para ti*.

19 R623 En el verbo compuesto, πρός tiene la idea de *además*.

R845 Ἔγραψα puede referirse a una epístola recién finalizada, pero aun así, el punto de vista cambia naturalmente hacia el del lector.

R1199 La delicadeza innata del sentimiento de Pablo hace que él tome el reproche para sí (por eso aparece ἵνα ...; comp. 2 Cor. 9:4).

M145 La palabra ἵνα se puede explicar como una conjunción más o menos conscientemente final (es imperativa --T955). [Editor. Esta construcción, ἵνα μὴ λέγω, parece que tiene un sentido imperativo remoto: *por no decir*; comp. 2 Cor. 9:4.]

20 R784 Las frases prepositivas son predicativas, y no atributivas (así que deben tomarse juntamente con los verbos).

M23 Este es el único caso en que aparece la primera persona de optativo en el N.T. para expresar deseo: *permite que me beneficie*. Todos los demás aparecen en la tercera persona del singular (el sentido es imperativo: *sí, hermano, permite que yo tenga este beneficio de ti en el Señor* --M136).

22 M135 Aquí el presente de imperativo aparentemente es inapropiado (parece que el sentido prefiere el aoristo: *prepara un cuarto de huéspedes*).

# Hebreos

## Hebreos 1

2 R408 El plural *αἰῶνες* se usa con el sentido de *mundo* o *eternidad*.

M114 Algunas versiones de la Biblia traducen el término *ἐν υἱῷ* con las palabras *por el Hijo*. La paráfrasis de Westcott es más correcta: *Uno que es Hijo*.

MT107 Ἐπ' *ἐσχάτου* equivale al dativo simple: *en estos últimos días*.

3 T214 En la frase *la palabra de su poder* (que equivale a *su poderosa palabra*), el pronombre personal genitivo *αὐτοῦ* aparece al final de la frase a causa de influencia semítica.

H298 El uso bíblico de *ἀπαύγασμα* parece que significa: *refulgencia*. El sustantivo *ἀπαύγασμα* viene de *ἀπαυγάζω*, donde tenemos que escoger entre *ἀπό* con el significado: *procedente de*, y *ἀπό* con el significado: *de atrás*; y entre *resplandor* y *reflejo*, luz solar y luz lunar. El uso de Filón está dividido. Los padres griegos favorecen de manera unánime la palabra: *resplandor*.

H368 Originalmente *χαρακτήρ*, se refería a una herramienta para gravar; luego, al troquel o molde; posteriormente al sello o impresión, como en una moneda o sello (como ocurre en este caso).

4 BD473 (2) Ἀγγελῶν y *ὄνομα* están en una posición enfática (para destacar el contraste); *ὄνομα* también forma un eslabón con la cláusula siguiente.

5 H463 Εἰς con el acusativo se usa en lugar de un predicado nominal: *Yo seré un padre para él …*

7 R626 Πρός con el acusativo simplemente significa: *con referencia a*.

8 R465 En este versículo no es seguro si *ὁ θεός* es vocativo o

nominativo (pudiera concebirse como un verdadero nominativo, construido de tal modo que signifique: *Tu trono es Dios*; pero lo más probable es que sea vocativo: *Tu trono, oh Dios* --M32; ὁ θεός se usa como un vocativo, en consecuencia se entiende que Jesús es Dios --TGr 15).

9 M33 Aquí la construcción con el doble acusativo significa: *tu Dios te ha ungido con aceite.*

Hebreos 2

2 M57 Διά con el genitivo significa aquí: *por medio de.*

3 R1023 El participio adverbial ἀμελήσαντες se usa con sentido condicional: *si descuidamos* (comp. B436).

6 R742 Aunque el autor usa la construcción πού τις, el pronombre τις está realmente bien definido en su mente: *pero uno ...*

R1001 Las dos veces que aparece ὅτι en este versículo tienen un sentido de consecuencia: *así que* (esta conjunción corresponde al uso de la conjunción hebrea, que es consecutiva en la cita, pero parece más probable que ὅτι signifique: *¿porque qué razón hay para que*? --BD456(2). [Editor. No hay razón aparente para imponer este sentido poco común a ὅτι, especialmente por el hecho de que el original hebreo prefiere una traducción consecutiva.]

8 T145 'Eν τῷ con el infinitivo aoristo puede significar: *poniendo todo en sujeción*; no *habiendo puesto.*

BD447(1) Aquí el uso de δέ lleva el sentido de *pero, sin embargo* (con un sentido adversativo).

9 R632 'Υπέρ significa: *en vez de* (equivale a ἀντί).

10 R583 La idea de causa (*por quien*) y la de agente (*a través de quien*) se diferencian totalmente aquí por medio de los casos genitivo y acusativo.

B149 El participio de aoristo ἀγαγόντα expresa una acción que no es ni anterior ni posterior a τελειῶσαι (un infinitivo complementario del verbo ἔπρεπεν), ni es estrictamente idéntico a éste (pero a la vez la acción simultánea es posible): *cuando El llevó* (el participio de aoristo debe traducirse: *al llevar* --T80).

MT106 Διά con el genitivo se usa para referirse a Dios, quien es la causa final y eficiente de todas las cosas (que denota el originador, más bien que el agente --BD223 [2]).

14 R687 Τῶν αὐτῶν significa: *lo mismo*.

15 R582 Διά se usa aquí en una expresión de tiempo (raro en el N.T.): *por toda la vida* (comp. M56).

16 BD491 Puesto que ἐπιλαμβάνεται se repite, es más enfático que si se hubiera omitido en la segunda ocasión.

17 R920 El verbo imperfecto ὤφειλεν se usa para describir una obligación pasada: *fue necesario que fuera hecho*.

B409 Εἰς τό con el infinitivo ἱλάσκεσθαι se usa para expresar propósito (comp T143).

M33 Τά se usa como un acusativo de referencia: *un sumo sacerdote fiel con respecto a las cosas pertenecientes a Dios* (o quizá *al lado de Dios*).

18 RF21 'Εν ᾧ tiene una fuerza causal (equivale a ἐν τούτῳ ἐν ᾧ; comp. 6:17 y T253; *por cuanto* --BD219 [2]).

B443 Πειρασθείς se usa como un participio adverbial de medio (las ideas instrumental y causal son similares; comp. R1128): *El mismo ha sufrido al ser tentado*.

## Hebreos 3

5 BD351(2) Λαληθησομένων es el único caso de un participio futuro pasivo en el N.T.: *de aquellas cosas que habría de hablarse*.

8 B162 El aoristo de subjuntivo σκληρύνητε se usa en la segunda persona con μή para expresar una prohibición: *no endurezcan sus corazones*.

9 R717 Οὗ puede considerarse como un adverbio (*donde*) o como un

pronombre relativo (*con que*). [Editor. La primera sugerencia parece preferible a la luz de la interpretación original de esta cita en el Sal. 95.]

11 R968 Ὡς tiene un sentido consecutivo: *Por tanto* (comp. 4:3).
B272 Εἰ con el futuro de indicativo se usa sin una apódosis (por influencia semítica), con la fuerza de una afirmación negativa enfática o juramento: *ciertamente no entrarán* (comp. M179).

12 M114 La frase *ἀπὸ θεοῦ ζῶντος* es mucho más común en la forma que no tiene artículo que en la que lo tiene, y la construcción que no tiene artículo siempre fija la atención en el carácter como algo que se distingue en la persona de Dios.
T146 Ἐν τῷ con el infinitivo es explicativo. El significado resultante es: *el perverso corazón infiel de un desertor* (comp. *en la forma de una [consumada] apostasía* --BD404 [3]).

13 R975 Ἄχρις aparece con un verbo en presente de indicativo, y significa: *entre tanto* (lineal), o *mientras* (comp. Gál. 3:19).
BD200 (1) Καθ' *ἑκάστην ἡμέραν* significa: *cada día*.

16 R583 Διά se usa aquí con el sentido de un agente intermedio: *bajo la dirección de Moisés* (comp. M57).

19 BD442(2) Καί se usa con un sentido consecutivo: *Y por tanto vemos* (comp. R1183).

## Hebreos 4

1 B224 Μήποτε se usa para introducir una cláusula de complemento directo después del verbo *φοβηθῶμεν* (esto aparece en los escritos de Lucas, de Pablo y en Hebreos como una peculiaridad semiliteraria, y no como un estilo popular): *Por tanto, temamos, no sea que*.
BD337(1) Aquí el aoristo de subjuntivo significa: *comencemos a temer* (de ingreso).

2 B84 El perfecto perifrástico denota aquí una acción terminada *las buenas nuevas nos fueron predicadas*.

M175 Τῆς ἀκοῆς se usa como un genitivo descriptivo, y significa: *la palabra que ellos oyeron.*

3 R132 El tiempo perfecto de *εἴρηκεν* se usa para destacar la permanencia del registro bíblico (aquí es similar al aoristo): *como El dijo.*

R968 Ὡς pudiera tener un sentido consecutivo: *Por tanto* (comp. 3:11).

R1129 Καίτοι se usa para hacer que la idea concesiva del participio sea más clara: *aunque las obras de El estaban terminadas.*

B272 Εἰ con el futuro de indicativo en los vv. 3 y 5 tiene la fuerza de una declaración negativa enfática. (comp. 3:11).

M73 La preposición *ἀπό* se usa con un sentido temporal: *desde la creación.*

4 T52 Κατέπαυσεν significa: *descansó.*

BD102 Πού significa: *aproximadamente.*

6 BD62 Πρότερον se usa con referencia al primero de dos actos: *la primera vez,* con referencia a la entrega de la ley; contrasta con *πάλιν* en el v. 7.

7 B475 El aoristo de subjuntivo *σκληρύνητε* se usa con *μή* en una prohibición; significa: *no endurezcan sus corazones* (comp. 3:8).

T261 La preposición *ἐν* tiene un sentido local: *en David.*

9 R541 Τῷ λαῷ tal vez es un dativo de ventaja: *para el pueblo.*

11 T257 Ἐν después de *πίπτω* no significa: *en,* sino que tiene el significado resultante: *para que ninguno caiga tras,* o *por.*

12 R633 Ὑπέρ se usa aquí con un sentido comparativo: *que ...*

13 R625 Πρός se emplea aquí para denotar una relación viva e íntima conversación: *con quien tenemos que arreglar cuentas.*

T331 Aquí, después del negativo precedente, *δέ* tiene la fuerza adversativa de *ἀλλά.*

14 T232 El verbo *κρατέω* significa: *dominar.*

15 R530 El dativo *ταῖς ἀσθενείαις* se usa con una idea asociativa: *con nuestras debilidades.*

Hebreos 5

1 B124 *Λαμβανόμενος* no significa: *uno que está acostumbrado a ser tomado*, sino *que es tomado, habiendo sido tomado una vez.* Eso es lo que caracteriza a la clase de gente a la cual se alude aquí.

3 BD229(1) *Περί* se usa aquí con el sentido de *ὑπέρ*, y significa: *a favor de, a causa de, por.* (comp. M63).

5 M127 El infinitivo *γενηθῆναι* se usa con un sentido explicativo (es decir, define más concretamente de cerca el contenido de la acción que denota el verbo precedente): *Cristo no tomó para Sí el honor de llegar a ser sumo sacerdote* (comp. B375; este infinitivo expresa la idea de resultado --R1089) [Editor. El contexto inmediato de este versículo introduce la idea de que uno no adquiere la posición honorable de sumo sacerdote por medios humanos, sino que sólo le es dada por Dios. En consecuencia, a Cristo le fue dada esta posición en su glorificación (comp. la traducción de Moule). Además, el paralelismo entre los segmentos iniciales de los vv. 4 y 5 es más evidente con esta traducción.]

7 R580 La preposición *ἀπό* tiene aquí la idea de causa: *oído a causa de su piedad* (comp. H461).
R598 Aquí el uso de *ἐκ* puede acentuar el poder de Dios (*δυνάμενον*), aunque Cristo todavía no había muerto.
T18 *Ἱκετηρίας* significa: *súplica intensa.*

8 R1129 *Καίπερ* se usa para hacer que la idea concesiva del participio sea más clara (el énfasis en el uso de *πέρ* presenta la idea de que esto se hizo, a pesar de la oposición): *aunque era Hijo.*

10 H399 *Προσαγορεύω* significa: *dirigirse a, aclamar.*

11 R523 *Ταῖς ἀκοαῖς* se usa como un locativo (probablemente es

dativo de referencia --T220). [Editor. En esencia, la traducción: *en la esfera de oir* es similar a: *en lo que se refiere a oir.*]

R1076 El infinitivo *λέγειν* es complementario del adjetivo *δυσερμήνευτος* (no se debe destacar el tiempo de *λέγειν* --R1081): *difícil de interpretación para explicarlo*, es decir, *difícil de explicar de manera inteligente.* (comp. B377).

12 T141 *Τοῦ* con el infinitivo *διδάσκειν* es explicativo del sustantivo *χρείαν*: *ustedes necesitan otra vez que alguien los enseñe.*

BD452(3) *Καὶ γάρ* simplemente significa: *pues*; *καί* ha perdido su fuerza. [Editor. Es incorrecto decir que *καί* ha perdidio su fuerza. En la construcción de *καὶ γάρ* en el N.T., *καί* siempre se usa como adverbio (ejs.: Mat. 8:9; Mar. 10:45; Juan 4:23; comp. el capítulo sobre "Las conjunciones en el N.T." en Una gramática exegética del N.T.]

13 T213 *Δικαιοσύνης* se usa como un genitivo de cualidad: *incapaz de entender la palabra correcta* (o *lenguaje normal*).

14 M204 El caso acusativo se usa con *διά*, cuando el genitivo parece igualmente apropiado, si no más apropiado: *por el ejercicio.*

## Hebreos 6

1 R498 *Μετανοίας* se usa como un genitivo de aposición o definición: *que consiste en el arrepentimiento.*

2 T218 *Βαπτισμῶν διδαχῆς* (los manuscritos $p^{46}$ y B, en los cuales aparece *διδαχήν*, probablemente son correctos) significa: *enseñanzas concernientes a bautismos* (comp. BD444[4]).

BD444[4] El autor cambia la conjunción *τέ* por *καί* para unir a *ἀναστάσεως* con *κρίματος* de una manera más estrecha que los otros aspectos de este versículo.

6 R539 *Ἑαυτοῖς* se usa como un dativo de desventaja: *contra sí mismos*, o *para pérdida de ellos.*

R613 El verbo *παραπίπτω* se usaba como una palabra comercial que significaba: *caer por debajo del nivel.*

M70 La preposición *εἰς* se usa con un sentido final o consecutivo: *con el propósito de*, o *para que dé como resultado.*

MT230 El participio *ἀνασταυροῦντας* tiene un sentido causal: *ya que ellos crucifican.*

10 R998 El infinitivo *ἐπιλαθέσθαι* se usa con un sentido consecutivo: *hasta el punto de olvidar.*

12 T331 Aquí, después del negativo, *δέ* tiene la fuerza adversativa de *ἀλλά* (comp. 4:13).

13 M60 La preposición *κατά* se usa con el verbo de juramento, para dar el significado resultante: *El juró por Sí mismo.*

T80 El participio de aoristo *ἐπαγγειλάμενος* se interpreta mejor si se entiende que expresa una acción coincidente con el verbo principal (es decir, se expresa la misma acción): *cuando Dios hizo una promesa.*

14 B448 En citas del A.T., algunas veces se coloca un participio antes de una forma personal del mismo verbo. La fuerza del participio es intensiva (es decir, intensifica la idea verbal): *ciertamente te bendeciré ...*

T336 Eἶ *μήν* significa: *sí* (comp. BD441[1]).

17 M132 No es seguro si *ἐν ᾧ* significa: *en lo cual*, o y *por tanto* (la frase es causal; comp. 2:18 --T253; debe traducirse: *por lo cual* BD219[2]). [Editor. La segunda sugerencia de Moule es similar en significado a las proposiciones de los otros dos gramáticos, y es la traducción que se prefiere.]

18 R827 En *οἱ καταφυγόντες*, el sentido perfectivo de *κατά* coincide con el aoristo de efecto: *que hemos acudido en busca de refugio.*

T72 Κρατῆσαι se usa como un aoristo de ingreso: *comenzar a asirnos* (comp. *aferrarse a* --T232).

## Hebreos 7

3 M164 Eἰς *τὸ διηνεκές* sólo aparece en Hebreos (7:3, 10:1, 12 y 14) y significa: *ininterrumpidamente, continuamente.*

H276 'Απάτωρ significa: *padre desconocido* (así se usa en los papiros para referirse a los hijos ilegítimos): *sin padre conocido.*

4 H24 Note el toque repentino de audacia en la conversación que introduce una palabra como πηλίκος en la descripción majestuosa de Melquisedec (este término de exclamación aparece sólo dos veces en el N.T., aquí y en Gál. 6:11 --R741).

6 R896 En los vv. 6, 9, 11, 13, 16, 20 y 23, se usa el tiempo perfecto para explicar una permanencia de las instituciones judías (el perfecto de alegoría aparece en el N.T. cuando se explica el A.T. --M14): *bendijo.*

8 M104 y sig. La construcción sin artículo ἀποθνήσκοντες ἄνθρωποι pudiera significar: *hombres que mueren;* pero en este contexto es virtualmente adjetival y significa: *hombres mortales, hombres que han de morir.* En el mismo versículo, μαρτυρούμενος ὅτι ζῇ es una manera atrevida y más bien rara de decir: *uno de quien se da testimonio de que vive.*

MT114 El tiempo presente de ἀποθνήσκω tiene una idea de frecuencia (es decir, acción que se repite de vez en cuando con diferentes individuos; comp. 10:28).

9 B383 El infinitivo que se usa como absoluto en una cláusula entre paréntesis (ὡς ἔπος εἰπεῖν) aparece sólo una vez en el N.T., y significa: *por así decirlo* (este tipo de construcción aparece en el lenguaje literario; comp. BD391).

11 M163 Οὖν μέν juntos indican inferencia y significan: *así que.*

BD234(8) 'Επ' αὐτῆς no es temporal, pero significa: *en base a esto.*

12 R1129 El participio μετατιθεμένης se usa con un significado condicional: *porque si el sacerdocio cambia.*

13 R1129 Parece que el tiempo perfecto de los verbos que aparecen en los vv. 13 y sigs., inicialmente se usa con un sentido alegórico (comp. el v. 6); pero, puesto que los verbos se refieren al Cristo viviente, tal vez caigan más bien en la categoría normal de un evento pasado que aún se está realizando.

15 T29 Aquí se usan los dos comparativos para intensificar la comparación, y significan: *aun más manifiesto.*

T115 Eἰ se usa con el presente de indicativo para referirse a una realidad presente: *como se dijo antes* (comp. v. 11).

16 M59 Κατά con el acusativo aquí significa: *en virtud de una ley ..., en virtud de un poder.* (comp. T268).

18 T190 Aquí el pronombre *αὐτῆς* no es enfático, a pesar de la posición especial que tiene: *su debilidad.*

BD808 Προαγούσης, como participio atributivo, significa: *el anterior, el precedente.*

20 R963 Καθ' ὅσον tiene una idea causal: *porque.*

24 R789 Cuando el artículo aparece con el sustantivo, pero no con el adjetivo, el resultado equivale a una cláusula relativa.

M109 Una delicada sutileza aparece en este versículo con referencia al uso del artículo. 'Απαράβατον ἔχει τὴν ἱερωσύνην probablemente no signifique: *está poseído de un sacerdocio inalienable,* (como si no se hubiera usado el artículo), sino: *tiene un sacerdocio que es inalienable*; el artículo sugiere que sabemos que tiene un sacerdocio: es *su (conocido, asumido) sacerdocio;* pero ahora agregamos que lo tiene *como un sacerdocio inalienable* (comp. 186).

25 M165 Εἰς τὸ παντελές parece que es mejor traducirlo: *absolutamente,* con el siguiente significado resultante: *Cristo puede salvar absolutamente.*

26 R1181 El primer *καί* en este versículo casi significa: *precisamente* (significa: *también* --BD442[12]). [Editor. Καί se usa como un adverbio. Cualquiera de las traducciones propuestas se pueden usar para expresar este concepto.]

27 R691 'Ιδίων tiene aquí el sentido *privado* (los pecados de un individuo en contraste con los de la gente).

28 R418 Note el clímax enfático en *τετελειωμένον,* colocado al final de la oración: *quien ha sido hecho perfecto para siempre.*

## Hebreos 8

1 R605 Ἐπί con el dativo en este versículo tiene la idea de *además*. (comp. BD235[3]).

2 T27 El plural de ἅγιος en este contexto significa: *templo*.

3 R989 La cláusula relativa ὃ προσενέγκῃ se usa como una cláusula de propósito: *algo para ofrecer* (comp. M139; aquí la cláusula relativa es complementaria y expresa aquello para lo cual es apta una persona o cosa --B318; comp. BD379 y T109). [Editor. En vista de que el verbo en subjuntivo se usa en esta cláusula relativa, la primera traducción parece preferible (comp. Luc. 11:6 y Hech. 21:16).]

T143 Εἰς τό con el infinitivo se usa aquí con la idea de propósito.

5 M14 El verbo perfecto κεχρημάτισται se usa al explicar el A.T. (un perfecto de alegoría; comp. 7:6): *él fue amonestado*.

6 R728 El pronombre ἥτις tiene un sentido causal.

BD235(2) Aquí ἐπί con el dativo significa: *basado en* (equivale a: *en virtud de, de acuerdo con*).

8 BD442(4) El primer καί de este versículo expresa una designación temporal, y significa: *cuando*.

9 BD423(5) En la construcción ἐν ἡμέρᾳ ἐπιλαβομένου μου se encuentra un uso raro del genitivo absoluto. Depende de ἐν ἡμέρᾳ, y significa: *en el día cuando tomé*. El participio se trata casi como un infinitivo (como un sustantivo en genitivo, que limita a otro sustantivo; el μοῦ debe tomarse con ἡμέρᾳ y el participio se usa como un adverbio temporal --R1123).

10 MT107 Es mejor considerar la palabra καρδίας como si estuviera en caso acusativo, pero sólo por el hecho de que la precede εἰς τὴν διάνοιαν (comp. 10:16).

MT224 El participio διδούς es paralelo con el verbo ἐπιγράψω (lo cual hace que el participio equivalga a un verbo en indicativo; comp. 10:16 y R1135): *Pondré*.

11 T30 El simple adjetivo *μικρός* se usa como un superlativo: *el más pequeño.*

12 T96 Aquí *οὐ μή* se usa con el aoristo de subjuntivo para negar enfáticamente (comp. Rom. 4:8): *nunca más.*

13 R895 El tiempo perfecto de *πεπαλαίωκεν* denota un estado que se ha completado (es decir, un perfecto extensivo); *ha hecho viejo* (o *anticuado) el primero.*

R1073 'Eν *τῷ* λέγειν expresa una idea causal: *porque dice* (comp. T146).

## Hebreos 9

1 R777 Hay una aparente dificultad al traducir *τό τε ἅγιον κοσμικόν*, que puede compararse con *ὁ ὄχλος πολύς* (Juan 12:9). Tal vez se pensó que tanto *ἅγιον* como *κοσμικόν* eran adjetivos (aunque el adjetivo *κοσμικόν* está aquí en posición predicativa, se usa en un sentido atributivo): *algo terrenal.*

M163 Μὲν *οὖν* puede ser sólo de resumen o de transición: *así que entonces*; o puede ser adversativo: *sin embargo, antes bien.* [Editor. Parece que *μὲν οὖν* es transicional, simplemente denota continuación; comp. 7:11 y 8:4.]

3 M60 Esta es la única vez que aparece *μετά* con un sentido espacial en el N.T.: *después (o más allá) del segundo velo* (comp. R612 posiblemente también se incluya una idea temporal: *después de la segunda cortina, uno llega a ...* --BD226).

T31 Tὰ *ἅγια ἁγίων* significa: *el Lugar Santísimo.*

5 R154 En este versículo, *ἱλαστήριον* significa: *lugar de propiciación* o *asiento de misericordia.*

M60 Κατὰ *μέρος* significa: *en detalle.*

8 R700 El infinitivo perfecto *πεφανερῶσθαι*, en el discurso indirecto está en aposición con *τοῦτο*: *que no se había revelado aún el camino ...*

BD163 Tὴν *τῶν ἁγίων ὁδόν* significa: *el camino al santuario.*

9 M59 Καθ' ἥν significa: *de acuerdo con.*

10 BD235(2) En este versículo, la preposición ἐπί con el dativo significa: *basado en* (comp. 8:6).

12 R809 En *αἰωνίαν λύτρωσιν εὑράμενος*, se presenta a Jesús como uno que ha hallado por sí mismo redención eterna (voz media indirecta).

B145 Es mejor considerar que el participio de aoristo *εὑράμενος* se refiere a una acción subsiguiente a la del verbo *εἰσῆλθεν*. Pero es posible que *εἰσῆλθεν* se use para describir todo el acto del sumo sacerdote; que incluye tanto la entrada en el lugar santo como la subsiguiente ofrenda de la sangre; y que *εὑράμενος* sea así un participio de acción idéntica. En cualquier caso no debe traducirse *habiendo obtenido*, sino *y obtuvo.*

M57 *Διά* con el genitivo *αἵματος* tal vez signifique: *con sangre* (paralelo con *ἐν αἵματι* en el v. 25; comp. T267).

15 BD235(2) En los vv. 15 y 17, ἐπί con el dativo significa: *basado en* (comp. 9:10).

17 BD428(5) 'Επεὶ *μήποτε* es claramente interrogativo.

19 M95 Πάσης *ἐντολῆς* probablemente signifique: *todo el mandato.*

25 R589 'Ἐν se usa para referirse a una circunstancia concomitante, con el siguiente significado resultante: *con sangre.*

26 R604 'Επί se usa en una expresión de tiempo: *al fin de las edades* (comp. M50). Este no es un uso común de la preposición.

R920 En *ἐπεὶ ... παθεῖν* hay una condición implícita (*entonces hubiera sido necesario* --T90).

27 R963 La frase *καθ' ὅσον* tiene un sentido causal (comp. 7:20).

## Hebreos 10

1 M164 La frase *εἰς τὸ διηνεκές* en los vv. 1, 12 y 14 significa: *continuamente* (comp. 7:3).

MT58 Los verbos plurales προσφέρουσιν y δύνανται tienen un uso idiomático, en el cual hay tal supresión del sujeto para destacar la acción, que obtenemos el efecto de un verbo pasivo. Ciertamente los sacerdotes no se destacan en el pensamiento del escritor. Una construcción pasiva hubiera dado el significado exactamente.

2 B230 Aquí la cláusula causal (independiente) significa: *ya que (si lo que se dijo en el versículo anterior no fuera verdad) hubieran dejado de ofrecerse.*

M151 En este versículo hay una prótasis implícita: *¿No hubieran dejado de ofrecerse (las ofrendas) (si la ley hubiera podido perfeccionar a sus adherentes)?*

6 M63 Περὶ ἁμαρτίας se usa como el término técnico de la LXX que equivale a *ofrenda por el pecado* (comp. el v. 26; la preposición περί equivale a ὑπέρ --BD229[1]; comp. el v. 12).

7 T141 Τοῦ con el infinitivo tiene un sentido final (propósito): *yo he venido para hacer tu voluntad.*

8 M101 El participio de presente λέγων se usa para denotar una acción que ocurre antes de la acción del verbo principal εἴρηκεν *(después que él dijo ... entonces dijo).*

9 R895 El tiempo perfecto se usa en εἴρηκεν para denotar esta idea: *se dijo (una acción en el tiempo) y aún está en el registro* (duradero; el verbo en perfecto probablemente comunica la idea de resultado existente, aunque el uso de un adverbio de tiempo pasado sirve para dar más prominencia a la acción pasada que la que usualmente le da un tiempo perfecto --B88).

10 H463 La preposición ἐν con el dativo tiene un sentido causal (semítico): *por esa voluntad,* o *a causa de esta voluntad.*

11 R617 La preposición que aparece en el verbo compuesto περιελεῖν (περιαιρέω) tiene una fuerza perfectiva: *quitar por completo.*

13 M34 Τὸ λοιπόν significa: *finalmente,* o *de ahí en adelante* (adverbial, *de ahí en adelante esperando ...;* comp. BD451[6]).

14 R895 El tiempo perfecto del verbo τετελείωκεν presenta un estado que se ha completado (es decir, un perfecto extensivo; comp. 8:13): *El ha perfeccionado por todo el tiempo.*

MT127 ¿Es la expresión τοὺς ἁγιαζομένους atemporal: *los objetos de la santificación*; o reiterativa: *aquellos que de vez en cuando reciben la santificación*; o sólo duradera: *los que están en proceso de santificación?* Esta última, con el verbo en tiempo perfecto, τετελείωκεν, que habla (como la expresión única, ἐστε σεσῳσμένοι, de Ef. 2:5 y 8) de una obra que está terminada por parte de su autor, pero que se está realizando progresivamente por parte de sus objetos (con lo cual la expresión es similar al término recurrente *οἱ σωζόμενοι* y a *οἱ ἀπολλύμενοι*, en las cuales es obvio la acción duradera), envuelve un contraste implícito.

16 MT224 El participio διδούς es paralelo con el verbo ἐπιγράψω (comp. 8:10): *pondré.*

18 BD229(1) La preposición περί realmente se usa por ὑπέρ.

19 BD163 La frase εἰς τὴν εἴσοδον τῶν ἁγίων significa: *para entrar en el lugar santo* (en vez de εἰς τὰ ἅγια; comp. T212).

25 T190 El pronombre reflexivo ἑαυτῶν se usa en vez de ὑμῶν αὐτῶν (muy enfático): *de ustedes mismos* (este pronombre se usa en vez de ἡμῶν αὐτῶν --BD284[2]). [Editor. La última sugerencia es preferible, ya que la cláusula que tiene el participio depende del verbo κατανοῶμεν (primera persona plural): *no descuidando el reunirnos nosotros mismos.*]

26 M63 La preposición περί se usa en vez de ὑπέρ en este versículo (comp. los vv. 6 y 12): *por los pecados.*

T178 Una peculiaridad del griego bíblico es que cuando ἀληθεία tiene artículo, se refiere a Cristo como la verdad real. Pero, en este versículo no se refiere a Cristo, porque el artículo se usa por atracción gramatical.

27 R743 Τὶς realmente intensifica a φοβερά: *cierta expectación horrorosa* (comp. BD301[1]).

28 BD235(2) La frase prepositiva con *ἐπί* significa: *basado en el testimonio.*

MT114 El tiempo presente de *ἀποθνῄσκει* tiene una idea de frecuencia (es decir, se refiere a una acción que se repite de vez en cuando con diferentes individuos; comp. 7:8).

29 M44 *Πόσῳ ... χείρονος* significa: *¿cuán peor ..?* (comp. T220).

31 R1059 El infinitivo con artículo se usa como el sujeto del adjetivo verbal: *¡Cosa horrorosa es caer en las manos ...!*

33 T215 El adjetivo sustantivado *κοινωνός*, con un genitivo de persona, significa: *un asociado de.*

35 R728 El pronombre *ἥτις* tiene un sentido causal.

36 B217 Aunque el propósito de *ὑπομονή* se encuentra en la cláusula encabezada por *ἵνα*, sin embargo, la función no es final (indicadora de propósito). Su oficio no es expresar el propósito de la cláusula principal, sino establecer un resultado (previsto, no real) para el cual la posesión de *ὑπομονή* es la condición necesaria: *porque ustedes necesitan paciencia para que, habiendo hecho la voluntad de Dios, reciban la promesa.*

37 T50 *Ὅσον ὅσον* equivale a *muy poco*, o *cuán poco.*

BD304 *Ἔτι μικρὸν ὅσον ὅσον* significa: *sólo por muy poco tiempo.*

38 T43 *Ἡ ψυχή μου* equivale a *ἐγω αὐτός*: *mí mismo.*

## Hebreos 11

1 T307 La presencia de *ἐστίν* en este versículo parece excepcional, probablemente signifique: *representa.*

BD426 No es común que aparezca el negativo *οὐ* con un participio en el N.T. Pero aparece con el participio *βλεπομένων* en este versículo, porque el negativo equivale a una *a* privativa. [Editor. El verbo *βλέπω* generalmente denota percepción (es decir, es lo opuesto a la ceguera; comp. Mat. 12:22 y Luc. 7:21). El negativo *οὐ* se usa con una forma participial de este verbo para destacar el hecho de que estas cosas no se pueden percibir a través de la percepción sensorial objetiva.]

3 R423 En este versículo el negativo μή niega la frase prepositiva con ἐκ. Generalmente el negativo aparece antes de la palabra o de las palabras que se niegan (comp. T287 y B433[2]).

B411 Εἰς τό con el infinitivo γεγονέναι expresa la idea de resultado: *de modo que lo que se ve no ha sido hecho de cosas que aparecen* (comp. R1003; este versículo indica que uno de los resultados o síntomas de la fe es que comprendemos (νοοῦμεν) que los mundos (αἰῶνες) fueron hechos por la palabra de Dios, es decir, parece que se refiere a la creación exnihilo: lo visible fue hecho de lo invisible. Pero, si es así, ἐκ μὴ φαινομένων sería una frase mucho más natural --M168).

T25 El sustantivo temporal αἰῶνες, en este contexto significa: *mundo*.

4 T146 Un sustantivo aparece en nominativo con el infinitivo en ἐμαρτυρήθη εἶναι δίκαιος. Su significado resultante es: *certificación de que era justo* (aquí se usa el nominativo porque es el predicado del sujeto del verbo --BD405[1 y 2]).

5 B390 El infinitivo se usa aquí en discurso indirecto: *se había dado testimonio de que él había sido agradable a Dios.*

10 H278 El sustantivo δημιουργός parece que se origina del significado de *trabajador público*, el cual se desarrolló hasta expresarse por medio de la palabra *artesano*. A partir de este concepto se fortaleció la idea de *habilidad* y, en filosofía, llega a ser un nombre que se le da al Creador.

11 R616 La preposición παρά tiene la idea de *más allá de* (*pasada la edad*).

R686 El pronombre αὐτή tiene un sentido intensivo: *la misma Sara*.

12 T45 El conjunto de conjunción y pronombre (καὶ ταῦτα) se usa con un sentido adverbial: *en verdad* (esta construcción adverbial aparece con un participio concesivo --R705; la frase significa *y ése aun* --BD425[1]).

13 R833 'Απέθανον se usa como un aoristo que expresa como un solo hecho una acción realizada durante cierto tiempo (y aparece en una declaración de resumen): *todos estos murieron.*

15 R1015 La cláusula condicional de este versículo se refiere al tiempo pasado: *si ellos se hubieran mantenido pensando, se hubieran mantenido temiendo* (comp. B248).

T259 La preposición ἀπό en este versículo tiene un significado similar a ἐκ: *fuera de.*

MT204 El infinitivo ἀνακάμψαι se usa para complementar (o definir más) el nombre καιρόν, con el siguiente significado: *oportunidad para regresar.*

17 R885 Προσέφερεν tiene el sentido de un imperfecto interrumpido (*¡intentó ofrecer!* --T65).

BD342(5) El verbo perfecto προσενήνοχεν aparece con referencia a un evento del A.T. e implica que este evento aún retiene su (ejemplar) significado (un ejemplo permanente).

18 H463 La preposición ἐν tiene un sentido causal en este versículo (por influencia de la LXX).

19 M79 La frase prepositiva ἐν παραβολῇ es virtualmente un adverbio y significa: *en sentido parabólico.*

20 R788 El artículo repetido τόν destaca la distinción entre el sujeto y el complemento directo.

21 R827 El participio compuesto ἀποθνήσκων tiene la idea simple de *al morir* (el tiempo presente aquí denota todo el proceso que conduce hacia una meta lograda; comp. MT114).

23 R833 El verbo ἐκρύβη se usa como un aoristo que expresa como un solo hecho una acción realizada durante un tiempo, es decir, resume un período de tiempo (*fue escondido por tres meses*). El verbo ἐκαρτέρησεν también tiene el sentido de un aoristo que resume una acción.

28 BD342(4) El verbo perfecto πεποίηκεν se usa para denotar un efecto continuo en el objeto (se refiere a una institución

permanente; comp. el v. 3); *él celebró la pascua.*

32 R1126 El participio adverbial *διηγούμενον* se usa de una manera poética y se describe el tiempo como algo que se aleja y deja que el escritor hable acerca de Gedeón y de los demás (el participio tiene un sentido condicional: *si yo cuento* --T157).

33 MT116 El verbo *εἰργάσαντο* se usa como un aoristo de resumen (que resume una manera de vida).

34 R748 El pronombre *ἀλλοτρίων* tiene la idea de *extranjeros.*
T259 La preposición que aparece en *ἀπὸ ἀσθενείας* tiene un sentido temporal: *después de la debilidad* (comp. BD209[4]).
MT116 Ἔφυγον se usa como un aoristo de ingreso (es decir, denota el comienzo de una acción) no se refiere a la meta de seguridad lograda, sino al primer paso decisivo para alejarse del peligro.

35 BD430(3) Es raro que aparezca el negativo *οὐ* con un participio en el N.T. El negativo *οὐ* aparece con el participio *προσδεξάμενοι* a causa de la influencia clásica. [Editor. Οὐ se usa con este participio a fin de comunicar de manera enfática que cuando esos creyentes pasaron por persecuciones, no buscaron evitarla, a fin de ganar la libertad, (comp. el v. 1). En consecuencia, estas personas lograron la victoria en otro sentido. Soportaron aun hasta la muerte.]

37 R590 La frase prepositiva *ἐν φόνῳ μαχαίρης* tiene un sentido instrumental: *con asesinato por medio de la espada.*

39 R833 Ἐκομίσαντο se usa como un aoristo de resumen, pues resume la acción de mucha gente: *ellos no recibieron.*

## Hebreos 12

1 R432 El capítulo 11 tiene una espléndida conclusión en el 12:1 y sigs., los cuales debieran pertenecer al capítulo 11 como el período de cierre del comentario sobre las promesas (esto representa un estilo fluido de oratoria; *τοσοῦτον* y *ὄγκον* son enfáticos --BD473[2]).

R810 Ἀποθέμενοι se usa como un participio en voz media indirecta: *despojándose de todo peso.*

B160 El verbo τρέχωμεν se usa como un subjuntivo exhortativo, con el significado resultante: *corramos con paciencia la carrera que está puesta delante de nosotros.*

BD117(1) El doble adjetivo verbal compuesto εὐπερίστατον probablemente signifique: *que fácilmente nos rodea, que nos asedia* (comp. H282; el manuscrito p[46] tiene la variante εὐπερίσπαστον, que significa: *fácilmente distraídos, con tendencia a la distracción.*)

2 M204 ¿Qué significa ἀντί aquí. ¿Escogió una cruz en vez del gozo que pudiera haber tenido (comp. Fil. 2:6), o escogió una cruz con el propósito de lograr por medio de ella el gozo que está más allá (comp. 11:25 y sigs. y 12:16)? (*Cristo sufrió la cruz en vez del gozo que se puso delante de El* --TGr172; la cruz y el gozo se enfrentan en la mente de Jesús y El los toma a los dos: la cruz con la finalildad de obtener el gozo --R574). [Editor. La traducción aquí no sólo depende del sentido de ἀντί, sino también del significado del participio προκειμένης. Parece que el participio se refiere a *algo que es puesto delante* (comp. Heb. 6:18). El gozo que fue puesto delante de él es la gloria que El experimentaría después de sufrir en la cruz (comp. Luc. 24:26 y 1 Ped. 1:11). Ἀντί aparentemente tiene el mismo significado que en el v. 16: *por causa de.*]

3 BD342(5) El participio perfecto ὑπομεμενηκότα se usa para referirse a un ejemplo permanente de la vida de Jesús.

4 R645 La preposición adverbial μέχρις en este contexto tiene la idea de *medida* o *grado.*

6 R1184 En este versículo, la conjunción δέ no es adversativa, sino continuativa: *y disciplina.*

7 T174 Note la construcción con υἱός, ... πατήρ sin artículo (no es ὁ πατήρ, *su padre*), *un padre* (comp. BD257[3]): *¿qué hijo hay a quien su padre, como un padre, no castiga?* --MT82).

T267 La preposición εἰς con el acusativo tiene aquí un sentido causal: *ustedes están soportando por causa de la disciplina.*

9 T334 Καί aparece con el verbo imperfecto ἐνετρεπόμεθα para expresar un resultado adicional.

10 R625 En los vv. 10 y sigs., la preposición πρός se usa en expresiones de tiempo, para indicar su extensión.

13 R1413 Por cuanto la construcción con ἵνα μή es continuada con δέ, ἵνα μή no se repite, pero se retiene el sentido: *para que ... no ..., sino más bien.*

15 MT178 En este versículo se introduce una cláusula de prevención por medio de la palabra μή, después de la cual viene el participio ἐπισκοποῦντες: *miren que ...*

16 M71 En este contexto, la preposición ἀντί significa: *en cambio por,* y la traducción resultante es: *él vendió su primogenitura por una comida.*

17 MT245 Según la forma, ἴστε puede ser indicativo o imperativo. Aquí parece preferible tomar al verbo como imperativo (si es indicativo, se usó solo como un recurso literario).

H310 El verbo compuesto ἐκζητέω parece que siempre denota que el buscador encuentra, o por lo menos agota sus facultades de búsqueda (como ocurre en este versículo).

18 R1118 El participio presente ψηλαφωμένῳ significa: *palpable.*

23 M170 Los comentaristas tienen diversas opiniones en cuanto a la manera de traducir κριτῇ θεῷ πάντων; si debe ser: *un Dios que es juez de todos,* o *un juez quien es Dios de todos.* Si la primera es la correcta, el orden sólo puede explicarse como un artificio del estilo. Esto ocurre en un pasaje sumamente retórico (comp. T350). [Editor. La última sugerencia de Moule parece preferible, en vista del orden de las palabras y del hecho de que usualmente un genitivo sigue inmediatamente al sustantivo que modifica.]

24 R615 En esta comparación, la preposición παρά tiene la idea de *más (que la de Abel).*

25 R810 Παραιτήσησθε se usa como un verbo en voz media indirecta, y significa: *apartar de ustedes mismos* (es decir, *rechazar)*.
B209 Μή con παραιτήσησθε se usa después de βλέπετε y en consecuencia se consideraría como un subjuntivo prohibitivo. [Editor. Cuando μή y un verbo en subjuntivo siguen al imperativo βλέπετε, denota el contenido de ese imperativo (comp. Luc. 21:8; Hech. 13:40; 1 Cor. 8:9; 10:12 y Gál. 5:15). Así que, en esencia, tiene un sentido prohibitivo: *miren que no rechacen*.]

27 T182 En la parte inicial de este versículo, el artículo τό se usa para introducir la cita.

28 R955 En δι' ἧς λατρεύωμεν, parece que el verbo subjuntivo es volitivo (es decir, subjuntivo exhortativo; comp. BD377[3]: *por medio de la cual adoremos)*.

29 BD452(3) Καὶ γάρ en este versículo sencillamente significa *porque* (comp. 5:12).

## Hebreos 13

2 T226 El verbo ἔλαθον expresa una idea adverbial; transfiere la idea verbal al participio: *ellos inconscientemente hospedaron ángeles* (comp. R550).

4 M180 En el N.T., los adjetivos simples pueden usarse como imperativos, como ocurre con los tres adjetivos y un participio que aparecen en los vv. 4 y sigs. (comp. R396): *tengan en honra el matrimonio ...*

5 B172 Aquí el uso de οὐ μή con el aoristo de subjuntivo tiene el sentido de una negación enfática con futuro de un indicativo; la traducción es: *de ninguna manera te desampararé, ni de ninguna manera te dejaré* (comp. R930; cuando un negativo está seguido de un doble negativo, el efecto es una negación fortalecida --B489; comp. R1175).

6 MT150 El verbo futuro en voz pasiva, φοβηθήσομαι, tiene un sentido duradero. Parece que significa: *tengo temor* (duradero),

y no: *llego a tener temor* (comp. M10).

9 R1166 Sólo el negativo οὐ aparece con βρώμασιν para indicar el contraste de pensamiento: *con la gracia, no con comidas.*

MT125 La prohibición con el tiempo presente, μὴ παραφέρεσθε, tiene un sentido reiterativo: *no sean desviados cada vez que se levantan enseñanzas diferentes.*

11 M204 La preposición διά, usada en relación con una persona, tiene el sentido de agente (comp. T267): *por el sumo sacerdote.*

BD229(1) La preposición περί aparece con el sentido de ὑπέρ: *por el pecado.*

16 R532 El caso dativo en τοιαύταις θυσίαις tiene una idea causal (*por causa de tales sacrificios;* comp. T242).

17 La partícula ὡς con el participio ἀποδώσοντες expresa motivo del sujeto, y significa: *con la idea de que ellos tienen que.*

18 T75 El presente de imperativo προσεύχεσθε debe traducirse: *manténganse orando* (comp. BD336[3]).

BD322 Πειθόμεθα parece ser un verbo en presente perfectivo: *estamos convencidos* (algunos manuscritos incluyeron aquí el tiempo perfecto).

19 BD244(1) Parece que el adverbio comparativo τάχιον tiene un verdadero sentido comparativo en este versículo: *más rápidamente*, o *más pronto* (comp. el v. 23).

20 M78 La preposición que aparece en ἐν αἵματι tiene la idea de acompañamiento: *con la sangre.*

21 B176 El aoristo optativo καταρτίσαι expresa la idea de deseo: *que Dios ... los haga perfectos.*

22 R845 Ἐπέστειλα se usa como un aoristo epistolar, y se refiere a la carta que se está concluyendo.

M57 La frase prepositiva διὰ βραχέων denota circunstancia concomitante, y significa: *brevemente.*

23 T30 El adverbio comparativo *τάχιον* se usa en vez del positivo, y significa: *pronto* (*si él viene muy pronto* --BD244[1]).

24 T15 La frase prepositiva con artículo *οἱ ἀπὸ τῆς* Ἰταλίας sencillamente significa: *los italianos* (sólo por medio de esta frase es difícil determinar si las personas están aun en Italia o fuera de ella --R578).

## Santiago

### Santiago 1

1 B388 En los saludos, el infinitivo χαίρειν debe tomarse como el complemento directo de un verbo de ofrecimiento no expresado: *Santiago … a las doce tribus que están en la dispersión, salud.*

2 BD275(3) Πᾶσαν χαράν tiene el sentido de: *todo lo que el gozo significa* (puro gozo).

3 M96 Τὸ δοκιμεῖον (δοκίμιον) significa: *prueba*, o *parte (genuina) probada* (comp. TGr168 y sig.).

4 B219 La cláusula introducida por ἵνα expresa la idea de resultado: *tenga la paciencia su obra perfecta, para que sean perfectos y completos.*

5 R1023 El verbo imperativo αἰτείτω se usa como la apódosis de una condición y expresa la prótasis implícita de otra conclusión: *pida a Dios.*

M41 Λείπεται significa: *carecer de.*

7 T76 Aquí la prohibición en presente significa: *tiene que dejar de pensar.*

11 M12 Los verbos que aparecen en aoristo en este versículo representan el tiempo perfecto del hebreo, que no se usa en un sentido gnómico, como algunos dicen, sino para destacar lo súbito y completo del marchitamiento; como si se dijera: *la hierba se ha secado y la flor ha desfallecido antes que puedas mirar alrededor* (los verbos que están en aoristo son gnómicos --R837; comp. B43, MT135 y H27; pudieran ser aoristos gnómicos, pero parece que interpretan el perfecto hebreo de una manera demasiado literal, a menos que veamos en el aoristo que se refiere a una acción en un punto de tiempo, un cuadro gráfico del desfallecimiento de la hierba y de la flor --T13). [Editor.

Puesto que la LXX tiene en aoristo la traducción del hebreo perfecto de Isa. 40:7, esto es lo que esperamos tener en este pasaje (comp. 1 Ped. 1:24). Aunque lo que sugiere Moule muy bien pudo haber sido la intención del traductor.]

BD221 La frase prepositiva *σὺν τῷ καύσωνι* significa: *junto con su calor consumidor.*

12 T213 *Στέφανον τῆς ζωῆς* es un genitivo de calidad o un genitivo apositivo: *aquella corona que es vida.*

13 R579 En la expresión *ἀπὸ θεοῦ πειράζομαι*, *tentado por Dios,* la tentación es presentada como algo que viene de Dios (la preposición *ἀπό* se usó en lugar de *ὑπό*, para denotar el agente después del verbo pasivo --T258).

[Editor. Generalmente en el N.T., cuando *ἀπό* aparece con un verbo pasivo, tiene un sentido similar a *ὑπό* (comp. Mat. 16:21; Hech. 2:22 y 4:36; note especialmente el uso de *ὑπό* en el siguiente versículo).]

M41 *'Απείραστος* puede significar: *no tentado por.*

M8 Hay varios ejemplos de aoristos gnómicos en Stg. 1:13-15 (se refiere a algo bien conocido).

BD182(3) Parece que *κακῶν* se usa como un genitivo de separación, que significa: *no sujeto a tentación, no experimentado en el mal, extraño al mal.*

14 BD493(3) Al repetir la palabra clave *πειράζω* de la oración previa, se muestra un clímax.

17 R501 *Τροπῆς ἀποσκίασμα* significa: *una sombra producida por la variación.*

M17 *῎Ανωθέν ἐστιν καταβαῖνον* se puede traducir: *es de arriba, que desciende* (la expresión no necesita ser perifrástica de ningún modo).

18 BD301(1) *Τὶς* se usa para suavizar la expresión metafórica: *por así decirlo, una clase de.*

19 B413 *Εἰς τό* con un infinitivo se usa como el simple infinitivo para limitar los adjetivos *ταχύς* y *βραδύς* (comp. T143): *pronto para oir, tardo para hablar.*

H222 Ἴστε debe tomarse como un imperativo: *sepan esto* (y no un indicativo) dondequiera que aparezca, excepto quizá en Heb. 12:19 (comp. R329 y BD99 [2]).

22 R947 El negativo se usa con *μόνον* a causa de que se sobreentiende el imperativo *γίνεσθε*.

23 M105 Οὐ *ποιητής* es como un título: *el no hacedor*.

24 M12 Los verbos que aparecen en aoristo, *κατενόησεν* y *ἐπελάθετο* deben tomarse en un sentido perfecto (interrumpidos por un perfecto): *tan pronto como se ha visto … se ha alejado y … se ha olvidado* (comp. T73).

25 R780 El artículo *τόν* se usa con un sentido similar a un pronombre demostrativo, *que es* (el artículo aparece después del sustantivo *νόμον*, que no tiene artículo, como si fuera un pensamiento posterior --T218).
M175 Note los genitivos descriptivos: *oidor olvidadizo* y *hacedor activo*.

27 B386 El infinitivo *ἐπισκέπτεσθαι* está en aposición con *αὕτη*: *la religión pura y sin mácula … es ésta: visitar a los huérfanos y viudas en su aflicción*.

## Santiago 2

1 R503 En este versículo, Ἰησοῦ Χριστοῦ está en aposición con *κυρίου*; el pronombre *ἡμῶν* también modifica a *κυρίου*, que es en sí mismo un genitivo de complemento directo con *πίστιν*, mientras que *τῆς δόξης* probablemente está en aposición con Ἰησοῦ Χριστοῦ. La traducción resultante sería: *la fe en nuestro Señor Jusucristo, el Señor de la gloria*.

2 R124 Συναγωγή se refiere a una asamblea cristiana.

3 T37 El pronombre *σύ* tiene aquí algún grado de énfasis.

4 M175 La construcción *κριταὶ διαλογισμῶν πονηρῶν* significa:

*jueces que tienen ideas perversas* (*que toman decisiones perversas* --BD165).

5 M46 El dativo τῷ κοσμῷ se traduce mejor al español por medio de un adverbio: *a los que son literalmente* (*es decir, materialmente*) *pobres*.

6 B139 El artículo se usa con el sustantivo en τὸν πτῶχον porque se refiere al ejemplo que se presenta en el v. 2: *aquel mendigo*.

8 B67 ᾿Αγαπήσεις se usa como un futuro volitivo: *Amarás a tu prójimo como a ti mismo*.

M108 Βασιλικόν, por su mismo significado (*real*, o *suprema*), prácticamente implica una definición; en conformidad con esto, uno esperaría τὸν νόμον τὸν βασιλικόν, o τὸν βασιλικὸν νόμον. Pero Mayor traduce simplemente: *ustedes cumplen la ley real* (como si se hubiera usado el artículo). La alternativa estrictamente correcta: *ustedes cumplen la ley como suprema*, es menos probable por causa del contexto. Lo mismo sucede con la traducción que sigue: *ustedes cumplen una ley real*. [Editor. Aparentemente el sustantivo νόμον no tiene que llevar artículo para tener un sentido definido (comp. Stg. 4:11). Además de esto, un adjetivo puede ser atributivo de un nombre si los dos no tienen artículo (comp. στρατιᾶς οὐρανίου en Luc. 2:13). En consecuencia, parece que la traducción más probable es: *ustedes cumplen la ley real* (especialmente en vista de la referencia que hizo Cristo a esta ley en Mat. 7:12 y 22:40).]

BD450(1) Μέντοι se debilita aquí hasta significar: *pero*.

14 M111 Ocasionalmente, el artículo equivale prácticamente a un pronombre demostrativo. Algunas veces se afirma que μὴ δύναται ἡ πίστις σῶσαι αὐτόν significa: *¿Puede tal fe salvarlo?* Pero si αὐτόν es la palabra enfática, entonces ἡ puede significar (por un modismo familiar) *su* (de él): *¿Puede su fe salvarlo*? (el artículo es repetitivo, y se refiere a la πίστις que antes se mencionó --T173). [Editor. En este párrafo, Santiago está especialmente preocupado por la relación entre la fe y las obras. En consecuencia, parece que no hace el hincapié en el pronombre ἀυτόν, sino en el sustantivo πίστις. Entonces el sustantivo con artículo debe traducirse: *tal fe*, o *esa fe*.]

15 R1121 El participio ὑπάρχωσιν envuelve la idea de *existencia.*

19 R404 Por lo general en el N.T., un sujeto que sea un sustantivo plural neutro, que tenga un significado personal o colectivo, tiene un verbo plural (esto explica la presencia del sujeto plural neutro τὰ δαιμονία con el verbo plural).

20 R879 Θέλεις γνῶναι es un sustituto del tiempo futuro; esta fórmula con el infinitivo expresa cortesía: *¿quieres saber?*
BD146(16) La expresión vocativa ὦ ἄνθρωπε indica algún grado de emoción.

25 R966 Los participios ὑποδεξαμένη y ἐκβαλοῦσα se usan para dar la verdadera razón; tienen significado causal (comp. MT230).

## Santiago 3

1 R1172 La posición del negativo μή puede hacer hincapié en el imperativo γένεσθε (generalmente el negativo aparece directamente antes de la palabra que niega; comp. T287).

2 R1076 Aquí el infinitivo es complemento del adjetivo δυνατός: *capaz de refrenar.*

3 R418 Τῶν ἵππων indica énfasis, a causa de la posición no común del genitivo (generalmente el genitivo sigue al sustantivo que modifica).

4 T31 Τηλικαῦτα se usa como un superlativo intensivo: *muy pequeño.*
MT23 El participio ὄντα tiene un sentido concesivo: *aunque son tan grandes* (comp. R1129).

5 R733 Los ejemplos de ἡλίκος que aparecen en Santiago pueden tomarse como exclamatorios: *¡tan grandes ...!*

7 R533 Τῇ φύσει se usa como un dativo de medios (comp. T240 y BD191[5]): *por la humanidad.*
R902 La distinción entre el presente y el perfecto se indica de

manera aguda en los verbos δαμάζεται y δεδάμασται: *se doman y han sido domadas.*

9 R590 Aquí la preposición ἐν tiene un sentido instrumental: *con ella, o por medio de ella.*

12 R417 Por la posición de las palabras en ἁλυκὸν γλυκὺ ποιῆσαι ὕδωρ se indica el énfasis (para contrastar el agua salada con el agua dulce).

13 T49 Τίς probablemente es un pronombre interrogativo en este versículo, *¿quién ...?* (comp. BD298[4] y MT93).

14 R1173 Parece que el negativo μή niega a los dos verbos que están conectados por καί, en vez de emplear μηδέ para el segundo verbo.

M152 En el N.T. hay dos ejemplos de cláusulas condicionales que son perfectamente correctas en su forma gramatical, pero que son lógicamente inconsecuentes, según parece. Lógicamente, las cláusulas imperativas deben estar en futuro de indicativo: *si ustedes continúan así, entonces ...* No se soluciona nada al incluir signo de interrogación, ya que μή lo convertiría en una pregunta que espera la respuesta *no*. Si pudiera ser una pregunta que esperara la respuesta *sí*, tendría sentido: *si ustedes tienen rivalidad amarga ... ¿no están regocijándose y mintiendo contra la verdad?*

15 M17 El presente perifrástico significa: *esta sabiduría no desciende de arriba.*

18 T215 Καρπὸς δὲ δικαιοσύνης incluye un genitivo con aposición: *la cosecha de una vida dedicada a la voluntad de Dios.*

T238 Τοῖς ποιοῦσιν se usa como un dativo de ventaja: *para los que hacen la paz* (es un dativo instrumental: *por aquellos que hacen la paz* --BD191[4]) [Editor. El punto principal que Santiago establece en este párrafo es que la manera de vida que uno tenga determina si posee o no la sabiduría de Dios. En vista de esto, sólo los que hacen la paz siembran el fruto de justicia. En consecuencia, la traducción de Blass parece preferible.]

## Santiago 4

3 T55 La distinción entre la voz activa *αἰτέω* (una simple petición), y la voz media *αἰτέομαι* (una solicitud de lo que se hace por contrato), no está presente en este versículo (comp. MT160; la voz media tiene el siguiente significado: *ustedes piden erradamente para ustedes mismos* --R805).

5 R626 Πρὸς *φθόνον* tiene una fuerza adverbial, y significa: *celosamente.*

9 T76 Los imperativos de aoristo que se encuentran en los vv. 9 y sigs. deben traducirse: *comiencen a afligirse y a lamentar y llorar ... comiencen a humillarse* (comp. BD337[1]).

13 B294 La cláusula relativa que aparece en los vv. 13 y sigs. significa: *¡Vaya! Ustedes que dicen: hoy o mañana iremos a esta ciudad y pasaremos un año allí y negociaremos y ganaremos; cuando (o aunque) no saben qué clase de vida habrá mañana* (ἄγε se usa como una interjección --R1193).

BD299 Εἰς *τήνδε τὴν πόλιν* significa: *en tal y tal pueblo.*

H400 Ἐμπορεύομαι significa: *viajar como un comerciante.*

14 M124 Οἵτινες parece que se usa con sentido adversativo, y significa: *mientras que en realidad.*

BD266(3) Τό (*ο τά*), con *τῆς αὔριον*, significa: *las cosas del mañana, lo que ocurra mañana* (el manuscrito B omite el artículo; en tal caso, *τῆς αὔριον* debe tomarse con *ἡ ζωή*). [Editor. Parece que el texto mejor es el que incluye el artículo *τό*.]

BD298(2) Ποία tiene un sentido cualitativo: *cuán miserable es su vida.*

15 R574 En este versículo, *ἀντί* tiene la idea de sustitución, con los puntos de vista contrastados (*en vez de* --T144).

BD442(7) El uso de *καί* para introducir una apódosis se debe primeramente a la influencia hebrea, aunque aparece tan temprano como en los tiempos de Homero. Aquí, se puede considerar que la segunda cláusula comienza con *καὶ ζήσομεν*: *tanto ... como.*

Santiago 5

1 R428 Winer encuentra que el asíndeton (es decir, la omisión de conectivos) es frecuente en casos de clímax en discursos apasionados (como ocurre aquí con *ἄγε..., κλαύσατε*; comp. R949; *ἄγε* es exclamativo): *¡Vaya ahora! ... lloren.*

R1116 El participio de presente *ἐπερχομέναις* tiene un sentido futurista: *que vendrán*.

3 M70 *Εἰς* significa cualquiera de estas dos cosas: *con el propósito de*, o *que da como resultado* (es decir, final o consecutivo). [Editor. Parece preferible la traducción, consecutiva, ya que este es un resultado del moho, y no el propósito para él.]

TGr164 y sigs. La frase prepositiva *ἐν ἐσχάταις ἡμέραις* significa: *en los últimos días*. La frase no se usa como un simple dativo.

6 BD139 La expresión con artículo *τὸν δίκαιον* denota un ejemplo individual: *al hombre justo.*

8 R856 La acción en el aoristo de imperativo *μακροθυμήσατε* es duradera en sí misma; pero se toma como una acción que se realiza en un punto definido: *sean pacientes* (se considera como un precepto --T77).

9 R621 *Πρὸ* denota lugar: *delante de*.

10 M35 El acusativo *τοὺς προθήτας* se usa como predicado: *tomen a los profetas como ejemplo.*

BD44(16) La coordinación de dos ideas, una de las cuales depende de la otra, sirve en el N.T. para evitar una serie de genitivos dependientes: *de perseverancia en el sufrimiento.*

12 R622 *Πρό* aparece con el sentido de superioridad: *sobre todo* (preferencia).

TGr31 Santiago pone esta prohibición en el tiempo presente (*μὴ ὀμνύετε*), para rogar a sus lectores que se refrenen de una vez de tal práctica.

13 BD494 La disolución de una oración en sus partes componentes no conectadas produce un efecto más poderoso del que produciría la forma periódica normal. Además, lo que se quiere destacar en la oración se fortalece, en este versículo, por la brevedad de los componentes.

16 M26 Πολὺ ... *ἐνεργουμένη* tal vez signifique: *la oración de un hombre justo es de efecto muy poderoso;* aquí parece que es mejor un sentido transitivo del verbo.

17 M27n.1 Οὐκ *ἔβρεξεν* significa: *no llovió.*

# 1 Pedro

## 1 Pedro 1

1 T170 Los comienzos de las epístolas son como una fórmula; en consecuencia, todos los nombres y sustantivos aparecen sin artículo en esta salutación (aunque son definidos).

T235 El genitivo διασπορᾶς tiene tanto un sentido temporal como uno local: *los transeúntes de la diáspora.*

2 B175 Πληθυνθείη se usa como un optativo de deseo: *gracia y paz les sean multiplicadas.*

4 R535 Εἰς ὑμᾶς tiene el sentido de un dativo simple: *para ustedes* (comp. T236).

6 R178 'Εν ᾧ se refiere a un antecedente en la oración anterior, y significa: *en lo cual* (no se puede determinar si ἐν ᾧ es un pronombre relativo genuino que significa: *circunstancias en las cuales ustedes se alegran*, o sencillamente: *y así ustedes se alegran;* comp. Heb.6:17 --M131 y sig.). [Editor. La primera sugerencia de Moule es preferible, ya que este es el significado más usual de ἐν ᾧ.]

7 M96 Τὸ δοκίμιον significa: *la parte probada* (genuina) (comp. T14).

8 R1096 'Ανεκλάλητος tiene sentido activo: *inexpresable.*

R1138 Οὐ armoniza con el sentido del participio εἰδόντες, como una experiencia real, mientras que μή con ὁρῶντες concuerda con la idea concesiva, en contraste con πιστεύοντες (el primero destaca más la condición --BD430[3]; el primero es una declaración directa de hecho histórico; el segundo se introduce como si fuera hipotéticamente, sólo para expresar la fuerza plena de πιστεύοντες --M232). [Editor. ¿Por qué Pedro usa οὐ con el primer participio? Εἶδον es un verbo de percepción que tiene dos niveles de significado. Puede referirse a la visión física (comp. Mat. 2:2,11), o a una relación más profunda como lo que realmente se está experimentando (comp. Luc. 2:26, Hech. 2:27 y 1 Ped. 3:10). Aparentemente el autor quiso estar seguro de que los lectores entendieran que este versículo se refería al hecho de que ellos no habían visto a Cristo en persona, y no a alguna falla en su relación espiritual con El. El uso de *μή* con el segundo participio no necesita explicación. Se espera este negativo. Tan pronto como se estableció el punto de que la visión era objetiva, el autor pudo haber cambiado *οὐκ* por *μή* para variar el estilo. Esto es plausible, ya que *μή* se usa con el participio para negar aspectos tanto objetivos como subjetivos en el N.T.]

10 R563 La preposición puede usarse con un verbo, pero se omite cuando el verbo aparece por segunda vez, con el mismo sentido (así ocurre aquí con *ἐξηραύνησαν* y *ἐραυνῶντες*, comp. MT115).

11 R594 Aquí *εἰς* señala el límite o acentúa la duración del tiempo expresado por el acusativo.

T48 *Τίνα ... ποῖον* se usa como una tautología (es decir, una repetición) para hacer hincapié (comp. BD298[2]; hay una distinción entre los dos pronombres --R735). [Editor. Parece que hay una distinción entre los pronombres interrogativos, especialmente en vista de que es raro que aparezcan juntos en el N.T. (es el único caso en que aparecen estos pronombres con una referencia temporal). *Ποῖον* tiende a indicar un sentido cualitativo. Así que la búsqueda es en dos áreas: cuándo y en cuáles circunstancias vendrá la salvación.]

16 T86 El futuro volitivo *ἔσεσθε* expresa un mandato: *ustedes serán santos*.

17 T247 *Πατέρα* se usa como un predicado de *τὸν ... κρίνοντα*. El significado resultante es: *si ustedes invocan por Padre a aquel que juzga*.

M79 *Ἐν* denota la idea de acompañamiento: *con temor*.

18 R777 El adjetivo *πατροπαραδότου* se usa en la posición de predicado, pero con un sentido atributivo (*las maneras fútiles heredadas de sus padres)*. Esto se puede explicar por el hecho

de que aparece un atributivo adicional.

19 R533 Τιμίῳ αἵματι se usa como un dativo de medios: *por sangre preciosa* (comp. M77).

21 M143 Hay ambigüedad, pues no se sabe si ὥστε con el infinitivo tiene aquí una idea final o consecutiva. [Editor. Puesto que la traducción más común de ὥστε con un infinitivo indica resultado, parece que ese es el significado en este versículo, (comp. Hech. 1:19; 2 Cor. 7:7 y Fil. 1:13).]

22 BD337(2) El aoristo de imperativo ἀγαπήσατε significa: *dirijan su amor*.

24 M12 Los verbos en tiempo aoristo aaquí (comp. Stg. 1:11) representan el perfecto en hebreo, que no se usa gnómicamente, como se dice a veces, sino para destacar lo súbito y completo del acto de marchitarse: la hierba se ha marchitado y la flor ha decaído, antes que mires alrededor (el aoristo se usa con un sentido gnómico, para referirse a una verdad acostumbrada --R837, B43, T73 y MT135). [Editor. Puesto que la LXX traduce el tiempo perfecto hebreo de Isa. 40:7, por medio del aoristo, eso es lo que esperamos en esta referencia (comp. Stg. 1:11). Sin embargo, lo que Moule sugiere muy bien pudo haber sido la intención del autor.]

25 M69 La frase prepositiva εἰς ὑμᾶς se usa como equivalente de un dativo simple: *a ustedes*.

## 1 Pedro 2

2 BD269(5) Aquí aparece τὸ λογικὸν ἄδολον γάλα, por cuanto ἄδολον γάλα era probablemente una expresión diaria: *pura leche espiritual*.

6 R392 El sujeto de περιέχει es la siguiente cita (comp. M28; el verbo significa: *está escrito* --BD308).

T237 'Επί después de πιστεύω puede significar: *creer en*, o *creer basado en* (*creer en* es preferible en este caso --BD187[6]).

BD258(2) 'Ἐν γραφῇ significa: *en un pasaje de escrituras* (γραφῇ es definido, aunque no tenga artículo --R772). [Editor. En una frase prepositiva, el artículo no hace falta para indicar que el sustantivo es definido.]

7 R418 Algunas veces las palabras que están en contraste se colocan abruptamente juntas, como sucede aquí con *πιστεύουσιν* y *ἀπιστοῦσιν*.

8 R714 Ὅ se usa para referirse a la cláusula precedente.

9 Rxii 'Ἀρετή significa: *su excelencia*.

11 H378 La terminación -*ικος* con *σάρξ* representa la idea de *hechos de*, y denota una relación ética.

12 R789 Cuando el artículo aparece con el sustantivo, pero no con el adjetivo (*τὴν ἀναστροφὴν ... καλήν*), el resultado equivale a una cláusula de relativo.

T260 'Ἐκ tiene un sentido de causa: *a causa de las buenas obras*.

MT181 Parece que el participio *ἔχοντες* tiene un sentido imperativo (comp. R946: *mantengan buena conducta*.

13 R772 Πᾶσα *κτίσις* significa: *toda cosa creada* (significa: *toda la creación* --T200). [Editor. El significado normal de *πᾶς*, cuando está seguido por un sustantivo sin artículo, es *todo* (toda cosa). Tal parece ser el caso en este versículo.]

17 T77 El aoristo de imperativo se usó para expresar un precepto, hasta la venida de Cristo (la razón de este uso del tiempo es difícil de determinar. Πάντας *τιμήσατε* debe cambiarse por *πάντα ποιήσατε* y tomarse con lo que precede [... *ὡς θεοῦ δοῦλοι*], luego produce la impresión de un clímax. El aoristo de imperativo agudiza el filo de la exhortación en concordancia con el tono de urgencia que el escritor constantemente expresa de esta manera. Por medio de los sucesivos presentes de imperativo el autor indica estados mentales en un tono más calmado --M21; el aoristo de imperativo significa: *den a cada uno el honor que merece*, completado en el presente --BD237[2]). [Editor. Puesto que el texto tiene *τιμήσατε*, es incorrecto alterarlo para

incluir ποιήσατε. Parece que el aoristo de imperativo expresa una declaración inclusiva: *den a cada uno el honor que merece.* Siguen los imperativos de presente para especificar la acción de una manera más detallada.]

BD110(1) 'Αδελφότητα se usa como un nombre colectivo concreto, y significa: *hermandad.*

18 R946 El participio ὑποτασσόμενοι se usa como un imperativo: *estén sujetos* (comp. Ef. 5:22 y MT181).

19 R500 Συνείδησιν θεοῦ denota que es una buena conciencia hacia Dios (un genitivo objetivo).

R704 El pronombre neutro τοῦτο aparece en lugar del femenino αὕτη (que concuerda con χάρις), para presentar una idea más separada y abstracta que hubiera presentado αὕτη.

BD372 Εἰ significa: *que.*

20 T115 Εἰ con el futuro ὑπομενεῖτε representa un sentimiento de precisión (casi de sentido causal).

21 R633 En el sustantivo compuesto ὑπογραμμός, ὑπό introduce la idea de *bajo.*

24 T22 El modismo singular τῷ μώλωπι tiene un significado plural: *heridas.*

M46 Aquí los dativos deben traducirse de la siguiente manera: *para que, muertos con respecto a los pecados, vivamos con respecto a la justicia.*

## 1 Pedro 3

1 R946 El participio ὑποτασσόμεναι se usa con un sentido imperativo: *estén sujetas* (comp. el v. 7 y M181).

R1026 Καὶ εἴ se usa en una suposición que se considera improbable.

T192 El adjetivo τοῖς ἰδίοις se usa como un pronombre simple (comp. el v. 5).

3 B479 El uso de οὐχ en vez de μή en 1 Ped. 3:3 parece indicar que

las palabras siguientes, ὁ ... κόσμος, se excluyen en una prohibición (es decir, están entre paréntesis).

BD168(2) Cuando un genitivo depende de otro genitivo, el genitivo que gobierna siempre precede al dependiente (la aparición de una serie de modificativos entre el artículo y el sustantivo es rara en el N.T., pero es común en el griego clásico; comp. MT236).

4 MT9 Ὁ κρυπτὸς τῆς καρδίας ἄνθρωπος con el dativo que sigue, significa: *la naturaleza secreta del còrazón, que consiste en ...*

7 R1071 Εἰς τό con el infinitivo denota aquí propósito (comp. B409).

8 R945 Por implicación, un imperativo debe acompañar a los adjetivos: *tengan unidad de espíritu ...*

M34 Ὁ τέλος significa: *finalmente* (o quizás, *en resumen*).

9 R573 En este contexto, la preposición ἀντί significa: *por*.

10 H450 Τοῦ con el infinitivo denota propósito. Esto se debe a las tendencias que se desarrollaban en el griego común, y no a la influencia hebrea.

12 M49 La primera vez que aparece ἐπί en este versículo, significa: *hacia* (favorablemente), mientras que la segunda vez significa: *contra* (desfavorablemente).

14 B286 El uso de καί antes de πάσχοιτε sugiere que el escritor tiene en mente que el sufrimiento aparentemente se opone a bienaventuranza. Sin embargo, es probable que intenta afirmar que la bienaventuranza viene, no a pesar del sufrimiento, sino a través de él, por causa de la justicia. Así que la prótasis sugiere, aun de manera intencional, una concesión; pero es una verdadera cláusula condicional de causa.

M40 Gramaticalmente, φόβον αὐτῶν puede significar: *no teman como ellos* (genitivo de sujeto); pero el contexto hace que signifique: *no teman de ellos* (genitivo de complemento; comp. T212 y BD153[1]).

17 B259 Este versículo debe traducirse: *porque es mejor, si la voluntad de Dios así lo quiere, que padezcan por hacer el bien,*

*y no por hacer el mal* (*si acaso* --BD385[2.]

18 B145 Ζωοποιηθείς claramente es subsecuente (que aparece más tarde), a ἔπαθεν (o ἀπέθανεν); pero es probable que se tome conjuntamente con θανατωθείς como una expresión que define toda la cláusula precedente: Χριστὸς ... θεῷ (comp. R1114).
BD229 Περί realmente se usa en lugar de ὑπέρ: y significa: *por.*

19 R778 El participio sin artículo ἀπειθήσασιν se usa con un sentido predicativo (es decir, adverbial; este participio tiene un uso no clásico con la elipsis del artículo y con un participio atributivo: *los espíritus que desobedecieron* --T153). [Editor. La primera sugerencia parece tener base gramatical. La aparición de un participio sin artículo, adjetival o atributivo, con un sustantivo que sí tiene artículo, es muy irregular, y Turner no da ejemplos adicionales para apoyar su posición.]
M131 'Εν ᾧ puede referirse estrictamente al antecedente gramatical πνεύματι; así Cristo fue en espíritu (en contraste con la carne) a los espíritus encarcelados; o es una frase vaga de resumen: *y así* (Selwyn toma una posición intermedia: *proceso en el cual*, o *en el trancurso del cual*).

20 M56 Διά no significa: *por medio de,* sino *a través* (la preposición denota circunstancias concomitantes, *a través* --T267).
BD205 Εἰς se usa en lugar de ἐν, con un sentido local: *dentro del cual pocos fueron salvos* (comp. M68).

21 R714 El pronombre ὅ se usa para referirse a la cláusula anterior.

## 1 Pedro 4

1 M44 El dativo σαρκί tiene un sentido local metafórico: *cualquiera que ha padecido físicamente* (en contraste con τῷ πνεύματι, espiritualmente).

2 R1070 No es necesario que el artículo vaya junto al infinitivo. Varias palabras pudieran intervenir y la cláusula pudiera ser de considerable extensión. Pero el N.T. no tiene las numerosas cláusulas extendidas de esta naturaleza, como la antigua

literatura griega. Los adverbios por lo general siguen (*εἰς τό* va con *βιῶσαι*).

3 BD405(2) El adjetivo nominativo *ἀρκετός* no influye en el infinitivo *κατειργάσθαι*, que tiene su propio sujeto (*ustedes*).

BD460(2) Si una serie no es estrictamente un resumen, sino sólo una enumeración, tal vez sea necesario el asíndeton, como en *πεπορευμένος ... ειδωλολατρίαις* (*καί* es necesario por causa del adjetivo que aparece con el último sustantivo); la inserción de *καί* cada vez, daría a los elementos separados demasiada importancia.

4 M132 ¿Significa la cláusula relativa *ἐν ᾧ* ...: *y así ellos se sorprenden cuando ustedes no ...*, o *ante lo que ellos se sorprenden*, es decir, *cuando ustedes no ...?* Quizá sea relevante el hecho de que en Hech. 24:16, *ἐν τούτῳ* ... representa una referencia similarmente vaga, pero en su forma directa, no relativa (comp. 1:6).

BD126(2) El verbo *ξενίζω* significa: *sorprender*.

5 M161 El griego del N.T. usa *ἔχω* (el idioma castellano emplea el verbo *estar*) con el adverbio *ἑτοίμως*.

6 M56 Ἵνα ... *πνεύματι* es difícil; quizá deba traducirse: *para que sean juzgados físicamente ante los ojos de los hombres (según los hombres estimen el juicio), pero que vivan como Dios vive espiritualmente* (sería posible suponer que *ἵνα* es causal y que un segundo *ἵνα* [de propósito] que debía estar antes de *ζῶσιν*, está implícito, o que debemos tomar a *ἵνα* primero como causal y, luego, como intencional --T102; comp. BD369).

8 R622 Πρὸ *πάντων* se usa para indicar superioridad (preferencia).

R789 Cuando el artículo aparece con el sustantivo y no con el adjetivo, resulta una cláusula relativa: *el amor que se despliega*.

R946 Los participios en los vv. 8 y sigs. tienen un sentido imperativo (*ἔχοντες* y *διακονοῦντες*): *tengan (o practiquen) ... sirvan.*

10 M204 (n.p. 69) La preposición *εἰς* puede tener un sentido local, similar al de *ἐν* con el dativo. [Editor. Esta sugerencia parece

improbable, ya que el significado común de εἱς tiene buen sentido en este caso: *cada uno a los otros.*]

11 B425 Ὡς aparece en construcciones elípticas en las cuales se elimina el participio (el participio tendría aquí un sentido imperativo: *hable como uno que pronuncia oráculos de Dios*).

12 R532 El dativo τῇ πυρώσει se usa con un sentido causal (comp. T242 y BD196).

B440 Ὡς como prefijo de un participio de causa implica que la acción denotada por el participio se considera como la causa de la acción del verbo principal. El que habla no dice si la causa alegada en verdad existe o no: *como si (o porque) algo extraño estuviera aconteciendo.*

MT126 Esta prohibición en presente significa: *dejen de estarse sorprendiendo.*

14 R785 La segunda vez que aparece el artículo τό probablemente se deba al segundo genitivo (para dar igual énfasis a ambos genitivos; la segunda parte debe traducirse: *y por tanto, el Espíritu de Dios* --T187).

15 T76 La prohibición en presente μὴ ... πασχέτω significa: *ninguno de ustedes sufra nunca* (puede denotarse específicamente la manera o el carácter de la acción --BD336[2]).

16 M78 'Eν es posiblemente instrumental, pero lo más probable es que denote la esfera en la cual: *en virtud de llevar el nombre.*

17 B400 El infinitivo con artículo τοῦ ἄρξασθαι modifica al sustantivo común καιρός: *el tiempo ha llegado.*

18 R871 El verbo en futuro φανεῖται tiene un sentido de duración: *¿dónde aparecerá el impío y el pecador?*

19 M144 La partícula ὥστε tiene un significado de inferencia: *así que.*

## 1 Pedro 5

2 T77 El aoristo de imperativo *ποιμάνατε* se refiere a un precepto que es válido hasta la venida de Cristo (comp. BD337[2]): *Apacienten.*

BD101 Ἐπισκοπέω significa: *estar atento o preparado para.*

4 R498 Τῆς δόξης se usa como un genitivo de definición: *la corona inmarcesible de gloria* (denota cualidad --T213).

5 R808 Ἐγκομβώσασθε se usa como un verbo directo en voz media: *cíñanse de humildad.*

6 M65 La preposición *ὑπό* posiblemente indica movimiento hacia abajo. Si es así, entonces toda la cláusula sería interpretada: *humíllense, pues, (a una posición) bajo la poderosa mano de Dios* (de otra manera significaría: *humíllense, tal como están, bajo la poderosa mano de Dios).* [Editor. En vista de la voz pasiva del verbo *ταπεινώθητε*, parece preferible traducir la cláusula: *Así que permítanse ser humillados bajo la poderosa mano de Dios.*]

7 R946 El participio *ἐπιρίψαντες* no es imperativo, sino que depende del verbo imperativo *ταπεινώθητε* (comp. M181n.2): *echando todas sus ansiedades.*

M28 El verbo impersonal con *περί* significa: *importa a alguien con respecto a* (es decir, *él se preocupa por ustedes).*

8 T206 ¿Es *ὁ ἀντίδικος ὑμῶν διάβολος* un ejemplo de aposición, o es *ὁ ἀντίδικος* adjetival? [Editor. *Διάβολος* aparentemente está en aposición con el sustantivo anterior, ya que *διάβολος* fue considerado comunmente como un nombre propio (aun como un título) y no era necesario el uso del artículo para demostrar aposición: *su oponente el diablo.*]

9 R505 Aquí el pronombre con el genitivo se refiere a las mismas clases de sufrimiento, y no al mismo sufrimiento (comp. R687).

M168 La última parte de este versículo debe significar: *la hermandad (hermanos) en el mundo de ustedes* (a causa de la

posición del pronombre ὑμῶν), y no: *sus hermanos en el mundo*.
T55 Ἐπιτελεῖσθαι aparece en la voz media y significa: *pagar totalmente*.

10 R606 En el verbo compuesto, *κατά* tiene aquí una fuerza perfectiva (que destaca la naturaleza completa de la restauración).

12 R846 Parece que *ἔγραψα* se refiere a la epístola que acaba de finalizar (aoristo epistolar).
R1036 Εἶναι se usa como un infinitivo de indirecto que sigue a ἐπιμαρτυρῶν: *que da testimonio de que esta es la verdadera gracia*.
T256 Εἰς aquí tiene un sentido metafórico: *en la esfera de* (similar a ἐν).

# 2 Pedro

## 2 Pedro 1

1 M109 y sig. En *τοῦ θεοῦ ὑμῶν καὶ σωτῆρος* Ἰησοῦ Χριστοῦ, no se repite el artículo después de *καί*, y se aplican a Jesús las palabras *τοῦ* (*μεγαλοῦ*) *θεοῦ*, que significan: *nuestro Dios, es decir, Jesús*. B.S. Easton dice que *Dios y salvador* era una frase común en la religión de aquel día (es decir, según él, aproximadamente entre 95 y 105 d. de J.C.), y significó, sin excepción, una Deidad y no dos (comp. 1:11 y Tim. 2:13). Las implicaciones, por supuesto, son importantes para determinar la fecha y el autor (comp. R127 y TGr16).

3 R533 Los dativos *ἰδίᾳ*, *δόξῃ* y *ἀρετῇ* tienen un sentido instrumental: *por*.

4 R1200 En esta lista de virtudes (vv. 5 y sigs.), las palabras repetidas dan una fuerza acumulativa.

BD290(4) La construcción *καὶ αὐτὸ δὲ τοῦτο* tiene un sentido adverbial: *por esta misma razón* (pudiera ser una corrupción de *κατ' αὐτὸ δὲ τοῦτο*).

9 R542 El pronombre relativo, *ᾧ* se puede usar como un dativo posesivo con *πάρεστιν*: *para quien estas no son*.

R962 Ocasionalmente, cuando una cláusula relativa es indefinida, el negativo *μή* aparece con el indicativo (como ocurre aquí).

T190 Αὐτοῦ aquí no es enfático, a pesar de su posición.

H290 Μυωπάζω se forma de *μύωψ* que significa: *corto de vista* (es decir, *uno que ajusta sus ojos* [*μύει*] *para ver*).

10 MT191 Se halla aquí el único caso de *οὐ μή* con el verbo en subjuntivo en los escritos de Pedro (negación enfática).

12 MT230 Καίπερ se usa para hacer que la idea concesiva del participio sea más clara: *aunque ustedes saben*. Sin la presencia de esta partícula, pudiera haber habido ambigüedad.

16 BD442(16) Καί se usa aquí para coordinar dos ideas, una de las cuales depende de la otra. Así que la conjunción sirve para evitar una serie de genitivos dependientes: *el poder de la aparición de nuestro Señor*.

MT231 Aquí aparece el negativo *οὐ* con el participio, a causa del contraste formal (*οὐ ... ἀλλά*).

17 B55 El verbo en aoristo *εὐδόκησα* puede explicarse de varias maneras: 1) como un aoristo histórico que en su base se refiere a un evento específico: *Fui muy complacido contigo* (es decir, por haber recibido el bautismo); 2) como un aoristo histórico amplio que cubre el período de la existencia de Cristo antes de su encarnación; 3) como un aoristo histórico amplio que tiene la fuerza de un presente perfecto en español, y se refiere al período de la existencia terrenal de Cristo hasta el momento en que se habla; y 4) como un aoristo incoativo que se refiere a algún punto indefinido en el pasado, en el cual se presenta a Dios en el acto de llegar a ser complacido por Jesús; esto es lo más probable (es un aoristo atemporal, y puede ser también gnómico [algo bien conocido] --B842).

M69 Εἰς con un acusativo se usa aquí con un sentido que equivale a un dativo puro: *con quien*.

19 MT228 Parece que *προσέχοντες* se usa como un participio complementario con el verbo *ποιεῖτε*: *hacen bien en poner atención a*.

20 R772 La palabra *γραφή* en singular aparece dos veces en el N.T. sin artículo, pero con un sentido definido (aquí y en 1 Ped. 2:6).

21 M73 ¿Significa *ἐλάλησαν ἀπὸ θεοῦ*: *ellos hablaron lo que se derivó de Dios* (que equivale a *τὰ ἀπὸ θεοῦ*) *o* simplemente refuerza al término *ὑπὸ πνεύματος ἁγίου* y significa: *controlados por Dios?* (La preposición *ἀπό* toma el lugar de *ὑπό* con un sentido causal [o tal vez se use en vez de *τὰ ἀπὸ θεοῦ*] --T258). [Editor. Generalmente cuando la preposición *ἀπό* se usa en lugar de *ὑπό* con un sentido instrumental o causal, se emplea la voz pasiva del verbo (comp. Hech. 2:22; Heb. 5:7 y Stg. 1:13). Por eso, la primera sugerencia de Moule parece preferible.]

2 Pedro 2

3 BD148(1) Ἐμπορεύομαι aparece con un sentido transitivo, y significa: *defraudar, hacer negocio de.*

6 M38 Los genitivos Σοδόμων y Γομόρρας representan nada menos que un segundo sustantivo en aposición con el primero: *la ciudad Sodoma ...*

T240 El dativo καταστροφῇ tiene un sentido instrumental: *para extinción* (el griego clásico hubiera esperado una construcción genitiva; comp. BD195[2]).

10 BD415 El participio βλασφημοῦντες es complementario del verbo: *ellos no tienen temor de blasfemar.*

11 R665 Aunque el adjetivo comparativo aparece sin un objeto de comparación, aun así tiene un sentido comparativo: *más grande.*

BD456(3) Parece que ὅπου significa: *mientras que.*

12 M36 Φθαρήσονται, ἀδικούμενοι μισθὸν ἀδικίας pudiera equivaler a un acusativo en aposición con una oración: *ellos perecerán, lo cual es la propia recompensa por su maldad, malos como son;* si sólo pudiera tomarse la voz media ἀδικούμενοι como transitiva; pero esto no está basado en pruebas (la lectura variante con κομιούμενοι, por supuesto, suaviza la construcción, pero le quita a la oración algo de su significado).

BD152(1) Ἐν οἷς ἀγνοοῦσιν después de βλασφημέω significa: *en cuestiones que ellos ignoran* (comp. la expresión más inteligible que se encuentra en Jud. 10).

14 M41 El adjetivo ἀκατάπαυστος, que significa: *que nunca han tenido suficiente de* (es decir, *que nunca cesan de*), debe su construcción con el genitivo a la idea de separación. En este contexto se refiere a: *ojos que buscan el pecado incesantemente.*

M41n.2 La frase καρδίαν γεγυμνασμένην πλεονεξίας aparentemente significa: *un corazón preparado en exhortación* (es difícil de definir el genitivo; puede tomarse como sugiere Moule, o puede ser un genitivo de cualidad, para dar una definición más amplia, y entonces significaría: *un corazón preparado y ávido* --T233). [Editor. La sugerencia de Moule parece preferible en este contexto, especialmente en vista de las enmiendas textuales que aparecen en unos pocos manuscritos (que cambian *πλεονεξίας* por el dativo).]

16 T192 Ἰδίας equivale sólo a un pronombre posesivo: *su transgresión*.

18 BD102(6) Ὀλίγως significa aquí: *difícilmente*.

19 T240 El pronombre dativo ᾧ se usa aquí con un sentido instrumental y significa: *por el cual* (comp. R533).

22 BD111(2) Κύνες se refiere a *perros extraviados*.
BD266(3) El artículo neutro *τό* tiene un sentido sustantival: *lo que se encuentra en el verdadero proverbio*.
MT155 y sig. El participio en voz media λουσαμένη tiene un sentido pasivo. Ciertamente si las abluciones de la puerca son realmente reflexivas, y no pasivas, diversas ideas corrientes necesitan revisión. Pero para Pedro, λουσαμένη de ninguna manera sugirió cooperación voluntaria.

## 2 Pedro 3

1 R714 El pronombre relativo *αἷς* probablemente se refiera a las dos epístolas de Pedro (comp. BD296).
M168 El pronombre *ὑμῶν* es desplazado de *εἰλικρινῆ διάνοιαν* (lo cual probablemente indica énfasis).
T192 *Ταύτην ... δευτέραν ... ἐπιστολήν* significa: *esta es la segunda epístola*.

2 R1086 Aquí el infinitivo es explicativo (apositivo) del versículo precedente: *para que recuerden*.
M166 Las palabras *τῆς τῶν ἀποστόλων ὑμῶν ἐντολῆς τοῦ κυρίου καὶ σωτῆρος* suenan un poco pomposas (quizá signifiquen: *del mandamiento del Señor y Salvador transmitido a ustedes por los apóstoles*. --T218; comp. BD168[1]).

3 R1039 El participio *γινώσκοντες* aparece en vez de un verbo con-

jugado en modo personal a causa del anacoluto, (es decir, por no completar una oración como originalmente se había concebido): *sepan esto.*

M166 'Επ' ἐσχάτων τῶν ἡμερῶν parece como un desplazamiento de ἐπὶ τῶν ἐσχάτων ἡμερῶν; pero Blass (BD264[5]) lo toma como un ejemplo del sustantivo plural neutro ἔσχατα. En este caso, ἐπ' ἐσχάτου τοῦ χρόνου, es un desplazamiento deliberado o un desliz del escriba. [Editor. Aparentemente se consideró que ἐσχάτος con el artículo era suficientemente definido sin el uso del artículo (comp. 1 Ped. 1:5 y 20): *en los últimos días.*]

4 R880 El verbo presente διάμενει tiene un sentido progresivo en el cual el tiempo pasado y el presente se unen en una frase: *todas las cosas han continuado como son.*

R978 'Αφ' ἧς significa: *desde.*

5 M55 En la expresión γῆ ἐξ ὕδατος καὶ δι' ὕδατος συνεστῶσα, la preposición διά con el genitivo probablemente tiene un sentido espacial, y significa: *la tierra continua, que proviene del agua y se extiende por el agua*; pero δι' ὕδατος puede significar: *entre agua*, y referirse a la idea de que hay aguas sobre la tierra y debajo de ella. [Editor. Parece que el uso más común de διά apoya la primera sugerencia de Moule.]

9 R1128 El participio βουλόμενος tiene un sentido causal.

BD180(5) El genitivo ἐπαγγελίας se usa aquí por causa de que el verbo βραδύνω tiene una idea de separación: *el Señor no se está frenando, retardando el cumplimiento de su promesa.*

14 R542 Αὐτῷ se usa como un dativo de agente: *por El.*

17 R993 'Ἵνα se usa para expresar el contenido de φυλάσσεσθε (similar a ὅτι): *cuidado, no sea que.*

# 1 Juan

## 1 Juan 1

1 M34 'Απ' ἀρχῆς significa: *desde el comienzo* (comp. Juan 8:25).
BD342(2) El tiempo perfecto se usa en los vv. 1 y 3 para denotar un efecto continuo sobre el sujeto; *ἀκηκόαμεν* y *ἑωράκαμεν* están coordinados, donde oir es tan esencial como ver (comp. Juan 3:32).

3 M165 Cuando la cópula está representada suficientemente por *δέ*, un *καί* puede traducirse mediante alguna palabra como *sí*, *y*, o *además*. Así, en este versículo tenemos: *sí, y nuestra comunión es*. [Editor. Καί se usa como adverbio para destacar el concepto que sigue.]

4 R406 El plural literario aparece en este versículo (una manera impersonal de ocultar la identidad del autor), donde *γράφομεν* no difiere en realidad de *γράφω* en 2:1 (comp. T28 y BD280).

5 R1033 Note que un *ὅτι* declarativo aparece luego del sustantivo *ἀγγελία*: *éste es el mensaje ... que Dios es luz*.

9 B218 Ἵνα se usa aquí para introducir una cláusula que tiene el sentido de resultado previsto (comp. Heb. 6:10; *ἵνα* introduce una cláusula que tiene el sentido de resultado real --BD391[5]; comp. R998). [Editor. La realidad de la cláusula de resultado depende de la cláusula condicional que aparece en el comienzo del v. 9.]
B263 Aquí la cláusula condicional realmente tiene un sentido futurista: *si confesáremos nuestros pecados*; (él nos perdonará, por): *él es fiel y justo para perdonarnos nuestros pecados*.

10 B88 El verbo *ἡμαρτήκαμεν* se usa como un verdadero perfecto de acción terminada; se explica en el v. 8.

1 Juan 2

1 TGr150 y sig. El tiempo aoristo del verbo ἁμάρτῃ describe un estado, y tiene el significado: *comienza a ser un pecador* (es decir, *cometió un acto de pecado);* éste es sólo un paso inicial a lo largo de cierta calle (comp. 3:9).

2 R618 Περί tiene un sentido similar a ὑπέρ en este versículo: *por* (esta es la idea normal cuando la preposición se usa con ἁμαρτία en genitivo).

3 M77 Ἐν tiene aquí un sentido instrumental: *por esto.*

TGr153 Cuando la explicación era un hecho, Juan prefería una cláusula subordinada introducida por ὅτι (en vez de ἵνα). Así que la traducción para este versículo debe ser: *El conocimiento consiste en esto: que hemos logrado nuestro conocimiento de él si guardamos sus mandamientos* (comp. 5:2; ἐάν está en aposición con ἐν τούτῳ --R700; ἐάν y ὅταν pueden usarse en aposición, si el hecho es sólo supuesto; comp. 5:2 --BD394). [Editor. La cláusula ὅτι denota el contenido del verbo γινώσκομεν, mientras que la cláusula ἐάν está en aposición con ἐν τούτῳ. Ἐάν se usa aparentemente para evitar la repetición de ὅτι (comp. 4:13).]

5 B79 El tiempo perfecto de τετελείωται aparentemente tiene un sentido gnómico, y se refiere a un estado que existió comúnmente (expresa una verdad conocida --R897; se refiere a una declaración general con un sentido futurista --BD344).

6 R708 Un contraste definido se denota en este versículo en los pronombres ἐκεῖνος y αὐτός.

7 B28 El verbo imperfecto εἴχετε se refiere a una acción que no está separada del tiempo en que se habla por un intervalo reconocido: *que han tenido desde el principio.*

8 M130 Posiblemente el uso de ὅ aquí sea paralelo con el de Ef. 5:5. R. Law, en The Test of Life (pág. 376), prefiere analizar las palabras ὅ ἐστιν ἀληθές como una cláusula entre paréntesis en

aposición, en vez de tomarlas como un complemento directo de γράφω, y tomar a ἐντολὴν καινήν como acusativo de definición: *Yo les escribo, como un nuevo mandamiento, lo que es verdad en El.* (El pronombre relativo ὅ en este versículo no concuerda con el antecedente ni con un sustantivo, sino que reúne la idea general de cosa: *tal cosa es verdad* --R713) [Editor. En realidad, el comentario de Robertson es similar a la sugerencia de Moule.]

9 R879 El verbo en presente ἐστίν se refiere a una acción pasada que todavía está en progreso (se diferencia del perfecto en que la acción todavía está en progreso --T62).

R1182 Καί lleva la idea de *y aún.*

12 M12 ¿Es la repetición de γράφω (y ἔγραψα) un caso de identidad de significado entre el presente y el aoristo epistolar que indica que el escritor es indiferente en cuanto a los dos? ¿O debemos suponer que hay una interrupción después del verbo γράφω que se repite tres veces, seguida por un triple aoristo retrospectivo; o tomar los aoristos como si se refirieran al Evangelio, o suponer que hubo desplazamiento?

T73 En los vv. 12 y sigs., γράφω aparece tres veces, luego ἔγραψα tres veces (quizás para favorecer la novedad; al autor de esta epístola le encanta variar los tiempos) que pudieran referirse a algún escrito anterior. [Editor. Parece que ἔγραψα se usa como un aoristo epistolar y se refiere a esta epístola (comp. los vv. 21, 26 y 5:13). El cambio de los tiempos denota un cambio en la perspectiva, desde el punto de vista del escritor al punto de vista de los lectores (note las leves variaciones). Juan tenía la tendencia de repetir.]

16 T213 En ἡ ἐπιθυμία τῆς σαρκός, el genitivo es de cualidad (adjetival), describe el nombre ἐπιθυμία, ¿o se refiere al sujeto? (El genitivo se refiere al sujeto: *los deseos malos que proceden de la carne;* esta oración es paralela a ἡ σάρξ ἐπιθυμεῖ --M40).

19 M145 La cláusula estructurada con ἵνα debe tomarse como imperativa: *ellos tuvieron que manifestarse* (comp. T95; elípticamente, ἀλλ' ἵνα, significa: *por el contrario [pero] esto ocurrió* [o un verbo similar] *para que*; equivale a: *más bien ellos*

*debían ser* --BD448 [7]).

H433 Parece discutible si el uso de *οὐκ ... πάντες* es un hebraísmo, como se creyó siempre. La explicación del modismo probablemente sea, no que *πᾶς* se usó en un sentido distributivo, sino que, en griego vernáculo, el negativo se unía al verbo en el sentido, donde nosotros lo unimos al nominativo (*no todos son* es igual a *ningunos son*). La unión de *οὐ* con lo que nos parece la palabra incorrecta no es común en griego (comp. R753).

21 R753 En *πᾶν ... οὐκ*, la negación con respecto a *πᾶν* es completa (en vez de *οὐδείς* --M182; *πᾶν* es positivo, y el adverbio *οὐ* niega al verbo --H434).

R845 Ἔγραψα pudo haberse usado como un aoristo epistolar (comp. el v. 12).

24 BD466(1) El pronombre *ὑμεῖς* se usa en contraste con *ἀρνούμενος*, que aparece en el v. anterior.

26 R845 El verbo en aoristo *ἔγραψα* tal vez no se refiera a toda la epístola, sino a la porción que se tiene a la mano, aunque el punto de vista es del lector (un aoristo epistolar; comp. el v. 12).

27 B216 Ἵνα introduce una cláusula que es una limitación complementaria del sustantivo *χρείαν* (éste expresa un resultado previsto --B218). [Editor. Ya que Juan usa frecuentemente *ἵνα* en aposición con un sustantivo o con un pronombre demostrativo (comp. 3:11, 23; 4:21, Juan 2:25 y el comentario sobre Juan 17:3), ésta es la traducción preferida aquí.]

BD466(1) El orden de las palabras en *καὶ ὑμεῖς*, en este contexto, enfatiza la posición excepcional del lector (comp. el v. 20).

28 R1147 Note las palabras *καὶ νῦν τεκνία*, donde la llamada emocional de Juan se agudiza mediante el uso de *νῦν*.

H460 Ἀπό con el genitivo se usa en vez de un acusativo después de *αἰσχυνθῶμεν* (posiblemente influido por el hebreo): *estar avergonzados frente a*.

29 BD372(1a) Ἐὰν *εἰδῆτε ... γινώσκετε ὅτι καὶ ...* significa: *tal como*, o *tan pronto como sepan ..., ustedes también saben que ...*

1 Juan 3

1 R741 Ποταπός aparece aquí en una pregunta indirecta, con el significado: *de qué clase* (equivale a ποῖος).

R999 Καὶ ἐσμέν acentúa la fuerza consecutiva de ἵνα (ἵνα tiene un uso explicativo --BD394). [Editor. Ἵνα se usa para explicar más a ποταπὴν ἀγάπην (un uso especial de ἵνα en la Primera Epístola de Juan), pero también se indica el resultado del amor de Dios.]

6 R880 En los vv. 6 y 8, el tiempo presente de ἁμαρτάνει tiene un sentido repetitivo (repetidamente).

8 T62 El verbo en presente ἁμαρτάνει se refiere a una acción pasada que todavía está en progreso: *el diablo ha pecado desde el principio* (comp. 2:9).

T260 En los vv. 8, 10, 12 y 19, ἐκ se usa con el sentido de *perteneciente a* (con referencia a una secta o escuela).

9 T150 y sigs. El infinitivo de presente ἁμαρτάνειν expresa una manera de vivir, y no una sola acción. El apóstol afirma que un cristiano nunca puede ser pecador. Comenzará a ser, dará el primer paso al cometer este o aquel pecado (comp. 2:1), pero está muy lejos de la condición de ser un pecador continuo. Estar *en Cristo* no significa ser perfecto de una vez, pero cuando tal persona se causa a sí misma una desgracia, sus acciones nunca la separan permanentemente de aquella unión mística que es inquebrantable (comp. T72).

11 R1079 Ἵνα introduce una cláusula apositiva que sigue a αὕτη: *que nos amemos.*

13 R965 Εἰ se usa después del verbo de emoción θαυμάζετε para expresar un sentido de causa, porque el asunto se concibe como una hipótesis y no como una razón directa (caso en el cual se hubiera usado ὅτι).

15 R753 En πᾶς ... οὐκ, la negación con respecto a πᾶς es completa (comp. 2:21).

16 T139 Ὅτι introduce una cláusula que está en aposición con ἐν τούτῳ: *por esto sabemos ... que* (comp. 2:3).

18 TGr10 Juan exhorta a los cristianos a amarse los unos a los otros sinceramente (es decir, *en verdad*, comp. 3 Juan 1).

19 R871 El verbo en futuro πείσομεν tiene un sentido de duración: *nosotros estaremos persuadiendo.*

20 R512 Parece que ἡμῶν se usa con el verbo, aunque puede ir con καρδία. [Editor. Parece que se usa ἡμῶν con el verbo, ya que este verbo compuesto toma un genitivo de complemento directo y porque ἡμῶν aparece en una posición rara si se debe tomar con el sustantivo: *si nuestro corazón nos condena.*]

22 B299 Aquí la suposición se refiere a alguna circunstancia general de petición: *lo que le pidamos, lo recibiremos.*

BD214(6) *Agradables a los ojos de alguien* equivale a *agradable a alguien.*

23 R850 El aoristo de subjuntivo πιστεύσωμεν tiene un sentido de ingreso: *debemos llegar a creer.*

24 R679 El pronombre αὐτός aquí es enfático.

## 1 Juan 4

1 MT125 El presente de imperativo πιστεύετε tiene una fuerza repetitiva: *no crean a todo espíritu con el cual ustedes entren en contacto.*

2 R1123 El tiempo perfecto expresa aquí la idea de un estado perfeccionado.

B460 El participio sustantival forma una parte del objeto del verbo, equivale a una cláusula de discurso indirecto, con el resultante significado: *todo espíritu que confiesa que Jesucristo ha venido en carne es de Dios* (comp. 3 Juan 4).

3 R962 Ocasionalemte, cuando el pronombre relativo es indefinido,

*μή* aparece con el verbo en indicativo, como aquí (comp. Tito 1:11).

R964 *Ὅτι* se usa como un pronombre relativo coordinado: *que*.

R1149 El uso de *ἤδη* en *καὶ νῦν ... ἤδη* es culminante e indica que el punto ya al fin está claro y puede tomarse como verdadero.

M182 La negación con referencia a *πᾶν* es completa en *πᾶν ... οὐκ* (aparece en lugar de *οὐδείς*; comp. 2:21).

6 M73 La frase prepositiva en *ἐκ τούτου γινώσκομεν* tiene un sentido de causa o instrumental: *por esto sabemos* (comp. T260).

8 TGr5 Juan introduce el artículo definido exactamente en la posición correcta para dar el sentido: *Dios es amor*. De otra manera, se nos presenta una idea antiteísta de que Dios no es más que las relaciones que experimentamos en la vida (es decir, el *amor es Dios*; comp. el v. 16).

9 R777 El artículo se repite con el adjetivo *μονογενῆ*, así da al adjetivo un énfasis adicional (comp. Juan 10:11).

M202 Lightfoot distingue entre el tiempo de *απέσταλκεν* y *ἀπέστειλεν* en los vv. 9 y sigs. (Los dos verbos son evidentemente sinónimos --M14). [Editor. Parece que hay una distinción entre los tiempos aoristo y perfecto en este contexto. El tiempo aoristo indica un simple hecho que depende del verbo de existencia *ἐστίν*, mientras que el tiempo perfecto se refiere a la permanencia de la misión de Cristo. En ambos versículos donde aparece el tiempo perfecto (vv. 9 y 14) se usan verbos de observación.]

BD220(1) *Ἐν ὑμῖν*, con el significado: *en nuestro caso*, aparece donde se hubiera podido usar un simple dativo o acusativo.

13 M72 Aquí *ἐκ* con el genitivo tiene un sentido distributivo (comp. R599 y Juan 1:16): *de su Espíritu*.

14 R894 Una real distinción existe entre los tiempos perfecto y presente de *τεθεάμεθα* y *μαρτυροῦμεν*: *hemos visto y estamos testificando*.

16 R768 Dios y amor no son términos intercambiables, por tanto, *θεός* tiene el artículo y *ἀγάπη* no lo tiene (comp. el v. 8 y Juan 1:1).

17 M61 La frase prepositiva μεθ' ἡμῶν probablemente sea griego puro, y no semítica, con el resultante significado: *el amor se perfecciona entre nosotros* (*en nuestra comunidad;* comp. R610).

19 R549 Πρῶτος se usa como un verdadero adjetivo (en vez de adverbio); así que *Dios es el primero que ama* (comp. Juan 20:4).

21 R699 Ἵνα se usa con aposición a ταύτην τὴν ἐντολήν (comp. Juan 4:34): *este mandamiento ... que.*

## 1 Juan 5

3 R993 Aquí el uso apositivo de ἵνα es paralelo a ὅτι (comp. los vv. 9, 11 y Juan 4:34): *que.*

4 R698 Ἡ πίστις está en aposición con ἡ νίκη: *esta es la victoria ..., nuestra fe.*

T21 El género neutro se puede referir a una persona, siempre que el énfasis recaiga menos en el individuo que en alguna cualidad general sobresaliente; πᾶν se agrega a menudo para hacer que esto sea claro (como en este versículo).

6 M57 En δι' ὕδατος καὶ αἵματος, la frase prepositiva tiene la idea de circunstancia concomitante, paralela con ἐν τῷ ὕδατι (tiene la idea de manera: *con* --T267; presenta la idea de medio --R583). [Editor. Tanto la idea de acompañamiento como la de instrumentalidad parecen estar presentes en estas frases].

8 BD205 Εἰς se usa con el acusativo en este versículo como predicado nominal (comp. H462; la preposición εἰς se usa en lugar de ἐν con el significado *en,* o *a* --R593).

13 R418 El verbo ἔχετε está entre el adjetivo y el sustantivo para dar unidad a la cláusula (comp. Hech. 1:5).

R845 Ἔγραψα se usa como un aoristo epistolar, que se refiere a la epístola que se acaba de terminar (comp. 2:26).

14 T55 El cambio de la voz en *αἰτώμεθα* ... *αἰτώμεθα* ... *ᾐτήκαμεν* (v. 15) puede tener algún significado, pero ¿cuál? (*αἰτέω* se usa con respecto a peticiones ordinarias y *αἰτέομαι* se refiere a transacciones de negocio --R805).

15 T116 ᾿Ε*άν* con el indicativo parece tener un sentido causal (comp. BD372[1a]).

16 R477 El acusativo cognado denota el resultado objetivo: *cometiendo un pecado.*

18 M119 Parece que el sentido requiere aquí *ἑαυτόν* (o *αὑτόν*), en vez de *αὐτόν* (comp. Col. 1:20; el apoyo de los manuscritos en favor de *ἑαυτόν* es bien fuerte).

20 R707 El pronombre *οὗτος* se refiere al *αὐτοῦ* que antecede.

R776 ᾿Α*ληθινός* tiene mayor énfasis que el sustantivo, porque el artículo aparece sólo con el adjetivo: *el verdadero Dios.*

B198 En la construcción *ἵνα γινώσκομεν*, el verbo en indicativo probablemente esté lleno de fuerza; significa: *para que conozcamos, y por lo cual sabemos.*

21 T77 El aoristo de imperativo *φυλάξατε* se usa para expresar un precepto que es válido hasta la venida de Cristo.

H460 ᾿Α*πό* con el genitivo se usa en lugar de un acusativo después de *φυλάξατε* (comp. 2:28): *guárdense de.*

## 2 Juan

1 R713 El pronombre relativo οὕς es masculino a causa del sentido (se refiere a personas, en vez de mantener el género neutro de τέκνοις).

R1116 El tiempo perfecto de ἐγνωκότες ha perdido la idea de culminación, pero mantiene la idea de acción continua sólo en el sentido presente (comp. Juan 18:22): *todos los que saben.*

T178 La última parte de este versículo debe traducirse: *a quienes yo amo sinceramente, y ... todos los que tienen patrones sinceros* (uso anafórico de τὴν ἀληθείαν, con referencia a una mención anterior de la palabra).

3 T178 'Εν ἀληθείᾳ significa: *con sinceridad* (comp. v. 1).

4 TGr10 Juan se regocijó cuando encontró cristianos que se conducían sinceramente (es decir, *en verdad, conduciéndose con sinceridad* --T178).

T209 La frase prepositiva con ἐκ se usa como un genitivo distributivo: *algunos de tus hijos,*

5 R1140 La idea concesiva es dominante en οὐχ ὡς, que significa: *no como si* (comp. BD425[3]).

6 R699 Aquí la primera cláusula formada con ἵνα está en aposición con el pronombre anterior, αὕτη (comp. 1 Juan 3:11).

7 M101 Algunos consideran a ἐρχόμενον como un participio en tiempo futuro, pero según el contexto parece que es pasado: *ha venido*; claramente equivale al ἐληλυθότα de 1 Juan 4:2 (similar a un imperfecto --T81; comp. Juan 9:25).

8 R1413 Cuando una cláusula elaborada con ἵνα continúa con ἀλλά, no se repite ἵνα, pero se retiene el sentido del primer ἵνα (comp. Juan 3:16).

B209 La cláusula ἵνα que sigue a βλέπετε probablemente sea objetiva, pero puede ser puramente final (de propósito). [Editor. Cuando βλέπετε se usa en advertencias, generalmente está seguido por una cláusula de complemento directo, lo cual es aparentemente el caso en este versículo. En consecuencia, la cláusula estructurada con *ἵνα* indica el contenido de la advertencia: *miren ..., que.*]

MT116 El verbo en aoristo *εἰργασάμεθα* tiene un sentido de acción terminada, con énfasis en la actividad, y no en su producto.

9 T51 *Προάγω* significa: *ir adelante.*

10 R1093 El infinitivo *χαίρειν* es el complemento directo de *λέγετε*: *digan un saludo.*

MT125 El imperativo en presente tiene en este versículo una fuerza reiterativa (comp. 1 Juan 4:1): *cuando se presente la ocasión.*

12 R625 *Στόμα πρὸς στόμα* contiene el concepto de conversación cara a cara (comp. 3 Juan 14).

R919 El tiempo pasado de *ἐβουλήθην* se usa para expresar cortesía; así que no significa: *me hubiera gustado* (sino: *yo no quiero hacerlo*; comp. Fil. 3 y Gál. 4:20).

M56 *Διά* con el genitivo tiene un sentido instrumental: *con papel y tinta* (comp. T267 y 1 Juan 5:6).

# 3 Juan

1 T178 La frase prepositiva con *ἐν* tiene un sentido adverbial: *a quien yo amo sinceramente* (comp. 2 Juan 3).

2 M63 Muchos piensan que *περὶ πάντων* significa simplemente: *en todo respecto.* La traducción: *sobre todas las cosas* puede justificarse por las asociaciones con *περισσός*, pero esto parece improbable, a menos que se puedan encontrar claros paralelos (comp. BD229[2]; el tema de la oración está implícito --R619).

3 R968 *Καθώς* tiene aquí un uso explicativo (para introducir un discurso indirecto --BD453[2]).

TGr8 La segunda sección de este versículo significa: *los hermanos vinieron y testificaron acerca de ti en relación con (Cristo) la Verdad* (comp. Juan 14:6; es difícil insistir mucho sobre la presencia del artículo en los vv. 3, 4 y 12 --M112). [Editor. Un pronombre en caso genitivo puede anteceder al sustantivo con artículo que modifica. Por eso, no hace falta dividir (como Turner hace) la construcción *σου τῇ ἀληθείᾳ* comp. los vv. 6, 10 y 12) la cual significa: *los hermanos testificaron de (con respecto a) tu sinceridad* (con la idea inherente de *una forma de vida*). Esta traducción se apoya en la siguiente cláusula explicativa introducida por *καθώς*.]

4 R704 El plural *τούτων* se refiere a un solo elemento de la comparación: *que este.*

B460 El participio sustantival forma parte del complemento directo del verbo; equivale a una cláusula de discurso indirecto: *oir que* ... (comp. 1 Juan 4:2).

TGr10 El artículo aparece con *ἀληθεία*, con referencia a una mención anterior de la palabra (comp. v. 3), significa: *con aquella misma sinceridad* (*en la Verdad [Cristo]* --T178; comp. el comentario sobre el v. 3).

H166 El doble comparativo *μειζότερος* se explica mejor como resultado de un esfuerzo por agregar fuerza fresca a una forma, la fuerza comparativa de lo que de alguna manera se había embotado, por cuanto no tenía la terminación normal.

5 MT116 El verbo en aoristo ἐργάσῃ tiene un sentido de acción terminada, que reconoce en perspectiva la continua labor que se expresa generalmente mediante el tiempo presente.

6 R861 El participio de aoristo προπέμψας se refiere a una acción que es simultánea con la del verbo principal: *harás bien cuando les envíes* (comp. Luc. 9:25).

8 R633 La idea de hospitalidad (bajo el techo de uno) se expresa naturalmente con el verbo compuesto ὑπολαμβάνω.
T178 El sustantivo ἀληθείᾳ con artículo se refiere a Cristo (comp. el comentario sobre el v. 3 y el v. 12).

9 R846 El verbo en aoristo ἔγραψα se refiere a una carta anterior.

12 T178 Αὐτῆς τῆς ἀληθείας significa: *Cristo mismo* (comp. el v. 3) [Editor. Quizás esto no sea una mera personificación de ἀληθεία, pero pudiera referirse a la genuinidad cristiana de Demetrio. La verdad que él profesó fue evidente a través de su vida.]

13 M56 Διά con el genitivo tiene un sentido instrumental: *con pluma y tinta* (comp. 2 Juan 12).

14 R625 Στόμα πρὸς στόμα presenta el concepto de una conversación cara a cara (comp. 2 Juan 12).

## Judas

1 T240 Ἰησοῦ Χριστῷ se usa como un dativo instrumental: *guardados por Jesucristo.*

T264 El uso de ἐν es difícil de determinar; la preposición puede ser desplazada, pero es razonable la expresión: *amados en Dios*, en el sentido místico cristiano (posiblemente ἐν θεῷ tenga aquí un sentido personal: *en el juicio de Dios* --MT103).

2 R940 Aquí aparece el optativo de deseo: *que misericordia, paz y amor sean multiplicados.*

5 R1129 El participio εἰδότας tiene una idea concesiva (no causal como piensa Winer): *aunque ustedes fueron plenamente informados de una vez por todas* (comp. MT230).

7 R748 En este versículo, ἕτερος tiene la idea de diferencia de clase.

BD194(1) El dativo τούτοις con el adjetivo de identidad presenta al propietario de la misma cosa.

8 BD450(1) La conjunción μέντοι, en este versículo sólo significa: *pero.*

9 R529 El dativo τῷ διαβόλῳ tiene una idea asociativa: *con el diablo.*

M175 Κρίσιν ... βλασθημίας significa: *un veredicto abusivo.*

11 M39 Posiblemente μισθοῦ se use como un genitivo de precio: *ellos se precipitaron por una recompensa.*

M47 Este verbo ofrece un curioso estudio sobre los significados del dativo τῇ ὁδῷ (quizás local), τῇ πλάνῃ (posiblemente *según el extravío de; se abandonaron a* --T238) y τῇ αντιλογίᾳ (tal vez instrumental: *a causa de una contradicción [como la de] Coré;* comp. T242).

12 R704 Οὗτοι tiene el género masculino porque se refiere a personas.

13 BD253(2) Θαλάσσης no tiene artículo porque es parte del predicado (*impetuosas olas*) del mar.

14 R589 Aquí el sentido de *ἐν* es similar al de *μετά* y *σύν* (dativo asociativo): *con*.

M47 La dificultad para entender *τούτοις* desaparece, si el sentido es: *él profetizó para éstos;* pero el contexto parece que requiere: *con referencia a éstos*, para lo cual un claro dativo sería muy raro y quizás no tendría paralelo (*περί* con el genitivo sería más natural).

15 M35 'Ασεβεῖς se usa como un predicado del nominativo anterior (es decir, está en aposición): *impíos como son*.

17 B422 El participio con artículo equivale a una cláusula relativa restrictiva: *recuerden las palabras que han sido dichas*.

# Apocalipsis

## Apocalipsis 1

3 R764 Aquí se repite el artículo *οἱ* con el participio porque se refiere a diferentes personas.

4 R414 En *ἀπὸ ὁ ὢν καὶ ὁ ἦν καὶ ὁ ἐρχόμενος*, el nominativo es evidentemente intencional para acentuar la inmutabilidad de Dios (no se debe a que Juan no sabía usar el ablativo después de *ἀπό*).

R734 En *ὁ ἦν*, el artículo se usa como un pronombre relativo: *quien era* (comp. el v. 8).

R764 El artículo *ὁ* se repite aquí con los participios, porque se presentan diferentes aspectos de la misma persona (comp. el v. 3).

M103 El participio de presente *ὁ ἐρχόμενος* puede ser futurista, y significa: *el que ha de venir* (indica certeza).

5 R458 El caso nominativo se retiene con *μάρτυς*, en vez de ponerlo en el caso de la palabra con la cual está en aposición (parece que Juan no se preocupa por la concordancia en el Apocalipsis).

M77 La preposición *ἐν* tiene un sentido instrumental: *por su sangre*.

8 R785 Puesto que se repite el artículo *τό*, acentúa fuertemente un aspecto diferente de la persona.

13 M54 *Πρός* con el dativo aquí implica posición: *por*, o *en*.

16 R414 Un caso equivocado aparece en *ἔχων* (casi una oración separada), si se refiere a *αὐτοῦ*; pero si se refiere a *φωνή*, el género presenta problemas. [Editor. El participio *ἔχων* se refiere a *υἱόν* en el v. 13. El caso cambia de acusativo a nominativo porque Juan comienza a pensar que Cristo es el sujeto de esta oración extendida.]

18 B429 El participio *ζῶν* se usa como el predicado del verbo *εἰμί*:

*estoy vivo* (una construcción perifrástica --B431).

20 MT9 En cualquier otro escritor podríamos ser tentados a dedicar tiempo al estudio de *τὰς λυχνίας*, donde es claramente necesario el término *τῶν λυχνιῶν*, aunque para Juan (por lo menos en el Apocalipsis) es suficiente decir que el pronombre cercano *οὕς* pudo haber producido la aberración (Juan es perpetuamente indiferente a la concordancia).

## Apocalipsis 2

5 R1025 Εἰ *δὲ μή* tiene el sentido de: *pero si no, de otra manera.*
M46 Σ*οί* se usa como un dativo de desventaja en los vv. 5 y 16: *yo vengo, para su pesar* (comp. T238 y MT75).

8 M10 Los verbos en aoristo de la última cláusula de este versículo tienen una idea de comienzo: *Cristo murió y brotó a la vida* (comp. TGr151).

10 T213 El genitivo que aparece en *στέφανον τῆς ζωῆς* puede ser un genitivo de cualidad (similar a un adjetivo) o un genitivo apositivo: *aquella corona que es vida* (es preferible el uso apositivo --R498).

11 R599 'Εκ después de *ἀδικηθῇ* tiene un sentido causal.

13 R614 En este versículo, *παρά* tiene la idea de *entre* (comp. Mat. 28:15).

14 R1106 El participio sin artículo *κρατοῦντας* tiene una idea indefinida: *algunos que retienen.*

16 R534 El locativo *ἐν τῇ ῥομφαίᾳ*, equivale en significado a un instrumental: *con la espada.*
M61 La preposición *μετά* tiene la idea de *conflicto con*: *haré guerra contra ellos* (comp. 1 Cor. 6:6).

17 R519 Τοῦ *μάννα* significa: *algo del maná.*

19 T190 El pronombre posesivo aparece antes del primero de una serie de sustantivos para evitar repetición (generalmente el pronombre posesivo aparece después del sustantivo que modifica).

24 R406 El verbo λέγουσιν se usa como un plural indefinido general (el tiempo presente tiene un sentido de aoristo --R866): *como algunos dicen.*

25 T77 El aoristo de imperativo κρατήσατε está mal empleado; el tiempo presente hubiera sido mejor (el aoristo no es de ingreso, sino tal vez completivo--terminativo --BD337[1]): *reténganlo.*

28 T70 Εἴληφα es un perfecto narrativo (indefinido --MT145). [Editor. Estas explicaciones tienen significado similar; comp. el comentario sobre 3:3.]

## Apocalipsis 3

2 B28 El verbo imperfecto ἔμελλον se refiere a una acción que no está separada del tiempo en que se habla por un reconocido intervalo de tiempo (comp. 1 Juan 2:7; éste es un imperfecto pro gresivo, que mira hacia adelante --R884): *que están a punto de morir.*

3 R740 En este caso, ποῖος sólo tiene la fuerza de τίς (es decir, no indica cualidad).

R901 El perfecto y el aoristo aparecen aquí en cercana proximidad. Si el aoristo ἤκουσας hubiera sido ἀκήκοας, no habría dificultad. El perfecto enfatizaría la permanencia de la obligación, aunque la recepción puede tener más apariencia de ser un asunto que deba enfatizarse más como duradero que la acción de oir (acción definida; el tiempo perfecto es similar al aoristo --T69; comp. MT145). [Editor. Parece que el tiempo perfecto tiene un sentido indefinido, especialmente en vista de que el aoristo de indicativo de λαμβάνω aparece escasas veces en Apocalipsis.]

5 R589 Ἐν tiene la idea de circunstancia concomitante, y significa *con.*

8 R420 Μικράν aparece en esta posición por causa de la tendencia de los escritores del N.T. a colocar los pronombres (y a veces los sustantivos) en la primera parte de la oración (a causa de la flexibilidad de la lengua griega, el lenguaje vivo y apasionado fácilmente da origen a estas dislocaciones --BD473[2]).

9 B205 Ἵνα se usa aquí tanto con un futuro de indicativo como con un aoristo de subjuntivo, en cláusulas de complemento directo: *mira, haré que vengan y se postren a tus pies y reconozcan que yo te he amado* (ambas presentan la idea de propósito --BD369).

BD476(1) Αὐτούς es realmente el sujeto de la cláusula estructurada con ἵνα, pero corrido hacia adelante (comp. el v. 8).

14 R759 El género másculino se usa con ἀμήν porque se refiere a Jesús (comp. 1 Cor. 14:16).

T210 Es debatible si el genitivo que aparece en ἡ ἀρχὴ τῆς κτίσεως se usa como un genitivo partitivo, con el significado: *entre*, o si la regla que se debe aplicar no es más bien la de supremacía: *sobre* (comp. Col. 1:15). [Editor. En este contexto, parece que el sustantivo ἀρχή tiene la idea de preeminencia; comp. Col. 1:14-20, un pasaje que hubiera sido muy conocido para la iglesia de Laodicea.]

16 B232 Ya que la cláusula causal construida con ὅτι es subordinada, el propósito de la oración es el de expresar *por qué* El recurrirá a tal acción (comp. Juan 16:3).

17 R785 Cuando varios epítetos se aplican a la misma persona, usualmente sólo se usa un artículo para todos ellos (como ocurre aquí).

T183 Usualmente un adjetivo predicado no tiene artículo, pero note ὁ ταλαίπωρος (esta frase con artículo significa: *ese hombre miserable* --T173).

18 R1413 Cuando la construcción con ἵνα continúa en una cláusula posterior con μή, sólo se repite el negativo (aunque retiene el sentido).

20 R895 Ἕστηκα es casi un perfecto duradero puro: *yo estoy*.

## Apocalipsis 4

3 R644 Κυκλόθεν se usa como una preposición en los vv. 3 y sigs.: *todo alrededor*.

7 R201 El participio masculino ἔχων aparece en los vv. 7 y sigs., aunque el sustantivo es neutro (ζῷον; el masculino se usa para indicar un sentido personal).

8 M66 'Ανά tiene un sentido distributivo: *seis alas cada uno* (comp. T266).

BD493(1) Note la repetición de la palabra ἅγιος para dar énfasis.

9 T86 El hecho de que los verbos aparezcan en futuro en los vv. 9 y sigs., parece que se debe a la influencia semítica. Cuando ellos *daban gloria ... se postraban ... adoraban ... echaban*.

11 R758 Es interesante observar que en la lista de atributos de Dios, que aparece en los cánticos, en Apoc. 4:11; 5:13; 7:12, el artículo se utiliza con cada cualidad; mientras que en 5:12 se usa un artículo (τήν) con toda la lista.

B376 El infinitivo λαβεῖν se usa para limitar el adjetivo ἄξιος: *digno de recibir*.

## Apocalipsis 5

5 R835 'Ενίκησεν se usa como un aoristo de efecto (es decir, se hace hincapié en la parte final de la acción, y no en el comienzo): *han vencido*.

R1001 El infinitivo ἀνοῖξαι tiene aquí un sentido consecutivo (resultado real --R1089; tendencia, por implicación basada en el resultado real --B371): *así que El puede abrir*.

6 M202 Quizás el tiempo perfecto en ἐσφαγμένον tenga un sentido único aquí, porque hay una distinción entre la muerte de Cristo como un hecho pasado y como una fuerza permanente.

7 BD343(1) El verbo perfecto εἴληφεν se usa como un aoristo (comp.

MT145; un perfecto -indefinido- histórico conmovedor, donde Juan ve a Jesús con el libro en su mano --R897; comp. 3:3).

9 R589 Aquí se indica la idea de precio por medio de la preposición ἐν (una extensión del uso instrumental --M77): *con tu sangre.*

10 BD177 La frase prepositiva ἐπὶ τῆς γῆς significa: *sobre la tierra.*

12 R427 En las enumeraciones, la repetición καί da cierta clase de dignidad solemne (como en este caso; comp. 4:11; uso retórico --BD460[3]).

## Apocalipsis 6

1 BD247(1) El numeral μίαν significa: *el primero.*

6 R501 Note el genitivo de precio: *por un denario.*

8 M66 En el v. 8, los instrumentos *espada, hambre* y *muerte,* se distinguen quizás deliberadamente de las *bestias*, que más bien son como agentes: ἐν ῥομφαίᾳ ..., pero ὑπὸ τῶν θηρίων. En este versículo, la variedad tal vez se deba sólo al hecho de que ἐν se tomó de la cita de Ezequiel, mientras que ὑπό parece que está fuera de la cita. Note, además, que aquí la expresión ὑπὸ τῶν θηρίων sigue realmente a un verbo activo, ἀποκτεῖναι, de modo que en un sentido, las bestias sólo son los instrumentos que utiliza el sujeto de ese verbo. Normalmente ὑπό se usa para aludir al agente, después de un verbo pasivo o de su equivalente.

## Apocalipsis 7

1 R752 Μὴ πᾶς significa: *ningún.*

R1413 Cuando la construcción con ἵνα se continúa en una cláusula posterior por medio de μή, sólo se repite el negativo (pero el sentido se retiene; comp. 3:18).

BD233(1) La frase prepositiva ἐπὶ τῆς γῆς (y θαλάσσης) significa: *sobre la faz de la tierra (y el mar)*, mientras que ἐπὶ πᾶν δένδρον significa: *sobre cada árbol.*

3 R609 El sustantivo compuesto μέτ-ωπον significa: *el espacio que tienen entre los ojos.*

B164 El tiempo aoristo de ἀδικήσητε se usa en la prohibición para impedir una acción que no ha comenzado (comp. MT125).

12 R427 La repetición de καί representa una dignidad solemne en esta enumeración (comp. 5:12).

14 El perfecto de indicativo εἴρηκα (*yo dije*) se refiere a un simple hecho pasado, donde casi no es posible suponer que el pensamiento de resultado existente estuviera en la mente del escritor (un perfecto indefinido; comp. BD343[1]).

M75 ¿Tiene la frase prepositiva ἐν τῷ αἵματι un sentido local o instrumental? [Editor. Esta frase tiene un significado figurado, ya que generalmente uno no blanquea nada con sangre. 'Eν τῷ αἵματι aparece frecuentemente en el N.T. con un sentido instrumental: *por medio de la sangre de Cristo*; tal parece que es el uso en este versículo; comp. 1:5, Rom. 3:25 y 1 Ped. 1:19.]

16 R752 Οὐ πᾶς significa: *ninguno.*

B487 Note aquí los negativos: *ellos ya no tendrán hambre, ni sed, ni el sol caerá en absoluto sobre ellos* (un doble negativo).

17 T218 Ocasionalmente dos genitivos pueden depender del mismo sustantivo, el cual normalmente está entre los dos (ἐπὶ ζωῆς πηγὰς ὑδάτων): *a fuentes de agua viva.*

## Apocalipsis 8

1 R958 Ὅταν se usa con un sentido definido (comp. B316 y BD382[4]; es raro que se use el adverbio ὅταν con una sola acción pasada y definida; comp. Mar. 11:19 --R973; este adverbio sugiere que la apertura de los sellos por parte del Cordero fue una acción repetida, a pesar del aoristo --T93). [Editor. Aquí el hecho de que aparezca ὅταν con el aoristo parece que se refiere a una acción definida en el pasado. Cuando el Cordero abrió este sello en particular, hubo silencio como por media hora.]

4 R529 Ταῖς προσευχαῖς se usa con ἀνέβη como un instrumental asociativo (comp. MT75; un dativo de ventaja: *a favor de sus oraciones*; aunque pudiera considerarse como temporal --T238; de ventaja --BD188[1]; en los vv. 3 y sigs., ταῖς προσευχαῖς puede considerarse como temporal: *simultáneamente con las oraciones* --M43). [Editor. La traducción temporal y la asociativa tienen un sentido similar: como *junto con las oraciones*, que parece ser el significado de este versículo; comp. Hech. 10:4, donde se ofrecen oraciones con las limosnas.]

5 R899 Εἴληφεν se usa como un perfecto histórico dramático (comp. 5:7: *el ángel tomó*).

11 R598 La frase prepositiva ἐκ τῶν ὑδάτων presenta la idea de causa: *a causa del agua.*

H462 Εἰς con el acusativo se usa en vez del predicado nominal, después de ἐγένετο: *una tercera parte de las aguas se convirtió en ajenjo.*

12 R1413 Cuando la construcción con ἵνα se continúa en una cláusula posterior con μή, sólo se repite el negativo (pero el sentido se retiene; comp. 3:18 y 9:15).

13 R1193 Οὐαί se usa con el acusativo como el objeto del pensamiento: *ay de aquellos* (comp. 12:12; posiblemente un acusativo adverbial --R487).

M73 'Εκ tiene aquí un sentido causal: *por* (comp. el v. 11).

BD247(2) El numeral ἑνός equivale aquí al pronombre indefinido: *un águila.*

H278 Μεσουράνημα, que significa: *la mitad del cielo*, se deriva del verbo μεσουρανέω, *culminar*, y se refiere a los cuerpos celestes que cruzan el meridiano.

## Apocalipsis 9

1 R1123 La idea de estado culminado predomina en el participio perfecto πεπτωκότα (Juan observó la estrella cuando ya había caído).

4 R752 Οὐ πᾶς tiene como significado resultante: *ninguno* (comp. 7:16).

R992 Ἵνα con el futuro de indicativo se usa como el sujeto del verbo ἐρρέθη (comp. B212; y el v. 5): *se les dijo que.*

6 R709 El uso independiente del pronombre singular ἐκεῖνος casi se confina al Evangelio según Juan (y a su Primera Epístola). Por otro lado, el pronombre ἐκεῖνος sólo aparece dos veces en el Apocalipsis (9:6 y 11:13), y en ambos casos depende de un sustantivo (es decir, se usa como un adjetivo): *aquellos días.*

R870 El presente futurista φεύγει presenta un sentido de certeza.

B60 Los verbos que aparecen en futuro tienen un sentido progresivo: *estarán buscando* ... (comp. ζητήσουσιν, εὑρήσουσιν y ἐπιθυμήσουσιν).

14 R412 Note la construcción según el sentido en φωνήν ... λέγοντα (el participio masculino personifica la voz que habló).

R604 Ἐπί se usa aquí con el dativo locativo: *en el gran río.*

20 B218 Ἵνα introduce una cláusula que expresa la idea de resultado previsto (comp. MT210): *que.*

## Apocalipsis 10

4 R853 La prohibición en aoristo μὴ αὐτὰ γράψῃς significa: *no comiences a escribir.*

6 M60 Aquí ἐν se usa con el dativo para designar la garantía de un juramento (no común en el griego koiné --M183): *juró por El.*

7 T53 Ocasionalmente a los verbos intransitivos se les da un sentido causal, de tal manera que tengan un complemento directo (así pasa con εὐηγγέλισεν en este versículo; aquí el verbo activo no significa: *hacer que se prediquen las buenas nuevas,* sino como en todas partes en el griego helenístico, tal verbo equivale a εὐαγγελίζομαι --BD309[1]). [Editor. Parece que el raro uso del verbo activo εὐηγγέλισεν en este versículo apoya la sugerencia de Turner.]

H422 Καί tiene un sentido consecutivo: *como resultado.*

10 MT115 En el griego del N.T., la preposición que se usa con un verbo compuesto puede omitirse, sin debilitar el sentido, cuando el verbo se repite. En consecuencia, parece que *ἔφαγον* es la continuación de *κατέφαγον* en este versículo (comp. Juan 1:12).

## Apocalipsis 11

1 TGr188n. El participio λέγων se usa en una rara construcción según el sentido: *se me dio una caña, diciendo* (aquí parece que λέγων es indeclinable --T315; comp. H454). [Editor. Realmente, esas aclaraciones sólo son intentos de explicar la falta de concordancia, que prevalece en el Apocalipsis.]

5 R1026 Καὶ εἰ en este versículo significa: *y si*, no *aun si*.

6 R973 Ὁσάκις aparece cuatro veces en el N.T. (1 Cor. 11:25 y sig.; Apoc. 11:6), cada vez con ἐάν y el subjuntivo, y con la idea de una repetición indefinida: *con tanta frecuencia como*.

T101 Ἵνα μή con el subjuntivo introduce aquí una cláusula de propósito (que se opone a la traducción normal: *no sea que*.)

9 R599 Ἐκ se usa con el genitivo partitivo: *hombres de*.

10 R565 Note los dos usos de ἐπί, con el genitivo y el dativo: *sobre la tierra ... sobre ellos*.

17 R834 Ἐβασίλευσας se usa como un aoristo de comienzo: *gobierno asumido* (*Tú has llegado a ser rey* --B54).

18 R414 El acusativo *τοὺς μικρούς* está en aposición con el dativo *τοῖς δούλοις* (comp. 1:15): *siervos ..., los pequeños ...*

R757 El artículo se repite para especificar diferentes clases de personas en *τοῖς προφήταις καὶ τοῖς ἁγίοις καὶ τοῖς φοβουμένοις*.

T313 El sujeto plural neutro tiene un verbo en plural (el sujeto *τὰ ἔθνη* tiene un sentido personal).

MT118 Ὠργίσθησαν puede significar: *estaban airadas*; pero el sentido de ingreso: *se encolerizaron* (por causa del ascenso del rey), cuadra mejor con el contexto.

## Apocalipsis 12

6 R579 'Ἀπό tiene aquí la idea de agencia, similar a ὑπό (¿Puede ἀπό ser sólo instrumental, o lleva la connotación *derivado de Dios?* --M74). [Editor. Aquí la construcción parece que significa: *preparado por mandato de Dios*, no por El mismo; con ἀπό, lo cual indica que Dios fue la fuente del mandato.]

7 R1066 Τοῦ con el infinitivo está en aposición explicativa con el nominativo πόλεμος: *hubo guerra ... Miguel ... luchaba* (se duda si algún griego menos bárbaro que el de Apocalipsis hubiera tolerado que los sujetos del infinitivo estuvieran en caso nominativo --M129).

11 M55 Parece que διά con el acusativo aquí se usa con el sentido de *a través de* (comp. 13:14; tiene el usual sentido causal --R584: *por la fuerza de* --BD22). [Editor. La preposición διά se usa con el acusativo para denotar la causa eficiente, y significa: *por*, o *a través de*; comp. 13:14.]

12 R1193 Οὐαί se usa con el acusativo, como el objeto del pensamiento (comp. 8:13): *¡Ay de la tierra y del mar!*

## Apocalipsis 13

3 R818 'Ἐθαυμάσθη tiene aquí un sentido activo: *se maravilló*, o *se asombró*.

T214 *Su plaga de muerte* (equivale a *su herida mortal*) llega a ser *la plaga de muerte* (a causa de la influencia semítica).

8 M73 La preposición ἀπό tiene aquí un sentido temporal: *desde la fundación del mundo*.

10 R590 'Ἐν tiene un sentido instrumental: *con la espada*.

H450 La segunda vez que aparece el infinitivo simple ἀποκτανθῆναι, denota una idea imperativa: *debe morir a espada*.

12 B205 'Ἵνα se usa con un futuro de indicativo en una cláusula de

complemento directo: *hace que la tierra y sus habitantes adoren* (la cláusula presenta una idea de propósito --T100).

13 B222 Este versículo es el ejemplo más probable en que *ἵνα* denota real resultado; *ἵνα ... ποιῇ* probablemente equivale a *ὥστε ποιεῖν*, y aclara a *μεγάλα* (es una expresión explicativa); sería mejor traducirla: *de tal manera que aun hace* (comp. R998 y BD391[5]).

14 M55 Parece que *διά* con el acusativo en este versículo se usa con el sentido de *a través de* (comp. 12:11).

T71 *Ἔζησεν* se usa como un aoristo de comienzo *brotó a la vida.*

## Apocalipsis 14

4 BD339(3) El participio de presente se usa aquí para referirse a algo que pasó antes (representa al imperfecto): así que *οἱ ἀκολουθοῦντες* significa: *los que (siempre) le seguían.*

6 T53 *Εὐαγγελίσαι* con un complemento directo tiene un sentido causal, comp. 10:7. [Editor. Realmente el acusativo *εὐαγγέλιον αἰώνιον* se usa como el complemento directo del participio *ἔχοντα*, no como el complemento directo del infinitivo *εὐαγγελίσαι*. Así, *εὐαγγελίζω* tiene su sentido intransitivo usual.]

8 T218 En una construcción con varios genitivos (*τοῦ οἴνου τοῦ θυμοῦ τῆς πορνείας αὐτῆς*), usualmente el genitivo que gobierna precede al dependiente (comp. BD168[2]): *el vino vengativo de su fornicación.*

BD493(1) La repetición aquí y en 18:2 destaca el verbo *ἔπεσεν* (el tiempo aoristo se usa aquí para referirse a lo que acaba de suceder --MT135).

10 R680 Si hay algún énfasis en el uso del pronombre *αὐτός* es muy leve.

H422 La partícula *καί* inicial de este versículo tiene un sentido consecutivo: *entonces* (comp. 10:7).

13 B124 El participio de presente *οἱ ἀποθνῄσκοντες* se refiere a un hecho que, por sólo llevarse a cabo, distingue a esa clase de personas: *bienaventurados los muertos que mueren en el Señor.*

TGr48 Ἵνα *ἀναπαήσονται* puede tener un sentido causal (P47 tiene *ὅτι*), aunque un sentido imperativo es más adecuado (*ἵνα* puede ser imperativo aquí: *descansarán* --M207; comp. MT248; puede expresar la idea de resultado previsto --B218). [Editor. Ἵνα *ἀναπαήσονται* aparentemente tiene un significado imperativo, ya que ocasionalmente *ἵνα* introduce un cláusula con este significado en el N.T., y el tiempo futuro añade una idea volitiva.]

BD12(3) Aquí *ἀπ' ἄρτι* significa: *exactamente, ciertamente.*

15 T334 La conjunción *καί* que precede a *θέρισον* tiene aquí un sentido final, que denota propósito (comp. BD442[2]).

18 T215 Τῆς *γῆς* se usa como un genitivo apositivo: *las uvas que son la tierra*. [Editor. Realmente Turner da una interpretación incorrecta de su observación gramatical. Τῆς *γῆς* no está en aposición con *τοὺς βότρυας*, sino con *τῆς ἀμπέλου*, por causa del orden de las palabras y de la concordancia en número y caso. La idea resultante entonces sería: *el vino que es la tierra.*]

20 R575 La preposición *ἀπό* tiene la idea de *fuera de*, o *lejos de* (comp. Juan 11:18): *a una distancia de.*

## Apocalipsis 15

2 R475 Νικάω generalmente es transitivo cuando está con un acusativo, pero aquí se usa *ἐκ* con el ablativo (*τοῦς νικῶντας ἐκ τοῦ θηρίου* probablemente es una frase comprimida; introduzca: *al separarse ellos de*; o *y se liberaron de* --T260).

R881 El participio de presente *νικῶντας* tiene el sentido de cumplimiento (similar a un perfecto).

R529 Πυρί se usa como un dativo asociativo (es un dativo instrumental: *mezclar con fuego* --T240). [Editor. En esencia, el dativo de asociación es similar al instrumental asociativo. Pero en este contexto (con *μεμιγμένην*), el concepto de asociación es más predominante que el de instrumento.]

## Apocalipsis 16

9 R1001 El infinitivo δοῦναι tiene aquí un sentido consecutivo: *para darle a El gloria* (comp. T136 y BD391[4]; tendencia o resultado previsto --B371).

H445 Aquí aparece el acusativo cognado intensivo: *se quemaron con el intenso calor.*

10 R598 Aquí la preposición ἐκ presenta una idea causal: *se mordían las lenguas por (a causa de) el dolor* (comp. M73 y T260).

11 R598 En ἐκ τῶν ἔργων la preposición tiene el sentido de separación: *de sus obras.*

15 R1413 No se repiten ni ἵνα ni μή, aunque el concepto de ἵνα μή continúa en el segundo verbo subjuntivo: *para que no.*

18 R978 'Αφ' οὗ equivale simplemente a ἀπὸ τούτου ὅτε, con el resultante significado: *desde que.*

19 T218 En la construcción con varios genitivos, τοῦ οἴνου τοῦ θυμοῦ τῆς ὀργῆς αὐτοῦ, el genitivo que gobierna precede a los que dependen: *la copa de vino del ardor de su ira* (comp. 14:8).

H462 Εἰς τρία μέρη se usa como un predicado nominal después de ἐγένετο (comp. 8:11: *la gran ciudad se dividió en tres partes).*

21 R599 La segunda vez que aparece ἐκ tiene un sentido causal: *a causa de la plaga.* (comp. el v. 10).

## Apocalipsis 17

3 R414 El participio masculino ἔχων no concuerda con el género de su antecedente θηρίον (un incidente frecuente en Apocalipsis; el género masculino indica una personificación de la bestia).

T213 Βλασφημίας se usa como un genitivo de cualidad: *nombres blasfemos* (similar a un adjetivo).

8 M73 'Από tiene aquí un sentido temporal: *desde.*

10 R764 Aquí el artículo con los numerales (*ἑπτά ... οἱ πέντε ... ὁ εἷς ... ὁ ἄλλος*) indica cierto número, y coloca ese número en primer lugar.

16 R590 Ἐν tiene aquí un sentido instrumental: *por*, o *con*.

17 R975 Ἄχρι se usa con el futuro para referirse a un tiempo futuro indefinido: *hasta que se cumplan las palabras de Dios*.

18 R604 La preposición *ἐπί* significa: *sobre*.

## Apocalipsis 18

2 BD493(1) La repetición del verbo *ἔπεσεν* destaca la derrota de Babilonia (comp. 14:8).

3 R599 La preposición *ἐκ* tiene un sentido causal: *a causa de la riqueza de* (la idea causal puede ser expresada por la traducción: *se enriquecieron con su enorme lujo* --M73).

12 T31 Τιμιώτατος se usa como un superlativo intensivo: *de la más preciosa*, o *muy preciosa* (comp. R670).

14 R873 Εὑρήσουσιν se usa como un futuro predictivo: *nunca más hallarán estas cosas* (el negativo *οὐ μή* con el futuro es muy enfático --MT192).

17 R474 Τὴν *θάλασσαν ἐργάζονται* es una expresión rara; ya que este verbo usualmente es intransitivo, el significado resultante es: *los que trabajan en el mar para ganarse la vida*.

21 H432 Εἷς se usa en vez de *τὶς* con un sentido indefinido: *cierto ángel poderoso*.

## Apocalipsis 19

3 B80 Εἴρηκαν se usa como un perfecto indefinido, que denota un simple hecho pasado (comp. 7:14): *ellos dijeron*.

9 R1396 El uso del demostrativo *οὗτοι* en este versículo significa: *estas son*; pero en 21:5 y 22:6 significa: *estas palabras son.*

10 MT178 En 19:10 y 22:9, *μή* aparece solo, después de *ὅρα*: *no lo hagas*).

11 BD219(4) La frase prepositiva con *ἐν* tiene un sentido de manera (es decir, *ἐν δικαιοσύνῃ* equivale a *δικαίως*: *justamente*).

13 R533 Αἵματι se usa como un dativo instrumental: *con la sangre.*
B75 El tiempo perfecto en *περιβεβλημένος* denota que la atención total se dirige al presente estado resultante: *El está vestido.*

14 R407 El participio *ἐνδεδυμένοι* está en género masculino a causa del sentido (se refiere a personas).

15 R680 Si hay algún énfasis en el uso del pronombre *αὐτός*, es muy leve (comp. 14:10).
R960 Ἵνα aparece aquí, donde hubiera podido usarse un pronombre relativo: *para herir con ella* (comp. H436).

16 H443 Βασιλεὺς *βασιλέων* significa: *el que gobierna sobre reyes* (una clase de superlativo por el sentido).

21 R599 Con el verbo *ἐχορτάσθησαν*, la preposición *ἐκ* tiene la idea causal o de ocasión: *se hartaron (se saciaron) por causa de su carne.*

## Apocalipsis 20

2 R414 El sustantivo en nominativo *ὁ ὄφις* está en aposición con el sustantivo acusativo *τον δράκοντα*: *el dragón, aquella serpiente antigua* (comp. 1:5).

4 R833 En este versículo, *ἔζησαν* probablemente es de comienzo; pero *ἐβασίλευσαν* es claramente de acción terminada: *reinaron* (el verbo anterior significa: *brotaron a la vida* --TGr151).

5 BD62 Πρῶτος se usa en vez de *πρότερος* (es decir, el superlativo

en lugar del comparativo), y se refiere a la primera de dos (comp. 21:1 y el comentario de Hech. 1:1).

10 M206 El participio de presente *πλανῶν* se refiere a una acción que precede a la del verbo principal; así representa un sentido frecuente o duradero (*quien los engañaba* --T81).

## Apocalipsis 21

1 BD62 Πρῶτος se usa por el comparativo, y se refiere al primero de dos (comp. 20:5).

2 R539 Τῷ *ἀνδρί* se usa como un dativo de ventaja: *para su marido.*

3 R611 En este versículo, *μετά* tiene la idea de *comunión con.*

11 T31 Τιμιώτατος se usa como un superlativo intensivo: *de lo más preciosa*, o *muy preciosa* (comp. 18:12).
BD108(3) Κρυσταλλίζω significa: *tener apariencia de cristal, resplandecer.*

13 MT73 El ablativo aparece con la idea de lugar, expresada en las frases prepositivas de este versículo con *ἀπό*: *sobre.*

16 T240 Τῷ *καλάμῳ* se usa como un dativo instrumental: *medir con la caña.*

17 BD165 Ἑκατὸν *τεσσαράκοντα τεσσάρων πηχῶν* significa: *que ascendió a ciento cuarenta y cuatro codos.*

18 H307 Ἐνδώμησις significa: *construido en.*

19 H376 Χαλκηδών es el nombre dado a un silicato de cobre que se hallaba en las minas cerca de Calcedonia. El mismo nombre del lugar se deriva de *χαλκός*: *cobre.*

23 B216 Ἵνα con el subjuntivo es una limitación complementaria de los sustantivos precedentes.

24 T313 El sujeto plural neutro *τὰ ἔθνη* se usa con el verbo plural *περιπατήσουσιν*, lo cual es contrario a la regla clásica (esto ocurre ocasionalmente en el N.T., especialmente con sustantivos que tienen un sentido personal).

25 M39 El genitivo *ἡμέρας* significa: *de día.*

27 R1187 En este versículo *εἰ μή* significa: *sino sólo* (*εἰ μή* se usa en vez de *ἀλλά* --H468).

T196 *Οὐ μὴ ... πᾶν* significa: *ninguna cosa.*

## Apocalipsis 22

2 T198 *Ἕκαστος* rara vez ocurre en una posición atributiva en el N.T., pero sí aparece en esa posición aquí (para destacar): *cada mes específico.*

4 R871 El verbo futuro *ὄψονται* tiene un sentido de duración: *ellos continuarán viendo su rostro.*

9 MT178 *Ὅρα μή* aparece aquí con el sencillo significado: *no lo hagas* (comp. 19:10).

14 B218 *Ἵνα* con el futuro de indicativo introduce una cláusula de resultado previsto: *para que ellos* (la cláusula parece que tiene un sentido imperativo: *que ellos tengan derecho al árbol de vida* --TGr48). [Editor. En las dos cláusulas subordinadas de este versículo, el verbo futuro *ἔσται* es paralelo con aoristo de subjuntivo *εἰσέλθωσιν*. Dentro del contexto, el verbo futuro se usa para indicar la certeza del resultado, y no para presentar un sentido imperativo.]

18 BD488(1c) Una palabra de la conversación precedente puede tomarse y convertir su significado en un sentido metafórico, como sucede aquí con *ἐπιθῇ ... ἐπιθήσει*, que significa: *añadir a ... añadir a.*